구약성서 입문

베르너 H. 슈미트 지음
차준희 · 채홍식 옮김

대한기독교서회

구약성서입문

2007년 2월 28일　초판 1쇄
2023년 4월 10일　초판 9쇄

지은이/베르너 H. 슈미트
옮긴이/차준희 · 채홍식
펴낸이/서진한
펴낸곳/대한기독교서회

등록/1967년 8월 26일 제1967－000002호
주소/서울시 강남구 테헤란로 103길 14(삼성동)
전화/편집 553－0873～4 영업 553－0870～7
팩스/편집 3453－1639 영업 555－7721
e-mail/cls1890@chol.com
　　　edit1890@chol.com
http://www.clsk.org

책번호/1422
ISBN 978－89－511－0925－6 93230

Einführung in das Alte Testament
by Werner H. Schmidt
tr. by Jun-Hee Cha/ Hong-sik Chae

*책값은 뒤표지에 있습니다.

이 책을
구약의 세계로
첫 걸음을 내딛도록 인도해 주신
우리의 스승 최종진 박사님께 바칩니다.

저자 서문(1판)

이 책은 하나의 전통에 서 있으면서, 동시에 그 전통을 넘어서고 있다. 이 책의 선행적인 연구로는 요하네스 마인홀드(Johannes Meinhold)의 『구약성서입문』(1919, [3]1932)이라는 책이 있는데, 그의 책은 역사적으로 구성되어 있는 반면, 이 책은 구약성서문헌의 순서에 따라 구성되어 있다. 구약성서의 다양한 책들, 문서자료들, 법 모음집들 혹은 심지어 시편을 이스라엘 역사와 상호 관련시키는 것은 본문들의 형성 시기에 대한 보다 확고한 인식을 전제해야 하지 않을까?

학문의 역사에서 "입문"(Einführung)이라는 제목은 "개론"(Einleitung)이라는 제목과 비교하여 그렇게 상반되는 개념은 아니다. 그러나 명백한 것은 "입문"의 요소는 세 가지 주제의 영역, 즉 "이스라엘의 역사", "문헌학"(Literaturwissenschaft : 즉 전통적인 의미의 "개론"), "구약성서신학"을 하나로 엮어야 한다는 것이다. 이스라엘 역사에 대한 개관은 제2장에서 중요한 사건을 중심으로 요약하였고, 사회사에 대한 개관은 제3장에서 서술하였다.

서점의 판단에 의하면 현재는 교과서의 시대라고 한다. 1960년대까지만 해도 반드시 읽어야 할 기본 서적들이 매우 적었지만, 현재는 매우 많은 책들이 있어서 오히려 선택하기에 어려움이 많다. 그러나 현재를 교과서의 시대로 보는 것은 단지 외형적인 판단이 아닐까?

연구 상황의 측면에서 볼 때 현재는 결코 교과서의 시대가 아니다. 교과서의 시대는 일반적으로 근본적인 변혁의 상황에서 발견된다. 구약학은 오랜 기간 동안 얼마나 통일적으로 기술되었던가! 그런데 그것들이 지금에 이르러서는 얼마나 철저하게 사분 오열되었는가! 이러한 변화는 결정적인 것들에까지 영향을 미쳤다. 대개 당연한 것으로 받아들였고, 또한 논쟁의 여지가 없었던 것들조차도 현재는 의심의 대상이 되고 있다. 예를 들면, 오경을 이른바 작은 신앙고백으로 설명했던 것(G. von Rad), 초기 이스라엘 역사를 암픽티오니(Amphiktyonie)로 이해했던 것(M. Noth), 법의 형태를 절대법과 조건법으로 나누어 이해하고 "족장의 하나님"에 대한 신앙을 재구성하려는 시도들(A. Alt), 그와 더불어 신명기와 요시야 왕의 개혁을 연결시키는 것이나 혹은 야위스트의 시기를 초기로 보는 오래된 인식조차도 이제는 문제가 되고 있다. 심지어 오경에서 문서자료를 구분해 내는 것도 논쟁이 되고 있는 실정이다.

이러한 상황에서, 구약성서 각 권의 특성, 성장 과정과 신학적인 의도 등을 현재 구약의 기본 지식에서 이끌어 내려는 시도는 주관적인 것으로서, 거의 모험에 가깝다. 그러므로 여러 가지 서로 다른 방법들을 비교, 서술하는 것만으로 만족해야 하지 않을까? 사실 여기서 언급하고 질문을 제기한 것이 경우에 따라서는 보다 더 논쟁이 될 수 있다. 그러나 나는 내 입장을 뒤로 하고, 다수에 의해 인정되거나 현재 지배적인 견해로 간주되는 것들을 부각시키려고 노력하였다. 물론 그것을 결정하는 것이 개인적인 생각 없이는 불가능하다. 그러므로 나는 독자가 판단할 수 있도록, 이러한 논거에 대한 증거도 제시하고자 한다.

이 책을 읽는데 히브리어는 필요치 않다. 독자들은 이 책이 기본 지식의 전달(약간의 구약 본문 개관을 포함하여), 최소한의 요약 및 평이성이라는 세 가지의 어려운 측면을 얼마나 성공적으로 연결했는지를 판단해야 한다.

킬(Kiel)에서 1978년 9월

저자 서문(5판)

이 책이 기쁘게도—비평가들에게서도—좋은 반응을 얻었다. 이것은 쉽게 개관할 수 없는 연구 상황에서 기본 지식에 대한 학문적인 의견일치를 찾아내려는 의도가 인정되었다는 것을 의미한다.

제5판에서는 세 가지 측면이 근본적으로 변화되었다. 우선 오경 연구에 대한 부분이 확장되었다. 그러므로 오경에 대한 현재의 상이하게 다른 연구 상황을 대략적으로 그릴 수 있게 되었다. 마지막 부분(V. 구약성서의 신학과 해석학)에는 인간학에 관한 논문을 첨부하였다. 따라서 이 책은 좀더 "입문"의 특성을 갖게 되었다. 이 책이 문헌학적 측면의 "개론"을 뛰어 넘어, 또 다른 중요한 영역인 신학이나 인간학 혹은 해석학의 관점을 정리하는 것과 그와 더불어 구약을 이해하는 데에 도움이 되기를 바란다. 마지막으로 참고 문헌은 전면적으로 새롭게 개정되었고, 상당히 확장되었다. 물론 이 부분에서 모든 책이 다 소개되었다고는 볼 수 없다.

이 책이 처음 만들어지고 계속해서 확대되는 일에 도움이 된 킬(Kiel), 마부륵(Marburg), 본(Bonn) 대학의 동료들에게 진심으로 감사한다.

본(Bonn)에서 1994년 8월

베르너 H. 슈미트(Werner H. Schmidt)

한국어판에 붙이는 저자 서문

이 책을 한국어로 번역하느라고 애쓴 차준희 박사에게 심심한 사의를 표한다. 차 박사가 본(Bonn)대학에서 공부하는 동안, 나의 지도로 구약을 연구하면서 나와 맺게 된 사제지간의 정(情)이 이런 방식으로 표현된 일에 큰 기쁨을 느낀다.

이 『구약성서입문』을 통하여 한국의 독자들이 구약을 이해하고, 구약의 특성을 보다 더 자세하게 파악하게 되어, 기독교 신앙을 위한 구약의 의미를 깨닫는 일에 도움이 되었으면 한다.

본(Bonn)에서 2000년 5월

베르너 H. 슈미트(Werner H. Schmidt)

역자 서문

이 책은 베르너 H. 슈미트(Werner H. Schmidt) 교수의 『구약성서입문』(*Einführung in das Alte Testament*, ^{5}1995)을 우리말로 번역한 것이다. 이 책이 한 권으로 번역출판되기에는 분량이 너무 많기 때문에 각각 오경, 예언서, 성문서를 중심으로 분리하여 구약성서입문 I, II, III으로 나누어 출판하게 되었다. 이 책의 최종판인 5판은 작년 1999년에 영어로 번역(증보판)되어 출판되었다(*Old Testament Introduction*, 2nd ed. Louisville : Westminster John Knox Press : 영어 초판 번역은 1984). 이 책은 여러 나라(폴란드, 스페인, 포르투칼, 그리고 일본 등) 말로 번역될 정도로 국제적으로도 이미 인정받고 있는 구약 입문서요, 신학 교과서로서 유럽은 물론 비유럽권의 나라에서도 폭넓게 사용되고 있다. 슈미트 교수는 우리 나라 독자들에게도 그렇게 낯설지 않다. 그의 또 다른 책이 우리말로 이미 번역되어 많이 읽혀지고 있기 때문이다(『역사로 본 구약신앙』, 강성열 역, 서울 : 도서출판 나눔사, 1989). 이 책은 현재 완전 개정 · 증보되어 8판이 출판된 상태이다(*Alttestamentlicher Glaube*, NeukirchenVluyn : Neukirchener, ^{8}1996).

우리 나라에는 구약개론에 관한 책이 이미 많이 출판되어 있다. 이제는 책이 없어서라기보다는 너무 많음으로 인해 오히려 취사 선택하는데 애를 먹고 있는 실정이다. 그러나 대체적으로 번역서들 가운데는 대부분이 영어권의 개론서들에 치중되어 있다. 독일어권의 개론서로는 포오러(G. Fohrer)의 『구약성서개론(상/하)』(방석종 역)과 옷토 카이저(O. Kaiser)의 『구약성서개론 : 그 연구성과와 문제점들』(이경숙 역)이 전부이다. 이 두 권도 매우 유용한 책임이 틀림없지만 상당히 전문적인 책이라고 할 수 있다. 따라서 이 두 권은 구약 세계에 첫 발을 들여놓는 신학 초보생들이 상대하기에는 적지 않은 부담을 줄 수 있을 것으로 보인다. 슈미트의 『구약성서입문』(개론이 아님에 유의)은 이러한 부담을 상당히 덜어 줄 것이다. 이 책은 저자가 서문에서 밝히고 있듯이 "입문"의 성격을 띄고 있다. 즉 이스라엘 역사를 간략하게 개관하고, 구약 본문에 대하여 중요한 내용을 비교적 자세하게 다루고 있으며, 여기에다 구약신학에 관한 것도 함께 엮어 가고 있다. 다시 말해서 구약성서를 이해하기 위한 기본적인 지식들을 일목요연하게 기술하고 있다. 한국어판에 붙이는 저자의 기대와 같이 이 책이 구약성서의 특성과 그 메시지를 파악하는 데 도움이 되었으면 한다. 이 책이 "구약(성서)개론"은 물론 "오경 연구", "예언서 연구", "성문서 연구" 등의 교과서로 읽혀지기를 바란다.

슈미트 교수님은 역자의 스승(Doktorvater)이시다. 그분의 자상한 지도가 없었더라면 오늘의 역자는 없었을 것이다. 학위를 취득하고 귀국하면 이 책을 번역하여 선생님의 은혜에 보답하고 조국의 신학도들이 구약을 이해하는 데 조금이나마 도움이 되었으면 한다는 바람을 말씀드렸을 때 기뻐하시던 모습이 아직도 눈에 선하다. 슈미트 교수님은 올해(1935년 6월 9일 생)로 65세 정년을 맞게 되었다. 이제서야 스승님과의 약속을 지키게 되었다. 더 빨리 끝내지 못한 아쉬움도 있지만 이제라도 마무리를 짓게 되어서 큰 짐을 벗은 느낌이다. 또한 친구 채홍식 박사와 함께 공역하게 됨을 기쁘게 생각한다. 그가 이 작업에 함께 하지 않았더라면 몇 년 동안 짊어지고 있던 번역 원고에 눌려서 아직도 탈고를 하지 못했을 것이다.

이 작업에 헌신적으로 동참해 준 제자들이 여러 명 있다. 이 지면을 통해서 일일이 거론하지 못함을 미안하게 생각한다. 이들을 대표해서, 먼저 초역 단계에서 여러 번의 방학을 희생하며 이 책의 강독(講讀)작업에 헌신적으로 참여한 윤영준 목사와 상당한 양의 번역 원고를 독일어 원서와 일일이 대조하고 문장을 다듬어 준 구애경 전도사, 그리고 이번 여름방학 내내 밤을 지새우며 번역 원고를 수 차례에 걸쳐 수정하고 교정해 준 엄재용 전도사에게 고마운 마음을 표하고 싶다. 또한 몇 년에 걸쳐서 방학 동안 이 책을 번역하느라고 남편과 아버지로서, 특히 방학동안 가정에서의 의무(?)를 다하지 못한 남편을 끝까지 이해하고 격려해 준 사랑하는 아내 구경선 교수와 무심한 아버지를 그래도 자랑스럽게 여기는 사랑하는 두 딸 현진과 예진에게도 감사하고 싶다.

끝으로 부족한 책을 출판해 준 대한기독교서회의 출판국장 서진한 목사님에게 지면을 통해 다시 한 번 감사하고 싶다.

2000년 9월 8일
한세대학교 신학관 연구실에서
차준희

합본을 내면서

이 책의 초판이 나온 지 일곱 해 만에 합본을 내게 되어 기쁘게 생각한다. 책을 내고 난 후, 의외로 합본에 대한 요구가 빈번하게 제기되어 심사숙고 한 끝에 합본을 결심하였다. 그동안 초판의 쇄를 거듭하면서 몇 차례에 오자 수정이 있었지만, 아직도 발견되는 오자와 잘못된 번역, 심지어 빠진 부분도 있어서 이번 기회에 여러 가지 미진한 부분을 적지 않게 바로 잡을 수 있었다. 앞으로도 민감한 독자들의 도움으로 이 책이 더 좋은 책으로 거듭나기를 기대한다.

이번 합본을 내면서 수정하는 일에 수고한 한세대학교 신학대학원 양한성 전도사에게 감사의 뜻을 전하고 싶다. 또한 합본에 흔쾌히 동의하여 주고 수고하여 주신 대한기독교서회 서진한 국장님과 이준환 부장님께도 깊이 감사를 드린다.

모쪼록 이 책이 구약성서를 통한 하나님의 뜻을 이해하는 데 조금이나마 도움이 되기를 간절히 바란다.

2007년 1월 12일

한세대학교 신학관 연구실에게

차준희

차 례

II. 오경의 전승과 문서 자료 및 역사서

III. 예언서

IV. 제의시와 지혜서

V. 구약성서의 신학과 해석학

I. 구약성서 개관과 이스라엘 역사

제1장 구약의 부분들

1. 명칭과 구조

구약은 신약이 있기 때문에 구약이다. 구약은 신약의 상대편으로 인식되기 때문에 이 이름 자체에는 이미 구약의 전승 문서를 기독교적으로 해석한다는 의미가 숨어 있다. 그러나 기독교적인 자기 이해에 의해 주어진 구약이라는 명칭은 구약 자체, 정확히 말하면 예언자의 미래에 대한 기대에 의한 것이다 : 하나님이 심판 후에 다시 자기 백성에게로 돌이키실 것이다. 예레미야 31장 31절 이하의 약속에 따라서 새로운 "언약"(라틴어로 testamentum)은 깨어진 옛 언약을 대신한다. "언약"이라는 단어는 이미 구약이 어떻게 자신의 울타리를 벗어나 희망을 견지할 수 있게 되었는가를 명백하게 보여 주는 단어가 아닌가? 그런 점에서 자신에게 주어진 것을 뛰어넘는 구약의 기대는 기독교적인 이해와 결합될 수 있다. 신약은 예언자들의 약속을 예수에 의해 시작된 미래와 연관시키고 있다(참조. 고후 3장 ; 히 8장). "옛 언약"이라는 개념을 구약의 책들에게 적용하는 것은 물론 신약에서는 아직 나타나지 않는다.

신약에서 구약은 권위 있는 것으로(예를 들어, 눅 10 : 25 이하), 즉 "하나님의 영으로부터 주어진 문서"(딤후 3 : 16)로 인용된다. 구약은 순전히 "문서" 혹은 "문서들"로서만 다루어진다(눅 4 : 21 ; 24 : 27 이하 등). 이 표현은 구약의 위대한, 아니 좀더 정확한 의미로 유일무이한 명성을 반영한다. 그러나 이것이 구약은 본질적으로 문서로 고정되어 있었고, 그 반면 신약은 구전으로 전승되고 있는 생생한 말씀이라는 의미로 잘못 이해되어서는 안 된다.

구약의 많은 부분은, 특히 예언자의 메시지 부분은 구전 선포로부터 발생해서, 후대에 예배에서 낭독되었고, 여기에 주석이 가해졌다(느 8 : 8 ; 눅 4 : 17).

구약 전체는 신약에서 "율법"(요 12 : 34 ; 고전 14 : 21 등)으로, 때로는 "율법과 예언서들" 혹은 "모세와 예언서들"(마 7 : 12 ; 눅 16 : 16, 29 ; 롬 3 : 21 등)로 서술되며, "모세, 예언서들과 시편"(눅 24 : 44)으로는 오직 한 번 서술된다. 이런 호칭은 구약이 본질적으로 율법적이라는 오해를 불러일으킨다. 물론 "율법"은 계명의 성격만을 갖는 것이 아니라(참조. 마 22 : 40), 예언의 성격도 포함하고 있다(요 15 : 25 ; 마 11 : 13 등). 그렇다고 해도 구약을 율법으로 보는 해석은 구약의 자기 이해와 모순된다.

구약을 둘 또는 세 부분으로 나누는 "모세, 예언서들 그리고 시편"이라는 도식은 구약의 구조를 반영하고 있다. 기원전 130년경에 쓰여진 (외경) 예수 시락서의 그리스어 번역 서문에서는 이미 이와 비슷하게 구약을 세 부분으로 나누는 것이 나타난다. 오늘날에도 유대교에서는— "낭독을 위한 책"이라는 뜻의 **미크라**(miqra') 같은 이름 외에 — 전통적으로 성서를 TNK[말할 때에는 테나크(T^enach)]라는 약어로 표시하고 있다. 이 말은 구약의 기본적인 세 부분들의 이름에서 첫 자음을 따와서 만든 것이다.

T : 토라(תורה), 즉 "가르침", 모세의 다섯 권의 책 : 창세기, 출애굽기, 레위기, 민수기, 신명기.

N : 느비임(נביאים), 즉 "예언서들"(여호수아서에서 열왕기서까지의 역사서들을 포함하여).

K : 케투빔(כתובים), 즉 (그 밖의) "성문서들", 예를 들면 시편과 욥기.

이에 반해서 구약의 **그리스어** 번역본인 **70인역**(Septuaginta, LXX)은 좀더 범위를 넓혀서 이른바 외경들(마카비서, 바룩서 혹은 예수 시락)까지도 포함시켜서 네 부분으로 나누는데, 그 범위는 때에 따라 변화하기도 한다 :

율법서(다섯 권의 모세 오경)

역사서(여호수아, 사사기, 룻기, 사무엘서, 열왕기서, 역대기서, 에스라,

느헤미야, 마카비 등)
시가서(시편, 잠언, 전도서, 아가, 욥기 등)
예언서(12 소예언서, 이사야, 예레미야, 애가, 에스겔 등)

처음에 나오는 두 그룹의 문서들, 즉 이른바 모세의 다섯 책을 역사서에 포함시켜 생각해 본다면, 히브리어 성서에 비해서 그리스어 역본은 더욱 분명하게 세 부분 즉 과거(역사서), 현재(시편, 잠언), 그리고 미래(예언)로 나눌 수 있다. 구약의 라틴어 번역인 불가타도 이런 구조로 나누어져 있다.

첫번째 그룹인 **오경** 또는 모세의 책들(이 책 4장 1을 보라)은 히브리어로 된 전승이나 그리스어 전승이나 모두 범위가 같다. 오경이 세계의 창조로 시작해서, 이스라엘의 시작(족장들, 애굽)과 이스라엘의 토대(시내산)에 대해서 기술하기 때문에, 오경은 당연히 구약의 맨 처음에 자리한다.

그러나 **두 번째** 그룹의 문서들에 대해서는 기독교 전통과 유대교 전통의 평가가 서로 다르다. 유대교에서는 이른바 대예언자인 이사야, 예레미야와 에스겔(다니엘은 제외)과 (원래는 한 두루마리에 기록되었던) 호세아부터 말라기에 이르는 열두 소예언서들을 "후기의 예언서들"로 이해하고 있다. 그리고 여호수아, 사사기, 사무엘서와 열왕기서를 "전기 예언서들"로서 앞쪽에 배치한다. 이런 "앞-뒤" 혹은 "전기-후기"라는 명칭의 대조는, 단순히 정경 속에서 그 문서들이 배치된 자리에서 유래한 공간적인 의미로 설명될 수도 있고 혹은 예언자들의 등장 순서에 따른 시간적인 의미로도 설명될 수 있다. "앞쪽의" 이야기체 문서에는 나단, 엘리야 혹은 엘리사 같은 예언자들에 대한 보도들이 수집되어 있다. 역사서와 예언서를 한 덩어리로 묶게 된 것은 아마도 역사를 다룬 책들이 예언자(사무엘)에 의해 쓰여졌다는 견해와 관계가 있을 것이다.

실제로 이야기 문학과 예언 사이에는 분명한 공통점이 있다. 그 둘은 역사에 대한 이해에 있어서 일치하는데, 특히 (미리 설명하는 아니면 후대에 설명하는) 말씀과 사건이 긴밀하게 관련되어 있기 때문이다. 이 밖에도 백성의 죄를 첫번째, 두번째 계명에 대한 위반에서 찾는 동일한(이른바 신명기학파의 것인) 편집적인 개정이 두 분야에서 모두 발견된다. 따라서 역사문학과 예언문학 사이의 관계는 이미 초기 시대로 소급될 수 있는 것으로 보인다.

이에 반해서 기독교 전통은 이야기체 문서들을 예언으로 배치하지 않고, 그리스어 번역과 그리스어 번역을 따르고 있는 라틴어 번역을 따라서, 오경을 여호수아-열왕기의 문서들과 함께 역사서로 같이 묶고, 여기에 다른 이야기체의 문서들(역대기, 에스라, 느헤미야, 에스더)을 결합시키고 있다. 이런 이유로 오경은 특수한 지위를 어느 정도 잃게 된다. 그 대신에 오경의 역사서로서의 성격과 여호수아서와의 관계성은 더욱 분명하게 드러나게 된다: 가나안 정착은 족장들과 이스라엘에게 주어졌던 약속의 성취로 보이게 된다. 물론 족장들 혹은 창조로부터 포로기 이후 시대까지 이르는 전체 역사는 일종의 연속성을 보여 주고 있다. 이 연속성은 창세기와 에스라/느헤미야 사이의 개별적인 문서들에서 여러 가지로 반영되어 나타난다.

구약의 **세 번째** 부분은 유대교 전통에서나 기독교 전통에서나 모두 거기에 포함되는 문서들의 범위가 유동적이다. 이 그룹의 문서들은—이미 완결된 것으로 생각되는—앞의 두 문서들(율법서, 예언서)에 넣을 수 있는 자리가 없기 때문에, "문서들"(성문서)로 배치된다. 여기에 속하는 문서들은 수백 년이 지난 후에도 여전히 확정되지 않았다. 히브리 성서에서는 좀더 범위가 넓어서, 시편, 욥기와 잠언서, 다섯 **메길롯**, 즉 다섯 차례의 축제 때 읽는 "두루마리"들인 룻, 아가, 코헬렛/전도서, 애가, 에스더(이 책 26장을 참조하라)와 다니엘, 역대기 역사서(에스라, 느헤미야, 역대기 상하) 등이 여기에 속한다.

기독교 전통은—그리스어-라틴어 번역과의 연관성 속에서—몇 가지 문서의 모음(욥, 시편, 잠언, 전도서, 아가)을 "시문학"이라는 단일체로, 반면에 다른 부분(역대기, 에스라, 느헤미야, 에스더)은 역사서로, 또 다른 세 번째 부분(애가, 다니엘)은 예언서로 보고 있다.

2. 정경의 형성

구약의 구조가 어떤 원칙의 지배도 받고 있지 않다는 사실은 그 역사적인 성장 과정에서 밝혀진다. 구약의 조직은 때로는 "문서"의 덩어리로 존재하는, 현존하는 각 책들을 하나하나 추가적으로 한 권의 구약책에 포함시켰다. 그렇다. 구약을 구분할 때, 각각의 단계는 구약 형성에 영향력을 미쳤다.

맨 앞부분인 **오경**(Pentateuch)은 수백 년의 역사 속에서 상호 결합되어, 기원전 5세기 혹은 늦어도 기원전 4세기에는 현재의 형태를 갖추게 되었다. 사마리아 사람들은 점차적으로 — 아마도 헬레니즘시대에야 비로소 완성됨 — 예루살렘 공동체에서 분리되어서, 오직 토라, 즉 모세의 다섯 권의 책들만을 권위 있는 것으로 인정하고 이를 보존하였다(이 책 12장 3.4 참조)또한 이미 기원전 3세기부터 오경은 애굽에서 그리스어로 번역되었다.

대략 기원전 3세기경 "예언서들"(Prophetenbücher)이 모세 오경에 연결되었다. 예언의 시대는 종결된 것으로 보였고(참조. 슥 13 : 2 이하), 해석의 시대가 시작되었다. 기원전 190년경의 시락서 48-49장은 "족장들에 대한 찬양"에서 이미 이사야, 예레미야, 에스겔과 열두 소예언서들을 이야기하고 있다. 반면 기원전 165년경에야 비로소 생겨난 다니엘서는 여기에 빠져 있다.

이 문서들이 오경과 같은 가치를 가질 수 없었다면, 이들이 오경에 이어서 나올 수 있었겠는가? 모세의 다섯 권의 책들은 율법적인 부분뿐만 아니라 이야기체 부분에서도 여러 번 이스라엘의 가나안 정착을 미리 지적하고 있다. 반대로 역사적 본문들, 때로는 예언 본문들도 이스라엘의 초기 시대에서 비롯된 기본적인 전승들을 암시하고 있다.

게다가 예배 때에 "율법"과 예언을 낭독하는 관습(행 13 : 15)은 아주 오래 전 시대로 소급될 수도 있을 것이다(이 책 13장 1.3 참조).

세 번째 그룹인 "문서들"(Schriften)은 신약시대에 와서야 비로소 정리되었는데, 이때에 구약의 전체적인 윤곽과 개별 본문 형태들이 확정되고 정경화되었다. 즉 그 "문서들" 역시도 영감에 의해 기록된 것으로, 또한 공동체의 신앙과 삶에 적합한 것으로 인정받게 된 것이다. 정경의 세 번째 부분에 역대기와 다니엘서가 삽입되었다는 사실은 이 문서들이 비교적 후대에 발생하였음을 말해 준다. 왜냐하면 역대기와 다니엘서가 그 이전의, 이미 완결된 문서 모음 속에서는 전혀 발견되지 않기 때문이다.

구약 전체의 최종적인 범위는 아마 기원후 1세기 말경(이른바 야브네-얌니아 공의회에서)에 비로소 확정되었을 것이다. 이때는 유대공동체가 예루살렘과 성전의 파괴 이후(기원후 70년) 새롭게 국력을 다질 때였다. 기독교와 간격을 두려는 의도가 정경 작업에 영향을 미쳤을까? 단지 토라만이 이미 오래 전부터 그에 적절한 상당한 명망을 가지고 있었을 뿐 아니라, 예언서와 시편도 사실상 이미 "정경으로" 여겨지고 있었다. 그럼에도 불구하고 신약은 여전히 우리가 현재 알고 있는, 완결된 형태로 구약을 이해하고 있는 것처럼 보이지는 않는다. 어쨌든 신약은 외경을, 즉 비정경적인 것으로서 배제되었던 문서들을 여러 번 인용한다(유 14-15절; 참조. 고전 2:9 등).

이러한 정경의 역사는 구약의 범위를 다른 방법으로 설명하는 기독교 교회에도 여전히 영향을 주고 있다. 즉 한 부분에서는 외경을 받아들이고(가톨릭교회), 다른 부분에서는 외경을 배제하고 있다(루터교회, 개혁교회는 보다 더 단호한 입장을 취한다).

(히브리) 구약성서의 구조

명 칭	내 용	추정적인 문서고정 ("정경화") 연대
토라 "가르침"	오경: 1-5 모세 = 창세기, 출애굽기, 레위기, 민수기, 신명기	기원전 5/4세기 (사마리아 오경)
느비임 "예언자들"	"앞의(전기의) 예언서들": 여호수아, 사사기, 사무엘 상·하, 열왕기상·하 "뒤의(후기의) 예언서들": 이사야, 예레미야, 에스겔, 12 소예언서(호세아-말라기)	기원전 3세기
케투빔 "문서들"	시편, 욥기, 잠언 다섯 메길롯: 룻, 아가, 전도서, 애가, 에스더 다니엘, 역대기 역사서(에스라, 느헤미야, 역대기)	기원후 100년경

제2장 이스라엘의 역사

구약은 역사 속에서 발생했으며, 그 내용의 많은 부분이 역사와 관련되어 있다. 그러나 그 기록은 신앙의 증언이다. 이것은 그 전승이 본래적인 형태로, 즉 "역사적으로 순수하게" 보존된 것이 아니라, 오히려 그때그때마다의 현실과 관계를 맺고, 그와 더불어 변화된 것임을 보여 준다.

그렇기 때문에 역사가에게는 이스라엘의 역사를 구약으로부터 비판적으로 연구해야 하는 과제가 주어져 있다. 역사의 재구성은 방법론적으로 세 단계에 기초를 두고 있다: (1) 본문 속에 담겨 있는 구전전승 자료들을 포함한 자료들의 분석, (2) 성서 외적인 고대 근동의 평행문서의 발견과 평가, (3) 특별히 주의를 기울여야 할 것으로, 그에 상응하는 역사적 과정들에 대한 역추론.

이스라엘에서 보다 폭넓은 문서전승은 왕정시대에 이르러서야 비로소 나타났다. 그 이전 시대에 대한 회상은 구전으로, 대개 민담 형식으로 전수되었다. 자료의 현재 상태뿐만 아니라 거기에 적용된 방법론으로 인하여, 결과적으로 특히 이스라엘의 국가형성 이전 역사와 초기 역사 부분에서 대부분 논란이 심한 결론만을 얻게 되었다. 역사적으로 논의가 가능한 독립된 대상으로서의 이스라엘은 가나안 이주 이후에야 비로소 파악이 된다. 그럼에도 불구하고 이스라엘의 자기 이해는 정착 이전 시대의 전승에 그 기초를 두고 있다.

이런 사실들을 인식하면서, 이스라엘의 역사를 좀더 일목요연하게 표현한다면 대략 다섯 내지 여섯 개의 시대로 나눌 수 있다(IV와 V는 아마 한 단계로 묶을 수도 있을 것이다):

단 계	시 대 구 분	연 대
I	유목시대	15(?) - 13세기
II	국가형성 이전 시대	12 - 11세기
III	왕정시대	대략 1000 - 587년
IV	포로기	587 - 539년
V	포로기 이후 시대	539년부터
VI	헬레니즘 시대	333년부터

이 같은 짧은 역사적 개관을 통해 역사를 기술함에 있어서 드러나는 대부분의 복잡한 문제들을 여기에서 모두 제시한다거나 혹은 고대 근동의 상황 속에서 이스라엘 역사에 내포되어 있는 여러 가지 상세한 사항들을 서술하는 것은 물론 불가능하다. 이 개요는 단지 구약 이해를 위해 절대적으로 중요한 사건들을 기록하기 위한 틀을 마련해 줄 뿐이다.

시 대	중심 연대	사 건	
I. 유목시대	15(?) - 13세기	족장들과의 약속 애굽으로부터의 해방 시내산 계시	
II. 국가형성 이전 시대 블레셋으로 인한 곤경	12 - 11세기	가나안 정착 영토 확장 사사시대 야웨 전쟁 부족연맹 : "암픽티오니"(?)	
III. 왕정시대 통일왕국시대	약 1000년	사울 다윗(수도 예루살렘) 솔로몬(성전 건축)	야위스트?
분열왕국시대 : 북왕국 이스라엘, 남왕국 유다	926년	이른바 왕국분열(이스라엘 역사에서 첫 번째로 확실한 연대 ; 왕상 12장)	

시 대	중심 연대	사 건	
아람의 위협 (특히 850-800년)			엘리야, 엘리사, 엘로히스트?
앗수르 통치기 (대략 750-630년)	약 733년	유다와 시리아-에브라임의 전쟁 (왕하 16 : 5 ; 사 7장)	아모스 (약 760년)
	732년	이스라엘의 영토 상실(왕하 15 : 29)과	호세아 (약 750-725년)
	722년	앗수르에 의한 사마리아 함락 (왕하 17장)	이사야 (약 740-700년)
유다시대			
	701년	앗수르에 의한 예루살렘 포위 (왕하 18-20장 = 사 36-39장; 사 1 : 4-8)	
바벨론 통치기 (605년부터)	약 622년	요시야의 종교개혁 (왕하 22-23장; 신명기)	예레미야 (약 626-586년)
	597년	10년후 : 첫 번째 예루살렘 파괴	에스겔
IV. 포로기	587년	바벨론에 의한 최종적인 예루살렘 파괴 (왕하 24-25장; 렘 27장 이하)	애가, 신명기역사서 : 신명기 - 왕하 (약 560년), 제사장문서, 제2이사야
V. 포로기 이후 시대 페르시아 통치기	539년	페르시아에 의한 바벨론 멸망 (사 46-47장 등)	
(539-333년)	520-515년	성전 재건축(스 5-6장)	학개, 스가랴
헬레니즘 시대	333년	알렉산더 대왕(페르시아에 대한 잇수스 전쟁에서의 승리)	역대기역사서
	164년	마카비 혁명 동안의 성전 재봉헌	다니엘서
	64년	로마에 의한 팔레스틴 정복	

1. 유목시대

고대 근동에서는 이미 기원전 3000년대 초에 역사적인 문서가 출현하기 시작했다. 이스라엘이 역사의 무대에 발을 디뎠을 때, 고대 근동의 다른 민족들은 이미 긴 역사를 뒤로 하고 있었고, 이스라엘은 그 같은 고대 근동의 전체 역사 속에 자신이 편입되었다는 사실을 알고 있었다(창 10장). 그러나 이스라엘의 조상들(창 11 : 28 이하; 12 : 4-5)은 두 가지 강 사이의 땅과 나일강 유역에서 꽃핀 고대 문명지의 출신은 아니었다.

창세기 11장 20절 이하는 나홀이나 하란처럼 북서 메소포타미아에 있는 장소의 이름을 따라서 사람의 이름을 불렀다. 또한 구약 자체에도 하란이 장소로서 나타난다(창 11 : 31-32; 12 : 4-5; 28 : 10). 그러나 그 지역도, 더욱이 더 먼 우르(창 11 : 28, 31)도 이스라엘 선조들의 고향은 결코 아니었다. 오히려 그 곳의 주민들과 친척 관계에 있었고(창 27 : 43; 22 : 20 이하; 24 : 4 이하), 아람족속의 이주로 인해서 생겨난 동쪽과 남쪽의 더 가까운 이웃인 암몬, 모압(창 19 : 30 이하), 에돔(창 36 : 10 이하)과도 친척 관계에 있었다.

이스라엘의 조상들은 광야 혹은 목초지에서 시간이 지남에 따라 변화되는 군중들 속에서 풍요로운 경작지로 밀고 들어갔던 **아람족**의 한 집단으로 간주될 수 있다. 아브라함의 친척들은 아람인이었던 것으로 생각되며(창 25 : 20; 28 : 5; 31 : 18, 20, 24 등), 신명기 26장 5절에 담겨 있는 신앙고백도 이스라엘의 선조가 "유랑하는 아람인"이라고 주장하고 있다. 이스라엘의 조상들은 본래 아람어를 사용했던 것으로 보이며, 정착한 이후에야 비로소 그 지방 언어인 히브리어를 사용하게 된 것 같다.

하나님의 이름인 야웨는 아마 아람어(hwh, "이다")이었을 것이나, 이보다는 "그는 있다, 그는 자신을 (활동하는, 자비심이 많은 자로) 드러낸다"라는 의미였을 가능성이 더 짙다. 이에 따르면 출애굽기 3장 12, 14절은 "나는 (너와 함께) 있을 것이다"라고 해석된다.

기원전 약 2000년대 후반기에, 이후의 이스라엘 민족의 자기 이해에 결정적인 영향을 끼치는 **세 가지 전승들**이 생겨났다. 이 전승들은 족장들과의 약속, 애굽의 노예생활로부터의 해방, 그리고 시내산의 계시이다. 구약에서 복잡할 뿐만 아니라 개별적으로 추적하기도 어려운 구약의 전승 과정에 대해 최종적인 결론을 내리자면, 그것은 곧 이 전승들이 한 개의 역사적인 연속물로 결합되어 있다는 것이다. 족장들인 아브라함, 이삭, 야곱은 세대를 따라 이어지고, 야곱-이스라엘의 아들들은 애굽에서 이스라엘 민족으로 성장하며(출 1 : 7), 더불어 모세는 애굽의 압제로부터 시내산의 체류 과정을 지나 유랑하면서, 요단 동쪽에 이르는 등의 많은 지면을 차지하고 있는 일련의 사건들을 결합시키는 인물로 묘사된다(신 34장). 그들은 신앙을 통하여 자신의 과거를, 비록 우회하기는 하였지만 그래도 모두 함께 약속의 땅에 이르도록 이끄신, 한 민족에 대한 한 분이신 하나님의 활동으로 이해하며, 이 같은 목적이 역사적 관점에 의해 해명될 때 신앙의 역사는 보다 통일성 있게 형성된다. 출애굽기로부터 여호수아서까지의 전승들은 그 사건들을 "이스라엘 전체의 사건으로 보려는 경향"(M. Noth)에 의해 채색되었으나, 원래 그 내용들이 결코 민족 전체를 다루고 있지는 않고 있다. 실제로 사사기의 진술은 훨씬 후대의 시대조차도 여전히 부족들의 역사로 기술하고 있다. 그러므로 역사의 진행 과정에 대해 비판적으로 질문하고자 하는 사람은 무엇보다도 오경 전승들 속에 깊이 각인되어 있는 전체 이스라엘이라는 해석을 벗겨 내야 한다. 그러나 또한 이에 대해서, 서로 서로 독립적인 그룹들의 경험으로 소급되는, 다른 환경과 다른 내용을 가진 다른 종류의 전승들이 족장시대의 가족사와 모세시대에 시작된 민족사 혹은 출애굽 전승 및 시내산 전승에 부합되는가를 시험해 보아야 한다. 이것은 역사 기술에 있어서 핵심적인 문제에 해당된다. 이 영역에 있어서, 모든 재구성은 단지 추정적인 정도에 그칠 수밖에 없다.

1) 특히 족장들의 종교에 대해서는 추측만이 가능하다. 오늘날에는 더욱더 의심받고 있는 고전적인 해결책(A. Alt, *Der Gott der Väter,* 1929)에 의하면, 족장들의 종교는 특별한 종류의 가족 종교 혹은 씨족 종교라는 것이다. 이것은 유목민의 생활 형태에 잘 어울리는 것으로서, "족장들의 하나님"에 대한 신앙이다.

"아브라함의 하나님", "이삭의 두려운 자(친척?)" 내지는 "야곱의 강한 자"(창

31 : 29, 42, 53 ; 46 : 1 ; 49 : 24-25) 역시 제사장이 있는 그 어떤 성소와도 연결되지 않는다. 오히려 그 신은 어떤 유랑하는 부족의 우두머리에게 — 그때그때마다 오직 그에게만 — 자신을 계시하며, 그에게만 인도와 보호, 자손, 땅의 소유를 약속한다(창 12 : 7 ; 28 : 15, 20 등). 물론 이스라엘은 땅을 소유하리라는 약속을 팔레스틴 전체 지역과 연관시켰고, 자손에 대한 약속은 민족을 이루리라는 약속으로 확대시켰다(창 15 : 4 이하 등).

창세기의 묘사 다음에, 족장들은 특정한 거룩한 도시들에서 방랑을 멈추고 정착하며, 그 곳에서 그들은 하나님의 계시를 받는다(이 책 5장 2.3 참조). 아마 족장 그룹들은 본래 그 주변 지역에서 그 장소들에 정착하게 되었을 것이다 : 아브라함은 헤브론(창 13 : 18 ; 18장 ; 23장)에, 이삭은 남쪽 브엘세바 근처(창 24 : 62 ; 25 : 11 ; 26 : 23 이하)에, 야곱은 요단 동쪽에 있는 브니엘과 마하나임(창 32 : 2, 23 이하)과 요단 서쪽의 세겜과 벧엘(창 28 : 10 이하 ; 33 : 19 이하 ; 35 : 1 이하)에 정착한다. 서로 다른 정착지들은 족장 그룹들이 원래는 서로 떨어져 살았다는 사실을 추측하게 한다. 이에 따라, 아브라함, 이삭, 야곱은 아마 후대에, 각각의 그룹들과 부족들이 통합되었을 때, 아니면 — 가장 후대로 생각한다면 — 한 나라가 형성되었을 때, 추가적으로 하나의 족보로 서로 연결되었을 것이다.

정착 이후 목초지의 이동과 성소 순례의 방문에 의한 교류를 통해서, 반(半) 유목민이었던 그들은 토착민인 가나안인과 만나게 되었고, 그들은 자신의 종교인 족장들의 하나님을 문명국 성소들의 엘-신과 동일시하게 되었다. 그래서 벧엘의 엘 벧엘, "벧엘의 하나님"(창 35 : 7 ; 참조. 창 31 : 13)이나, 브엘세바의 엘 올람, "영원한 하나님"(창 21 : 33 ; 참조. 창 16 : 13 등) 같은 표현이 생기게 되었다.

그 다음 단계에서, 족장들의 하나님과 엘-신은 이스라엘의 하나님(참조. 수 24 : 23)인 야웨와 동일시되었다(출 3 : 6, 13 이하 ; 6 : 2-3). 이런 과정이 결코 야웨 신앙에 대한 이방 세력의 침투를 의미하지는 않는다. 왜냐하면 이미 족장들의 하나님은 미래에 대한 말씀을 인간과 역사 가운데 계시하셨을 뿐만 아니라 무엇보다도 그 하나님은 "단일신론적"(monolatrisch)으로 경배되었기 때문이다. 즉 그 부족은 내부적으로 그때그때마다 오직 한 분의 신만을 숭배했다.

2) **애굽으로부터의 탈출** 역시 약속의 성취(출 3-4장; 6장)로 서술되는데, 이것은 전체 이스라엘의 근본적인 신앙고백이 되었다(출 20:2; 호 13:4; 겔 20:5; 시 81:10 등). 그러나 모든 역사적인 통찰에 따르면, 애굽에는 오직 한 지파만이 머물러 있었고, 이것이 후대에 이스라엘 민족으로—더 정확히 말하자면 아마도 북왕국으로—발전되었다.

그러나 본래 전승이 그렇게 작은 범주라고 할지라도, 이 전승은 신뢰할 만한 핵심 요소를 갖고 있다. 이 전승에 의하면 이스라엘의 선조들은 처음에 기아의 위협(창 12:10; 42-43장)으로 인해 애굽으로 이주해야 했었고, 그곳에서 "비축성" 비돔과 람세스를 건축하는 강제노동을 하게 되었다(출 1:11). 이 진술은 람세스 2세가 그의 왕국의 북동쪽 국경 근처의 동쪽 삼각지에 새로운 수도("람세스의 집")를 세우려 했던 기원전 13세기를 떠오르게 한다. 이 부역인들이 도망쳤을 때(참조. 출 14:5), 곧 추격 당했다. 그러나 그들은—아마 어떤 자연적 재앙을 통해서—구원되었다. 다음의 노래는 가장 오래된 본문으로 이 사건이 이스라엘의 승리가 아니라, 인간의 도움 없이 오직 하나님의 행위로 나타났음을 묘사한다:

> "야웨를 찬양하라. 왜냐하면 그는 높고,
> 말과 그(전차) 탄 자를 바다에 던지셨기 때문이다."
> (출 15:21; 참조. 출 14:13-14, 25)

이 찬양시(출 15장)는 산문으로 된 전승(출 14장)처럼 구약 신앙의 두 가지 기본적인 특성을 보여 준다. 이것들은—배타성과 우상금지와 더불어(출 20:2 이하 등)—후대에까지 깊게 각인되어 있다: 이 노래는 하나님의 행위가 역사 속에 개입된다는 사실을 기초로 하고 있으며, 고통에서 구원하시는 하나님을 고백한다.

물론 이 사건들에 대한 회상은 그것이 억압에 관한 것이든(출 1:15 이하; 5장) 아니면 구원에 관한 것이든(출 14:23, 26, 28-29P; 15:8 이하; 시 136:13 이하; 사 51:9-10 등) 간에 시간이 지남에 따라 더욱 다채롭게 채색되었다. 바로가 이스라엘을 "놓아줄" 수밖에 없게 했던 전염병과 유월절 밤의 기적들은 상징적인 것이다 : 아이들과 자손들, 온 세상까지도 야웨가 행하셨던 일을 알아야 한다(출 9 : 16 ; 10 : 2).

한밤중에 사람과 가축의 만물이 죽는 마지막 "파멸의 도래"에서, 오직 보호제의를 통해서 자신을 보호한 사람만이 "화를 면한다" : 이 제의는 유목시대로 소급되는 유월절의 기원을 어느 정도 암시한다. 한때 그것은 재앙을 방지하기 위한 제의였는데(집이나 천막 입구에 양의 피를 바르는 것, 불에 탄 고기음식), 이로써 주인 자신과 그의 가축들은 광야의 악마로부터, 즉 "파멸자"(출 12 : 23 ; 참조. 히 11 : 28)로부터 보호받을 수 있었다.

이스라엘에서 유월절은 새로운 성격을 갖는다 : 7일 동안 누룩을 넣지 않은 빵을 먹는(출 13장 ; 참조. 출 23 : 15 ; 34 : 18) 무교절 축제와 결합되어서, 유월절은 탈출을 기념하는 날이 되고(출 12 : 14 P ; 참조. 신 16 : 3, 12 등), 그로써 선포의 동기가 되었다(출 12 : 24 이하 ; 13 : 8, 14 이하 등).

3) 하나님의 이름 야웨는 본래 **시내산**에서 기원한 것이며(삿 5 : 4-5 ; 신 33 : 2), 모세에 의해서 알려진 것이다 : 그는 백성을 "하나님께로 인도하기 위해서 하나님께 올라갔다"(출 19장 ; 24장 ; 참조. 출 33 : 12 이하 ; 왕상 19장).

시내산의 정확한 위치는 아직도 아무도 모르지만, 유목을 하던 미디안족의 영토인가? 이스라엘 조상들이 **미디안족**(참조. 출 18 : 12)이나 아니면 겐족(참조. 창 4 : 15)의 중개를 통해서 야웨 신앙을 알게 되었을 수도 있다. 어쨌든 전승들은 모세가 미디안족 제사장(출 2 : 16 이하 ; 18장)이나 아니면 겐족 사람(삿 1 : 16 ; 4 : 11)의 사위였다는 믿을 만한 회상을 보유하고 있다. 모세가 이를 통해 야웨 신앙을 알게 되었고, 애굽의 압제를 받고 있던 사람들에게 야웨 신앙을 전달하게 된 것인가(참조. 출 3-4장)? 모세가 애굽어로 된 이름 — 아마 "아들"이란 뜻을 가진 — 을 가졌기 때문에, 학자들은 그 인물을 애굽, 미디안과 요단 동쪽 땅(신 34 : 5-6)의 간격을 이어주는 요소로 보기도 한다. 모세가 시내산의 계시 사건에서 매개자 역할을 했다는 사실도 전승의 핵심에 속할까? 그럼에도 불구하고 시내산에서 "실제로" 어떤 일이 일어났는가에 대한 문제는 여전히 논쟁거리로 남아 있다. 현재의 시내산 단

락은 세 가지 본질적인 주제로 요약된다 :

신현현, 즉 화산 활동이나 벼락 현상이라고 전해지는 자연적인 사건 속에서 하나님이 나타나심(출 19 : 16 이하)
이른바 계약 체결, 즉 하나님과 백성 사이의 공동체 의식 확립(출 24장 ; 34장)
하나님의 법 선포(특히 출 20-23장 ; 34장)

신현현은 최초의 문서층에 속하는 것이고, 하나님과의 지속적인 관계 곧 하나님과의 만남 역시도 최초의 문서층에 속할 가능성이 높다. 이 관계는 후대에 가서야 비로소 "언약"으로 불리게 된다. 그러나 법의 공포는 본래 독립적인 전승의 한 요소가 아니었을까? 어쨌든 그 전승 속에서 십계명, 언약법전(출 20-23장), 다른 법률조항들과 제의 율법들의 모음이 시내산의 계시 사건으로 삽입되었으며, 이에 따라 인간적인 공동생활을 위한 윤리와 법은 예배와 마찬가지로 하나님과의 관계의 결과로서 나타나게 된 것이다.

한편으로는 출애굽과 시내산 계시 사이에, 그리고 또 한편으로는 시내산 계시와 가나안 정착 사이에 "광야에서의 인도"라는 전승 부분이 끼어들었다. 그럼에도 불구하고 이 전승은 자체적으로 완결된 단일체가 아니라, 여러 가지의 개별적 진술들과 개별 장면들이 모인 것이다. 이 개별 요소들은 본질적으로 방랑하는 동안의 곤경과 위험들로부터의 구원을 기술하고 있다. 예를 들면 배고픔에서의 구원(만나와 메추라기로 먹임, 출 16장 ; 민 11장)과 목마름에서의 구원(바위에서 물을 얻음, 출 17장 ; 민 20장 ; 참조. 출 15 : 22 이하), 또한 적들의 위협에서의 구원(아말렉과의 전투, 출 17 : 8 이하)이 언급된다. 현재 문맥의 틀 속에서, 이 개별 전승들은 하나님의 약속에 대한 이스라엘의 불신앙, 즉 애굽의 "고기 냄비"(출 16 : 3 ; 민 11장)를 그리워 하는 백성의 "불평"을 잘 예증해 주고 있다.

서로 다른 지역의 전승들은 남 팔레스틴(특히 출 17장)을 중심으로 생성되어 규합된 것인가? 구약은 그 의미에 대해서는 단지 희미한 회상(신 1 : 46 ; 32 : 51 ; 33 : 8 ; 민 13 : 26 ; 20장 등)만을 남기고 있을 뿐이다 : 이스라엘의 조상들은 가데스의 오아시스 지역에서 더 오랜 시간 동안 머물러 있었던 것은 아닌가? 이 곳에서 애굽을 탈출해 나온 사람들이 다른 시내산 지역의 출신 그룹들과 만나게 된 것인가? 그 곳이 야웨 신앙의 확대에 결정적인 역할을 한, 문명지로 가는 길의 중간 정거장이었는가? 팔레스틴과 아주 근접한 위치에 있는 이스라엘의 이전 역사와 관련된 지역에 대해서는 확실한 대답을 할 수 없는 질문들이 많다.

2. 국가형성 이전 시대(땅의 정착과 사사시대)

소아시아에서 히타이트 왕국이 멸망하고, 애굽과 메소포타미아에서 대제국들이 그 힘을 잃어갈 때, 대략 후기 청동기시대에서 철기시대로의 전환기에, 반(半)유목을 하던 이스라엘의 조상들은 팔레스틴으로 침투하여, 아마 그 곳에서 비로소 확고한 부족들을 이루었을 것이다. 중립적인 표현으로 "땅의 정착"(Landnahme : A. Alt)으로 불리는 이주 과정은 이스라엘이 통일된 지도력하에 하나가 되어 함께 그 땅을 정복했던 전쟁 행위를 통해서 일어난 것이 결코 아니다(수 1-12장과는 달리). 오히려 이것은 본질적으로 평화적이며, 여러 차례 그리고 오랜 시간 동안의 점진적인 정착을 통해서 가능하게 된 것이다.

어느 정도 우연히 확인된 몇몇 개별 경우들은 지역에 따라서 정착의 상황이 얼마나 서로 다르게 이루어졌는지를 보여 준다 : 가장 먼저 중앙 팔레스틴에 정착하려고 했던 단 지파는 더 높은 북쪽으로 밀려나고 말았다(삿 1 : 34 ; 13 : 2, 25 ; 17-18장 ; 수 19 : 40 이하). 비슷하게 르우벤 지파(참조. 수 15 : 6 ; 18 : 17 ; 삿 5 : 15-16)와 아마도 시므온 지파와 레위 지파(창 34장 ; 49 : 5 이하)도 본래부터 중앙 팔레스틴 지역으로 이주하였던 것으로 보인다.

"고용된 자"인 잇사갈 지파는 그 이름이 의미하는 대로 가나안의 도시들을 위하여 부역을 해 주는 대가로 겨우 정착할 수 있었던 것으로 보인다(참조. 창 49 : 14-15 ; 삿 5 : 17).

추측컨대, 개별 지파들 역시 각기 다른 방향으로 이주하였을 것이다. 유다는(베들레헴 주위에서) 남쪽으로부터(참조. 민 13-14장), 중앙 팔레스틴에 정착한 베냐민과 "요셉 집안"은 동쪽으로부터(수 2장 이하) 온 것인가?

어쨌든 그들은 우선 사람이 별로 많이 살지 않는 산악지대에 먼저 정착하기 시작했다(참조. 수 17 : 16 ; 삿 1 : 19, 34). 평지의 견고한 도시들, 즉 정치적으로 독립되어 있는 도시 국가들은 전차를 몰고 다니면서 이스라엘보다 우월한 전투를 할 수 있었기 때문에 이스라엘은 평지 쪽을 정복할 수 없었다. 이런 사실들은 이스라엘의 초기 역사를 재구성하는 데 매우 의미 있는 자료인 사사기 1장 21절과 27절 이하의 이른바 "소유하지 못한 곳의 목록"을 통해서 알 수 있다.

이러한 방법을 통해서 서로 그다지 관계가 없는 네 개의 이주 지역들이 형성되었다 : 두 중심 지역인 중앙 팔레스틴에는 "요셉 집안"이, 남쪽에서는 유다가 거주하였고, 좀더 변두리인 두 지역에서는 북쪽의 갈릴리(아셀, 스불론, 납달리, 잇사갈)와 요단 동쪽 지역(르우벤, 갓)이 거주지가 되었다. 요단 서쪽의 세 거주지 중에서, 이스르엘 평지를 가로지르는 북쪽 지역(삿 1 : 27 ; 수 17 : 14)과 예루살렘으로부터 서쪽으로 뻗은 남쪽 지역(삿 1 : 21, 29, 35)에서 이스라엘은 견고한 가나안의 도시 국가들을 밀어내지 못했다. 그러나 이 같은 지리적 차이가 "이스라엘"의 분열을 의미하지는 않았다.

물론 사사시대 초기에는 중앙 팔레스틴 출신의 인물과 갈릴리 출신의 인물이 만나는 것처럼 개별 인물들의 만남이 가능했다(삿 4-5장 ; 6-7장). 남쪽 유다와의 만남도 가능했을까(참조. 수 7 : 1, 16 ; 15 : 16과 삿 3 : 9를 비교하라. ; 또한 수 12 : 8)?

대략 기원전 12세기 정도에 종결된 가나안 정착 이후에 가서 비로소 점차적인 **영토 확장**이 일어났다. "이스라엘이 강성해진"(삿 1 : 28) 이때에 비로소 가나안 도시국가들과의 전쟁과, 특히 이른바 드보라-전투를 통해서, 많은 사건들이 이스라엘 역사 속에 각인되기 시작했다(삿 4-5장 ; 참조. 삿 1 : 17, 22 이하 ; 수 10-11장 ; 민 21 : 21 이하 ; 그러나 또한 창 34장). 가나안인들은 부역의 의무를 지게 되었고(삿 1 : 28 이하 ; 수 9장), 그에 따라 점차적으로 이스라엘로 흡수되었으며, 이런 과정을 통하여 이스라엘은 토착 거주민들의 종교적 사상을 소개받을 수 있었다.

이전부터 농업과 함께 통상적으로 행해졌던 풍습들이(참조. 시 126 : 5-

6) 이스라엘에 함께 전수되지 않았을까? 생명을 가져다주는 비와 땅의 풍요로움은 그 땅의 신들, 특히 바알신으로부터 은혜를 입었기 때문이었는가? 결국 야웨 신앙이 가진 배타성의 요구는 오직 하나의 해결책만을 허락했다: 야웨는 자연세계의 주인이기도 하다는 것이다(창 2:5; 8:21 J; 왕상 17-18장; 호 2장 등). 이 해결책은 오랜 시간이 흐른 뒤에야 얻어진 것이었다. 벧엘이나 실로와 같은 가나안 지역의 성소들로부터, 이스라엘은 그 지역에서 통상적으로 시행되었던 농업 축제들을 알게 되었다(삿 9:27; 2:19 이하; 참조. 출 23:14 이하).

드보라의 노래(삿 5장)는 어떻게 부족동맹이 야웨의 도움으로 이스르엘 평지에서 가나안인들의 도시들을 이겼는지를 노래하고 있다. 이와 비슷하게 다른 곤경의 상황에서도, 즉 암몬족이든(삿 11장; 삼상 11장) 혹은 미디안족이든(삿 6-7장; 이 책 11장 3. 2) 이에 관계없이 적대적인 부족의 침입이 발생할 때마다 직접 관계된 서로 근접한 이스라엘의 지파들(참조. 삿 7:23-24)은 카리스마적인 "사사"의 지휘 아래 "야웨의 전쟁"을 위해 결합하였다.

개별적인 부족들이 전쟁이 발생하는 경우에 서로 단결했다면, 서로 이웃한 부족들 역시 서로 다른 성소들을 순례할 때에 공동 제의를 위해 모였을 것이다(참조. 신 33:19). 제의와 관련해서, 모든 부족에게 동일하게 계속 유지되었던 제도 같은 것이 있었을까? 공통적으로 야웨를 숭배했다는 점에서, 이스라엘이 국가를 이루기 이전에 **12 부족동맹**, 이른바 암픽티오니(Amphiktyonie: M. Noth)를 이루었던 것일까?

후대의 본문들에서도 마찬가지이지만(참조. 대상 2:1-2), 좀더 이전의 본문들에 따르면(창 29:31 이하; 49장; 신 33장), 부족들은 열두 개의 그룹으로 모인다. 이들 족장은 야곱-이스라엘의 열두 명의 아들들로 인격화되고, 각기 그 부족의 모계를 따라서 배열되었다:

레아의 아들들: 르우벤, 시므온, 레위, 유다, 잇사갈, 스불론
라헬의 아들들: 요셉(에브라임, 므낫세), 베냐민
여종들의 아들들: 단, 납달리 혹은 갓, 아셀

이 목록의 후대 형태(민 1장; 26장)에는 레위가 빠져 있다: 그러므로 12라는 숫자는 요셉이 (그 아들들인) 에브라임과 므낫세로 나뉨에 따라 계속 유지된다.

확실히 이러한 체계에는 상징과 실재가 함께 담겨 있다. 그 역사적인 배경은 무엇인가? 눈에 띄도록 지속적(그 구성원은 바뀌지만)으로 몇 시대에 걸쳐 영향을 미치는 12라는 숫자는 왕정시대 이후에서는 결코 그 기원을 찾을 수 없다. 왕권이 부족체계를 뛰어넘는 민족국가로, 결국 영토를 통해 총괄하는 국가를 생성시켰기 때문이다. 또한 부족들간의 서열은 후대의 역사적인 실재와 상응하지 않는다. 르우벤이나 시므온, 레위 같은 부족들은 오래 전에 그 의미를 상실했고, 거의 잊혀졌다(참조. 창 34장; 49:3-7). 그러므로 그 목록에 내부적으로 나타나는 그룹들 가운데에는 적어도 부분적으로나마 부족연맹 이전의 다양한 역사가 숨겨져 있다.

그런 고유한 과거사의 하나는 레아의 아들들이 여섯 그룹으로 나뉜다는 것이다. 이들은 라헬의 아들들인 요셉과 베냐민이 애굽에서 이주해 오기 이전에 이미 중앙 팔레스틴에 정착해 있었을 것이다. 아마도 애굽 이주민들이 야웨 신앙을 가지고 들어와서, 그것을 이스라엘에 전달하였을 것이다. 여호수아 24장은 이 사건에 대한 회고를 담고 있는 것일까?

열두 개의 부족들이 남쪽으로부터 북쪽까지 결합된 데에는, 그 모든 부족들 사이의 어떤 공통점이 작용했다. 이것은 포괄적인 기구 같은 것일 수도 있다.

남쪽의 유다 지파가 대략 다윗시대 이후부터 세겜(참조. 창 33:18-20; 수 24장 등)에서 야웨 신앙을 가지고 있는 중앙 팔레스틴의 에브라임/므낫세 지파들과 더불어 동일한 역사를 갖게 되었다는 좀더 철저한 해석은 국가를 이루기 이전 시대의 관계들을 너무 많이 흩뜨려 놓는 것처럼 보인다. 물론 이런 전제에 의하면 야웨 신앙이 어떻게 남방에서도 그 기반을 가질 수 있었는가에 대한 어려운 문제에 만족할 만한 대답을 줄 수 없다.

족장 전승들은 남방의 브엘세바(창 26:23 이하) 혹은 헤브론(창 18장)과 북쪽 지역의 세겜(창 12 : 6 등) 사이의 아주 긴밀한 결합관계를 전제로 한다. 남쪽 지역에서 주도적인 여호수아서와 사사기의 모든 전승들(수 7장 ; 10장 ; 삿 3 : 9 등)은 왕정시대에 가서 생겨난 것인가? 사사기 1장 자체는 유다 지파의 토지 소유관계까지 기록하고 있다. 이른바 소사사들의 목록인 사사기 10장 1절 이하와 12장 8절 이하는 (북쪽—혹은 전체—)이스라엘의 재판을 담당한 직책에 대한 회고를 담고 있는 것으로 보인다.

어쨌든 여러 개의 개별 도시국가들이 자리잡고 있는 평지뿐만 아니라 산지까지도 이스라엘 백성들이 이곳 저곳에 정착하게 됨으로써, 점차적으로 팔레스틴은 구조적으로 더 이상 빈 지역이 남아 있지 않았다. 마찬가지로 북쪽과 북동쪽의 아람, 그리고 동쪽과 남동쪽의 암몬, 모압, 에돔 같은 이스라엘의 이웃 부족들도 이때에 민족국가를 확립하기 시작하였다.

3. 왕정시대

남쪽의 해안 평지에서도 이스라엘 전체에 곧 위협을 가하게 될 새로운 세력이 일어났다. 즉 이들은 블레셋이었다. 이들은 셈족이 아니었기 때문에 구약은 이들을 "할례받지 못한 자"라고 불렀다. 블레셋은 도리스족의 유랑으로 이동하게 되었던 해안민족을 통해서 팔레스틴으로 진입해 들어왔으며, 결국 다섯 개의 도시 국가들을 세웠다(가사, 아스글론, 아스돗, 에그론, 갓). 사사시대에는 그들의 침략이 장소적으로나 시간적으로 제한적이었지만, 블레셋이 우수한 철제무기를 사용하고(삼상 4장 이하 ; 10 : 5), 지속적으로 힘을 증식해 나가면서(참조. 삿 3 : 31 ; 13－16장), 결국은 이스라엘에 대해서 군사적인 우위를 차지하였기 때문에, 전체 이스라엘은 지속적인 지도력을 통하여 공동적인 행동을 취할 수밖에 없었다. 따라서 대외 정치적인 압박을 근거로 하여, 기원전 1000년경에 왕정이 시작되었고, 이로써 국가가 형성되었다(삼상 8－12장 ; 참조. 이 책 11장 3. 3).

1) 통일왕국시대

사울 왕권은 처음에는 성공적이었으나(삼상 11장 ; 13장 이하), 결국 파국으로 끝을 맺었으며(삼상 28장 ; 31장), 그의 왕권은 그다지 길게 존속되지는 못했다. 사울은 블레셋 전투에서 패배하였고, 이스라엘은 다윗 이후에야 비로소 블레셋을 이길 수 있었다.

여기에서 북쪽 지역과 남쪽 지역의 결합에 대한 질문이 다시 한 번 제기된다. 사울의 죽음 이후 잠시 동안 정권을 차지했던 사울의 아들 이스바알과 마찬가지로(삼하 2 : 9 - 10), 사울 역시도 유다를 제외한 후대의 북왕국 지역만을 다스렸을까? 어쨌든 사울의 세력권에는 남쪽 지역도 포함되어 있었다. 유다의 베들레헴 출신인 이새의 아들("이새의 뿌리") 다윗은 예루살렘 북쪽의 기브아 지역으로부터 사울의 궁정으로 발탁된다(삼상 16 : 14 이하 ; 참조. 삼상 22 : 6). 사울은 용병부대까지 가지고 있었던 다윗의 성공을 시기하여 남쪽 지역까지 그를 추적했다(삼상 22장 이하).

짧은 과도기 이후 **다윗**은 왕이 되어 맨 처음에는 우선 헤브론에서 유다 족속만을 다스리다가(삼하 2 : 1 - 4), 나중에는 계약을 통해서 북쪽 부족들까지도 다스리게 되었다(삼하 5 : 1 - 3). 이러한 즉위는 기름 부음을 통해서 부여되는데, 이는 백성의 대표자들(삼하 2 : 4 ; 5 : 3)을 통해서 혹은 경우에 따라서는 적어도 예언자들을 통하여 하나님의 이름으로(왕하 9장 ; 참조. 삼상 10 : 1 ; 16 : 13) 수행된다.

그러므로 왕은 야웨의 "기름부은 자"(마쉬아흐, משיח. "메시아" : 삼하 23 : 1 - 3 ; 시 2 : 2 ; 20 : 7 등)로서, 불가침의 존재이다(삼상 24 : 7, 11). 왕은 하나님의 양자로 수용됨으로써, 하나님의 아들로 인정되었다(시 2 : 7 ; 89 : 27 - 28 ; 삼하 7 : 14). 그에게는 당연히 세계 통치권이 주어지고(시 2편 ; 110편), 왕의 "공의"는 사회 영역을 넘어서서 자연에까지 영향을 미친다(시 72편).

다윗은 남쪽 부족들과 북쪽 부족들을 한 동맹체로 결합시켰을 뿐 아니라, 아직 독립을 지키고 있던 가나안의 도시 국가들도 이스라엘로 편입시켰다. 그에 따라 다윗은 그의 상비군대를 이용하여 각각 정도의 차이는 있지만 서쪽의 블레셋과 동쪽의 암몬, 모압, 에돔, 그리고 북쪽의 아람까지 이스라엘로 종속시켰으며, 그로 인해 시리아-팔레스틴 지역에 대제국을 건설하는데 성공하였다. 그리고 다윗과 그 후계자들 역시도 이스라엘에 필수적인 체계들을 이루어 냈다(이 책 3장 3).

이토록 새롭게 정복된 지역은 차후 세대를 위한 발전의 거점이었을 뿐만 아니라 이스라엘의 신앙적 측면에서도 중요한 의미를 부여했다. 다윗은 가나안의 도시, 정확히 말해서 여부스족의 도시이며, 동시에 북왕국과 남왕국 사이의 중립적인 자리에 놓여 있는 예루살렘을 용병으로 점령한 다음 그 도시를 수도로 삼았으며(삼하 5 : 6 이하), 동시에 — 법궤를 옮겨옴으로써(삼하 6장) — 그 도시를 야웨 신앙의 제의적인 중심지로 삼았다.

솔로몬은 궁정의 음모와 다윗의 권위적인 명령을 통해서 왕위 계승자가 되었다(왕상 1장). 그는 수도에 성전을 세웠다(왕상 6-8장). 이는 그의 국제적인 무역 관계의 도움으로 가능케 된 것이다(왕상 9 : 11, 26 이하 ; 10장). 당시는 무역 관계를 통해 평화시대를 이룰 수 있었으며, 솔로몬의 "지혜" 역시 이것을 전제한 것이다(왕상 3장 ; 4 : 29 이하 ; 이 책 27장 1).

왕의 궁전과 밀접한 관계에 있었던 성전은 왕국의 성소로서의 가치를 지니고 있었으며(참조. 암 7 : 13), 그 곳에서 제사장들은 관리로 일했다(왕상 4 : 2). 야웨가 성전(왕상 8 : 12-13)에 혹은 시온(사 8 : 18 ; 시 46편 ; 48편. 이 책 25장 4.3)에 거한다는 새로운 확신은 유목시대에 대한 회고를 반영하는 것이 아닐까? 그 지방의 성소와 마찬가지로 예루살렘 역시 이방 종교의 사상들 — 예를 들면 하나님의 산(시 48 : 3), 하늘의 왕궁(시 29편 ; 89 : 6 이하), 하나님의 왕권(시 47편 ; 93편 이하 ; 사 6장), 용과의 싸움(시 77 : 17 이하), 또한 세상의 창조(시 8편 ; 24 : 2 ; 104편 등) 등등 — 을 야웨 종교로 흡수한 장소로서, 이 곳에서 이방 사상들은 고유한 야웨 신앙으로 변형되었다.

2) 분열왕국시대, 특히 북왕국 이스라엘

다윗의 대제국은 이미 솔로몬의 통치시기에 이르러 그 외곽 지역을 잃게 되었으며(왕상 11 : 14 이하, 23 이하), 솔로몬 사후에는 결국 분열되기까지 했다. 다윗과 솔로몬의 생전에도 "다윗이 우리에게 준 몫이 무엇인가?"

(삼하 20 : 1 ; 왕상 12 : 16 ; 참조. 왕상 11 : 26 이하)라는 슬로건으로 끊임없이 반란을 일으켜 왔던 북쪽과 남쪽의 오래된 반목은 이른바 왕국 분열(기원전 926년 ; 왕상 12장)을 통해서 다시 한 번 그리고 결정적으로 표면화되었다. 200년이 지난 후에도 선지자 이사야(사 7 : 17)는 이 사건을 심판의 날이라고 생각했다. 예루살렘을 수도로 하는 유다와 북쪽의 이스라엘은 이제 정치적으로 서로 독립하게 되었다.

다윗과 솔로몬에 대해서 그들이 각기 40년 동안 다스렸다는 언급만이 남아 있다(왕상 2 : 11 ; 11 : 42). 단지 아주 근소한 숫자상의 차이가 나타나긴 하지만, 이른바 왕국 분열이 일어난 후에야 비로소 좀더 확실한 연대기가 시작되었다. 그 이유는 한편으로 북왕국과 남왕국의 통치자의 치리 연수가 열왕기서에서 서로 비교되고 있고, 다른 한편으로 이스라엘 역사가 오히려 보다 잘 알려진 고대 근동의 시대사에 포함되기 때문이다(왕상 14 : 25 – 26 ; 왕하 3장 등).

또한 왕정의 등장과 더불어 문서로 된 기록들이 나타나게 되었다: 우선은 다윗의 등극과 왕위 계승에 대한 역사(이 책 11장 3.3)이고, 다음으로는 왕들의 직무에 대한 "일지"가 쓰여졌다(왕상 11 : 41 ; 14 : 19 등). 무엇보다도 솔로몬 시대에는 야위스트의 오경 문서가 그리고 1세기에서 1세기 반 정도가 지난 후에는 엘로히스트의 오경 문서가 생성된 것으로 보인다.

남왕국에는 300년 이상이나 다윗 왕조가 확고하게 지배권을 장악했고, 그 수도는 당연히 예루살렘이었으며, 그 곳은 왕의 성소 역할까지 담당했다. 그러나 북왕국에는 남왕국에 상응하는 고정 지점이 없었고, 그렇기 때문에 북왕국은 그다지 안정되지 못했다. 북왕국의 수도는 세겜에서 브니엘(왕상 12 : 25)로 천도되었고, 또 오랜 시간 동안은 디르사(왕상 14 : 17 ; 15 : 21, 33 등)였다가, 결국 마지막에 사마리아로 결정됐다. 사마리아는 원래 사람이 살지 않는 구릉지였는데, 오므리가 기원전 880년경에 그 곳을 구입했다(왕상 16 : 24 ; 참조. 삼하 24 : 21 이하). 결국 새로운 수도 사마리아는 예루살렘처럼 왕의 소유지가 되었다. 북왕국도 당연히 왕조를 세우려고 하였다(왕상 15 : 25 ; 16 : 8, 29 ; 삼하 2 : 8 – 9). 그러나 북왕국은 어느 정도의 기간이 지난 후에는 어김없이 폭력혁명이 유발되어 다시 와해되었다(왕상 15 : 27 ;

16 : 9 등). 이때 새로운 통치자를 임명하는 예언자의 운동이 때로는 결정적인 역할을 했던 것으로 보인다(예후의 혁명, 왕하 9 – 10장 ; 참조. 그 이후에 나오는 도식적인 설명인 왕상 11 : 29 이하 ; 14 : 14 등). 어쨌든 예언자들 가운데에서 왕권에 대한 날카로운 비판자들이 생겨났다.

북왕국의 통치자들 가운데에서 다음의 인물들이 두드러진다 :

첫 번째 지배자인 여로보암 1세(기원전 926 – 907년)는 이스라엘을 제의적으로 독립시키려 했던 것 같다. 이를 위해서 그는 벧엘과 단을 왕국 성소들로 격상시켰다(왕상 12 : 26 이하 ; 참조. 암 7 : 10, 13).

예후가 왕이 된 후에도, 앗수르가 북왕국을 "오므리 왕조"로 부를 정도로 강성했었던 오므리와 그 아들 아합(기원전 약 880 – 850년)은 가나안 주민들과의 통합을 위해서 혼합주의 정책을 장려하였다. 이러한 혼합 정책, 특히 바알 종교를 지지했던 정책(왕상 16 : 31 – 32)은 예언자들 특히 엘리야의 반발을 불러일으켰다(이 책 13장 4).

예후(기원전 845 – 818년)는 야웨를 믿던 그룹의 지지를 받아 혁명을 일으키고 권력을 장악했다. 그는 혼합주의에 젖은 궁정을 거세게 비난했지만, 그의 살인 행위로 인해서 후대에 예언자 호세아(호 1 : 4 – 5)로부터 비난을 받게 된다. 예후는 북왕국 역사에서 가장 긴 기간, 거의 1세기 정도를 통치했던 왕조를 세웠다. 북왕국에 다시 한 번의 전성기를 가져왔던(왕하 14 : 25 이하) 여로보암 2세(기원전 787 – 747년)도 예후 왕조에 속한다. 북왕국의 마지막 25년 동안에는 여러 명의 왕위 찬탈자들이 줄줄이 나타났고(므나헴, 브가리야, 베가도 여기 속한다), 결국 북왕국은 기원전 722년 호세아의 치세 때에 멸망하고 만다(왕하 17장).

국내 정치적으로, 북왕국은 가나안 주민들이 가졌던 고유한 정치적, 법률적, 사회적, 종교적인 직관에 크게 힘입어서 발전할 수 있었다. 국외 정치는 우선 남왕국 유다와의 관계로 압축될 수 있다. 이 두 형제 왕국 사이에는 오직 간헐적으로만 우호적인 관계가 형성되었다. 두 나라는 예루살렘 북쪽의 베냐민 지파의 지역을 둘러싸고 경계 설정 분쟁을 계속했다(왕상 14 : 30 ; 15 : 16 이하 ; 왕하 14 : 8 이하).

훨씬 더 위험하고 강한 적은 북쪽에서 나타났다. 솔로몬의 시대에 이미 아람의 국가인 다메섹이 독립함으로써(왕상 11 : 23 – 24) 이스라엘은 곧 국경 분쟁에 말려들었고(왕상 15 : 20), 9세기 후반기 동안에는 큰 전쟁이 있었다

(왕상 20장; 22장; 왕하 6-7장; 8:12; 13장; 암 1:3-4 등). 앗수르가 다메섹의 세력을 약화시키자 비로소 이스라엘은 안정을 되찾았다. 앗수르는 스스로 몇십 년 동안(대략 기원전 800-750년) 시리아-팔레스틴 지역으로부터 물러나 있었기 때문에, 이스라엘은 잃었던 영토를 회복할 수 있었다(왕하 13:25; 14:25, 28). 그러나 이 시기의 마지막쯤에(대략 기원전 760년부터) 이미 예언자 아모스, 호세아, 이사야는 이스라엘의 "종말"을 선고하였다.

기원전 9세기에 이미 **앗수르**는 854/3년 오론테스강 유역에서 이스라엘을 포함한 작은 나라들의 연합국과 벌였던 카르카르전투를 통하여 시리아 지역을 넘보기 시작하다가, 기원전 740년 이후부터는 잔인하기로 유명한 군사력(참조. 사 5:26-29; 나 2장)을 가지고 남하하면서 이스라엘을 위협하기 시작했다. 북왕국의 멸망은 앗수르의 팽창 정책에 의하여 전형적으로 점층적인 세 단계로 진행되었다:

(1) 기원전 738년의 므나헴의 공물 헌납(왕하 15:19-20).
(2) 국가의 축소: 기원전 733/2년에 이스라엘의 북쪽 영토를 분리시켜서 도르, 므깃도, 길르앗의 세 영역으로 바꾸고(왕하 15:29), 앗수르가 뽑은 통치자(호세아)를 세움.
(3) 남아 있는 잔류 지방(에브라임)이 앗수르의 지방 체제에 편입됨으로써 마지막 정치적인 독립성이 파기되어 버리고 자국의 지도층이 추방되고 이방인 지도층이 세워짐(기원전 722년; 왕하 17장).

따라서 소국가들의 독립을 향한 시도들이 오히려 두 번째, 세 번째 단계의 더욱 강도 깊은 종속을 초래했다. 이 같은 시대적, 구체적인 관계 속에서 이른바 **시리아-에브라임 전쟁**(대략 기원전 733년)이 일어났다. 이 전쟁은 반(反)앗수르 동맹을 결속시킴과 더불어 이에 비협조적이었던 다윗 왕조의 통치자인 아하스를 파멸시키기 위하여(왕하 16:5; 사 7장), 다메섹(시리아)의 르신과 이스라엘(에브라임을 중심으로)의 "르말리야의 아들" 베가(사 7:2, 9)가 남왕국 유다를 대상으로 일으킨 전쟁이었다. 그러나 성공하지는 못했다. 앗수르는 종속 과정의 제2단계에 있던 이스라엘을 침입했고, 곧 그 다음으로 다메섹을 파멸시켰다(왕하 16:9). 유다는 이에 대해 무거운 공물을 물게 되었고, 앗수르의 속국이 되었다(왕하 16 : 8, 10 이하).

기원전 722년, 삼 년 동안의 포위 끝에 사마리아가 함락되었다. 이 사실은 북왕국, 즉 한때 야웨 신앙의 근간을 이루었던 나라의 역사가 끝남을 의미한다. 그 당시 북왕국 전승들(호세아의 메시지, 또한 엘로히스트의 기록과 아마도 신명기의 원형 등등)은 "이스라엘"이라는 이름을 계속 가지고 있었던 남왕국으로 흘러 들어갔다. 그리고 남왕국은 계속적인 문서화 작업의 중심지가 되었다.

앗수르는—거의 1세기 반 이후에 떠오른 바벨론과는 달리—추방된 지도층 인사들을 강제로 이주시켜서 각 나라로 흩어 놓았기 때문에(왕하 17 : 6), 그들의 자취는 사라져 버렸다. 이스라엘에 남은 주민들은 강제적으로 이주된 이방인들과 섞여서(왕하 17 : 24 ; 참조. 스 4 : 2), 이들로부터 후에 사마리아인들이 배출되었다.

3) 남왕국 유다시대

앗수르의 왕은 거의 1세기 동안에는 두 왕국의 역사를 결정하였고, 그 다음으로는 남왕국의 역사를 결정하였다 :

앗수르의 왕들	통치연도	구약의 언급
디글랏-빌레셀(3세) 불(Pull)이라는 바벨론 즉위명을 가지고 있음	745-727년	왕하 15 : 29 ; 16 : 7, 10 왕하 15 : 19
살만에셀(5세)	726-722년	왕하 17 : 3 ; 18 : 9
사르곤(2세)	721-705년	사 20 : 1
산헤립	704-681년	왕하 18 : 13 ; 19 : 20, 36= 사 36 : 1 ; 37 : 21, 37
에살핫돈	680-669년	왕하 19 : 37 = 사 37 : 38
앗수르바니팔	668-631(?)년	

멸망한 나라의 운명이 다른 작은 나라들에게 경고로 작용할 수 있었음에도 불구하고, 여러 번 반복적인 소요가 발생했다. 기원전 713-711년에는 블레셋의 도시인 아스돗에서 반란의 움직임이 일어났는데, 여기에는 유다도 참여하였다(사 20장). 그들은 앗수르의 통치를 밀어내기 위한 노력의 일환으로 이디오피아 왕조(사 18장)가 바로 사바카(Schabaka)와 함께 통치했던 애굽의 도움을 얻으려 하였다. 이 정치적인 삼각 관계 — 앗수르의 전권, 애굽, 유다를 포함한 작은 나라들 — 는 이사야의 후기 활동의 말씀의 전제가 되는데, 그 말씀에서 이사야는 애굽과 그의 보호를 받고 있는 나라들의 패배를 경고하고 있다(특히 사 30 : 1-3 ; 31 : 1-3).

산헤립의 즉위 이후, 히스기야 왕이 모반을 꾀했을 때 — 그의 제의 개혁(왕하 18 : 4)도 앗수르의 지배로부터 벗어나려는 맥락에서 설명될 수 있을 것이다 — 앗수르는 이에 맞서 기원전 701년에 그 땅을 점령하고 예루살렘을 포위하였다. 그러나 산헤립은 더 이상 분명히 알 수 없는 이유로 그 도시를 정복하기 전에 물러서고, 공물을 받고 봉신 관계를 새롭게 하는 것으로 만족했다(왕하 18 : 13-16 ; 참조. 시 46 : 5?). 이 사건으로 인해 다른 사람들이 기쁨에 넘쳐 있을 때, 이사야는 죽음의 애도를 요구했다(사 22 : 1-14). 유다 땅은 물론 아주 짧은 동안이기는 하지만 수도와 분리되어, 앗수르를 섬겼던 블레셋 국가로 편입되었던 것 같다(산헤립 자신의 보고는 그렇게 전하고 있다. 참조. 사 1 : 4-8).

나아가서 앗수르는 기원전 670년경에 애굽을 파괴하였다(참조. 나 3 : 8). 그러나 기원전 650년 이후 앗수르는 점차적으로 그 힘을 잃어갔다. 그 다음 격동의 10년 동안 나훔, 하박국, 스바냐와 예레미야가 등장했다.

앗수르의 봉신이었던 므낫세의 오랜 통치 기간 이후에, 요시야(기원전 639-609년)는 앗수르의 패권이 몰락하는 틈을 타서 정치적인 독립을 다시 찾을 수 있었으며, 이전에 북왕국 영토였던 지역들까지도 회복할 수 있었다. 이 짧은 자유의 시간은 개혁을 가능하게 했는데, 여기에서 신명기 혹은 신명기의 원형이 일종의 국가법으로서 도입되었다. 제의에서 이방적 요소들은 정화되었고, 예루살렘만이 유일한 성소로 인정되었다(기원전 622년 ; 왕하 22-23장). 물론 이러한 행위가 구약의 다른 부분들의 이해에 있어서 결정적인 의미를 가진다 할지라도, 그 역사성은 논란의 대상이 되고 있다(이 책 10장 1.5).

니느웨는 기원전 614-612년 동안 (북서쪽의 악메다[ekbatana] 주변에서 일어난) 메데인과 (마르둑 제의를 통해서 고대 바벨론 제국을 회복시킴으로써 **신바벨론인**이라고 불리웠던) 갈대아인들의 연합 전선에 의해 멸망당했다. 애굽의 왕 느고는 앗수르 제국의 멸망을 막으려고 하였다. 이 행렬을 막으려다 요시야(기원전 609년)는 므깃도에서 죽게 되고, 그의 후계자 여호아하스는 그 후에 애굽으로 유배되었다(왕하 23 : 29 이하 ; 대하 35 : 20 이하 ; 렘 22 : 10 이하). 그러나 신바벨론의 **느부갓네살**이 애굽과 싸워 승리함으로써(유프라테스 강 유역의 칼케미스에서, 기원전 605년), 시리아/팔레스틴은 바벨론에게 종속되었다.

요시야의 아들 가운데 하나인 여호야김(기원전 608-598년)이 조공을 중지하려고 하자, 느부갓네살은 예루살렘을 포위하였다. 그리고 그동안에 여호야김은 죽었다. 그의 아들이자 후계자였던 여호야긴은 몇 달도 통치하지 못한 채, 기원전 597년 **첫번째 예루살렘 점령** 때 왕족들과 지도층, 수공기술자들과 함께 — 그 가운데 예언자 에스겔도 있었다 — 바벨론으로 유배되었다(왕하 24 : 8 이하). 그럼에도 불구하고 여호야긴은 어떤 그룹의 사람들에게는 계속해서 적법한 왕으로 여겨졌던 것 같다(참조. 겔 1 : 2의 연대 표기). 그러나 그에 대한 희망은 실현되지 못했다(렘 22 : 24 이하). 물론 신명기 역사서는 마지막 보고(왕하 25 : 27 이하)에서, 여호야긴이 은혜를 입었다고 기록하고 있다.

느부갓네살은 예루살렘에 유화 정책을 써서, 새로운 다윗 왕가 사람인 **시드기야**(기원전 597-587년)를 통치자로 임명하였다(왕하 24 : 17). 시드기야가 정치적 상황을 잘못 파악하여 조공을 거부하고 예레미야의 경고를 무시한 결과 예루살렘은 **두 번째로 포위** 당했고, 기원전 587년(혹은 586년?)에 점령되었다. 이때 바벨론은 잔인하게 유다를 파괴하였다(왕하 25장).

이 사건은 네 가지 면에서 중요한 의미를 가진다 :

(1) 정치적인 독립의 궁극적인 상실(마카비 시대까지). 유다는 바벨론의 영토

가 되었고, 나중에는 페르시아의 영토가 되었다.
(2) 다윗 왕조의 종말(삼하 7장의 나단 예언에도 불구하고).
(3) 성전과 궁정, 도시의 파괴(시 46편, 48편의 시온 전승에도 불구하고).
(4) 마지막으로 약속의 땅으로부터의 추방과 생존한 지도층들의 유배(성전 집기들과 함께).

이로써 예언자의 심판 선포가 성취되었다 : 그러나 하나님 백성의 역사는 계속되었다.

4. 포로기 - 포로기 이후 시대

앗수르의 관례와는 반대로 바벨론은 팔레스틴에 외국의 지도자들을 임명하지 않았다. 따라서 거의 1세기 반 이전의 북왕국(왕하 17 : 24 이하)의 경우와는 달리 남왕국에는 이방 종교의 제의가 들어오지 않았다. 그 밖에도 바벨론은 포로로 끌려온 자들이 함께 모여 살 수 있게 해 주었다(참조. 겔 3 : 15). 그들은 집을 짓고 정원을 가꿀 수 있었으며(렘 29 : 5-6), "장로들"을 대표로 선출했다(겔 20 : 1 등). 여러 번의 추방에도 불구하고, 대부분의 주민들은 팔레스틴에 그대로 남았다(참조. 왕하 25 : 12). 결국 이스라엘(즉 유다 사람들) 혹은 유대교는 두 영역으로 존재하였다 : 팔레스틴과 골라(Gola : 포로로 끌려간 사람) 혹은 디아스포라(Diaspora)로 존재하였다.

디아스포라 공동체는 바벨론에만 있는 것이 아니라, 여러 가지 이유에서 애굽에도 있었다. 예루살렘 멸망 후에, 바벨론은 유다 사람인 그다랴를 (미스바에 거처를 둔) 총독으로 임명했다. 그가 암살된 이후, 한 무리의 유다 사람들이 애굽으로 도망쳤다(왕하 25 : 22 이하 ; 렘 40장 이하).

여러 가지의 외부적인 손실이 내부적으로는 이익을 가져왔다. 포로기 시대는 보기 드물게 문학적으로 풍요로운 시대가 된 것이다. 애가(그리고 시 44편 ; 74편 ; 79편 ; 89 : 39 이하 ; 사 63 : 7 이하 등)는 이스라엘 땅의 상황을 탄식했다. 이스라엘 본토에서는 신명기 학파가 활동했는데, 이들은 일종의 죄의 고백으로 신명기 역사서의 기초를 마련했고, 예언자들 특히 예레미야의 전승을 전수하고 수정했다. 반면 제사장문서는 예언자 에스겔과 제2이사야(사 40-55장)가 활동했던 포로지에서 생겨난다.

고대 근동의 힘의 중심이 이제까지 애굽과 메소포타미아에 있었다면, 이제 기원전 550년 이래로 세계 지배권은 새로운 세력들에게 양도되었다. 이들은 외부로부터 고대 근동지역으로 침략해 들어왔다. 이 **페르시아**는 적어도 거의 2세기 동안 지배권을 장악했다.

바벨론의 마지막 통치자인 나보니드는 바벨론의 마르둑 제사장들과는 달리 달의 신인 신(Sin : 하란지역)의 제의를 권장하였다. 그는 10년 동안 북쪽 아라비아 광야에 있는 오아시스 도시인 테마에서 거주하였고, 그 지배권을 아들인 벨사살에게 물려 주었다. 벨사살은 다니엘서 5장의 동화 같은 이야기에서, 페르시아가 지배하기 전에 바벨론을 다스린 마지막 왕으로 등장하고 있다.

페르시아의 **고레스**(기원전 559-530년)의 출현은 (악메다를 수도로 하고) 메데-페르시아 대제국의 건설, 리디아 왕인 크뢰소스와의 전투의 승리를 통한 소아시아의 붕괴, 그리고 바벨론으로의 진입(기원전 539년)의 세 단계로 구분된다. 두 번째 사건은 포로기 예언자인 제2이사야의 메시지에 반영되어 있는 것으로 보인다(이 책 21장 1).

초기의 페르시아 왕들은 멸망당한 민족들의 전통을 존중하고, 그들의 제의를 권장하였다. 이런 정책은 고레스가 1년 후에(기원전 538년) 이미 예루살렘 성전의 재건축과 바벨론으로 가져간 성전 집기들의 반환을 명령했던 것과 잘 들어맞는다. 이 칙령은 에스라 6장 3-5절(이 책 12장 2)에 **아람어**로 적혀 있다. 아람어는 페르시아 제국의 서쪽 부분에서 사용되었던 관용어였으며, 민족 언어인 히브리어는 점점 더 퇴보했다.

귀환이 처음에는 점진적으로 진행되었다(스 2장에 따르면 스룹바벨을 따라, 7 : 12 이하에 따르면 에스라를 따라. 참조. 스 4 : 12). 많은 사람들은 경제적으로 안정된 이방 나라에 그대로 남았다. 성전의 재건축은 예언자 학개와 스가랴(이 책 22장)의 재촉에 따라 기원전 520-515년에 비로소 일어났다.

고레스 시대에 성전 집기들을 운반할 자로 세스바살이 등장하였는데, 그 역시 성전 기공에 착수해야 했다(스 5 : 14 이하; 1 : 7 이하). 그는 그보다 조금 늦게 활동한, 기원전 597년에 추방당한 여호야긴 왕의 후손인 스룹바벨과 마찬가지로 페르시아의 관리였다. 스룹바벨에게 다시 한 번 메시아 기대가 모아졌지만(학 2 : 23 이하; 슥 6 : 9 이하), 성취되지는 못했다.

기원전 5세기와 4세기는 매우 불명료한 시대이며, 이때에 대해서는 몇 가지의 개별 사건들만이 드러나 있다. 기원전 450년경에 에스라는 율법의 의무를 이행하게 하려고 노력했으며, 느헤미야는 예루살렘 성벽 건축을 통해서, 그러나 구성원의 혹독한 제한이라는 대가를 치르면서 안팎으로 공동체를 결속시키려 하였다(개별적인 사실에 대해서는 이 책 12장 2를 보라). 또한 대략 이 시기쯤에 예언자 말라기가 등장하였다(이 책 22장 4).

페르시아가 지배한 지 200년이 지난 후(기원전 539－333년)에, 알렉산더 대왕이 잇수스(Issus)에서 승리함으로써(기원전 333년) 그리스 시대를 열었다. 알렉산더 사후(기원전 323년)에, 팔레스틴은 백 년에 걸친 디아도켄-전쟁을 통하여 (애굽의) 프톨레미 왕조(기원전 301－198년)로 넘어갔고, 다음으로 (시리아의) 셀류키스 왕조(기원전 198－64년)에 속하게 되었다.

셀류키스 왕조의 안티오커스 에피파네스 4세가 지배하기 시작한 이래로는, 이방 제의에 반대하는 마카비 혁명이 일어났다. 기원전 164년 성전의 재봉헌이 있기 조금 전에 다니엘서가 나타났다(이 책 24장).

기원전 64년에 팔레스틴은 로마의 지배권에 들어갔다. 기원후 70년에 예루살렘은 성전과 함께 두 번째로 파괴되었고, 기원후 132－135년에 일어난 시므온-바르 코흐바의 봉기 이후부터는 앨리아 카피톨리나(Aelia Capiltolina)라고 불리게 된 그 도시에 유대인은 더 이상 들어가지 못하게 되었다.

제3장 사회사적 요소들

구약의 전승들을 이해하기 위해서는 경우에 따라 그 사회적인 배경에 대한 명백한 기본 지식을 아는 것이 중요하다 : 족장들의 생활은 대략 어떠했는지, 혹은 예언자들의 사회 고발은 무엇을 근거로 하고 있는지 등의 질문에 대해 대답할 수 있어야 한다. 물론 성서의 언급들은 성서가 서술하는 것 이상의 보다, 더 많은 공동체의 상황을 전제로 한다. 왜냐하면 성서는 그 상황을 직접적으로 진술하는 데에 관심을 가지고 있지는 않기 때문이다. 성서는 오히려 이스라엘과 함께 한 하나님의 역사에 관심을 가지고 있다. 그 당시에 당연한 것으로 간주될 수 있는 사실들을 드러내어 언급하거나 기술할 필요가 없었기 때문이다.

따라서 사회적 구조는 서로 매우 다른 간접적인 언급들과 도처에서 발견되는 비교 가능한 구절들을 통해 대부분 힘겹게 설명될 수밖에 없다. 그렇기 때문에 연구 결과들은 적잖이 모호하며, 기본적인 문제들에 있어서조차도 상당히 서로 다를 수밖에 없다. 이스라엘 역사의 시대적 구분에 따른 다음과 같은 개관은 단지 몇몇 문제가 되는 영역만을 다룰 뿐이다.

1. 유목의 씨족들

이스라엘의 조상들은 천막에서 혹은 공동의 천막집에서 살았으며, 여기저기로 옮겨 다녔다(창 13 : 3 ; 18 : 1 이하 ; 31 : 25, 33, 34 ; 참조. 창 32 : 2 등). 천막을 "친다"(창 12 : 8 ; 26 : 15 ; 33 : 19)라는 말은 한 장소에 머무른다는 것을 의미한다. 반대로 (천막 말뚝을) "뽑아버린다"는 것은 "출발하다, 계속 나아가다"라는 의미를 가지고 있다(창 12:9; 33:12 등). 정착한 후 100년이 지난 후에도 "(이스라엘을) 그들의 천막으로" 불러들이는 부름이 나타나고 있는데, 이 부름은 집으로의 귀환을 의미한다(삿 7:8; 삼상 4:10; 삼하 20:1, 22; 왕상 12:16 등).

1) 이스라엘의 조상들은 가축업에 종사하고 있었는데, 물론 아라비아의 베두인족과는 달리 현재까지 낙타를 기르지는 않고 있다. 낙타를 탄 호전적인 사람들은 강탈을 목적으로 이스라엘에 침입한 미디안족 뿐이었다(삿 6:5; 7:12; 참조. 창 37:25; 또한 삼상 30:17의 아말렉족). 조상들은 오히려 **양떼와 염소떼**("작은 가축". 참조. 창 30:31 이하)를 몰고 반유목 생활을 하였으며, 또 그 가죽으로 그들이 거주할 짙은 갈색의 천막(아 1:5)을 만들었다. 물건을 운송하거나(창 22:3, 5; 42:26-27; 45:23; 출 23:5 등) 사람이 타기 위한 동물로서는 나귀가 쓰였다(출 4:20; 민 22:22 이하; 또한 슥 9:9). 이에 반해 낙타(창 31:17, 34; 24:10 이하)는 드물게 사용되었고, 아직 떼를 지어 사육되지는 않았다. 소를 사육하는 것은 적어도 좀더 큰 규모로 정착한 이후에야 가능했다.

가축을 사육하는 기술은 특별한 삶의 방식을 요구했다. 낙타들과 달리, 양과 염소는 넓은 장소를 필요로 하지는 않으며, 일반적으로 넉넉한 물과 사료가 있는 휴식의 공간이 요구된다. 가축떼는 오직 광야 변두리와 비가 많이 오는 초원에서만 살 수 있다.

구약에서 "광야, 초원"(미드바르)이라고 부르는 곳은 물이 적은 곳이지만(출 15:22), 그렇다고 해서 물이 전혀 없지는 않다. 즉 샘이라고는 볼 수 없는, 일시적인 물웅덩이가 발견되며(창 16:7; 36:24; 37:22), 가끔 비가 내리기도 한다. 따라서 여기저기에 덤불이나 나무가 무성하기도 하며(왕상 19:4), 때로는 양과 염소도 그곳에서 목초를 먹을 수 있다(출 3:1; 삼상 17:28).

몇 안 되는 물이 있는 장소들은 빈번한 다툼의 대상이 되었으나(창 26:20-21; 21:25; 13:7; 출 2:17 이하), 또한 자연스러운 집합 장소이기도 했다(창 24:11 이하; 29:2 이하; 출 2:15 이하). 오아시스에서는 재판이 행해지기도 하였다(창 14 : 7 ; 참조. 출 18장).

이런 사실로 볼 때, 반유목민의 삶은 초원과 경작지 사이에서 약 반 년마다 규칙적으로 행해진 **목초지 순환** 이른바 이동방목(Transhumanz)을 통해서 규정되었던 것 같다. 그들은 겨울의 우기 동안에는 초원에서 살았고, 여름에는 메마른 초원을 떠나서 이미 곡식을 거둬들인 이후, 보다 접근하기 쉬웠던 경작지의 들을 방랑했다.

반유목민들이 경작지와 그 주변 지역 사이에서 배회하였기 때문에, 그들은 그 땅의 주민들과 빈번한 접촉의 기회를 얻게 되었다. 그들 사이에는 무역과 결혼이 가능했다(참조. 창 34장 ; 38장). 물론 이스라엘의 선조들은 농사를 짓고 동시에 소를 키웠기 때문에(창 26 : 12 ; 33 : 19 ; 23장 P), 이미 반유목 생활로부터 **정착 생활방식**으로 넘어가는 점진적인 **과도기**를 겪고 있었다. 대부분의 조상 이야기들이 경작지에서 전개되는 것은 우연이 아니며, 그들에게 가나안 정착의 약속은 핵심적인 내용이었다(창 12 : 7 ; 28 : 13 등).

2) 일개의 개인은 초원이나 광야의 악조건 속에서 거의 살아 남을 수 없다. 그래서 한편으로는 스스로 살면서 보호받을 수 있을 정도의 크기를 갖춘 무리로, 또 다른 한편으로는 충분한 물을 얻을 수 있을 정도의 너무 크지 않은 무리를 형성하며 살았다. 그러나 유목민의 생활공동체는 물론 서로 전혀 다른 크기를 이루었다. 구약에서 분명하게는 정의되지 않지만 그럼에도 불구하고 용어를 하나로 단일화시킨다면, 우리는 정착시대에 이르기까지의 공동생활을 규정했던 구조를 다음과 같이 인식할 수 있을 것이다(수 7 : 14 ; 삼상 10 : 19 이하 ; 9 : 21) :

개인(남자)

"집", 즉 가정

이것은 정착한 이후에 가장을 정점으로 하는 가족을 표현하는 것이다. 가장에게는 말의 권위 및 법적 권력이 주어진다(참조. 창 38 : 24 이하 ; 42 : 37 ; 16 : 5-6 ; 19 : 8 ; 출 21 : 7 ; 삿 19 : 24. 권력의 제약에 대하여는 신 21 : 18 이하). 따라서 가정은 "아버지의 집"이라고도 한다.

씨족

이것은 씨족의 최고령자, 즉 가족의 수장들을 통해 이끌어지며, 군인이 될 수 있는 남자 "천 명"으로 이루어진 것으로 보인다(미 5 : 2 ; 삼상 8 : 12 ; 23 : 23 ; 삿 6 : 15).

부족

기본적인 공동체는 부족이 아니라 대가족이다. 대가족 체제는 유목시대, 혹은 그보다 좀더 후대에 이미 3-4세대를 포괄할 수 있었다 : 아내와 소실들(삼상 1 : 1-2 ; 삿 19 : 1-2 ; 8 : 30), 결혼한 아들들과 그 자손, 거기에다가 결혼하지 않은 딸들(민 30 : 4), 마지막으로 가장의 누이들과 형제들(참조. 신 25 : 5 ; 시 133 : 1 ; 전체적으로 레 18장 ; 신 27 : 20 이하)도 이에 속한다.

십계명에서 진술되는 "나는 질투하는 하나님인즉, 나를 미워하는 자의 죄를 갚되 아비로부터 아들에게로 삼사대까지 이르게 하거니와"(출 20 : 5 ; 34 : 7 등)라는 위협은 운명의 타격을 함께 경험하고 견뎌야 했던 그 같은 대가족을 염두에 둔 것이다. 반면 "은총은 천 대에까지 미친다"는 약속은 모든 역사적인 실재를 넘어서는 것이다.

경제 공동체, 법 공동체, 그리고 제의 공동체인 대가족은 "혈연관계로 구성된 그룹이며, 그 안에서는 공동체의 모든 구성원들을 보호하기 위해서 의무와 과제가 부여되고, 또한 연대성과 상호 책임이 유지된다. 또한 그 안에서 족장들이 관리하는 가족의 소유물을 이용하고 부양하기 위해서 모두가 봉사하고, 공동생활이 손상되지 않도록 모두는 가장이 인가한 규칙과 금지들을 지켜야 한다"(W. Thiel).

3) 가족이나 씨족 혹은 부족들, 심지어 민족조차도 그들은 자신을 한 "아버지"의 자손으로 이해한다. 즉 그 아버지는 족장이나 조상 혹은 시조(렘 35 : 16)를 의미한다. 그들은 이처럼 자신들의 존재를 아버지라는 한 개인을 통해서 구체화하거나, 전체 집단을 하나로 규정(집단 인격화, corporate personality)하기도 한다. 무엇보다도 부족 단위가 가장 가까운 친족그룹이라고

한다면, 이스라엘에서는 민족이 가장 가까운 친족 그룹으로 묘사된다(참조. 출 1 : 1 이하; 혹은 민 1장과 26장의 부족 목록).

한 유목 연합체가 어떠한 역사적인 과정들을 지나서 형성되고 혹은 변화되는가의 문제는 그들의 동질성과 (종종 허구적인) **혈연관계**에 의한 혈통과 시간의 흐름, 즉 세대를 통해 설명할 수 있다. 계보는 단일성(한 개인과 공동체 사이의 관계)과 그 그룹의 역사를 동시에 서술한 것이다.

4) 무리의 내부에서는 연대성이 이루어지며, 개개인은 각각 그 안에서 보호와 정의를 누리게 된다. 상위의 법률 재판은 존재하지 않는다. 그러나 외부적으로 엄격한 규칙이 시행된다. "동태복수법"(ius talionis)에 따라서 몸이 상했을 때에는 동일한 부위에 동일한 것으로 갚고(출 21 : 23 이하; 레 24 : 18 이하; 또한 신 19 : 21), 살인에는 **피의 복수**로 갚는다(민 35 : 9 이하; 신 19장; 삼하 21장 등). "우리는 여기에서 개별 공동체들 사이에 적용되었던 법률적 규범, 즉 종족간의 법률을 생각해야 할 것이다"(V. Wagner, 14).

고의적인 살인과 의도하지 않은 살인 사이에 원래는 아무런 구분도 없었다(참조. 옛 법조문인 출 21 : 12에 대조적인 출 21 : 13-14의 첨가). 이같이—개개인에 의해 판결이 내려지는 잔혹한—살인자에 대한 처벌은 그 무리들에게 전제되어 있는 사고방식을 통해서 이해할 수 있는 일종의 "조정"의 의미를 갖는다. 피의 복수는 가족을 잃어버린 자를 위해 균형을 맞추는 것이며, 따라서 이는 유목 생활체계의 내부적인 힘의 균형을 의미한다. 즉 어떠한 가족의 무리들도 의도적이든 비의도적이든 간에 상관없이 다른 가족의 무리보다 우위를 차지할 수는 없다. 따라서 피의 복수는 결과적으로 그룹과 개인의 보호를 위한 것이기도 하다(참조. 창 4 : 14-15).

마찬가지로 **나그네**에게도 **친절하게 대접**하였고(창 18-19장; 출 2 : 20-21; 삿 19 : 16 이하), 손님은 보호받을 권리를 가지고 있었다.

전체적으로 이러한 사고 방식과 생활 방식은 유목시대 훨씬 이후까지도 공동체가 개인보다 우위에 있도록 하였다. 개인은 서서히 공동체로부터 분리되었다(참조. 겔 18장).

2. 가나안 정착

정착과 함께 유목민은 농부와 촌락민이 되었다. 한 씨족 전체가 한 장소에 정착하거나 혹은 몇몇 씨족들이 공동으로 이주지에 정착했음에도 불구하고, 점차적으로 친족 관계보다는 이웃 관계가 더 강하게 대두되었다. 지역적인 상황이 씨족 구조와 겹치거나 혹은 씨족 구조를 배제시키기도 하였다.

1) 토지의 소유는 씨족이나 가족 생존의 토대로 작용했고, 동시에 자유시민의 사회적 지위를 확립해 주었다(참조. 미 2 : 2. "사람 - 집 - 유산"). 따라서 삶의 필요를 충족시킬 만큼의 밭을 소유해야 했다. 그러나 그 외에도 공동 소유지도 있었다. 원래 대체적으로 모든 땅이 그룹에 속해 있었는지(공유지), 그리고 규칙적으로 제비를 뽑아서 개별적인 가장들에게 번갈아 가면서 땅을 분배했는지의 여부는 불확실하다 : 땅을 분배할 때 제비로 결정했다는 기사는 구약에 단 한 번 기술될 뿐이며, 그리고 이 사건은 비슷한 시간 간격을 두고 순환된 의례도 아니었다(수 14 : 2 ; 18 : 6, 8 ; 겔 45 : 1 등 ; 또한 미 2 : 5 ; 시 16 : 5 - 6).

땅은 거의 장자에게 상속되었다(신 21 : 17). 고대에는 아버지가 장자의 권리를 다른 아들에게 약속할 수도 있었을까(창 48장 ; 참조. 창 49 : 3 이하 ; 25 : 31 이하)? 어쨌든 상속된 토지 소유권은 이스라엘의 법에 따르면 —가나안의 법과는 달리(창 23장 ; 삼하 24장 ; 왕상 16 : 24)— 양도할 수 없는 것이고, 또한 소유권자가 마음대로 자유롭게 처리할 수도 없는 것이었다. 소유권자는 그것을 임대할 수도 없었으며, 어떠한 경우에도 팔 수 없었던 것으로 보인다(왕상 21장 ; 참조. 신 27 : 17 등).

처음부터 "한 개인의 유산(나할라)은 늘 상속을 통해서 넘겨 받은 실용지의 소유로서, 매매나 교환, 저당 등을 통해 얻게 된 토지 소유와 구분되며, 또한 누구나 소유할 수 있는 공동 토지의 몫과도 구분된다. … 그럼에도 매각(판매나 저당)이 있을 경우 그 씨족에게 선매권이나 속전권이 있음을 예레미야 32장과 레위기 25장을 통해서 볼 수 있다"(F. Horst, FS W. Rudolph, 1961, 148 - 149).

하나님 자신이 최종적인 토지의 소유권자로 간주되며(레 25 : 23), 하나님은 이 땅을 역사의 어떤 시점에서 이주민들(이스라엘 사람들 – 역자 주)에게 상속재산으로 넘겨 주셨을 뿐이다(참조. 신 12 : 10 ; 시 78 : 55). 그 땅이 본질적으로 그들의 소유가 아니기 때문에, 소유권의 양도가 불가능한 것은 당연한 일이다.

이스라엘 사람들은 땅에 대한 야웨의 주권을 인식했다. 그래서 그들은 짐승들과 곡식의 가장 좋은 것과 맏물을 하나님께 혹은 성소에 헌납했다(출 22 : 29 – 30 ; 23 : 1 ; 34 : 19 이하). 또한 사람의 맏아들은 값을 치른 후 키울 수 있었다(34 : 20).

2) 가나안으로 이주한 이후 씨족의 장로들은 "그 장소의 장로들"로 나타나는데, 이들은 토지를 소유한 자유 시민으로 국내 정치와 국외 정치에 중요한 결정들을 내렸다(삿 11 : 5 이하 ; 삼상 30 : 26 이하 ; 삼하 3 : 17 ; 5 : 3 ; 19 : 12 ; 룻 4장 ; 참조. 출 18 : 12 ; 24 : 1, 9 등).

"완전한 시민이란 자신의 땅을 소유한 자로서 그 어떤 사람의 후견도 받지 않으며, 결혼이나 제의, 전쟁과 소송에서 자신의 권리를 가지고 있는 남자들을 말한다" (L. Köhler, *Der hebräische Mensch,* 1953, 147).

장로들은 씨족장으로서 "남자들" 가운데서도 특출한 자이거나 혹은 그들의 대변자였을 것이다. 다시 말해서 그들은 판결의 능력이 있으며, 병역 의무를 이행할 수 있는 완전 시민이다. 이러한 요소들이 "남자"(출 21 : 12 이하 ; 삼상 11 : 1, 9 – 10, 15 ; 삼하 2 : 4 등)를 언급할 때에 떠오르는 다양한 의미들인 것이다.

구약의 많은 법조문들 혹은 십계명 속에서 아직도 그 원형태를 추론할 수 있는 윤리적인 부분들(참조. 이 책 9장 2. 1)은 바로 이 생활 영역에서 도출된 것이다. 간음과 납치(출 21 : 16), 살인(출 21 : 12 ; 신 27 : 24), 그리고 이웃 사람의 "집안의 것"에 대한 탐욕(신 5 : 21. 주로 땅에 대한)을 금지함으로써, 자유로운 남자의 가족과 자유, 삶, 그리고 경제적인 실존의 토대가 보호받게 된다. 반면에 이 같은 고대의 이해에 의하면 아내와 아이들, (전쟁 포로로 잡혀오거나 팔려 온) 노예들은 어느 정도는 남자의 "소유물"로 여겨졌다(참조. 출 20 : 17).

3) 자유인의 생활 영역을 보호하는 맥락에서 볼 때, 재판에서 거짓 증언을 금지하는 것(출 20 : 16 ; 참조. 출 23 : 1 이하 ; 신 27 : 25)은 우연한 일이 아니다. **재판의 판결** 역시 우선적으로 자유로운 완전 시민의 손에 달려 있기 때문이다. 왕이 임명하는 직업 재판관은 좀더 후대에 나타난다(신 16 : 18 등 ; 그것에 대해서는 G. C. Macholz를 참조하라). 남자들은 재판관이면서 증인의 역할을 했다. 즉 그들이 재판하기 위해 "성문에" 함께 모였을 때, 그들은 우선적으로 소송의 중재자가 되었다(룻 4 : 1-2 ; 렘 26장 ; 신 21 : 19 ; 22 : 15 이하 ; 암 5 : 10, 15 ; 애 5 : 14).

재판하는 곳은 도시 성문의 통과 지점이든지 아니면 바로 그 앞 안쪽의 작은 자리이다. 사람들은 이곳에 모였고(잠 31 : 23 ; 참조. 렘 15 : 17) 또 매매(왕하 7 : 1)를 할 수도 있었다.

"주께서 네 나감과 들어섬을 지키시리로다"(시 121 : 8 ; 참조. 신 28 : 5)라는 축복의 말씀은 성문에서의 상황에서 발생한 것이다. "나감과 들어섬"은 농부가 아침에 들로 나가는 것과 저녁에 집으로 돌아오는 것, 즉 하루의 일과를 의미한다(시 104 : 23).

이런 형태의 판결에서, 법률의 보호를 받을 수 있는 남자가 아니거나 스스로 재판 능력이 없는 개인은 불이익을 당하게 된다. 그래서 구약은 과부와 고아, 그리고 그 땅에 사는 이방인을 압제하지 말라고 강조한다(출 22 : 21-22 ; 23 : 6 이하 ; 신 27 : 19 ; 24 : 17 ; 레 19 : 33-34 ; 사 1 : 17, 23).

3. 왕정을 통한 변화

가나안 정착과 마찬가지로, 왕정은 사회적 · 경제적 발전에 깊은 변화를 가져왔다. 즉 가나안 도시들이 이스라엘로 편입됨과 더불어 이방적 요소가 직·간접적으로 영향을 미쳤다.

1) 왕정은 부족 구조를 넘어서 민족 전체를 장악하는 **행정**을 시작하였다(참조. 삼하 24 : 1-2의 민족 계수). 궁정 유지와 군대를 위해 조세 징수용 관리가 있어야 했다. **관리** 양성은 물론 학교 교육을 통해 이루어졌다(이 책 27장 2).

세 개의 목록들(삼하 8 : 16-18 ; 20 : 23-25 ; 왕상 4 : 2-6 ; 참조. 왕상 4 : 7이하)은 다윗과 솔로몬 시대의 고위 관리와 군사 관리들을 서술하고 있다 : (대)제사장(국가 성소에서 근무), 서기관(국가 비서관. 참조. 왕하 12 : 10), 대변인(보도자), 용병대와 같은 군대소집 지휘관, 부역 감독관, "왕의 친구"(아마도 조언자)와 "집안을 다스리는 자", 즉 궁정 관리인이자 동시에 왕실 영지관리인(참조. 왕하 15 : 5 ; 사 22 : 15 이하).

2) 백성의 군대는 오직 자유 농민들로부터 필요할 때에만 징집되었는데, 이들은 스스로 무장해야 했고, 전리품으로 보상받을 수 있었다(참조. 사 9 : 3). 이제 이 군대는 새롭게 나타난 직업 군인으로 인해서 점차적으로 그 의미를 잃었다. **용병대**(또한 호위병으로 "그렛 사람과 블렛 사람". 삼하 8 : 18 등)는 아마 사울 시대에도 부가적으로 존재했지만(삼상 14 : 52), 다윗 시대에 확장되었다(삼상 22 : 2 ; 27 : 2 ; 삼하 5 : 6). 이들은 솔로몬 시대 이후로는 전차부대로 보충되었다(왕상 4 : 26 이하 ; 9 : 17 이하 ; 10 : 28-29 ; 참조. 왕상 1 : 5 ; 삼하 15 : 1 ; 삼상 8 : 11-12).

3) 자유민 이스라엘 사람의 소유인 토지 이외에, 시간이 지남에 따라 점점 더 급격히 팽창한 **왕실 소유지**가 있었는데, 이 땅은 자유로운 토지 소유 및 매매와 또 다른 방법들이 가능해짐에 따라 날로 확대되었다(삼상 8 : 12, 14 ; 22 : 7 ; 왕상 21 : 2, 15-16 ; 왕하 8 : 3 이하 ; 대상 27 : 27-28 ; 대하 26 : 10). 이 땅은 궁정의 생계와 (직업)군대의 급료 및 관리들에게 봉토를 수여하는 데 쓰여졌다.

4) 이방 주민(왕상 9 : 20 이하)이나 주민(왕상 5 : 13)들은 아마 다윗 시대(삼하 20 : 4)에 이미, 그리고 솔로몬 시대(왕상 4 : 6 등)부터는 확실히 건축과 같은(이스라엘이 애굽에서 해야 했던 것처럼 : 출 1 : 11) 부역의 의무를 지고 있었다. 부역의 의무는 노예의 일과는 구분될 수 있다 : 노예가 한 개인에게 속하여 매매될 수 있는 것이라면, 부역은 왕이나 공동체를 위해 — 물론 확실한 목표가 있는 어느 기간에만 — 일하는 것이다.

국가 관리의 임명이나 백성들의 부역 의무와 같은 일이 새롭게 발생된 상황에서, 이방의 선례들이 이스라엘에 영향을 미쳤다. 논쟁조의 "왕의 권리"(삼상 8 : 11 - 17)는 왕이 어떤 권력을 필요로 할 수 있는가를 보여 준다 : 그는 아들들로 하여금 군대의 지배를 받도록 하고, 왕의 토지를 경작하게 하며, 병기를 만들게 할 것이며, 딸들로는 궁정 살림을 위해 "향료 섞는 자, 요리사, 빵 굽는 자"로 만들 것이며, "가장 좋은 들과 포도밭과 감람원"은 관리의 생계를 위해 취할 것이며, 십일조를 조세로 만들 것이다. 물론 왕의 명령이 개개인에게 실제로 얼마나 영향을 미칠 수 있는가의 문제는 여전히 미지수로 남아 있다(참조. 신 17 : 16 ; 삼상 22 : 7 ; 왕상 9 : 22 ; 21장 ; 암 7 : 1).

게다가 왕정시대에는 전체적으로 통일적인 상황이 이루어지지 않았다. 때로는 도시와 지방 사이에서, 무엇보다도 남쪽의 예루살렘과 유다 지방 사이에서 반목이 발생하는 등의 극심한 분열 현상이 나타났다. 구약에 "땅의 백성"(암 하아레츠)이라고 언급되는 지방 주민의 지도층 — 다시 말해서 완전한 권리를 가진, 토지를 소유한 시민 — 은 경우에 따라서는 정치에 강력하게 개입했고, 더불어 다윗 왕조에 충성을 다했다(왕하 11 : 14 이하 ; 14 : 21 ; 21 : 24 ; 23 : 30 ; 참조. 왕하 15 : 19 - 20 ; 이 책 17장 1).

4. 위대한 예언자들 시대의 사회적 반목

이런 전개 과정을 넘어서서, 왕정시대 이래로 점차적으로 사회적 격차가 생겼는데, 이런 현상은 기원전 8세기에 아주 급속도로 대두되었다. 이것은 가난한 자와 부자들 사이의 반목으로서, 유목시대의 동질적인 사회나 가나안 정착 이후의 초기 시대에서도 이 정도로 심각한 반목이 인식된 적은 없었을 것이다(참조. 삼상 25 : 2 ; 삼하 19 : 32).

1) 하나님 백성의 구성원들에게 경제-사회적인 평등을 보장해 주려 하고, 또한 한 시대 정도는 계속되었던 것으로 보이는 확실한 사회적 안정과 권리 신장이 있었다. 이를테면 :

(1) 상속 재산의 매매 금지(참조. 왕상 21장).
(2) 가장 가까운 친척이 토지를 "물러야" 하는 권리나 의무, 즉 토지를 다시 구입하고 남은 가족을 부양해야 함(룻 4장 ; 렘 32 : 6 이하 ; 레 25 : 24 이하).
(3) 빚으로 노예가 된 사람을 7년 후에 자유롭게 풀어 줌(출 21 : 1 이하 ; 신 15 : 12 이하). 또는 희년에 즉 매 50년마다 매매된 토지를 돌려 주고, 채무 노예를 풀어 주라는 레위기 25장의 명령(이 명령이 얼마나 실제적으로 이행되었을까?).
(4) 이자의 금지(참조. 출 22 : 25 ; 신 23 : 19-20 ; 레 25 : 35 이하).
(5) 빈민 구제를 위한 다양한 종류의 요구들(레 19 : 9 이하 ; 룻 2 : 9, 14 이하 등).

2) 그럼에도 불구하고 이러한 제도는 **왕정**과 도시화에 의해 초래된 새로운 상황에까지 미치지는 못했다. 왕정은—정치적, 군사적, 경제적, 제의적, 법적인 권한과 더불어—나라의 중심지에 예를 들면 수도(예루살렘과 사마리아)에 권력의 밀집지를 마련했다. 따라서 무게 중심은 도시로 옮겨갔다. 도시에서는 지방 농부 대신에 상업인들이 활동하였으며, 수공업과 공업이 이미 오래 전에 자리를 차지하고 있었다(렘 37 : 15 ; 참조. 왕상 20 : 34). 왕의 관리는 왕실 소유지에서 녹을 받음에도 불구하고 또한 조세를 징수하였기 때문에, 새로운 고위층으로 성장해 나갔다.

사회 조직의 변화는 동시에 "국가적인" 측면도 가지고 있었던 것 같다 : 이 변화 속에서 고대 이스라엘의 사회-경제적 질서 대신에 **가나안**의 질서가 자리를 잡아갔다. 거기에서 사회의 계급화 현상은 더욱 심해졌고, 상업과 도시생활이 우세해졌으며, 게다가 대토지 소유까지도 오래 전에 이루어졌다. 다윗-솔로몬의 지배 이래로 본래 이스라엘이 아니었던 도시 거주민들이 국가로 편입되었고, 따라서 적어도 그때부터 유목적인 전통과 거주민의 전통이 혼합되었다. 아마도 8세기 북왕국에서 일어난 이러한 일반적인 전개는 국제 정치적으로 유리한 상황 속에서(왕하 14 : 25) 발생된 경제적 도약을 통해 촉진되었을 것이다.

상업과 교통의 발달과 함께, 건축물들은 매우 화려해졌다(암 3 : 15, 9-10 ; 5 : 11 ; 6 : 4, 8 ; 사 5 : 9). 부유한 거대 지주는(출 22 : 25의 금지령을 어기고) 그들보다 가난한 농부들에게 그들이 갚을 수 없을 정도로 높은 이자로 돈을 빌려 주었다. 이러한 수법들은 자연 경제에서 금전 경제(즉 처음에는 귀금속으로 계량 : 출 21 : 32 ; 22 : 17 ; 호 3 : 2 등)로 전환되는 과도기의 시점에서 더 쉽게 행해졌다.

> "부자는 가난한 자를 지배하고,
> 빚진 자는 채주의 종이 되느니라"(잠 22 : 7).

빚에 매이게 되면 저당잡히거나 **소유 토지**를 **매매**할 수밖에 없었다. 이것은 토지가 소수의 사람에게 독점되는 것을 의미한다(사 5 : 8 ; 미 2 : 2 ; 이에 대하여 겔 47 : 14과 비교하라). 채무 농부가 땅을 잃게 되면 **일일노동자**(참조. 레 19 : 13 ; 25 : 39-40 ; 신 24 : 14)나 **채무 노예**(왕하 4 : 1 ; 암 2 : 6)로 전락하였다(참조. 초기에 삼상 22 : 2 ; 12 : 3 ; 나중에 느 5장). 이전에는 소수였던 가난한 사람의 수가 이제는 많아졌다. 그들은 자신의 사회적 역할과 함께 **법률적 지위**도 상실했다(참조. 출 23 : 3, 6-7).

"법 공동체는 자유롭고 독립적이며, 대략 비슷한 수준의 재산을 가진 농부들의 모임에 의해서 이루어진다. 이때 그 관심사는 공동체를 공정하고 공동체성을 유지하는 상태로 만드는 것이다. 그러나 8세기는 … 소유 관계의 급격한 변화가 일어났고, 히브리 사회가 그것을 인식할 정도로 계급화가 추진된 때로 보인다. 가진 자외에 못 가진 자가 등장하고, 독립된 자 이외에 종속된 자가 나타났다. 이제 법 공동체는 아무런 소용이 없게 되었다. 구두 변론과 공개 변론이 전제해야 하는 것은 다른 권력으로부터 독립적으로 자신이 옳다고 생각하는 것을 말할 수 있어야 한다는 사실이다. 그러나 좁은 마을의 공동생활 속에서 극심한 해를 줄 수 있는 경제적인 권력자에 대한 공포는 (사람들을) 예속시키고 자유롭지 못하게 했다"(L. Köhler, 161-162).

3) 이에 따라 이스라엘 거주민은 아주 대략적으로 적어도 네 **계급**으로 나뉠 수 있다:

(1) 도시에 사는—민간과 군사적인—관리, 상인과 수공업자
(2) 지방에 사는 자유로운 토지 소유자
(3) 토지를 소유하지 않은 사람들, 가난한 자(어느 정도는 과부, 고아와 이방인을 포함해서)
(4) 그리고 부자유한 노예

고대 근동에 당연히 있어야 할 계급인 노예는 그 주인에게 속하며, 매매될 수 있었다(참조. 출 21장; 계속해서 신 15:12 이하; 23:15-16). 그럼에도 불구하고 그들의 개인적인 형편은 그렇게 나쁘지 않을 수도 있었다(출 20:10; 12:44; 신 12:18 등). 혹은 명예로운 과제를 부여받을 수도 있었다(창 24장; 참조. 창 15:2). 또한 "노예"라는 개념은 특정한 계급으로 축소되지도 않았다. 예를 들어서, 높은 지위의 궁정 관리들은 왕의 "노예"(장관)로 간주된다.

5. 포로기 이후의 상황

예루살렘 정복과 포로기가 시작됨으로써, 이스라엘의 국가적-정치적 기관들은 파멸되었다. 여전히 잔존하거나 새롭게 생겨난 것들은 보다 가족 구조적인 요소들이었다: 한편으로는 "아버지의 집", 즉 일종의 대가족제도(스 1:5; 2:59-60, 68; 4:2-3; 10:16 등)가 발생했고, 다른 한편으로

는 오래 전에 상실해 버렸으나 다시 의미를 되찾게 된 "장로" 제도(렘 29 : 1 ; 겔 8 : 1, 14 : 1 ; 20 : 1 이하 ; 스 5 : 9 ; 6 : 7 ; 10 : 8, 14 등)가 부활했다.

주도적인 행정권은 페르시아 관리의 손에 있었다(느 2 : 7-8, 16 ; 5 : 7, 14-15 ; 단 3 : 2-3 ; 참조. 이 책 12장 2). 이스라엘은 제2성전 주위에 모인 자들로 **공동체**(Gemeinde)를 형성하였고, 율법에 따라 살면서, 종교적-제의적인 독립을 누렸다. 그 정점에는 대제사장이 있었는데, 그는 그 당시에 왕의 상징이기도 했다(출 28장 ; 참조. 슥 6 : 9 이하).

예루살렘은 세계 전역에 흩어진 디아스포라의 각 지역 공동체에게도 제의의 중심점이 되었다. 그러나 이스라엘은 공간적으로 나뉘었을 뿐만 아니라, 서로 다른 그룹들로 나뉘기 시작했다(신약 시대의 바리새파, 사두개파, 에세네파 등). 그러나 이러한 조건하에서도 세상을 향한 희망의 신앙은 부풀어오를 수 있었다(습 2 : 11 ; 슥 14 : 9, 16 ; 다니엘서 등).

Ⅱ. 오경의 전승과 문서자료 및 역사서

제4장 (모세)오경

1. 명칭과 구조

모세의 다섯 책들은 히브리어로 "토라"(또한 "모세의 토라" 등)라고 불리운다. 이 말은 "율법"보다는 "훈계"라는 말로 번역하는 것이 더욱 적절할 것이다. "토라"가 처음에는 부모의 훈계(잠 1 : 8 ; 4 : 3-4 등)나 혹은 어떤 구체적인 경우에 따른 제사장의 훈계(학 2 : 11 이하)를 의미했다. 그러한 개념이 후대에 이르러 비로소 모든 법령들을 포함하고(신 4 : 44-45 ; 17 : 18 ; 31 : 9 이하), 모세라는 이름과 결합되면서(수 8 : 31 ; 23 : 6 ; 왕하 14 : 6 등) "율법(서)"이라는 일반적인 의미를 갖게 되었다. 모세의 다섯 책들 전체가 하나의 복합물로서 최종적으로 인식된 것은 구약에서가 아니라, 신약에 와서 이루어진 것이다(마 5 : 17 등).

그리스어-라틴어 이름인 "펜타투쿠스"(Pentateuchus), 즉 "다섯 그릇들(에 보관된 책)"이라는 명칭은, 그 전체 본문들을 책이 아닌 파피루스나 가죽으로 만든 두루마리에 기록하여, 이것을 특별한 저장 용기에 보관하는 고대의 풍습을 반영하는 것이다. 두루마리는 일정한 크기로 나누어져야만 다루기가 쉽기 때문에 아마도 전체 작품을 분리해야 했을 것이다. **다섯 부분으로 나눈 것**은 비교적 초기에 이루어진 것으로 볼 수 있다. 왜냐하면 구약의 그리스어 번역(기원전 3세기)인 70인역에서도 오경의 개념이 이미 발견되고 있기 때문이다. 따라서 이후에도 시편을 다섯 권으로 나누는 등 이와 비슷한 분리 방법이 시행되었다.

사경(Tetrateuch, 네 권의 책들 : 창-민) 또는 **육경**(Hexateuch, 여섯 권의 책들 : 창-신 그리고 수)과 같은 유사한 형식의 명칭들은 이 문학 작품들의 본래의 범위와 기원에 관계된 특정한 이론들에 따라 붙여진 이름이다. 육경이라는 개념은 여호수아서를 오경의 진정한 결론으로 보는 주장과 관련되어 있다. 그와 반대로 사경이라는 명칭은 오경 가운데서 처음의 네 권만을 복합물로 보면서, 동시에 모세의 다섯 번째 책에 대해서는 확실하게 독립된 것으로 보는 견해를 전제로 하고 있다.

모세 오경은 **이야기**와 **계명**들이 서로 밀접하게 결합되면서 생겨났다. 처음에는 단지 보고의 양식이 대부분이었고, 그 양식의 여기저기에 제의법들(창 9장 ; 17장 ; 출 12장)이 삽입된 것이었지만, 출애굽기 20장 이후로는 율법의 부분들이 주류를 이루게 되었다. 법률이라고 해도 그 역시 시대와 무관하게 이해된다기보다는, 오히려 광대한 역사의 범주 내에서, 특히 역사에 대한 이스라엘의 자기 해석의 범위 안에 머물러 있다.

오경 전체의 구성을 살펴보면, 무엇보다도 축복이나 약속 등의 주제들(창 1 : 28 ; 9장 ; 12장 ; 15장 ; 17-18장 ; 출 3장 ; 6장 ; 신 7, 12장 이하 등)이 확연히 지속적으로 반복됨을 알 수 있다. 다른 한편에서는 미래의 진술과 과거의 진술이 늘 반복적으로 발견되는데, 여기에서는 결정적인 사건이 하나님의 말씀으로 선포되기도 하며(창 15 : 13 이하 ; 46 : 3-4 ; 출 3 : 12, 19 이하 등), 혹은 회고적 신앙고백으로 요약되기도 한다(민 20 : 15-16 ; 신 6 : 20 이하 ; 26 : 5 이하 등).

전체적인 역사의 윤곽은 창조와 민족들의 출현으로 시작해서, 족장 시대, 애굽과 하나님의 산에서의 체류를 거쳐, 가나안 정착이 시작된 때, 즉 모세가 약속의 땅을 눈앞에 두고 요단강 동쪽 땅에서 죽은 때(신 34장)까지의 시기를 포괄하고 있다. 이러한 역사의 진행은 대략 5개의 주요 부분으로 나뉠 수 있는데, 이것은 거대한 **전승 복합체**(이 책 4장 2. 5를 보라)를 요약한 것이기도 하다 :

창 1-11장	**원역사**	
	1-3장	세계와 인간의 기원

		죄의 침입
	4장	가인
	5장; 11장	족보들
	6-9장	대홍수
	10장	민족들의 목록
	11장	바벨탑
창 12-50장	족장사	
	12-25장	아브라함(롯)
	26장	이삭
	27-36장	야곱(에서, 라반)
	37-50장	요셉과 그의 형제들
출 1-15장	애굽에서의 탈출	
	1장; 5장	이스라엘의 강제 노동
	2장	모세의 청년기
	3-4장; 6장	모세의 소명
	7-13장	재앙들과 유월절
	14-15장	바다에서의 구원
출 19장-민 10:10	시내산 계시 (출 19-24장과 32-34장의 핵심 부분)	
	출 19장	신현현
	20장	십계명(Dekalog)
	21-23장	언약 법전(Bundesbuch)
	24장	이른바 계약 체결
	25-31장	35-40장에서 실행된 이른바 성막을 건축하라는 명령
	32장	금송아지

	34장	이른바 제의 십계명(Kultischer Dekalog)
	레 1-7장	제사 규정
	8-9장	제사장의 서품식(레 8장)과 첫 제물(레 9장)
	10장	나답과 아비후의 실책
	11-15장	성결 규정들
	16장	대속죄일의 의식
	17-26장	성결 법전(Heiligkeitsgesetz)
	광야를 통한 인도	
출 16-18장	애굽으로부터 시내까지	
	출 16장	만나와 메추라기(참조. 민 11장)
	17장	샘물(민 20장), 아말렉에 대한 승리
	18장	이드로와의 만남
민 10-36장 (신 31-34장)	시내에서 모압까지	
	민 12장	아론과 미리암의 분개
	13-14장	정탐꾼
	16-17장	고라, 다단, 그리고 아비람의 분개
	22-24장	발람

가나안 정착의 주제는 오경의 보도(민 13-14장; 32-34장)에서는 단지 암시적으로만 언급될 뿐이고, 오경 이외의 문서들(수 1장 이하; 삿 1장)에서 계속적으로 언급된다. 민족 형성의 약속은 이미 출애굽기에서 성취되었고, 땅 소유의 약속은 여호수아서에서 성취된다.

다섯 개의 책으로 구분된 구성은 오직 한 가지의 측면, 즉 주제적-전승사적인 흐름을 따라 이루어진 것이다. 히브리어는 그 책들의 이름을 대개 그 책의 맨 처음에 등장하는 말로 명명하는 반면에, 그리스어-라틴어는 그 명칭들을 각각의 중요한 사건이나 주된 내용으로부터 유출해 낸다. 창세기의 "기원"과 출애굽기의 "탈출" 사건 사이의 중간 시기는 족장시대의 가족 역사로부터 모세 시대의 민족 역사로 전환해 가는 과도기이다. 대조적으로 시내에서의 이스라엘의 체류에 대한 광범위한 묘사는 두 번이나 단절되어 있다. 이른바 성막의 완성(출 25-31장 ; 35-40장)에 대한 보도 다음으로 레위기는 각종 "레위(즉 제사장의) 법"을 덧붙였다. "수"(數)로 시작되는 민수기의 인구 조사와 진영의 배치에 대한 진술은 시내로부터의 출발을 위한 것이다. 이야기체의 결말 부분(신 31-34장)을 제외한다면, 마지막으로 "두 번째의 율법"으로 불리는 신명기는 보다 광범위한 법의 수집물이라는 점과 더불어 모세의 고별 설교로서 통일성을 견지하고 있다.

2. 오경 연구의 단계들과 문제들

문헌비평, 양식사, 전승사와 같은 성서 주석의 질문들과 방법들은 대부분 복음서에 적용되기 이전에 이미 오경에서 처음으로 시험되었다. 따라서 오경 연구의 영향력은 오경 그 자체의 범위를 넘어선다. 다음의 간략한 개요는 단지 오경연구의 주요 단계들과 주요 질문들에 대한 통찰력을 제공하는 정도일 것이다. 요즈음의 전반적인 경향은 단지 과거에 인식되었던 문제들만을 고찰하는 것에 한정되지 않는다. 문제 해결을 위한 다양한 시도들은 그것이 변형된 형식을 취하고 있고 특정한 본문에 국한된다 할지라도 그 자체로서 정당성을 가지고 있다.

1) 모세 저작설에 대한 비판

오경에 대한 비평적인 사고의 출발점은 **모세를 오경의 저자**로 보는 유대교-그리스도교 전통으로부터 시작된다. 구약 자체는 특정한 율법들(참조. 출 24 : 4 ; 34 : 27-28)이나 신명기(참조. 신 31 : 9, 22 이하)와 같이 일부분만을 모세가 쓴 것으로 기록하고 있으며, 오경 전체를 모세의 것으로 말하지는 않는다. (오경을 모세가 기록하였다는) 이러한 생각은 기원후 1세기의 필로(Philo)나 요세푸스(Josepus)로부터 비로소 발견되며, 후대에 기독교 교회가 그것을 수용한 것이다. 이미 신약은 물론 오경에 "모세"라는 이름을 덧붙였고, 오경을 "모세의 책"으로 인용하거나(막 12 : 26 등), "율법은 모세를 통하여 주어졌다"(요 1 : 17 ; 참조. 행 13 : 38)라고 말하기도 한다.

오경의 기원에 대한 전통적인 견해는 이미 12세기의 유태인 학자인 에스라(Ibn Esra)에 의해 의심받기 시작했고, 종교개혁 시기의 칼슈타트(Karlstadt)나 후대 17세기의 홉스(Th. Hobbes), 스피노자(B. Spinoza), 시몬(R. Simon) 등에 의해서 문제시 되었다. 이런 주장들의 중요한 논거는 — 이스라엘이 팔레스틴에 체류했던 이야기처럼 오직 회상을 통해서만 이해될 수 있는 여러 가지의 다른 보고들과 함께 — 모세의 죽음에 대한 기록이다(신 34 : 5 - 6) : 만일 오경을 모세가 기록한 것이라고 한다면 모세는 자신의 죽음의 상황을 예언한 것인가? 아니면 후대의 어떤 저자가 모세의 죽음을 보도하고 있는 것인가? 이러한 역사적인 의심은 어느 정도 영감설에 타격을 주는 것인가?

그러므로 모세의 오경 저작설에 관한 논쟁은 18세기까지, 그리고 그 이후에는 광범위하게 산발적으로 지속되었으며, 또한 이 논쟁은 오경의 문서층들이 발견되면서부터는 이와 함께 맞물려 논의되었다. 모세가 더 이상 오경의 저자로 간주될 수 없게 된 이래로, 학자들은 적어도 그를 율법 수여자로, 특히 십계명의 저자로 보았다.

2) 오경 문서들의 발견과 경계 설정

오경에서 엘로힘("하나님")과 야웨라는 신명이 교차로 사용되는 현상은 이미 오래 전에 인식된 사실이다. 힐데스하임(Hildesheim)의 목사인 비터(Henning Bernhard Witter)는 최초로 신명의 교차 사용을 창세기 1 - 2장의 전승을 구별하는 표시로 보기 시작했고, 이를 통해 창세기 1장에서 한 개의 독립된 문서를 발견했다. 그러나 1711년에 제기되었던 그의 견해는 2세기 동안이나 주의를 끌지 못했다.

이 분야에 영향을 미친 첫 번째 사람은 루이 15세의 담당 의사였던 아스뜨룩(Jean Astruc)이었다. 그는 1753년에 신명들을 토대로 창세기 전체를 두 가지(또는 세 가지)의 평행적인 이야기의 흐름으로 나누었다. 이는 그 다음의 1세기 반 내지는 2세기 동안 더욱더 면밀한 연구, 즉 문헌비평(Literarkritik)이 활용되는 토대를 마련했다.

(1) (초기) 문서가설(Die [ältere] Urkundenhypothese)

그로부터 수십 년 후, 아이히호른(Johann Gottfried Eichhorn)은 그의 『구약개론』 “*Einleitung ins Alte Testament*”(1780년 이후)에서 — 이 방면의 선구자인 미카엘리스(J. D. Michaelis) 이후 — 실제적인 개론학의 기초를 놓았고, 동시에 신화 개념의 소개를 통하여 그 가치를 인정받았다. 그는 문체와 내용에 근거하여 주요 문서들의 상이성을 제시함으로써, 문서를 구분하였다. 비터와 아스뜨룩이 오경의 문서들을 모세로부터 주어진 전통으로 이해했다면, 반면에 아이히호른 자신은 그의 평생의 연구를 통하여 최초로 모세를 오경의 편집자로 보는 가설을 부인했다.

18세기 말 무렵에 일겐(Karl David Ilgen, *Die Urkunden des jerusalemischen Tempelarchivs in ihrer Urgestalt,* 1798)은 이미 알려진 두 개의 문서 외에, 첫번째 문서와 동일한 신명을 사용하는 세 번째 문서 자료를 발견했다. 그리하여 세 문서들 혹은 세 개의 문서 자료들이 알려졌다 : 두 개는 엘로힘에 관하여, 나머지 하나는 야웨에 관하여 말하고 있다. 그러나 엘로힘이라는 신명을 사용하고 있는 본문을 두 부분으로 구별했던 작업의 큰 의미는 상당히 후대에 가서야 부각되었다.

(2) 단편가설(Die Fragmentenhypothese)

점점 더 개별 문서로 구분해 내는 관찰 방법들과 창세기를 넘어서는 시각을 통해서 더욱더 새로운 문서들이 발견되었다 : 어느 정도 독립적이고, 자체적으로 완성된 모음집들은 저마다 다른 시대에 발생한 것이며, 시간적으로 연속하는 문서들로 배열되지 않았을 수도 있으며, 혹은 적어도 확실히 시대적으로 정돈되지 않았다고도 말할 수 있다. 그러므로 학자들은 1800년경에 문서들 대신에 매우 상이하고, 상호간에 독립적이며 다양한 크기의 개별 조각들이 후대에 가서야 비로소 연속하는 사건들과 더불어 정리되었을 것이라고 보는 “단편들”을 생각하게 되었다(A. Geddes, J. S. Vater, W. M. L. de Wette).

사실상 출애굽기부터는 창세기에 비하여 문서의 구별이 상당히 어려운 편이다. 특히 십계명과 같은 법 모음집의 유래나 그것과 문서층과의 편입 관계에 대한 질문은 오늘날까지도 보편적으로 수용되는 해답을 찾지 못하고 있다. 만약 우리가 문서로 고정된 시기를 뛰어넘어서 본문 이전의 구전전승 단계에서 전승의 복합물들을 추정해 낼 수 있다면, 오경이 각각의 개별적인 복합물로 구성되어 있다는 인식은 물론 새로운 의미를 얻게 될 것이다. 문서 전승과 구두전승의 구별—이는 후대에 비로소 이루어졌다—이 없다면, 단편설은 오경의 전체 구조나 신명의 교차 사용에서 드러나는 것같이 오경의 길이를 구분하는 것에는 적합하지 않다.

(3) 보충가설(Ergänzungshypothese)

보충가설은 앞에서 말한 두 가지의 해결안을 결합한 것이다. 이에 따르면 전체 오경이나 혹은 창조로부터 가나안 정착까지를 포함하는 육경 속에서 우리는 엘로힘이라는 신명을 사용하고 있는 **기본문서**(Grundschrift)를 발견하게 된다(de Wette, H. G. Ewald, F. Bleek, Frz. Delitzsch 등). 십계명과 언약법전은 그 이후의 두 번째 문서로서 야웨(그리고 엘로힘)라는 이름과 더불어 후대의 편집자에 의해 보충된 것이다.

또한 이러한 설명 방법은 변형된 채로 오늘날까지도 영향을 미치고 있다. 문서층들이 기계적으로 서로 뒤섞여 만들어진 것이 아니라, 그때그때마다 기본층인 한 문서를 토대로 하여 다른 문서가 그 속에 삽입된 것이라면, 개별적인 자료의 결합을 통해서 이루어진 오경의 형성 과정은 보다 쉽게 이해될 수 있다(이 책 4장과 5장 3.1).

오경의 문헌적인 기원을 설명할 수 있는 해석들은 원칙적으로 위의 세 가지 가설들이다. 이들은 그 이후 시대에 이르러 변형되거나 서로 결합되기도 하였다.

3) 자료들의 연대 설정

원칙적으로 여러 문서층들이 인식된 이래로, 그것들의 시대적 관계, 특히 좀더 이야기체를 많이 쓴 본문들과 좀더 법률적인 본문들의 관계에 대한 연구가 고무되었다. 하나의 새로운 단계가 출현했는데, 이는 벌써 오래 전부터 추정된 것으로, 1805년 드 베테(W. M. L. De Wette)가 언급한 인식이 궁극적으로 관철된 것이다: **신명기**(모세의 다섯 번째 책)는 그 자체로 하나의 방대한 작품으로서 오경 가운데 독립적인 한 개의 문서층이며, 기원전 622년의 요시야 왕의 종교개혁(왕하 22-23장)과 연관되어 있다(이 책 10장 1.2를 보라). 이를 통해서 최초로 확실한 연대 추정 작업이 진행되었고, 이와 더불어 특별히 오경의 법들이 서로 비교되기 시작했다. 신명기에서 언급하고 있는 제의중앙화가 전제되어 있는 본문은 어디인가? 어떤 본문이 이스라엘이 보다 많은 성소들을 알고 있었던 과거의 시대를 반영하고 있는가?

신명기의 독특성에 대한 인식이 이른바 신(新)문서가설(die neuere Urkundenhypothese. H. Hupfeld, 1853. A. Dillmann 등)과 결합됨으로써, 오늘날까지도 통용되는 기본적 형태로서 오경을 네 개의 문서로 구분하는 것이 가능해졌다. 신문서가설에 의하면 신명기를 제외한 남은 오경 — 이미 초기 문서가설(K. D. Ilgen)이 추정한 바대로 — 은 원래 세 개의 독립된 문서들로 이루어져 있다. 그럼에도 불구하고 또 한 번의 결정적인 전환점이 생기게 되었다.

그것은 지금까지 기본 문서로 간주된 작품(엘로힘이라는 신명과 함께)이 사실상 가장 후대의 문서, 즉 대략 포로기에 생성된 **제사장문서**(Priester-schrift)라는 사실이 새롭게 인식됨으로써 오경의 문서들에 대한 기존 평가와 그 결과에 따라 오늘날까지도 통용되는 이스라엘의 역사 상(像)에 혁명적인 변화를 유발시켰다. 이 같은 견해가 성립되기까지 대략 거의 반 세기(대략 1830-1880년)가 소요되었으며, 이는 문제를 제기하고 이를 발전시켰던 주요 학자들의 이름을 따라 **로이스-그라프-퀴넨-벨하우젠 가설**(Reuss-Graf-Kuenen-Wellhausensche Hypothese)이라고 불린다. 이 견해는 무엇보다도 제사장 문서의 제의 규정들과 나머지 역사서들과 예언서들이 담고 있는 이스라엘 제의에 관한 보도들과의 비교를 통하여 확립되었다. 이야기체 부분들은 후대에 가서야 비로소 삽입되었다(참조. 이 책 8장 1.4). 더불어 제사장 문서와 구약의 상당한 (제의) 법전들의 연대를 문서예언 이후의 것으로 비로소 설정할 수 있게 되었다. 이는 다음과 같이 한마디로 요약된다: "법이 예언보다 후대이다"(lex post prophetas). 벨하우젠을 통해서 이 가설은 일반적인 승인을 얻어냈고, 이를 통해 이스라엘의 역사에 관한 새로운 시각이 제시됨으로써, 사람들은 그를 "과거의 가장 위대한 독일 구약학자"(R. Smend)로 칭송하고 있다.

문헌비평은 이미 벨하우젠에 의해 얻어진 입장을 후대에 본질적으로 계속하여 개정한 것이기 때문에, 『육경의 구성과 구약의 문학책들』(*Die Composition des Hexateuchs und der Literarischen Bücher des Alten Testament.* 1876-77. 1885. [4]1963)과 『이스라엘 역사 서설』(*Prolegomena zur Geschichte Israels.* 1883. [6]1923 ; 1878년 처음에는 "이스라엘 역사 I"[*Geschichte Israels I*]이라는 제목으로 출판됨)과 같이 문헌비평적 방법을 사용하고 있는 주요 작품들은 오늘날에도 읽는 이들에게 많은 유익을 주는 책들이다.

홀찡어(H. Holzinger)의 『육경개론』(*Einleitung in den Hexateuch.* 1893)은 문헌비평의 결과를 요약하며 동시에 상술하고 있으므로 여전히 아주 주목할 만한 가치가 있는 통찰력을 제시해 주고 있다. 보다 간결한 작품으로는 스토이어나겔(C. Steuernagel)의 『구약개론』(*Lehrbuch der Einleitung in das Alte Testament.* 1912)이 있다.

더 새로운 주장들은 보통 노트(M. Noth)의 『오경의 전승사』(*Überlieferungsgeschichte des Pentateuch.* [2]1960, 17 이하)나 혹은 『구약의 말씀과 메시지』(*Wort und Botschaft des AT* : J. Schreiner 편집, [3]1975)라는 모음집의 부록에서 발견된다.

4) 문헌비평의 결과들과 아직 해결되지 않은 질문들

19세기의 마지막 25년 동안 오경의 문헌적 관계들에 관한 이론이 실질적으로 완성되었다. 이것은 이전과 이후의 논쟁들에도 불구하고 여러 번 입증된 바 있으며, 회의적인 견해들과는 반대로 분명히 아직도 유효하다. 실로 가지각색의 변형과 보완이 잇따르기는 했지만, 원칙상 오경 문제들의 새로운 해답은 더 이상 제안되지 않고 있을 뿐 아니라, 확고한 위치를 얻을 수도 없다. 학문적인 모든 의구심에도 불구하고 벨하우젠 이래로 개별적인 문서층의 숫자와 순서는 다음과 같이 어느 정도로 확정되었다. 이 목록은 오늘날 통용되는 약자들을 사용한 것이며, 일반적으로 수용되는 연대를 보충했다:

J	야위스트	기원전 대략 950년? (즉 기원전 926년의 이른바 왕국 분열 이전, 솔로몬 시대)
E	엘로히스트	기원전 800년경 (이른바 문서예언 이전, 특히 호세아 이전)
D	(원-)신명기	기원전 대략 7세기 (기원전 622년의 요시야 종교개혁 직전, 그리고 후대에 광범위하게 확장됨)
P	제사장문서	기원전 550년경 (포로기와 포로기 이후의 보충)

오경의 형성은 단언컨대 문서들의 단순한 첨가나 오래된 문서를 점진적으로 확장시킴으로써 이루어진 것이 아니다. 오히려 우리는 이스라엘 이전 시기의 다양한 묘사들을 하나의 완성된 형태로 구성하기 위하여 본래 개별적으로 독립되었던 문서들을 상호 결합시켰던 여러 가지의 편집들(Redaktionen)을 고려해야만 한다. 이 과정에서 개정과 전환, 생략, 그리고 첨가 등은 불가피한 것이었다.

편집이 얼마나 많은 단계로 행해졌는가는 불확실하다. 기본적으로 우리는 적어도 세 가지의 편집들을 구별해야 한다:

R^{JE} = 보다 오래된 문서들인 J와 E가 결합된 편집.

북왕국의 멸망(기원전 722년) 이후에 일어난 이 결합은 상당히 기술적으로 행해졌기 때문에, 어느 부분에 있어서는 J와 E를 다시 확실하게 분리한다는 것이 불가능하다. 그러므로 학자들은(벨하우젠 이래) "예호비스트"(Jehowist), 즉 야위스트-엘로히스트의 작품, 곧 J/E라고도 말하기도 한다(이 책 7장 1을 참조하라).

R^P = 포로기 이후 시대에 예호비스트의 J/E 문서를 제사장문서인 P와 결합시켰던, 또는 더 정확히 말하자면, J/E를 P 안에 삽입한 (결정적인) 편집.

$R^{D(tr)}$ = 어휘와 문체, 그리고 주제에 있어서 신명기와 친밀한 본문들과 문장들 그리고 문장 성분들을 접합시켜서, 문서들을 신명기 또는 신명기 역사서인 신명기-열왕기와 융합시킨 편집(뒤에 나오는 91쪽 (4)를 참조하라). 제사장문서의 편집이 먼저 시행된 것인지 또는 신명기 혹은 신명기 역사서의 편집이 먼저 된 것인지는 논란이 되고 있다. 다음의 도식에서 이러한 편집의 과정이 점선들로 표현된다.

오경의 형성은 다음의 도표에서 아주 간단하게 그림으로 표현될 수 있다:

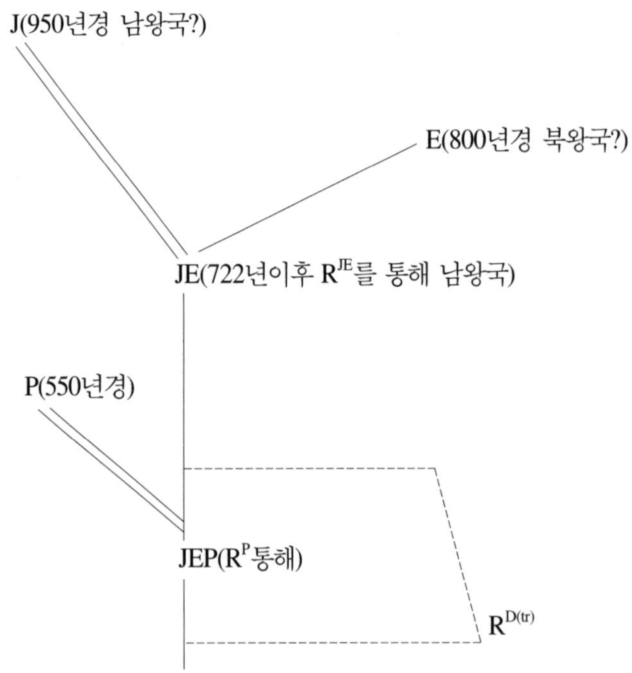

이중선으로 표시된 것은 기본문서를 뜻하는데, 그때마다 다른 문서나(J문서 안

에 E문서가) 또는 이미 존재하는 결합물이(P문서 안에 JE문서가) 기본문서 속으로 삽입되었다(아래 참조).

궁켈(H. Gunkel)은 그의 『창세기 주석서』([3]1910. [9]1977, LXXXI)를 통하여— 비록 그의 관심은 오히려 양식사적, 전승사적, 혹은 종교사적인 연구에 쏠려 있지만 — 오경연구의 많은 시간 투자와 풍부한 결실의 진가를 인정받았다 : 야위스트, 엘로히스트, 그리고 제사장문서라는 세 문서의 구분은 "구약 학계가 1세기 반 동안이나 골몰하여 얻어낸 공동의 결과이다. … 경탄할 만한 노력과 통찰력, 천재적인 이해력이 이 작업에 소비되었다. 그리고 그 결과로 후손들이 자랑스럽게 여길 작품이 나타났다. 우리는 이제 각 문서들의 범위를 대부분의 경우에는 구절로, 어떤 경우에는 단어에 이르기까지 구분하여 확정할 수 있다. 그러나 물론 여러 부분은 아직 불명료하다. 창세기 비평사에서 마지막 궁극적인 방향 전환은 벨하우젠이 그의 대작 『이스라엘 역사서설』에서 이루어 낸 것으로서, 그는 창세기의 자료들을 연대기적으로 규정하고, 그것을 이스라엘 종교사의 전체 과정 속에 끼워 넣었다."

물론 벨하우젠에 의해서 이룩된 의견 일치는 그 동안에 사라졌다. 그의 연구 결과인 오경 문서들의 구분과— 그 결과인— 연대 설정뿐만 아니라, 그 방법론도 논쟁거리가 되고 있다. 현재 주장되고 있는 문서들의 범위와 형성 연대, 그리고 형성 장소, 나아가서는 그 존재에 대한 관점에 있어서 매우 큰 격차가 발생했기 때문이다. 기본적인 이해를 위한 의견 일치는 이제 서로 심하게 빗나간, 서로 부합되기 어려운 혹은 서로 모순되기까지 하는 결과들로 인해서, 여러 가지의 출발점과 설명 방법이 동원된 이른바 "모델들"만을 제시할 수 있게 되었다.

각 견해들의 차이점은 표제어를 통해 대략적으로 묘사될 수 있다 :

1) 이야기층이나 문서층, 특히 이른바 야위스트 혹은 야위스트-엘로히스트 서술(J나 JE)을 후기 연대로 추정하는 견해 :

본문의 연대를 다르게 설정하는 것은 구약역사 및 구약신학에 있어서 중요한 의미를 부여한다(H. H. Schmid 등).

한 문서를 판단하는 것은 그 연대를 평가하거나 그 신학적인 의도를 이해하는 것과 마찬가지로, 본질적으로는 본문층을 가려내는 것에 달려 있다. 따라서 시대를 확정하기 위해서는 (1) 후대의 첨가들을 제거하는 것이 결정적인 일이다: 특히 야위스트의 묘사는 후대의 삽입이나 야웨라는 이름을 마찬가지로 사용하고 있는 편집과 구분되는가?

(2) 연대 확정을 위한 기준 자체가 논쟁거리이다. 이른바 문서예언자들의 메시지나, 앗수르를 통한 위협, 중앙성소에 대한 요구(신 12장) 혹은 요시야 개혁을 통한 제의 중앙화의 실행 혹은 포로기 등과 같은 아주 적은 수의 현상들만이 연대 설정의 결정적인 단서가 된다. 이러한 요소들이 본문 속에 반영되어 있음을 어느 정도는 알아볼 수 있다.

언어에 대한 연구에 있어서는 (3) 결합된 단어구들이 개별 단어들보다 더 신빙성이 있다.

2) 좀더 강력하거나 혹은 철저한 전승사적 혹은 구성사적 설명 방법(R. Rendtorff, 이와 비슷하게 E. Blum 등):

이 방식은 문서를 구분해 냄으로써 구전전승에 대한 질문을 시작하는 방법을 포기한다. 반면 전승의 핵심이 점진적으로 성장해 가는 과정과 그것이 어떻게 후대에 결합되는지를 가정한다. 원역사와 족장사, 출애굽 전승, 시내산 전승, 광야 전승, 그리고 가나안 정착 전승 등의 거대한 전승사적인 단위 혹은 전승의 덩어리들(참조. 이 책 4장 2. 5)은 오랜 시간 동안—포로기 시대나 심지어 포로기 이후 시대까지—결합되지 않고 독립적으로 존재했다. 이런 면에서 이 항목은 "단편"가설의 전승사적인 변형으로 이해될 수 있다. 신명기(역사서)의 편집이나 혹은 편집층 및 구성층으로 보이는 제사장문서가 비로소 그 단편들을 포괄하거나 혹은 오경 전체를 포함했을 것이다.

그러나 출애굽기 1-15장 같은 전승 덩어리들이 오랜 시간 존속해 오는 동안 그 자체적 의미를 얼마나 많이 전달할 수 있었을까? 그것들은 이미 지정된 전체 문맥을 (현재와의 관계와 더불어) 전제하고 있지 않은가?

언어적으로 분명히 신명기역사가의 것으로 규정될 수 있는 부분이 창세기 내에서 일종의 "층"을 형성함으로써, 사소하지 않게 발견된다면, 이것은 모세전승의 형태에 덧붙혀진 것이 아닌가? 제사장문서를 분리한 이후에도 남아 있는 문서층은 신명의 교차 사용, 중복 등과 함께, 그것은 제사장문서를 배제할 때 겪었던 것과 비슷한 충돌을 다시 한 번 일으킨다.

3) 편집사적인 설명 방식 :

이 방식은 기본층에 점차적인 첨가가 이루어지며, 한 문서층은 그 이전 문서층을 문헌적으로 의존하고 있기 때문에, 후대 문서는 그 이전의 문서를 보충하고 있는 것으로 본다(이전에 P. Volz와 W. Rudolph, 현재는 H. -C. Schmitt 등). 여기에는 각기 서로 매우 다른 상상들이 동원된다. 이 중에서 한 가지 가능성을 선택하면 다음과 같다 :

(원)야위스트의 (전승 혹은) 기본층은 엘로히스트의 기본층을 통해 전수되었다. 이런 방법이 지속되는 가운데, 여기서 생성되어 연결된 본문들은 계속적인 야위스트의 문서층과 제사장문서층을 통해서 더 풍성하게 되었다.

(1) 하지만 이 가설은 문헌비평의 출발점과 중심 문제를 설명하지 못한다 : 중복, 특히 신명의 변화가 결합되어 나타나는 이야기의 중복을 설명하지 못한다. 수정하는 사람은 왜 그의 앞에 있는 문서층을 확장하거나 그 자신의 의미를 변형시키는 대신, 오히려 — 적어도 때때로 — 그것을 반복함으로 충분히 그가 피하거나 차이를 없앨 수 있었던 중복이나 모순들이 발생하도록 허용한 것인가? 이와 달리 편집자 역시도 그 모순을 발견하고, 본문에 깊게 관여하였다면, 그것을 제거할 수도 있었을 것이다. 그러므로 중복의 문제를 설명함에 있어서, 한 기본층에 다른 기본층이 추가된 것으로 보는 것보다는, 오히려 두 개의 원래 독립적이었던 기본층을 생각해 보아야 한다.

(2) 특히 분석적으로 얻어진 본문 부분이나 층들(적어도 이른바 제사장문서에서)은 자체 내에서 판독 가능하며, 따라서 그 자체로 이해될 수 있다.

(3) 결국 평행을 이루고 있는 본문이나 층들은 공통적인 전승을 통해 서로 연결되었을 뿐 아니라, 처음부터 서로 문헌적으로 관계를 맺고 있었다고 볼 수 있지 않을까?

편집사적인 설명 방식의 특수 경우로서, 예호비스트의 편집내지는 예호비스트(R^{JE}내지는 JE)를 높이 평가하는 것은 이 층에 속한, 신학적으로 의미 있는 본문의 기록과 함께 이해될 수 있다.

그러나 예호비스트의 편집 본문을 찾아내기 위해서, J문서 내부에서 얼마나 많은 모순들을 발견해야 할 것인가? 야위스트의 이야기를 근거로 하는 보충층(J^S)은 예호비스트의 편집(R^{JE} 혹은 JE)과 어떻게 구분될 수 있을까? 그 정확한 구분에 대해서는 현재까지 설득력 있게, 일반적으로 인정되는 기준이 없다. 이것은 아마도 야위스트와 엘로히스트에게 주어져 있던 그 자체의 전승들과 특히 특징들이 본문의 형성 과정에서 접합되어 함께 전달되었기 때문일 것이다.

특별히 제사장문서의 개념(이 책 8장)은 그것이 원래 독립되어 존재했다고 가정했을 때에만 이해될 수 있다.

본문을 해석함에 있어서 이미 각인된 결론에 이끌리는 위험을 피하기 위해서, — 우리는 사전에 미리 그 질문에 대해 전체의 윤곽을 그려봄으로써 — 개별 본문으로부터 신중하게 시작해서, 그 연구를 네 단계로 구분해 보아야 한다:

(1) 본문의 분석:

문헌적인 통일성(구조, 결합 요소)이나 비통일성(중복, 이음새)을 근거로 하는 본문의 분석 즉 본문의 통일성을 인정하거나 인정하지 않는 등의 관찰이나 논증들을 모음.

균열과 불균형 혹은 긴장이 발견되는 경우:

(2) 통합의 시도, 즉 주어진 본문의 재배열:

본문의 일부분들을 (단어, 주제, 동기, 의도가 일치하는 경우) 서로 결합시켜 질문해 보고, 그 내부적 일치(구조, 사건의 진행, 남아 있는 틈과 불균형들)를 시험해 본다. 이러한 작업이 의도하는 것은 가능한 한 의미가 통하고, 통합적이며, 자체적으로 이해되는 이야기나 사건의 경과를 알기 위한 것으로서, 본래 독립적으로 존재할 수 없는 파편, 단편(斷片) 혹은 조각들을 확인하려는 것은 아니다.

(3) (재구성된 본문 단락과) 가깝거나 먼 문맥과의 비교:

이 단계에서야 비로소 새롭게 주어진 단위들을 (재구성된) 다른 본문들과 병렬시킬 수 있으며, 이로써 개별적으로 구성된 결과들은 더 큰 틀 속에서 검증되거나 확증된다. 이러한 방법을 통하여 무엇보다도 주변 본문들과의 연속성을 발견해 냄으로써 전승 덩어리의 가까운 주변이나 더 멀리 떨어진 본문층과의 포괄적인 관계들이 인식된다.

때에 따라서 문서층의 구별이나 한 본문을 하나의 문서에 귀속시키는

데 필요한 기준들이 충분치 못할 때도 있다. 이런 경우는 오경의 문서층들이 서로 긴밀하게 결합되어 있거나, 현재의 본문이 편집의 손을 심하게 거쳐서 형성된 경우 혹은 전승이 특별한 특성을 가지고 있는 상황에 해당된다.

(4) 현재의 혼합된 본문 내지는 **본문의 최종 형태에 대한 설명**:

가급적 본문이 의미 있게 병렬되어 있고, 연속적으로 나열되어 있음을 설명해야 한다. 재구성된 단락은 왜, 그리고 어떻게 현재의 본문 안으로 연결되었으며, 그것은 어떻게 이루어진 것인가?

가능한 한 많은 관점들이 연구 과정에서 고려되고, 각 본문의 특수성을 공감할 수 있는 모든 근거들이 숙고될 때, 편협성이 극복된다. 끝으로 지지받을 만한 해결을 제시하기 위해서는, 다양하고도 서로 독립적인 근거들, 즉 언어적 방법과 같은 객관적인 방법이 언급되어야 한다(기준들의 일치).

본문에서 문헌 비평을 시행하여 문서층을 구별해 낸 다음—문헌적인—원형을 재구성함으로써, 본문의 모순을 발견하게 되고, 이를 통해 본문에 삽입된 것이 무엇인지를 알게 된다. 따라서 전체 본문의 구조에 대한 관찰이 가능하게 이루어진다. 이러한 방법을 토대로—문헌적인—모순과 본문의 문맥이 파악될 수 있다. 그리고 그 최종 형태는 체계적인 통일성을 보여 준다. 따라서 이미 문헌비평은 공시적인 관찰 방식을—본문층들의 순서에 대한 통찰을 통해서—통시적인 관찰 방법과 연결할 수 있다(이것은 양식사와 전승사적인 연구에서 더 많이 사용된다: 이 책 4장 2.5를 보라).

오경에서의 문서층을 구별할 수 있는 주요 근거와 기준은 여전히 중복들(본문들 또는 본문의 일부분들, 문장들, 경우에 따라서는 문자의 일부분들의 중복)과 신명 및 **신명칭의 변화**(야웨, 엘로힘)이다. 때에 따라서는 고정된 관용적인 표현법이 사용되기도 하고(예를 들면, 창 32:29 "하나님 혹은 신들이 사람과 싸우다") 또는 그 주제가 야웨라는 이름 대신에 하나님의 이름을 요구하기도 한다(예를 들면, 창 3:1 이하; 특히 3:5 "하나님과 같이"). 대부분의 경우에 신명의 변화가 나타나지만, 실제적으로 명확하지 않을 때도 있다(예를 들면, 출 3:4a/b). 모순들, 서로 다른 단어의 사용, 문체적인 그리고 신학적인 차이와 같은 또 다른 특징들이 더욱더 보완하고 확증해 주는 근거로 쓰일 수도 있다.

창세기 1장(P)은 인간 창조를 신학적으로 잘 숙고된 단어로 기록한 뒤에, 왜 창세기 2장(J)은 그것을 다시 한 번 전혀 다른 사건의 과정으로 이야기했을까? 어째서 창세기 6-8장이나 9장(J, P)의 홍수 이야기에서는 결정적인 사건의 특징이 — 왜 각각 서로 다른 숫자를 진술하면서 — 중복되어 전달되었을까? 시조모의 위험과 보호에 대한 이야기에서, 구원자는 어째서 한 번은 야웨(창 12 : 10 이하; 또한 26 : 1 이하[J])로, 다른 한 번은 엘로힘(창 20 : 1 이하[E])으로 나타나는가? 이미 두 개의 이야기 줄기(J, E)들이 서로 엮여 있는 출애굽기 3장에 나오는 모세의 위임은 어째서 출애굽기 6장(P)에서 다시 새롭게 묘사되는가? 출애굽기를 깊게 관찰해 보면, 출애굽기 14장의 출애굽의 이야기(J, P, 게다가 E의 작은 부분)뿐만 아니라 시내산 현현의 묘사(출 19 : 16 이하[J, E])와 민수기(발람이야기. 민 22-24장 등)에서도 그런 중복이 발견된다.

따라서 두 개 혹은 세 개나 되는 평행층을 가지고 있음으로 인해 재구성의 어려움을 겪고 있는 몇몇 본문들이야말로 문헌비평의 모범적인 사례에 해당된다.

창세기 6-9장은 숫자의 교체 진술, 두 번의 사건으로 시작되는 하나님의 말씀(창 6 : 5-8/6 : 9-22), 두 개의 종결적인 약속(창 8 : 20-22/9 : 1-17) 등에 의해 이전의 줄기 하나와 후대의 줄기(J, P)로 각각 분석해 볼 수 있다. 창세기 28장 10절 이하(16/17절의 장소의 거룩성에 대한 중복된 설명과, 신명의 변화와 함께)는 자체적으로 두 가지 이야기(J, E)를 나타내며, 창세기 35장 9절 이하(P)와 다시 평행구를 이룬다. 출애굽기 3장(4절의 하나님의 이름 교체와, 7/9절의 중복과 함께)은 두 줄기(J, E)로부터, 출애굽기 14장은 세 줄기(J, P, 적지만 E도)로부터 구성된 것이다. 출애굽기 6장에서 후대의 줄기(P)가, 모세의 소명에 대해서 이미 앞서서 중복된 이야기를 들려주고 있는 출애굽기 3장에 삽입되어 있지 않고, 출애굽기 3장과 무관한 상태로 고유하게 서술된 것은, P문서층이 편집층이 아니라 독립적인 단위(문서)임을 보여 주며(참조. 이 책 8장 1.2), 다른 한편으로는 출애굽기 3장과 6장을 연결한 편집자(R^P)가 출애굽기 3장(J와 E에서)을 구성한 편집자(R^{JE})와 동일하지 않다는 것을 짐작하게 해 준다.

창세기 1장(–2 : 4a ; P)의 창조이야기가 창세기 2–4장(J)의 틀을 마련해 주듯이, 출애굽기 2장 23b–25절(P)의 하나님의 "생각"은 출애굽기 3–5장(JE)으로 이어지는 전환점을 마련해 준다. 출애굽기 6장 2절 이하의 하나님의 말씀(새로운 도입인 2절 P와 창 28 : 13 등과 모순되는 3절)은 현재의 문맥, 즉 완성된 본문에서 출애굽기 5장 22–23절의 모세의 탄원에 대한 대답의 구조를 이루고 있다. 그 다음에 이루어지는 편집 혹은 구성 작업은 (여전한 긴장에도 불구하고) 이해할 수 있도록 이야기의 경과를 서술하려 한다. 뒤따르는 일련의 재앙들은 각각 구별되는 사건의 진행과 고유의 소재들과 의도를 가지고 있는 서로 다른 두 개의 서두(출 7 : 1–7, 8–13 P 내지는 7 : 14–16 J)를 포함하고 있다.

창세기의 첫 절반 부분에서 세 개의 자료들(J, E, P)의 확실한 중심점을 다음의 간단한 도식에서 볼 수 있다. 보다 큰 P의 윤곽은 P가 골격으로서의 기능(범위가 아니고)을 하고 있음을 다시 한 번 나타내는 것이다. 점선으로 표시된 것은 창세기 25장부터는 다소 일반적으로 나타나는 것처럼 그 범위에 여러 가지의 문서들이 포함되어 있음을 나타낸다.

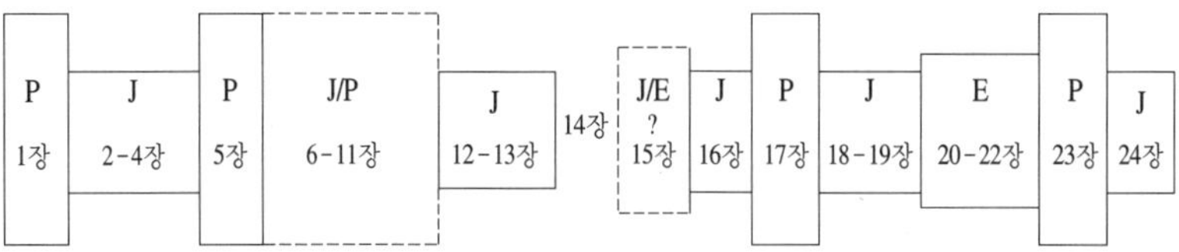

제사장문서, 그리고 신명기–신명기사가적 문헌만이 명확히 인상적인 문체를 가지고 있다. 그래서 제사장문서와 신명기사가의 편집 같은 보다 후대의 본문은 오경으로부터 쉽게 분리될 수 있는 반면, 보다 오래된 자료들의 엄격한 분리는 무엇보다도 출애굽기의 뒷부분(대략 출 24장; 32–34장)부터는 대개 불확실하다. 각 자료들은 동일한 수준의 전형적인 특징을 가지지는 않지만, 그럼에도 불구하고 때에 따라서는 감지할 수 있는 특징을 갖기도 한다(대략 창 20–22장 E).

이러한 상황에서 문헌비평은 가치가 있으며, 그 소득이 아주 불확실하거나 하찮은 것은 아니지 않은가? 문헌비평의 과제는 자료들의 범위, 형성 시기와 장소뿐만 아니라 동시에 그것들의 신학적 의도까지도 탐구하는 것이다: 본문은 본문의 상황 안에서 무엇을 말하려고 하는가? 모든 본문의 진술은 문맥 속에 파묻혀 있고, 문맥과 함께 변화되었기 때문에, 본문의 신학적 의도를 그 본문의—최초의, 그리고 보다 후대의—상황을 고려하지 않은 채, 끌어낸다는 것은 불가능한 일이다. 그래서 힘든 문헌비평 작업은 피할 수 없는 과제이며, 또한 조심스럽게 접근되어야 할 것이다.

19세기 말 이래로 아주 다양한 의견들이 부각되는 현재에 이르기까지, 자주 얽히고 설키는 문헌비평의 역사는 그 개별적인 단계들과 각각의 변화를 따라 추적할 수는 없다. 그러나 이제 원칙적으로 중요하고, 변화하는 견해들 속에서도 되풀이되어 토론되는 다섯 가지(1-5) 문제들을 소개하고자 한다.

(1) 탐구된 문서 자료들은 하나의 통일성을 유지하고 있는가? 아니면 그 자료 안에 또 다른 문서층이 있는가?

세 개의 문서 자료 속에 있는 어떤 불규칙성들을 설명하기 위해서, 어떤 이는 자료들(무엇보다도 J를, 그러나 E와 P도 역시)을 다시 한 번 재차 몇 개의 줄기로 세분하였다. 그러나 결국 일반적으로 인준된 성과는 없었다. 계승된 전승으로부터 각 문서를 수집한 사람은 어느 정도까지 저자로 인정될 수 있는가? 또한 그 저자는 어느 정도나 자유롭게 창작을 할 수 있을 것인가? 오래된 문서들(특히 J)은 그 편집자들을 통해 계승되는 과정에서 엄격하게 손질됨으로써, 보다 완벽한 통일성을 구축할 수 있었고 또한 이를 통해서 한 문서는 더 이상의 근본적인 균열과 모순을 드러내지 않게 된 것인가? 어쨌든 이런 방법으로 각 문서들의 내부적인 모순들을 설명할 수 있을 것이다: 그 문서들은 이미 다소 확고히 구성된 전승들을—경우에 따라서는 문서로 된 본문들을—수용한 것이다.

게다가 현재의 형태에서 가장 후대의 문서 자료(P, D도 비슷하게)는 더욱더 오랜 발전의 결과물이며, 또한 여러 저자들의 작품이다. 결국 문학 작품들은 후대의 첨가들(특수문서 자료)에 의해 보완된 것이다.

계속적으로 시도되는 문서층의 세분 작업이 더 이상 일반적인 동의를 얻지 못하는 것은 본문의 상황때문만이 아니라, 문헌비평에도 일반적으로 적용되는 법칙때문이기도 하다. 이 법칙에 따르면 한 이론이 도를 지나쳐 더욱더 복잡해질수록, 그것은 개연성이 없어진다. 그 반대로 이론이 단순하면 할수록, 즉 그것이 가능한 한 적은 가정으로 설명되면 될수록, 더 확실한 것이 된다. 이 점에 있어서 세 가지 문서 이론(J, E, P)은 더 이상 세분될 수 없는 극한에 이른 것이다.

(2) 문서 자료들의 **구조적 공통점**들은 어떻게 설명될 수 있는가?

가장 오래된 자료인 J문서가 오경의 각 문서층들에게 고정된 형태를 제공했는가? 야위스트가 최초로 족장전승과 시내산전승과 같은 보다 큰 전승들을 함께 모아 연속적인 순서로 배열했는가? 그렇다면 보다 후대의 문서들은 그것에 의존하고 있는 것인가? 사실상 전승 덩어리들은 처음 즉 이미 구두 전승 때부터 하나의 단위로 결합된 것이며, 오경의 윤곽은 이미 두 개의 보다 오래된 문서들에 의해 형성된 것이다. 한편으로는 야위스트와 엘로히스트의 구조와 내용이 많은 부분 공통적이기 때문에, 그것들을 서로 완전히 독립적으로 형성된 것으로 보기는 어렵다. 그러나 다른 한편으로 그것들은 본문에서 드러나는 것처럼 단지 느슨하게 관련되어 있기 때문에, **직접적으로 상호간에 종속적이라고 볼 수도 없다.**

즉 엘로히스트가 야위스트에 문학적으로 종속(또는 그 반대로도)되어 있다고 보는 소리들이 증가하고 있긴 하지만, 실상 (둘 사이의) 긴밀한 접촉들은 드물다. 이미 궁켈은 이에 대해 정당한 판단을 내렸다: "J와 E 사이에는 어떠한 직접적인 문헌적 관련도 존재하지 않는다. J가 E로부터 베껴 쓴 것도, E가 J로부터 베껴 쓴 것도 아니다. 만약 두 문서들이 이따금 자료에서조차 일치한다면, 그것은 유사한 전승에서 비롯된 것으로 설명될 수 있다"(*Genesis*, LXXXIII).

이러한 결론은 두 자료들이 각기 다른 장소들, 즉 J는 남왕국에서 그리고 E는 북왕국에서 유래되었다면 더욱 적절한 것이다.

그러므로 노트(M. Noth)는 "두 문서들이 공동의 기초자료(Grundlage : G)를 사용했고, 그 공동의 기초자료로부터 — 각각 독립적으로 — 핵심 부분을 취했다"(*Überlieferungsgeschichte des Pentateuch*, [3]1966, 41)고 생각했다. 그러나 직접적으로 접근 불가능한 것을 이처럼 귀납적으로 추정해 보는 방법 역시 결코 전반적인 동의를 얻지는 못하고 있으며, 사실상 최근에는 자주 의심받고 있다. 그러나 아직도 노트의 견해가 J와 E의 공통성과 상이성들을 설명함에 있어서 유익하기 때문에, 그의 주장은 여전히 의미심장하게 남아 있다. 노트는 이 기초자료 G가 문서로 존재했는지 아니면 구전으로 존재했는지에 대해서는 미해결로 남겨 놓았다. 그러나 역시 그것은 다분히 구전적인 전승층과 관련된 것이다. 구전 전승층에 속해 있는 개별 전승들, 이야기들, 전승의 덩어리들은 후대에 J와 E에 의해서 줄거리 속에 함께 결합되었다.

후기의 제사장문서가 그 자료들을 직접적으로 아니면 (오히려) 단지 간접적으로라도 알고 있었는지에 대해서는 의견이 분분하다.

(3) 확연하게 **차이가 나는 각각의 문서 자료들의 범위**는 어떻게 형성된 것인가?

벨하우젠은 보다 오래된 문서의 구성 과정에서 편집자(역자 첨가)가 J 문서를 토대로 해서 단지 "J에 존재하지 않는 부분만을"(*Die Composition des Hexateuchs*, [4]1963, 22) 엘로히스트로부터 취해서 덧붙혔다고 보았다. 만약 이러한 인식이 일반적으로 유효하다면, 대체로 문서가설과 보충가설의 결합은, 노트(M. Noth)가 그것을 주장했던 대로 올바른 것임이 입증될 것이다: 편집 과정에서 **한 문서는 뼈대로서** 사용되었고, 다른 문서들은 거기에 삽입되었다. 그러므로 야위스트는 엘로히스트를 통해 확장된 기본자료를 제공했고, 훨씬 후대에 또 다시 결합된 J/E-이야기가 제사장문서의 전체 틀 속으로 삽입되었다(87쪽의 도표를 참조하라). 이런 방법으로 엘로히스트의 단편적 특징이 설명된다. 따라서 물론 J문서와 제사장문서 곳곳에서 균열들이 발견될 수밖에 없다.

(4) **오경 문서자료**는 어디에서 **종결**되는가?

오경 각각의 문서층들은 다른 곳에서도 발견되고 있는가? 한편으로 어떤 학자들은 여호수아서뿐 아니라 열왕기서에서도 오경 문서 자료가 나타난다고 믿는다. 다른 한편으로 노트는 위에 언급된 가설의 결론으로 다음과 같은 견해를 주장한다: 가장 후대의 제사장문서가 모세의 죽음(신 34 : 7－9)을 보도하는 것으로 종결되고 있기 때문에, 모세의 죽음 그 이후의 이야기를 언급하는, 보다 오래된 J/E문서의 다른 부분들은 이미 그것들이 제사장문서에 삽입되었을 때에 삭제되었을 것이다. 이로써 오경의 문제에서 실제적으로 사경의 문제가 대두된다. 신명기 34장의 몇몇 구절들을 제외한, 신명기로부터 시작되는 역사서들은 또 다른 문학적인 복합물이다.

J문서나 심지어 제사장문서가 여호수아서의 땅 점령에 대한 묘사에서도 관여되어 있는지의 여부는 여전히 논쟁되고 있는 문제이다.

(5) 오경 형성에서 **편집**이 차지하고 있는 몫은 어느 정도인가?

편집을 고려하는 것이 그다지 새로운 일은 아니지만, 그 의미는 새롭게 인식된 것으로, 현재의 토론 상황에 있어 중요하게 논란이 되는 문제이다. 예언자의 선포에 대한 해석이 예언자의 진정한 자료를 구별해 냄을 통하여 보다 발전적인 도약을 이룰 수 있었듯이(이 책 13장 1.3), (보다 오래된) 문서들의 평가와 연대 규정 및 신학적 의도에 대한 이해 역시도 편집된 부분을 구별해 내고, 그 부분을 어떠한 문서에 종속시키는가에 따라 좌우될 수 있다.

즉 본문 전체를 각각의 서로 다른 문서로 분할할 수는 없다. 오히려 편집의 몫이 계속해서 고려되어야 한다. 보다 오래된 본문에서는 "그리고 하나님의 천사가 또 한 번 말했다"(창 22 : 15－18 ; 또한 출 4 : 13 이하 ; 19 : 3 이하)와 같이, 분명하게 식별할 수 있는 첨가들이 발견된다.

특히 주제나 언어에 있어서 신명기 또는 **신명기사가**의 문헌에 친밀한 오경 본문들은 문헌비평의 기준으로 평가받아야 한다. 물론 오경에는 신명기로부터 열왕기서까지의 사이에서 (혹은 예레미야서도) 사용된 표현 방식처럼, 광범위하거나 혹은 그 문서들의 표현 양식과 유사한 문구들이 발견되지는 않는다. 즉 상황은 다를 수 있다. 그럼에도 불구하고 신명기-신명기사가의 고유한 안목을 보여 주는 구절들(창 50 : 24 ; 출 3 : 8, 17)로부터 더욱 더 긴 단편들(출 13장 ; 23 : 20 이하 ; 32 : 7 이하 ; 33장 ; 34 : 10 이하 등에서와 같은)에 이르기까지 부가적인 문장들이 발견된다. 그러한 보충들은 모세의 소명 이후로부터 많아지고 있다. 즉 신명기-신명기사가의 문헌은 모세에게 대단한 관심을 보인다.

이러한 맥락에서 무엇보다 세 가지 문제가 미해결로 남아 있다 :

(1) 신명기의 정신을 소유하고 있는 편집자가 곧 J문서와 E문서의 편집자인가? 즉 $R^{JE}=R^{Dtr}$인가? 하지만 신명기-신명기사가의 편집은 J와 E의 결합보다 후대인, 제이차적인 단계에 해당된다. 왜냐하면 신명기-신명기사가의 편집된 단편들은 적어도 여기저기에서 J/E의 혼합물을 파손시키지 않은 채로, 분리될 수 있기 때문이다.

여하튼 내부적으로 편집된 첨가물들은 방법론적으로 서로 구별되어야 하며, 우리는 이를 통해서 신명기사가의 편집 부분을 명확하게 인식할 수 있게 될 것이다.

(2) 그 첨가들이 신명기와 관련되어 있다면, 그것들은 이른바 원신명기적 화법(기원전 7세기)을 드러내고 있는 것인가, 그것도 아니라면 오히려 포로기-포로기 이후의 시대에 속하는 것은 아닌가? 어쩌면 원신명기적인 것으로부터 신명기적인 것까지 이르는 여러 단계의 편집을 받아들인 것인가? 이렇게 구별할 수 있는 충분한 증거는 있는가?

(3) 신명기-신명기사가의 편집은 오경에 신명기를 삽입한 것과 어떤 관계가 있는가? 그것은 동시대에 이루어진 것인가 아니면 그 같은 사실을 전제하고 있는가? 이 편집은 적어도 때에 따라서 신명기의 후기 층이나 신명기사가의 본문들을 더욱 상기시킨다.

신명기가 신명기역사서의 서론을 형성하고 있기 때문에 경우에 따라서는 창세기 2장으로부터 열왕기하서까지 한 개의 문학 작품으로 존재한다고 볼 수 있는가? 그리고 오경 안에서의 신명기사가의 편집은 여전히 그것이 한 작품임을 증명하는 것인가? 또한 신명기를 오경의 문서 중의 하나로 배열시키는 것은 가능한 것인가? 더불어 신명기-신명기사가의 편집 역시 J/E를 P와 결합시킨 이후에 일어난 것인가? 제사장문서의 단편에서도 신명기사가의 화법을 보여 주는 부분들이 곳곳에서 계속 발견된다(예를 들면 민 14 : 8, 또한 성결법전에서).

오경의 생성 과정을 대략 J-E-D-P의 공식으로 보아야 하는지 아니면 J-

E-P-D의 공식으로 보아야 하는지는 여전히 결정지을 수 없다.

5) 양식사와 전승사

양식사와 전승사 연구는 오경의 이해에 새로운 자극을 가져왔다. 이러한 연구는 문헌비평을 대체한다기보다는, 오히려 문헌비평 위에 근거를 두고 있다. 또한 그 연구방법론은 문서로 고정된 본문을 넘어서 구전 전승의 단계로까지 소급하고 있기 때문에, 문헌비평적 연구를 계속 수행함과 동시에 어느 정도는 변형을 가하고 있다.

궁켈은 이 분야의 선구자이다. 그는 현존하는 민담의 수집물로부터 보다 오래된 개별 민담들(이 책 5장 2.1)을 추출해 냄으로써, 새로운—시편과 예언 본문들의 이해에 있어서도 동일하게 매우 효과적인—관찰 방법을 특히 창세기에 적용했다(*Schöpfung und Chaos in Urzeit und Endzeit,* 1895 ; *Genesis*, 1910). 그의 제자 그레스만(H. Gressmann, *Mose und seine Zeit,* 1913)은 출애굽기에 그 같은 분석을 적용하였다. 폰 라트(G. von Rad)는 포괄적인 관계에 주목하면서, 그 방법론을 보완했다: 현재의 전체 구성과 개념 속에 원래의 자료들이 깊이 파묻혀 있다(*Das formgeschichtliche Problem des Hexateuch*, 1938). 그는 출애굽, 시내산 그리고 땅의 정착 전승들을 제의적인 결합으로 설명했다. 그것들은 각기 다른 성소에서 본래 독립적인 전통들을 가지고 있었다. 이 점에서 노트(M. Noth)는 분석과 종합, 개별적인 연구와 전체적인 관점을 결합하려고 노력했다(*Überlieferungsgeschichte des Pentateuch*, 1948 ; *Exodus.* ATD 5, 1958). 그는 오경을 다섯 개의 주요 "주제들"로 나누었다: 출애굽, 땅의 정착, 족장들과의 언약, 광야에서의 인도, 그리고 시내산 계시. 한편으로 그는 나머지 오경의 소재들에 대해서는 "보충" 이나 성장된 것으로 간주했다. 그 주제들이나 전승의 덩어리들은 그때마다의 고유한 전역사를 가지고 있으며, 따라서 역사적 기원에 있어서는 서로 어떠한 관계도 없기 때문에 오경이 묘사하는 것과 같은 전승의 역사적 과정은 유보된다(이 책 2장 1을 참조하라). 보다 최근의 연구는 이러한 구상에 대한 논쟁과 관련된 것이다.

단지 추측만 가능한 문헌 이전의 역사적 단계에서 왜 하필이면 본문 이전의 단계를 추론하는 이 같은 불확실한 방법이 시도되어야만 하는가? 첫째로 한 본문의 작성 시기가 곧 그 "자료"나 내용의 시대를 말해 주는 것은 아

니다 : 즉 후대의 문서라 할지라도 반드시 후대에 발생한 것은 아니다. 둘째로 가장 초기의 것으로 판명된 문서라 할지라도 그것에 의해서 보도되는 역사적 사건들이 반드시 사실과 직접적으로 일치해야 할 필요는 없다 : 오히려 역사적인 보도와 실제적인 사건은 대개 다소 긴 구두전승의 단계를 통하여 분리된다. 이러한 단계에서 역사적 사건들은 성전이나 가정에서(출 12 : 26-27 ; 신 6 : 20 이하 등을 참조하라) 혹은 화자의 상황에 따라서, 이야기될 때마다 각각 서로 다르게 묘사될 수 있기 때문이다. 생동감 있는 묘사와 해명을 위하여 보다 새로운 또다른 동기들이 부가되거나 혹은 원래 각각의 다른 장소로부터 유래한 전통들이 한 개의 전승 조류로 합류했다. 후대의 경험들이 명백히 전승의 과정으로 침투해 들어오기 때문에, 오랜 시간 동안의 경험들이 최종 본문의 이야기들 속에 포함될 수 있다.

그러므로 본문 이전의 역사에 대한 배경 — 즉 구두전승의 기원, 발전의 과정과 의도 등 — 을 연구하는 일은 필수적일 뿐만 아니라, 여러 가지 면에서 장점을 가지고 있다 :

(1) 문헌비평적 분석은 본문의 부조화와 단절, 모순 등을 인식하고 있으며, — 더욱더 많이 개량되고, 더욱더 복잡한 문서를 구별해 낼 때에는 각 구절을 반으로 혹은 심지어 4분의 1까지로 분리해 내는 — 문헌비평의 고유한 방법을 통해서도 본문의 그 같은 문제들을 더 이상 해결하지 못하는 경우에 봉착하기도 한다. 여기에서 전승사적인 관찰 방법은 이 난제를 극복할 수 있게 해 준다 : 전승사적 방법론은 개별적인 이야기들이나 개별적인 복합물들을 이미 전제하고 있으며, 문서 그 자체를 오랜 시간 동안 지속되어 온 **전승 과정**(Traditionsprozess)의 최후 종점으로 이해한다. 문헌비평의 문제 제기에 의해 본문 단편들의 임의적인 배열로부터 생겨났을 수도 있는 본문의 미조정 상태는 본문 역사, 즉 전승의 발전과 이야기상의 변화들을 고려할 때 유기적이고 의미 있게 설명될 수 있다.

(2) 그러므로 관심의 초점은 특정한 시점에 기록된 문헌 작품으로부터, 여러 세대들 혹은 심지어 더 많은 시대를 포괄하는 광범위한 전승의 진행 과

정으로 옮겨진다. 그리고 그와 동시에 개별적인 저자로부터 집단들 또는 "학파들"로, 즉 대개 백성 중에서도 성전이나 궁전의 무명의 대가들에게로 옮겨진다. 양식사는 한 본문의 "삶의 자리"(Sitz im Leben)를 결정하려고 힘쓰면서, 전승들이 성장했던 **공동체적인**(gesellschaftlich) 상황(제도)도 묻는다.

알트(A. Alt)의 잘 알려진 정의에 따르면, 양식사 연구나 혹은 장르의 연구는 다음과 같은 인식에 기초한다. "각각의 개별적인 문학적 장르가 고유한 삶의 양식을 그대로 포함하고 있다고 가정할 때, 개별적인 다양한 장르에 속한 특정한 내용들은 특정한 표현 양식과 굳게 결합되어 있다. 이 같은 특징적인 결합 관계는 후대의 작가에 의해 우연히 발생한 것이라기보다는 오히려 문학적 형태를 갖추기 이전인 통속적인 구전 형태와 구전전승의 시대에 즉 오래전에 이미 이루어진 것이다. 왜냐하면 특정한 내용들은 특히 규칙적으로 반복되는 삶의 사건들과 필요들에 상응하였기 때문이다. 여기에서 양식이 생겨났다"(*Kleine Schriften zur Geschichte des Volkes Israel I,* 284).

전형적이고, 반복적인 상황에서 "각 상황이 의도하는 바와 필요로 하는 바에 따라 적당한 언어 양식들이 형성된다." 그러므로 한편 언어의 양식(문체, 유형, 주제, 모티브, 중심 단어)과 다른 한편 삶의 양식 사이에는 어떤 관계가 형성된다. 삶의 양식은 언어 양식의 근원지("삶의 자리")이다.

그러므로 양식사는 개인적인 사건이나 세부적인 전기라기보다는 공동체의 삶의 표현들을 전해 준다.

전승들은 그것들 본래의 "삶의 자리"를 떠나, 완전히 다른 맥락들에서 나타나거나 새로운 의도를 띄고 계승될 수도 있다. 따라서 언어 양식 또는 전승의 생성 장소와 그것의 사용 장소는 구별될 수 있다.

(3) 문헌비평은 주로 오경의 길이 구분을 중요하게 인식하기 때문에 — 이미 단편가설의 주창자들에 의해 감지된 — 본문의 횡적 분할에 관심을 둔다. 연속하는 문헌층들과 아울러, 족장사나 시내산 계시와 같은 **전승군**들(überlieferungsblöcke) 또는 전통 복합체(Traditionskomplexe)들이 명백하게 드러나게 된다. 그것과 함께 **오경의 단위**는 아주 새로운 방법으로 문제가 된다: 전승군들은 얼마나 오래 독립적으로 존재하였으며, 그것들은 어디에서

함께 만나게 되었으며(성소들에서?), 그리고 어떻게 그것들은 나란히 함께 발전되었을까? 혹은 어떻게 해서 그것들은 그토록 더 이상 분리되지 않게 된 것일까? 그것들은 원래부터 역사적으로 서로 긴밀하게 결합되었던 것인가?

문헌비평은 현재의 본문 결합에 근거를 두고 있는 반면 전승사는 민담의 모음집과 같은 보다 큰 맥락들에 대하여 가장 작은 단위로부터, 주어진 본문에 이르는 그 반대의 길을 추적한다. 그러므로 두 관찰 방법은 틀림없이 서로 만나게 된다. 그러나 상당히 많은 미해결의 문제가 남아 있다(R. Rendtorff가 제기한 문서 나눔에 대해 전승사에 근거한 이의 제기를 참조하라). 결국 전승사적 방법론이 설명하고자 하는 것은 구두전승에서 겨우 인식될 수 있는 전승의 시작 단계로부터, 전승군과 각 문서들의 중간 단계를 지나, 현재의 최후 형태에 이르기까지—그것이 개별적인 단편들이건, 보다 광범위한 복합체나 심지어 오경 전체이건 간에—결국은 본문의 역사를 각각의 전승과 문서들 가운데서 의미 있는 사건으로 묘사함과 동시에, 무엇보다도 본문의 변화되는 의도를 추적해 보는 것이다.

(4) 한 문헌 작품에 이미 사용된 전승 자료를 규명할 수 있고, 더불어 전승 부분과 저자의 몫을 구분할 수 있다면, 전승 자료의 진술 의도와 전승 자료가 문서로 고정될 때 변화된 강조점 역시도 동시에 구분될 수 있다. 이 같은 이른바 **편집사적인**(redaktionsgeschichtlich) 질문은 저자에 의한 전승의 변형과 저자에 의해서 강요된 개념의 의도를 규정하려 한다. 이러한 변형이 단지 다소 성공적이라 할지라도 모든 본문의 진술들이 곧 문헌 작품의 사상과 일치하지 않는다는 사실이 자료들의 원래 형태로부터 설명되기도 한다.

(5) 전승과 해석의 관계에 대한 특별한 예가 구약성서 이외의 다른 전승에서 혹은 구약의 관념에서 묘사되기도 한다. 전승사적 관찰 방법은 원래 **종교사적인**(religionsgeschichtlich) 질문으로서, 특히 주변 세계와의 비교 연구를 적절하게 수용한다.

구약과 고대 근동 본문 사이의 많은 관련들, 즉 바벨론 창조신화인 에누마 엘리쉬(Enuma elisch)와 창세기 1장 또는 길가메쉬(Gilgamesch) 서사시의 목록 XI와 홍수이야기 사이의 관련들은 문헌비평의 도움으로는 더 이상 해결될 수 없었으며, 벨하우젠 이후에야 비로소 상당한 영향력을 발휘할 수 있는 문제점이 제기되었다: 그것은 시편, 법률 본문들, 그리고 지혜의 본문들도 마찬가지이다.

구약이 고대 근동의 문학을 직접적으로 의존하는 경우는 단지 예외적인 상황에서만 발생한다. 대부분은 간접적인, 전승사적인 관련성만이 보일 뿐이다. 전승을 수용하고 변화시키는 작업, 또한 외국의 원형을 의존하면서도 그것을 새롭게 해석하는 작업들을 통하여 구약 본문의 상이성과 특성을 이해할 수 있게 된다.

제5장 이야기의 양식들

1. 신화와 원역사

신화(Mythos)는 "신들의 이야기"(Göttergeschichten)로서, 인간 개개인을 소재로 하는 민담(Sage)과는 구별된다(H. Gunkel). 신화에서 신들은 이름을 가진 인격으로 나오며, 신화는 신들간의 상호적인 행동(신들의 결혼, 신들의 전쟁 등등) 뿐만 아니라 인간에 대한 행동까지도 기술하고 있다. 동시에 신화는 역사적으로 경험할 수 있는 사건 이전의 시대(태고의 시대 : 신들의 계보, 우주의 기원, 그리고 인간의 기원, 낙원, 홍수 등)로 소급되며, 제의를 통해서 재연되고, 그렇게 함으로 역사 내에 현존하게 된다. 그러므로 신화는 세계를 이해하는 근간이 되며 우주와 사회의 질서를 지탱해 준다.

이러한 의미에서 본다면, 구약은 엄격히 말해서 어떠한 신화도 갖고 있지 않다. 오히려 구약은 신학적인, 그리고 역사적인 사고의 출발점에 의해서 신화들과는 대조된다. 물론 자신의 신앙을 신화적인 언어로 진술하기도 하고, 주변 세계로부터 풍부한 신화적 이야기의 일부와 소재들을 빌려 와 (원역사나 시편 그리고 예언에서) 사용하고 있긴 하지만, 그 자체로 신화라고 볼 수 있는 것은 전혀 없다.

원래 형태에 의하면 신들과 인간들이 결합하여 거인이 출현하게 된다는, 구약에서 매우 독특하게 부각되는 유일한 신화적 이야기인 창세기 6장 1-4절은 기원적인 측면에서는 강력하게 신화적 내용을 그대로 사용하고 있지만, 의도적인 측면에서는 변용되어 있다. 구약은 신화와는 달리 신과 인간의 결합을 통해 태어나는 모든 후손을 거인으로 보고 있지는 않으며(4절), 단지 그 사건에 있어서 인간에게 책임을 부과함으로써 인간의 생명 연한을 제한하는 역할을 하고 있다(3절). 이 같은 신화적 전승은 인간의 사악한 행동을 예증하기 위한 이야기로 사용된 것이다(6 : 5).

신화적 관념들이 구약으로 수용될 때, 그것들은 — 본질적으로 다음의 세 가지 방식에 의해서 — 변형된 이후에야 비로소 이스라엘의 고유한 신앙과 사상으로 통합될 수 있다:

(1) 야웨 종교는 "그 시작부터 유일신사상(Monotheismus)을 목적으로 했다. 적어도 두 신은 한 신의 역사에 포함되어야만 한다. … 이스라엘의 유일신사상은 오직 한 하나님만을 말하는 신화만을 인식할 뿐이며, 그 신화에서 나타나는 역사 역시도 오직 한 하나님과 인간 사이에서 진행되는 것이다" (H. Gunkel, *Genesis*, XIV–XV). 비교 가능한 바벨론의 작품(길가메쉬 서사시, 토판 XI)과는 달리, 성서의 홍수이야기에서 형벌과 은혜, 그리고 분노와 후회는 모두 한 분 하나님의 일이다. 제1계명에서 표현되는 하나님의 **배타성**은 신들의 전쟁, 신들의 탄생이나 신들의 죽음에 관한 어떠한 신화도 용납하지 않는다. 오직 세계의 기원은 언급될 수 있지만, 하나님의 기원은 언급될 수 없다(창 1 : 1 ; 시 90 : 2). 창조이야기에서 혼돈은 — 역시 바벨론의 세계 창조 서사시인 에누마 엘리쉬와는 달리 — 결코 인격적이거나 스스로 행동할 수 있는 세력이 아니라, 하나님의 창조와 더불어 소멸하게 된다(창 1 : 2). 바다의 용들은 무해한 존재로 묘사되고(창 1 : 21 ; 시 104 : 26), 별들은 운명을 결정하는 천체 세력(참조. 겔 8 : 16 ; 신 4 : 19)이 아니라, 오히려 하나님에 의해 창조된 발광체들로 묘사된다. 별들은 단지 땅을 비추고 시간을 구분하는 기능을 할 뿐이다(창 1 : 14 이하 ; 참조. 시 136 : 7 이하). 마찬가지로 천상 세력들과 악의 세력들도 하나님을 섬기는 종들로 그 지위가 강등된다(시 29편 ; 103 : 19 이하 ; 참조. 출 12 : 23 ; 암 9 : 3 등).

(2) 신화적 서술들은 미래로 양도된다. 즉 그것들은 현재의 실재를 확증하거나 설명하기보다는, 오히려 현재 상황과 미래의 상황을 비판적으로 대조시킨다(사 1 : 21–26 ; 2 : 2–4, 12–17 ; 11 : 1 ; 24 : 12 이하 ; 27 : 1 ; 65 : 17 이하 등). 더욱이 신화적인 것은 기대되는 사건이나 구약의 희망이

성취되는 세계적인 범주 혹은 좀더 우주적인 범주를 주로 표현하는 기능을 갖는다.

물론 구약에서는 미래를 다루는 영역에서 신화적인 형태가 나타나지만, 이에 반해 고대 근동에서는—페르시아를 제외한다면—종말론적인 신화들이 알려져 있지 않다.

(3) 신화적인 소재들은 **역사적 사건**의 의미를 설명할 때에 사용된다(이른바 신화의 역사화). 예를 들어 바다와 하나님과의 전쟁에 대한 서술은 출애굽의 갈대 바다에서의 구원을 구체적으로 설명하는 과제를 갖는다(사 51 : 9 이하 ; 시 77 : 11 이하 등). 역사에 대한 회상은 과거의 반복의 형태가 아니라, 회상과 현재화의 형태로 이루어진다(출 12 : 11, 14 등).

이른바 문화 신화들(Kuturmythen)과는 달리 창세기 4장 17, 20절 이하의 J문서에서는 도구, 예술, 직업과 같은 수공업적 - 문화적 업적들은 (단지 창 3 : 21에서 보호의 행위로서) 신적인 기원으로 소급되기보다는 오히려 인간의 발명에 해당된다. 하나님의 "형상"으로서 땅에서의 하나님의 대리인으로 창조된 인간은 땅을 통치하는 임무와 함께 자유와 책임을 부여받았다(창 1 : 26 이하 P ; 참조. 창 2 : 19 ; 시 8편).

또한 원역사의 다소 신화적인 이야기들도 실제로 독립적인 것이 아니라, 그 이후에 나오는 역사 서술과 연관되어 있다. 왜냐하면 그 이야기들은 역사 서술로 유도하기 위한 현관으로서, 여러모로 신화적 이야기들은 역사 서술과 관련되어 있다. 예를 들면 이 같은 사실은 계보나 혹은 **족보**(이 책 3장 1.3을 보시오)에서 발견되는데, 이것들은 시간이 경과함에 따라 서로 다른 개인의 무리와 민족의 무리들 사이에서 형성된 상호 관계들을 제공한다 :

아담과 가인의 후손들	창 4 : 1 - 2, 17 - 24, 25 - 26 J ; 5 : 1 이하 P
노아의 후손들	창 10장 J/P(민족들의 목록)
셈의 후손들	창 11 : 10 이하

족보들은 족장사(창 22 : 20 이하; 25 : 1 이하, 12 이하; 36 : 10 이하)와 민족사에서도 계속되며 (특히 대상 1-9장), 이 족보를 통해 정당하든 혹은 부당하든 역사적인 연속성이 추구된다.

2. 민담의 전승 양식

오경과 오경을 넘어서 대략 사무엘상에 이르는 과거에 대한 기억은 정밀한 역사 서술이라기보다는 민담의 형태로 되어 있다. 문서로 고정되기 이전, 민담들은 오랜 시간 동안 입에서 입으로, 사람에서 사람으로 전승되었고, 동시에 여러 가지의 측면에서 영향을 받아왔다.

1) 개별적인 민담들

민담(Sage)은 하나의 일반적인 용어이다. 따라서 민담은 내용이나 근원지 혹은 기능 등의 기준에 따라 (영웅 민담, 지역 민담, 원인적 민담 등으로) 세분화될 필요가 있다. 그러나 명확하고, 보편타당한 설명은 전혀 불가능하다.

궁켈(H. Gunkel)은 구약의 민담들을 세 가지 그룹으로 구분했다 : 인류에 대해서 숙고하면서 신화적이고 전설적인 재료를 혼합한 (예를 들어 바벨탑 건축과 같은) 원역사의 민담들(창 1-11장), 이스라엘의 시조들과 그들의 가정 환경에 관한 족장 민담들, 그리고 모세, 여호수아, 사사들과 또한 예언자들(이 책 13장 2.1)과 관계된 지파 영웅들 내지는 민족 영웅들에 관한 민담들이다. 이처럼 이스라엘 역사의 단계에 따라 구분하는 것과 마찬가지로 사회 구조의 변화에 따라 민담들을 나눌 수도 있다 : 유목적 씨족들의 이야기들, 국가형성 이전의-농경 사회의 이야기들 또는 왕실 주변으로부터 유래한 이야기들(H. J. Hermisson).

이 같은 배열을 통해서 동기, 배경, 또는 중심 소재가 서로 다른 민담들이 상호 구별된다. 민담의 형태는 역사적인, 특별히 지파의 역사적인 사건과 이웃과의 관계들(참조. 창 4장에 있는 겐족의 시조인 가인의 특별한 생활 방식에 대한 기록 또는 창 26장의 우물 분쟁사건), 특이한 자연 현상(예를 들어 창 19장; 출 16-17장)이나 제의적 규칙(이하에 나오는 성소전설들을 보시오)과 같은 것들을 인식하게 해 준다. 이야기가 형성되어가면서, 이차적인 소재들이 중심 소재에 부가되기도 한다.

이름들 특히 장소의 이름에 대한 설명들은 흔히 단어의 유사점들 또는 언어 유희의 형태로 나타난다. 그래서 바벨론어로 "신의 문"이라는 뜻을 의미하는 바벨이라는 도시는 창세기 11장 9절에서 언어의 혼란과 관련된다. 또는 애굽어로 "아들"이라는 뜻의 모세라는 인명은 바로의 딸의 말을 통해 출애굽기 2장 10절에서 "내가 그를 물로부터 건져냈다"는 의미로 해석된다(또한 창 25:26; 출 2:22 등도 참조하시오). 이러한 경우에서 언어 유희는 결코 엄격한 의미에서 어원을 표현하려는 의도를 갖고 있지 않음에도 불구하고 **민속적인 어원**(volksetymologien)의 의미로 설명되기도 한다.

때때로 우리는 동기를 부여하는 말 혹은 **이끄는 말**(Leitworte)을 보게 된다(예를 들면 창 22:4, 13-14의 "보다"라는 말과 같이).

다양한 근원들을 가진 매우 다양한 소재들이 한 개의 민담 속에서 혼합되거나 너무도 다른 의도들이 중복되어 진술될 수 있기 때문에, 이야기의 의미는 더 이상 하나의 주제로 요약될 수 없다. 이미 이러한 특징으로 인해서 모든 민담들은 일반적인 특징과 더불어 특별한 점과 독특한 점을 가지고 있다. 따라서 비슷한 이야기들과 비교해 보는 것도 유익하기는 하지만 결국에는 그 이야기 자체를 주의해야만 한다.

이야기들의 형식 변화는 매우 유동적이기 때문에, "민담"이라는 표현은 명확하지도 않고 또한 다양한 의미를 포괄하고 있다. 그럼에도 불구하고 이전에 올리크(A. Olrik, "Epische Gesetze der Volksdichtung": *Zeitschrift für deutsches Altertum und deutsche Literatur 51*, 1909, 1-12)가 밝힌 바 있는 유럽 지역에서 발생한 민담들의 양식상의 특징들은 놀라울 정도로 구약의 이야기들에도 적용된다. 따라서 민담들의 (특히 족장시대의 민담들의) 공통적인 특징들은 물론 조건적이나마 다음처럼 언급할 수 있다:

(1) 역사적이거나 정치적인 것이 **개인적이고 인격적인** 것으로 나타난다.

민담은 보편적인 것을 개인적인 것에 집중시키고, 민족들의 운명을 개인들의 경험들로 표현하며, 비인격적인 무명의 상황들을 직접적인 사건으로 만든다. 지파들 또는 민족들은 그들의 시조 안에서 구체화됨으로써 피를 나눈 친척으로 등장한다(이 책 3장 1.3을 보시오). 족장 민담은 "가족 이야기"(C. Westermann)로서 남편과 아내의 관계, 아버지와 아들들의 관계 또는 형제 관계에 대해서 보도한다. 따라서 애굽에서의 그 민족의 곤경은 바로와 산파들과 관련해서 표현되거나 또는 아기인 모세를 내어 버리는 사건에서 어머니, 아기, 그리고 바로의 딸과 관련해서 표현된다(출 1-2장).

(2) **오직 둘 또는 세 명의 인물만**이 동시에 등장한다(이중성 또는 삼중성의 법칙). 다른 한 인물이 무대에 등장하면 또 다른 한 인물은 후퇴해야만 한다(예를 들어 창 21장 또는 출 2장에서의 모세의 어머니와 누이와 바로의 딸의 관계를 참조). 따라서 장면은 명료하고 간결하다. 전체적인 진행은 다양하게 병립되거나 상호적이지도 않으며, 복잡하게 얽힌 주제들이나 이야기들을 사용해서 그것들을 해결해 나가는 방법을 취하고 있지도 않다. 오히려 각각의 개별적인 장면들은 느슨히 결합된 상태로 단지 이야기의 목적을 향해 전개된다. 주변 인물들에 비해서 주인공이 부각된다는 사실과 그와 더불어 부차적인 소재들이 연이어 등장한다는 점을 인식할 때에, 우리는 민담의 성격을 보다 확실하게 조망하게 될 것이다.

(3) 민담은 **유형화** 된다. 학대하는 바로는 람세스 2세나 혹은 이름이 언급된 또 다른 유명한 군주로서 언급되지 않고 단지 애굽의 왕으로만 소개된다(출 1:8 이하; 참조. 창 12:15 이하). 또는 모세를 구해 준 여인은 상류층에 속한 어떤 특정한 애굽 여인이 아니라 그저 바로의 딸로 나온다(출 2장). 주변 인물들은 흔히 무명이다. 등장 인물들은 흔히 확연하게 구별되며, 출생 배경도 다르다. 그것을 통해서 두 명의 등장 인물은 첨예하게 대립하게 된다. 아벨과 가인 또는 야곱과 에서는 목자와 농부 또는 목자와 사냥꾼으로서, 즉 두 문화적 단계의 대표자로서 대립한다.

(4) 한 인물의 모습과 성격은 일반적으로 지극히 간결하게 스케치되어 있을 뿐이다(예를 들어 창 25 : 25). 오히려 특징들과 생각들은 **행위**로 전환된다(창 16 : 6 ; 18 : 2 이하 ; 22 : 3 등). 민담에서는 전반적으로 묘사 부분이 매우 불충분하다. 중심적인 사건 전개를 위해서 필수적인 요소들에 대한 언급조차 무조건적으로 제한하지는 않음에도 불구하고 우리가 느끼기에 실질적인 문제들에 대해서는 대답하지 않는다.

이 사실을 통해서 민담의 일반적인 특징뿐만 아니라 이스라엘적인 독특성도 느낄 수 있다. 아우어바흐(E. Auerbach)는 개별적인 특징까지도 명확하게 조명하는, 이미 하나의 이야기 형식으로 자리잡은 호머의 서술 방식과 이삭을 제물로 바치는 이야기의 묘사(창 22장)를 비교했다 : "그 이야기는 사건의 전개에 있어서 중요한 것만을 부각시킬 뿐 그 나머지들에 대해서는 불분명하다. 유일하게 사건의 결정적인 클라이막스는 강조되지만, 그 사이의 요소들은 무의미하게 취급된다. 장소와 시간조차 정해져 있지 않으며, 설명되어 있지도 않다. 생각과 감정은 진술되어 있지 않다. 그것들은 단지 침묵과 단편적인 말들 가운데 암시될 뿐이다. 끊임없는 극도의 긴장 속에서 단지 하나의 목적을 향해 전개될 뿐 아니라, 이러한 점에서 견고하게 통일성을 지켜 나가는 민담의 전체 분위기는 숨겨져 있는 수수께끼와 같다"(*Mimesis*, ^{3}1964, 13-14).

(5) 구약의 민담을 독특하게 부각시키는 특징 중의 하나는 사건 전개 과정의 결정적인 주제들이 문자 그대로 **대화**에 포함되어 있다는 사실이다(창 26 : 9 이하 ; 출 1 : 9-10 등). 무엇보다도 하나님의 말씀은 결정적인 의미를 지닌다. 하나님의 말씀이 사건의 절정이나 급전환을 미리 지시하기도 하고, 혹은 이후에 그것을 해석하기도 한다. 이 점에 있어서 구약의 신학적 의도가 양식을 형성하는 과정에서 혹은 전승을 구성하는 과정에서 영향을 미치고 있다(예를 들어 창 22 : 11-12 ; 18 : 17 이하). 후대의 민담에서는 대화의 범위와 중요성이 증대됨으로써 사건 전개의 과정이 퇴보했다(창 24장).

(6) 민담은 언제나 명백한 **삽입물**과 결말을 보여 준다. 도입부는 자주 사건이 전개될 상황을 묘사한다(예를 들어 창 18 : 1b "야웨께서 마므레 상

수리 수풀 근처에서 아브라함에게 나타나셨다" 또는 출 3 : 1 "모세가 그 장인 미디안 제사장 이드로의 양무리를 치더니"). 하나님의 말씀처럼 도입부 역시도 표제처럼 요약적인 성격을 갖고 있기 때문에, 전승된 역사를 후대에 해석하거나 더욱이 수정하는 때에 주로 도입부가 사용되었다.

따라서 마므레에 나타난 세 명의 신적인 존재들에 관한 제의적 전설은 표제를 통해서 하나님의 배타성의 의미로 해석된다: "야웨께서 아브라함에게 나타나시니라"(창 18 : 1). 마찬가지로 가시떨기나무에서 현현하신 하나님의 가시성(可視性)은 다음의 문장을 통해서 보류된다: "야웨의 사자가 떨기나무 불꽃 가운데서 그에게 나타나시니라"(출 3 : 2). 이삭을 희생 제물로 바치라는 명령은 단지 아브라함의 신앙의 순종을 시험해 보려는 것이다: "하나님께서 아브라함을 시험하시려고"(창 22 : 1). 여러 가지 창조 전승들을 통일시키는 문장인 "하나님께서 천지를 창조하시니라"(창 1 : 1) 역시도 동일한 기능을 한다.

민담은 역사적으로 유일한 사건이 아니라 전형적인 형식을 고수하기 때문에, 그것은 — 오늘날의 이해에 있어서 — **역사와 단절된 상태**에 있다. 이 때문에 민담은 확실한 "전설적이고 동화적인" 특징들을 제거한 이후에도 역사적으로 믿을 만한 것으로 여겨질 수 없다. 오히려 민담의 **출처, 동기, 의도**가 우선적으로 질문되어야 한다.

"그러나 이 전승의 민속적인 면을 고려함으로써, 매 순간의 결정을 통해서 역사성을 신뢰할 수 없는 부분들을 명확하게 삭제하고, 그렇게 해서 남은 부분을 '역사적인 실재'로 확정하는 것은 분명 만족스러운 일이 아니다. 오히려 모든 개별 경우들에 있어서 그 전승들 자체로부터 생성과 발전의 역사적 전제들을 가능한 한 정확하게 포착하는 것이 급선무이다. … 어떠한 상황에서 그것들이 생겨났고, 그것들이 무엇을 목적으로 하고 있는가를 이해해야 한다. 이를 통해서 우리는 수많은 사건들 중에서 한 이야기가 선택된 이유와 그 이야기가 의도하고자 하는 주제와 그 주제가 표현되는 방법 등에 대한 불가피한 질문에 대답할 수 있으며, 더불어 그 이야기의 정보를 통해서 얻을 수 있는 것과 그렇지 못한 것 혹은 그 이야기가 전달하는 내용과 그렇지 않은 것들을 구별함으로써 그 이야기에서 어떤 부분이 중요한 것인지를 비로소 올바르게 인식할 수 있게 된다. 물론 이 질문들에 대한 대답은 의심의 여지가 없는 것들이 아니라, 오히려 모든 경우들을 고려해서 … 종합적으로 얻어져야 만 한다"(M. Noth, *Geschichte Israels,* ³1956, 49).

역사성에 대해 주목할 때에 다음의 질문은 매우 중요하다 : 인물과 행위가 예로부터 하나로 함께 결합되어 있었는가? 중심 인물(예를 들어 모세)은 원래부터 아니면 이차적으로 그 민담의 소재와 연관된 것인가? 역사와 전승 형태의 관계는 일반적인 것으로 이해될 수는 없고, 오직 개별적으로만 파악되어야 하며, 그조차도 제한적으로만 가능하다.

여하튼 민담을 그 당시의 상황에 따라 해석하면서 전승시키는 그 시대의 역사적이고도 특수한 신학적 경험들은 그 민담의 기원과 형태에 반영되어 있다. 민담 안에는 세대들의 경험들이 모아져 있고 농축되어 있다(G. von Rad). 이러한 점에서 역사 서술이 엄격하게 서로 분리시키고자 하는 과거와 현재가 민담 속에서는 서로 혼합되어 있다.

"다른 (영웅)민담들과는 달리 이스라엘의 민담에는 이상화시키려는 경향이 전체적으로 결여되어 있다. 이것은 바로 하나님이 민담의 내적인 주체이시기 때문이다. 민담은 세대들의 신앙이 발전되는 과정에서 더욱 신학적으로 변형된다. 그래서 민담은 점점 더 하나의 전형을 보여 주는 이미지 형태로 하나님의 행위를 되돌아보게 하는 예언적인 증언이 되었다"(E. Jenni, "Vom Zeugnis des Richterbuches", *ThZ* 12, 1956, 264).

2) 기원론적인 모티브

민담에서는 다음과 같은 질문이 종종 제기되기도 한다 : 이름, 장소, 현재의 상태 또는 풍습은 왜 이렇게 되었는가? 현존하는 민담은 어떻게 생겨난 것인가? 그 대답은 "늘 인류 최초의 조상의 행위를 통해 현재의 상황을 설명함으로써" 얻을 수 있다. "왜"라는 질문이 전제하는 상황은 "역사적이지만, 그러나 그것이 설명되는 방법은 시적이다"(H. Gunkel, *Genesis*, XXI). 가끔은 역사적인 사건과 전설의 설명이 일치되기도 한다(예를 들어 창 19장의 롯의 아내 또는 수 6장의 여리고 정복). 기원론(Ätiologie)의 목적은 그 사건을 역사적으로 설명하려는 것이다. 그러나 그 출발점이 실제로 역사적인 것인가?

따라서 기원론의 역사성 문제는 특히 여호수아서의 이야기에서 광범위한 토론을 야기시켰다. 그러나 그 토론은 아주 오랫동안 수그러든 상태에 있다. 기원을 해명하려는 동기는 한 이야기의 핵심적인 긴장의 전개와 절정, 그리고 해소의 과정과 조화되지 않을 뿐 아니라(C. Westermann), 더욱이 자주 추가된 것으로 보인다(B. S. Childs, B. O. Long). 따라서 이야기는 종결된 기원론—"이 날에 이르기까지", "그 때문에 사람들은 … 무엇 무엇이라고 부른다" 등—에 근거해서 생겨난 것이 아니라, 새로운 계기, 즉 바로 기원적인 면이 오히려 추가된 것이다. 또한 기원론의 결말은 그 이야기의 역사적 배경과 관심에 대해 계속해서 해명해야 하는 과제에 얽매여 있다.

3) 성소전설

양식이 아닌, 내용과 기능에 따라 분류된 성소전설(Heiligtumslegende, 거룩한 말씀 : *Hieros Logos*)은 고유한 민담 양식으로서 기원론의(Ätiologie) 특별한 종류에 해당된다. 따라서 이는 제의기원론(Kultätiologie) 혹은 제의기원민담(Kultgründungssage)이라고도 불리운다. 성소전설은 그 곳에서 일어난 계시에 대해 이야기하고, 또한 그것을 통해서 그 장소를 거룩한 곳으로 지정함으로써, 한 성소를 순례지로 합법화한다. 눈에 띄는 장소—예를 들어 우물(창 16 : 7), 나무, 돌 또는 강나루—에서 전혀 기대되지 않았던 신이 인간에게 나타나면, 그 사람은 "두렵도다 이곳이여! 다른 것이 아니라 이는 하나님의 전이다!"(창 28 : 16-17) 내지는 "너의 선 곳은 거룩한 땅이다"(출 3 : 5)와 같은 사실을 반드시 경험하게 된다. 계시 받은 자는 그 곳에 단을 쌓거나 제의를 창립하고, 이 비범한 장소에 이름을 붙임으로써 신에게 응답한다(삿 6 : 24 ; 창 28 : 18-19 ; 참조. 창 12 : 7-8 ; 16 : 13-14 ; 22 : 1 ; 32 : 31 등). 이스라엘 이전의 (참조. 이 책 2장 1.1) 성소전설들은 핵심적으로 다음과 같은 것을 배경으로 하고 있다 :

창 18장	헤브론 근처에 있는 마므레의 한 상수리나무에 세 남자들이 방문한 일
창 22장	이삭을 제물로 드린 일(본래는 아이를 제물로 드리는 것을

	동물제물로 교체한 것에 관한 이야기)
창 28 : 11 이하	벧엘 들판의 하늘로 오르는 "사다리"의 꿈(참조. 창 12 : 7－8)
창 32 : 23 이하	브니엘 근처 얍복강 나루터에서의 싸움(참조. 출 4 : 24－26)
출 3장	불타는 떨기나무
삿 6 : 11 이하	오브라에 있는 한 나무에서의 야웨 사자의 현현

이 이야기들, 그리고 이와 비슷한 이야기들(창 35 : 1 이하 ; 46 : 1 이하)은 개별적으로 서로 매우 다르게 구성되어 있으며, 공통적인 특징들뿐만 아니라 각각 특별한 개성을 가지고 있다. 그러나 모든 경우에서 명백한 것은—단지 해명 가능한 원래의 의미로부터 현존하는 맥락에서의 의도에 이르기까지—역사적 의미가 다양하다는 것이다. 구약의 제의전설들은 원래 장소와의 결합성을 상실했지만, 그 대신 전체 이스라엘과 관련되었고(창 32 : 28), 또한 미래로 확장된 관점을 얻게 되었다. 제의전설은 더 이상 현재의 기원을 설명하지 않으며, 오히려 도래하는 것들에 대한 약속의 말(창 28 : 14 이하 등)로써 사람들에게 희망을 부여함과 동시에 약속에 대한 신뢰 속에서 미래의 길을 걷도록 해 준다.

4) 민담 시리즈와 후기 민담의 형태들

궁켈(H. Gunkel)은 다음과 같은 기본 원칙을 설정했다 : 한 민담이 보다 짧고, 보다 빈틈이 없으며, 그 자체로 보다 통일체를 이루면 이룰수록 그 민담은 보다 오래된 것이다. 민담의 묘사가 "보다 상세하거나" 또는 민담이 자체적으로는 더욱 이해되지 않을수록, 따라서 그 민담이 또 다른 전승들을 전제하면 할수록, 그것은 더욱더 후대의 것이다. 문체는 변화된다. (창 24장의 리브가를 신부로 삼는) 후대의 민담들은 풍부하게 발전된 형태이다. 부피가 큰 요셉이야기 혹은 요셉 "단편소설"(Novelle)에서는 더욱이 아주 많은 장면들이 서로 밀접히 연결되어 있다.

만약 오래되고, 원래는 서로 독립적이었던 개별 민담들이 보다 큰 전체, 즉 하나로 합쳐져 **민담 시리즈**(Sagenkranz)로 성장하였다면, 개개 민담들은 모두 비슷한 의미 변화를 겪는다. 민담들 간의 연결은 장소의 근접성(수 2장 이하)이나 동일한 중심 인물을 통해 생겨날 수 있다. 창세기에는 가장 중요할 뿐 아니라, 매번 두 명의 인물이 중심이 되는 민담 시리즈가 존재한다:

아브라함-롯	창 13-14장; 18-19장
야곱-에서	창 (25장) 27-28장; 그리고 32-33장은 야곱과 라반 민담 시리즈의 틀이 된다.
야곱-라반	창 29-31장

이러한 발전은 전승사적으로, 그리고 역사적으로 많은 질문들을 제기한다. 민담의 복합물들은 이미 각각의 개별적인 자료 상태에서는 어느 정도나 통일성을 갖고 있었는가? 예를 들면 출애굽 전승처럼 처음부터 이미 상호적으로 연결되어 존재하는 이야기들이었을까?

오경에서는 신화적인 형식의 서술이나 민담 형식의 이야기와 더불어 격언들 또는 **노래들**, 저주의 말씀들과 축복의 말씀들(창 4:23-24; 9:25 이하; 48:15-16; 49장; 출 15장; 17:16; 민 6:24 이하; 10:35-36; 21:17-18, 27 이하 등; 참조. 이 책 9장 1.3)과 같은 여러 가지 다른 전승의 형식들도 발견된다.

구약은 때때로 **동화**(Märchen)의 특징들을 알고 있긴 하지만, 독립적인 동화는 모르고 있다. 동화적 특징들은 부분적으로 신화적-악마적 개념의 잉여물로 설명된다(창 3장에서 뱀이 말하는 경우는 그러하지만, 민 22장에서 나귀가 말하는 것은 또 다른 경우이다).

3. 요셉 단편소설

첫눈에 보기에도 요셉 단편소설(Josephsnovelle) 역시 "가족 이야기", 즉 야곱과 그의 아들들의 길흉화복의 삶과 형제들 사이의 관계 악화와 용서에 대해 보도한다. 그럼에도 불구하고 눈에 띄도록 이 이야기는 이같이 좁은 집단의 범위를 넘어서고 있다. 또한 그것은 족장시대의 개별 민담들보다도 훨씬 더 후대의 것이며, 보다 밝고 명랑하고, 보다 이해하기 쉽다. 요셉이야기는 "하나의 탁월한 기승전결을 가진 통일체"(G. von Rad)로서, 창세기 37장에서 50장(본래 창 38장; 48-49장은 없었다)에 미치고 있으며, 많은 중간 장면들과 절정을 의도적으로 지연시키는 장면들을 포함하고 있다. 잘 짜여진 이야기 문체, 명확하며 목표지향적인 구조와 궁중의 지혜사상은 요셉이야기에 특별한 지위를 부여한다.

전체적으로 주제적 통일성이 드러나기 때문에, 최근에 학자들은 점점 더 이 이야기를 더 이상 두 개의 줄거리로 나눌 필요가 없는, 오히려 통일성을 이루는 커다란 전체로서, 야위스트 또는 야위스트-엘로히스트의 혼합 작품 안에 삽입된 덩어리로 이해하고 있다.

그럼에도 불구하고 전승사적 방법론(혹은 문체적 특징)으로만은 설명할 수 없는 일련의 반복과 불균형들이 발견된다. 이처럼 이미 창세기 37장(특히 22절 이하)에서 한편으로는 유다와 르우벤이 형제들 중의 말하는 자로 교대로 나타나며, 다른 한편으로는 이스마엘인과 미디안인이 여행자들의 인도자로 교대로 나타난다(창 37 : 22-24, 28a, 29-31은 E문서이다). 창세기 46장 1-5a절뿐만 아니라, 50장 15-26절도 전형적인 엘로히스트의 자료를 갖고 있다(창 30 : 2에서 문장 주어인 엘로힘 "하나님" 또는 그 단어의 병행을 참조하시오). 핵심 문장인 창세기 50장 19-20절은 다시금 45장 5b절을 받아들이고, 출애굽기 1장 15절 이하와의 연결 고리를 준비한다.

요셉이야기를 문학적 통일체로 이해하는 사람은 반드시 흐름을 깨는 첨가 부분을 고려해야만 한다. 그러나 그러한 보충적인 첨가에 대한 가정은 충분한 근거를 갖고 있는가? 전통적인 이해는 서로 아주 큰 차이가 나지 않는 두 문서 즉 J문서와 E문서의 이야기가 교묘하게 연결되어 결합됨으로써 긴장이 발생한다고 설명한다. 제사장문서적인 부분(창 37 : 1; 46 : 6 이하; 48 : 3-6; 49 : 29-33; 50 : 12-13)은 아주 작다. 가장 후대의 기본문서층인 제사장문서는 사건의 진행 과정을 묘사하지도 않으며, 단지 아주 작은 문장들로 되어 있다.

창 37장	도입 : 형제들간의 갈등. 요셉이 통치자로서 미리 정해짐 (의복, 꿈들). 애굽으로 팔려 감.	
창 38장	삽입 : 유다와 그의 며느리 다말	
	첫번째 아들 : 베레스, 다윗의 조상(룻 4 : 12, 18 이하)	
창 39-41장	감옥에서 바로의 대리통치자로 요셉이 격상됨.	
	39장	요셉과 보디발
	40장	두 궁정 관리들의 꿈
	41장	바로의 꿈 : 칠 년의 풍년과 칠 년의 흉년. 후대의 다니엘(단 2장 ; 4-5장)과 같이 요셉(창 41 : 38-39)은 지혜롭고, 영적인 은사를 받은 꿈의 해석자이다. 애굽의 저장 경제를 고안해 냄(참조. 창 47 : 13 이하). 애굽 제사장의 딸과 결혼함 : 므낫세와 에브라임의 출생.
창 42-45장	형제들과 화해하는 과정	
	42장	형제들의 첫번째 애굽 여행
	43장	두 번째 여행 : 베냐민을 동반함.
	44장	은잔. 유다의 말 : 베냐민을 위한 변호, 아버지에 대한 염려(18-34절)
	45장	자신이 누구인가를 고백하는 요셉 : 첫번째 용서
창 46-47장	아버지와의 재회의 과정	
	46장	브엘세바에서의 계시. 야곱의 애굽으로의 이주
	47 : 1-12	바로 앞에 선 야곱. 고센에 정착함(창 46 : 28 이하 ; 45 : 11 ; 47 : 27).
	47 : 13 이하	바로의 대리 통치자인 요셉 : 바로의 노예가 된 애굽인들.
창 48-49장	야곱의 유언. 두 가지 삽입.	
	48장	야곱이 요셉의 둘째 아들인 에브라임을 첫째 아들인 므낫세보다 먼저 축복함.
	49장	야곱의 열두 아들에 대한 축복. 신 33장의 모세의 축복과 같은 지파들에 대한 신탁. 르우벤, 시므온, 레위를 책망함 : 유다와 요셉을

	강조함.
창 50장	야곱의 죽음과 매장 : 헤브론에 매장함(창 49 : 29 이하) 첫 번째 용서(창 45 : 5 이하) 이후에 요셉은 그의 형제들을 최종적으로 용서한다(창 50 : 15 이하). 요셉의 죽음 : 세겜에 매장(창 50 : 25-26 ; 수 24 : 32).

창세기에서 출애굽기로 넘어가는 과정에서, 요셉이야기는 야곱-이스라엘의 아들들이 애굽으로 내려간 과정을 묘사하며, 더불어 족장시대와 모세시대를 연결해야 하는 임무를 부여받는다. 그러나 이러한 관계는 어느 정도가 본래적인 것이고, 어느 정도가 후대의 것인가(이 책 2장 1.2를 보시오)? 이 이야기 속에서 나타나는 (창 41 : 45, 50 ; 40 : 1-2 ; 43 : 32와 같은) 애굽의 상황들은 얼마나 오래된 것인가? 애굽의 정치사가 요셉이라는 인물과 그의 직위에 대해 아무것도 말하고 있지는 않지만, 그 전승이 역사적 근거가 없다고 할 필요는 없다. 요셉이야기의 가장 오래된 형태는 최초로 북왕국, 즉 팔레스틴 중앙 지역(창 48 : 22 ; 수 17 : 16 이하 ; 24 : 32 ; 삿 1 : 22-23)에서 유래하는데, 이미 그 곳은 초기시대부터 애굽과 관계되었던 지역으로 보인다(참조. 창 46 : 10 이하). 아마도 "요셉(지파)"이라는 이름은 애굽에 머물렀던 사람들의 후손에게 붙여진 것처럼 보인다.

이 이야기는 초기 왕정시대 예루살렘 궁정에서 형성된 것인가? 궁중적-지혜적인 배경은 이른바 솔로몬의 계몽을 떠올리게 한다(G. von Rad). 솔로몬의 계몽기는 비록 논란의 여지가 있기는 하지만 야위스트의 연대 설정과 보통 일치한다. 물론 요셉이야기는 그 자체로 본다면 연대를 설정하기가 어렵다.

무엇보다도 성소전설들이 보도하고 있는 하나님 현현들과 말씀들에 대해서 요셉이야기(창 46 : 1 이하는 예외)는 침묵한다. 또한 장소와 결합된 민담도 결여되어 있다. 다윗에 관한 이야기들(이 책 11장 3.3을 보시오)과 비슷하게 서로 얽혀 있는 사건들로 이루어진 역사는 서로 영향을 주는 관계로 이해된다. 그리고 인간의 행위는 그러한 관계 속에서 이루어진다. 그러나 모든 결정들과 사건들 속에서 하나님의 인도가 나타난다. 이미 지혜는 하나님의 지배를 매우 비밀스럽고 이해할 수 없는 것으로 인식했다(잠 16 : 9 ; 19 : 21 ; 20 : 24 ; 21 : 30-31). 그러나 요셉이야기는 하나님이 인간의 불의와 악을 자신의 계획을 위해 사용할 수도 있다는 신앙고백을 통해서 그러한 통찰을 초월한다. 또한 하나님의 길은 우회적인 방법을 통하여 목적에 도달하는 것이다. 요셉의 형제들은 요셉의 꿈들에서 암시된 미래 즉 요셉에게 무릎을 꿇는 것을 폭력적으로 저지하려고 했지만(창 37장), 그 사건은 결국 성취되었다(창 42 : 6 이하 ; 44 : 14 이하 ; 50 : 18). 요셉은 목숨을 구했지만, 노예로서의 기간을 겪어야만 했다. 또한 바로의 대리통치인으로 승격된 사실(창 41 : 40 이하 ; 45 : 26 ; 참조. 시 105 : 16 이하)도 단지 대변혁들을 통해서 일어난 것이다. 죽은 것으로 믿었던 그의 아들을 다시 한 번 볼 수 있었던 아버지가 죽은 이후, 형제들이 요셉의 보복을 두려워했을 때, 오히려 요셉의 행동은 형제들과 대조적이었다 :

> "두려워 마소서! 내가 하나님을 대신하리이까? 당신들은 나를
> 해하려 하였으나 하나님은 그것을 선으로 바꾸셨습니다"
> (창 50 : 19-20 E ; 참조. 창 45 : 5 이하).

이렇게 해서 요셉은 판결을 하나님께 넘기기 위해서, 자신의 판결을 포기했을 뿐만 아니라(잠 20 : 22), 이것은 "하나님에 의해서 이미 해결된 문제"(O. Procksch)로 간주하였다. 요셉은 더 이상의 아량을 보여 줄 필요가 없었다. 왜냐하면 하나님은 인과응보의 법칙을 깨뜨리시고 화를 복으로 바꾸시는 방법을 통해 자신의 역사를 이끌어 가심으로써 이미 그의 형제들을 용서하셨기 때문이다. 그러나 이 이야기는 가족의 테두리를 넘는 그 이상의 것을 희망적으로 진술하고 있다 : 하나님은 "위대한 한 민족의 목숨을 구원하시기 위해" 악을 선으로 바꾸셨다(창 50 : 20 ; 참조. 출 1 : 15 이하).

제6장 야위스트의 역사서

1. 서론적 문제들

1) 의의

오경의 기본 자료들 가운데 야위스트의 층(J문서층)이 가장 중요한 것으로 인정되며, 그것은 정당한 일이다: 그 안에는 "오경 이야기 안에서 진술된 것 중 신학적으로 가장 중요한 것들이 담겨 있다"(M. Noth). 한편으로는 인간의 죄악에 대한 급진적인 통찰(창 6 : 5 ; 8 : 21)이, 다른 한편으로는 "땅의 모든 족속"에 대한 축복의 약속이 서술되어 있다(창 12 : 3). 비록 고대 근동도 이미 원역사와 역사의 결합에 관하여, 즉 대홍수를 전후로 하는 시기의 이야기들의 결합에 관해 알고 있다손 치더라도 야위스트의 서술은 상당히 다양한 시기들을 그 범위 안에 포함하고 있는 가장 오래된 역사서이다. 야위스트는 "하나의 통일적인 세계사의 개념을 가장 처음으로 서술한 사람이며, 야위스트에게 있어서, 그리고 세계사의 범주 가운데서 이스라엘 안에서 일어나는 사건은 아주 특정한—더욱이 결정적인—기능을 한다"(J. Hempel).

야위스트는 최초로 원역사로부터 정착까지 이르는 오경의 윤곽을 문서로 표현하였다. 그러나 그가 그것을 스스로 창작한 것은 아니며, 오히려 전승 덩어리들을 하나의 통일체로 연결했다(이 책 4장 2.4.2). 폰 라트에 따르면 야위스트는 그가 물려 받은 족장 선택-애굽으로부터의 탈출-정착(참조. 신 26 : 5 이하)이라는 연속된 사건에서 원역사를 "앞"(Vorbau)에 위치시키고, 족장 전승을 "확장"(Ausbau)시킨 다음(신 26 : 5은 단지 한 족장을 말하고 있다), 시내산의 계시를 "삽입"(Einbau)하는 세 가지의 숙고를 통해 확장시켰다. 그러나 이 견해는 야위스트의 업적을 지나치게 과장한 것이다. 세 가지의 발전된 것들 중에서 두 개, 즉 아브라함-이삭-야곱이라는 족장들을 병렬시킨 것과 출애굽과 시내산 사건의 결합은 이미 이전에 생긴 것이므로, 따라서 엘로히스트에게 있어서도 그 둘은 자명하게 나타난다. 그 대신에 야위스트 자신이 한 일은 **원역사를 맨 앞에 둔 것**(창 1-11장)으로 보이며, 여기에 후대의 제사장문서는 이러한 원역사에 또 다시 관여하였다. 엘로히스트는 족장시대에서 출발하며, 따라서 확실히 오래된 전승 단계를 간직하고 있다.

2) 범위

일반적으로 학자들은 야위스트의 글이 창세기 2장 4b절 이하의 창조이야기와 낙원이야기로부터 시작된다고 보고 있다. 하지만 야위스트의 마지막 부분에 대해서는 논란이 되고 있다. 이에 대해서 세 가지 해결의 시도가 제시된다:

(1) 비교적 오래된 견해에 따르면, J문서는 오경을 넘어 여호수아서, 사사기, 그리고 사무엘서를 지나 이른바 **국가 분열**까지 그러므로 솔로몬이 죽은 이후 다윗 왕국의 붕괴(왕상 12:19)까지 계속된다(G. Hölscher 등). 그러나 사용된 언어뿐만 아니라 전승자료의 연결도 역시 오경을 지나서 계속 관련되는 자료와 결합되어 있다는 암시가 없다.

(2) 최근의 수정된 다른 견해에 따르면, 야위스트는, 구약에 있어서 진기한 보고인 사사기 1장에까지 또는 적어도 여호수아서의 이야기까지, 즉 가나안 정착의 시대까지를 다룬다. 사실 야위스트의 역사서가 (적어도) 여전히 지파들의 가나안 정착을 보도했다는 것은 의심할 수 없다. 이 역사서는 땅에 대한 약속을 계속하고 있을 뿐 아니라(창 12:7; 28:15; 민 10:29 등), 민수기 32장에서는 요단 동쪽 지파들의 이주에 대한 약간의 언급을 포함하고 있기도 하다. 물론 오경 외의 본문을 야위스트에 의한 것으로 생각하는 것은 지금까지 설득력 있는 근거를 제시하지 못하고 있다. 약간의 언어상의 연관성(참조. 예를 들면 출 16:35과 수 5:12 또는 출 3:5과 수 5:15)은 근거

로서는 충분하지 못하다.

(3) 학자들은 야위스트 역사서의 마지막에 대한 문제에 만족할 만한 해답을 얻지 못하는 현상황에서 노트(M. Noth)의 견해를 선호할 것이다. (가나안 정착의 이야기로 끝나는) 야위스트 역사서의 종결 부분은 제사장문서나 오경의 작업 속에서 누락되었다(이 책 4장 2.4.4). 현재에 보존된 마지막은 실제로 범위가 큰 민수기 22장과 24장의 발람에 관한 단락이다. 그리고 단지 민수기 25장(1-5절)과 32장의 몇몇 문장만이 있을 뿐이다. 그러므로 야위스트의 서술로 인식될 수 있는 부분은 단지 창세기, 출애굽기, 그리고 민수기에서만 발견된다.

원역사(창 2-4장; 6-8장*; 9:18 이하; 11:1-9 등), 족장사(창 12-13장*; 18-19장*; 24장; 28:10 이하*; 32:22 이하; 37-50장* 등)와 애굽으로부터의 탈출(출 1-17장*)이 상세히 서술되어 있는 반면, 시내산 부분은 단지 간략하게(그러나 적어도 출 19장에) 보존되어 있다. 보통 야위스트의 작품인지에 대하여 이의가 제기되는 본문들 중에서, 창세기 15장(아브라함 언약), 출애굽기 34장(제의적 십계명) 또는 출애굽기 4장 같이 특별히 논쟁의 여지가 있는 몇몇 본문들은 제외시켰다. 본문들의 포함 여부에 따라 전체 작품에 대한 이해가 다소간 변하게 된다.

3) 상황

야위스트의 역사서 종결 부분이 논쟁이 되고 있지만, 학자들은 그 기원 시기를 대개 **솔로몬의 전성기**, 즉 기원전 950년경으로 정한다. 이 시기에는 왕궁에 관료 양성을 위한 서기관 학교가 설치되어 있었다. 따라서 처음으로 방대한 기록들을 문서로 기록할 수 있는 상황이 주어졌을 것이다. 동시에 국제적인 분위기(인접국의 예속, 무역)는 다른 민족들과 이스라엘의 관계를 심사숙고케 하는 동기를 제공하였다.

작성 시기를 초기로 보는 주요한 근거들은 대략 이러하다:

(1) 초기 왕정시대의 새로운 인상들은 비교적 오래되거나 혹은 얼마 지

나지 않은 과거에 대한 회상을 촉진시킨 듯하다. 왜냐하면 **다윗의 상승**과 **왕위계승**의 이야기들(삼상 16장 - 왕상 2장)은 대략 동일한 시기이며, 야위스트와 관련되어 있다(참조. 예를 들어 "위대한 이름들"에서, 창 11 : 4 ; 12 : 2 ; 삼하 7 : 9, 그리고 이 책 11장 3.3).

(2) 야위스트는 자신의 작품에서 (가나안인 창 9 : 18 이하 ; 블레셋인 창 26장 ; 아람인 창 29장 이하 ; 암몬, 모압, 에돔과 같은) **이웃 민족들**을 계속해서 언급하고 있는데, 이들은 다윗 - 솔로몬(특히 삼하 8장)의 시대에 이스라엘에게 중요한 민족들이었다.

(3) 가나안에 대한 저주와 아울러 셈(즉 이스라엘)과 야벳(즉 블레셋)에 대한 가나안의 복종을 나타내고 있는(셈의 하나님, 야웨를 찬송하리로다! 가나안은 그의 종이 되고!) **포도 재배자 노아**의 이야기(창 9 : 18 - 25)는 다윗 왕국의 상황을 전제하고 있다. 다윗을 "야곱에게서 나오는 한 별"(민 24 : 15 - 19)로 간접적인 언급을 한다거나, 마찬가지로 에돔의 굴복(참조. 창 25 : 23 ; 27 : 40a와 삼하 8 : 13 - 14 ; 창 27 : 40b ; 왕상 11 : 14 이하의 첨가 ; 왕하 8 : 20 이하?)에 대한 간접적인 언급도 다윗 왕국의 상황을 전제하고 있는 것으로 보인다.

(4) 야위스트가 유다(창 38장) 또는 남부에서 유래한(창 4 : 19 ; 또한 민 13 - 14장 ; 16장) 다양한 전승들을 자신의 서술에 끼워 넣었다는 사실도 다윗 왕조 이후 유다 지파의 지위와 일치한다(삼하 2장).

(5) 출애굽기 1장 11절의 애굽에서 이스라엘의 강제 노동에 관한 서술은 솔로몬의 건축 활동(왕상 9 : 15, 19 ; 참조. 왕상 5 : 15 ; 11 : 28)에 의한 상황을 근거로 표현하고 있는 듯하다. 종속된 자들은 건축 작업에 강제로 동원되었다. 그러므로 야위스트 역사서의 기원은 솔로몬의 **건축 시기**에 아주 근접할 수 있다.

(6) 마지막으로 이 시기는 단지 정치-경제적으로 뿐만 아니라 지적인 발전, 즉 "솔로몬의 계몽"(G. von Rad)을 경험한 때이다. 사실상 야위스트는 뛰어난 지성의 흔적을 남겼으며, 관리학교에서 교육되었던 **지혜**와 유사한 것을 나타낸다. 원역사는 지혜문학적인 질문인 "사람이 무엇인가"(시 8 : 4 등)에 대하여 이야기체로 대답을 주고 있지 않는가?

확실히 몇몇 관찰들은 문서 자료가 지니고 있는 전통의 연대만을 증명해 주고 있다(terminus ante quem non). 따라서 보다 최근의 경향(H. H. Schmid 등)에 비추어서, 야위스트를 보다 후대에 유래한 것으로 간주할 필요는 없다. 왜냐하면 야위스트는 유다와 이스라엘로 양분된 다윗 왕국의 종말과 또한 앗수르의 위협 또는 예언자의 심판 메시지, 더욱이 제의 단일화(요시야의 종교개혁)의 신명기적 요구 또는 포로기조차 전제하고 있지 않기 때문이다. 그 밖에 J는 전체 구조가 아닌, 단일적인 이야기들에서 자주 E보다 오래된 전승 형태를 나타낸다(그리고 이 책 7장 1.1).

물론 학자들은 보다 오래된 기본 구성과 보다 후대의 편집에 의한 확장을 신중하게 구분하여야만 한다(이 책 4장 1.4.5를 보시오).

형성 시대에 대한 결정적인 근거들 중의 일부는 야위스트가 어느 **지방**에 근거를 두고 있었는가에 대한 대답에도 이용될 수 있다. 남쪽으로부터 수용된 전승이기 때문에, J문서에서는 대부분 분명하게 **남왕국 유다의 거주민**들을 보게 된다. 이 거주민들은 아마도 수도보다는 오히려 지방(O. H. Steck)에 거주한 자들로 보인다. 왜냐하면 여기에는 전형적인 예루살렘적 개념들이 나타나지 않기 때문이다.

4) 통일성

P와 E, 그리고 편집에 의한 첨가물들을 제거한 후에 얻게 된 야위스트의 부분들은 어느 정도로 통일성을 이루고 있는가? 지금까지 만족스럽게 대답하지 못했던 이 질문은 문헌비평적이고도, 전승사적인 영역에 해당된다. 많은 연구가들(R. Smend 1세 등)은 기본 구성을 다시 한 번 두 자료로 나눈다. 보다 오래된 야웨문서(J^1, $J^ä$ Eissfeldt : L[aienquelle] 비슷하게 Fohrer : N[omadenqulle])와 보다 후대의 야웨 문서(J^2, J). 이 같은 "최신 문서가설"

(die neueste Urkundenhypothese)을 아이스펠트(O. Eissfeldt)의 『육경 - 대조표』(*Hexateuch Synopse*, 1922, 1962)가 명확하게 소개하였다. 물론 지금까지는 흔히 보다 오래된 것으로 간주되어 분리시킨 본문들의 실제적인 연관성을 발견하는 것에 성공하지 못하였다. 실제로 설정된 자료의 경계 자체가 불확실하기 때문에, 학자들은 이와 같은 추가적인 자료의 분리를 포기하는 쪽을 선호한다. 그럼에도 불구하고, 야위스트에 대한 문헌 비평적인 작업은 계속해서 두 방향에서 행해질 수 있다. 첫째, 그의 작품에는 이미 문서로 된 원본들이 포함되어 있는가? 둘째, 야위스트의 역사서에서는 역시 야웨 이름을 사용하고는 있으나(창 4 : 25 - 26 ; 6 : 1 - 4처럼), 이 문서자료의 일치성을 다소 방해하는 첨가들에 의하여 추가로 어느 정도까지 보충되었는가? 본문의 후속사와 편집사에 대한 이 같은 질문은 분명히 효과적이다.

의심할 바 없이 야위스트의 구절들 내부에 매우 현저한 긴장들이 존재한다. 예를 들어 창세기 11장이 다시 한 번 인류의 하나됨을 전제하고 있는 반면, 창세기 10장의 민족 목록과 바벨탑 건축의 이야기는 이 점에 있어서 반대된다. 또는 문화유산들(창 4 : 17 이하)이 대홍수(창 6장 이하)로 인해 없어지지는 않았을까? J를 일반적으로 치밀하게 구성된 이야기로 소개할 수 있을까(이 책 4장 2.4.1)?

J와 E 이면에는 "개별 저자가 아닌, 이야기의 학파들"(H. Gunkel, *Genesis*, LXXXV)이 숨어 있는가? "국가가 형성된 후 얼마 있지 않아 작품의 토대를 구성하기 시작하여, 국가가 망하기 전에 원역사를 앞에 두고, 꽤 많은 단편 소설식의 작품들을 끼워 넣음으로써 끝마쳤을 J의 총괄적인 역사를 생각할 수 있다"(R. Smend, *Die Entstehung des AT*, 94). 그러나 마치 신명기처럼, 보충이 포함된 (수 세기에 걸친) 점진적인 증대를 가리킬 수 있는 J문서의 본문은 어느 부분인가?

어떤 불균형은 아주 쉽게 전승사적으로 설명될 수 있다. 그것들은 "전승의 어떤 부분도 무시하지 않겠다는 의지의 표시이다"(J. Hempel). 야위스트는 전통을 후대의 제사장문서만큼 자유자재로 다루지 않았으며, 자신의 이야기들을 단지 부분적으로만 독립적으로 표현했고, 또한 전승들 서로를 완전히 조정하지는 않은 채 수용하였다. 확실히 그는 전체 초안을 작성하였으나, 이러한 개별적인 소재를 작성하지는 않았다.

물론 동일한 언어 표현구들을 사용해서 표현한 **전체** 작품을 관통하는 하나의 의도는 거의 인식될 수 없다. 실제로 원역사에서 야위스트의 의도는 개별적인 이야기들을 결합하며, 게다가 표제어인 창세기 12장 1-3절과 잘 어울리는 구절들에서 추정될 수 있으나 그 밖의 전승군에서 명백한 전통과 의도하는 바를 구별하는 것은 어려운 일이다. 단지 여기 저기에서 자신의 재료를 형성시킨 신학적인 중심 사상들만이 보다 정확하게 인식될 뿐이다.

2. 신학적 의도

(1) 야위스트의 작품과 이를 포함한 후대의 오경 전체는 원역사를 앞에 놓음으로써, **보편적인** 모습을 띤다. 야위스트는 (E와 P와는 달리) 창조 때부터 야웨 이름을 사용할 수 있었고, 인류가 비교적 이른 시기부터 야웨를 경배할 수 있었기 때문에(창 4 : 26 첨가? ; 참조. 창 8 : 20 ; 9 : 26), 이 민족의 하나님은 처음부터 인류의 하나님, 민족들의 심판자(창 4 : 1 ; 참조. 창 24 : 3, 7)로서 나타난다. 원역사에서 야위스트는 모든 인간 속에 있는 운명, 즉 은혜와 심판 가운데서 힘과 무기력을 포함하여 번성하고 쇠퇴하는 인간의 운명을 모범적으로 서술하고 있다.

야웨가 역사적인 고난들 가운데서 도우시는 분으로서 뿐만 아니라, **창조자**로서 인정된 것이 기원전 10세기의 이스라엘에게는 아직 명백하지 않았다(창 14 : 19 이하 ; 왕상 8 : 12 ; 또한 시 24 : 2 등). 어쨌든 야웨가 비(창 2 : 5 ; 7 : 4), 파종과 수확의 주기, 여름과 겨울(8 : 22), 또한 모든 풍요를 준다는 견해는 이보다 1-2세기 이후에 논쟁되었다(왕상 17-18장 ; 호 2장).

창세기 2장 4b절 이하의 **창조이야기**는 세상을 바라보는 시각과 사건의 진행 경과에서 창세기 1장(P)과 완전히 다르다. 창세기 1장의 우주적인 범위는 창세기 2장에서 농경의 환경으로 바뀐다. 창세기 1장에서 물이 제한되어 있다면(혼돈으로부터 바다까지), 창세기 2장에서 물은 생명을 소생시키며, 황무지를 경작지로 바꾼다(창 1장은 바벨론적인 전통, 창 2장에서는 팔레스틴적인 전통?). 인류가 아닌(창 1 : 26

이하), 두 개인이 창조되었으며, 또한 차례 차례로 창조되었다. 하나님은 자신이 흙으로 지은 인간(창 2 : 7 ; 참조. 렘 18 : 3-4)이 독처하였기 때문에 하나님은 자신의 창조에 대해 "좋지 못하다"(창 2 : 18)고 말한다. 그러나 하나님의 배려는 두 번째 시도에 의해 비로소 적절한 성과를 얻는다. 남자는 "그의 돕는 배필"인 상대자를 자신에게 종속되어 있는 짐승으로부터가 아닌, 여자로부터 얻게 되었고, 남자는 남편이 되었다(창 2 : 19 이하). 그러므로 원역사는 (고전 11 : 7 이하 ; 딤전 2 : 11 이하와 반대로) 남자와 여자의 창조적인 동등함을 강조한다. 남자에게 여자가 종속되는 것은 저주의 결과이다(창 3 : 16).

창세기 1장(P)과 달리 야위스트의 창조이야기는 하나의 독립된 의미를 가지고 있지 않고, 단지 낙원 이야기에 대한 전제 조건의 역할을 할 뿐이다. 야위스트(창 1 : 31 ; 6 : 13 P를 차례로 병립시켜 놓고 비교하여)는 처음부터 창조 가운데서 죄와 괴로움, 선과 악이 아주 강하게 연관되어 있는 것으로 보았다. 이러한 이유로 전승사적으로 본래 독립적이었던 창조와 낙원이야기가 서로 결합되었다. 인간은 자신에게 정원을 생활 범위와 일의 터전(창 2 : 8, 15)으로 지정해 준 하나님을 의심과 불순종으로 대한다. 그럼에도 불구하고 하나님은 "네가 먹는 날에는 정녕 죽으리라"(창 2 : 17)는 자신의 위협을 실행하지 않고, 오히려 심판 가운데 은혜를 베푸셔서 — 노동하는 땅에 대한 저주, 영생에 이르지 못하게 함, 정원으로부터 추방(창 3 : 14 이하, 22-23)이라는 모든 냉혹한 형벌에도 불구하고 — 여전히 그에게 보호물을 제공해 주심으로써, 최악의 경우로부터 인간을 보호하신다(창 3 : 7에 대조하여 3 : 21). 저주들은 원인론적으로 해산에 의한 여자의 고통 또는 생업에 의한 남자의 고난과 같은 그들의 고생들을 포함한 현재의 생활 조건들을 생겨나게 하였으나, 인간에게 즉각적인 죽음도, 심지어는 반드시 죽어야 되는 운명(롬 5 : 12와 달리)도 야기시키지는 않았다. 이미 "먼지" — 그리고 하나님의 숨 — 에 의한 인간의 기원은 그의 유한성을 앞서 나타내고 있다(참조. 창 2 : 7 ; 3 : 19 ; 또한 전 12 : 7 ; 욥 10 : 9).

창세기 4장의 가인과 아벨의 이야기는 이스라엘의 견지에서 켄족(Keniter)의 모습을 설명하는 한 전승을 수용한다. 그들 또한 야웨 숭배자였으나 땅이 없었다. 그들의 조상 또는 대표자인 가인은 야웨의 표를 지니고 있었으나, 유리하였으며 도망다녔다(창 4 : 14 ; 참조. 삿 1 : 16). 이 종족에 관한 이야기는 야위스트 원역사의 틀 안에서 일반적이고-인간적으로 확장되었으며, 하나님과 인간의 관계와 남편과 아내의 관계를 서술하는 창세기 2-3장과 일치함으로써 그 밖에 있을 수 있는 인간의 다양한 상황들을 전형적으로 기술하고 있다 : 형제 관계, 그리고 그 관계는 더욱이 적대적이기조차 하다. 가인의 행동은 전형적이다 : 사람의 피를 흘리는 자는 곧 자신의 형제를 죽이는 것이다. 이처럼 창세기 4장은 의심할 바 없이 인간적 죄악의 증가에 대해 진술하고 있다. 어떻든 두 이야기는 공통적인 구조("네가 어디 있느냐?" – "네 아우가 어디 있느냐?" 창 3 : 9 ; 4 : 9 ; 경작지 및 가인에 대한 저주 창 3 : 17 ; 4 : 11)에 의해 서로 관련되어 있다. 하나님이 아담을 무방비로 정원에서 쫓아내지 않았듯이, 또한 살인자 가인은 무자비하게 하나님의 앞에서 쫓겨나지 않고, 증표에 의해 살인으로부터 보호되었다.

(2) 야위스트는 후대의 예레미야(렘 13 : 23)나 또는 시편 기자(시 51 : 5 ; 또한 왕상 8 : 46 ; 잠언 20 : 9 등)에 이르러서 비로소 나타나는, 극단적인 인간의 악행에 대한 비판적인 견해에 이른다 : "사람의 마음의 계획하는 바가 어려서부터 악함이라"(창 8 : 21 ; 6 : 5).

창세기 3–4장과 같이 창세기 6–8장*의 **홍수이야기**는 그 안에 보호라는 주제를 포함하고 있다 : 하나님은 자신이 창조하신 것을 멸망시킬 수 있으시나, 한 가족은 자비로 보호받았다. 게다가 야위스트는 세계적으로 퍼져 있는 그 전통을 이중적인 관점에서 해석한다 :

첫째로, 야위스트는 자신이 스스로 작성한 틀(창 6 : 5–8 ; 전통적인 결론인 8 : 20 뒤의 8 : 21–22)에서 홍수의 이유를 인간의 죄악성에서 찾는다. 그는 그 재앙을 사악한 인간의 죄악에 대한 결과로 이해함으로써, 하나님의 정당성을 인정한다. 따라서 홍수사건은 인간의 행위에 근거한 것이기 때문에, 그 사건은 징벌로 이해된다.

둘째로, 노아의 "의로움"(겔 14 : 14, 20 ; 창 6 : 9 P ; 5 : 29 J)에 관한 민간전승은 수동적으로 새로이 해석된다 : 노아는 "은혜를 입었고"(창 6 : 8), "의로움이 보였다"(창 7 : 1 ; 참조. 창 18 : 3 ; 19 : 19). 그러므로 "대대적인 멸망"(massa perditionis)의 한가운데서 "남은 자"가 되는 노아의 특수한 지위가 (히 11 : 7에서 계속되는 일련의 생각인) 그의 도덕성과 경건에 의한 것으로 간주되는 것은 여기에서 부각되지 않는다.

그 밖에 야위스트는 주요 인물을 이상적인 모습으로 그리지 않는다 : 아브라함(창 12 : 10 이하, 16), 야곱(창 27장) 또는 모세(출 2장)조차 덕망 있는 것으로 나타나지 않으며, 또한 그들은 행위로 인하여 의롭게 된 것으로 생각되지도 않는다.

하나님의 심판은 인간을 개선시키지 못한다 : 인간은 그 자신의 모습 그

대로 남아 있다(창 8 : 21 ; 참조. 창 18 : 20-21 그리고 하나님의 의로우심에 대한 보다 후대에 덧붙여진 대화). "죄"에 대한 자신의 의견을 배제한 채 야위스트에 의해 이야기체로 전개된 이러한 견해는 결코 단지 이스라엘에게만 적용되는 것이 아니다 : 오히려 야위스트는 신앙에 비추어 인간을 그렇게 판단한다(참조. 롬 7장).

기본 구조 또는 이야기의 구조는 창세기 2-8장에 있는 서로 다른 종류의 개별적인 이야기들에 의하여 완전히 드러난다 : 하나님의 자비하신 돌봄-인간의 죄-형벌-은혜에 의한 보호, 그리고 새로운 시작.

(3) 원역사에서와 같이 야위스트는 신학적인 중심 사상들을 포함하고 있는 **야웨의** 말씀들을 자주 중요한 자리에 삽입시킴으로써, 자신에게 주어진 전승들을 해석하였다(창 2 : 16-17 ; 3 : 14-19 ; 4 : 6-7, 11 이하 ; 6 : 3, 5-8 ; 8 : 21-22 ; 11 : 6-7 ; 12 : 1-3 ; 13 : 14-17 ; 18 : 17 이하 ; 26 : 24 ; 28 : 13-15 ; 31 : 3 등). 하나님의 말씀들이 족장사에서 약속들이라면, 원역사에서는 철저하게 위협하거나 벌하는 특성을 지니고 있다. 하나의 중요한 예외는, 이 세상을 더 이상 저주하지 않으시겠다는, 즉 벌하지 않으시겠다는 약속(창 8 : 21-22)이다. 여기에 고대 근동의 전승 흔적이 남아 있는 듯하다. 그 전승에 따르면 대홍수는 원역사 시대를 종결시킨다. 그러나 죄와 그에 따른 처벌이라는 순서가 이제 끝난 것은 아니다(창 11장). 오히려 이미 주어진 그와 같은 개념은 이스라엘 사람의 역사 이해에 의해 층을 지어 겹치게 되었다. 그 역사 이해에 따르면 아브라함의 부름으로 시작되는 족장시대가 원역사 시대를 종결시켰다.

그러므로 창세기 12장 1-3절의 **축복의** 말은 원역사의 종결이며, 그의 저주 말들(창 3 : 14, 17 ; 4 : 11 ; 5 : 29 ; 9 : 25)의 종료이고, 구원으로 가득 찬 미래의 시작이다. 스스로 재앙 가운데 있는 인류는 아브라함에게 주어진 하나님의 구원이 필요하다 : "이른바 원역사는 이 땅의 모든 씨족이 축복을 필요로 하는 이유를 앞서 설명하고 있다"(H. W. Wolff, "Das Kerygma des Jahwisten"[1964], 359). 족장 신앙으로부터 전해진 자손과 땅의 약속에 관한 주제들(참조. 창 12 : 7 ; 28 : 13-14)은 한층 강하게 일반화되었고, 포괄적인

약속(창 12 : 3)을 준비하고 있다 :

> "너를 축복하는 자에게는 내가 복을 내리고,
> 너를 저주하는 자에게는 내가 저주하리니
> 땅의 모든 족속이 너를 인하여 복을 얻을 것이니라."

아브라함을 대하는 태도에 의해 인류의 운명이 결정될 것이다. 그의 축복에 모두가 참여한다. 야위스트는 이 약속을 자기 시대의 권력 지향성과 거만함에 대비시키고 있는가? 야위스트는 자신이 살고 있는 역사적 상황에 대해서는 아무런 언급도 하지 않는다. 이 말은 야위스트가 다윗-솔로몬 시대의 정치적 현실 자체와 일치되지 않는, 아직 이루어지지 않은 한 미래를 약속한다는 것이다. 이 점에서, 다른 문서 자료들처럼 아주 신중하게 종말론적인 진술을 하고 있는 야위스트의 희망을 인식할 수 있는가? 아무튼 이렇게 희망의 방향을 제시하는 말에서 족장 전승은 새롭게, 그리고 보편적으로 해석된다. 이러한 언급은 현존하는 오경의 최종편집 단계에서 족장의 역사를 드러나게 했으며, 이전에는 독립적이었던 전통의 흐름과 문서층들이 결합된 이후에 그러한 언급들은 족장 전승의 "전체 의미"를 제공했다.

축복의 약속은 야위스트의 표현에서 때때로 반복되며(창 18 : 18 ; 28 : 14 ; 참조. 창 22 : 18 ; 26 : 4 ; 민 24 : 9), 바로와 같이 고귀한 자도 약속의 실현을 시인해야만 했다 : "이 백성 이스라엘 자손이 우리보다 많고 강하다"(출 1 : 9). 물론 이미 이삭, 야곱, 그리고 요셉 이야기에는 축복의 주제보다도 훨씬 더 강하게 "내가 너와 함께 있다"는 하나님의 동행 약속이 나타난다. 이 동행 약속은 예를 들어 다윗이야기에서도 반복된다. 확실히 보다 오래된 전통과 연관시켜서 그 당시의 사람들은 야웨의 "함께 하심"을 통하여 역사 가운데서의 구원과 성공을 해석한다(이 책 11장 3.3을 보시오).

(4) 야위스트 자신의 의도는 출애굽기 5-14장의 커다란 기승전결을 서술하는 곳에서 한 번 더 나타난다. 그는 백성들에게 널리 알려진 재앙 이야기들을 만듦으로써 야웨와 이방 압제자의 관계를 서술하였다. 주제는 야웨

에게 도전하는 바로의 질문에 의해 도입된다: "야웨가 누구관대 내가 그 말을 듣고 이스라엘을 보내겠느냐 나는 야웨를 알지 못하니라!"(출 5 : 2). 다음에 이어지는 사건들은 야웨가 참된 하나님임을 바로가 "알 수 있도록" 강요한다(출 7 : 17 ; 8 : 10, 22 ; 참조. 출 10 : 3 등). 바로는 자신이 죄 지었음을 고백하고(출 9 : 27 ; 10 : 16) 모세에게 야웨께 중보기도를 해 줄 것을 간청함으로써(출 8 : 8, 28 ; 9 : 28 ; 10 : 17 ; 12 : 32) 야웨를 승인한다. 인류의 구원과 불행이 아브라함에 대한 인류의 관계에서 결정되듯이, 바로는 완고하게 버티지 않았을 때에야, 이스라엘의 축복에 참여할 수 있었다. 파멸 가운데서 그는 야웨의 우위(출 14 : 25)를 알아차리고 경험해야 했다.

추적자들 앞에서의 구원에 관한 이러한 보도(출 14 : 13－14, 30)에서처럼, 야위스트는 또한 다른 전승자료와 함께 축복하시고(창 12 : 3), 애굽으로부터 데리고 나오며(출 3 : 16－17), 재앙으로 애굽을 징벌하시는(출 12 : 23 ; 창 12 : 17) 야웨의 단독 활동과 가시덤불이나 시내산 등 그 어느 땅위에 거주하는 것이 아니라 사건에 개입하기 위해 "내려오시는"('야라드' : 창 11 : 5, 7 ; 18 : 21 ; 출 3 : 8 ; 19 : 11, 18, 20 등) 야웨의 초월성을 강조한다. 결론적으로 야위스트가 하나님이 어디에서 어떤 방법으로 자신을 계시하는가에 대해 암시하지도 않은 채로 "야웨께서 아브라함에게 말씀하셨다"(창 12 : 1 ; 참조. 26 : 2)라는 도입말을 공식화하는 것은 낙원 이야기에서처럼 전승을 통해 전수받은 신인동형동성론적 사상에 소신껏 대립하고 있음을 추측해 볼 수 있다. 또는 야위스트는 하나님이 정원에서 저녁 바람을 쐬며 산보한다는 것(창 3 : 8 ; 참조. 창 8 : 21 등)을 다소 유머스럽게 되풀이하기도 한다.

제7장 엘로히스트의 역사서

1. 서론적 문제들

오경의 개요는 야위스트에 의해서 처음으로 문서화되었다. 그러나 이것이 이스라엘의 초기 시기를 서술하는 유일한 시도는 아니었다. 이 작업은 또 다른 엘로히스트(E)의 기록을 통해서 보충되었다. 엘로히스트의 기록 작업은 야위스트와 너무도 밀접하게 관련되어 있으므로 이 두 문서를 편집하여 하나로 만든 사람을 "예호비스트"(Jehowist) J/E라고도 부른다. 결합된 문서 가운데 이미 요셉이야기부터는, 보다 확실히 말하자면 출애굽기부터는 J와 E의 상호간의 경계를 결정하기가 매우 어렵다. 이 영역에서 문서를 어떻게 J와 E로 분배할 것인가의 문제는 매우 조심스럽게 판단된다: "J와 E의 구별은 본문 분석에서 가장 까다로운 문제이며, 게다가 많은 경우에 있어서 더 이상 가능하지도 않다"(H. Holzinger, *Einleitung in den Hexateuch,* 485 등).

1) 독립성

이러한 상태로 인하여 엘로히스트의 문서는 문헌 비평적, 역사적, 그리고 신학적 연구에 있어서, 상당히 논쟁의 여지가 있다. 그 범위가 서로 다르게 결정될 뿐만 아니라, 더욱이 일반적으로는 엘로히스트의 존재 자체가 부인되기도 한다(P. Volz, W. Rudolph, S. Mowinckel 등등).

그러나 다양한 근거들은 엘로히스트를 독립된 설화자로 이해하는 것을 지지한다:

(1) 동일한 소재가 명백하게 **중복된** 것들이 있다. 특히 시조모의 위험에 관한 이야기(창 20장 E; 12:10 이하 J; 26:7 이하 J) 혹은 하갈의 도주에 관한 이야기(창 21:9 이하 E; 16:1 이하 J)가 그러한 것들이다.

(2) 야위스트와 엘로히스트의 표현 양식들이 서로 맞물려 있는 **평행보도**가 있다. 주요한 실례로서는 창세기 28장 10절 이하의 야곱의 꿈에 관한 보도, 출애굽기 3장의 모세의 소명 혹은 출애굽기 19장 16절 이하의 시내산에서의 현현, 그리고 민수기 22-24장의 발람의 구절들을 들 수 있다. 제사장문서 이전의 본문을 두 문서로 나누는 것은 이와 같은 본문들 내부에서는 아주 적절하다. 그리고 이와 같은 기준점에서 본문을 상호 결합시킬 수도 있다.

(3) 각각의 주요 문서들에서 문서자료들을 구분하는 결정적인 기준은 **신명**(神名)을 "야웨" 대신 "엘로힘"으로 사용하는 것이다.

아주 강력한 근거는 아닐지라도, 꾸준히 근거로 제시되는 것들이 있다. 이러한 근거들은 그 같은 구분을 어느 정도 객관적으로도 만족할 만하게 만든다. 다음의 것들이 여기에 속한다:

(4) 엘로히스트의 역사서는 이곳 저곳에서 특정한, **독특한 문체**들을 사용하고, 또한 어느 정도 **고유한 단어**를 사용한다는 점에서 특징적이다.

다음과 같은 어순이 특징적이다: 고유명사를 중복 사용하는 하나님의 부름과 부름을 받은 자의 "내가 여기 있나이다"(변형된 형태로는 창 22:1, 7, 11; 31:11; 46:2; 출 3:4b)라는 대답이다.

일련의 공통점들이 실제로 엘로히스트의 역사서 전체에 흐르고 있는 것은 아니지만, 그러한 공통점들은 개별 본문들을 연결시키고 있다. 예를 들면 "내가 하나님을 대신하겠느냐?"(창 30:2; 50:19)라는 질문이나 모세가 "백성을 인도했다"(출 3:10, 12; 19:17)는 표현 등을 들 수 있다.

"시내"라는 지명 대신에 E는 "하나님의 산"(출 3:1b)이라는 단어를 선호하는 듯하다. 반면에 "이드로"라는 고유명사를 사용하는 것이나 ("애굽의 왕" 대신에) "바로"라는 칭호를 사용한 것은 전형적인 것은 아니다.

(5) 때때로 산재해 있는 성찰의 말들은 줄거리를 **회고**하면서 사건 진행이 어떻게 될지를 미리 **예시**하며, 과거와 미래를 결합시킨다. 요셉 이야기의 마지막도 그렇게 서술되어 있다.

> "당신들은 나를 해하려 하였으나
> 하나님은 그것을 선으로 바꾸사
> 오늘과 같이 만민의 생명을
> 구원하게 하려 하셨으니"
> (창 50 : 20 ; 이미 45 : 5, 7에서 나타남)

이와 같이 요셉 이야기의 결어는 이야기의 후반부에 나타날 요셉의 운명을 해석하고 있으며, 추상적인 동시에 실질적으로 다음에 이어지는 구절(출 1 : 15 이하)을 미리 지시하고 있다. 산파들은 하나님을 경외하여 "큰 민족을 살려 주시려는" 하나님의 계획을 실현한다. 이로 인하여 심지어 문학적인 연결 부분들이 없을 때조차도, 다양한 본문 단위들 사이의 주제적 연관성을 인식할 수 있게 되었다. 참으로 창세기 50장 20절은 엘로히스트의 서술 내부에서 이음쇠의 기능을 하는 듯하다. 요셉의 말은 족장 시대의 가족사를 종결하고 민족사로 인도한다. (창 28 : 10 이하를 재증언하고 있는 창 31 : 13과 같은) 특정한 연설 부분들 역시도 "매우 숙고된 기교적 구성"(H. W. Wolff, "Zur Thematik der elohistischen Fragmente im Pentateuch[1969]", *Gesammelte Studien zum Alten Testament,* ²1973, 415)을 나타낸다.

(6) 마지막으로 방법론적으로 볼 때 **윤리적**, **신학적 진술**들로 표현되는 확실한 특징들이 관찰의 결과로 인식된다.

엘로히스트의 **윤리관**에서는 각별한 치밀성이 여러 번 두드러지게 나타난다. 그에 대한 세 가지 예가 있다. 야위스트는 아브라함이 어려움에 직면해서 자신의 부인 사라를 누이라고 거짓말 한 것으로 진술한 반면에(창 12 : 11 이하 ; 26 : 7 이하를 참조하라), 엘로히스트는 아브라함을 거짓말장이로 만들지 않기 위해 사라를 아브라함의 이복누이로 말하면서 이러한 사실이 진실임을 의도적으로 강조한다(창 20 : 2, 5, 12). 야위스트의 서술에 따르면 요셉은 이스마엘 족속에게 팔린 것으로 나타나지만(창 37 : 27, 28b), 엘로히스트의 이해에 따르면 요셉은 "단지" 우물에 던져졌고, 또한 그 곳에서 일정 시간을 보내다가 미디안 상인들에게 발견되어, 사로잡혀 가게 된다(창 37 : 22 – 24, 28a, 29). 창세기 16장 6절 J에 따르면 아브라함은 심사숙고 없이 사라의 말에 따르지만, 창세기 21장 11 – 12절 E에 따르면 그는 하나님의 권고에 의해 비로소 하갈을 떠나 보내고, 그녀에게 식량을 공급해 준다.

이 예들은 엘로히스트가 보다 후대에 형성된 형태를 가진 개별적인 전승들을 제공하고 있음을 보여 준다. 그러나 결코 항상 그런 것만은 아니다(창 28 : 10 이하). 우선적으로 E는 전체 구성에 있어서 보다 오래된 형태를 보존하고 있다.

특별히 계속해서 나타나는 주제인 하나님의 경외는 엘로히스트의 신학적인 특성에 속한다.

수많은 불확실한 본문들, 무엇보다도 출애굽기와 민수기의 불확실한 본문들에도 불구하고, 다양한 근거들이 엘로히스트의 본래적인 독립성을 지지한다. 비록 그가 단순히 야위스트의 "새로운 편집자"(P. Volz), 즉 개작층이나 보충층의 편집자로 자주 이해됨에도 불구하고, 엘로히스트는 본래적으로 야위스트와 연관되어 있지 않으며, 틀림없는 개정층인 경우에서만 야위스트에게 의존하고 있는 듯하다(이 책 4장 2.4.2). 또한 엘로히스트 본문들 사이에 적잖은 관련성들이 발견된다.

물론 이러한 문서자료에서 엘로히스트의 서술은 "단지 산재된 단편들로만 존재한다"(H. Holzinger, 173). 이는 J와 E를 하나로 결합했던 편집자가 엘로히스트의 역사서를 단순히 그가 기초로 삼았던 야위스트의 보충으로서만 사용했기 때문이다.

2) 범위

E에게는 불행하게 진행된 이러한 편집 과정에도 불구하고 이미 완결된 이야기들이 존재해 있다. 엘로히스트의 작업 방법을 가장 잘 읽을 수 있게

해 주는 가장 거대한 본문은 창세기 20–22장이다. 그러나 엘로히스트의 **시작점**은 확실하지 않다. 일반적으로 사람들은 그 시작점을 창세기 15장에서 찾지만, 여기에는 보다 오래된 전통과 보다 후대의 전통들이 서로 결합되어 있으므로, 이 본문이 어느 문서에 속하는가 하는 것은 논쟁의 여지가 있다. 창세기 15장의 몇 안 되는, 더구나 매우 불분명한 실마리들을 제외한다면, 창세기 12–19장에는 E문서의 자료가 나타나지 않는다(H. Holzinger, 174). 설사 창세기 15장의 기초가 엘로히스트 문서라 할지라도—제사장문서인 창세기 1장이나 J문서인 2장 4b절 이하의 서두와 대조되는—E문서의 본래의 시작은 나타나지 않는다. 엘로히스트는 본래 아브라함의 등장과 함께 시작되는가? 어느 경우든 (각각의 시도에도 불구하고) 창세기 1–11장에서 E는 드러나지 않는다. 그러므로 엘로히스트는 **원역사를 포함하고 있지 않으며**, 족장사와 함께 시작한다.

그러므로 엘로히스트 역사서의 결말 역시 다양하게 결정된다. 일부는 여호수아 24장에서, 일부는 신명기 31장 이하에서 그 끝을 찾고 있다. 일반적으로 사람들은 민수기 22–23장에 있는 발람의 구절에서 엘로히스트의 마지막 본문을 발견한다.

다음은 적어도 E의 것으로 간주되는 잘 알려진 본문들이다 :

창 15장*?	아브라함의 부르심
창 20 : 1–22 : 19*	아브라함과 아비멜렉, 이삭의 탄생, 하갈의 추방과 이삭을 제물로 바침
창 28 : 11–12, 17–18, 20–21	하늘로 이어진 사다리에 관한 야곱의 꿈
	창 30–33장의 일부분 ; 35장(특히 1–5절, 7절) ; 37장 ; 40–42장(주로) ; 47–48장.
창 46 : 1b–5a	야곱에게 임한 계시
창 45 : 5b–15 ; 50 : 15–26	요셉의 용서
출 1 : 15 이하	산파의 불순종(또한 출 2 : 1–10?)
출 3–4장*	모세의 소명(정확히 말하면 출 3 : 1, 3b , 4b, 6, 9–14)
출 14장*	갈대바다의 기적 (특히 출 13 : 17–19 ; 14 : 5a,

	19a)
출 18장*	모세와 미디안 사람인 장인과의 해후 : 공동 제사, 재판관들을 임명함.
출 19장*	시내산에서의 계시(특히 출 19 : 16－17, 19 ; 또한 출 24 : [9－]11?)
	민 20－21장의 일부분들.
민 22－23장*	발람

사람들은 확연하게 부각되는 불균형들을 엘로히스트의 후대의 수정 혹은 보다 많은 E자료들의 결합으로 해결하려 했다. 그러나 그와 같은 어려운 작업 과정에 대한 적절한 근거는 부족하다. 물론 우리는 엘로히스트의 문체 또는 신명기－신명기역사가의 문체로 되어 있는 첨가물들을 고려해야만 한다. 아마도 출애굽기 20장 18－21절이나 출애굽기 32장의 일부분은 그러한 첨가에 속한다. 창세기 15장 6절, 출애굽기 32장, 민수기 12장 6절 이하 또는 심지어 십계명과 언약 법전(출 20－23장)과 같은 본문들을 엘로히스트에 의한 것으로 돌리는가 아니면 그렇게 하지 않는가 하는 문제는 그의 신학을 규정하는 데 있어서 매우 중요하다. 신뢰할 수 있는 결정을 얻기 위해서는, 비평을 통하여 확실한 것으로 인정된 최소의 범위로 제한하는 것이 나을 듯하다.

3) 상황

엘로히스트의 역사서가 존재함을 인정한다면, 그것의 형성 장소와 시기에 관해서는—서로 다른 견해들에도 불구하고(M. Noth 등)—상당히 일치한다. 아마도 그것의 형성된 장소는 북왕국에서 찾을 수 있다(이것을 쉽게 표현하자면 에브라임[Ephraim]으로부터 E, 유다[Juda]로부터 J가 된다). 물론 이러한 결정에 있어서는 확실한 근거들보다는 아주 많은 간접적 증거들이 있을 따름이다. 주요 근거는 침묵의 근거(argumentum e silentio)이다 : 엘로히스트의 족장 전승에는 아브라함－롯의 민담모음(창 12－13장* ; 18－19장*)과 같은 남왕국에 고향을 둔 야위스트에 의한 이야기들은 없다.

엘로히스트의 족장 전승은 보다 고대적인 형태로 중앙 팔레스틴에 보존되어 있던 것들이다. 그 같은 성소들 가운데에서도 예를 들면 벧엘(창 28 : 22 ; 35 : 1 이하), 세겜(창 33 : 19–20 ; 35 : 4, 8 ; 48 : 22 ; 참조. 창 50 : 24–25 ; 출 13 : 19와 수 24 : 32), 남왕국에 위치하곤 있지만 북왕국과 긴밀한 관련(참조. 암 5 : 5 ; 8 : 14)을 맺고 있는 브엘세바(창 21 : 31 이하 ; 22 : 19 ; 46 : 1 이하) 등이 결정적인 역할을 한다. 마찬가지로 요셉 이야기에서 야위스트는 유다를 대변자로 등장시키지만, 이와는 달리 엘로히스트는 초기 전승에 부합해서 르우벤을 대변자로 등장시킨다(창 37 : 22–24, 29–30 E와 37 : 21, 26–27 J를 비교하라).

그 밖에 비록 엘로히스트의 역사 서술이 북왕국 예언자들이나 신명기와는 직접적으로 관련되어 있지 않음에도 불구하고, 이미 엘리야, 더욱 분명하게는 호세아(출 3 : 14와 호 1 : 9 ; 또한 출 3 : 10 이하와 호 12 : 14를 비교하라)와 신명기와의 명백한 관련성을 보여 준다. 신명기의 가장 오래된 전통들은 북왕국으로 소급되는 것처럼 보인다(이 책 10장 1.3). 그러므로 조심스럽기는 하지만, 엘로히스트부터 예언자 호세아와 이른바 원신명기로 넘어가는 전승의 고리를 추적해 나아갈 수 있다. 결국에 이 전승의 고리는 후대에 남왕국의 예레미야에 의해 수용되었다.

노트(M. Noth)는 엘로히스트의 생성된 자리와 함께 통상적으로 야위스트 **이후로** 보는 엘로히스트의 **연대 설정**에도 의문을 제기했다. "왜냐하면 오히려, E가 대체로 J보다 오히려 전승사의 초기 단계를 나타내기 때문이다" (*Überlieferungsgeschichte des Pentateuch*, ^{3}1966, 40–41, 각주 143). 실제로 E는 원역사도 모르고, 족장들에 관한 민담복합물에 있는 남왕국 전통들도 모른다. 그럼에도 불구하고 노트의 이러한 이의가 반드시 설득력이 있는 것은 아니다. 왜냐하면 후대의 문서가 보다 오래된 전통 단계를 유지하고 있을 수 있기 때문이다. 무엇보다도 E는 많은 개별적인 이야기들에서 분명하게 J보다 후대의, 그리고 신학적으로 숙고된 전승 형태를 제공한다. 만약 북왕국과의 관련성이 적절하게 인지된다면, 엘로히스트의 작품은 — 그리고 이것이 통례적인 견해이다 — 기원전 926년의 이른바 왕국 분열과 예언자 호세아의 출현 사이에, 게다가 E가 모르고 있는 듯한 앗수르에 의한 치명적인 위험의 시기 이전에 생겨났을 것이다. 그 시기는 약 기원전 800년 경 또는 8세기 전반부로 추정된다.

정신사적인 상황은 이러한 시대사적인 틀에 아주 잘 부합된다. E는 분명히 (초기의, 즉 북이스라엘의) **예언**에 친밀하다. 한편으로 그는 예언전승의 요소들을 포함한다. 그래서 출애굽기 3장 10절 이하의 모세의 소명은 하나의 공식을 따라 형성되어 있다. 그리고 그 공식은 사사기 6장, 사무엘상 9-10장, 그리고 예레미야 1장에서도 그 본문들의 기초가 되고 있다. 무엇보다도 아브라함은 그가 중보기도를 하기 때문에, 창세기 20장 7절에서 "예언자"로 불린다. 다른 한편으로는 "나는 너희를 위하여 존재하지 않을 것이다"(호 1 : 9)라는 호세아의 심판 선포는 "나는 (너희를 위하여) 있다"(출 3 : 14, 12 E)는 야웨 이름의 해석을 받아들여 이를 부정형으로 바꾼 것처럼 보인다.

반대로, 엘로히스트의 역사서에서는 예를 들어 호세아와 같은 초기 문서 예언자의 영향을 감지할 수 없다. 문장의 주어로서 엘로힘(하나님)은 전혀 비예언적이다. E는 북왕국의 성소들에 대한 비판과 더욱이 이스라엘에 대한 극단적인 심판 선포를 모르고 있다. 엘로히스트가 족장 이야기에서 표현수단으로 사용한 꿈도 문서 예언자들에게 있어서는 퇴조되었다. 문서 예언자들에게 있어서 꿈은 계시의 방법에서 배제되었고, 후대에는 비판받기조차 하였다(렘 23 : 28-29 ; 참조. 신 13 : 1-5 등).

E문서의 운명은 호세아와 또 하나의 공통점을 가지고 있다. 이 둘 모두는 기원전 722년 북왕국의 멸망 이후에 남왕국으로 옮겨졌다. 남왕국에서 아마도 예루살렘에서 E는 J와 결합되었을 것이다.

아마도 이에 대한 예증으로써 출애굽기 3장 15절이 사용될 수 있을 듯하다. 편집자에 의해 출애굽기 3장 14절 E와 3장 16절 J 사이에 삽입된 3장 15절은 시온, 더 자세히 말하자면 아마도 예루살렘의 예배에 기원을 둔 것처럼 보인다(시 102 : 12 ; 135 : 13을 보라).

E가 J와는 다른 장소에서 생겨났다는 것은 두 문서 사이의 관계를 알 수 있게 해 준다 : 전체 구조에서의 공통점들과 표현에서의 차이점은 J와 E가 단지 구두 전승을 통하여 아주 간접적으로만 관련되어 있다고 가정할 때에, 가장 쉽게 설명된다.

2. 신학적 의도

엘로히스트가 원역사를 제시하지 않는다는 문학적인 실상은 동시에 실질적인 의미를 갖는다: 야위스트의 우주적인 경향이 엘로히스트에게는 없다. 야웨는 창조 이후 곧바로 활동하지 않았으며, 모세의 소명에 의해서 비로소 자신을 계시하신다. 우리는 이와 같은 침묵의 근거로부터 E가 이스라엘 백성과 그들에게 부여된 특별한 지위에만 아주 배타적으로 몰두하고 있다고 결론을 내린다면, 발람의 신탁 안에 있는 다음과 같은 결론은 그러한 사실을 뒷받침해 준다:

> "이 백성은 홀로 처할 것이라.
> 그를 열방 중의 하나로 여기지 않으리로다"(민 23:9).

이 구절에는 이스라엘의 자기 이해에 대한 초기의 증언이 반영되어 있는 듯하다. 이스라엘은 단순히 공간적으로 뿐만 아니라, 본질적으로도 다른 민족들로부터 분리되어 있다. 곧 이스라엘은 야웨의 축복을 받고 있다(민 23:8, 9, 20 이하). 우리는 엘로히스트를 배타주의자로 비난해서는 안 된다. 왜냐하면 엘로히스트에게는 그와 반대되는 경향들도 발견되기 때문이다(참조. 하나님과 이방 왕과의 대화인 창 20:3 이하).

(1) 어떻게 엘로히스트는 고유명사 "야웨" 대신에 일반 용어인 "엘로힘"을 (그리고 정관사가 있든 없든 간에 인식할 수 있는 의미의 차이도 없이) 한결같이 사용할 수 있었을까? 엘리야 이야기와 호세아의 선포에 따르면, 기원전 800년의 북왕국은 야웨와 바알이 격렬한 대결에 처해 있던 상황에 있었다. 그럼에도 불구하고 E문서가 이스라엘의 특별한 하나님의 이름을 기피하는 사실에 대하여 만족할 만한 설명을 발견할 수 없다. 우리는 그것을 설명하기 위해 이스라엘 이전의 다신교 또는—보다 일반적으로—단순히 이전에 주어진 전통에 책임을 돌려서는 결코 안 된다. 또한 엘로히스트는 보다 후대의 제사장문서와 같이 하나님에 대한 이해가 여러 가지 시기에 걸쳐

단계적으로 이루어진 것이라고 구분하여 설명하지 않는다. 엘로히스트는 야웨라는 이름을 모세의 질문에 대한 하나님의 대답 속에 집어 넣었으며, 그와 동시에 이름을 설명한다: "나는 곧 나다"(출 3 : 14). 그러나 엘로히스트는 그 후에도 일반적으로 보편적 명칭인 "엘로힘"을 고집한다.

출애굽기 3장 14절 이후에 엘로히스트는 "엘로힘"만을 배타적으로 사용하는지 아니면 단지 지배적으로 사용하는지는 논란의 여지가 있다. E문서 내부에서 두 층을 구분하려는 시도(C. Steuernagel 등)는 이미 현재 우리가 가지고 있는 전승을 고려할 때 무모한 것으로 드러난다. 적어도 때에 따라서 E문서 본문에서 야웨 이름이 사용되는 곳에는 야위스트 또는 제사장문서의 이차적인 영향, 즉 E에 대한 편집적인 관여가 있었다(이미 15-18절이 첨가되기 전에 창 22 : 11, 14). 출애굽기 3장 15절이 편집적인 첨가라면 E는 적어도 출애굽기 3장 14절 이후에서는 "엘로힘"을 늘 사용하였다는 것이 보다 쉽게 이해된다.

"엘로힘"의 사용에 대한 가장 그럴듯한 이유는 하나님의 **초월성**과 이에 더하여 아마도 자기 신앙의 분명한 **보편성**을 간접적으로 강조하려는 의도일 것이다. 한 민족의 하나님이신 야웨가 바로 하나님이시다. 엘로히스트는 갈멜산에서 일어났던 야웨 신앙과 바알 신앙 사이에서 판가름난 결정인 "야웨는 엘로힘, 곧 하나님이시다"(왕상 18 : 39)를 이미 전제하는 것처럼 보이지 않는가(O. Procksch)? 따라서 엘로히스트가 분명하게 그의 것으로 보이는 본문에서도 그렇게 미미하게 반-가나안적인 논쟁을 벌이고 있는지 그 이유가 이해된다.

(2) 어쨌든 하나님의 **초월성**을 강조하는 경향은 엘로히스트에게서 눈에 띄게 나타난다. 하나님과 인간 사이에서의 직접적인 만남을 보도하는 이야기들(창 3장처럼 ; 18-19장 J)은 더 이상 존재하지 않는다. 하나님은 오히려 보다 먼 거리를 유지한다. 하나님은 명백히 아브라함과 "이야기한다"(창 22 : 1). 그러나 이 구절에는 하나님의 현현에 관한 명백한 언급이 없다. 또는 하나님은 모세를 부르지만(출 3 : 4b), 그 부름이 어디에서 일어났는지는 알 수 없다. 만약 하나님이 족장시대의 묘사대로 하늘로부터 그의 사자들을 땅

으로 보내거나 또는 그들이 하늘로부터 말한다면(창 28 : 12 및 21 : 17 ; 22 : 11 ; 참조. 창 22 : 15 ; 출 14 : 19 ; 20 : 22), 하나님은 하늘에 살고 계신 것처럼 보인다. 하나님은 가시적인 세계에서는 그의 사자들을 대리인으로 삼으시며, 더 이상 직접적으로 경험될 수 없다(창 28 : 12 E와 28 : 13 J를 비교하라). 마찬가지로 만일 하나님이 — 단지 모세 이전의 시대에서만 거듭하여 — 꿈으로 나타나셨다면(창 20 : 3 이하 ; 28 : 12 ; 31 : 24 ; 46 : 2 ; 참조. 창 37 : 5 이하 ; 40 : 9 이하 ; 41 : 17 이하), 하나님과의 관계는 더 이상 "실재적일 수는 없다." 사자들을 통해서 그리고 꿈 가운데서 이루어지는 두 가지 계시의 방법들은 서로 결합될 수 있다(창 31 : 11 ; 28 : 12). 게다가 그 꿈은 확실히 그 자체로 중요한 것이 아니라, 오히려 하나님의 말씀을 듣기 위한 신학적인 의도와 문학적인 표현 방법을 통해 의식적으로 도입된 것이다. 결정적인 것은 환상이 아니라, 오히려 말씀이다(창 20 : 3, 6 등). 일반적으로 대화들이 많은 공간을 차지한다. 그것들은 사건의 진행을 연결시키고 동시에 해석한다(창 31 : 13 등). 모세의 소명에 대한 엘로히스트의 묘사(출 3 : 1b, 4b, 6, 9 - 14)는 거의 전적으로 대화로 구성된다. 또한 모세의 활동을 기술한 곳에서도 엘로히스트의 의도가 드러난다 : 보다 오래된 전승에 의하면, 애굽으로부터의 구출이 야웨의 행동으로서 간주된다면(출 3 : 8, 16 - 17 J 등), 엘로히스트는 하나님과 인간의 직접적인 접촉을 피하기 위해서 모세로 하여금 백성을 애굽으로부터 이끌어 내게 한다(출 3 : 10, 12 ; 참조. 출 19 : 17). "엘로히스트는 출애굽이 이루어지는 곳에서 하나님의 도구인 모세를 전면에 부각시킨다"(G. von Rad, *Theologie des Alten Testaments I,* 305). 그러므로 야위스트의 이야기 방식에 비하여, 엘로히스트의 서술은 전체적으로 신학적인 숙고를 거친 것이다. 하나님의 이미지는 회상이나 정신적인 것을 통해서 결코 적절하게 묘사될 수 없다. 무엇보다도 말씀과 들음의 관계가 실제로 매우 결정적인 역할을 한다.

(3) 평행 본문의 비교를 통한, 이와 같이 단지 간접적인 특징을 통해서, 엘로히스트는 자신의 사상에 근거하여 보다 직접적으로 인식될 수 있는 신학적 의도를 제공한다. 벡커(J. Becker)와 볼프(H. W. Wolff)는 어떤 사람이

하나님을 경외하는 사람인가를 시험하는 주제를 E문서로부터 발견하였는데, 그것은 매우 상이한 개별적 이야기들에서 반복된다. 이미 창세기 20장(11절)에서 암시되는 시험이라는 주제는 이삭을 제물로 바치는 이야기에 또 다른 중심점을 가지고 수용되고, 서술되었다. 동물 제물을 통해 아이 제물을 대치하는 것(창 22장)에 관한, 본래 이스라엘 이전의 제의전통(이 책 5장 2.3을 보라)은 엘로히스트에 의해 믿음의 시험으로 해석되었다 : "하나님께서 아브라함을 시험하셨다"(창 22 : 1). 그가 하나님을 경외하고 있다는 것이 증명된다. 즉 아브라함은 그에게 약속되고 허락된 선물을 하나님께 돌려 주고, 게다가 하나님을 조건 없이 신뢰할 준비가 되어 있었다. 산파들은 하나님을 경외함으로 인하여(출 1 : 17, 21) 이스라엘의 딸만 살려 두고 아들은 죽이라는 바로의 비인간적인 명령을 거절한다(참조. 행 5 : 29). 그리고 이로 인해서 그들은 만민의 생명을 구원하게 하시려는 하나님의 뜻을 실행한다. 이와 같이 그때마다의 상황에서 여러 가지 방법으로—믿음으로 순종함(창 22 : 12), 말씀을 신뢰함(창 42 : 18 ; 출 18 : 21), 이방인이든지(창 20 : 11) 갓난아이든지(출 1 : 17, 21 ; 참조. 출 20 : 20) 보호를 필요로 하는 자들을 보호함으로— 하나님 경외가 준수된다. 그러므로 하나님 경외로부터 종교와 윤리, 하나님에 대한 신앙과 인간의 관계가 끊이지 않고 엮이게 된다.

엘로히스트의 서술이 가나안 종교와 이스라엘의 대결 가운데서 하나님 경외를 촉구하는 점에서, 그의 서술은 실례적이고, 모범적인가(참조. H. W. Wolff, K. Jaroš)? 바알 신앙과 위협적인 혼합주의의 위험에 직면하여 최전선을 정화시키기 위해서라면, 일반적인 "하나님 경외"를 강조하기보다는 오히려 "야웨 경외"를 강조해야만 하지 않을까? 오히려 지혜문학은 엘로히스트에게 "하나님 경외"라는 표제어를 제공하였을 것이다. "하나님을 경외함으로 인해 사람은 악에서 떠나게 된다"(잠 16 : 6 ; 참조. 잠 14 : 26-27 ; 19 : 23 등)와 같은 말은 엘로히스트의 이야기의 의도를 직접적으로 나타내는 것처럼 보인다. 또한 엘로히스트는 예언 전통 뿐만 아니라 지혜 전통을 수용함으로써, 후대에 나타나는 예언과 지혜의 결합을 예고하고 있다고 볼 수 있는가?

제8장 제사장문서

1. 서론적 문제들

1) 제사장문서의 아주 다른 정신은(세 가지의) 독특하게 부각되는 특징으로 나타난다:

(1) 여러 문서자료들 가운데에서 제사장문서(Priesterschrift : P)만큼이나 어휘와 문체의 특징을 근거로 분명하게 식별될 수 있는 것은 없다. 단지 신명기-신명기역사서만이 이와 비교될 만한 독특한 언어를 사용할 뿐이다. 제사장문서에 의하여 압도적으로 사용된 어법들은 예를 들면 "생육하고 번성하라"(창 1 : 28), "언약을 기억하리니"(창 9 : 15-16 등) 또는 "애굽왕 바로"(창 41 : 46 등) 등이다. 특히 법규는 전형적으로 널리 알려진 공식으로 시작된다(출 16 : 16 ; 레 1 : 1-2). 이미 선포된 상투적인 관용구들 이외에, 뇔데케(Th. Nöldeke)는 P의 특징을 다음과 같이 표현한다: "수많은 반복이 나타나는 광범위한 문서로서, 일반적으로 이 문서에는 생동감, 구체성, 세부적인 묘사와 언어의 온화함이 결여되어 있다. … 등장 인물들은 세심한 성격 묘사 없이 간단한 윤곽으로만 표현된다"(133). 실제로 이야기 양식의 요소는 보다 오래된 문서들에 비해서 감소하였다. 그러나 그 같은 단조로움은 상반되는 인상을 남긴다. 그것은 강조의 역할을 할 수도 있지만(창 1장), 형식적이고 도식적이며 심지어 현학적으로도 보인다. 구체성의 결여는 신화적 관념에 대한 강력한 유보를 나타낼 뿐만 아니라(예를 들면, 창 1 : 14 이하), 기적적인 것을 고조시킬 수도 있다(예를 들면, 출 14장, 16장). 아무튼 수많은 첨가물

이 삽입되어 있는 장황한 문체 속에는 결정적인 의도가 숨겨져 있다. 제사장문서는 그때마다의 현상들을 정확하게 설정하는 서술을 추구하면서, 신학적인 진술들에 전념하려고 노력한다. 이는 "직접적인 진술을 넘어서서, 독자의 사고를 그 같은 진술의 배경으로 유도하게 하기 위한 것"이다(K. Elliger, "Sinn und Ursprung der priesterlichen Geschichterzählung"[1952], *Kleine Schriften zum Alten Testament,* 1966, 189).

(2) 제사장문서는 방주의 치수(예를 들면, 창 6 : 15-16과 7 : 20을 비교)나 백성의 계수(민 1장)에 이르기까지 보다 고대의 문서들과 비교해 볼 때 압도적으로 숫자를 풍부하게 사용한다. 특별히 P는 회고를 통해 형성된 연대기를 포함하고 있으며, 창조이야기에서 날짜를 처음으로 세기 시작하여, 보다 오래된 전승에서는 아직 인식되지 못했던 홍수의 시기(창 7 : 11 ; 8 : 13 등)를 기입하였으며, 보다 후대의 정확한 년, 월, 일의 진술(창 17 : 1, 24-25 ; 출 12 : 2, 18, 40-41 ; 19 : 1 등)까지 포함한다. 숫자들과 이름들은 종종 목록들과 연대기에서 결합된 형태로 나타난다. 이들 중 일부는 창세기 5장 1절에 "아담 자손의 계보는 이러하다"라고 표현된 본래부터 독립적인 톨레돗 책자(Toledotbuch), 즉 계보에서 나타나는데, 이는 제사장문서의 기록자에 의해 독특하게 시간의 경과를 지속시키는 방법(창 6 : 9 ; 10 : 1 ; 11 : 10 등)으로 그의 문서 가운데 편입되었다.

족보의 삽입이 이루어지기 전에 이미 P는 톨레돗이라는 개념을 사용하였다. 그것은 기원사, 즉 세계의 창조 기원으로까지 소급한다(창 2 : 4a).

J는 이미 계보를 통하여 개별적인 이야기들을 하나의 연속된 사건으로 결합시키는 반면, P는 그 관계를 거의 뒤집는다. 역사적인 서술은 "자주 계보로 축소된다"(H. Holzinger, *Einleitung in den Hexateuch,* 369-370). 무엇보다도 족장전승(보다 정확히 한다면 이삭-야곱-요셉-이야기)을 재현하는 데 있어, 제사장문서는 매우 제한적이다. 이는 제사장문서가 계보를 주시하는 데에만 국한되어 있기 때문이다. 단지 창세기 17장과 23장의 두 장만

이 사건의 진행 경과를 상세히 보고하고 있다. 그러나 두 개의 이야기는 보다 오래된 문서자료들과 비교해 볼 때, 눈에 띄게도 일치성이 떨어진다.

(3) 제사장문서라는 이름이 주어지게 된 특징이 있다. 그것은 올바른 **제의**와 그 장소(이른바 성막)에 대한 강한 관심, 그리고 정결함과 거룩함을 유지하려는 그의 의도에서 비롯된 것이다. 이러한 까닭으로 P문서의 **제의법 전승**과 **제사장직**에 대한 관심이 이해된다. 제사장직은 아론과 레위에게서 구체화되었다. 아론은 모세와 나란히 있고, 더욱이 모세와 백성 사이의 중재자가 된다(출 7 : 1, 2 등).

이와 같이 제사장문서는—아마도 포로기시대가 가져다준 변혁에 근거해서—이미 주어진 전통들에 대해 야위스트보다 훨씬 **자유로이** 맞선다. 그의 문체는 의심할 여지없이 이미 엘로히스트의 것보다 더욱 신학적으로 성찰된 것이다. 비록 P는 중심 노선에 있어서 보다 오래된 문서자료들을 따르고 있음에도 불구하고, 전승 재료를 취사 선택하거나 혹은 침묵함으로써 고의적으로 앞선 문서자료들과 긴장을 유발시켰다.

원역사 또는 족장사의 생생한 이야기들에서만 결여가 나타나는 것은 아니다. 예를 들면 P는 모세의 유년시절과 더불어 그의 미디안으로의 이주도 생략한다(출 2-4장 ; 18장 JE). 가장 눈에 띄는 것은 제의가 처음으로 시내산에서 행해졌다는 전제를 근거로 홍수이야기와 족장사 가운데서 시행된 P의 계획적인 수정 작업이다. J는 고대 근동의 전통에 따라 노아가 구원 이후 바쳤던(창 8 : 20-21 J) 희생 제의에 관해 보고한다. 그러나 P는 희생 제물과 제단 건축, 더욱이 정하고 부정한 짐승들의 구분에 대해서 어떤 말도 하지 않는다(창 6 : 19-20 ; 7 : 15-16 P와 7 : 2 ; 8 : 20 J를 비교하라). 즉 P는 모세 이전의 제의적인 진술을 언급하지 않는다. 왜냐하면 합법적인 희생 제물은 시내산 현현(출 25장 이후)을 통하여 비로소 가능해졌다는 그들의 총체적인 이해에 그것이 모순이 되기 때문이다.

2) 비록 제사장문서가 그때그때의 사건 뼈대만을 제공한다 할지라도, 그것은 이미 하나의 **독립적인** 문서였다. 물론 학자들은 P가 오경의 마지막 편집과 동일하다거나, 오경의 몇몇 부분의 손실된 개정층을 나타낸다는 견

해에 대하여 이의를 제기하였다(I. Engnell, R. Rendtorff, F. M. Cross 등). 비록 보다 후대의 편집(R^P)으로부터 제사장문서를 엄격히 구분하는 것이 곤란하다 할지라도, 그것을 구분할 필요가 있는 중요한 이유들이 이를 정당한 것으로 인정한다.

(1) 특별히 보다 오래된 문서와 후대의 문서 사이에 발견되는 중복들(창 6-9장의 홍수이야기와 출 14장의 바다를 건너는 이야기의 혼합, 창 15장과 17장의 아브라함의 언약과 출 3-4장, 6장의 모세의 소명에 대한 연속된 보고들)은 제사장문서의 본래적인 독립성을 이야기해 준다. 또 다른 경우에서 P는 출애굽기 3-4장의 편집적인 수정을 통해서 자신의 의도를 나타내지 않는가? 출애굽기 6장이 출애굽기 3장으로부터 확실히 독립되어 있다가, 두 본문이 비로소 후대에 결합되었다고 볼 때 보다 자연스럽게 설명된다.

(2) 제사장문서와 보다 오래된 두 개의 문서들의 관계가 지금까지는 정확하게 규정되지 않았다. 물론 P는 어떠한 형태로든 야위스트의 윤곽을 알고 있었다. 이 점은 구조적인 일치점 외에도 언어적인 관련으로 발견된다(예를 들면 창 6:9 P; 7:1 J). 그러나 그것이 J/E가운데서 P의 문서적 원본을 볼 수 있다는 것을 전적으로 인정하는 것은 아니다. P는 포로기에 발생했기 때문에, 어떠한 문서자료도 임의대로 할 수 없었을 것이다. 요한복음이 공관복음의 전통을 사용한 것처럼, P 역시도 J/E의 전승과정을 중간적 매개물로 수용했다고 볼 때, P문서와 보다 오래된 문서들 사이의 공통점과 차이점들이 잘 설명될 수 있을 것이다.

P가 오직 J와 E로부터 영향을 받아 확장된 전통을 수용한 것처럼 보이는 것은 어떻게 설명할 수 있을까? P는 단지 성전 파괴 이전 시대에 대한 회상을 통해서 보다 오래된 문서들을 알고 있었을까(참조. 출 3:15; 시 135:13)? P는 "묵은 것을 배제하려 하였을까?"(H. Gunkel, *Genesis,* XCIX) 아니면 단지 포로기에 잃어버린 것을 대신하여 일종의 대체물을 주려 하였을까? 어떻든 P는 새로운 해석이다.

(3) 이외에도 제사장문서의 본문들은 잘 살펴보면 찾아낼 수 있다. 많은 곳이 변형되었음에도 불구하고, 그 자체로서 명백하게 이어지는 맥락을 제공한다. 그것은 단지 미세한 결점에 의해서만 단절될 뿐이다. 그 결점은 아마도 후대의 편집(R^P)에 의하여 생겨났을 것이다.

(4) 마지막으로 제사장문서의 본문들은 그 자체만의 구별되는 주제와 동기로 서로 연결되어 있다. 하나님의 축복 약속은 창세기의 창조이야기(창 1 : 28 ; 9 : 1, 7 ; 17 : 2, 20－21 등에서부터 47 : 27 ; 출 1 : 7의 성취까지)로부터 시작하여 땅 약속과 그의 백성에게 하나님이 근접하시겠다는 약속(창 17 : 7 ; 출 6 : 7 ; 25 : 22 ; 29 : 43 등)으로 계속 이어진다.

본래 독립적이었던 제사장문서는 나중에 기본 뼈대가 되었다. 여기에 이미 결합되어 있었던 문서자료 J/E가 더하여졌다(이 책 4장 2.4.4를 보라). 제사장문서는 보통 개괄적이기 때문에, 더 오래된 본문들을 보충으로 그 안에 삽입한 것은 의미 있는 일이었다. 그러므로 오경의 편집은 전승에 대한 제사장문서의 제한된 서술을 교정하였다.

3) 문체적, 실질적인 특성과 제사장문서의 내면적인 연관성에 근거하여, P의 경계는 뇔데케(Th. Nöldeke, *Untersuchungen zur Kritik des AT 1. Die sog. Grundschrift des Pentateuch,* 1869) 이래 상당히 일치점에 이르게 되었다. 그럼에도 불구하고 더욱 자세히 살펴보면 제사장문서는 비록 창세기에서는 연속적이고 계획적인 진행을 보여 주지만, 대개 출애굽기로 넘어가는 부분에서는 분명한 불일치와 심지어 이중적인 반복들을 많이 드러낸다.

무엇보다도 이른바 **성결법전**(레 17－26장 ; 이 책 9장 2를 보라) 또는 희생 제물과 정결의 규정(레 11－15장)들과 같은 광범위한 복합체들을 분리해 낸다 할지라도, 기본적인 구조에 대하여 더 이상의 반대가 없는 것은 아니다. 일종의 **보충가설**을 통하여 제사장문서의 생성을 설명해야만 한다 : 다소 명확히 경계를 설정할 수 있는 제사장(문서)적인 기본층(priesterschriftliche Grundschrift : P^G로 불리움)을 근거로 시간이 경과함에 따라 각종의 자료들이 증대된다. 이러한 증대된 자료들을 요약해서 P^S, 즉 제사장문서에 대한 2

차적인(sekundär) 증가로 부른다. 그것은 주로 제의-율법적인 것이다(예를 들면 출 12 : 1-20 이후의 12 : 43 이하). 그러나 또한 이야기 부분들의 보충들, 가령 계보의 보고들이 발견된다(예를 들면 창 46 : 8-27에서의 야곱의 아들들과 손자들의 열거, 게다가 출 1 : 1b, 5b ; 또한 6 : 14 이하). 이런 종류의 첨가물들은 동일한, 적어도 상당히 비슷한 문체를 가지고 있으며, 게다가 일반적으로 상세히 서술되어 있으며 P^{G}의 경향을 첨예화시킨다.

특히 민수기의 많은 첨가물들은 원래부터 독립적인 제사장문서의 보충층인지 아니면 문서자료들의 결합 이후에 첨가된 것인지를 결정하는 것은 어려운 일이다.

이차적인 자료를 배제하면 가능한 한 **논란의 여지가 없는** 문서를 손에 넣게 되고 다음과 같은 원칙이 성립된다 : "P이야기(즉 P의 기본층)는 법률적, 목록적인 자료로 추측할 수 있으며, 그것과 유기적으로 연관되어 나타난다"(K. Elliger, 앞의 글, 175). 이를 통하여 단지 역사적인 배경을 지닌 율법 모음집뿐 아니라, 보다 오래된 문서들과 유사한 (연속하는) **역사적** 이야기를 얻게 된다. 즉 제사장문서는 현재의 최종 상태에서 이와 같은 인상을 불러일으킨다. 현재의 최종 상태에는 이차적인 재료들이 융합되어 있다.

기본 요소와 그 이후의 보충들로 이루어진 다양한 제사장문서의 각 층들에 대한 구분은 다음의 사실을 의미한다. 제사장문서는—신명기-신명기 역사가의 문헌과 같이—현재의 양식에 있어서 한 저자의 작품이 아니라, 한 **학파**, 즉 제사장 그룹의 작품이다. 이들은 비슷한 생각을 공유한 채로(그러한 까닭에 밀접한 언어의 유사성이 나타난다) 전통들을 수집하였으며, 편집하였고 기록하였다.

폰 라트(G. von Rad, *Die Priesterschrift im Hexateuch,* 1934)는 두 개의 평행적으로 진행되는 **이야기 가닥**에서 각 문서를 나누어 냄으로써, 문헌 비평적인 기본적 통찰들을 지속시키는 노력을 기울였다. 그러나 이 가설은 많은 지지를 얻지 못했고, 후에는 그 자신도 포기하였다. 바이마르(P. Weimar)는 양식적으로 제사장문서인 애굽 탈출(출애굽)의 역사로부터, P의 것으로 인정되는 문서의 원본을 얻기 위해 계속적인 노력을 시도하였다. 그러나 어려운 근거 제시에도 불구하고, 이와 같은 방법은 물론 거의 설득력이 없었다. 제사장문서는 단순한 재현 내지는 반복을 선호한다. 그리고 전승과의 관계에서 매우 자유스러운 다양한 역사의 전통들이 동일한 본문 단위로 규정될 수 없었기 때문에 상당한 불균형이 그대로 남아 있다.

4) 제사장문서의 점차적인 문학적 성장으로 인하여, 그 문서의 **연대**를 정확히 결정한다는 것은 쉬운 일이 아니다. 대략 1875년 이후에야 이른바(로이스-그라프-쿼넨) 벨하우젠 가설이 관철되었다. 이 가설에 따르면, 이른바 제사장법전(Priesterkodex)은 가장 후대의 문서로서 **포로기 시대**에 형성되었다. 이것은 통례적인 견해이다. 다른 이들은 포로기 이후 초기시대(기원전 5세기)를 더 개연성 있는 것으로 주장한다. 이 문서자료의 연대를 후대의 것으로 결정하는 데 결정적인 근거가 되는 것은 언어적인 특성보다는 오히려 정신사적인 특성에 있다:

(1) 신명기에 의하여 요구되는 **제의 단일화**(Kultzentralisation)는 제사장문서에 있어서 자명한 것이다. 그에 따르면 하나님의 백성은 오직 하나의 성소만을 알아야 한다. "신명기에서는 제의의 단일화가 **요구되며**, 제사장법전에서는 그것이 **전제되어** 있다." 성막(출 25장 이하)은 "솔로몬 이전의 열두 지파 공동체의 유일한 합법적인 성소이다. 그것은 또한 후대의 성전에 관한 투영이다"(J. Wellhausen, *Prolegomena zur Geschichte Israels*, ^{6}1905, 35, 37). 이러한 요구와 연관되어서 신명기가 언급하는(신 12 : 15-16) "세속적인" 도살에 대한 허용이 창세기 9장 1절 이하(P)에 전제되어 있다(물론 레 17 : 3-4의 성결법전에서는 다시 금지되었다). 그러므로 신명기의 선포(기원전 621년) 이전의 제사장문서의 발생이란 거의 불가능하다. 또한 이 둘 사이에는 그 밖에 몇몇 공통점들이 있다. 이 둘이 모세의 일을 무엇보다도 율법 수여 때의 중재적 역할로 보는 것은 결코 우연이 아니다.

(2) P는 구약에서 인식할 수 있는 **제의 역사**의 후기 단계를 제공한다. 그것은 축제들의 정확한 날짜, 희생 제물의 구별, 그리고 제사장직의 조직 구성(아론계열-레위 계열, 대제사장의 지위)에도 적용된다.

"아론 계열은 특권을 부여받은 제사장의 권속이고, 레위 계열은 두 계열을 포함하는 레위 자손의 비제사장적 구성원들이다. … 비록 특별한 제사장의 자격에 대한 (레위 계열의) 요구는 명백히 거부되었으나 … 여하튼 레위 계열에게 다양한 권한이 주어졌고, 무엇보다도 P의 계획에 따라 보다 확고한 존재 기반을 얻을 수 있게 되었다. P는 이러한 목적 때문에 그들 소득의 규정을 제공한다. 십일조는 레위 계열에게 주어진다. 이와 같이 P에서는 레위 계열을 격하시키는 말이 없으며, 오히려 레위 계열의 지위 회복에 관한 말이 있다"(A. H. J. Gunneweg, *Leviten und Priester,* 1965, 223).

(3) P는 **공동체**(ʿeda)의 개념으로 "백성"(ʿam)의 개념을 대치한다. "아마도 그것은 P가 국가적인 자립성이 상실되었던 포로기 이후의 공동체의 일원으로서, 성소와의 결합(ʾohel moʿed)을 결정적인 것으로 간주했기 때문일 것이다"(L. Rost, *Die Vorstufen von Kirche und Synagoge im AT,* 1938, 59). 왕의 기름부음과 왕권의 또 다른 상징들은 이제 제사장의 특징이 되었다(출 28-29장).

(4) 제사장문서에서 야웨 신앙의 "표시"로서, 더불어 야웨 신앙을 구분하는 특징으로서 **할례**와 **안식일 준수**가 보존되어 있다는 것은 포로기시대의 전제 하에서야 비로소 이해된다. 분명 아주 오래되었으며, 또한 이스라엘 동쪽의 이웃 민족들에게도(렘 9 : 25-26) 널리 행해졌던 할례의 풍습이 바벨론 지역에서는 알려져 있지 않았다. 그러한 까닭에 할례는 주변 세계의 종교들과 구별되는 기준이 될 수 있었다. 제사장문서에 따르면 모세(참조. 출 4 : 24-25)가 아닌, 아브라함이 이미 "영원한 언약"의 표시로서 계명을 받는다 : 남자는 난 지 팔 일만에 할례를 받을 것이라(창 17 : 9-10 ; 참조. 레 12 : 3). 그에 비하여 안식일 준수는 하나님이 제 7일째에 휴식하고, 그 날을 복 주사 거룩하게 했던, 창조의 때에 이미 선포되었다. 물론 원역사 시대와 족장 시대의 사람들은 안식일에 대하여 아직 알지 못한다. 이스라엘은 광야를 떠돌던 동안에 아주 우연히 일곱째 날의 특수성을 발견한다.

하늘로부터 주어진 빵을 취할 때에, 만나는 내일까지 보존할 수 없다. 오직 6

일째 날에 이틀 분량을 취하여, 7일째 날을 위하여 하루치를 저장할 수 있었다. 이와 같은 방식으로 이스라엘은 서서히 안식일의 휴식을 준수토록 강요되었다(출 16 : 22-23). 그러나 신적인 배려를 통해서 안식일에는 노동이 불필요했을 뿐만 아니라 불가능했기 때문에, 엄격한 의미에서 그 당시에는 안식일 계명이 결여되어 있다. 이는 일반적으로 성막 건축에 대한 지시와 관련된 보다 후대의 추가 본문에서 발견되며, 거기에서 공동체에게 지시된 유일한 계명으로 명백하게 부각된다(출 31 : 12-17 P^S). 엄격하게 엄수된 안식일은 모든 세대를 위한 "표시"로서 야웨가 이스라엘을 "거룩하게", 즉 구별시키는 것이다(참조. 겔 20 : 12, 10).

이와 같은 점들을 고려할 때, 연대 문제에 대해 한 가지는 합의할 수 있다. P의 **기본문서층**(P^G)은 **포로기**에 생겨난 반면, 보충문서층들(P^S)은 포로기 이후에 생겨났다. 물론 P는 이야기의 부분들, 율법적인 부분들, 그리고 목록에 있어서 이미 주어진 전통 자료에 의존하였고 이를 변형하였다. 따라서 문서로 고정되는 시점은 전승의 시기에 대하여 거의 언급하지 않으며, 이 시기는 오히려 개별적으로 결정되어야 한다.

제사장문서가 예루살렘에서 기록된 것인지 혹은 일반적으로 수용되는 것처럼 **바벨론 귀향민들**에 의해 작성되었다가 후대에 — 아마도 에스라에 의하여(스 7 : 14, 25-26 ; 느 8장) — 팔레스틴으로 가져온 것인지는 논쟁의 여지가 있다.

5) 제사장문서가 그의 시작과 동시에 첫 번째 중심점을 창세기 1장 1절-2장 4a절의 창조이야기에 두고 있는 것은 분명하지만, 제사장문서의 끝에 대한 견해는 거의 일치하지 않는다. 오경을 넘어서 P를 찾으려는 과거의 시도와 최근의 시도들은(참조. 이 책 11장 1) 다음과 같은 중요한 근거에 의해 비판받았다 : 우선 P의 맨 마지막으로 간주되는 본문인 신명기 34장 1a, 7-9절에 따르면, 하나의 틈이 드러난다. 왜냐하면 여호수아서(참조. 수 14 : 1 ; 18 : 1)에서는 계속 이어지는 제사장문서의 흔적이 더 이상 발견되지 않기 때문이다. 이외에 언어의 간접적인 증거들이 후대에는 거의 발견되지 않거나 혹은 어휘가 심하게 수정되어 있다. 그러므로 이미 벨하우젠(J. Wellhausen, *Prolegomena zur Geschichte Israels,* [6]1905, 355-356)에 의하

여 고려된 바 있으며, 노트(M. Noth)에 의하여 더욱 상세히 확증된 견해가 정당하게 인정된다. 제사장문서의 마지막은 신명기 34장 7-9절에 놓여 있으며, 그러므로 이 역사서는 세상의 창조로부터 모세의 죽음까지 계속된다.

제사장문서의 기술 가운데 중요한 본문들은 다음과 같다:

창 1:1-2:4a	창조
6-9장*	대홍수, 노아 언약
17장	아브라함 언약
23장	막벨라 굴의 매입
출 1:1-5, 7, 13-14; 2:23-25	민족을 형성, 애굽에서의 압제, 탄원 (그것에 대한 하나님의 응답으로서:)
6-7장	모세의 소명, "구출"을 약속함.
7-14장*	재앙들, 유월절, 탈출, 구원
16장	불평, 만나, 안식일
19:1-2; 24:15 이하	시내산 계시
25-29장	성막에 대한 규정.
레 8-9장	제사장의 임명(출 29장에 따라) 그리고 최초의 희생 제물
민 10:11-12	시내산으로부터 출발함.
13-14장	정탐꾼들, 백성의 불신앙
20장	모세와 아론의 불신앙. 아론의 죽음
27:12 이하	여호수아의 후계 임명
신 34:1a, 7-9	모세의 죽음

6) 이러한 범위의 규정은 실질적인 문제를 제기한다: 끊임없이 땅의 약속을 새롭게 재갱신하며, 보다 오래된 문서자료들보다 오히려 땅에 대한 약속을 더 중히 여기는 제사장문서에는 왜 다른 문서에 비해 **땅 정착**에 관한 보도가 결여되어 있는가?

아브라함에 대한 약속, 즉 "내가 너와 네 후손에게 이 땅 곧 가나안을 영원한 기업으로 주리라"(창 17 : 8 ; 참조. 창 28 : 4 ; 48 : 4)는 약속은 막벨라 굴과 주위의 땅에 대한 합법적인 매입에서 즉시 성취되기 시작한다. 굴을 얻은 것은 미래 사건의 부분적인 선취(先取)이다(창 23장 ; 참조. 창 49 : 29 ; 50 : 12 – 13.). 모세의 소명에 의하여 약속은 강조된다(출 6 : 4, 8 ; 참조. 민 13 : 2 ; 14 : 31 ; 20 : 12). 그러나 그가 하나님의 명령에 의해 바란광야로부터 약속된 땅을 탐지하기 위하여 정찰자들을 보냈을 때, — 보다 오래된 전승들과는 달리 — 그들은 실망하여 돌아왔고 여호수아와 갈렙을 제외하고는 모두가 상당히 비관적이었기 때문에 백성이 불평하기 시작했다. 이에 따라 판결이 선고된다. 살아 있는 세대가 그 땅을 보지 못하리라(민 13 – 14장). 모세와 아론조차도 죄를 범함으로써(민 20장), 그들에게도 또한 그 땅에 들어가는 것이 금지된다. 아론은 그의 아들 엘르아살이 후계자로서 임명된 후 호르산에서 죽는다(민 20 : 25 – 29). 모세 또한 죽기 전에(신 34 : 7 – 8) — 틀림없이 공동체가 그의 후계자 여호수아를 따를 것이며(민 27 : 15 이하 ; 신 34 : 9), 예측컨대 바로 다음 세대에 약속이 성취될 것이라는 확신을 가지고 — 모압산에서 약속된 땅을 볼 수 있을 뿐이었다(27 : 12 이하). 이러한 진술은 예레미야가 포로민들에게 보내는 "현세대는 아니나, 후세대는 그 땅을 밟으리라"(29 : 5 – 10)는 편지를 상기시키지 않는가?

족장들이 약속의 땅을 오직 방랑하며, 그 곳에서 자신들의 무덤을 삼았던 것과 같이, 이 공동체 역시 광야에서 계속적으로 거닐고 있었다(communio viatorum). 이들은 약속을 듣고 그것을 따랐지만(출 12 : 28 ; 14 : 4 ; 35 : 21 등), 동시에 의심하며 분노하기도 하였다(출 6 : 9 ; 16 : 2 ; 민 14 : 2 ; 20 : 2, 12 ; 27 : 14). 하나님의 약속대로 움직이나, 하나님의 인도하심에 불만을 가졌던 그들은 눈앞에 목적지를 두고 있음에도 결코 도달할 수 없었다. 이와 같은 역사 서술은 단지 과거를 보여 주는 것인가 혹은 이 공동체가 약속의 땅에서 추방되어 살고 있는 포로기 시기라는 현재를 겨냥한 것인가? 광야 시대의 이스라엘이 그들의 죄로 인하여 그 땅을 밟을 수 없었듯이, 포로기시대의 이스라엘도 자신들의 죄로 인하여 그 땅을 떠나야만 했다. "이스라엘 백성은 다시 한 번 강대국의 수중에 놓였고 자신들의 상속받은 땅으로부터 밀려났기 때문에, 고대의 역사와 무엇보다도 그를 통한 교훈이 그들의 눈앞에 함축적으로 제시되었다. 언약과 가나안 땅의 약속은 여전히 유지된다"(K.

Elliger, 앞의 글, 196).

P는 과거를 회고하여 미래에 대한 희망을 일깨우려 하는 것일까? 공동체는 지난 날의 약속이 실현될 것을 새로이 기대하는 것일까? 사실 P는 어디에서도 희망에 대하여 직접적으로 언급하지 않으며, 또한 적어도 종말론적인 진술들도 명확하게 포함하고 있지 않다(민 14 : 21b는 첨가이다). 그러므로 학자들은 제사장문서적 서술들을 서로 다르게 평가한다 : 그것은 역대기와 같이 포로기-포로기 이후의 작품에 속하는가? P는 구원의 기대에 체념하면서 현재의 제의 공동체에 만족한 채로 후대의 예언 또는 새로 등장하기 시작하는 묵시문학에 반대하고 있는가(O. Plöger)? 아니면 완료형의 언급에는 미래의 윤곽이 숨겨져 있으며, 과거는 미래의 빛 가운데에 묘사되는 것인가? "유배된 이들은 옛 땅에 정착하기 전의 조상들과 같은 처지이다. 땅을 점유하는 것은 잠시 그들에게 거절되었으나, 그것은 그들에게 약속되었다" (R. Kilian, "Die Priesterschrift : Hoffnung auf Heimkehr", *WuB*, 247). "시내산 부분은 동시에 미래에 대한 계획이다. 그것이 과거에 그랬던 것처럼, 다시 한 번 이루어 질 것이다"(K. Koch, "Die Eigenart der priesterschriftlichen Sinaigesetzgebung", *ZThK*, 1958, 40). 이른바 성막이 미래의 성전이 된다면, P는 그 땅에서 왕 없이 제사장의 지도하에서 이루어질 공동체의 삶을 기대하며, 율법은 이러한 상황에 대해 규정하는 것인가? 두 가지 해석 중에서 한 가지를 선택하기는 참으로 어렵다. 폭넓게 수용하는 두 번째 해석은 겨우 간접적인 근거만을 갖고 있기 때문이다. 즉 본문의 진술과 본문의 의도는 구분되어야 한다. 또한 첫 번째 견해는 미묘하면서 아마도 정당해 보이지만 그러나 여전히 위험한 시도이기 때문이다.

제사장문서에는 문서 예언자들의 급진적인 **재앙 메시지**가 메아리 치는 듯하다. P는 이미 죄 지은 인류에 대한 하나님의 심판, "모든 혈육 있는 자의 끝이 내 앞에 이르렀으니"(창 6 : 13)는 마치 아모스(암 8 : 2)와 더불어 에스겔(겔 7 : 2 이하)에 의해서 통고된 "종말"을 우주적으로 확장하는 듯하며, 먼 과거의 노아 홍수와 함께 이미 완성된 것으로 보는 듯하다. 후대에 이스라엘 전 공동체에게도 다소 덜 혹독한 심판이 임하지는 않을 것이다. 여호수아와 갈렙을 제외하고는 모두가 광야에서 죽어야만 했다. 그들은 노아와 같이 죄와 형벌의 정도를 증거하는 남은 자들이다(민 14 : 26 이하). 예언적인 구원 약속에 상응하는 부분은 어디인가? 또는 광야는 동시에 심판 이후의 새로운 시작의 장소이며(호 2 : 14 ; 참조. 렘 29 : 10), 여호수아는 노아처럼 "거룩한 씨앗"(사 6 : 13)인가?

2. 신학적 의도

벨하우젠(J. Wellhausen)은 제사장문서가 후기에 형성되었다는 주장을 관철시켰는데, 그는 P를 Q로 표기했다. 약어 Q는 "네 언약의 책"(Liber quattuor foederum)의 이름에서 따온 것이다. 실제로 P는 역사의 진행을 **네 시기**로 구분한다. 매 시기가 시작될 때에는 단절적인 사건이 생겨나며, 제의적-예배적으로 중요한 행동이 있거나 또는 제의적인 정돈이 이루어진 것으로 보인다 :

(1) **창조** 시(창 1장) 제7일째에 하나님의 휴식(이와 더불어 인간과 동물에 대한 채식의 명령)
(2) 홍수 이후 **노아** 시기(창 9장)에 (이미 전제되어 있는 육식 섭취에 의한) 피 섭취의 금지와 살인 금지.
(3) **아브라함** 시기(창 17장)에 할례의 명령.
(4) **시내산**(출 19 : 1-2 ; 24 : 15 이하)에서 안식일 성수(출 16 : 22 이하 ; 참조. 31 : 12 이하 P^s)를 포함한 제의법(출 25장 이하)의 소개.

그러나 이미 학자들은 다음을 인식하였다(J. J. P. Valeton, 1892 ; 계속해서 W. Zimmerli, E. Kutsch) : P는 단지 두 가지 언약 체결만을 알고 있었다. 즉 "언약"(berit) 이라는 개념을 두 가지 중재적인 사건인 노아와 아브라함에 대한 하나님의 약속만으로 제한하였다(참조. 다음의 표).

<제사장문서의 시대 구분>

창 1장	세상의 창조(인간, 하나님의 형상으로서 지상의 통치자)	식물 섭취의 지시, 일곱째 날의 하나님의 안식	엘로힘 "하나님"
창 9장	노아 "언약" – 인류와 함께	노아에게 준 계명 : 피 섭취의 금지와 살인금지. "표징"으로서의 무지개	엘로힘 "하나님"
창 17장	아브라함 "언약" – 미래의 하나님 백성과 함께 (자손과 땅의 약속, 이른바 언약 공식 7–8절, 아브람=아브라함, 사래=사라) 창 23장 땅의 할당	하나님 앞에서 "완전하라"는 요구 "표징"으로서의 할례	엘 샤다이 "전능하신 하나님"
출 6장 출 24 : 15 이하	자손 약속의 성취 이후(출 1 : 7) 모세시대 (두 가지로 구성된 언약공식 – 그러나 하나님의 행동으로 만, 출 6 : 7) 시내산 (하나님의 "저주"의 약속, 출 29 : 43 이하)	유월절(출 12장) 안식일의 성수 (출 16장 ; 참조. 출 31 : 12 이하) 성막과 제의 규정 (출 25장 이후)	모세의 소명 이후 (출 6장) : 야웨 시내산에서(출 25장) 그리고 성막의 건축(출 40장; 레 9장) 이후 : 야웨의 "영광"(카보드)

1) 제의 공동체에 대한 그들의 높은 관심에도 불구하고 제사장문서는 비록 현저하지는 않더라도 야위스트와 마찬가지로 우주적인 개념을 가지고 있다. 역사는 세상의 창조와 함께 시작한다. 이스라엘 사람, 즉 사람은 하나님의 형상인 피조물이며, 동시에 하나님의 지상 대리자로 통치 임무와 축복을 받았다(창 1 : 26 이하).

창세기 1장이 기초로 하고 있는 전승은 본래 오직 행위보도(Tatbericht)로만 구성되었다가 후대에 말씀보도(Wortbericht)와 날짜 계산에 의하여 보충되고 신학적으로 수정된 것이다(W. H. Schmidt, 이와 다른 입장은 O. H. Steck). 이 전승은 바벨론의 세계 창조서사시 에누마 엘리쉬(Enuma elisch)와 유사하며, 창조를 연속적인 여덟 가지 작업(빛-궁창-바다/육지-식물-별들-물고기들과 새들-육상동물들-인간)으로 서술하고 있다. 식물과 생물이 "그 종류대로"(창 1:11-12, 20-21, 24-25) 만들어졌다는 사실은 후대에 생성된 제의 규정을 의미한다. 이 규정들은 정한 것과 부정한 것 사이의 구분을 가능케 한다(참조. 레 10:10; 20:25; 11:13 이하). P는 지상에서의 인구 상태가 신적인 축복(창 1:28, 9:1, 7)을 통한 하나님의 권능의 말씀에서 비롯된 것이라고 설명한다. 이것의 성취는 일정한 양식으로 노아 홍수 이야기의 앞뒤에 삽입되어 있는 족보들에 의해 증명된다(창 5장; 10장; 11:10 이하*).

자손 증대의 약속은 족장 전승에서 기인하는데, P는 아브라함과 야곱에게 주어진 약속(창 17:2 이하; 28:3; 35:11; 48:11)을 창조에 대한 축복과 노아의 축복으로 갱신한다. 인류에게 주어진 약속은 이스라엘의 민족 형성과 더불어, 대표적으로, 전형적으로 혹은 대리적으로 실현된다.

모든 피조물은 하나님 앞에서 자신의 임무를 이행한다: "보시기에 심히 좋았더라"(창 1:31). 물론 이러한 선포에서는 땅에 피를 흘리는 것이 포함되어 있지 않다(창 1:29-30; 2:16 J와 종말론적인 복귀 사 11:6 이하 등을 비교하라). "폭력"은 세상에서 인간에 의하여 비로소 나타났으며, 하나님의 판단을 수정토록 했다: "보라, 온 땅이 썩었다"(창 6:11 P).

세상과 마찬가지로, 시간도 역시 나뉘어진다: 창조는 역사와 같이 일어난다. 6일간 작업의 마지막에, 창조의 마지막이자 목적으로서 안식이 놓여 있다. 처음에 안식은 하나님 혼자의 것이었다(창 2:2-3). 이 하나님의 안식은 인류가 보다 후대에(출 16장) 체험하게 될 것의 암시이며 선취이다. 이와 같이 창조의 안식은 아직은 징표로서의 의미를 가지고 있지 않다.

따라서 전승에 의해서이건 제사장문서의 의도 자체에 의해서이건 창조가 언약으로 간주되지 않은 것은 그리 놀랄 만한 것은 아니다. 대신에 P는 땅을 다시 저주하지 않겠다는(창 8:21 J) 홍수 이후의 하나님의 약속을—결코 파기될 수 없을 뿐 아니라, 인간의 그릇된 행동에 영향받지 않는—언약으로 변화시킨다(참조. 사 54:9 이하). 이것은 표징인 무지개를 통하여 뒷받침된다. 무지개는 하나님께 "언약"의 엄수를 상기시키게 된다(창 9:11-17).

야위스트의 서술에 의하면 노아 홍수는 엄청나게 계속해서 쏟아지는 비로 이야기되고 있는 반면, P는 이를 우주적인 대참사로 기술한다. 이에 의하여 창조시 분리되었던(창 1 : 6 – 7) 궁창 위와 지면 아래의 원시 바다의 물이 다시 합쳐진다(창 7 : 11 ; 8 : 2). 그렇다면 노아의 홍수는 혼돈으로 되돌아가는 것인가(창 1 : 2)? 의심할 여지없이 창조는 취소되지 않는다. 비록 궁창이 자신들의 창들을 열고, 모든 살아 있는 것들이 생명을 잃었다 하더라도, 궁창은 여전히 존속한다. 홍수는 창조되었으며 정돈된 세상을 취소시키는 것이 아니라, 세상의 타락된 부분, 즉 죄악된 인간들을 없애 버리는 것이다(창 6 : 12 – 13).

하나님은 홍수 이후에 자신의 창조 때의 축복을 새롭게 하신다. 그러나 창조 때와 근본적으로 다른 변화가 생겨난다. 먹기 위해 동물들을 잡는 것이 가능해진다(창 1 : 29-30와 대조되는 9 : 2). 다만 생명이 놓여 있는 피를 섭취하는 것만은 허용되지 않는다(창 9 : 4 ; 참조. 레 17 : 11, 14 ; 신 12 : 23 ; 행 15 : 20 ; 21 : 25). 또한 하나님의 형상을 지닌 인간을 살해하는 것은 가혹한 형벌을 받게 된다(창 9 : 6). 이러한 방식으로 지상에서의 인간 통치(창 1 : 28)는 제한된다: 인간은 스스로 보호받게 된다.

노아와 함께 하신 하나님의 약속이 모든 인류와 관련되는 반면, 두 번째 언약의 약속(창 17장)은 보다 제한적인 범위, 즉 아브라함과 그의 후손들로 좁혀진다. 이 경우에 있어서 P는 족장들과의 "언약"(창 15장)에 관한 새로운 신학적 강조점들을 덧붙였다. "영원한 언약"은 "나는 너희 하나님이 되리니"(참조. 출 6 : 4 이하 ; 29 : 45 – 46)라는 이른바 언약공식(Bundesformel)을 가지고 있는 보편적인 약속과 함께 셀 수 없는 자손의 축복과 땅 정착에 관한 약속을 능가한다. 또한 이 언약은 요구된 것들에 대한 의무가 놓여짐에도 불구하고 아무런 조건없이 형성된다. "표징"은 인간을 위한 것이다 : 할례, 그리고 이 표징은 하나님의 "언약"(창 17 : 9 – 14)인 동시에 "하나님 앞에서의 행함"(창 17 : 1)으로 고백된다.

P는 아브라함과 체결된 언약을 "아브라함, 이삭 그리고 야곱과의 언약"으로 이해하였다(출 2 : 24 ; 참조. 출 6 : 4 ; 그 밖에 26 : 42). 그러나 제사장문서에서 이삭과 요셉에 대한 많은 언급을 찾아볼 수는 없다. 단지 야곱에 대해서만 상세히 이야기한다. 그는 벧엘에서 (땅과 자손의) 약속을 새로이 받는다(창 35 : 6a, 9 – 13 ; 48 : 3 – 4). 이 약속은 그의 아들들로부터 성취되기 시작한다(출 1 : 7).

노아의 언약과 아브라함의 언약에 뒤이어, P가 제의제도를 포함하고 있는 "언약"으로 시내산 계시를 서술하리라고 기대한다면, 곧 실망하게 될 것이다(이 개념은 성결법전의 후대의 본문층[레 26 : 39 이하]에 가서야 비로소 발견된다). 물론 보다 오래된 두 개의 문서자료층(J, E)은 아직까지 시내산 또는 호렙에서의 언약을 모르고 있는 듯하나, 적어도 이들의 편집자(출 24 : 7-8 ; 34 : 10, 27-28 ; 참조. 출 19 : 5)와 신명기(신 5 : 2)는 이에 관하여 알고 있었다. 시내산 사건에 관한 보다 오래된 전승은 제사장문서의 의도적인 침묵 속에서 그 영향을 지속하고 있는 것인가? 또는 그 사이에 완성된 전승 형태의 완전한 수정물이 존재하는가? 이미 모세의 소명에서와 같이(출 6 : 2 이에 반해 창 17 : 1) 시내산 단락에서도 하나님의 율법 선포, 더욱이 저주와 축복에 관한 선언이 별로 없다. P는 율법판을 언급하고 있으나, 시내산 구절은 "증거판"이라는 이름을 사용하고 있고(출 31 : 18 ; 25 : 16, 21) 단지 인간의 의무뿐 아니라 하나님의 약속까지도 증언하고 있다. 이렇듯 강조점이 바뀌는 것은 어떤 의미가 있는 것일까? 전통의 형성에 있어서 포로기의 상황이 다시 인식되는 것일까? 이 시기에 있어서 위협은 이미 실제적인 것이었다. 침멀리(W. Zimmerli)는 다음과 같이 추정한다 : "P는 옛 형태의 시내산 언약이 하나님과의 관계에 있어서 근본적인 것이라는 사실에 의문을 품게 되었다. 그러므로 언약의 완전한 기초는 아브라함 언약으로 옮겨졌다" ("Sinaibund und Abrahambund", [1960], *Gottes Offenbarung,* 1963, 215).

2) 역사를 네 단계로 나누려는 P의 시도는 부분적으로 **신명**의 변화에 일치한다. 두 개의 분류 원칙은 엄밀히 말해서 아브라함 시대와 맞아 떨어진다(참조. 151쪽의 표). 창조와 홍수 이후의 태고시대로 분류되는 처음 두 시대에서 P는 단지 엘로힘 "하나님"이 활동하시는 것으로 보았다 : 그는 아직은 노아에게 "등장하지" 않았으며, 그에게 자신을 "나는 ~이다"(Ich bin)로써 소개하지도 않는다. 하나님은 아브라함에게 이르러서야 비로소 장엄한 1인칭 구조로써 새로운 이름을 드러낸다.

"나는 엘-샤다이이다.

너는 내 앞에서 행하여
완전하라(루터 : 경건하라)!
—또는 결과적으로 번역하면—
그리하면 너는 완전해질 것이다!"(창 17 : 1)

하나님의 이름은 번성과 땅의 약속과 연결되고 있다. 모세의 소명(출 6 : 3)에 이르기까지, 후대의 몇 가지 경우(창 28 : 3 ; 35 : 11 ; 48 : 3 P)는 모두 이 시기를 반복적으로 투영하고 있다.

더욱이 엘-신이 농경지에 거주한다는 기억이 제사장문서에 여전히 영향을 미치는 듯하다(이 책 2장 1.1을 참조하라). 엘-샤다이는 가나안에서 비로소 자신을 드러낸다. 그러나 장소와의 결합에 관해서 더 이상 분별할 수 없다. 제사장문서와 여하튼 그가 활동한 시대(참조. 겔 10 : 5)에는 그 이전의 두 요소인 엘과 샤다이가 결합된 복합 명칭이 형성된 것으로 보인다(민 24 : 4, 16 ; 참조. 창 43 : 14 ; 49 : 25). 이는 신명의 결합을 통하여 족장시대의 다양한 전승들을 종합하고, 이에 더하여 이전의 원역사와 뒤에 이어지는 모세시대의 차이점들을 지속시키기 위한 것이다. 아마도 P는 명확히 해석되지 않는 샤다이라는 이름을 통하여 하나님의 초월성과 권능을 인식하였을 것이다.

하나님은 아브라함을 부르실 때에 하나님의 자기 소개가 권고에 의해 이루어지고 있다는 점에서, 결코 "순수한 은혜의 언약"(W. Zimmerli)이라고는 할 수 없다. 이러한 의도적인 촉구는 "십계명의 선취"(K. Elliger, 197)와 같이 직접적으로 영향을 준다. 실제로 십계명에서도 계명의 통고가 신적인 1인칭 문체에 뒤따른다. 그러므로 십계명을 포함하지 않고 있는 제사장문서는 "내 앞에서 행하라"는 명령과 완전하라는 요구(참조. 신 18 : 13 ; 왕상 8 : 61 ; 시 15 : 2 등)를 통해 이른바 첫 번째 돌판의 근본적인 계명들, 특별히 제1계명에 집중하고 있는 듯하다. 하나님에 대한 아브라함의 전심은 하나님이 아브라함을 부르신 것에 완전히 일치해야만 한다. 이미 족장들의 하나님과의 관계가 야웨 신앙의 단호한 배타성을 특징지웠다. 이에 반하여 십계명의 윤리적 계명들을 포함하고 있는 이른바 두 번째 돌판은 사실 노아에게 주어진 살인 금지(창 9 : 6)에 포함되었다. P는 십계명을 주요 요소들로 분리시킨 듯하다. 윤리적인 요구는 모두 다 인류에게 주어졌으며, 신학적인 핵심 부분은 아브라함과 그의 자손들에게로 제한되었다.

P는 마지막 시대인 **모세 시기**를 아브라함 시기와 마찬가지로 하나님의 자기 소개로 시작한다. 그러나 이 시대에 있어서는 촉구가 이어서 나타나지 않는다.

> "내가 아브라함과 이삭과 야곱에게
> **엘-샤다이**로 나타났으나
> 나의 이름을 야웨로는 그들에게
> 알리지 아니하였다"(출 6 : 3).

P는 계시의 시기 과정을 실질적으로 연속되는 것으로 이해하는가? 또는 점층되는 것으로 이해하는가? 어떻든 학자들은 하나님 자체와 계시된 하나님의 차이를 탐구하려 한다. P는 다양한 이름의 형태와 계시 형태로 표현된, 즉 시간의 변화 속에서도 한 분이신 하나님의 정체성을 고백한다. 이러한 방법으로 신앙의 역사와 통일성을 바르게 평가하려고 노력한다.

모세 시기에, 물론 P는 철저하게 "야웨"에 대해 말하고 있는 것은 아니나, "야웨의 영광"이라는 표현과 더불어 후대에 다시 한 번 하나님의 계시 방법을 구분한다.

3) 이전의 J(이 책 6장 2.4를 보라)와 유사하게 P는 모세의 소명으로부터 시작하여 재앙을 지나 갈대 바다의 기적에까지 이르는 문학 구조를 그려낸다(출 6-14장). 이 연속적인 줄거리를 연결시켜 주는 것이 약속이다 : "나는 너희를 … 큰 재앙으로 구속하여"(출 6 : 6 ; 참조. 출 7 : 4 ; 12 : 12), 애굽 사람들이 야웨를 인정하게 될 것이다(출 7 : 5 ; 14 : 4, 18). P는 각각의 재앙들을 **애굽 종교와 야웨 신앙 사이의 대결**로 묘사한다. 갈대바다의 기적은 최종적인 심판으로 묘사되며, 이를 통하여 야웨는 영광을 받게 된다.

엘리야가 바알 선지자들에게 하였듯이, 모세와 아론은 마술사들과의 경쟁 속에서 야웨의 이름으로 애굽의 많은 점쟁이들과 적대 관계에 놓여 있다. 야웨의 지시에 의해 행하였던 지팡이를 뱀으로 만드는 이적을 애굽의 마술사들이 신들의 술법을 동원해 동일하게 실행한다(출 7 : 11–12). 이들의 실제적인 능력은 즉시 부정되지 않았으며, 단지 구분된다 : 애굽인들은 마술을 가지고 행하나, 반면에 이스라엘의 대표자들은 야웨의 말씀에 의존해서 행한다. 참으로 야웨의 배타성은 마술을 용납하지 않는다(참조. 민 23 : 23 ; 신 18 : 10 등). 애굽 종교에 비교할 때 야웨 종교의 차이점을 본질적인 면에서 살펴본다면, "그것은 사건 그 자체로는 불분명하며, 단지 신앙할 수 있는 것으로 신앙을 통해서만 증언할 수 있다는 점이다"(M. Noth). 따라서 그 차이점은 경험 혹은 기적의 범주에서 대리자나 야웨의 말씀의 우월성이 사건의 경과 속에서 점점 더 입증됨(출 7 : 12)을 통해서 드러난다. 두 번에 걸쳐서 마술사들은 똑같이 할 수 있었으나, 그 후에는 그들의 마술로도 더 이상 할 수 없었으므로, 왕에 비해서 야웨가 강대함을 인정하지 않을 수 없었다. "하나님의 손가락"은 할 수 있으나, 마술사들은 할 수 없다(출 8 : 18–19). 결국에는 마술사들 스스로가 재앙을 경험하게 되며, "버틸 수 없어서"(출 9 : 11) 물러가 버린다. 비록 마술사들의 마력이 그들의 신들에 의한 것이라고 진술되어 있지 않다 하더라도, 이러한 이야기의 모티브는 야웨의 위협에 의해서 수용된다 : "나는 애굽의 모든 신들에게 벌을 내리리라"(출 12 : 12).

이 장면은 다시금 제사장문서의 실제적인 장면을 전달하고 있는 것인가 : 이는 은밀하게 바벨론 종교와 마술사들을 능가하는 야웨 신앙의 우월성을 진술하려 하는가?(참조. 단 1 : 20 ; 2 : 2 이하 ; 창 41 : 8, 24). 어떻든 P는 J보다도 하나님이 훨씬 더 이방과의 교섭을 끊기 원하신다고 본다. 무엇보다도 하나님은 바로의 행동들을 알린다 : "내가 바로의 마음을 강퍅케 하고"(출 7 : 3 ; 참조. 출 9 : 12 ; 10 : 20, 27 이에 비하여 7 : 13, 22 등). 그리고 재앙 이야기들의 실질적인 최종점인 갈대 바다의 기적 앞에서, 하나님의 말씀이 다시 이 사건에 앞서서 나온다 : "내가 그와 그 온 군대를 인하여 영광을 얻어 애굽사람으로 내가 야웨인 줄 알게 하리라"(출 14 : 4, 17–18 ; 참조. 출 7 : 5 ; 이스라엘로부터는 출 16 : 6, 12).

4) 마지막 미래 선언에서 나오는 "영광을 얻다"(*kbd*, 출 14 : 4, 17–18 ; 레 10 : 3)라는 표어는 광야 체류와 시내산 계시에 대한 제사장문서의 서술

에서 "야웨의 영광"이라는 중요 단어와 연관되어 있다.

신에게 "명예, 영광"을 바치는 것은 이미 가나안 종교에서는 친숙했었다(참조. 시 29 : 1－2, 9 ; 19 : 1 등). 아마도 예루살렘의 제의 전통(사 6 : 3)에 의하여 전해졌을 이러한 개념은 하나님의 현현에 대한 표현으로 확장되었다. "이러한 존엄성은 불의 모습 가운데서 현현될 수 있으나, 이것이 불의 모습 그 자체는 아니다"(C. Westermann, "Die Herrlichkeit Gottes in der Priesterschrift,"[1970] *Forschung am Alten Testament II*, 1974, 133). 또한 그의 메시지가 제사장적인－제의적인 전통과 여러 공통점을 지니고 있는 예언자 에스겔(겔 1 : 28 등)은 이러한 개념을 수용하고 있다.

공동체가 광야를 지나는 동안 "만일 우리가 애굽 땅에서 고기가마 곁에 앉아 죽었더라면!" 하며 불평하기 시작하자, 그때 "야웨의 영광이 구름 속에서 나타난다"(출 16 : 10). 시내산으로 가는 길에서 일어난 이런 현상은 예외적으로 이 산에서 발생할 결정적인 사건들을 선취하고 있다. 시내산 위에서 일어난 세 번에 걸친 "야웨의 영광"(출 24장 ; 40장 ; 레 9장)의 계시 가운데서 이스라엘의 제의가 수립되고, 승인되었으며, 이로써 제의공동체가 형성되었다.

이스라엘이 시내산에 도착하였을 때(출 19 : 1－2a), "구름이 산을 가리며, 야웨의 영광이 머무르고 … 맹렬한 불과 같았다"(출 24 : 15 이하). 모세는 구름 속으로 들어가 (성막, 법궤, 그리고 예루살렘 성전과 관련된) "회막"을 짓고, 제사장을 임명하라는 하나님의 명령을 받는다(출 25－29장). 회막 완성 후에 야웨의 "영광"이 새로 만들어진 성전을 충만케 하였으며(출 40 : 34 ; 참조. 출 25 : 22 ; 29 : 43 이하), 최초의 제사장을 통해서 제단 봉헌식과 희생 제물이 드려졌다(레 9 : 6, 23). 비록 제사장의 자리 배치(민 1장 이하)에 따라, 제사장들과 레위인을 통하여 백성들의 성소 출입이 금지되었음에도 불구하고, 결정적으로 계시의 과정은 산의 거룩한 장소로 국한되지 않았다. 시내산으로부터의 출발 이후 "구름이 떠오를"(민 10 : 11) 때에, "야웨의 영광"은 위급한 상황에서 등장한다. 도우실 뿐 아니라 재판하시는 야웨의 영광이 계시된 이후에도 형벌이 더욱 심해진다(민 14 : 20 ; 참조. 민 16－17장). 이미 출애굽 이야기(출 14장)에서도 준비되었던 "야웨의 영광"이라는 개념을 통해서, P는 시내산 계시와 광야 생활(출 16장, 민 14장 등)을 함께 엮어 냈다. 그러므로 시내산 사건은 고립되어 있는 것이 아니라, 오히려 P에서 그 연속성을 유지한다. 시내산에서 자신을 계시하셨던 하나님은 이스라엘을 애굽에서 구하신 분이시다. 하나님의 말씀과 행동은 제의와 역사 속에서 교대로 나타나며, 서로 분리되지 않는다.

5) 비록 "영광"은 야웨 자신이심에도 불구하고(참조. 레 9 : 4, 6 ; 민 14 : 14) 이 땅에서의 하나님의 계시를 의미하기도 한다. 그 "영광이 나타나며"(출 16 : 10), 야웨 자신이 말씀하시기도 한다(출 16 : 11 ; 25 : 1 등). P는 신명기가 이미 "이름"이라는 개념 하에서 하나님의 현존을 수용하려 했던 것처럼, 이러한 방법으로 이미 주장하고 있는 신학적인 의도들을 지속해 나간다. 이 같은 구별은 하나님에 대한 상상이나 비교 혹은 규정을 피하기 위한 노력에 의해서 각성된 것은 아닌가? 그리고 또한 제2계명이 여기에 영향을 미친 것은 아닌가? 어떻든 P는 세상에서의 하나님의 초월성과 그의 권능, 게다가 계시하시는 하나님의 자유성(창 17 : 22 ; 35 : 13)까지도 진술하려 한다.

이런 경향은 아주 다른 맥락들에서도 유효하다. P는 하나님의 창조 활동을 인간적인 모든 유사한 행위로부터 구별시키기 위해 독특한 낱말(bara' 창 1 : 1 등)을 사용한다. P는 창조이야기에 포함된 하나님 말씀의 의미(창 1 : 3 이하)를 역사 서술 가운데 보존하기 위해 노력한다 : 하나님의 계명과 인간에 의한 실행은 종종 엄격히 평행을 이루게 되며, 따라서 이중적으로 설명되기 때문에, 상당한 상응성이 명백히 드러난다(창 17 : 11 이하/23장 ; 민 13 : 2/3, 17 등, 특히 출 25장 이하의 출 35장 이후). 그러므로 인간이 순종하기도 하고 불순종하기도 하는 역사는 곧 하나님의 말씀의 실현이다.

백성의 동의 없이, 심지어 그들의 불순종에도 불구하고(출 6 : 9, 12 ; 참조. 출 16 : 20 ; 민 14 : 35 ; 20 : 10), 이스라엘 백성은 하나님에 의해 이미 아브라함에게 선포되고 허락된 교제 안에서 스스로를 발견한다. 또한 이것은 지속적이고 닫혀진 "영원한 언약"(창 17 : 7)으로 간주된다. "내 백성 - 너희 하나님"이라는 약속은 오직 하나님의 행위로만 공식화된다(출 6 : 7). 그러므로 백성은 하나님을 "알아야만" 한다(출 6 : 7 ; 16 : 6, 12 ; 29 : 46).

제9장 구약의 법

오경에서는 이야기 양식으로 된 부분들과 더불어 광범위한 법 부분들이 발견된다. 법 부분들은 시내산 부분(출 20장부터)과 신명기(신 12장부터)에서 두드러지게 나타난다. 확실히 구약의 법은 역사적인 이야기의 양식에 융합되어 있고, 모세라는 인물과 밀접히 결합되었으며, 시내산에서 체결된 하나님과의 공동체 관계의 법규로서 간주되었다. 그럼에도 불구하고 구약의 법은 상대적으로 독립적인 영역이다. 법은 자신의 고유한 화법을 발전시켰고, 십계명이나 언약법전과 같은 특별한 집성물들에서 나타난다.

뵉커(H. J. Boecker, 1976)는 『구약과 고대 근동의 법과 계명』(*Recht und Gesetz im Alten Testament und im Alten Orient*)이라는 개론서를 집필하였다. 법조문들의 연구 자체는 구약학 분야와는 약간 동떨어진 영역이다. 이러한 사실은 구약의 법조문들을 시간적으로 결정하는 것과 이스라엘 역사 속으로 그것들을 배열하는 것이 얼마나 어려운 작업인가를 가르쳐 주는 표시이기도 하다. 기존의 연구사 중에서 알트(A. Alt)의 작품인 『이스라엘 법의 근원들』(*Die Ursprünge des israelitischen Rechts,* 1934)은 매우 탁월하다 : 알트의 작품은 조건법과 절대법 사이의 구분을 도입시켰다. 이러한 구분은 그동안 매우 많이 수정되었음에도 불구하고, 기본적인 것으로 간주되었고, 오늘날에도 여전히 유용하다.

1. 법조문 형태들

1) 이른바 조건법(das kasuistische Recht)은 매우 상세하게 법의 상황을

묘사하고—일상 생활에서 일어날 수 있는 다양한 상황들을 조건들에 따라—형벌을 결정한다. 예를 들면:

> "만약 사람들이 서로 싸워 한 사람이 다른 사람을 돌이나 주먹으로 쳐서 그 결과로 그가 죽지는 않았으나 병들어 누워 있게 되고 후에 그가 다시 일어나서 집 밖에 그의 지팡이를 짚고 돌아다닐 수 있다면, 그 가해자는 무죄이다. 단지 그는 그것에 대한 손해를 보상해야만 하며(즉 그가 일을 하지 못한 것에 대한 보상), 그는 그의 치료에 대해 책임을 져야 한다"(출 21:18-19, 이와 유사하게 21:2-11, 20 이하).

이 법의 형태는 세 개의 특별한 요소를 포함하고 있다: 조건이 주어지며, 비인칭-일반적 용어로(즉 3인칭으로) 서술되며, 고대 근동의 배경으로부터 인식된다. (보통 경우를 가정하는 "만약" "…할 때"라는 kî에 의해 도입되는) 조건문은 전제문("Protasis"라고도 불린다)에서 이러한 요건을 제시한다. 그 밖의—대부분 "im" "만약 그렇다면"으로 도입되는—조건문들은 그러한 사건의 요건을 보다 정확하게 제시할 수 있다. 이와 이어지는 주문장 또는 후(後) 문장(이른바 "Apodosis")은 법적 결과를 진술한다: 무죄 또는 형벌 결정, 예를 들면 한 번 또는 여러 번의 배상과 경우에 따라서는 사형(예를 들면, 신 22:23-27). 고대 근동의 법들은 광범위하게 이와 유사한 형태를 갖고 있다. 일반적으로 이스라엘이 가나안의 법조문들을 수용하지는 않았다 할지라도, 그러한 법률 형태는 가나안의 중재를 통해 이스라엘에게 알려지게 되었을 것이다.

지금까지 언급한 세 가지 명확하게 인식되는 특징들에 덧붙여서, 또 하나의 특징으로 조건법의 기능을 언급할 수 있다. 보다 적절히 말하면, 아마도 구약에서는 미쉬파트라고 불리는(출 21:1) 조건적 형식을 띤 법은 정규 재판에서 판결의 척도로 사용된다. 이스라엘의 조건법은 무엇보다도 성문에서 이루어지는 장로들의 재판공동체를 위한 기초를 형성했는가(이 책 3장 2.3을 보시오)? 아니면 그 법조문들은 구체적인 재판에서 일반적으로 발생하다가 나중에 보편화된 것인가(G. Liedke)?

알트는 이러한 조건법과 이른바 **절대법**(das apodiktische Recht)을 구별했다. 절대법은 무조건적이고, 운문적이고-운율적으로 구성되었고, 보통 순서적으로 연결되어 있다. 절대적이고-무조건적이라는 것은 다음을 의미한다: 우선 절대법은 정확하게 법률 요건을 규정하는 어떠한 조건적인 전제문의 도입이 없다. 다른 한편으로 그것은 항상 동일한 형벌, 즉 저주, 추방 혹은 사형과 같이 공동체로부터 제거당하는 위협이거나 또는 십계명처럼 법률의 결과들에 대해 어떠한 진술들도 하지 않는다.

이러한 법률 요건은 계속되는 토론을 위한 결정적인 자극제가 되었다. 알트가 "절대적인" 것이라고 주장했던 것에서는 어떠한 통일성도 발견되지 못했고, 오히려 각각 다르게 부를 수 있는 형태들로 나뉘었다. 절대법 가운데에서 우리는 두 가지 근본적인 양식을 구분할 수 있다: 첫 번째는 사형문들(Todessätze)과 저주 말씀들(Fluchworte)과 같이 법의 결과를 동반하는 분사형 문장이나 관계 문장이고, 두 번째는 "너는 ~해야만 한다(하지 말아야만 한다)"는 처벌 규정이 없는 금(지명)령(Verbote)과 계명들(Gebote)이다. 엄밀히 말하면 각각의 표현법은 특별히 그들의 삶의 자리에 따라서 검토되어야 한다.

2) 출애굽기 21장 12, 15-17절에는 고대에 상당한 영향력을 발휘했던 일련의 **사형문들**(Todessätze), 즉 인간 사이의 범행을 사형으로 위협하는 법조문들이 있다. 다음처럼 기술되는 법률 사건들이 그 같은 경우에 속한다:

12절: 누군가 한 사람을 쳐서 그 사람을 죽인 자,
15절: 누군가 그의 아버지나 어머니를 때리는(때려서 죽인?) 자,
16절: 누군가 사람을 훔치는 자 - 그가 사람을 팔든지 또는 여전히 자기 자신의 지배하에서 두든지 -,
17절: 누군가 그의 아버지나 어머니를 멸시하는 자,

그때그때마다 동일한 표현의 형벌 통고가 뒤따른다:

그는 무조건 죽어야 한다(*mot jumat*).

히브리어에서 이 문장은 단지 5개의 단어로 구성되어 있고, 그것들은 번역된 것보다 더 강력한 구조를 제시한다. 이 표현법은 "만약"이나 "그러

나"라는 말 없이 분사를 사용해서 법률 사건의 경우를 기술하기 때문에, "절대적인" 것이다. 그러나 그것은 법률 사건과 판결을 결합시킨다. 그리고 그 판결은 영구히 지속적인 것이다(참조. 출 22 : 19). 이 조항들은 장성한 남성과 관계가 있으며, 그 또한 부모와 마찬가지로 보호의 대상이다. 이와 같이 일련의 법규들은 초기 시대, 아마도 남자가 공동체의 가장 중요한 구성원이었던 유목시대까지 소급된다(이 책 3장 2.2를 보라). 아마도 초기의, 구전 전통에 의거하고 있는 이같이 강력한 형태는 시간이 지남에 따라 느슨해졌을 것이다(가령 레 24 : 17 ; 20 : 9과 평행구인 출 21 : 12, 17을 비교하라). 일련의 법규들 내부에서 나타나는 보충 본문들은 그 법조문들이 후대에 해석을 필요로 했다는 것을 보여 준다.

출애굽기 21장 12절이 살인 사건의 구성 요건이 고의적인 것인지 우발적인 것인지에 관해 아무 언급 없이 기술하기 때문에, 그 법조문은 후대에(13-14절을 통해) 제한되었다.

그 사형 조항들은 내용에 있어서 이른바 십계명의 "두 번째 돌판"(출 20 : 12-15)을 연상시킨다. 그럼에도 불구하고 법률 조건의 규정과 판결이 서로 결합된 조건적 법조문들이 "너는 ~하지 않아야만 하느니라"라는 형벌 규정이 없는 절대적인 금지 명령과 어떻게 관계되는지는 일반적으로 설명되지 못한다. 현 상태의 십계명의 계명들은 물론 명백한 후대의 전통 형식을 보여 주고 있다.

심지어 보다 후대의 시대에도 비슷한 법조문들이 연속적으로 정렬되었다(레 20 : 2, 9-16 ; 또한 24 : 10 이하 ; 27 : 29). 그러나 같은 또는 비슷한 형태를 지닌 개별적인 법률들도 없지는 않다(창 2 : 17 ; 4 : 15 ; 26 : 11 ; 출 19 : 12 ; 삿 21 : 5 ; 삼상 11 : 13 등).

이야기 문맥에 포함된 — 후대의 — 개별적인 법조문들을 살펴보면, 권위 있는 인물들은 그에 상응하는 법조문을 통해 특정한 행동을 요구하기도 하고, 그것을 금지시키기도 했다는 사실이 관찰된다(참조. 창 26 : 11 ; 왕하 11 : 8, 15 등). 어떤 권위가 출애굽기 21장 12절 이하의 고대법 시리즈의 배경이 되는가? 가부장(G. Liedke)인가 혹은 유목민 그룹인가?

3) 신명기 27장 16-25절의 예배 의식에는 열 가지 저주의 말들(Fluchworte)이 보존되어 있다. 그것들은 물론 우선적으로 단지 사람들 상호간의 행위를 서술하고 있다.

아마도 본래는 독립적이었고 개별적인 단락으로 존재했던 일련의 법조문들은 후에 신명기에 편입될 때에(신 27 : 14) 다른 문체와 다른 개념을 갖게 되었고, 특별한 신학적 계명(형상 금령 15절)과 "이 율법의 말씀"을 지키라(26절)는 포괄적인 경고가 보충됨으로써, **저주 십이계명**(Fluchdodekalog)이 생겨났다. 이를 통해 사회적 규정들은 비로소 야웨 신앙의 독특성과 관련을 맺게 되었다.

모든 판결문은 행위의 묘사(목적어를 가진 남성 분사)가 뒤따라오는 "저주를 받을지어다"('arur)라는 문구로 시작해서, "모든 백성이 말했다: 아멘"이라는 동일한 문장으로 끝난다. 그러나 연설의 대상은 남자들이고, 실제로는 성년의, 결혼한(20-23절), 법률상의 권리를 가진(19절, 25절), 토지를 소유한(17절), 그리고 완전한 권리를 소지한 시민들이다. 그 저주들은 하나의 특정한 범행을 사형으로 위협하는 것이 아니라, 각각 행위 앞에서의 일종의 자기 저주이며, 그 법률을 위반할 경우에 해당되는 처벌이다. 저주들은 아마도 공동체로부터의 추방을 통해 수행되었다. 이 점에 있어서 유목의 생활 습관이 이후에까지 영향을 미친 것일까(참조. 창 4 : 11-12 ; 그것에 대해서는 W. Schottroff)?

일련의 저주의 말씀 이외에도 예를 들면, 야위스트의 원역사에서 나타나는(창 3 : 14 이하 ; 4 : 11 ; 또한 삿 2 : 18 ; 렘 17 : 5 ; 20 : 14-15 등) 상이하게 구성된 저주의 말씀이 있다. 또한 질병이나 전염병이 일어나기를 바라는 (저주 공식이 없는) 저주들이 발견된다(신 28 : 20 이하). 본래 이전에는 마술적인 능력을 가진 말이었던 저주는 아마도 구약에서는 늘 하나님의 활동으로만 이해되었다.

저주의 말씀과 대조를 이루는 것들은 **축복의 말씀**(Segensworte : baruk "복을 받을지어다" ; 신 28 : 3-6과 28 : 16-19을 비교하라)이다. 축복의 말씀은 구약에서 본래 축하의 말인 "축복선언"(Seligpreisung) 또는 "마카리스무스”(Makarismus)와는 구별해야만 한다(’ aschrĕ “행복한, 크게 복된” 왕상 10 : 8 ; 시 1편 ; 128편). 축복선언과 대조되는 것은 “화외침”(Weherufe)이다(이 책 13장 2.3.2를 참조하시오).

4) 널리 알려진 오해와는 달리 구약의 형법이 “야기된 손해에 대해서 엄격하게 비슷한 보상을 요구하는 원칙”(A. Alt)인 **동태복수법**(Talionsprinzip)에 항상 의거하지는 않는다. “생명에는 생명, 눈에는 눈, 이에는 이”와 같이 동일한 것을 동일한 것으로 복수하는 것은 — 이미 바벨론 법(함무라비 법전, Codex Hammurabi § 196 이하)에서 뿐만 아니라, 이스라엘 법에서는 더욱 제한된 — 단지 특정한 인물에 대한 특정한 위반에서만 나타난다(출 21 : 22 이하 ; 레 24 : 17 이하 ; 참조. 신 19 : 15 이하). 예를 들어 노예의 신체 손상에서는 적용되지 않는다(출 21 : 25 – 26). 예외적 특성뿐만 아니라 동태복수법의 엄격한 형태도 이것이 매우 오래 전에, 아마 이미 이스라엘의 이전 시대에 시작되어서 구약에 들어온 것이라는 사실을 밝혀 준다. 아직은 정규적인 재판을 모르고 있던 유목 공동체에서는 동일한 것을 보복한다는 원칙이 자유로운 보복(참조. 창 4 : 23 – 24) 또는 (살인자에 대한) 끊임없는 살해의 연속을 금지할 수 있었고, 또한 동시에 피난처를 제공해 줄 수도 있었다(참조. 이 책 3장 1.4).

알트(A. Alt, *Kleine Schriften zur Geschichte des Volkes Israel* I, 341 이하)와 관련해서 우리는 동태복수법 공식 또는 그와 유사한 표현법이, 예를 들면 동물을 통해 첫번째 태어난 것을 대신하는 것과 같은(출 34 : 19) 희생 제물의 대리 희생에도 사용되었음을 알 수 있다(참조. 창 22 : 13).

2. 법의 수집들

1) 십계명

다른 법조문의 형태와 비교할 때, 열 가지 계명(출 20장 ; 신 5장)의 특징은 명백하다. "십계명"(Dekalog)은 개인에게 직접적으로 연설하고 있는 일련의 금령들(Verbote) 내지는 금지들(Prohibitive)의 대표적인 것이다: "너는 ~해서는 안 된다"(참조. 레 18 : 7 이하 ; 또한 출 22 : 18, 21－22, 27 ; 23 : 1 이하).

십계명은 절대적이고 무조건적이다. 즉 십계명은 법률 요건의 보다 상세한 상황들을 제시하지 않고, 오히려 의식적으로 보편적－원칙적인 형식을 띄며, 또한 무조건적으로 인간에게 요구된다. 누구에게나 적용할 수 있도록 그것들은 보다 간결하게 형성되어 있으며, 다양한 삶의 영역을 포괄하기 위해 일련의 법규들로 통합되어 있고, 마치 신명기 27장의 저주의 말씀이 본래 열 가지인 것과 같이 마치 손가락으로 셀 수 있게 한 것 같다. 하지만 어떠한 형벌 규정들도 없기 때문에, 십계명은 재판에 어떤 도움도 줄 수 없다. 형벌 조항이 없는 금령과 계명들이 법조문들의 범주에 속할까? 십계명의 계명들은 심지어 일어나지 않은 행위들도 경고하고 있다. 그것들은 생활을 위한 지침들이다. 따라서 십계명은 법(Jus)이라기보다는 윤리(Ethos)이다.

이미 두 개의 문학적 증거들에 의하면 우선적으로는 십계명이 구전으로 형성되었기 때문에 십계명의 형성 연대에 대해서는 논쟁이 되고 있다. 신명기 5장에서 십계명은 신현현과 언약 체결에 대한 보고와 잘 조화하고 있지만, 그것은 전체 신명기를 고려해 볼 때 매우 후대의 층에서 비로소 생겨나 성장한 것이다(이 책 10장 1.4를 참조하시오). 반면에 출애굽기 20장은 시내산 단락과는 거의 연결이 없는 것으로 나타난다. 그러므로 십계명은 아마도 "문학적으로 … 시내산 신현현 이야기 안에 있는 이차적인 (부가적인) 단편이며 … 하나의 완결되고 독립적인 단위이고 … 처음부터 고유한 전승사를 가지고 있었을 것이다"(M. Noth, *Exodus,* ATD 5, 124).

사람들은 다양한 방법으로 십계명의 발전사를 추론하려고 노력한다. 출애굽기 20장과 후기의 본문 형태인 신명기 5장을 비교하거나 또는 계명들의 형태를 고찰하거나 또는 병행적인 법조문들과 예언자들의 말씀들과의 비교를 통해 연구한다.

단지 그 계명들의 성립 이유들이 불확정적일 뿐만 아니라(참조. 안식일 계명에 관해서 출 20 : 11과 신 5 : 13 이하), — 그러므로 그 이유들은 적어도 부분적으로는 이차적인 것이다—계명의 표현들조차도 의심의 여지없이 단번에 확립된 것은 아니다(참조. 출 20 : 17과 비교해서 신 5 : 21에서는 열 번째 계명에서 아내를 제일 먼저 언급한다). 계속되던 금령들은 안식일 계명과 부모 계명에서 긍정적인 표현을 통해 중단되었다. 그 계명들은 또한 매우 다른 분량을 차지한다. 또한 단지 본래는 제1계명과 제2계명의 이유(출 20 : 3-6)만이 신적 일인칭으로 서술되어 있다. 이러한 혼합 문체는 오히려 십계명이 후대에 형성되었다는 것을 말해 준다.

십계명은 사람들이 생각하는 것처럼 이미 열 가지 계명들을 모두 포함하고 있는 "원십계명"(Urdekalog)에서 유래하지는 않았을 것이다. 오히려 연속되는 열 개의 계명들은 제1계명에서 제4계명까지 묶여 있는, 원래부터 독립적이었던 짧은 시리즈들로 이루어졌다. 명백히 구별할 수 있는 것은 단지 두 부분이다 : 한 부분은 제1계명과 제2계명(참조. 레 19 : 3-4 ; 출 34 : 14 이하)이고, 다른 한 부분은 살인, 간음, 그리고 절도에 대한 세 가지 금령(참조. 출 21 : 12 이하 ; 호 4 : 2등)으로서, 아마도 일찍이 각각 독립적인 단일체를 구성했을 것이다. 신명기 27장의 저주 십이계명이나 다른 법률 본문들에서와 유사하게, 윤리적이고 신학적인 계명들은 전승사적으로 (또는 문학적으로도) 볼 때 아마도 이차적으로 추가되었을 것이다.

기원전 8세기 예언자 호세아(호 3 : 1 ; 4 : 2 ; 13 : 4)와 포로기 몇 십 년 이전 예언자인 예레미야(렘 7 : 9)가 이미 십계명을 알고서 그것을 자유롭게 인용하고 있었는지 또는 단지 그들 이후에 십계명을 발생시킨 전승사의 흐름에 그들이 서 있었는지의 문제는 여전히 논란의 여지가 있다.

십계명에서 "나는 야웨, 너의 하나님이다"라는 역사 회고의 서언이 하나님의 구원 행위를 명확하게 상기시키는 것을 볼 때, 십계명은 하나님의 위로의 말씀(출 3장)과 구원(출 14-15장)을 경험했던 집단에게 적합하다. 이 계명은 또한 하나님과의 공동체 관계를 시작하려는 것이 아니라, 이미 형성된 관계를 유지하려는 것이다. 철저히 부정적으로 표현되어 있기 때문에, 십계명은 결코 하나님과의 관계를 기술하는 것이 아니라, 하나님과의 관계의 한계를 표시하려는 의도를 가지고 있다. 그러한 한계를 넘어설 때에, 하나님과의 관계는 깨어진다.

십계명은 한편으로 독특한 하나님과의 관계(역사 관련성, 배타성, 무형상성)를 묘사하고, 다른 한편으로는 이웃을 보호하는 기능을 한다. 늙게 된 부모들은 반드시 성장한 아들의 해악과 침해로부터 보호받아야만 한다(출 21 : 15, 17 ; 잠 19 : 26 ; 28 : 24 등). 생명, 자유, 결혼, 그리고 소유는 남의 간섭을 받지 말아야 한다. 더욱이 살인의 금령은 오직 개인에 의해 초래되는 위법적인 피흘림에만 관련될 뿐, 사형이나 전쟁과 같이 공동체에 의해 수행되는 살인과는 관련되지 않는다. 그에 비해서 "탐심"에 대한 금령도 남의 것을 강제로 자신의 것으로 만드는 행위(참조. 미 2 : 2)를 넘어서서, 이미 생각과 의지(참조. 잠 6 : 25)조차도 엄금하고 있는 것처럼 보인다. 그래서 십계명은 혐오스런 행동을 단지 금지하는 것에 만족하는 것이 아니라, 그것을 넘어서서 어떻게 부모들이 존경받을 수 있고 이웃이 보호받을 수 있을까에 대한 숙고를 하도록 촉구하고 있다. 적어도 후대에는, 즉 신약시대까지도 십계명은 예배에서 확고한 자리를 확보했다(참조. 시 50 : 7 ; 81 : 8 이하).

위에서(160-162쪽의 1.1) 언급된 형태적인 특징들을 넘어서, 알트는 두 가지 기준들을 더 언급했는데, 그것들은 그가 "절대적인" 것이라고 구분한 법의 출처와 기능에 관련된 것이다. 그 절대법은 "백성과 관련해서는 이스라엘의 법이고, 신과 관련해서는 야웨의 법이다"(*Kleine Schriften zur Geschichte des Volkes Israel I*, 323). 이에 따르면 절대법은 이스라엘의 주변 국가와 비교하여 독특한 것이며, 회중 앞에서의 법의 낭독에서 기원하였으며, 또한 그것의 삶의 자리는 제의였다. 그렇지만 고대 근동의 병행구들이 그동안에 발견되었다. 또한 예문으로서 인용된 신명기 31장 9-13절의 첨가, 곧 "이 (신명기의) 율법"이 7년마다 장막절에 낭독되어야 한다는 내용은 절대법이 본래부터 제의적 법이었다는 이해를 뒷받침하는 적절한 근거가 되지 못한다. 사형문과 저주 말씀의 "삶의 자리"가 무엇이든지 간에, 십계명은 적어도 다음과 같은 결론을 시사한다 : 제의는 결코 특정한 법조문들의 발생지가 아니었으나 나중에 그것들의 고향이 되었다(참조. 성소입장 의식시인 시 15편 ; 24 : 3-4). 어느 경우든 결국 법은 놀랍게도 야웨 신앙으로 통합되었다.

일련의 법규들과 비교해 볼 때(출 34장 ; 신 27장 ; 레 19-20장) 십계명은 가장 중요한 신학적, 윤리적인 계명들을 포함하며, 가장 보편 타당한 형태로 되어 있고, 계명들의 실질적인 중요성에 따라 배열되었다. 십계명의 보다 중요한 의미는 그것이 하나님의 말씀(출 20 : 1 ; 신 5 : 4)으로 이해되었다는 점과 신명기나 시내산 단락에서 (단지) 모세의 말로 표현된 법률들보다 선행되었다는 사실에서 발견된다. 따라서 언약법전(출 20 : 22)에서부터 시작되는 법률들은 구성에 있어서 십계명을 보다 자세하게 설명해 주는 성격을 갖게 되었다.

2) 언약법전

출애굽기 20장 22절－23장 19절(33절)의 법률집은 앞뒤의 이야기적 요소들(20 : 18－22 ; 24 : 3－4)을 통해서 후대에 시내산 단락에 깊이 자리잡게 되었고, 그러한 이야기의 요소들(24 : 7)로부터 그것의 이름을 얻게 되었다. 주제적으로도 형태상으로도 "언약법전"(Bundesbuch)은 혼합 형태이다. 그래서 그것은 이미 그 구조와 무엇보다도 생성에 있어서 논란의 여지가 있는 커다란 단위이다.

이 법률의 몸체는 저주 십이계명(신 27 : 15, 26)이나 성결법전(레 17장 ; 26 : 1－2)과 유사하게 — 여하튼 분명히 후대의 — 신학적인 내지는 제의법적인 틀에 싸여 있다. 그 틀은 다양한 방법으로 가나안 종교와의 경계 설정을 목표로 하고 있다(출 20 : 22－26 ; 23 : 10－19). 하늘에 계신 하나님이 금속으로 만들어진 신들을 적대한다는 우상금지 계명의 후대의 형태(출 20 : 22－23)와 제단에 관한 법률을 포함하고 있는 서언은 표제(출 21 : 1)보다 이전에 생겨난 것이다. 축제력(출 23 : 10 이하)은 이른바 "제의 십계명"(Kultischer Dekalog : 출 34 : 10 이하)과 밀접한 관계를 나타낸다. 그 외에 다른 구조를 가진 결론 부분, 즉 야웨의 연설(출 23 : 20－33)이 추가되었다.

중심 단락은 두 개의 부분으로 나뉜다. 첫 번째의 절반(출 21 : 2－22 : 16)은 주로 조건적인 법조문들로 서술되어 있다. 그 안에는 사형 규정들(출 21 : 12－17)도 편입되어 있다. 거의 통일성이 없는 두 번째의 절반(출 22 : 17－23 : 9 ; 그리고 머리말 출 20 : 22－26)은 "너는 ～해야만 한다"는 금지명령을 통해(출 22 : 17, 27 이하 ; 23 : 1 이하) — 아마도 후대의, 그러나 신학적으로는 중요한 — "이는 너희가 애굽 땅에서 나그네였기 때문에 나그네의 사정을 아느니라"(출 23 : 9 ; 22 : 20) 또는 "나는 (보호가 필요한 자들의) 부르짖음을 들을 것이다"(출 22 : 22, 26)와 같은 훈계적인 이유들을 갖고 있다는

점이 눈에 띈다. 언약법전을 분류하면 다음과 같다:

III. 이야기체로 된 틀	출 20 : (18 –)22
II. 신학적인 틀	출 20 : 23 – 26 형상금지, 제단법
I. 핵심 법률들	출 21 : 1 – 23 : 9
A) 출 21 : 2 – 22 : 16	
21 : 2 – 11	노예법
21 : 12 – 17	사형문들
21 : 18 – 36	신체 상해 21 : 23 이하 (레 24 : 20) 동태복수법(*Ius talionis*)
21 : 36 – 22 : 15(17)	손해 배상의 의무, 손해 배상
B) 출 22 : 18 – 23 : 9	
22 : 18 – 20, 28 이하	종교적 규정들
22 : 21 이하	사회적 행위들
23 : 1 이하	재판 절차
II. 신학적인 틀	출 23 : 10 – 19 안식년, 안식일, 세 가지 축제들
부록 : 출 23 : 20 – 33	
III. 이야기체로 된 틀	출 24 : 3 – 8

이러한 복잡한 형태는 법률 수여자 한 명의 구성적인 의지로 보기보다는, 오히려 언약법전이 점차적으로 성장했다고 볼 때, 더 자연스럽게 이해된다. 따라서 연대 결정은 곤란하다. 언약법전은 가나안 정착(참조. 출 22 : 5 – 6)을 전제하지만, 왕정이나 왕정의 영향들에 대해서는 아직 아무것도 모르고 있다. 그래서 언약법전의 핵심 부분은 사사시대나 또는 아마 초기 왕정시

대로 소급될 것이다. 법규정들을 비교할 때 나타나는 것처럼(참조. 예를 들어 출 21 : 2과 신 15 : 12 이하 ; 레 25 : 10을 비교하라), 언약법전은 어쨌든 신명기보다는 더 오래된 것이고, 신명기는 성결법전보다는 더 오래된 것이다. 그래서 연대순으로 보면 언약법전-신명기-성결법전의 순서라고 할 수 있다.

3) 성결법전

언약법전이 가장 오래된 것이라면, 이른바 "성결법전"(Heiligkeitsgesetz), 즉 레위기 17-26장(=H)은 가장 최근의 것이고, 보통은 포로기 시대로 그 연대를 추정할 수 있는 법 모음집이다. 또한 그것은 서로 다른 종류의 주제들을 결합하고, 점차적으로 더 많은 층을 이루어 성장하였다. 최근의 자료뿐만이 아니라(예를 들면, 레 18장, 19장에 있는) 매우 오래된 자료들도 수집되었고, 여러 번 수정되고 새롭게 해석되었다. 게다가 언약법전과 비교해서 훈계가 상당히 많이 나온다. 그것은 신명기-신명기역사가의 설교와 비슷하게 역사를 상기시키고 순종을 권고한다(레 18 : 2 이하 ; 24이하). 사람들이 보통 받아들이는 것처럼 성결법전이 본래는 독립적이다가 나중에 제사장문서(P^G)에 통합되었다거나, 혹은 반대로 처음부터 제사장문서의 보충으로 작성되었는지는(K. Elliger) 논란의 여지가 있다. 때에 따라서 성결법전은 신명기의 규정들을 수용하고, 그것들을 계승하거나 또는 그것들을 수정한다(A. Cholewiński). 제의 규정들을 제외하면, 다음과 같은 것들이 중요하다 :

레 17장 신 12장의 계승 : 중앙성소, 피를 먹는 것에 대한 금령,
그러나(신 12장과는 다르게 ; 창 9 : 2이하 P) 도살에 대한 금령
"육체의 생명은 피에 있다"(11절, 14절)

레 18장 (대가족에서의) 성적 교제 :
"이스라엘에서는 이렇게 행치 않는다!"(삼하 13 : 12)

레 19장 십계명과 유사한 신학적·윤리적 계명들
부모 계명, 안식일 계명, 제1계명, 제2계명(참조. 3-4절 ; 26 : 1-2)
사랑의 계명(17-18절, 34절 ; 참조. 14절, 32절)

레 23장 축제력.
참조. 출 23 : 14 이하; 34 : 18 이하; 신 16장

레 25장 안식년(참조. 출 23 : 10–11)과 희년. 이스라엘의 땅
매 칠년(신 15장) 대신에 매 오십 년마다 토지를 되돌려 줌.
"토지는 나에게 속한다. 너희들은 나그네요,
시민권 없는 거류민들이다"(23절).

레 26장 축복과 저주(참조. 신 28장)
40절 이하 포로에서의 구원을 약속
46절 결론 표현

여러 가지 종류의 자료들은 흔히 "나는 야웨이다"라는 이른바 "자기 소개공식"(Selbstvorstellungsformel) 또는 하나님의 약속의 말씀을 통해 좀더 확장된 "나는 야웨, 너의 하나님이다"라는 이른바 "호의(好意)공식"(Huldformel)을 통해서 해석된다. 성결법전에게 이름을 주었던 다음의 문구는 일종의 권고로서, 공동체의 행위를 하나님의 행위에 대한 응답과 반영이라고 이해한다: "너희는 거룩해야 한다. 왜냐하면 야웨, 너희의 하나님, 내가 거룩하기 때문이다"(레 19 : 2). 개별적인 법률들도 이 권고를 통해 전체적인 의도에 합류한다(레 20 : 26 ; 21 : 8, 23 ; 22 : 32 등).

전체적으로 볼 때, 구약의 "법률" 현상은 다양한 개념들과 형태를 띠고 나타난다. 그것들은 모두 하나님의 행위에 기초를 두고 있는 하나님과의 공동체 관계(Gottesgemeinschaft)를 유도하려는 것이 아니라(이미 형성된–역자 주), 하나님과의 공동체 관계를 유지하려는 것이며, 동시에 하나님의 선물에는 의무가 따른다는 사실을 증언하려는 것이다.

제10장 신명기

신약성서(막 12 : 28 이하)는 "가장 중요한 계명이 무엇이냐"는 질문에 대하여 신명기 6장 4-5절을 인용하여 대답한다. 동시에 이 말씀은 유대인의 신앙고백인 쉐마(*Schema*)에서 우선적이며 근본적인 부분을 이룬다:

> "이스라엘아 들으라, 우리 하나님 야웨는 오직 한 분이신 야웨시니, 너는 마음을 다하고 뜻을 다하고 힘을 다하여 네 하나님 야웨를 사랑하라."

이 단락은 모세의 다섯 번째 책의 주된 의도를 주제적으로 요약하고 있다. 한마디로 말하면 유일하신 하나님을 향한 온전한 헌신이다. 아마도 구약의 다른 어떠한 책도 신명기처럼 한편으로 하나님의 사랑의 강렬함을 말하고, 다른 한편으로는 하나님을 사랑하고 그의 주신 것을 기뻐한다는 것을 끊임없이 맹세하도록 요구하는 책은 없을 것이다. 시내산에서 주어진 첫번째 율법에 대하여 두 번째 율법인 "신명기"는 백성의 율법 준수를 요구한다. "두 번째 율법"이란 명칭은 신명기 17장 18절의 "율법의 사본"이라는 용어에 대한 잘못된 이해에서 생겨난 것이다.

실제로 이 책은 큰 의미를 가졌으며, 백성의 삶 속에 깊이 관여하였고, 구약의 넓은 영역들에 영향을 끼쳤다. 이 책과 연관해서 신명기 역사서(dtr.)가 생겨났고, 신명기 역사가의 편집이 이루어졌으며, 신명기 역사가의 편집은 신명기와 오경의 곳곳에서(이 책 4장 2.4.5), 그리고 예언 전승(이 책 19장 1 등)에서 집중적으로 나타난다. 이 책의 간접적이고 이차적인 영향들까지도 계산한다면, 이 책의 중요성은 더욱 확대된다: 이 책에 따르면 모든 구약의 자료들은 단지 하나의 제의장소만을 알고 있다. 그러므로 현존하는 형태의 제사장문서는 신명기의 성소중앙화의 형성 없이는 생각할 수 없다.

1. 서론적 문제들

1) 오경의 법모음들은 일반적으로 모세에게 향하신 하나님의 말씀을 묘사한다. 그러나 신명기는 민족을 향한 모세의 말이며, 또한 이것은 간접적인 하나님의 말씀이다. 약속과 규정을 함축하고 있는 모세의 고별사는 이스라엘을 애굽으로부터 광야를 통하여 약속의 땅 경계지역까지 인도하여 낸 모세의 유언으로 간주된다.

내부(신 5-11장 ; 27-28장)와 외부(신 1-4장 ; 29-30장)의 연설 틀은 율법의 핵심(신 12-26장)을 둘러싸고 있다. 한편 마지막 장들(신 31-34장)은 모세의 노래(신 32장)와 축복(신 33장) 및 여호수아의 임명(신 31장)과, 모세의 죽음에 관한 보도(신 34장)들로 연결되고 있다. 이 구조는 계단형 도식으로 명확하게 서술될 수 있다 :

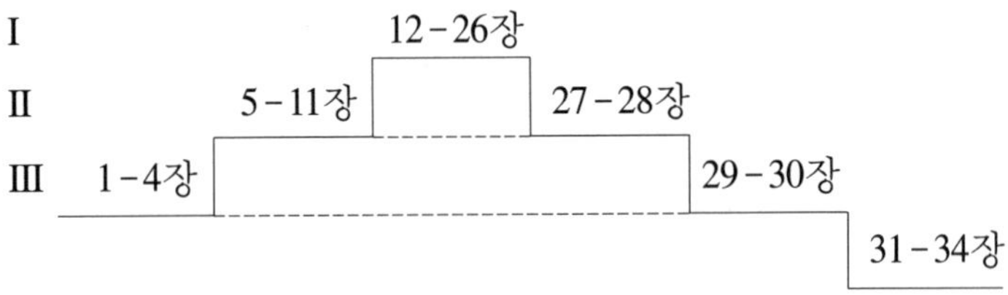

언약법전(출 20 : 24 이하)과 마찬가지로, 신명기(= dtn.)의 법도 제의 장소에 대한, 즉 제의중앙화(신 12-16장)에 대한 규정들을 서술하고 있다. 한가운데(신 16-18장)에는, 왕이나 예언자와 같은 공직자에 대한 부분이 뒤따르는데, 이는 예레미야서(렘 21-23장)를 상기시킨다. 세 번째 부분과 마지막 부분(신 19-25장)에는 여러 주제들이 혼합되어 있다.

<table>
<tr><td>III. 신 1-4장</td><td colspan="2">첫번째 서두 설교</td></tr>
<tr><td></td><td>1-3장</td><td>상황 설명(신 1:1-5) 후 출애굽기와 민수기 전통들의 재현 아래 호렙(=시내산)으로부터 모압까지의 40년간의 유랑에 대한 회고</td></tr>
<tr><td></td><td>4장</td><td>1-3장의 부연들: 율법 준수와 특히 우상금지에 대한 훈계들.
이른바 정경 공식(Kanonsformel): 가감하지 말라(신 4:2; 12:32).</td></tr>
<tr><td>II. 신 5-11장</td><td colspan="2">율법의 본질에 대한 두 번째 서두 설교</td></tr>
<tr><td></td><td>5장</td><td>십계명 (출 20장과 대비하여: 안식일 법의 사회적 근거), 이는 뒤따르는 모세의 말이 하나님의 말씀으로 나오며 앞에 놓인다.</td></tr>
<tr><td></td><td>6:4-5</td><td>쉐마 "들으라, 이스라엘!"(8-9절: 손목과 이마와 문설주 위의 징표)</td></tr>
<tr><td></td><td>6:20 이하</td><td>교리문답, 아이들을 가르침(참조. 신 4:9-10; 6:7; 출 12:26-27; 13:14; 수 4:6 이하, 20 이하): 세대들의 변천에도 선포와 고백이 확고히 지속됨</td></tr>
<tr><td></td><td>7:16 이하,</td><td>9:1 이하 등 이른바 전쟁 연설(참조. 출 14:13-14; 사 7:4 이하)</td></tr>
<tr><td></td><td>8장</td><td>좋은 땅
8:15; 9:4-6 공로 없는 땅의 소유</td></tr>
<tr><td>I. 신 12-26장</td><td colspan="2">개별적인 법들. 법의 본체</td></tr>
<tr><td>a) 12-16장</td><td colspan="2">제의 단일화와 제의 정화에 대한 계명들</td></tr>
<tr><td></td><td>12장</td><td>성소중앙화에 대한 요구</td></tr>
<tr><td></td><td>13장</td><td>이방신 숭배에 대한 유혹</td></tr>
<tr><td></td><td>14장</td><td>음식물에 대한 계명(참조. 레 11장)</td></tr>
<tr><td></td><td>15장</td><td>채무 면제</td></tr>
</table>

16장 축제력, 특히 유월절(참조. 출 23 : 14 이하; 레 23장; 민 28-29장)

b) 16(18절)-18장 공직자들에 대한 규정들 :
재판관(신 16 : 18-17 : 13), 왕(신 17 : 14-20), 제사장(신 18 : 1-8), 예언자들(신 18 : 9-22 ; 참조. 신 13 : 2-6)

c) 19-25장 다양한 내용의, 특히 사회적 행동들에 대한 계명들
19장 도피성 제도(참조. 신 4 : 41 이하; 민 35장; 수 20장)
20장 전쟁법(참조. 신 21 : 10 이하; 23 : 9 이하; 24 : 5-6)
21-22장; 24-25장 결혼법 등
23 : 1-8 공동체법(참조. 사 56장)

d) 26장 제의적 부록(첫 열매, 십일조, 신앙고백)

II. 신 27-28장 첫번째 종결 설교
27장 저주(15절 이하 : 저주 십이계명)
에발과 그리심(참조. 신 11 : 26 이하; 수 8 : 30 이하)
28장 축복과 저주

III. 신 29-30장 두 번째 종결 설교(훈계들)
28 : 69 호렙 언약과 모압 언약
30 : 11 이하 법의 근접성

IV. 신 31-34장 오경의 종결. 부록
31 : 9 이하 칠 년마다 행하는 율법 낭독
32장 모세의 노래
33장 찬양시에서 온 모세의 축복(2-5절, 26-29절)과 지파들에 대한 말들(6-25절; 참조. 창 49장)
34장 모세의 죽음(P : 1a절, 7-9절)

2) 모세를 오경의 저자로 보며, 신명기를 모세의 연설로 여기는 것에 대한 의문점들이 점점 늘어나고, 문서설이 점차 확장되어 감에 따라, 이미 19세기 초에(de Wette, 1805년) 신명기가 기원전 621년 **요시야**에 의해 실시된 제의 개혁과 관련된 독립적인 영역이라는 오래된 인식이 관철되었다. 사실상, "신명기"와 "율법의 발견과 개혁에 대한 보도"(왕하 22-23장) 사이에는 밀접한 일치점이 있다.

(1) 요시야에 의해 행해진 **제의중앙화**(참조. 왕하 23 : 5, 8-9, 19와 신 12장)는 제의를 이방의 요소로부터 정화한다는 것으로 익히 알려진 개혁보다 더욱 극단적인 것으로써, 심지어 다른 야웨의 성소들 마저도 제거하는 것이었다.

(2) **유월절**이 공동으로 행해졌다(왕하 23 : 21 이하 ; 신 16장).

(3) 일월성신의 숭배(왕하 23 : 4-5, 11 ; 신 17 : 3), 종교적인 매춘(왕하 23 : 7 ; 신 23 : 17-18), 주상들과 아세라, 아이를 제물로 바침, 점술, 점성술, 그리고 다른 이방 종교의 관행들을 **폐지**하였다(왕하 23 : 4-5, 10 이하 24 ; 신 12 : 2-3, 31 ; 16 : 21-22 ; 18 : 10-11).

이와 같은 것들은 이 율법의 요구 사항과 일치한다. 물론 이 모든 규정들이 실제로 거행된 것은 아니었다(참조. 아마도 신 18 : 6 이하에 대조하여 왕하 23 : 8-9). 율법이 발견되어 낭독될 때에 신명기 27장(28장)의 불순종의 경우에 대한 위협적인 저주로 인하여 왕조차도 두려움을 느꼈을 것이다(왕하 22 : 11, 13, 16-17 ; 18 : 6 이하 ; 참조. 느 8 : 9).

본래 요시야 개혁은 단지 앗수르적 요소들로부터 야웨 제의를 해방시키려 하였던 것이었을까? 만일 그렇다면, 신명기의 발견은 개혁을 야기시킨 것이 아니라, 이미 시작된 일에 하나의 새롭고 포괄적인 목표를 삽입한 것에 불과하다(참조. 182-183쪽 5).

신명기는 스스로의 주장과는 달리 모세의 말이 아니며, 오히려 왕정시대 또는 비교적 후기시대의 사건들을 반영한다. 그것이 왕권의 위험에 대하여 알고 있다든지(신 17 : 14 이하) 또는 거짓 예언자에 대하여 경고(신 13 : 1

이하 ; 18 : 9 이하)하고 있는 것은 결코 우연이 아니다. 지금까지 최종적인 해답이 발견되지 않은 이 책의 기원과 통일성에 대한 의문들은 이러한 역사적 정황에 근거하고 있다.

3) 신명기는 언제, 어디에서 형성되었을까? 확실히 신명기는 많은 법규정들에 있어서 언약법전(이 책 9장 2)보다는 후대의 것이다. 이것은 절대적으로 무엇을 말하는 것인가? 신명기가 발견되기 바로 직전에 저작되었다는 주장이나 혹은 신명기의 발견은 요시야 왕의 개혁을 이끌어 내기 위한 거룩한 사기행각이었다는, 과거에 간혹 주장되었던 견해는 이미 거부되었다. 일반적으로 학자들은 이 책의 핵심 부분은 기원전 7세기 또는 8세기 후반, 약 750년의 첫 번째 문서예언자의 등장 이전은 아니지만 아마도 약 기원전 722년 북왕국의 멸망 바로 전까지 소급된다는 데 동의한다. 즉 여러 가지의 암시들은 (아직 존재하고 있거나 혹은 이미 멸망한) 북왕국이 비록 신명기의 모든 부분의 고향은 아니라 할지라도, 몇몇 전승들, 표현들 혹은 적어도 이 책 일부의 고향이라는 추측을 낳게 한다.

비록 균등한 비중을 가진 논거는 아니라 할지라도 다음과 같이 몇 가지 점이 언급될 수 있다 :

(1) 엘리야-엘리사 전승들과의 분명한 관련성(모세 전통, 제1계명을 위한 노력).
(2) 예언자 호세아와의 분명한 관련성(가나안 종교에서의 돌아옴, 왕권에 대한 비판적 입장, 그리고 "사랑하다"와 같은 공통적인 언어, 참조. 호 11 : 1, 5 ; 14 : 4 또는 신 7 : 8, 13 등).
(3) 아마도 엘로히스트와의 관련성(예, "시험하다"라는 개념, 참조. 창 22 : 1 E 또는 신 8 : 2, 16 ; 13 : 3).
(4) 다윗 왕조의 통치 영역인 예루살렘/유다에서는 생각할 수도 없는 이방인을 왕으로 세우는 것에 대한 경고를 포함하는 왕정 이해(신 17 : 15).
(5) 도시 전체가 야웨 신앙에서 이탈하는 것에 대한 경고(신 13 : 12 이하). 이와 같은 것은 북왕국의 상황에 더욱 적합해 보인다.

호세아의 혹은 엘로히스트의 선포와 같은 북이스라엘적인 유산은 기원전 722년 이후 남왕국으로 들어가 남왕국의 전승 자료들과 섞이게 되었다.

어떤 학자들은 신명기에서 **예루살렘 전승**을 찾으려 한다. 그러나 전형적인 시온신학(시 46편 ; 48편 ; 사 6장과 같은)은 거의 발견되지 않는다. 이것과 어느 정도 연관된 것들은 보다 후기의 층에 속하는 것일까? 예루살렘은 신명기 법규가 유래된 곳이라기보다는 오히려 적용된 곳이다. "야웨께서 선택하신 장소"라는 특징적인 공식은 아마도 부가적으로 후대에 시온에 적용되었을 것이다(참조. 시 132편).

4) 이같이 신명기는 자체에서 내적 통일체를 이루는 단일체가 아니라 복합체이다. 신명기의 현재 형태는 요시야 시대에 발견된 율법과는 확실히 일치하지 않는다. 어떤 부분이 성전에서 발견된 **원(原)신명기**(Urdeuteronomium), 이른바 "성전 원문서"(Tempelurkunde)를 포함하고 있으며, 어떻게 그것이 현재의 형태로 성장했을까?

한편으로 열왕기하 22장 8절의 보도는 "율법책"에 관하여 말한다. 그러나 신명기는 그 표제가 암시하는 내용보다 훨씬 많은 것들, 즉 보도들과 더불어 방대한 훈계의 말을 포함하고 있다. 다른 한편으로 신명기에는 여러 차례 설교가 삽입되었고, 도입의 말도 중복적으로 나타나기 때문에(신 1 : 1 ; 4 : 44-45 ; 6 : 1 ; 12 : 1 ; 29 : 1 ; 33 : 1), 신명기가 한번에 만들어진 것이 아님을 알 수 있다. 원신명기는 원래 4장(45절) 혹은 6장(4절)으로부터 28장까지의 서술인가 아니면 가장 오래된 복합체는 단지 율법의 핵심인 신명기 12-26장만을 포함하며, 그것이 점차로 증대된 것인가? 그러나 그러한 구분은 아직 대략적인 것이다. 서술적인 부분들뿐만 아니라 또한 개별적인 법률들조차도 통일성을 가지고 있지 않다. 그렇듯 단일화의 요구(신 12장)는 셋 또는 넷 이상의 다양한 표현들, 그리고 다소간의 동음의 표현들(2-7절, 8-12절, 13-19절, 20-27절)에 나타난다.

그와 동시에 신명기는 산문과 율법에서 여러 층들을 분리해 낼 수 있도록, **단수와 복수의 인칭이 변화**(Numeruswechsel)하는 독특한 방법을 보여주고 있다. 백성을 향한 설교도 일부는 단수형인 "너"로, 다른 일부는 복수형인 "너희"로 선포되었다. 이 기준은 비록 오랫동안 자료를 분리하는 데 사용되었지만(C. Steurnagel 등에 의하여), 그 방법의 적절성에 대해서 때때로

의문이 제기되기도 했다. 그러나 이러한 기본 방식은 여러 본문들에서 여전히 유효하다. **단수**의 표현 양식은 보다 **이전의 것**이고, 복수의 표현들은 보다 후대에 첨가된 것이다. 물론 단수로 서술된 첨가들도 있다.

율법들은 본래 단수의 표현 방식으로 민족에게 선포되었다(이에 대해서는 신 12장을 참조하고, 설교 부분의 예로는 신 7:6-8을 참조하라).

신명기 5장 이하의 복수 문장들은 신명기사가의 편집에 의한 것일까(G. Minette de Tillesse)? 복수로 기술된 부분들이 단수로 기술된 부분들로부터 항상 명확하게 분리되는 것은 아니기 때문에, 우리는 문체적인 기교도 고려해야 한다.

개별적인 장들에서 자료의 분리가 명확하게 인식되는 반면에, 다양한 부분들을 한 층에 귀속시키는 것과 연대적으로 배열하는 것은 어렵기 때문에 우리들은 단지 유보적으로만 그 발달사를 추정할 수 있다. 아마도 이 책의 발달은 안에서 밖으로 적어도 **3가지 주요 단계**(1-3)를 걸쳐 오랜 과정을 통해서 이루어졌다. 이 단계를 보다 엄밀하게 구분한다면 아마도 보다 많은 단계로 세분될 수 있을 것이다:

(1) 비록 독점적인 것은 아니라 할지라도, 이른바 **원신명기**는 주로 율법의 핵심 부분(신 12-25장)에서 찾을 수 있다. 가장 오래된 이 모음집은 비교적 작은 율법 자료와 설명적이고 부가적인 것들로 구성되어 있다. 가장 초기 단계에는 이미 시대적으로 매우 다른 다양한 문서들과 전승이 존재하고 있었고, 개별적인 자료들을 통합하는 과정에서 다양한 문서와 전승을 구별할 필요가 있었다. 그 같은 주요 의도는 제의중앙화였다. 하지만 그 모음집의 경계를 확정하는 일은 현재까지도 잘 이루어지지 않는다.

(2) 신명기의 **편집**(deuteronomische Redaktion : 요시야 시대?)은 율법들을 수정했고, 전반적으로 도입 설교인 신명기 5-11*장과 27-28장의 부분들을 첨가했다.

제의중앙화에 대해 언급하는 신명기 12장에서, 복수로 구성된 2-7절과 8-12

절의 두 부분은 제의중앙화에 대해 최초로 해석하고, 보다 실제적인 규정을 지시하는 20-27절의 보충층을 포함하고 있는 13-19절보다 후대의 것이다. 후대의 첨가는 암시된 영토 확장(신 12 : 20 ; 참조. 신 19 : 8)과 함께 이전의 북왕국의 영역까지 영토를 확장시키려 했던 **요시야**의 팽창 정책(왕하 23 : 15 이하)을 전제한다. 한 개의 "모음집"으로 선재했던 자료는 요시야 이전 시대로부터 유래되었을 것이다.

연대에 대한 문제보다 편집의 범위에 대한 문제가 아직도 더 대답하기 어렵다. 우리는 (비교적 오래된) 도입부인 4장 45절과 12장 1절(참조. 신 6 : 1)을 근거로 삼을 수 있다. 그것들은 ("규정과 법률"이라는 이중 개념으로 인하여) 신명기 26장 16절로 이끄는 듯하다. 여기에 결론이 한 번 제시되어 있기 때문에, 이 복합체는 도입 설교들을 포함하고 있음에도 불구하고, 종결 설교는 포함하고 있지 않은 것일까? 아니면 신명기 27-28장은 이미 앞의 부분에 속한 것일까?

특히 십계명(신 5장)이 보다 후대에 앞부분에 놓였기 때문에, 신명기 6장 4-9절에서 첨가물을 찾을 수 있다. 이 책은 점차적으로 발전하였으므로, 아마도 서로 다른 추측들도 가능하다.

(3) 포로기(기원전 587년)를 전제하고 있는 **신명기 이후-신명기역사가의 편집**(nachdeuteronomisch-deuteronomistische Redaktion)은 (왕과 예언자에 관한 율법인 신 17 : 18과 18 : 19-22에서 그러하듯이) 율법들과 더 나아가서 특히 내부의 연설(신 5-11장 ; 27-28장)에 지속적으로 첨가하였으며, 무엇보다도 설교의 외부인 신명기 1-4장과 29장 이하를 추가하였다. 여러 가지의 추가들은 확실히 한 저자로부터 유래된 것은 아니다. 그러므로 우리는 아직도 보다 오래된 신명기역사가의 층들과 후대의 신명기역사가의 층들 사이를 구별할 수 있다. 그것들은 신명기역사가의 역사서와 연관되어 있다.

그러므로 신명기는 요시야 시대의 발견과 영향 이전에 이미 역사를 가진 듯하며 이 결정적인 사건에 풍부한 후기의 역사가 덧붙여졌다. 이 진행 과정의 재구성은 세부적인 면에 있어서는 매우 불확실한 상태이다. 그러나 신명기는 문서가설의 도움이 아닌 보충가설의 도움으로만 설명될 수 있다는 것은 분명하다. 만일 우리가 이 책을 한 저자의 작품이 아닌 한 **학파**(Schule)의 작품으로 이해한다면, 그러한 형성 과정은 확실하게 인식될 수 있다. 더 나아가서, 우리는 후대의 신명기역사 **학파**(eine deuteronomistische Schule)

로부터 신명기 학파(eine deuteronomische Schule)를 구분해 볼 수 있다. 그러나 동류의 언어 또는 부분적으로 동일한 언어가 보여 주듯 둘은 연관되어 있으므로 우리는 또한 신명기-신명기역사 학파에 관해 말할 수 있다. 이들은 포로기 이전 시대에 활동을 시작하였고 포로기-포로기 이후 시대까지 그 활동을 이어갔다. 방법론적인 이유들 때문에 포로기는 "신명기"와 "신명기 역사"의 경계로서 고수되어 왔다.

5) 지금까지 기술한 요시야의 개혁과 신명기 사이의 관계는 전통적인 견해와 상응한다. 그러나 이러한 견해는 최근에 논쟁되고 있다. 한편으로, 제의중앙화에 관한 보도는 "언약책"(왕하 23장)에 근거하여 포로기시대의 신명기역사가의 프로그램에서 기원한 역사적 허구로 간주된다(E. Würthwein 등). 다른 한편으로 (원)신명기에서는 다양한 전통 요소들이 결합된 통일성이 나타나지 않거나 혹은 신명기가 보다 후대인 포로기 이후에 저작된 것으로 추정되기 때문에, 개혁 이전에 (원)신명기가 존재했다는 주장은 의심받고 있다(G. Hölscher, O. Kaiser 등). 이 반론은 부수적인 문제를 언급하는 것이 아니라, 구약의 이해와 특별히 오경 자료 문서들의 연대 추정과 관계되어 있는 근본적인 문제에 해당된다.

부분적으로는 더 이상 논쟁의 여지가 없는 사실에만 근거하여 문제 해결의 실마리를 제공할 수 있는 기준을 찾는다면 다음과 같은 점들이 고려될 수 있다:

(1) 요시야 개혁으로부터 신명기 역사서의 기록(약 기원전 560년)까지는 대략 60년 가량의 연대 차이밖에 없으므로 이 사건의 증인이 아직 생존할 수 있었다. 그러므로 역사적인 과정에 대한 근거 없이 사건들이 창작되었다고 생각하기는 어렵다. 종교개혁의 최종적인 성공의 결과가 왕에게 돌려지지 않고, 또한 종교개혁의 시행과 그에 따른 결과가 일치하지 않는 점도 개혁의 역사성을 지지하지 않는가? 그 밖에도 이 개혁은 고고학적 흔적을 남긴 가능성을 보이고 있다.

(2) 요시야와 같은 시대를 살았던 예언자 예레미야— 보다 후대의 에스겔과 마찬가지로— 는 확실히 그 개혁에 대해 명확한 태도를 취하지 않았다(참조. 렘 22 : 15-16 ; 8 : 8). 그러나 예루살렘 성소가 그 개혁을 통하여 위치가 격상되었다면 요시야

의 후계자인 여호야김이 즉위하였을 때, 예레미야가 성소를 향해 퍼부었던 비판(렘 7장 ; 26장)을 이해할 수 있게 된다.

스바냐(습 1 : 4 이하)와 마찬가지로 젊은 예레미야(렘 2장)의 제의 비판은 개혁 이전의 상황들을 비난하는 듯하다. 다른 본문들(렘 13 : 27 ; 17 : 1 이하)은 개혁을 반대하는 충분한 증거가 되는가? 에스겔 8장의 환상은 과거에 차례로 발생했던 것을 동시대의–현재의 것으로 한데 모은 것이 아닐까? 혹은 요시야가 죽은 이후 제의의 남용이 재차 급속히 만연된 것이 아닌가?

(3) 만일 북왕국이 요시야의 개혁을 통해 제의중앙화에 포함되었다면, 이러한 사실은 사마리아에서 파괴된 예루살렘 성전(렘 41 : 4 이하)까지의 순례를 하게 된 이유를 보다 쉽게 이해할 수 있다.

(4) 만약 제의중앙화가 역사적 실재가 아닌 신명기의 요구에 불과했다면, 어떻게 제사장문서는 제의중앙화를 명백하게 전제할 수 있었을까(이 책 8장 1.4)?

(5) 만일 초기의, 단수 형식으로 나타나는 신명기 층이 이스라엘의 영토 확장(신 12 : 20 ; 19 : 8)의 가능성에 대하여 말하고 있다면, 이것은 무엇보다도 요시야의 팽창 정책(왕하 23 : 15 이하)과 가장 잘 연관된다. 또한 신명기 16장의 유월절에 관한 언급은 아마도 열왕기하 23장 21–22절의 축제와 연관될 수 있는 초기의 개정층에 속한 것 같다.

이러한 고려들은 — 적어도 일시적으로 — 전통적인 연대를 고수할 것을 권하고 있다.

6) 적어도 세기의 전환기에 이르러서 문헌비평적–역사적 관찰법 외에도 **양식사적** 관찰법이 한 접근 방법으로 나타났다. 클로스터만(A. Klostermann)은 신명기에서 율법 본문과 율법 해석이 교대로 나타나는 것에 주목하였으며, 이러한 나열 현상은 신명기가 공개적으로 구전을 통하여 낭독된 법이었음을 보여 주는 것이라고 설명하였다. 후에 폰 라트(G. von Rad)는 (A. Bentzen을 따라서) 이러한 훈계적 요소를 **설교된 율법**으로 이해하였다 : "이것이 언약법전과 신명기의 근본적인 차이이다. 이러한 차이는 특히 이곳 저곳에서 자료가 대체적으로 일치함에 따라 두드러지게 나타난다. 신명기는 성문화된 하나님의 법이 아니라 율법에 대한 설교이다"(*Gesammelte Studien zum Alten Testament II,* 112). 이 책은 요구하거나 선고하는 법률("너는 하라", 또는 "누구든지 ~하는 자는 죽으리라")을 사랑의 밀접한 관계를 추구

하는 권고로 변화시킨다. 율법에 순종하는 것은 하나님의 보호와 사랑에 대한 인간의 응답이다.

어떤 집단이 이러한 율법 설교에 책임을 지고 있었는지에 대해서는 규명하기 어렵다. 다른 사람들처럼 폰 라트는 신명기의 기원을 북왕국의 **레위** 집단들에서 찾았다. 아마도 그들로부터 신명기의 호전적이며 제사장적인 성향이 유래되었을 것이며, 그들의 임무는 평신도들을 가르치는 일(신 33 : 10 ; 느 8 : 7 등)이라는 것이다. 구약에서 "레위"는 복합적인 실체로서 개별적으로는 규정하기 어려운 실체로 표현되었으므로, 그들로부터 이 책의 기원을 밝히기는 어렵다. 물론 그 책이 레위인의 복지에 대하여 관심을 보이고(신 12 : 12, 18 – 19 등), 그들을 보호와 도움이 필요한 "불쌍한 사람들"(personae miserae)에 포함시키기 때문에(신 14 : 27 이하 ; 26 : 11 이하), 신명기와 레위인들의 관련을 부인할 수는 없다(참조. 첨가 본문 신 27 : 9 이하 ; 31 : 9, 24 이하).

신명기의 전달자들을 — 보다 후대의 — 예루살렘 왕궁의 지혜 서기관 집단들(잠 25 : 1)로 생각해 볼 수 있을까(M. Weinfeld)?

놀랍게도 폰 라트는 레위인의 평신도 교육에 근거하지 않고, 시내산 단락(출 19장 이하)에 그의 뼈대가 반영되어 있는 **언약제의**(Bundeskult)에 근거해서 이 책의 윤곽을 다음 네 개의 주요부로 설명했다 :

역사 서술과 훈계	신 1장 및 6 – 11장
율법 낭독	신 12 – 26장
언약 맹세	신 26 : 16 – 19
축복과 저주	신 27장 이하

물론 이 양식이 "오래 전부터 임의로 문학적이고, 설교적인 목적으로 자유로이 사용되었음은 명백하다"(G. von Rad, *Deuteronomium* ATD 8, 15).

어떤 사람들은 이 책의 구조와 혹은 개별적인 구절들을 힛타이트 종주권 계약의 양식과 비교하였다. 기원전 7세기에 앗수르가 패권을 잡은 이후 계약 체결 방법의 영향을 받았을 수도 있기 때문에, 그 희미한 관계성이 완전히 배제될 수는 없다. 그러나 양식과 더 나아가서 내용(민족들 간의 관계 대신에 하나님과 백성 간의 관계)의 차이점이 망각되어서는 안 된다. 또한 구약성서의 "언약" 제의에 대한 우리의 지식이 너무나 경미하다.

그럼에도 불구하고 적어도 율법들이 보다 후기에 예배에서 낭독되었다는 사실은 확실한 것으로 여겨질 필요가 있다(신 31 : 10 이하 ; 왕하 23 : 2 ; 참조. 출 24 : 7 ; 느 8장 ; 시 81편 등).

2. 신학적 의도

엄밀히 말하자면 신명기의 개별적인 해석의 층들은 그것들의 신학적 의도에 따라 논의되어야 한다. 그러나 이 책의 발전 단계를 구분해 내는 것과 더 나아가 신학사적으로 세분화시키는 것은 예외적인 경우를 제외하고는 아직까지는 완전히 이루어지지 못했다. 확장 부분은 언어와 의도에 있어서 전통과 대개 밀접하기 때문에, 그 차이점들이 과장될 위험은 없는가? 반대로 총괄적인 논의 방법은 이 책을 너무 쉽게 통일체로 받아들인다. 다음에서 형성 시기의 차이들은 그때그때마다 지적될 것이다.

형식적인 면으로 보면 신명기의 의도는 세 단어, 즉 **한 하나님**, **한 민족**, **한 제의**로 규정될 수 있으며, 우리는 여기에 한 땅, 한 왕, 한 예언자를 덧붙일 수 있다.

1) 비록 이스라엘은 지금까지 확실히 많은 수의 성소를 인정하였고(출 20 : 24), 그들 중 몇 곳은 순례지로서 높은 가치를 지녔으나, 신명기는 성소의 배타성을 요구한다 :

> "너는 삼가서 네게 보이는 아무 곳에서든지 번제를 드리지 말고
> 오직 너희의 - 한 지파 중에 - **야웨**께서 **선택하실**, **곳**에서만 너는 번제를 드리고
> 또 내가 네게 명하는 모든 것을 거기서 행할지니라"(신 12 : 13 - 14).

신명기에 나타나는 "야웨께서 선택하신 곳"이라는 전형적인 공식은 **제의중앙화**(Kultzentralisation)의 신학적 근거를 제공하였으며, 필요에 따라서

그때마다 하나님에 의해 새롭게 정해진 여러 장소에 적용될 수 있었다. 그러나 "너희의 한 지파 중에"라는 장소의 지시와 번제와 희생제에 대한 여러 가지 지시는 가장 오래된 제의중앙화의 본문(신 12 : 13 – 19)이 한 성소와 야웨 신앙의 배타적인 결합을 이미 생각하고 있었다는 점과, 이러한 의미에서 요시야 개혁은 그 율법의 의미를 이해하고 실행한 것임을 알 수 있다. 한 성소를 예루살렘과 동일화한 것은 신명기의 오래된 층에서는 거의 나타나지 않으며, 후대의 층에서도 전혀 직접적인 여운이 남아 있지 않다. 왜냐하면 이 책은 그 도시 또는 시온을 결코 언급하지 않기 때문이다. 물론 이러한 표현법이 신명기 역사서에 수용되었고, 그 곳에서는 명백하게 예루살렘에 적용되었다(왕상 9 : 3 ; 11 : 36 등).

성소단일화 공식의 짧고도 가장 오래된 듯한 형태인 "야웨께서 선택하신 곳"(신 12 : 14, 18, 26)에는 곧이어 "자기 이름을 그 곳에 두시기 위하여"(신 12 : 21) 또는 (보다 후기에) "자기 이름을 두시려고"(신 12 : 11 등)라는 하나의 이유가 부가된다. 이 같은 확장에 따르면 신의 이름은 제의 장소를 특징짓는다(참조. 이미 출 20 : 24) : 그 곳은 야웨께 속한 곳이고, 그 곳에 야웨께서 현존하신다. 보다 후에는 또 다른 비판의 소리가 들려왔다 : "하나님 자신은 하늘에 거하시며"(참조. 신 26 : 15 ; 4 : 36), "오직" 그의 이름만이 이 세상에 임하신다. 제사장문서(이 책 8장 2.5)의 "영광"의 개념과 비슷하게 이렇게 하나님 자신과 이 세상에서의 하나님 현존을 이렇게 구별함으로써, 하나님 그 자신이 성소에 "거주하신다"는 내용(왕상 8 : 12 ; 사 8 : 18 등)의 고대사상은 제한된다(참조. 왕상 8 : 29 등 ; 그리고 R. de Vaux).

한 장소에 대한 예배의 집중 요구는 이스라엘, 특히 예루살렘 외부 지역 주민들의 제의–종교적 삶에 있어 결정적인 변화들을 가져왔다. 중요한 결과로 나타난 것이 이른바 **세속적인 도살**에 대한 허락이다(신 12 : 15 – 16). 거룩한 장소에서 완전하게 바쳐지는 번제에 비해 희생 제사 및 공동 제사는 — 유일하게 희생 제사가 허용되는 한 성소로부터 멀리 떨어져서(신 12 : 20 이하) — 단순한 식사시간(Sabach "희생을 바치다" 신 15 : 21는 "도살하다" [12 : 15, 21]라는 제한된 의미를 얻었다)이 되었다. 원래 도살은 희생제사인 동시에 희생 제물의 식사시간(삼상 2 : 13 ; 9 : 13과 창 18 : 7 – 8을 비교하라)

이었는가? 그렇다면 그 규정은 고대의 입장에서 보면 엄청난 세속 행위이다. 단지 피만이 "물이 땅에 쏟아지는 것처럼" 쏟아질 것이다(신 12 : 16, 23-24 ; 창 9 : 4-5의 P에 의해 수용 ; 다른 경우 레 17 : 3 이하).

그 밖에 제의단일화의 요구는 십일조, 처음 난 것, 첫 열매(신 14 : 22-27 ; 15 : 19-23 ; 26 : 1 이하), 축제력(신 16 : 1 이하), 그리고 재판장과 제사장(신 17 : 8-13 ; 18 : 1-8)에 대한 명령에 영향을 미친다. 이러한 율법 자료의 내부에 있는 단일화의 규정들은 확실히 보다 후기의 층이다. 그러나 그 규정들은 이전에 주어진 다양한 전승들을 하나의 의도로 요약하는 해석이기도 하다.

2) 현재 신명기의 내부에 있는 제의 단일화는 바로 하나님의 단일성의 결과이다. 이는 다음의 쉐마에서 방향을 제시하며 진술된다 :

> "들으라 이스라엘아, 야웨는 우리 하나님이시다.
> 야웨는 오직 한(또는 홀로, 유일한) 분이시다"(신 6 : 4).

신앙고백은 특정한 상황과 관련된 일시적인 것일 뿐만 아니라 근본적이고도 보편적인 특성을 가지도록 형성되었다. 그러므로 그것은 다양한 방향의 접근을 받아들일 수 있고, 다의적이다. 그것의 본래 의도를 엄격한 유일신론적인 의미(오직 야웨께서 하나님이시다 : 참조. 신 4 : 19, 35, 39 ; 32 : 39)로 해석하기는 어렵다. 그러나 한편에서 그것은—외적으로—가나안 종교의 유혹을 막을 수 있었고, 바알 제의의 다양성에 반하여 야웨의 유일무이성을 제시할 수 있었다. 다른 한편에서 이 진술은—내적으로—중앙화 요구와 연관하여, "도처에 산재한 야웨 전통들과 야웨 제의 장소들의 다양성에 반해 야웨의 단일성을 고백하는 것"으로 이해될 수 있다(G. von Rad, *Deuteronomium* ATD 8, 45-46). 결과적으로 외적인 것과 내적인 것의 구별이라는 두 가지 관점이 서로 결합되어 존재한다. 왜냐하면 야웨 신앙의 현상 상태의 유일성을 강조함으로써 바알 종교의 다양성에 대한 한계를 분명히 할 수 있기 때문이다.

신명기는 **제1 계명**을 새롭게 표현함으로써, 야웨 신앙의 역사에서 매우 중요한 의미를 가진다. 비교적 오래된 본문(출 22 : 20 ; 34 : 14 등)에서 이 계명은 하나님과 인간 간의 관계를 규정하나, 하나님 자신에 대해 직접적으로 진술하지는 않는다. 하나님과 인간 간의 관계를 설명하기 위한 방법은 바로 신명기 6장 4절의 신앙고백(참조. 슥 14 : 9 ; 말 2 : 10)이다. 그것은 야웨에 대한 배타적인 숭배의 요구로부터 하나님의 "유일무이성"을 이끌어 내었기 때문에, 하나님과 인간의 관계에 대한 진술로부터 하나님 자신에 대한 진술로 상승한다. 이러한 통찰에서 실제적인 결과를 이끌어 내는 제의중앙화는 제1계명의 영향사에서 한 과정으로서 인식될 수 있다.

구약에 있어서 독특한 것은 하나님의 "본질"에 대한 진술이 고립되어 있지 않다는 것이다. 오히려 신명기는 하나님에 대한 언급으로부터 즉시 인간 행동에 대한 결론을 이끌어낸다:

> "너는 마음을 다하고 성품을 다하고 힘을 다하여 네 하나님 야웨를 사랑하라"
> (신 6 : 5 ; 참조. 신 5 : 10 ; 7 : 9 ; 10 : 12 ; 11 : 1, 13, 22 ; 13 : 2-3 ; 19 : 9)

이렇게 하여 첫째 계명은 다시 새롭게 해석되었다. 비록 오래된 금지 공식들도 이방신들의 숭배를 용납하지 않았으나, 야웨와 이스라엘 관계의 "내적인 면"에 대해서는 어떠한 구체적인 언급도 하지 않은 반면, 신명기는 배타성을 인간학적인 행동의 총체로서 이해한다. 하나님의 유일성은 하나님께 대한 전 인간의 나뉘지 않는, 남김 없는 애정과 일치한다. "사랑하다"와 "두려워하다", 즉 하나님에 대한 경외적인 인정(신 6 : 2, 13, 24 등)은 곧 행위를 의미하는 것이기 때문에, 그것은 명령되거나(신 6 : 5-6 ; 10 : 12-13), 더 나아가서 하나님의 사랑에 대한 감사의 보답으로 요구될 수 있다(신 7 : 8 ; 10 : 15 등).

훈계는 하나님과의 관계의 온전함을 하나님께 "충실하라, 섬기라, 따르라" 또는 그를 "잊지 말라, 기억하라"로 달리 표현할 수 있다(신 6 : 12 이하 ; 8 : 18-19 ; 10 : 20 등). 그러한 개념과 첫째 계명의 전개에서 대체적으로 예언적인 영향이 나타나고 있는가(참조. 호 2 : 13 ; 3 : 1)? 전체 구약 중 어떤 부분도 신명기와 신명기 역사서의 문헌만큼이나 개념을 인상적으로 사용한 곳은 없다. 예언자, 혹은 그와 비슷한 사람들, 더 나아가 온 도시가 다른 신들을 숭배할 것을 요구하는 경우(신 13 : 1-18)나, 그들이 스스로 이방신들을 숭배하는 경우(신 17 : 2-7 ; 참조. 신 12 : 30-31 ; 18 : 20)에 대한 개별 규정들이 아직 다른 곳에서는 발견되지 않았다. 게다가 율법의 의미에 대한 이전의 일반적인 고려들은 첫째 계명에 대하여 결정적인 의미를 알려 준다(신 7 : 4 이하 ; 8 : 9 ; 11 : 16 이하 등). 우상 숭배로의 타락, 그리고 과거 역사의 상실, 즉 과거 역사의 "망각"은 신명기가 경고하는 두 가지 과실이다. 왜냐하면 그 과실들이 야웨 신앙이 갖고 있는 본질을 빼앗기 때문이다.

역사 관련성과 배타성의 요구가 결합되어 있는(신 5 : 6-7) **십계명**이 계명들 중에서 가장 우위를 차지하고 있다는 사실은 우연이 아니다. 시내산 단락(출 20장)에서와 마찬가지로 십계명은—비록 신명기의 후기 발전 단계이긴 하지만—모든 "법령들과 법규들" 앞에 놓여졌으며, 모세의 말이 아닌 하나님의 직접적인 말씀으로 나타났다(신 5 : 5에 비해서 신 5 : 4, 22 이하). 그 결과로, 뒤따르는 모든 법률들은 십계명의 시행 규정, 즉 십계명의 해석 및 전개가 되었다. 뿐만 아니라 "언약"조차도 십계명에 의하여 해석되었으며(신 4 : 12-13 ; 5 : 2 ; 9 : 9 이하), 법궤는 십계명이 기록되어 있는 두 돌판을 보관하는 곳이 되었다(신 10 : 1 이하 ; 참조. 신 31 : 26). 신명기는 하나님의 백성의 삶 가운데 계명들에 너무 높은 가치를 두었다는 점에서 비난받을 수도 있지만, 개별 법들을 조건적으로 동등하게 평가했다는 점에서 신명기를 비난할 수 없을 것이다.

3) 오래된 법규정들이 개인에게 연설된 반면, 신명기는 "너"와 후대의 "너희"의 두 가지 형태를 **전체 백성**들에게 사용한다. 그 점에 있어서 드물긴 하지만 개인에게, 그리고 일반적으로 백성들에게 사용했던 예언자의 영향이 다시 작용했을까(호 2 : 2 이하 ; 암 3 : 2 등)? 어떻든 하나님의 단일성은 백성의 단일성에 상응한다 : 야웨는 "온 이스라엘"(신 5 : 1 등)과 대면하신다.

신명기에는 부족의 구분이나 북왕국과 남왕국 백성의 구분이 나타나지 않는다. 이것은 문학적인 상황(가나안 정착 이전의 모세 시대의 이스라엘)뿐만 아니라 또한 북왕국과 남왕국을 통일시키기 위하여 애쓴 요시야 시대의 역사적 상황 또는 예언자적 희망을 나타내는 것이 아닌가(호 1 : 10－2 : 1 ; 겔 37 : 15 이하 등)?

한편에서 신명기는 자신의 청중들과 독자들에게 야웨는 "너의 및 너희의 하나님"임을 — 구약에서 거의 찾아보기 힘들 정도로 강하게 — 기억하게 한다. 이러한 동격의 표현은 바로 신명기 - 신명기역사문헌의 특징으로 간주될 수 있다. 다른 한편으로 이스라엘은 하나님의 "소유물", "거룩한 백성"(신 7 : 6 ; 14 : 2 ; 26 : 18－19 등)으로 불린다. 그러므로 이미 오래된 전승(출 8 : 22－23 ; 9 : 4－5 J ; 민 23 : 9 E)에서 인식되었던 이스라엘과 이방 민족들과의 차이는 새로운 개념을 통하여 크게 강조되었다.

신명기 26장 17－18절에는 하나님과 백성의 관계적인 두 측면이 이른바 언약공식(Bundesformel)으로 요약되어 있다. 이는 언어적 양식으로는 후대이지만 이스라엘 역사에 있어 "시작과 동시에 지속적인 원리"(J. Wellhausen)로 불릴 수 있다 : "야웨는 이스라엘의 하나님이시요, 이스라엘은 야웨의 백성이다."

이스라엘의 거룩함은 다만 하나님에 의하여 성립된 관계에 의한 것이므로 신명기는 이러한 특별한 지위가 오해될 수 있는 위험을 단호하게 거부하며, 또 다른 근거들도 모두 제거한다 :

> "너는 야웨, 네 하나님의 거룩한 백성이다. 너의 하나님 야웨께서 지상 만민 중에서 너를 자기 기업의 백성으로 택하셨나니"

> 후에 이 약속은 — 첨가의 특징인 단수로부터 복수로의 전환이 있다 — 다음과 같이 설명된다 :

> "야웨께서 너희를 기뻐하시고 너희를 택하심은 너희가 다른 민족보다 수효가 많은 연고가 아니라 너희는 모든 민족 중에 적으니라. 야웨께서 다만 너희를 사랑하심으로 인하여 또는 너희 열조에게 하신 맹세를 지키려 하심을 인하여"(신 7 : 6－8).

하나님과 백성의 관계는 하나님의 "선택"(*bachar*)에 의한 것인데, 그것은 하나님의 사랑에 근거한 것으로서(신 4:37 등), 족장들과 맹세한 파기될 수 없는 약속이었다(이것은 또한 신명기-신명기역사문헌의 특징이다: 신 6:10 등). 그렇듯 이스라엘은 자신의 능력이나 공적에 의하여 땅을 얻은 것이 아니라 결국은 하나님의 약속으로 말미암아 얻게 된 것이다:

> "네가 가서 그 땅을 모음은 너의 의로움을 인함도 아니며 네 마음이 정직함을 인함도 아니요 이 민족들의 악함 때문에 네 하나님 야웨께서 그들을 네 앞에서 쫓아내심이라. 야웨께서 이같이 하심은 네 열조 아브라함과 이삭과 야곱에게 하신 맹세를 이루려 하심이니라"(신 9:5; 참조. 신 8:17)

비슷한 방법으로 제의 장소의 신성함(신 12:14 등)이나 레위 신분의 신성함(신 21:5 등) 역시도 하나님의 "선택"에 기인하는 것이므로 신명기 신학의 의도는 바로 "선택신학"(Th. C. Vriezen)으로 요약될 수 있다.

4) 신명기는 하나님 백성의 단일성으로부터 사람들의 공동 생활과 관련된 결론들을 이끌어 내려 한다. 가장 높은 관료는 "형제들 가운데서" 나올 것이다. 약속된 예언자(신 18:15, 18)와 왕조차(신 17:15)도 그들의 권력이 크게 제한되어 있으므로, 그의 마음이 자신의 형제들을 무시할 수 없었을 것이다(신 17:20). 직무의 다양성에도 불구하고 하나님 앞에는 모든 것이 동등하다는 사실이 암시되고 있다. 형제들의 관계를 통해 사회적인 결과들이 동시에 도출된다. 가난한 신앙의 동료는 "너의 가난한 형제"(신 15:2-3, 7 이하 등; 또는 레 25:35 이하)이기 때문에, 사람들은 그들에게 무정하게 대해서는 안 되며 오히려 가난한 자들이 하나님의 선물을 받을 수 있도록 빚을 면제해 주어야만 한다. "과부와 고아들"(출 22:22-24; 사 1:17, 23) 외에도 토지를 소유하지 못했을 뿐 아니라 고향이나 친척들로부터 멀리 떨어져 살기 때문에 확고한 권리를 갖지 못한 "이방인" 및 "보호를 필요로 하는 시민"(*gerim*), 그리고 레위인들이 "가난한 사람들"(personae miserae)의 범주에 포함되었다(신 14:29; 16:11, 14; 26:12-13 등). 북왕국 멸망 후 남

왕국으로 수용된 피난민들이 그들 중에 속한 자들인가?

인간의 동등성에 대한 관념은 다양한 영역의 계명들에 영향을 끼친다. 그런데 이러한 계명들은 공동적인 경향 때문에 "휴머니즘 계명"(Humanitäts-gesetze)이라는 이름으로 집약된다(신 15 : 1-18 ; 22 : 1-8 ; 23 : 15-25 ; 24 : 6, 10-22 ; 25 : 1-4). 그들 중에서 병역의 면제에 대한 규정들이 전형적인 것이다. 이러한 규정들은 마술적인 배경을 가질지도 모른다. 게다가 그것들은 구약에서는 해당되는 사람들에게 그들의 새로운 소유물, 이 소유물이 포도원 또는 부인(신 20 : 5-7)이든, 이들을 향유할 수 있게 하고 하나님의 선하신 선물들을 즐길 수 있도록 도와 준다(신 12 : 7, 12, 18 ; 16 : 11, 14-15 등).

> "사람이 새로이 아내를 취하였거든 그를 군대로 내어 보내지 말 것이요 무슨 직무든지 그에게 맡기지 말 것이며 그는 일 년 동안 한가하게 집에 있으면서 그가 맞이한 아내를 즐겁게 할지니라"(신 24 : 5).

개인 또는 가족의 권리들이 공동체의 의무보다 우선시 될 수 있는 그러한 신명기의 — 이론적으로만 남아 있기는 하지만 — 규정들은 현실과는 동떨어졌다는 의미에서 "유토피아"(G. Hölscher)라는 비난을 받았다. 그러나 어느 정도까지의 실제적인 실현 가능성이 신학적인 구상에 대한 적절한 기준인가? 게다가 신명기는 다른 관점에서 현실을 사실상 철저하게 변형시켰다.

전쟁법에 따르면(신 20 : 10 이하, 19-20) 외국인들의 대우에서 나타나는 동일한 인간애의 태도(신 10 : 18 ; 24 : 14 ; 참조. 23 : 20-21)는 적들에 대하여 조차도 관대함을 베푼다. 다만 가나안 인들은 — 물론 실제적이 아니라 후대의 회고에 있어서 — 우호적인 대우에서 제외되었다. 왜냐하면 그들의 종교가 자신들의 신앙에 있어서 매우 위태로운 유혹이었기 때문이다(신 7 : 4-5, 25 ; 12 : 2 이하, 30-31 등).

5) 하나님 백성의 단일성은 동시대 이스라엘뿐만 아니라 "오늘날"이라는 표현으로 잇따른 세대들까지도 포괄한다. 과거의 현재화는 역사적인 일회성을 보존하는 것보다 우선시 된다 : "야웨께서 너희 — 및 우리를 — 애굽

으로부터 인도하셨다"(신 4 : 20 ; 6 : 20 이하 ; 26 : 6 이하 등). 모세의 말은 수백 년을 초월하여 오늘의 사람들에게 직접적으로 연설된다. 사실 과거가 현재에 흡수되는 위험이 있다: "들으라 이스라엘아, 오늘 내가 너희에게 말하는 규례와 법도를!"(신 5 : 1). 포로기 예언자가 "지난 것"과 "새것", 옛 것과 다가올 것을 대립시킬 수 있었듯이(사 43 : 18–19), 신명기는 과거와 현재를 배타적으로 대립시킬 수 있었다: "이 언약은 우리 열조와 세우신 것이 아니요 오늘날 여기 살고 있는 우리 곧 우리와 세우신 것이다"(신 5 : 3–4). 여기서 신명기의 설교자는 자신의 청중들로 하여금 현실에 대한 즉각적인 응답을 호소하는 것인가? 여기 주목할 만한 "오늘"은 지금까지 충분히 설명되지 않았다.

신명기에서는 (P와 같이) 본래 미래에 대한 기대가 나타나지는 않지만, 신앙의 순종으로써 "장수"(신 5 : 16 ; 6 : 2 ; 11 : 9, 21 등), 원수 앞에서의 "평안"(신 12 : 9–10, 15 ; 25 : 19), 자연의 풍요함과 모든 질병의 끝 (신 7 : 13 이하 등)에 대하여 약속하고 있는 점에서 현재를 넘어서고 있다. 이 모든 축복들은 이미 주어졌고 현재 가지고 있는 것으로 이해될 수 있는가? 거의 그렇지 않을 것이다. 따라서 인간 삶의 진정한 성취는 아직 이루어지지 않은 가능성일 뿐이다.

제11장 신명기 역사서

1. 서론적 문제들

역사서로 넘어가면서 우리는 또 다른 영역에 들어서게 된다. 오경 또는 사경 이후 뒤따라 나오는 문학 작품이 오경 또는 사경과 문학적으로 상이한 종류라는 인식이 제기된 것은 그다지 오래 전의 일이 아니다. 여호수아서의 주석(1938)을 통해 통찰력을 얻은 노트(M. Noth)는 신명기 역사서(das deuteronomistische Geschichtswerk = dtr.)를 가정하게 되었다. 그 가정에 따르면 신명기 역사서는 신명기로부터 시작해서 열왕기하까지 이른다(*Überlieferungsgeschichtliche Studien,* 1943, ²1957). 옙센(A. Jepsen)도 독자적인 연구를 통하여 노트와 비슷한 결과에 이르게 되었다(*Die Quellen des Königsbuches,* 1953).

어떤 학자들은 신명기 역사서를 오경과 유비하여 설명하기도 했다. 즉 신명기 역사서를 문서자료층에 따라 각각 **연속적인** 단일한 이야기의 흐름을 가진 것으로 보았던 것이다. 그러나 이들도 여호수아서로부터 열왕기서까지를 신명기 역사서로 구분하는 것을 간과하지는 않았다. 왜냐하면 문체와 표현에 있어서 특징적인 화법이 부각되었기 때문이다. 물론 그것들은 현재의 이야기 맥락에 편집적으로 첨가된 것으로 간주되었다. 단지 열왕기서만이 전승의 선택과 형성에 있어서 편집자들의 영향을 상당히 많이 받은 것으로 간주되었다.

최근까지도 오경의 문서들(무엇보다도 J와 P, 때에 따라서 E)을 적어도 여호수아서까지 또는 그것을 넘어서서 열왕기서까지 연결시키려는 시도가 행하여졌다. 그러나 그 결과들은 상이하게 나타났고, 어떻든 지금까지는 이러한 시도가 일반적인 승인을 얻지 못하고 있다. 다양한 시대들을 포괄하는 하나의 이야기 작품으로 본문들을 서로 결합시키는 것과 그러한 결합체를 더욱이 비교적 오래된 오경의 문서 자료들 중 하나와 동일한 것으로 이해하는 견해는 반대 의견에 직면했다. 노트의 주장은 그동안 달라지고 수정되어지기는 했어도 전반적으로 수용되었다.

노트는 신명기 역사가를 광대한 전체 문학적 복합물의 저자로 인식하였다. 신명기 역사가는 "당시의 주변 세계에 알려져 있지 않았던 하나의 작품을—야위스트와 유사하게?—만들어 냈다. 이 작품에서는 모세 시대부터 바벨론 포로기까지의 대략 칠백 년의 이스라엘 역사가 추적되고 있으며, 문학적인 전승들과 직접적으로 체험한 사건들이 매우 성실하게 가공되어 있으므로, 상당히 짜임새 있는 구상을 발견할 수 있었다"(H. W. Wolff, "Das Kerygma des dtr. Geschichtswerk" [1961] = *Gesammelte Studien zum Alten Testament*, 308).

1) 신명기 역사서 이전에는 수백 년을 포괄하여 계속되는 역사 서술은 존재하지 않았다. 그러나 분명히 여호수아 시대와 사사시대의 이야기들의 모음집들과 같이, 개별적인 이야기들이 이야기 덩어리로 결합된 것이나 사무엘상 16장에서 열왕기상 2장에 있는 다윗의 상승과 왕위 계승사와 같이 부분적인 시기를 독립적으로 묘사한 것들은 존재했다. 열왕기상 17장-열왕기하 13장에 있는 엘리야와 엘리사 이야기와 다른 예언자들의 이야기 시리즈들도 독립적으로 존재했다. 이 외에도 신명기 역사서는 다양한 종류의 소재를 종합했다 : 성소들 또는 궁궐, 목록들, 부분적으로는 관리들에 관한 전승들(삼하 8 : 16 이하; 20 : 23 이하; 23 : 8 이하; 왕상 4장), 역대기의 발췌 본문 등.

서술된 문맥은 이미 신명기 역사서보다 선재해 있었고, 신명기 역사서가 그 전승들을 변형시키긴 했지만, 변형의 정도도 각각 달랐다는 사실은 쉽게 이해될 수 있다. 그 결과 신명기 역사가가 신명기 역사서에 개입한 정도는 서로 다르게 나타난다. 그러므로 이와 같은 불균형들이 발견되었다고는 해도, 이것이 이 작품의 존재와 통일성에 대한 반증이 될 수는 없다. 오히려 (노트에 따르면) 무엇보다도 신명기 및 여호수아부터 열왕기하까지의 문학 영역이 하나의 큰 복합물이라는 사실을 지지할 수 있는 두 가지 근거가 존재한다:

(1) **연대기**의 맥락이 다소 분명하게 인식될 수 있다(참조. 요약하는 보도인 왕상 6 : 1, 출애굽 이후 480년이 지난 후에 있은 솔로몬의 성전 건축).

(2) 역사적 절정의 순간들과 전환점에는, 이야기의 형태 또는 주인공의 연설 양식으로 된 회고적이고도 예견적인 **숙고들**이 삽입되어 있다. 그것들은 본래 새로운 사건을 보도하는 것이 아니라, 오히려 역사를 해석하고 평가한다. 그 외에 이러한 숙고들은 비슷한 역사 신학적인 근본 사상들을 표명하며, 동일한 특징의 문체를 지닌다. 또한 이러한 삽입물들은 설교와 유사하다. 설교는 예언자들의 선포의 영향이 드러나는 화법이다. 신명기 역사서의 서술의 서론, 각 단락들, 그리고 결론은 다음과 같이 표시될 수 있다:

I. 모세 시대

신 1-3(4)장	호렙에서 요단 동편까지의 이동에 대한 모세의 회고, 그의 후계자로 여호수아가 위임될 것을 내다 봄.
신 31 : 1-8 ; 34장	모세의 고별 설교, 여호수아의 공직 임명, 모세의 죽음과 매장

II. 여호수아 시대

수 1장과 23장(24장)	요단 서편 땅 정착의 시작과 끝	
	1장	여호수아에게로 지도권 이양
	12장	땅 정복의 결과들
	21 : 43-45	결론적인 성취 메모

22 : 1 - 8	요단 동편으로 지파들의 귀향
23장	여호수아의 고별 설교(신 31장과 유사)
24 : 28 이하 ; 삿 2 : 6 이하	여호수아의 죽음과 매장(참조. 신 34 : 5 - 6)

III. 사사 시대

삿 2장과 삼상 12장	사사시대의 시작과 종결
	삼상 8장 ; 12장 사무엘의 설교

IV. 왕들의 시대

삼하 7장	나단의 예언
	(1절의 회고와 함께 신명기역사가에 의해 개작)
	왕상 3장 ; 9장 솔로몬에게 임한 하나님의 계시
왕상 8장(14절 이하)	성전 봉헌 시에 드려진 솔로몬의 기도
	왕상 11장 솔로몬의 타락
왕하 17장	북왕국의 멸망
	(회고적인 평가 : 7 - 23절)
왕하 25장	예루살렘의 파괴
	(간단한 평가 21 : 10 이하 ; 24 : 3 - 4 ; 참조. 22 : 16 - 17 ; 23 : 26 - 27)

모세와 여호수아 시대로부터, 즉 처음부터 원래 계획되었던 구분들과 일치하여 전체 작품은 후대에 이르러 각각 여호수아, 사사기, 사무엘서와 열왕기서로 분할되었다.

사사기와 사무엘하(삿 17 - 21장 ; 삼하 21 - 24장)의 끝부분에, 또한 아마도 사사기의 처음에(삿 1장) 첨가들이 있고, 이 첨가들이 원래 이야기의 연결을 방해한다는 점에서 오늘날의 구조는 이미 초기에 분류된 듯하다. 이에 반하여 사무엘과 열왕기의 상 · 하의 구분은 중세 후기에 가서야 비로소 나타났다.

신명기 역사서의 범위 설정을 통해 이 작품의 "생성 연대"의 상한선 역시 결정된다 : 이 작품은 열왕기하 25장 27-30절에 묘사되어 있는 마지막 사건들 — 유배되었던 유다의 여호야긴 왕이 느부갓네살의 후계자 에윌-므로닥(Ewil-Merodach : Awil-Marduk, 기원전 562-560년)에 의해 감옥에서 풀려나 왕궁으로 영접된 사건 — 이후에 기록된 것이 틀림없다. 기록 시기는 추측컨대 포로기 시대였던, 대략 기원전 560년경이었을 것이다. 어쨌든 이 작품의 기본 요소는 그 이전 시기로 소급된다. 페르시아 시대가 초래한 (기원전 539년 이후) 격변은 어디에 암시되어 있는가? 작성 장소에 대해서는 논쟁의 여지가 있다. 그러나 (제사장문서처럼) 바벨론이라기보다는 오히려 (애가서와 같이) 팔레스틴으로 볼 수 있을 것이다. 아마도 좀더 정확하게 말하면 예루살렘의 파괴 이후에 상당한 중요성을 얻게 된 미스바를 생각할 수 있다(왕하 25 : 22 이하).

2) 다양한 관찰들을 통해서 노트의 견해는 한 가지 점에서 교정되어야 한다. 즉 저자는 한 명의 신명기 역사가(ein Deuteronomist)가 아니라 하나의 신명기 역사학파(eine deuteronomistische Schule)라는 것이다. 이를 통해 한편에서는 신명기 역사서의 내부에 나타나는 — 매우 유사한 언어 양식과 정신을 가진 — 다소간의 불균형들과 보충들이 설명되었다 : 저자는 바뀌었지만, 학파가 그 정신을 유지하였다. 다른 한편으로 구약에서 이 학파의 광범위한 영향은 여호수아서부터 열왕기서까지의 역사서들을 훨씬 넘어서서, 예를 들어 예언서의 형성에도 미치고 있다. 이 학파는 — 신명기의 영향하에서? — 역사 전승, 그리고 예언 전승을 전수하고 주석했다.

신명기는 신명기 역사학파의 생성을 위한 중요한 요소였는가? 물론 신명기가 아마도 훨씬 이전부터 신명기 역사서에 속해 있었으므로, 이차적으로 신명기 역사서에 삽입된 것은 아니라는 주장은 논쟁의 여지가 있다.

열왕기서의 다소간의 불균형에 근거하여, 학자들은 신명기 역사서에 보다 오래된 포로기 이전의 서술이 있음을 추정했다.

사무엘서와 열왕기서의 일부를 후대에 신명기 역사가에 의해 확장된 것으로 설명하는 것은 보다 정당하다. 이미 학자들이 가정하였듯이, 신명기 역사가의 손질은 전통과 본문 속에서 깊게 관여하고 있다. 그러나 신명기 역사가의 관여를 지나치게 가정하거나 너무 많은 부분을 "신명기 역사가의" 것으로 결정할 위험은 없는가? 오경처럼 매우 보편적인 연결 고리나 주석들, 짧은 편집적 논평들과—언어적으로 입증된—신명기 역사가의 재료는 구분되어야 한다. 이러한 구별은 자료와 이야기들의 시대 결정에 있어서 중요하다.

무엇보다도 학자들은 후대의 두 개의 개정층과 하나의 기본층을 구별함으로써, 신명기사가의 편집사를 파악하려 하고 있다: "역사서의 기본 구상(DtrH), 예언적 본문들을 지니고 있는 하나의 개정층(DtrP), 그리고 율법을 주안점으로 삼은 그 밖의 개정층(DtrN)"(R. Smend, *Die Entstehung des AT,* 123 ; 참조. W. Dietrich ; T. Veijola ; E. Würthwein, *Die Bücher der Könige.* ATD 11).

다소 분명하게 경계를 정할 수만 있다면, 신명기(이 책 10장 2)에서처럼, 우리는 동일한 방법으로 신명기 역사서의 개별적인 층들로부터 신학적 의도를 질문할 수 있다.

3) 신명기 역사서는 과거에 대한 경외심 속에서 너무나도 다른 유형의—오늘날의 역사가에게는 중요한—전승들을 인용하고 있으며, 관심 있는 독자에게 상당한 정보를 제공해 줄 수 있는 왕의 "실록"(왕상 11 : 41 ; 14 : 19, 29 등)을 지시해 주고 있다. "신명기 역사가는 이스라엘 백성의 역사를 구성하려 했던 것이 아니라, 자신이 가지고 있었던 자료들을 근거로 객관적으로 서술하기를 원했다"(M. Noth, *Überlieferungsgeschichtliche Studien*[=*ÜSt*], [4]1973, 95). 그러나 이러한 두 번째 판단은 적어도 오해의 소지가 있지 않은가?

우선 신명기 역사서는 자신이 가지고 있는 전통 자료를 **선택**했는데, 이 때에 신명기 역사가의 신학적 의도를 근거로 하나님과의 관계, 그리고 제의와 관련 있는 전승들을 정치적, 군사적인 사건들에 대한 보도보다 선호했다. 그 다음으로 전승이 **보충되고,** 첨가됨으로써 교정되었다. 전승이 작품의 신학적 의도와 적절히 일치하지 않을 때조차도 물론 그것은 전수될 수 있었다(참조. 왕권의 생성에 대한 삼상 8-13장). 마지막으로 신명기 역사서는 자신의 중심 사상을 통해 사건들을 **판단한다.** 그러므로 이 작품은 과거의 사건을 "그것이 일어난 그대로" 서술한 것은 아니다. 즉 단순한 사실들을 수집,

분류하여 내놓은 것이 아니라, 오히려 해석한 것이다. 신명기 역사서는 신앙을 위해서, 궁극적으로는 하나님과 하나님의 율법에 대한 인간의 태도로서의 역사를 서술하였다. 그러므로 사람들은 한편에서는 신명기 역사서를 한 역사가의 작업으로 평가하고, 다른 한편에서는 당연하게 "의도를 지닌 문서"(Tendenzschrift : J. A. Soggin)로 특징 짓기도 한다.

2. 신학적 의도

1) 북왕국의 멸망, 특별히 바벨론 포로 유배를 야기시킨 대참사는 이스라엘 전체에게 경험되었다. 그러므로 신명기 역사서는 그 이전에 전수된 개별적인 이야기나 이야기군들에서는 결코 제기될 수 없는 하나의 질문에 답해야만 했다. 그것은 **하나님 백성 전체**의 존재와 운명에 관한 것이다. 이와 같이 이 작품은 (보다 후대의 역대기사가의 대하 10장 이하와는 달리) 두 나라의 역사를 추적한다 : 이 작품은 "전체 이스라엘 백성의 역사를 다룬다"(M. Noth, *ÜSt,* 95). 북왕국과 남왕국은 비슷한 죄를 짓고, 이 때문에 차례로 비슷한 운명을 당해야만 했던 한 하나님의 백성의 일부가 아닌가(왕하 17장 ; 21장 ; 24 : 3-4)? 그러나 하나님의 백성을 통일체로 이해하는 견해는 상황에서 발생한 판단에 일치할 뿐 아니라, 예언자의 메시지에 나타난 견해와 동시에 신명기의 주요 관심사를 수용한 것이다(이 책 10장 2.3).

신명기가 순종, 하나님 경외, 그리고 하나님 사랑을 촉구한다면, 신명기 역사서는 과거를 통해 이스라엘이 그러한 권고를 얼마나 따르지 않았던가를 보여 준다. 이 작품은 대재난 이후와 대재난 중에서의 일종의 자기 인식을 제공하거나 혹은 역사적 회고의 형태로 된 고백도 제공한다 : 땅의 점유로부터 가장 최근까지의 이스라엘의 과거는 재차 경고와 징벌하시는, 하나님에 대한 계속된 배반의 역사이다. 이와 같이 역사 서술은 국가적 재난에 직면하여 잘못이 이스라엘에게만 있다는 것과 동시에 하나님의 정당함을 드러내는 구체적인 의미를 갖는다.

"이러한 자성의 첫 번째 결과는 다음과 같다: 재난의 원인은 야웨가 아니다. 오직 이스라엘이 자기 자신의 죄로 인하여 자신의 구원을 상실하였다. 역사 가운데서의 야웨의 판결은 정당했다. 신명기 역사가는 '당신이 말씀하실 때에 의로우십니다'(시 51:4)라는 사실을 다룬다. 그 작품은 제의적인 것으로부터 문학적으로 바뀐 광범위한 '심판 송영'(Gerichtsdoxologie)이다"(G. von Rad, *Theologie des Alten Testaments I*, 354-355).

이전에 예언이 없었다면 그러한 고백은 결코 불가능했을 것이다. 예를 들어 이사야의 포도원의 노래(사 5장)는 하나님의 구원 행위를 이스라엘의 배은 망덕과 대립시킨다. 간단히 말하면 비판적인 역사 회고들(호 11-12장; 사 9:8 이하; 43:27-28)은 신명기 역사서를 선취한 것과 같은 기능을 한다. 역사는 죄에 대한 심판이다. 이 죄는 백성의 죄이지, (아직) 개인의 죄는 아니다. 형벌은 여러 세대 동안 연기될 수 있다. 그러나 그것은 폐기되지 않는다(왕상 13장과 왕하 23:15 이하 또는 왕상 21:23과 왕하 9:36을 서로 비교하라).

2) 신명기 역사서는 신명기로부터 중심 계명에 집중하는 것을 받아들이며, 이러한 제1, 2계명을 다른 방식으로 표현할 수도 있었다. 율법이 명령하는 모든 것을 행하는 것은 결코 조건적인 계명의 실행에 있는 것이 아니라, 오직 한 가지의 의미만을 갖는다: 이웃 민족들의 신들을 섬겨서는 안 된다(수 23:6-7). 그와 같이 이 역사서는 본래 이스라엘이 한 쌍의 개념으로 여기는(왕상 14:9; 왕하 17:16 등) 신앙의 배타성과 무형상성의 명령에 어느 정도나 올바르게 행동했는가라는 단 하나의 문제에 의해서만 움직인다. 수백 년에 걸쳐, 이스라엘은 야웨께 "충실한가"(수 23:8) 내지는 왕이 야웨께 "온전한가"(왕상 11:4 등)에 대하여 조사 받았다. 이러한 조사의 결론은 비록 두 시대에 서로 다른 방식으로 표현되었을지라도 사사시대(삿 2:10 이하)와 왕정시대에 부정적으로 내려졌다.

신명기 역사서가 사사시대를 근본적으로 민족의 시대로 표현하고, 이 시기에 그 백성이 야웨와 바알 사이를 왕래한 것으로 서술하고 있다면(삿 2:10 이하), 그 다음 시기에는 모든 중심이 한 개인에게로 옮겨간다: 권력과 책임(신 17 : 14–20의 왕에 관한 율법의 제한에도 불구하고)은 오직 왕에게만 있다. 왕이 평가를 받는데, 그 평가는 본래 그 왕이 살던 세대에 해당되는 것이다.

왕정이 가지는 기회는 물론 신속하게 사라졌다. 다윗 치하에서의 급격한 상승 다음에는 점차적인 쇠퇴가 뒤따랐고, 사사시대와 같은 주기적인 상승과 몰락은 나타나지 않는다. 이미 솔로몬에 대한 판단은 다음과 같다 : 그의 마음이 하나님 앞에 온전치 못하였다(왕상 11 : 4 ; 참조. 왕상 8 : 58, 61). 더욱이 이것은 거의 모든 후계자들에게도 적용된다. 게다가 다윗의 태도가 기준이 됨으로써, 다윗 이야기 자체에는 없는 직접적인 입장 표명이 간접적으로 보충된다 :

> "그 마음이 그 조상 다윗의 마음 같지 아니하여 그 하나님 야웨 앞에 온전치 못하였으나 … 이는 다윗이 헷 사람 우리아의 일 외에는 평생에 야웨 보시기에 정직히 행하고 자기에게 명하신 모든 일을 어기지 아니하였음이라"(왕상 15 : 3, 5 ; 참조. 왕상 9 : 4 ; 11 : 34, 38 ; 14 : 8 등).

다윗 이외에도 유다의 몇몇 왕들은 칭찬을 받았다 : 예를 들어 조건적으로 아사(왕상 15 : 11, 14), 절대적으로 히스기야(왕하 18 : 3 이하), 그리고 가장 최고조로는 요시야이다 :

> "그와 같이 마음을 다하며 성품을 다하며 힘을 다하여 야웨를 향하여 모세의 모든 율법을 온전히 준행한 임금은 요시야 전에도 없었고 후에도 그와 같은 자가 없었더라"(왕하 23 : 25 ; 참조. 왕상 22 : 2).

하나님께 대한, 더욱 엄밀히 말해서 신명기에 포함되어 있는 모세의 율법에 대한 왕의 태도는 그 시대의 번영과 화를 결정한다. 이와 같은 척도가 북왕국 왕권에 대한 정죄로 나타난다 : 왜냐하면 남왕국과의 정치적 분리는 야웨에 의하여 선택된 예루살렘에 있는 단일 성소와의 분리를 포함하기 때문이다. 북왕국이 다윗처럼 계명에 순종할 때에는 북왕국에게도 구원이 주어질 수 있었으나(왕상 11 : 38–39) 실제로 북왕국의 첫 번째 왕인 여로보암은 제의적으로 독립하려는 노력을 통해 바른 길에서 이미 벗어났고, 따라서 후대의 잘못된 방향 설정을 초래했다(왕상 14 : 7 이하; 왕하 17 : 21 이하를 왕상 12 : 26 이하와 비교하라).

북왕국의 전 역사 동안 존속했던 독립적인 제의 설치를 통해 즉 "여로보암의 죄"(왕상 14 : 16; 왕하 17 : 21)를 통해서, 이미 멸망은 확정적인 것처럼 보였다. 그럼에도 불구하고 이스라엘의 통치자에 대한 판단도 서로 다르게 내려진다(참조. 왕하 17 : 2).

그러므로 신명기 역사서의 척도들은 전체적으로 볼 때 매우 일방적이다. 예언자들이 질책했던 윤리적이고 정치적인 과실, 사회적인 불의에 관한 말은 없다. 일반적으로는 단지 **제의적 위반**들— 이방 신들을 추종하는 배교 행위와 제1, 2계명의 위반, 제의 단일화와 제의 정화의 위반— 만이 대두된다. 바른 행동을 촉구하기보다는 잘못된 행동을 더 많이 지적한다는 점에 있어서, 이 역사서는 물론 예언자들의 메시지와 비교할 만하다. "하나님 경외는 그것이 전개될 수 있는 다양한 가능성의 관점보다는, 여러 가지 모양으로 역사 속에서 실제로 발생되었던 배교의 관점에서 관찰된다." 이 역사서는 제의 자체의 실행에 대해서는 거의 관심을 보이지 않는다(M. Noth, *ÜSt*, 103 이하). 이러한 서술이 너무나 단순화된 것이거나 또는 부당한 것일지라도, 역사적인 구원과 재앙은 배타성을 촉구하는 특유의 신앙에 대한 충실 또는 불충실에 의해 결정된다.

3) 예언 선포와는 달리, 신명기 역사서는 죄 지적을 종교적-제의적 범죄로 계획적으로 국한시켜 편집하고 있으며, 현재의 최종 단계에서는 예언자들에 관한 이야기가 많은 부분을 차지할 뿐 아니라 역사의 과정에서 **예언자**에게 중요한 자리를 허락했다. 예를 들어 동시대의 제사장문서에서는 하나님의 말씀이 태초에 세계를 창조하고(창 1장), 그 후의 시대를 만들어 낸 것처럼(이 책 8장 2.5), 예언적 메시지에 따르면 역사의 이곳 저곳에서 나타나신(사 9 : 7) 하나님의 말씀이 이제 전체 역사의 행위자가 된다. 신명기 역사가의 서술은 위협과 약속(왕상 11 : 29 이하; 14 : 7 이하 등)으로서 역사 가운데 선포되고, 미래에 영향을 미치는 하나님의 말씀을 기초로 한다(참

조. 수 21 : 43 이하 ; 23 : 14 ; 또한 왕상 15 : 29 ; 16 : 12 등과 같은 여러 가지 성취 메모).

예언자의 이야기들은 엘리야와 같은 예언자들이 개별 왕들에게 죽음을 통고하는 사실을 보고하는 반면(왕상 21장 ; 왕하 1장), 신명기 역사서는 이러한 예언을— 의심의 여지없이 문서예언자의 영향에 근거하여 — 보편화하며, 북왕국(왕하 17 : 23)과 남왕국의 멸망을 예언자의 재앙선포의 실현으로 간주했다 : 유다는 "야웨께서 당신의 종들, 곧 예언자들을 통해 선포된 야웨의 말씀에 따라" 멸망했다(왕하 20 : 12 이하 ; 24 : 2 ; 21 : 10 이하 ; 22 : 16–17 ; 23 : 27).

그럼에도 불구하고 신명기 역사서에는 아모스, 호세아 또는 예레미야 같은 위대한 심판 예언자의 이름이 언급되고 있지 않다(이사야에 대해서는 왕하 19–20장).

신명기 역사가의 문헌에서 여러 번 전형적으로 불려지는 야웨의 "종들, 예언자들"(왕하 17 : 23 ; 21 : 10 등)은 한편에서는 심판으로 위협하며, 다른 한편에서는 열왕기하 17장 13절에 따라 경고자의 임무를 수용한다 : 그 임무는 "돌이키라!" 고 회개를 촉구하는 것과 (신명기의) 율법에 순종할 것을 권고하는 것이다. 예언에 관한 이 두 이해는 신명기 역사서가 예언자들을 그들의 본래적 청중들과는 완전히 다른 상황에 둠으로써 가능케 되었다. 예언자의 재앙 선포는 실현되었으며, 게다가 예언자의 주장의 진실성이 입증되었다. 이처럼 예언자의 선포는 (이제 실현된) 미래 통고에서 뿐 아니라 (듣지 않고 사라져 간) 회개 촉구에서도 죄 지적의 기능을 발휘한다 : 백성은 변명할 수 없다. 왜냐하면 그들은 **경고를 받았기** 때문이다. 그렇다면 강조점이 이동한 것은 아닌가 혹은 다가오는 재앙에 대한 확신을 가진 채, 심판을 통고하고 그것을 근거로 고발했던 이른바 문서 예언자들의 자기 이해와는 달리 또 다른 예언에 대한 이해가 존재하는 것인가? 실제로 예언자의 메시지와 신명기 역사서는 그 백성의 죄를 지적하는 것을 목적으로 하고 있긴 하지만, 그러나 예언자들이 그들에게 경고하려고 했던 것일까?

4) 노트(*ÜSt*, 107–108)에 따르면, 신명기 역사서의 주제는 "이미 지나

간, 그리고 신명기 역사가가 보기에는 이미 끝나 버린 자기 백성의 현재 역사"이다. 또한 노트는 "신명기 역사서의 의미가 미래를 위한, 즉 과거의 기본적 요소들의 붕괴로부터 다시 시작하는 것에 있는가"의 여부를 묻는 당연한 질문에 대답하지도 않았으며, 더욱이 그러한 질문을 명확히 제기하지도 않는다. 그처럼 신명기 역사가는 "자신에 의해 서술된 이스라엘 백성의 외면적인 붕괴를 통해서 성취된 하나님의 심판을 분명히 결정적이고 최종적인 것으로 보았으며, 미래에 대한 희망에 대해 한번도 아주 간결하고 단순한 형태로라도 표현하지 않았다. 이 희망이란 흩어진 포로민들이 미래에 다시 모이게 될 것이라는 기대를 말한다."

실제로 신명기 역사서가 여러 번 불순종 때문에 유배를 당할 것이라고 위협하였으나(수 23 : 13 이하 ; 왕상 9 : 7 이하 ; 왕하 17 : 18, 23 ; 21 : 14-15 등), 심판 이후 이 시대를 넘어서는 기대에 관해서는 언급하지 않는다(사람들은 특별히 왕하 17장, 25장에서 그러한 기대가 없음을 아쉬워 한다). 예를 들어 동시대의 제사장문서와 같이, 신명기 역사서는 심판 이후에 적어도 구원으로 가득한 미래에 대한 **직접적인 진술**을 표하지 않는다. 이러한 점에서 신명기 역사서는 예언적 선포를 수용하지 않는다.

폰 라트는 신명기 역사서에서 다윗 이래로 "기름부음을 받은 완전한 자에 관한 모습이 끊임없이 등장하고 있다"는 견해를 주장하였다. 단지 예언자의 위협의 말들뿐 아니라, "나단 예언의 구원 약속"은 실로 "역사를 통하여 영향을 미친다." 이와 같이 이 역사서는 여호야긴의 사면에 대한 종결부의 언급(왕하 25 : 27 이하)을 통해 하나님에게 여전히 열려 있는 가능성을 지시한다(*Theologie des Alten Testaments I*, 357, 355). 물론 이러한 종결부의 보도는 나단의 예언을 상기시키지 않으며, 메시아적인 미래를 암시하는 고귀한 사명도 없다. 그러나 미래의 구원이나 재앙은 이와 같은 개방적인 결말을 통해 유보된 상태로 남아 있는 것인가? "신령과 진정으로" 하나님 앞에 행하라는 지시와 권고는 아직도 유효한가(삼상 12 : 24, 14-15 ; 왕상 2 : 4 ; 9 : 4 등)?

볼프(H. W. Wolff)에 따르면, 신명기 역사서는 여러 번 감추어져 있는 간접적인 미래 진술들을 포함하고 있다. 왜냐하면 **회개**(*schub*)라는 주제가 거의 모든 중요한 구절에서 나타나기 때문이다(삿 2 : 6 이하 ; 왕하 23 : 25 등). 열왕기하 17장 13절은 모든 예언자들의 메시지를 권고로 명확히 요약하고 있다. "너희 악한 길에서 돌이키라!" 그러나 이 회개 촉구에 대한 반응은 다음과 같다 : "그들이 듣지 아니하고 그 목을 곧게 하기를 그 하나님 야웨를 믿지 아니하던 그들 조상의 목같이 하여"(17 : 14 이하, 19 ; 2 : 9)이다. 그러므로 돌이키라는 제안 — 이 점에 있어서 예언자의 인식과 비교된다(사 9 : 12 ; 30 : 15 등) — 은 이미 기회를 잃어버린 과거의 상황과 관련되어 있다.

물론 후대에 **첨가된 이야기**(왕상 8 : 46 이하)이긴 하지만, **솔로몬의 성전 봉헌기도**만이 이스라엘이 심판 이후에도, 즉 포로 유배 상황에서도 돌이키고 자신의 죄를 고백할 수 있으며, 이로써 야웨가 그 기도를 듣고, 죄를 사하고(50절), 자신의 백성을 내버리지 않을 것이라는 생각을 분명히 보여 준다 :

> "우리 하나님 야웨께서 우리 조상과 함께 계시던 것 같이 우리와 함께 계시옵고 우리를 떠나지 마옵시며 버리지 마옵시고 우리의 마음을 자기에게로 향하여 그 모든 길로 행하게 하옵시며 우리 조상에게 명하신 계명과 법도와 율례를 지키게 하시기를 원하오며"(왕상 8 : 57 – 58 ; 참조. 애 5 : 21 – 22 ; 레 26 : 44).

모든 민족들이 야웨를 인정할 것이라는 것이 이 희망에 속한다(왕상 8 : 60, 41 이하).

신명기의 후대의 틀은 민족의 흩어짐 이후와 흩어짐 중에 있을 구원의 시기를 보다 큰 확신을 가지고 주시하며, 더욱이 디아스포라가 모일 것과 이스라엘이 그 땅으로 귀환할 것을 희망한다(신 4 : 29 – 31 ; 30 : 1 이하). 이처럼 신명기 역사서의 진술들을 계속해서 이어가는 그 역사서의 후대 본문들에 가서야 비로소 심판의 경험 너머에 있는 미래와 또한 역사의 새로운 목표에 대한 예측이 나타난다. 이 역사서 자체는 과거를 회고하는 것, 즉 이스라엘의 죄를 고백하고 하나님의 정당성을 입증하는 것으로 만족했던 것처럼 보인다.

3. 여호수아서에서 열왕기서까지

1) 여호수아서

여호수아서는 모세의 사망 직전에 시행된 여호수아의 직위 임명(신 31 : 2 이하 ; 참조. 3 : 21 이하 ; 민 27 : 15 이하)을 전제하고 있고, 이러한 사명의 위임(수 1장)으로부터 여호수아의 죽음(수 24장)까지 전개된다. 내용상 이 책은 이스라엘의 가나안 정착을 두 가지 주요한 단계, 즉 땅의 정복(2-12장)과 땅의 분배(13장 이하)로 기술한다.

I. 수 1장 — 도입 설교(Dtr.)
확고한 신앙으로 요단강을 넘어가라는 여호수아에게 주어진 명령과 특히 이미 정착한 요단 동쪽 지파(르우벤, 갓, 므낫세 반지파)에게 요단 서쪽 지역의 점령에 협력하라는 여호수아의 명령(참조. 22 : 1-6)

II. 수 2-12장 — 요단강 서쪽 지역의 정복

2-9장 — 이전에는 독립적으로 존재했던 **기원론적인 민담**들의 모음집. 이 민담들은 베냐민 지파에서 유래한 것이며, 아마도 여리고 근처의 길갈 성소에서 전승되었을 것이다(M. Noth 등) :

- 2장 ; 6장 — 여리고(기생 라합)
- 3-4장 — 요단강을 건너는 길목에 있는 길갈(열두 개의 돌)
- 5장 — 할례, 유월절, "주 야웨의 군대장관"의 현현
- 7-8장 — 아이(아간의 도둑질)
  - 8 : 30 이하 — 세겜에서의 제단 건립과 율법의 낭독. 참조. 신 27장 ; 11 : 28-29
- 9장 — 기브온. 네 도시들과의 동맹

10-11장 — **두 개의 전쟁 보고**. 이 보고들은 2-9장에서 실례적으로 서술된 중부 팔레스틴의 점령 후에 유다의 남부 지역 (10장)과 갈릴리의 북쪽 지역(11장)의 정복을 소개한다 :

- 10장 — 예루살렘의 아도니-세덱이 도시 동맹과 벌인

기브온의 전투(참조. 삿 1 : 5 이하)
"태양아 멈춰라!"(12－13절)
11장 메롬 물가에서 하솔과 벌인 전투(참조. 삿4 : 2)
11 : 16 이하; 12장 요약. 패배한 왕들의 목록

III. 수 13－22장 요단강 동편 지역(13 : 7 이하; 참조. 22장; 민 32장; 신 3장) 과 요단강 서편 지역(14－19장; 참조. 민 34장)의 땅 분배
13－19장 경계선에 대한 설명과 장소목록에 의해 지파들의 영역을 확정(15 : 21 이하 등).
두 가지 전승들의 연대는 다르게 결정된다.
20－21장 도피성(20장)과 레위성(21장)을 선별함
참조. 신 4 : 41 이하; 19장; 민 35장
22장 요단강 동편 지파들의 귀환(1－6절; 참조. 1 : 12 이하)과 요단강 가에 그들을 위한 제단을 건립함(9절 이하).

IV. 수 23장(22 : 1－6) 여호수아의 고별 설교(Dtr.)

V. 수 24장 부록 : 이른바 세겜 총회, 야웨께 대한 지파들의 신앙 고백(참조. 이 책 2장 2)
"나와 내 집은 야웨를 섬기겠노라"(15절).
율법에 대한 의무 부과(25절 이하). 여호수아의 죽음과 매장.

여호수아 1장과 (수 22 : 1－6을 포함하는) 23장의 설교들은 여호수아서 해설의 틀을 형성한다. 신명기 역사가의 또 다른 단락들은 예를 들면 여호수아 8장 30－35절, 12장, 14장 6－15절(참조. 신 1 : 22 이하), 그리고 24장에서 발견된다.

여호수아 23장과 24장에 있는 여호수아의 설교들은 상당히 평행을 이루고 있으며, 원래는 서로 나란히 위치하지 않았으며, 또한 ― 말뿐 아니라 행동까지도 보고하고 있는 ― 24장은 적어도 신명기 역사가에 의해 개정되었기 때문에, 여호수아서에서 신명기 역사가의 두 개의 편집층을 고려해야만 한다.

이외에 몇 가지 제사장문서의 구절들이나 혹은 언어와 의도에 있어서 ― 모세

의 죽음으로 끝나는— **제사장문서에 가까운 구절**들이 발견된다. 여호수아 5장 10-12절의 유월절 보도와 4장 15절 이하, 14장 1-2절, 18장 1절, 19장 51절, 21장 1-2절 또한 9장 15절 이하 등에 있는 제사장과 법궤의 언급을 참조하라.

이야기체의 주요 부분(2장 이하)조차도 문학적으로 통일적인 것처럼 보이지 않는다. 여호수아서의 본문 중 일부가 오경의 비교적 오래된 두 개의 문서 자료 중 하나에 속하는가의 여부(참조. 예를 들어 출 3 : 5 J와 수 5 : 15의 형식적인 관용어구의 일치)는 확실하게 입증되지 않는다.

특정한 사실들을 설명하는 장소에 관한 민담(수 2-9장)과 사사시대의 사건들을 선포하거나 또는 선취하는 전쟁 이야기들(수 10-11장)이 나중에 상호 결합됨으로써 여호수아는 군사령관임과 동시에 서로 다른 종류의, 전체 이스라엘과 관련된 전승들의 연결점이 되었다.

비록 여호수아서가 보도하는 탁월한 역할을 여호수아가 수행하지 못했을지라도(삿 1 : 22 이하는 여호수아를 모르고 있다), 에브라임 지역 출신인 여호수아(참조. 수 24 : 30 ; 민 13 : 8) 조차도 사사시대의 카리스마적인 영웅들과 유사하게 중부 팔레스틴에서 활동했을 가능성이 있다(참조. 수 10장).

물론 처음으로 하나님의 이름이 확실히 드러나는 여호수아의 이름("야웨께서 도우신다")은 동시에 여호수아가 상당한 정도로 야웨 숭배에 진력했음을 증명하는 듯하다(참조. 수 24장). 이것이 여호수아를 모세의 종이요, 후계자로 간주하는 전통의 동기와 정당성을 부여하는가(출 33 : 11 ; 민 11 : 28 ; 27 : 15 이하 ; 신 31 : 14, 23 ; 34 : 9 ; 수 1장)?

여호수아서는 서로 다른 종류의 사건들과 전승들을 야웨의 의지에 따른 단 하나의 사건의 연속으로 설명한다(참조. 수 10 : 42). 땅의 점령은 야웨의 명령에 따라(수 1 : 2 이하), 그리고 때에 따라서 야웨의 놀라운 개입의 도움으로 이루어진다(수 10 : 12-13 ; 참조. 삿 5 : 20-21). 그러므로 결국은 야웨 자신이 그 땅을 준 것이 된다(수 1 : 11, 15 ; 9 : 24 ; 24 : 13). 여호수아서의 두 번째 방대한 주요 부분에서는 이러한 땅 분배가 제비를 통해(수 18 : 8 이하 ; 14 : 2 등), 즉 야웨의 결정에 따라(참조. 수 7 : 14 이하 ; 삼상 10 : 20) 시행되었다고 보고되기 때문에, 야웨의 이러한 땅 소유권 주장이 관철된다.

그러므로 땅에 대한 백성의 선택권과 소유권은 거부된다.

그 외에 땅 점유는 이미 족장들에게 약속되었고 모세의 소명(출 3 : 8, 17 R^{Dtr})에 의해 강화되었던 약속의 성취이다: "모든 약속의 말씀 중 떨어지지 아니하고 모든 것이 이루어졌다"(수 21 : 43–45). 땅 점유가 자연스레 주어진 것이 아니기 때문에, 그것은 당연한 것이 아니다. 하나님은—우리가 예언을 계승해서 말할 수 있듯이—자신의 선한 선물을 불순종한 경우에는 이스라엘로부터 빼앗으실 수 있다(수 23 : 13 이하).

2) 사사기서

땅 점령 이후에는 신명기 역사서에 있어서 근본적으로 다른 시대인 사사시대가 시작되며, 이 시대는 이스라엘의 또 다른 행동에 의해 결정된다. 이스라엘이 여호수아의 생존시 야웨를 진실되게 섬겼다면(수 24 : 31 ; 삿 2 : 7), 이제는 야웨를 거역한다. 이스라엘은 이방신들, 즉 바알들에게 돌아섬으로써 위기에 빠진다. 사사들은—물론 이스라엘이 또 다시 불순종 할 때까지 단지 한시적인 것이지만(삿 2 : 11 이하; 참조. 삿 3 : 7 이하; 4 : 1 이하; 6 : 1, 6 등)—그러한 위기를 물리칠 수 있었다.

I. 삿 1장 도입(아마도 후대에 첨가되어 앞에 놓여짐)
땅의 정복에 대한 보도 내지는 개별적인 짧은 보도들:
이 본문들은—이스라엘 전체의 작전 수행에 대해 보도하는 여호수아서와는 달리—여호수아의 지휘 없이 수행된 지파들의 개별적인 정착에 대해 보도하는데, 이러한 사실이 역사적으로 더욱 개연성을 가지고 있다.
이른바 "부정적인 땅 점유 목록"(1 : 19, 21, 27 이하; 참조. 수 15 : 63 ; 16 : 10 ; 17 : 11 이하)
2 : 1–5 길갈에서 보김까지 야웨의 천사가 진군해 옴(참조. 출 23 : 20 ; 33 : 2).

II. 삿 2–16장 주요 부분
2 : 6–3 : 6 이스라엘 전체와 하나님과의 관계에 대한 (dtr.) 역사신학적인

도입부의 고찰.
이 고찰의 결론 부분에는 다양한 보충들이 포함.
개별적인 지파 용사들의 이야기들(3 : 7 – 16 : 31)
3 : 7 – 11 옷니엘(참조. 1 : 13 ; 수 15 : 17)
3 : 12 – 30 여리고의 구출을 위하여 모압의 에글론에게 대항했던 베냐민 출신의 에훗.
3 : 31 블레셋에 대항한 삼갈(참조. 5 : 6)

4 – 5장 가나안 도시들을 대항하여 이스르엘 – 평야(다볼)에서 이루어진 이른바 드보라 – 전투, 시스라(하솔의 야빈)에 대항한 에브라임 출신의 드보라와 납달리의 바락.
겐족 여인인 야엘에 의한 시스라의 살해
5장 드보라의 노래. 이스라엘의 도움(14절)과 함께 시내산으로부터의 야웨의 신현현에 힘입은 승리(4 – 5절. 참조. 신 33 : 2). 중앙과 북팔레스틴 지파들의 참여. 참가자들에 대한 칭찬과 멀리서 관망하고 있는 자들에 대한 비난.

6 – 8장 미디안(최초의 낙타 – 유목민들)에 대항한 므낫세 지파 오브라 출신의 기드온(여룹바알) ; 참조. 사 9 : 3
6 : 11 이하 소명 공식(출 3 : 10 이하 E ; 삼상 9 – 10장 ; 렘 1장과 같이)과 성소기원론
8 : 22 – 23 왕 지위의 거절(참조. 삼상 8장 ; 12장)
이것과 대조적인 내용 :
9장 기드온의 아들 아비멜렉이 세겜 도시의 왕이 됨(국가형성의 선구자)
9 : 7 – 15 (왕에 대해 비판적인) 요담의 우화

10 – 12장 암몬에 대항한 길르앗 출신의 입다
지파의 용사인 동시에 사사(12 : 7)

10 : 1 – 5 ; 12 : 7 – 15 이른바 "소사사들의 목록"

13 – 16장 블레셋에 대항한 단 출신의 삼손. 민속영웅민담

III. 삿 17 – 21장 두 개의 부록들(?)

이 부록들은 왕정시기 이전의 상황을 묘사한다(17 : 6 ; 19 : 1 ;

21 : 25)
17-18장 미가의 신상 숭배. 단 지파의 성소 설립과 북쪽으로의 이동
19-21장 기브아의 범죄 행위
베냐민과 전 이스라엘(원래는 단지 에브라임만의?)과의 전쟁. 12 : 1 이하 역시도 이스라엘 지파들 사이에서의 갈등에 관한 것이다.

신명기 역사가의 역사 해설은 사무엘상 12장의 마지막 설교와 일치하는 사사기 2장 6절 이하의 서두에서, 그리고 때에 따라서는 방대한 단락(삿 10 : 6-16)에서, 심지어 예언자의 말(삿 6 : 7-10)에서 결국 각종의 개별적인 진술들(삿 8 : 33 이하 등)에서도 나타난다. 이러한 역사 서술은 무엇보다도 가나안의 정착과 국가 형성 사이의 이스라엘 초기 시대에 대한 서로 다른 두 가지 전승들을 제시했던 것으로 보인다 :

(1) 여호수아서가 보다 오래된 기존의 민담의 모음집(수 2-9장 ; 10-11장)을 그 안에 수용하고 있는 것처럼, 사사기는 카리스마적인 탁월한 **지파 영웅들**에 관한 이야기 모음집을 지니고 있다. 지파 영웅들은 한 지파가 외부의 적에게 위협을 받을 때에 위기에서 구원하는 자 내지는 돕는 자로 등장했다(보다 후대의 틀인 삿 3 : 9, 15에서도 이처럼 나타난다. 참조. 삼상 11 : 3). 그들은 위기에서 벗어나기 위해서 해당되는 지파와 그들 주위 지파들을 징집하였다. 야웨의 영(삿 6 : 34 등)에 의해 고무된 이들 이른바 '대사사'(die große Richter)들은 공간적으로도, 그리고 시간적으로도 제한된 활동을 하였다. 그들은 군사적인 개별 행동에서 특정 지파들만을 이끌었으며, 해방 이후에 그들은 그들의 임무로부터 벗어나 다시 귀향하였다.

리히터(W. Richter)는 그러한 모음집을 보다 정확하게 사사기 3장(12-13절)에서 9장까지 이르는 기원전 9세기 북이스라엘에서 생겨난 "구원자에 관한 책"(Retterbuch)으로 규정했다.

(2) 한 목록은 "이스라엘을 다스렸던 "이른바 **소사사들**"(die kleine

Richter)의 이름, 고향, 활동 시기와 묻힌 장소를 전한다(삿 10 : 1-5 ; 12 : 7-15). 소사사들은 — 신명기 16장 18절이 예견하고 있는 것과는 달리 — 그들의 직무를 단독으로 행하였고, — 지파 영웅들과는 달리 — 때에 따라 이웃 지파에까지도 미치는 영향력을 가진 것처럼 보인다. 그들의 임무는 외교 정치적-군사적인 것이 아니라, 오히려 국내 정치적-평화적인 일이었다. 그들이 재판관(참조. 삼상 7 : 15-16 ; 삼하 15 : 4, 6)이건 또는 법공포자이건 간에, 소사사들은 법의 대표자로서 활동했을까? 그들의 직무 영역이 어느 정도까지 영향을 끼쳤을까? 그들의 직무 영역은 단지 후대의 북왕국에만 미치는 것인가 아니면 남왕국까지도 유효한 것인가? 더욱이 이 목록이 실제로 국가 이전 시기의 기억들을 재현하고 있는지 또는 단지 왕정 시기 전체 이스라엘의 상황을 과거로 역투영하고 있는지의 문제는 아직 논란의 여지가 있다.

대사사와 소사사의 두 가지 역할은 입다라는 인물에서 중복된다. 그는 (소)사사(삿 12 : 7)로서 그리고 카리스마적인 지도자로서 활동했다(참조. 또한 드보라 삿 4 : 4-5).

이와 같은 전승의 영향에 의해서 신명기 역사서는 대사사와 소사사의 두 가지 현상을 동일시한다. 아마도 지파의 영웅들은 (소) "사사들"과 동일시될 때, 비로소 (대) "사사들"이 되었을 것이다(M. Noth).

영웅 민담들이 보도하는 사건이 처음에는 유일하고 특수한 것이었다면, 사건들의 의미는 전승사의 과정을 통해 확장되었다. 족장시대의 민담과 성소의 민담들이 거쳐 온 과정과 마찬가지로, 사사시대의 지파이야기들 또한 전체 이스라엘과 관련되었고, 드디어 상당한 정도로 야웨 신앙을 증언하게 되었다. 인간의 주도권은 억제되기 때문에, 이스라엘은 "내가 나를 스스로 구원하였다"(삿 7 : 2)라고 자랑할 수 없다. 이러한 (후대의) 신학적인 해석은 기드온에 의한 왕권 지위의 거부에서 절정에 이른다 : "나도 그리고 나의 아들도 아니요, 야웨께서 너희를 다스리시리라!"(삿 8 : 22-23 ; 참조. 전승사에 대해서는 W. Beyerlin).

이것을 넘어서서 신명기 역사서는 자신의 전체 틀 안에 전승들을 포함시키고, 또한 전통에 따르면 여기 저기에서 일어난 일을 전형적이고 거의 한결같이 반복되는 사건으로 만들었다: "야웨에 대한 배반 → 적에 의한 곤궁 → 야웨께 대한 구원요청 → 구원 → 새로운 타락이다. 그러므로 이스라엘은 사사기의 이러한 역사신학적인 프로그램을 통해 고대 근동의 순환적 사고 방식에 위협적일 정도의 비평적인 질문을 시도했다"(G. von Rad, *Theologie des Alten Testameats I*[4], 343). 확실히 사사기는 동일한 또는 유사한 상황의 거듭되는 반복을 서술하였다. 그러나 비유적으로 말해서, 겉보기에는 순환 구조처럼 보이는 이것은 오히려 일정한 목적을 향하여 나아가는 나선 구조이다. 사건의 연속은 자신으로 되돌아오는 운동과 더불어서 앞으로 진행하는 운동을 하고 있다. 즉 사사시대는 처음부터 왕정시대를 향해 가고 있다.

3) 사무엘서

이 책의 이름과는 달리 사무엘이라는 인물(삼상 1-3장; 7-16장; 28장)이 이 책의 중심에 서 있는 것이 아니라, 오히려 짧은 왕정 이전 역사 이후에 등장하는 처음의 두 명의 왕인 **사울**(삼상 9-31장)과 **다윗**(삼상 16장-삼하 24장; 왕상 1-2장)의 운명이 중점으로 놓여 있다. 게다가 처음에는 사울과 다윗 사이의 관계(삼상 16장-삼하 1장)가, 그리고 후에는 다윗과 그의 아들들의 관계(삼하 13-19장)가 넓은 범위를 차지한다. 주관적으로 판단할 때에, 그리스어, 그리고 라틴어 번역인 칠십인역과 불가타가 사무엘서를 제1, 2 열왕기서로 분류하고, 이에 맞추어 두 개의 연속되는 열왕기서를 제3, 4의 열왕기서로 간주하였다는 점은 오히려 정당하다.

문학적인 단위들을 고려할 때, 사무엘서는 다음과 같이 분류된다:

I. 삼상 1-15장 사무엘과 사울
 1-3장 사무엘의 어린 시절 이야기(실로에서)
 엘리와 그의 아들들
 2장 한나의 찬송
 "야웨는 죽이기도 하시고 살리기도 하시고"(6-7절)

4-6장과 법궤에 관한 이야기

삼하 6장 법궤는 실로의 성소에서 블레셋인들(다곤 신)에게 붙들려 갔다가, 이스라엘로 돌아오고(기럇 여아림), 결국 예루살렘에 안치된다.

7-12장 왕정의 기원
우리는 (J. Wellhausen에 따라) 흔히 다음과 같은 두 가지 본문으로 구분한다.
a) 왕권에 대해 우호적인, 보다 오래된 본문 : 삼상 9 : 1-10 : 16 ; 11장
b) 왕권에 대해 비판적인, (주로 Dtr.) 보다 후대의 본문 : 삼상 7-8장 ; 10 : 17-27 ; 12장.

13-15장 블레셋(13-14장, 요나단)과 아말렉(15장 ; 참조. 출 17장)과의 전투에서의 사울의 행적. 왕정과 (야웨 전쟁) 전통과의 갈등 : 진멸 명령에 의해 모든 노획물을 야웨께 드림.
사무엘을 통한 사울의 버림 : "순종이 제사보다 나으니라" (15 : 22).

II. 삼상 16장 **다윗의 상승사**
-삼하 5장(7-8장) 16장 다윗의 기름부음(참조. 삼상 9-10장에 있는 사울의 기름부음)
사울 왕궁에서 수금타는 자인 다윗

17장 골리앗과의 결투(참조. 삼하 21 : 19)

18장 이하 사울의 질투(노래 : 18 : 7 ; 21 : 12)
요나단의 우정

21장 이하 용병과 용병대장으로서의 다윗(22 : 2 ; 27 : 2-3). 시글락을 수여 받음(27 : 6-7).

28장 이른바 엔돌의 신접한 여인을 찾은 사울

31장 블레셋과의 전쟁에서의 사울과 그의 아들들의 죽음(길보아 산에서)

삼하 1장 사울과 요나단에 대한 다윗의 애도

2-4장 다윗과 이스바알

2장 헤브론에서 유다의 왕으로 기름부음을 받은 다윗

5장 계약을 통하여 이스라엘의 왕으로 기름부음을 받은 다윗.
예루살렘의 점령. 블레셋에 대한 승리

6장 법궤의 운반(법궤 이야기의 연속 : 삼상 4－6장)

7장 나단의 예언 : 다윗 가문의 "영원한" 통치 약속. 성전 건축의 불허.
사람들은 보다 오래된 본문에서 다윗 가문(11b절, 16절)이나 적어도 후손(12절, 14a절)에 대한 무조건적인 약속을 찾는 경향이 있다.
나단 예언의 여운들 : 삼하 23 : 5 ; 시 89편 ; 132편 ; 사 55 : 3

8장 이웃 민족들의 굴복. 다윗의 관리들(8 : 16－18 ; 10 : 23－26 ; 참조. 왕상 4장)

II. 삼하 (6장)9－20장 ; **다윗의 왕위계승**에 관한 이야기

왕상 1－2장 10－12장 암몬과의 전투(참조. 삼상 11장)

11장 밧세바. 솔로몬의 탄생

12장 부유한 자와 가난한 자에 관한 나단의 비유 (사 5 : 1－7의 포도원의 노래와 같은 법적 사건 이야기)
"당신이 바로 그 사람이라"(7절). "내가 야웨께 죄를 범하였노라"(13절 ; 참조. 시 51편)

13장 이하 다윗의 아들 암몬과 압살론

15－19장 압살롬의 반란

20장 세바의 반란
"우리는 다윗과 나눌 분깃이 없다"(1절 ; 왕상 12 : 16)

IV. 삼하 21－24장 후대 첨가(?, 왕위 계승 이야기에 삽입)

22장 = 시 18편

23장 다윗의 "마지막 말들"(통치자의 거울)
다윗의 용사들(23 : 8 이하 ; 21 : 15 이하)

24장 예루살렘 성전터의 기원론
인구조사. "다윗의 선견자" 갓. 징벌의 선택. 아라우나의 타작 마당에 제단을 건축함. 이전의 거민들로부터 넘겨 받은 제의 장소를 세속적으로 (즉 타작마당으로) 재해석한 것인가?

개별적인 이야기들(삿 9장 ; 왕하 9-10장과 같은)을 제외하면, 사무엘서는 이스라엘 역사 서술 중에서 가장 오래된 광대한 작품들을 포함하고 있다. 이스라엘의 역사 서술은 왕정의 성립 이후, 이전에는 알지 못했던 새로운 제도에 의해 비로소 생겨났다. 왜냐하면 국가는 행정을 위해서 문서 작성에 능통한 관리를 필요로 했기 때문이다(참조. 이 책 3장 3.1). 이에 상응하게 역사 서술은 우선적으로 그 당시의 시대사에 관심을 가졌다. 물론 그 후에 곧바로 야위스트의 작품에서는 광대하고 포괄적으로 이스라엘의 과거로 소급했다.

사무엘서에서 이스라엘 역사 서술은 한 단계 더 발전하게 되었는가? 특이할 만한 것은 사무엘서의 구조에서 이미 주어진 개별 전통들이 점점 더 자유롭게 다루어지고 있다는 것이다. 전혀 다른 사무엘과 사울에 관한 전승들에서 시작해서 여러 가지 영웅민담들과 민속적인 이야기들로 느슨하게 연결된 다윗의 상승사를 거쳐, 매우 계획적이고 목적지향적인 왕위계승사에 이르는 동안, 구성의 치밀성, 즉 기존의 소재를 포괄적인 서술의 맥락과 의도에 맞게 삽입하는 것이 증가한다(R. Rendtorff, 40).

사무엘상에서 나타난 왕권의 성립에 대한 다양한 전승층을 살펴보기만 해도, 새로운 상황으로의 변화가 얼마나 서로 다르게 이해되고, 평가되었는가가 명확히 드러난다. 엄격히 말해서 이에 대해서는 심지어 다섯 개의 다양한 보고들이 존재한다 :

(1) 삼상 8장 : 사무엘의 아들들이 공정한 재판을 하지 못함. 국내의 정치적인 이유에 근거하여 "다른 모든 민족들과 같이" 왕 갖기를 바라는 소원이 생겨남.
"왕의 (특별한)권리"(11-17절)가 삽입됨. 그것은 자유로운 이스라엘 사람들에 대한 왕의 특권들(병역, 노역, 공용 징수, 십일조)을 논쟁조로 기록.

(2) 삼상 9 : 1 – 10 : 16 : 사무엘을 통해 사울이 "지도자"(nagid)로 기름부음을 받음(참조. 다윗의 기름부음 삼상 16장).
"암나귀를 찾으러 나왔던 사람이 왕관을 발견한다"(H. Greßmann).

(3) 삼상 10 : 20 – 24 : (미스바에서) 제비뽑기로 왕이 선출.

(4) 삼상 10 : 23b – 24 : 바로 이전의 장면에서 사울이 백성보다 머리 하나가 더 크기 때문에(참조. 삼상 9 : 2) 왕으로 선출되었다는 본래적인 전승이 보존되어 있다.

(5) 삼상 11장 : (길르앗 야베스에 대한) 암몬 족속의 위협(길르앗에 있는 야베스). 대사사와 같이 카리스마적인 지도자로서의 사울. 사울은 길갈에서 "야웨 앞에서" 왕위에 오르게 됨(15절).
왕정의 "갱신"을 통해 조화를 추구하는 12 – 14절의 첨가에 따르면, 사무엘은 사울의 즉위에 협력한다.

마지막 — 아마도 가장 오래된 — 서술은 왕권의 성립에 대한 토대를 당연히 전쟁이라는 위기 상황으로 본다(참조. 또한 삼상 8 : 20 ; 10 : 1). 그러나 그러한 위협은 (삼상 11장 반대하여) 암몬이 아니라, 십중팔구는 블레셋에 의한 것이었다(참조. 삼상 9 : 16 ; 13 – 14장 ; 28 – 29장 ; 31장). 블레셋의 계속되는 압력은 지속적인 저항 — 따라서 단순히 카리스마적이고 위기 상황에만 국한된 한시적인 사사 체제가 아닌 왕정 체제 — 을 필수적인 것으로 만들었다. 그러므로 왕정 형성의 직접적인 원인은 문헌적으로는 전혀 기록되지 않은 것으로 보인다.

여기서 제기될 수 있는 특별한 역사적인 질문은 아마도 원래는 이른바 소사사(삼상 7 : 15 – 16)인 사무엘이 변혁을 일으키는 이 개혁에 어느 정도 관여했는가 하는 것이다. 이러한 과정에서 그의 중요성은 회상 속에서 더욱더 증대한다(사울의 기름부음 삼상 10 : 1 ; 백성들의 소집 삼상 10 : 17 ; 11 : 7, 12 – 14에 있는 후대의 첨가들; 참조. 이 책 13장 4).

또한 이 사건이 개별적인 보고에서는 모호하게 표현되었을지라도, 개별 보도들의 신학적 의도는 유사하다. 사무엘상 11장 15절이 "야웨 앞에서"라는 진술을 통해 암시하는 것은 그것이 기름부음이라는 상징적인 행위에 의한 것이든 또는 제비뽑기에 의한 것이든 다음과 같이 전개된다: 모든 비평적인 유보적 입장에도 불구하고 새로운 공직자의 선택은 결국에 하나님의 뜻에 일치하고, "선택된 자"(삼상 10:24)는 하나님의 뜻에 다시금 결부되어 있고, 그 뜻을 따라야 한다.

보다 오래된 전통을 포함하고 있을 뿐 아니라, 그것을 신명기 역사가의 틀로 해석하고 있는 사무엘상 8장과 12장은 왕정을 회상함에 있어서 매우 회의적으로 평가할 뿐만 아니라, 심지어 왕의 지휘를 하나님의 통치와 대립시키기까지 한다(삼상 8:7; 12:12; 참조. 삿 8:23). 하나님은 스스로가 위기 중에서 진정한 구원자가 되심을 표명한다(참조. 삼상 10:18-19).

사람들은 사무엘상 16장-열왕기하 2장에 있는 다윗시대에 관한 놀랍도록 광범위한 전승들을 보통 두 개의 커다란 단위로 나눈다: 상승사(삼상 16장-삼하 5장), 그리고 왕위 계승사(삼하 9-20장; 왕상 1-2장).

"누가 다윗의 후계자가 될 것인가(왕상 1:27)? 솔로몬이여!"라는 질문은 로스트(L. Rost, *Die Überlieferung von der Thronnachfolge Davids*, 1926)의 분석에 따르면, 다윗의 아들들의 파란만장한 운명을 자세히 보도하는 왕위 계승사의 목표점을 표현한 것이다.

물론 이 두 이야기의 범위 결정은 일치하지 않는다. 첫 번째 이야기를 계승하면서 두 번째 이야기를 준비하는, 이 두 개의 이야기를 서로 묶어 주는 중간 장들(삼하 5장과 6-8장)이 문학적으로 어디에 속하는 것인지는 논란이 된다. 이뿐 아니라 이와 같은 중간 장들에는 이전의 독립적인 법궤 이야기의 마지막 부분(삼상 4-6장; 삼하 6장)이 삽입되어 있다. 이와 같은—

신명기 역사서에 이미 주어진? — 자료들의 숙련된 결합으로 인해, 사무엘서의 상당 부분은 방대할 뿐 아니라, 다양한 개별 장면들에 따라 다소 일목요연한 이야기 줄거리를 갖게 되었다. 따라서 사무엘서는 계속해서 인물과 사건이 바뀌는 열왕기서보다도 통일적인 인상을 준다.

그 이야기들은 다윗의 궁정에서 벌어졌던 사건들의 정확한 정보를 언급하며, — 아마도 자유롭게 형성된 연설이나 장면과 더불어 — 역사적으로 신뢰할 수 있는 기억들을 상당히 많이 지니고 있다. 그러나 특정한 개별 전승들의 연대, 전체가 문서로 고정된 시기(솔로몬 시대 또는 기원전 926년의 이른바 왕국분열 이후에야 비로소?), 후대의 편집 부분, 그리고 서술의 의도 등은 불확실하게 남아 있다. 역사 보도가 복잡하면 복잡할수록, 당연히 그 의도를 명백하게 인식하기란 더욱 어렵게 된다. 다윗의 상승사는 친다윗적이고, 왕위 계승사는 반솔로몬적인 것인가? 또는 왕위 계승사는 세습 왕정제의 비평적인 입장을 취하고 있는 것인가(E. Würthwein)?

솔로몬의 공직 임명이 이스라엘 자유 시민들의 참여 없이 일어났기 때문에(참조. 삼하 2 : 4 ; 5 : 3 ; 왕상 12 : 20), 왕조 원칙은 비판받는 것인가? 이미 매우 초기에 왕권에 대한 반대는 존재할 수 있었다(삼상 10 : 27 ; 11 : 12 – 13 ; 또한 삼하 15 : 3 – 4 ; 삿 9 : 7 이하 등).

전체적으로 역사의 모호성이 매우 잘 드러난다. 서술은 눈에 띄게 "세속적"이다. 이러한 서술에는 단지 유보적으로, 거의 은폐된 채로 신학적인 빛이 조명된다 : 어떻게 베들레헴 출신의 어린 다윗이 수금타는 사람으로서 사울의 궁천에 오게 되었는지를 보도하는(삼상 16 : 14 이하) 다윗 상승사의 (아마도) 본래적인 도입부에는 기름부음으로 인해 다윗이 왕으로 결정되는 보다 후대의 이야기가 위치하게 되었다(삼상 16 : 1 – 13). 카리스마의 이동이라는 개념이 역사적으로 거의 일치할 수 없는 두 개의 이야기들을 내적으로 결합시켰다 : 야웨의 영이 사울로부터 다윗에게로 옮겨졌다. 야웨로부터 보내진 악한 영이 사울을 덮친다(14 – 15절). 다윗 상승사의 본래 의도는 야웨가 다윗과 "함께" 하였다는 것으로(삼상 17 : 37 ; 18 : 12, 14, 28), 이러한 진술을 통해서 다윗 상승사(삼상 16 : 18)는 분명히 다음과 같은 진술로 끝난다 : "다윗이 점점 강성하여 가니라, 이는 만군의 하나님 야웨께서 함께 계시기 때문이다"(삼하 5 : 10 ; 참조. 또한 삼상 7 : 3, 8 - 9 ; 삼상 10 : 7). 다윗-솔로몬 시대 이스라엘의 성공을 야웨의 "함께 하심"으로 설명했기 때문에, 사건의 "자연적인" 경과 속에서 하나님의 (간접적인) 작용이 인식되었으며, 성공이 단순히 인간적인 능력으로 돌려지지는 않았다. 어느 정도 동시대에 활동한 야위스트는 족장 민담을 해석함에 있어서 이러한 이해를 수용한 것인가(창 26 : 3 ; 28 : 15 등)?

전체적으로 볼 때, 사무엘서는 하나님의 도움과 대조되는 인간의 무가치함과 무능력을 고백한다(삼상 9 : 21 ; 14 : 6 ; 15 : 17 ; 16 : 11 ; 17 : 45, 47 ; 삼하 7 : 18).

그러한 신학적인 평가들이 초기 시대로 소급되는지 또는 오히려 보다 후대의 시각에서 기원하는지는 논쟁의 여지가 있다. 그러한 신학적인 평가에 의해 **왕위 계승**에서는 왕궁의 죄와 고난의 혼란한 상태는 하나님의 섭리로 평가된다 : "그것은 야웨께서 그렇게 섭리하신 것이다"(삼하 17 : 14 ; 참조. 삼하 11 : 27b ; 12 : 24b ; 14 : 14 등). 다시금 가장 오래된 오경 자료문서와의 비교가 불가피해진다. 왕위 계승사의 인물 묘사는 높음과 낮음, 가능성과 연약함을 정당하게 포착했고, 그 해석가들은 야위스트의 역사서(창 4장 ; 8 : 21)에 나타나는 인간에 대한 현실주의적인 시각을 연상시킨다.

4) 열왕기서

열왕기서는 다윗의 죽음과 그의 후계자 솔로몬의 즉위(왕상 1 - 2장)에서 시작해서 두 나라의 역사를 거쳐 예루살렘의 파괴와 바벨론의 유배(왕하 25장)까지 이어진다. 대략 400년에 걸친 열왕기서의 시대는 자연히 다음과 같은 세 단계로 분류된다 :

I. 왕상 1 - 11장　솔로몬의 통치 활동

	1-2장	다윗의 왕위 계승에 관한 이야기의 끝. (아도니야에 대항한) 솔로몬의 즉위
	3:4 이하; 9장	하나님의 계시
	3장; 5:9 이하	솔로몬의 지혜
	4장	솔로몬의 관리들(참조. 삼상 8:16 이하; 20:23 이하)과 이스라엘의 열두 지방에 임명된 부역 감독관들
	5-8장	성전과 왕궁의 건축
	10-11장	무역업들(9:26 이하), 국제적인 교류, 외교 정책. 솔로몬의 타락, 몰락이 통고됨(11장)

II. 왕상 12장-

왕하 17장	분리된 국가들인 이스라엘과 유다의 역사(기원전 926-722년)	
	12장	이른바 왕국의 분열. 여로보암(I)과 르호보암. 두 마리 황금 "송아지"
왕상 17-19장; 21장; 엘리야		
왕하 1장	18장	갈멜산에서의 하나님의 판결: "너희가 어느 때까지 둘 사이에서 머뭇머뭇 하려느냐?"(21절)
	19장	호렙산에서의 신현현(참조. 출 33:18 이하) 엘리사의 소명(19절 이하)
	21장	나봇의 포도원
	왕하 1장	아하시야가 바알세붑에게로 돌아섬
	왕하 20장	아람 전쟁 때에 나타난 무명의 예언자
왕상 22장	이믈라의 아들 미가야 두 가지 환상을 얻은 한 명의 심판 예언자와 궁중 예언자들의 대립	
왕하 2-9장; 13장 엘리사		
	2장	엘리야의 승천 엘리사가 엘리야의 영(2:9)으로부터 3분

	의 2를 얻음(참조. 신 21 : 17)
2장; 4장; 6장 이하 기적들	
3장	모압 왕 메사와의 전쟁
5장	시리아 사람 나아만의 치유. 한 짐의 흙
9-10장	이른바 예후 혁명(참조. 왕상 19 : 16-17)
11장	유다의 아달랴
17장	사르곤(II)에 의한 사마리아의 정복. 그 땅에 새로운 거주민이 이주함.

III. 왕하 18-25장 남왕국 유다의 역사(기원전 587년 및 561년까지)

18-20장	=사 36-39장, 히스기야와 이사야 산헤립에 의한 예루살렘의 포위 공격(기원전 701년)
22-23장	요시야의 개혁(기원전 622년) 참조. 이미 왕하 18 : 11 이하(히스기야), 왕상 15 : 11 이하(아사)
24장	예루살렘의 첫 번째 함락(기원전 597년). 여호야긴의 유배.
25장	예루살렘의 두 번째 함락(기원전 587년). 바벨론으로 유배. 그달랴. 여호야긴의 사면

열왕기서는—강력한 신학적인 가치 판단을 통해—죄의 역사를 이야기하며, 왕권 시기에 대하여 중립적으로 기술하지 않으며, 더욱이 이 시기에 대하여 빠짐없이 서술하지도 않는다. 예언자와 왕 사이의 긴장된 관계, 평화적인 또는 폭력적인 정권 교체, 제의적인 조치들, 그리고 전쟁에 관해서는 보고되지만, 왕정시대에 점점 더 중요시되었던 국내 정치적-사회적 문제들에 대해서는 거의 언급이 없다.

여기에서는 모든 개별적인 자료를 고려하기보다는 열왕기서의 서술의 토대가 된 두 개의 매우 서로 다른 종류의 중심 자료를 살펴볼 것이다:

(1) 엄격하고 공적인 특성을 지니는 것들 :

① 이른바 **공시적인 연대기**(Synchronistische Chronik). 이것은 한 왕의 즉위 시에 그 당시의 이웃 나라의 통치자의 통치 연도를 인용한다(왕상 15 : 1, 25에서 왕하 18 : 1까지).

② 통치 기간에 대한 언급, 또한 종종 수도에 대한 언급(왕상 2 : 11 ; 11 : 42 ; 14 : 20–21 등).

이것들은 커다란 어려움에도 불구하고 현대 역사 서술가에게 상대적인 연대기를 작성하는 데 도움이 된다. 상대적 연대기는 고대 근동의 고정된 연대와의 비교에 의해 절대 연표로 옮겨지게 된다.

베크리히(J. Begrich)의 연구들을 계승하고 스스로 여러 번 방법론에 대해 서술한 엡센(A. Jepsen : 특별히 BZAW 88, 1964 ; *VT* 18, 1968, 31–46)은 고대 근동, 특히 이스라엘 역사에 대한 일목요연하고도 기본적인 연대표를 편찬하였다 : 때에 따라서는 열두 소예언서에 대한 루돌프(W. Rudolph) 주석의 부록이나, 또는 엡센과 그 외의 『시누헤에서 느부갓네살까지』(*Von Sinuhe bis Nebukadnezar*, [2]1976)를 참조하시오.

유다의 왕들에 있어서는 그러한 두 가지 일반적인 보도 이 외에 다음과 같은 보도가 보충된다.

③ 즉위 시 통치자의 연령.

④ 왕 어머니의 이름(왕상 14 : 21 등). 그녀는 "여자 군주"(*gebira*)로서 어느 정도의 통치 기능을 (참조. 왕상 15 : 13 ; 왕하 10 : 13 ; 렘 13 : 18) 행사하였다.

마지막 부분에는 일반적으로 왕의 죽음과 그의 후계자에 대한 보고가 나타난다(왕상 14 : 20, 31 등).

이러한 공적인 진술들과 또한 아마도 그 밖의 진술들(왕상 12 : 25 등)은 **연감**(Annalen)에 기록되었을 것이다. 이러한 연감들은 열왕기서에서도 거의 습관적으로 다음과 같이 인용된다: "솔로몬 이야기의 책"(왕상 11 : 41), "이스라엘 왕들의 일지"(왕상 14 : 19에서 왕하 15 : 26, 31까지), 게다가 "유다왕들의 일지"(왕상 14 : 29에서 왕하 24 : 5까지) 등이다. 물론 이러한 자료의 언급들 역시도 열왕기서의 편집자 또는 편집자들에게서 나온 것이다. 그 편집자 또는 편집자들은 또한 왕들의 신앙에 대해 규칙적인 평가를 내린다(왕상 14 : 22 ; 15 : 3, 11, 26, 34 등등에서 왕하 14 : 19까지 ; 이 책 11장 2.2를 보시오).

(2) **예언자들에 관한 이야기들**(이 책 13장 2.1)은 이러한 다소 고정된 진술들과 구별된다. 그것들은 특이하게도 바로 열왕기서에 많은 영역을 차지한다. 무명 예언자들의 이야기들(왕상 13장, 20장)뿐만 아니라 다음과 같은 예언자들의 이야기도 나타난다:

실로의 아히야	왕상 11 : 29 이하 ; 14장
이믈라의 아들 미가야	왕상 22장
엘리야	왕상 17 – 19장 ; 21장 ; 왕하 1장
엘리사	왕하 2 – 9장 ; 13장 (왕상 19 : 19 이하)
이사야	왕하 18 – 20장(= 사 36 – 39장)

창세기의 족장 민담과 같이 예언자들에 관한 이야기들도 부분적으로는 이미 엘리야 – 엘리사 – 민담시리즈처럼 이야기 덩어리로 통합되었다. 이러한 통합은 예언자들에 관한 이야기들이 신명기 역사서에 수용되기 전에 이루어졌다. 문헌적 – 역사적인 문제는 다시금 편집적 개정 작업, 특별히 신명기 역사가의 개정 작업에 관한 문제를 제기시킨다. 신명기 역사가의 개정 작업은 후대의 역사 과정을 근거로 예언자의 예언과 예언자에 관한 보고를 보충한다: 어떤 본문이 실제로 오래된 전승인가? 어떤 본문이 후대에 형성된 것인가? 그러나 편집은 신학적인 관점에서 이미 예언자들에 관한 이야기에 영향을 준 의도를 수용하고 있다. 그 의도란 하나님의 말씀의 효력을 보여 주는 것이다.

제12장 역대기 역사서

1. 역대기

구약에는 사무엘서, 열왕기서와 함께 본질적으로 평행을 이루지만, 왕조시대를 서술함에 있어서 다른 강조점을 갖고 있는 또 하나의 책이 부각된다. 그것은 곧 역대기서이다. 히브리어 명칭인 "일지들, 연감"(*dibre hajjamim*)은 히에로니무스(Hieronymus)에 의해 "역대기"(Chronik)로 바뀌어졌고, 루터가 그 명칭을 수용했다.

그리스어-라틴어 이름인 파랄리포메나(paralipomena), 즉 "변화된 것"은 이 두 가지 역대기서들이 사무엘서와 열왕기서에 "결여되어 있는" 많은 것을 제공하고 있다는 것을 암시하는 것인가? 또는 그 명칭은 역대기서가 사무엘서와 열왕기서와 평행하기 때문에, 처음에는 "배제되었다가" 후에야 추가되었던 그리스어 번역본과 관련된 것인가?

결코 이견이 없는 것은 아니지만 일반적인 견해에 따르면, 이 두 개의 역대기서는 본래 에스라서와—전체 혹은 부분적인—느헤미야서까지 포함하는 광범위한 작품의 첫 부분이다. 어떻게 역대기 역사가(Chronisten)라는 저자를 통해 역대기 역사서(das chronistische Geschichtswerk = chr.)라는 작품이 기록되었을까?

1) 두 개의 역대기서는 포로기까지를 다루고 있고, 그 이후의 시대는 에스라/느헤미야가 묘사한다. 포로기의 전환점을 뚜렷하게 표시하는 중요한

고레스 칙령은 역대기하의 끝부분 뿐만이 아니라 에스라서의 첫 부분에서도 나타난다. 시기에 따라 이 작품을 분할하는 과정에서 나타난 반복(엄밀히 말하자면 대하 36 : 22 이하는 선취의 의미이다)은 원래의 관계 및 서술의 연속성을 명백하게 표현해 준다.

2) 역대기와 에스라/느헤미야는 그 차이점들이 극히 명백함에도 불구하고 표현법, 문체, 근본 사상들과 의도에서 광범위하게 일치한다.

예를 들어 에스라와 느헤미야가 다윗 왕국과 예언이 그 어떠한 결정적인 역할을 하지 못하는 시대에 대해 보고하고 있기 때문에 다윗 왕국과 예언이 역대기에서 갖고 있는 상당한 중요성이 에스라/느헤미야에서는 완전히 후퇴되고 간략하게만 취급된 것일까?

3) 결국 역대기 역사서의 분리가 설명될 수 있다. 단지 에스라/느헤미야만이 사무엘서와 열왕기서를 넘어서는 정보들을 제공했기 때문에, 그것들은 역대기서로부터 분리되어 역대기서보다 더 이전에 정경에 속하게 되었다. 따라서 히브리어 본문에서 에스라/느헤미야가 (후대에 정경화된) 역대기보다 앞에 위치하는 이유가 동시에 이해된다.

기록된 사건들의 발생 순서와 모순되어 나오는 이러한 배열은 그리스어, 라틴어, 그리고 독일어 번역에서 교정되었다. 그러한 번역본들은 역대기 역사서를 "역사서"에 포함시키지만, 반면에 히브리어 성서는 "성문서" 안에 배치하며, 특히 성서를 종결짓는다. 이것은 이 작품이 후대에 생성된 것임을 나타내는 표시이기도 하다.

그러나 그러한 논거들에 반해서, 이 작품이 동일한 저자이건 또는 다른 저자에 의해 쓰여졌건 간에, 역대기와 에스라/느헤미야가 처음부터 서로 다른 작품들이었다고 주장하는 견해도 있다.

역대기 역사서에서 보도되는 마지막 사건들은 기원전 400년경에 일어난 것들이다. 알렉산더 대제의 원정에 대한 서술이 더 이상 나타나지 않으며, 어떠한 헬레니즘의 영향도 분명히 언급되어 있지 않음에도 불구하고, 이 작품이 여전히 기원전 4세기에 유래한 것인지 혹은 페르시아 통치의 종결 직후인 약 300년경인지 아니면, 3세기에 비로소 저작된 것인지는 논란이 되고 있다.

물론 이 작품은 통일적이지 못하다 : 일반적으로 학자들은 보다 큰 단편들을 후대의 보충들로 분리시킨다. 제사장문서와 비슷하게 다양한 종류의 목록들(대상 2-9장 ; 23-27장 ; 느 7장 ; 11-12장 등)이 후대에 첨가되었다.

매우 많은 개작자들이 활동했는가 또는 그러한 첨가들을 한 사람의 작업으로 돌려야만 하는가? 이전의 분석들을 계승하면서 갈링(K. Galling, *Die Bücher der Chronik, Esra, Nehemia* ATD 12, 1954)은 역대기 역사서를 두 명의 작가에 의한 것으로 보고 있다. 즉 한 명의 보다 이전의 역대기 역사가(약 300년경)와 이것을 보충하는 또 한 명의 후대의 역대기 역사가(약 200년경)로 나눈다. 이러한 이분법은 거의 지지자를 얻지 못했지만, 역대기 역사서의 첨가들은 이처럼 후대에 기원한 것이긴 하다.

역대기서는 아담에서부터 바벨론 포로기까지의 역사를 서술한다. 그 묘사는 자체적으로 네 개의 단편들로 나뉜다. 다윗 이전 시대 전체를 포괄하는 ―각종 족보 보도들과 역사적 보도들에서 확장된― 첫 번째 부분은 단지 아담으로부터 다윗까지의 역사를 하나의 계보로 구성한다. 그것을 통해 역대기 역사가는 하나님의 백성이 어떻게 인류 안에 뿌리내리게 되었는가와 인류의 역사가 어떻게 그 참된 공동체를 향해 흐르는가를 증언한다.

대상 1-9장	아담으로부터 다윗까지의 역사, 특별히 유다(2-4장)와 레위(6장 ; 5 : 27 이하)를 고려
대상 10-29장	다윗의 통치 : 사울의 죽음(대상 10장, 삼상 31장)부터 솔로몬의 즉위(29장)까지. 전체 이스라엘의 왕으로의 다윗의 즉위(11장), 솔로몬의 성전 건축과 제의의 설비들을 위한 포괄적인 준비들(17장 ; 21장 이하)
대하 1-9장	솔로몬의 통치와 성전 건축
대하 10-36장	유다/예루살렘의 왕들 : 특별히 아사(14-16장), 여호사밧(17-

20장), 히스기야(29-32장), 그리고 요시야(34-35장)가 부각되는 르호보암에서 시드기야까지의 왕들(북왕국의 왕들은 제외됨).
36장 하나님의 진노(16절), 유배(20절), 그리고 전환(22절 이하).

역대기는 왕들에 대한 풍부한 자료들(대하 16 : 11 ; 20 : 34 ; 특히 24 : 27) 뿐만 아니라 예언자들에 관한 풍부한 자료들(대상 29 : 29 ; 대하 9 : 29 ; 32 : 32 등)을 언급한다. 실제로 역대기 역사가는 오경(대상 1-9장)과 신명기 역사서(대상 10장 이하) 등의 문서들을 알고 있었을까? 전반적으로 볼 때 역대기 역사가는 사무엘서와 열왕기서를 역대기서의 기반으로 삼고 있다. 또한 여러 가지 특별한 전승들, 특히 건축 보도들(대하 20장과 같은)과 전쟁 보도들(대하 11 : 5b-10a의 요새 건축목록과 같은. 참조. 대하 26 : 6, 10 ; 35 : 10 이하 등)은 포로기 이전 시대에 작성된 역사적으로 신뢰할 만한 증언들이 아니라, 오히려 역대기 역사가의 시대에 생겨난 것들이다(P. Welten).

2. 에스라와 느헤미야

역대기 역사가는 포로로 잡혀 갔던 자들의 귀환, 성전과 성벽 건축, 그리고 예루살렘 공동체의 새로운 성립에 대해 이야기하는 에스라/느헤미야서에서 서로 매우 다른 문서들을 자유롭게 사용한다.

1) 가장 방대할 뿐만 아니라 가장 중요한 문서는 **느헤미야 원자료**(Nehemiaquelle) 혹은 느헤미야 회고록(Nehemiadenkschrift)이라고 불리는 "느헤미야의 이야기"(느 1 : 1)로서, 이것은 역사서로서 중요한 위치를 차지하고 있다(참조. U. Kellermann). "느헤미야의 이야기"는 주로 느헤미야의 임무에 대해 보도하고 있으며, 느헤미야 1장 1절-7장 5a절과 12장 27-43절(짧게 보충된 부분이 있다)에서는 성벽 건축에 필요한 조처들을, 그리고

13장 4-13절에서는 특정조처들에 대해 아주 간략하게 보고하고 있다. 이 "회고록"은 일인칭 보도로 되어 있기 때문에, 역대기 역사가의 삼인칭 보도와 뚜렷한 대조를 이룰 뿐만 아니라, 여러 가지의 문체적 특징들(예를 들어 각 달의 명칭을 느 8 : 2의 숫자들 대신에 1 : 1 ; 2 : 1의 이름을 통한 달[月]로 진술한 것)도 보여 주고 있다.

때때로 느 4장 6절 3장 38절 이하의 일인칭 복수형태에서, 그리고 느헤미야가 이미 제시한 바 있는 3장 1절 이하의 성전 건축 목록에서는 일인칭 양식에서 벗어난 형태들이 발견되기도 한다.

보다 큰 단편들은 기도 공식 또는 헌납자 공식으로 끝난다: "내 하나님이여, 내가 이 백성을 위하여 행한 모든 일을 생각하시고 내게 은혜를 베푸시옵소서 …"(느 5 : 19 ; 13 : 14 ; 참조. 느 13 : 22, 31). 느헤미야는 또한 자신의 행위들을 공적이라고 하나님 앞에서 말하기도 하지만, 그는 하나님의 자비와 도움 없이는 그의 일을 이루지 못했을 것이라는 것도 알고 있다(느 2 : 8, 18, 20 ; 6 : 16 등). 이미 느헤미야 회고록의 일인칭 보도는 그것의 유래가 없을 정도로 상세함에 있어 탁월하다. 사람들은 고대 근동의 왕의 비문들, 봉헌 비문들 내지는 헌납자의 비문들, 기념 석주 비문들 또는—신을 부르기 때문에—피고의 기도들이 하나의 모범으로 사용될 수 있었는지를 질문하곤 했다. 어쨌든 그들의 대적들의 행위에 보복해 달라는 기도(느 6 : 14 ; 13 : 29 ; 4 : 4-5)를 통한 기도 공식의 변화는 느헤미야가 성벽을 건축하는 데에 있어서 이스라엘의 이웃 국가들(느 2 : 10, 19 등)과 심지어 동족들(느 6 : 10 이하)과 얼마나 격렬한 투쟁을 해야만 했는가를 또 한번 보여 준다. 그와 같이 개인적인 관점에 의해 생겨난 일종의 보복적인 보도인 이 회고록은 "느헤미야가 자신의 일을 어떻게 이해하는가와 그가 공적으로, 그리고 하나님 앞에서 그것을 어떻게 이해하려고 하는가"(U. Kellermann, *Nehemia: Quellen, Überlieferung und Geschichte*, 1967, 88)를 표현한다.

라틴어 성서는 에스라/느헤미야서를 제1에스라와 제2에스라로 부른다. 제3에스라서는 외경으로 간주된다. 그 책은 내용상 역대하 35장의 요시야의 유월절 거행에서부터 느헤미야 8장의 율법 낭독까지를 다루며 성서 이외의 자료(세상에서 가장 강한 것이 무엇인가에 관한 다리오의 시중들의 경쟁 : 포도주-왕-여인들-지혜)를 첨가하고 있다. 제4에스라서는 묵시록이다. 이것은 현재 시대와 미래 시대(Äon)를 구분했다는 것뿐만 아니라 메시야를 기다린다는 점에서 중요하다.

요세푸스 역시 그의 "고대사"(Antiquitates)에서 사용한 제3에스라서가 느헤미야 1-7장, 즉 느헤미야 자료를 고려하고 있지 않기 때문에, 이 번역본이 고대의 전승단계를 보존하고 있는지에 대해, 즉 느헤미야 자료가 후대에야 역대기 역사서에 삽입되었는지에 대해 질문한다(참조. K. -F. Pohlmann). 하지만 제3에스라서에서는 오히려 의도적인 생략이 있었던 것은 아닐까?

2) 사람들은 대략 에스라 7-10장과 느헤미야 8장(-10장)을 포함하고 있는 **에스라 원자료**(Esraquelle) 혹은 에스라 회고록(Esradenkschrift)을 느헤미야 자료와 비교하였다. 사실 에스라 이야기도 일인칭 보도로 이루어져 있기는 하지만 단지 부분적이기 때문에, 일인칭(스 7 : 27-9 : 15)과 삼인칭(스 7장 ; 10장 ; 느 8장)의 교체는 설명되어야만 한다. 그 외에 그것은 문체적 독특성에서도 뛰어나지 못하다. 따라서 역대기 역사가 자신이 느헤미야 자료에 의존해서 에스라 자료의 초안을 잡았던 것처럼 보인다.

"이러한 의존성은 느헤미야 회고록을 알고 있었고, 그것을 사용했던 역대기 역사가를 에스라 자료의 저자로 생각할 수 있게 한다. 그 밖에도 에스라 7-10장에서는 역대기 역사서의 자료(스 7 : 12-26 ; 8 : 1-14와 느헤미야 회고록)로부터 유출되지 않은 것은 하나도 없으며, 또한 자신의 고유한 자료에서 추가된 것도 전혀 없다. 에스라가 바벨론에서 예루살렘으로 여행하고 하나님의 율법을 실행시키기 위해 예루살렘에 등장했다는 이러한 전체 윤곽은 에스라 7장 12-26절에서 나타난다. 이미 매우 오래된 폐해인 혼합결혼은 느헤미야 13장 23-25절로부터 추측될 수 있으며, 그것이 역대기 역사가의 눈에는 하나님의 율법을 심하게 위반한 것으로 보여졌을 것이다. 율법에 대한 의무를 가진 에스라는 분명히 그것을 간과할 수 없었을 것이다. 따라서 역대기 역사가에 의한 혼합 결혼에 대한 반대는 예루살렘에서 에스라가 취한 최초의 행위로 나타난다"(M. Noth, *Überlieferungsgeschichtliche Studien*, 147 ; 참조. U. Kellermann ; W. Th. In der Smitten).

그러므로 자체적으로 통일체를 이루는 에스라 자료 대신에 몇 개의 고대 자료들이 역대기 역사가에게 이미 주어져 있었다. 그것은 아마도 페르시아 왕 아닥사스다(Artaxerxes)의 에스라에 대한 지시(스 7 : 12 이하)와 귀환자들의 목록(스 8 : 1 – 14)이었을 것이다.

3) 그 밖의 또 하나의 중요한 자료는 (단 2 : 4 이하처럼) **다리오** 에스라 4장 6절 – 6장 15(18)절의 예루살렘에 대한 **아람어**로 저작된 **역대기**이다. 이 자료는 전반적으로 볼 때 편지들의 모음집이다. 이 문서가 다리오 통치시대(다리오 I세, 기원전 522 – 486년) 이전 아하수에로(Xerxes)와 아닥사스다(기원전 485 – 424년)의 시대를 다룬다면, 이것은 "우선 방해 활동들에 대해 먼저 보도하고, 그 다음에 좋은 결말을 보고하려 했던"(K. Galling) 역대기 역사가의 순서 바꾸기에 근거한다. 그 편지 모음집은 두 가지 이유로 해서 중요하다. 첫째로 그것은 성전 건축을 독촉했던 예언자들인 학개와 스가랴를 언급한다(스 5 : 1 ; 6 : 14). 다른 한편으로 그것은 고레스의 성전 건축 칙령(기원전 538년)을 포함한다(스 6 : 3 – 5). 국가 공용어인 아람어, 즉 페르시아 제국 서부의 관청 업무 언어로 저작된 편지는 종속된 민족들의 제의적 종교적 특성들을 장려하려는 초기의 페르시아 왕들의 의도와도 조화된다. 오직 유배를 당했던 자들만이 참된 공동체라는 이해에 근거하여 역대기 역사가(스 2 : 1 이하)는 그 편지의 귀환 허가서를 보충하고 수정했기 때문에, 또한 "진정한" 것으로 볼 수 있다.

에스라 1 – 6장(4 : 6 이하는 제외)이 기원전 538 – 515년의 시대를 반영한다면, 7장은 5세기 중반의 몇 십 년간의 사건들을 다루고 있고, 그 책의 이름을 제공하는 한 인물을 소개한다. 즉 에스라이다. 이에 반해서 느헤미야서는 느헤미야의 "일인칭"으로 시작한다. 느헤미야 8장은 에스라의 보도를 또 다시 받아들인다.

스 1 – 6장	고레스 칙령(538년)에서부터 성전 건축(515년)까지
1장	성전 건축을 위한 고레스 칙령과 — 6 : 3 – 5의 보다 오래된 본

문을 넘어서는—귀환. "하나님의 영에 의해 감동된 자들의" (첫번째) 귀국. 세스바살에게 성전의 기구들이 반환됨(참조. 5 : 14 이하).

2장 느 7장을 참조. 597년에 잡혀 간 여호야긴 왕의 손자인 스룹바벨과 예루살렘의 마지막 제사장의 손자인 여호수아를 포함한 귀환자들의 목록(호적). 혈통이 불확실한 사람들(59절 이하). 성전을 위한 헌물(68-69절).

3장 제의의 새로운 시작 : 번제단의 재건, 희생 제물, 초막절, 스룹바벨과 여호수아(참조. 학 1 : 12 이하)에 의한 성전의 기초 공사(역대기 역사가는 스룹바벨을 세스바살과 동일시하는 실수를 범한다). (참조. 5 : 2, 16) 그러나 "땅의 백성"(=사마리아인들)은 (대략 기원전 520년까지 20년 동안 참조. 4 : 24) 성전 건축을 방해한다.

4 : 6-6 : 18 아람어로 된 예루살렘의 연대기. 여러 가지 본문과 시대의 위치가 뒤바뀌어 있는 공식적인 편지들의 (개정된) 모음집.

5장 예언자 학개와 스가랴의 독촉으로 스룹바벨과 여호수아는 성전 건축을 시작하고(기원전 520년) 그것을 계속한다. 페르시아의 시리아 총독인 닷드내는 다리오(기원전 521-485년)에게 그 법적인 상황을 문의한다.

6장 (페르시아의 여름 궁이 있는) 악메다(Ekbatana)에서 발견된 고레스 칙령(3-5절)을 근거로 한 다리오의 대답. 국가 경비로 성전 건축을 지원함.

4 : 6 이하 아하수에로에게 한 고발. 기원전 450년경 아닥사스다(1세)에 의한 예루살렘의 성벽 재건의 금지 명령.

6장 성전 완성 이후(14절 이하 ; 515년) 첫번째 유월절과 무교절(참조. 대하 30장 ; 35장)

스 7-10장 에스라 이야기

7장 아닥사스다 왕(1세?)이 내린(12절 이하의 아람어로 된) 지시를 받은 "하늘에 계신 하나님의 율법 서기관"인 바벨론 출신의 에스라에 대한 소개와 그의 관직 임명 : 귀환, 율법, 성전의 헌물

	들과 성전의 기구들
8장	무장을 통한 보호 없이(느 1 : 7 이하는 이와 다르다) 오직 하나님의 축복 하에서 이루어진, 포로로 유배되었던 사람들과 에스라의 귀환 여행
9-10장	에스라의 회개 기도(9 : 5 이하)와 백성의 동의를 통한 혼합 결혼의 취소 (10 : 9 이하). 참조. 느 9-10장 10 : 18 이하 죄 지은 자들의 (보충된?) 목록
느 1-7장	"하가랴의 아들 느헤미야 이야기이다"(1 : 1). 1인칭으로 된 느헤미야 회고록의 중심 부분
1장	수산궁에 있는 페르시아 궁정의 음료 담당관인 느헤미야. 예루살렘의 상황에 관한 소식. 기도(율법에 대한 순종, 다시 모인 백성들)
2장	느헤미야는 자신의 소원에 따라 아닥사스다에 의해 예루살렘 성벽을 재건하도록 위임 받는다(1-10절). 그 일의 준비 — 성벽에 대한 은밀한 조사 — 와 착수(11-20절).
3장	(3인칭으로 된 ; 공식적인 문서?) 성벽 건축 목록들 예루살렘과 유다 출신의 가족들에게 건축 부분이 할당됨(참조. 12 : 31 이하). 저항과 느헤미야의 보복기도(4 : 1 이하)
4장	대적하는 이웃에 의한 외적인 어려움들 : 사마리아 총독인 산발랏, 암몬인 도비야, 그리고 아랍인 게셈(참조. 2 : 10, 19-20 ; 4 : 1 이하). 병기로 무장한 일꾼들(16-17절). 그들의 탄원시(10절).
5장	내적인 어려움들. 느헤미야의 사회 정책 건축이라는 경제적 부담에 의한 하층민들의 곤경 : 상류 계층들에게 재산과 자식들을 저당잡힘(참조. 왕하 4 : 1). 백성들의 집회에서 요구 사항들의 공포, 그리고 맹세와 아멘을 통한 확정(12절 이하). 느헤미야는 고비용이 요구되는 궁정 생활에도 불구하고 조세 수입을 받지 않았다(14절 이하).
6장	대적들의 방해에도 불구하고 52일의 성벽 건축을 완성함(6 : 1, 15 ; 7 : 1).
7장	예루살렘 성문들을 방비함. 예루살렘으로의 재이주(Synoikismos)(참조. 11 : 1-2)?

	귀환자들의 목록(= 스 2장)
느 8장(-10장)	(스 7-10장과 연결된) 에스라 이야기
8장	백성의 소원에 따른 에스라의 율법 낭독 야외에서 드려진 일종의 회당 예배 : 단상에 선 에스라(참조. 대하 6 : 13), 평신도들의 협력, 가르침(아람어로?) 초막절(13절 이하; 참조. 신 31 : 10)
9장	참회 기도를 포함한 탄원 집회(참조. 1 : 5 이하; 스 9장; 단 9장)
10장	율법에 대한 백성의 의무(혼합 결혼, 안식일 준수, 성전세, 만물 등). 참조. 느 13장.
느 11-13장	예루살렘 공동체
11장	이주(참조. 7 : 4-5). 거주민들의 목록
12장	제사장들과 레위인들의 목록 성전의 봉헌식(27절 이후)
13장	느헤미야의 개혁 조처들(공동체의 한계 설정, 레위인들에 대한 배려, 안식일 준수, 혼합 결혼 금지)

에스라 보도(스 7-10장; 느 8장)는 또한 느헤미야 회고록의 중심 부분의 테두리를 이루며, 이것은 의도적인 것이다. 역대기 역사가는 에스라에게—내용적으로나 시대적으로—우선권을 준다. 그는 제사장(스 7 : 12; 참조. 스 7 : 1 이하의 족보)으로서 느헤미야의 일을 능가하고 그의 중요성을 제한시키도록 부름받았다. 에스라에 대한 묘사가 역대기 역사가에 의해 상당할 정도 형성되었기 때문에 에스라에 대한 지식은 역사적인 신뢰성이 떨어진다. 반면에 느헤미야의 회고록은 그것이 비록 일인칭으로 기록되었다 할지라도 느헤미야에 대하여 신뢰할 만한 정보를 제공한다. 역대기 역사가가 에스라를 느헤미야보다 몇 십 년 이전에 등장시킨 것은 정당한가 아니면 오히려 에스라가 느헤미야 이후에 등장하는가의 문제는 논쟁이 되고 있다. 느헤미야는 왜 그의 회고록에서 에스라를 언급하지 않으며, 에스라가 이미 혼합 결혼자들을 이혼시킨 이후에도 왜 느헤미야는 혼합 결혼에 반대하는 경고(느 13 : 23 이하)를 내렸던가(스 10 : 11-22, 44; 참조. 느 9 : 12; 13 : 3)?

수사에 있는 페르시아 궁정의 음료 담당관인 느헤미야는 455년에 간청(느 1 : 1 ; 2 : 1)을 통해 예루살렘 성벽을 건축하는 전권을 부여받는다. 이 일은 성공한다. 후에 느헤미야는 유다 지방의 "총독"이 된다(느 5 : 14 ; 참조. 느 8 : 9 ; 10 : 1). 이것을 통해서 유다는 사마리아로부터 분리되고, 독립하게 된다. 정치적인 야심에 대한 비난(느 6 : 6－7)은 실제적인 배경을 갖고 있는 것일까?

에스라 또한 페르시아의 관직에 있었고, 아마도 "하늘에 계신 하나님의 율법 서기관"이라는 칭호를 가지고 있었을 것이다(스 7 : 12). 종교적인 문제들을 위한 특수한 임무를 가진 관리로서 그는 귀환 그룹들과 함께(스 7 : 7－8에 따르면 기원전 485년에) 유다로 보내졌다. "하늘에 계신 하나님의 율법"이 어떤 책을 가리키는가 하는 문제는 매우 유명하지만 더 이상 그 대답을 찾을 수 없는 질문이다. 이 책은 에스라가 바벨론에서 가져온 것으로 보이며(스 7 : 14, 25), 느헤미야 8장에 따르면 백성들 앞에서 낭독된 "모세의 율법책"으로 불리운다. 이 책은 신명기만을 말하는 것일까? 혹은 보다 확실한 율법들(특히 이른바 성결법전)을 포함하고 있는 제사장문서이거나 아니면 오경 전체일까? 느헤미야 8장의 보도는 어느 정도까지 신뢰할 수 있는 것인가? 역대기 역사가가 "율법에 익숙한 학자"(스 7 : 6, 10－11)의 의미로 이해한 듯한 에스라의 관직 명칭은 에스라가 이스라엘에서—이제 국가적으로 공인된—율법이 영향력을 행사하는 일에 결정적인 중요성을 가진다는 것을 암시한다. 따라서 사람들은 에스라를 "유대교의 설립자"라고 여겼다.

3. **신학적 의도**

역대기 역사가는 "그가 살고 있던 포로기 이후 공동체 생성의 역사를 표현하려 했다"(M. Noth, *Überlieferungsgeschichtliche Studien,* 172). 동시에 그는 신명기 역사서를 계승한다. 따라서 역대기 역사서는 부분적으로는 신명기 역사서의 "주석"(Th. Willi)이다. 다른 한편으로 사건들의 해석은 자주 예언자들의 권고의 말과 미래 진술들을 통해서 이루어진다(대하 12 : 5 이하 ; 15 : 2

이하 등). 물론 역대기 역사가는 그 시대의 관점을 통해 과거를 묘사하고, 변형시키고, 훨씬 더 강하게 가치 평가하고, 수정하며, 그리고 이상화시킨다. 그의 의도의 상당 부분은 사무엘서와 열왕기서와의 비교를 통해 결정될 수 있다. 즉 역대기 역사가는 무엇을 생략했고 무엇을 첨가시켰는가의 문제이다.

1) 결정적인 척도는 **행위-결과-관계**(Tun-Ergehen-Zusammenhang), 즉 "개인적인 징벌"이다. 그것은 역사의 우연성을 매우 뚜렷한 것으로 만들어 준다. 이에 따라 웃시야 왕의 문둥병은 그가 제사장의 권리를 침해했기 때문이라고 설명된다(대하 26 : 16 이하는 왕하 15 : 5와 모순된다). 웃시야 왕의 통치는 초기의 선한 시기와 후기의 악한 시기로 구분되는 반면에, 반대로 므낫세 왕의 통치는 초기의 악행의 시기와—(꾸며낸) 앗수르의 포로 경험을 통해서 도달하게 된—하나님 앞에서의 겸손의 시기로 나뉘어진다. 이 왕의 뚜렷하게 긴 통치 기간은 하나님 앞에서의 겸손으로 이해된다(대하 33 : 1, 10 이하). 이러한 역사 서술의 이면에는 여러 번 진술된 원칙이 숨어 있다: 하나님을 붙드는 자는 견고할 것이지만, 그를 버리는 자는 버림을 받을 것이다(대상 28 : 9 ; 대하 15 : 2 등).

2) 신명기 역사서와 마찬가지로, 역대기 역사서에서도 다윗은 상당한 중요성을 갖는다. 그는 "하나님의 사람"(대하 8 : 14), 즉 율법에 충실한 자의 본보기(대하 7 : 17 등)이다. 더 나아가서 야웨는—족장 시대의 하나님의 이름에 의존해서—"너희 조상, 다윗의 하나님"(대하 21 : 12 ; 34 : 3)으로 불린다. 밧세바와의 불륜 사건이나 압살롬의 반란과 같은 별로 달갑지 않은 사건들은 생략된다. 다윗의 통치는 큰 전쟁의 시대(대하 18-19장 ; 22 : 8 ; 28 : 3)이지만, 그러나 동시에 솔로몬에 의해 수행된 성전 건축을 포괄적으로 준비하는 시기이기도 하다: 다윗은 성전이 건축될 자리를 사들이고 제의를 계획한다(대하 21장 이하 ; 28 : 19). 성전봉헌 시에 하나님 자신은 하늘로부터 제단에 떨어진 불을 통해 그 성소를 인정하신다(대하 7 : 1 ; 참조. 대상 21 : 26 ; 레 9 : 23-24 ; 왕상 18장). 이처럼 다윗 자손의 선택과 예루살렘 성전의 선택은 동시에 일어난다.

3) 대체로 **제의**는 바로 예루살렘 성전에서 근본적인 역할을 한다. 역대기 역사가는 커다란 축제들, 특별히 유월절(대하 30장 ; 35장 ; 스 6 : 19 이하)과 초막절(대하 7 : 9-10 ; 느 8 : 13 이하)에 대해 상세히 보도한다. 에스라의 율법 낭독과 잇따른 가르침(아람어로?)은 일종의 회당 예배의 선취로 보인다(느 8장). 그 같은 묘사에는 예루살렘 공동체의 삶의 모습이 반영되어 있는 것일까? 성전의 음악, 노래하는 레위인들(대상 15 : 16 이하 ; 대하 5 : 11 이하 ; 29 : 25 이하)과 희생 제물을 바치는 제사장들도(대상 23 : 13 ; 24 : 1 이하 등) 제의를 구성하는 일부이다. 자세하게 보면 성전에 종사하는 사람들의 편성은 매우 달라졌고, 시간의 흐름에 따라 확실한 변화들을 겪었다. 그 변화들은 제사장문서와의 차이점으로 나타날 뿐만 아니라 역대기 역사서의 편집 역사 그 자체에서도 분명히 나타난다.

그것이 토라, 역사서 또는 예언서 등 그 어디에서 유래한 것이든 간에 역대기 역사가의 자유스런 **인용**은 그가 얼마나 많이 전통과 관련되어 있는지를 보여 준다. 무엇보다도 (대하 15 : 2 이하와 같이) 삽입된 연설에는 예언자들의 말이 변화하여 현재와 관련된다(대하 20 : 15, 20과 출 14 : 13-14 ; 사 7 : 9 혹은 대하 15 : 2과 렘 29 : 14을 비교하라). 이러한 묘사는 "예언자들의 발언의 인용과 민족사의 일부에 대한 회고를 통해 볼 때, 레위인의 설교 방식을 나타내 주고 있는 것일까"(G. von Rad, "Die levitische Predigt in den Büchern der Chronik" [1934] = *Die Gesammelte Studien zum Alten Testament,* 1958, 252 ; 참조. 대하 17 : 7 이하 ; 35 : 3 등)?

역대상 16장 7절 이하에 삽입된 찬양시는 시편이 후대에 예배에서 사용되었다는 것을 보여 주는 증거이다. 이 찬양시는 다양한 시들(시 105편 ; 96편 ; 106편)을 하나의 새로운 노래로 결합시켰다.

4) 예루살렘 제의공동체의 설립과 보존이 역대기 역사가의 주제라면, 그 제의공동체의 특성을 유지하는 것이 역대기 역사가의 목적이다. 그러한 특성을 유지하기 위해서는 이방인들로부터의 분리가 매우 필수적인 것처럼 보인다(참조. 스 9장의 혼합 결혼에 대한 논박 ; 느 9 : 2 ; 10 : 28 이하 등). 더 이상 정통 신앙을 가지고 있다고 여길 수 없는 **사마리아인**들, 즉 북왕국 이스라엘의 후손들(대하 13 : 5 이하 ; 19 : 2 ; 25 : 7 ; 30 : 6 이하 ; 스 4 : 1

이하; 또한 느 2:19-20 등)과의 분리가 이 작품의 중심 동기일까? 이 작품의 의도는 "사마리아인들과의 논쟁에서 유일하고 합법적인 왕권과 유일하고 합법적인 제의 장소를 가지고 있는 유다만을 참된 이스라엘로 서술하는 것이다"(W. Rudolph). 또는 역대기 역사서는 결국에는 북왕국 후손들과 유대인들의 최종적인 분리로 이끈, 시간의 흐름에 따라 첨예화되었던 대립을 증명하고 있는 것일까?

5) 이미 역대기 역사서의 본래적인 삽입물(족보 다음에 나오는 대상 10장 이하)은 **왕정**의 중요성을 어렴풋하게 느끼게 한다. 왕정과 하나님의 통치는 이전의 전통에서보다도 훨씬 더 밀접하게 결합된다(참조. 그러나 시 110:1). "야웨의 보좌에 앉은" 다윗 가문의 통치는 하나님의 대리 통치이고, 예루살렘에 있는 왕국은 땅위에 있는 하나님의 왕국인 것처럼 보인다(대상 17:14; 28:5; 29:11-12, 23; 대하 9:8; 13:8). 그러한—과거와 관련된—진술들의 이면에는 하나님의 권능이 계시되는 메시야에 대한 희망이 묵묵히 숨어 있는 것일까?

자신의 현재 상황에 해당되는 포로기 이후 시대에 대한 묘사에서, 역대기 역사가는 이러한 기대로 소급하지는 않는다. 더 나아가서 학개와 스가랴에 의해 생겨난 메시야 운동이 생략되어 있다. 왕정시대는 파멸로 끝난다(대하 36:11 이하). 70년의 통치 기간 이후에(대하 36:21) 야웨의 영에 의해 감동된 페르시아왕 고레스의 칙령(대하 36:22-23 = 스 1:1 이하)이 귀환과 재건축사업을 포함하는 구원으로의 전환을 가져온다. 이미 포로기 예언자인 제2이사야가 고레스를 예루살렘성과 성전을 "재건할" 야웨의 "기름부음을 받은 자"로 볼 수 있었다면, 이제 그 페르시아왕의 호의(스 3:7; 6:14; 9:9 등)는 예루살렘의 제의를 보장하고 예루살렘의 제의공동체에 대한 보호를 보증한다. "포로기 이후 신정통치하에 살고 있는 역대기 역사가에게 더 이상 합법적인 메시야 정신과 왕으로서의 다윗 자손은 존재치 않는다"(U. Kellermann, *Nehemia : Quellen, Überlieferung und Geschichte,* 1967, 97). 따라서 외교 정책은 이방의 통치자에게 양도된 채로, 성전 주위에 모여 있는 율법에 충실한 공동체는 그들의 신앙에 만족하고 있는 것일까? 혹은 역대기 역사가는 다윗의 보좌가 미래에 다시 한 번 갱신될 것이라는 희망을 갖고 있는가(M. Noth, 179)? 비록 눈에 띄지는 않지만(스 9 : 7 이하 ; 느 9 : 32, 36-37), 마카비 시대에야 비로소 실현될 수 있었던 정치적 독립에 대한 갈망은 계속 살아 있는가?

제사장문서에 대한 해석(이 책 8장 1.6)과 마찬가지로, 역대기 역사가 역시 여전히 결정적인 미래의 희망들을 품고 있는가 아니면 그 시대의 종말론적 흐름에 반대하고 있는가의 문제는 논란이 되고 있다.

III. 예언서

제13장 예언의 양식

1. 예언자의 말과 예언서

1) 구두 선포와 문서 기록의 구분

예언자는 "가서 말하라"(암 7 : 15–16 ; 사 6 : 9 ; 참조. 렘 1 : 7 등)는 명령에 의한 소명을 받고, "야웨의 말씀을 들으라"(사 1 : 10 등)라는 말과 더불어 예언 선포를 시작한다. 따라서 사람들은 예언자를 신뢰하게 된다. 하지만 그가 전하는 말은 예언자 자신이 지어낸 것이 아니라, 하나님으로부터 받은 말씀이어야 한다는 조건이 따른다. 참 예언자직의 표시는 하나님으로부터 말씀을 받는 것이기 때문에, 예레미야의 적들은 하나님 말씀을 통해 비판받아야 한다 : "그들이 만일 나의 회의에 참석하였더면 내 백성에게 내 말을 선포할 것이다. 내 말을 받은 자는 성실함으로 내 말을 말할 것이라"(렘 23 : 22, 28 ; 참조. 렘 20 : 8–9 ; 27 : 18 ; 28 : 8–9 등).

이른바 "거짓" 구원예언자들은 하나님으로부터 말씀을 "도적질한다"고 책망받는다(렘 23:30). 그러므로 예언자는 한편에서는 "거짓말하는" 예언자들의 말들을 믿지 말아야 함을 상기시키고 있으며(렘 23 : 16 ; 27 : 14, 16), 다른 한편에서는 "참" 예언자들의 말을 불신하고, 의심하며(렘 17 : 15), 그의 말에 불순종하는 행위들을 고발하고 있다(렘 29 : 19 ; 사 28 : 12 ; 30 : 10, 12 ; 겔 2 : 7–8 ; 암 2 : 11–12 ; 7 : 16 ; 호 9 : 7 등). 사실 예언자 그 자신은 자신에게 주어진 말씀 때문에 고통을 당하기도 한다(렘 20 : 8 ; 23 : 9 ; 참조. 사 50 : 4 이하).

대략 기원전 750년경부터 나타나기 시작한 예언자 아모스, 호세아, 이사야 혹은 보다 후대의 예레미야와 같은 예언자들을 지칭하는 "(고전적인) 문서 예언"이라는 일반적인 개념은 사실상 만족스러운 표현은 아니다. 오히려 상당한 오해의 소지가 있다. 왜냐하면 그들은 작가가 아니라, 연설가 또는 메신저이기 때문이다. 그들이 활동했던 본래의 자리는 청중들과 직접 대면하는 구두 선포의 자리였다. 그들의 말은 **나중에야** 비로소 모아졌고, 문서로 고정되었고, 일부는 수정되었으며, 다른 말들이나 이야기들에 의해 보충됨으로써, 한 권의 책으로 엮어진 것이다(참조. 렘 36장).

예언자의 말들이 단지 문서로만 보존되었다는 사실은 오랫동안 상당한 오해를 낳게 하였다. 일찌기 **루터**(M. Luther)는 다음과 같은 말로 주의를 끌었다 : 예언자들은 "희귀한 방식으로 말하고 있는데, 예컨대 그들은 어떠한 규칙도 없이 두서없이 말하고 있기 때문에, 사람들은 그 말을 이해할 수도 없었고, 그 말에 순응할 수도 없었다"(WA XIX, 350, 13). 생생한 연설에 기초하고 있는 예언의 내용과 현재의 전승 형태 사이에는 사실상 독자가 보기에도 명백한 모순이 존재한다 : 눈에 띄게 전후 문맥과 연결되지 않거나, 사고 단위의 구분 없이 길게 연결된 단락들이 그러하다. 세기의 전환기에 등장한 **양식사**(Formgeschichte : H. Gunkel)는 이 같은 불균형을 어떻게 해결할 것인가를 가르쳐 주고 있다 : 예언서는 — 후대의 공관복음서와 같이 — 여러 개의 **작은 단위**들로 이루어져 있다. 이 단위들은 양식과 내용에서 독립적이며, 그 자체로서 의미를 갖고 있을 뿐만 아니라, 그 자체만으로도 이해될 수 있는 구두 연설의 양식을 보여 주고 있다. 이러한 연설들은 각각의 특정한 상황에서 선포된 것들이다. 사람들이 처음에는 연설 단위를 너무 광범위하게 규정했기 때문에, 그 연설이 아마도 한 절이나 두 절 정도의 **아주 짧은** 말에서 생겨났음을 인식할 수 없었다 :

"내가 땅의 모든 족속 중에
너희만 알았나니,
그러므로 내가 너희 모든 죄악을
너희에게 보응하리라"(암 3 : 2 ; 참조. 암 5 : 2 ; 9 : 7 ; 사 1 : 2-3 등).

아모스의 환상 시리즈(암 7 : 1-9 ; 8 : 1-3)와 이방 민족에 대한 신탁들(암 1 : 3-2 : 16) 혹은 이사야의 역사 회고(사 9 : 8-21 ; 5 : 25-29)와 연속적인 화(禍) 외침(사 5 : 8 이하)과 같이, 보다 광범위한 구성물도 때로 발견된다. 이러한 경우에 이렇게 큰 구조가 훨씬 이전 이미 구두 선포 때부터 하나의 확실한 단위로 존재했는지 혹은 편집상, 즉 문서화 단계에 와서야 비로소 그러한 시리즈가 형성되었는지는 그때그때 검토되어야 한다. 에스겔과 같이 후대의 예언자들은 광범위한 연설 단위들을 보다 자주 사용했던 것처럼 보인다.

어떻게 각각의 개별적인 구두 진술들이 현재의 예언서로 생겨나게 되었을까? 때때로 열띤 논쟁을 불러 일으켰던 이 질문은 결국 예언서마다 각각 새롭게 제기되어야 하지만 대부분 명백히 대답될 수는 없다. 과연 예언자의 대부분의 메시지가 오랫동안 주로 구두 전승으로 내려오다가, 포로기 이후에 와서야 비로소 문서로 고정되었을까(이른바 웁살라 학파[Uppsala-Schule]는 이와 같이 주장한다 : 참조. E. Nielsen, *Oral Tradition,* 1955)? 확실히 구두 전승은 예언서들의 성장—특히, 예레미야서—에 있어서 결정적인 의미를 갖지만, 그러나 전체적으로 볼 때, 제한적인 역할만을 하고 있다. 이따금 예언자들 스스로(참조. 사 8 : 1 ; 30 : 8) 이미 그들 메시지의 일부를 기록하게 하거나 혹은 서기(렘 36 : 4)를 통하여 받아쓰게 했다는 사실(특히, 렘 36장)이 언급된다. 또한 예언자 그 자신의 것으로 소급되는 수많은 1인칭 보도들(예를 들어 암 7-8장 ; 호 3장 ; 사 6장 등)과 더불어 예언자의 말 속에 철저하게 운문으로 기록된 다수의 형태들도 역시 위의 사실을 입증하고 있기 때문에, 때로는 원래의 본문과 후대의 개정을 구분하는 것이 여전히 가능하다.

예언자의 말들 가운데 보다 광범위하게 더 많은 부분들이 예언자의 친구들이나 제자들을 통해 수집되고 전승되었다. 그들에 대해서 직접적으로는 아주 드물게 거론되고 있긴 하지만(사 8 : 16 ; 참조. 사 50 : 4 ; 왕하 4 : 34 이하 ; 6 : 1), 그들의 활동을 짐작해 볼 수는 있다. 예언자의 제자들이 아니라면, 그 누가 과연 시간적으로 아주 근접하게 활동했던 예언자들에 관한 보도들을 3인칭(암 7 : 10 이하 ; 호 1장 ; 사 7장 ; 20장 등)으로 기술할 수 있었겠는가?

어떠한 목적에서 문서의 기록이 이루어졌을까? 선포된 심판은 곧바로 일어나지 않았고(참조. 사 5 : 19), 예언자는 청중들로부터 조롱거리가 되었으며, 그들로부터 거부당하게 되었다. 이로 인해 예언자는 미래에 자신의 선포가 증명됨으로써 자신의 정당성이 입증될 것이라는 희망을 품고서 자신의 메시지를 "봉인했다"(사 8 : 16-17 ; 30 : 8 ; 참조. 사 8 : 1-2 ; 합 2 : 2-3 등). 그러므로 예언자의 말들은 선포와 미래의 성취 사이에서 기록된 것이며, 문서 작성은 선포의 또다른 형태로서 예언자의 말이 갖는 미래적 중요성을 보여 준다. 미래 선포가 성취된 이후에 새로운 주제가 첨부되었다. 즉 예언의 성취와 더불어 예언자의 주장이 정당했다는 사실이 사건의 경과 속에서 확인되었던 것이다(이미 암 1 : 1 등).

예언자의 말에 관한 **다양한 모음집**들은 나중에 서로 결합되고 더 많은 전승 자료들에 의해 보충되었다. 따라서 **예언서**는 예언자 자신에게서 기원한 것이 아니라, 경우에 따라서는 파악하기 어려운 긴 생성 과정을 통하여 성장한 것이다. 그 과정에서 예언자의 말이 다시 복원되기도 하며, 본래의 그 상황이 재구성될 수도 있다.

2) 개별적인 말과 구성 사이의 구분

원래부터 독립되어 있는 개별적인 말들은 핵심 단어를 서로 접목시키는 등 어느 정도 우연한 관점에서 결합되었으며, 때로는 연대기적인 순서에 따라 묶이기도 했다. 부분적으로는 주제의 관점에 따라 유사한 본문들(예를 들면, 렘 23장과 겔 13장의 예언자들에 대한 말)을 변형하여 배열하기도 했는데, 이것이 "케리그마적 통일성"을 만들어 냈다.

작은 단위들의 본래의 범위, 즉 연설의 시작과 끝을 인식할 때, 우리는 예언자의 말을 보다 바르게 이해할 수 있다. 무엇보다도 서론이나 결론의 연설 양식들(Redeformel)은 연설을 분류할 때에 도움이 된다. 이 같은 양식들 중에서도 특별히 현저하게 눈에 띄는 "야웨께서 이렇게 말씀하신다(말씀하셨다)."(암 1 : 3 이하 등)라는 이른바 **메신저 공식**(Botenformel)은 예언자를 하나님의 대리인, 즉 구체적인 수취인들에게 특정한 메시지를 전달하도록 위임받은 중재자로 지시하고 있다. "들으라"라는 이른바 **주의 집중의 촉구**(Aufmerksamkeitsruf)는 "들으라, 주목하라"라는 형태로 중복 사용될 때에는 교훈 촉구(Lehreröffnungsruf)로도 불리운다. 주의 집중의 촉구는 지혜 교육으로부터 유래한 것으로서(잠 1 : 8 ; 4 : 1 등), 노래를 부르기 전(창 4 : 23 ; 삿 5 : 3 등)이나 제의 의식(신 6 : 4 ; 시 17 : 1 ; 50 : 7 ; 81 : 8 등) 중에 청중들에게 귀를 기울이도록 권고할 때에 사용된다. 예언자 자신(사 1 : 2, 10 ; 32 : 9 ; 미 1 : 2)과 후대의 편집자(참조. 호 4 : 1 ; 암 3 : 1 등)는 그 선포가 하나님의 말씀이라는 것을 강조하기 위하여 이러한 촉구를 사용했다. 이와 유사한 방식으로 "야웨의 말씀"(n^e'um)(암 2 : 16 등), "야웨께서 말씀하시기를"(사 1 : 2 ; 22 : 25 등) 또는 "야웨의 입의 말씀이니라"(사 1 : 20 ; 40 : 5)라는 공식적인 표현법들은, 단락의 도입이나 단락의 맨 끝에 덧붙혀짐으로써, 예언자의 말에 하나님의 권위를 부여했다. 에스겔서의 전형적인 표현 가운데서 이와 유사한 확언이 하나님 자신의 말씀으로 묘사되기도 한다 : "나, 야웨가 말하였다. 그리고 내가 그것을 행하리라"(겔 5 : 15, 17 ; 17 : 24 등).

새로운 서술은 일정한 틀을 형성하는 공식 없이도 말이나 주제 또는 구성 양식의 변화에 의해 포착될 수도 있다. 작은 단락들은 종종 공통된 **문체적 특징**들이나 **구조의 특징**들, 이를테면 서두의 "화 있을진저…"와 같은 것들을 포함하고 있으므로, 다양한 장르들로 구분될 수 있다. 마지막으로 예언자의 말은 예외 없이 시적으로, 운율적으로 형성되어 있으며, 또한 평행법(Parallelismus membrorum, 이 책 25장 1)의 구조를 따르고 있다. 이 같은 구성이 엄격하게 지켜지고 있기 때문에, 산문체 문장들이 특히 운문체로 된 말 속에 삽입될 경우, 산문체 문장은 후대의 첨가로 추측될 수 있다(예를 들어 암 3 : 3-6, 8 가운데 있는 3 : 7). 물론 많은 부분들이 산문의 형식으로 구성되어 있는 예레미야서의 경우 그 같은 방법을 적용하는 것에는 특별히 문제가 될 수 있다.

시편과 같이 시적인 문체로 되어 있는 예언자의 표현은 **비유**의 다양성과 생동감 있는 묘사, 심지어 대담성 등으로 강하게 부각된다(암 5 : 19 ; 호 5 : 12, 14 ; 사 1 : 2-3 ; 28 : 20 ; 렘 8 : 7 ; 그리고 많은 다른 구절들). 그것들이 단순히 한 사건을 묘사하는 것이긴 하지만, 그 사건을 청중에게 아주 명백하게 제시해 준다. 예외적으로 "마치 ~ 같고"(사 17:5; 참조. 암 3:12; 9:9 등)라는 비교의 표현은 비유로 확장되었다(사 5:1-7; 참조. 삼하 12장).

양식과 내용으로 구분된 개별적인 말들이 그 자체의—오직 추측으로만 가능한—본래의 상황에서만 해당되는 것이라면, 현재의 맥락 속에 위치한 현재 본문의 의미는 이미 변형된 것일 수도 있다. 가능하다면 주석은 그러한 변화들을 조사해야만 한다. 한 본문이 그것의 문맥과 궁극적으로는 책의 전체 범위에서 갖는 의미에 관한 질문을 "편집사"(Redaktionsgeschichte)라는 개념으로 파악한다.

3) 원래 예언자의 말과 후대 편집 사이의 구분

예언자들의 선포는 자료의 보관을 위해서가 아니라, 선포의 미래적 의미 때문에 서술되었고, 지속적으로 전달되었다. 후세대들은 수집된 예언자의 말을 그들에게도 여전히 유효한 하나님의 말씀으로 읽었으며, 이러한 본문을 가지고 자신들의 미래를 주시했다. 이를 통해 그들은 자신들의 생각을 예언자의 전승 속에 포함시킬 수 있었다. 원시 기독교 공동체가 복음서 내의 예수의 메시지를 "순수하게 역사적" 차원으로만 보존하고 있지 않은 것처럼, 예언자들의 선포들 역시도 후대의 경험에 의하여 첨가 또는 개정된 것으로 보았다. 이같이 편집에 의한 확장은 예언자의 메시지가 갖고 있는 지속적인 생명력, 즉 선포 이후의 역사 또는 그것의 **영향사**(Wirkungsgeschichte)를 암시한다. 즉 그것들은 본문의 이해에 중요한 도움을 주지만, 잘못된 정보를 줄 수도 있는 초기의 해석이기도 하다. 부적당한 표기이긴 하지만 이미 각인되어버린 "진정한"(echt) 또는 "진정하지 못한"(unecht)이라는 용어는 내용의 가치를 판단하는 것이 아니라 다만 역사성을 판단하는 것뿐이다. 역사-비평적 분석으로, "진정한" 말은 거의 예언자 자신의 것으로 소급될 수 있다. 예언자들로부터 기인하지 않은 이른바 "진정하지 못한" 편집상의 자료도 내용적으로는 "진정한", 즉 고려할 만한 가치가 있는 참된 진술을 포함할 수 있다.

첨가를 단순히 문학적인 작업으로만 제한시킬 필요는 없다. 왜냐하면 예언자의 메시지를 **제의적으로** 사용하는 것이 예언서 형성에 영향을 미쳤기 때문이다. 예를 들면 예언의 말씀을 낭독할 때에, — 자기 자신을 포함하여, 함께 시인하고, 고백하는 — 제의 공동체는 "우리"라는 문체의 양식(예를 들면, 사 1 : 9 ; 2 : 5 ; 미 4 : 5)으로, 혹은 예언서에서 볼 수 있는 영광송(Doxologie)으로 화답한다(호 12 : 5 ; 암 4 : 13 ; 5 : 8-9 ; 9 : 5-6 ; 참조. 사 12장 ; 미 7 : 8 이하 ; 슥 2 : 13 등). 후기 유대인들의 예배에서 낭독되었던 토라는 하프타라(Haftar : 참조. 행 13 : 15 ; 눅 4 : 17)로 불리우는 예언서 본문들의 낭독을 통하여 이미 초기부터 보충된 것이었다.

이른바 진정한 예언자의 말과 편집된 말 사이의 구별은 그것들이 서로 다른 내용을 표현하지 않는다면, 또한 서로 다른 의도를 표명하지만 않는다면, 사소하거나 대수롭지 않을 수도 있다. 그러나 실상은 예언자의 말과 편집 사이에 차이점이 존재한다. 예언자에 의해 선포된 심판은 이미 발생한 사건이기 때문에, 특정한 시기에 행해진 여러 가지 첨가들은 본래 예언자의 말과는 전혀 다른 관심을 보이고 있다.

한편으로, 이러한 첨가들은 심판 속에서 구원을 대망한다 : 결국 하나님은 자신의 백성을 구원하기를 원하지 않으셨는가? 그러므로 예언자의 심판 선포들은 구원의 약속으로 보충되었다(예를 들면, 암 9 : 11 이하). 더구나 서로 다른 예언서들은 이러한 근본적인 관심으로 인해 다음과 같은 동일한 도식(Schema)을 철저히 따르고 있다 : 처음에는 심판(이스라엘과 이방 민족들에 대한), 그 이후에야 비로소 (이스라엘을 위한) 구원. 분명히 예언자의 선포(사 1 : 21-26 등)에 의해서 나타나는 구성은 두 가지 단계들, 즉 심판을 통한 구원이라는 종말적 사건의 순서를 전제하고 암시하는 것처럼 보인다.

다른 한편으로 선포된 심판을 이미 경험한 자들은 다음과 같이 질문한다 : 왜 이러한 일이 일어나게 되었는가? 그리고 그들은 자신이 경험한 심판이 정당했음을 증언한다. 따라서 사건의 원인에 대한 숙고와 죄의 고백이 예언자의 징벌 선포보다 더욱 중요하게 부각되었다. 사람들은 백성의 죄를 하나님의 계명에 대한 불순종에서 찾았고(예를 들면, 암 2 : 4-5), 예언자들은 이제 그들의 경고가 무시된 회개 촉구자로 이해되었다. 이 같은 관점에서 예언자들을 회고해 본다면, 예언자들의 활동은 전혀 다르게 보이며, 적어도 그 강조점도 바뀌게 된다 : 다시 말해 예언자들은 직접적으로는 임박한 미래를 선포하는 자이다. 그러나 나중에는 아무런 성과도 얻지 못한 경고자로 간주된 것이다(참조. 특히 왕하 17 : 13 ; 슥 1 : 4 등; 이 점에 대해서는 이 책 11장 2.3을 보라).

특별히 **신명기 역사학파**(이 책 11장 1.2)는 예언자의 말들의 수집과 형성에 있어서 중요한 역할을 했던 것처럼 보인다. 즉 신명기 역사적 요소들이 거의 모든 예언서(적어도 표제들)에서, 특히 예레미야서에서 많이 발견되고 있다.

또한 지혜문학에 속한 무리들도 예언서의 편집에 관여하였다(호 14 : 9 ; 렘 17 : 5 이하; 참조. 암 1 : 1 등).

여기에서 우리는 예언자의 본래의 말과 편집층의 첨가를 구분하는 것이 역사적으로 매우 중요한 문제라는 사실을 이해하게 된다. 심판 위협과 구원 약속의 관계, 그리고 "남은 자"의 선포 등과 같이 예언서의 총체적인 해석은 예언자의 본래의 말과 편집층을 구분하는 것에 좌우된다. 그와 같이 이러한 구분은 기본적인 작업이기는 하지만 동시에 논쟁의 여지가 있다.

이러한 상황에서 후대의 진정하지 못한 본문을 찾기보다는 오히려 전승 자료의 진정한 본문을 검증하라는 과격한 요구는 어떠한 해결을 제시하는 것도 아니며, 주석을 확실한 기반 위에 올려놓는 작업이라고도 말할 수도 없지 않을까?

"본질적인 문제는 후대의 것을 규명하거나 혹은 확실히 진정한 것으로 여겨지는 기본층으로부터 후대의 것을 구분해 내는 것이 아니라, 오히려 예언자 전승의 핵심을 제시하자는 것이다. … 방법론적으로 엄격하게 예언자의 진정한 말을 재검토하는 것은 본래 진정한 것으로 간주할 수 있는 기준에 의해서만 제시될 수 있다. 이 기준은 단지 특정한 예언자가 처한 시대의 구체적인 상황에서 이해되어야 한다. 또한 본래의 것으로 받아들여진 개별적인 말들은 해당 예언자의 독특한 의도와 일치하는 점이 추가적으로 증명되어야만 한다"(W. Schottroff, "Jeremia 2 : 1–3 : Erwägungen zur Methode der Prophetenexegese", *ZThK* 67, 1970, 294).

그러나 이러한 기본 명제는 방법론적인 일관성 때문에 설득력 있는 것처럼 보이지만, 사실 적용에는 어려움이 있다. 이러한 전제에서 비롯된 필연성, 즉 후대의 상황에서도 이해될 수 있는 본문들이라면 모두 후대의 편집으로 제거되어야 한다는 것은 내용적으로는 설득력이 없다.

만약 편집사적인 해석이—특별히 문서화 이전의 전통 형태에 대해 질문하고 있는 전승사적인 방법과는 대조적으로—지나치게 강조된다면, 전체적으로 본문이 통일된 것으로 판단되며, 그 본문 중에서 분명히 드러나는 차이점들이 간과될 수 있는 위험이 있다. 사실 예언서의 본문들은 보통 본문의 역사를 보여 주는 (편집상의) 본문 성장층들을 가지고 있다. 만약 예언자 자신 또는 그의 제자들에 의해 기본층이 점진적으로 증대되어 있음을 고려한다면, 매우 복잡한 예언서의 기원이 보다 더 쉽게 이해되지는 않을까? 물론 그 경계를 때로는 명확히 할 수 없다. 게다가 본문의 진정성과 비진정성의 결정에 있어서 정신사적인 근거들은 단지 제한적으로만 적용된다. 왜냐하면 우리는 8세기나 7세기에 어떠한 관념과 확신이 통용되었는지에 대해 거의 모르고 있기 때문이다. 단지 포로기와 같은 급격한 격변들만이 쉽게 인식될 수 있는 자취들을 우리에게 남겨 주고 있을 뿐이다.

본문의 진정성은 보통 입증될 수 없다. 따라서 모든 구체적인 근거들(언어상, 내용상, 역사상의 방법)로 진정성의 여부를 신중히 판단해야 하는 어려운 임무가 남아 있다. 그럼에도 불구하고 객관적인 기준들도 수많은—드물지 않게 해석상 본질적으로 중요한—경우에 있어서 확실한 결정을 주지 못한다. 그러므로 비진정성의 본문들을 일단 제거한 이후에, 나머지 본문을 응집시키는 기준들(Kohärenzkriterium)을 포착해야 한다: 문제의 본문들은—확연히 "진정한" 말로 간주되는—예언자의 선포의 범주에 적합한가? 또는 그 반대로 모순이 되고 있는가? 이 문제는 특히 심하게 논란이 되고 있는 구원 약속(사 2장; 9장; 11장)들의 진상을 판단하는 데에 중요하다: 구원의 약속들은 심판의 위협을 배제하고 있는가? 아니면 심판의 위협을 전제하고, 그것을 견지하고 있는가? 그러나 이러한 방법조차도 다양한 해석을 가능케 하는 불확실성을 여전히 포함하고 있다.

2. 예언문학의 주요 양식

예언서에서 사용된 문학 양식들은 크게 세 가지 범주로 나눌 수 있다: 예언자에 관한 이야기(Prophetenerzählung), 환상(Vision), 말(Wort).

1) 예언자에 관한 이야기

이 양식은 예언자의 경험, 행동이나 고난에 관하여 보도한다. 그럼에도 불구하고 그의 운명, 즉 한 성인의 생애가 중심 주제는 아니다. 따라서 "예언자의 전설"(Prophetenlegende)이라는 일반적 명칭은 오해의 여지가 있다. 예언자의 말이 결정적인 중요성을 갖기 때문에, 예언자에 관한 이야기는 적어도 그들의 지금 전승 형태에서 하나님의 말씀과 예언자의 말의 정황에 대해 보도할 뿐이다.

나단, 엘리야 또는 엘리사와 같이 이른바 "문서 이전 예언자들"(Vorschrift-propheten) 혹은 "고전 이전의 예언자들"(vorklassische Propheten)에 관한 전승들은 일반적으로 3인칭으로, 그리고 한결같이 이야기체로만 보존되어 있다(왕하 1장). 또한 이러한 예언자들의 말은 단지 사건 발생과 연관되어서 보도되고 있다. 그에 반해 이른바 "고전적 문서 예언자"(klassische Schriftft-propheten)의 전승된 말은 단지 예외적인 경우만 이야기의 범주 안에 삽입되어 나온다. 이 이야기의 범주에서는 그 말이 제기된 상황이 묘사되거나(호 1장) 그 말이 선포된 상황이 그려진다(예를 들면 사 7장). 특별히 그 말이 특정한 인물을 겨냥할 때에는(암 7:10 이하; 사 7장), 그 말의 이해를 위하여 수신인에 대한 진술과 더불어 상황의 묘사를 필수적으로 제시한다. 게다가 그 보도는 예언자에 대한 자서전적인 관심이 적은 편이기 때문에, 예언자의 운명에 관하여 굳이 보도할 필요를 갖지는 않는다(암 7:10 이하).

일반적으로 이른바 문서 예언자의 말은 상황의 세부적인 서술 없이 독립적으로 전해져 왔으며, 그런 이유로 보다 쉽게 미래적 의미를 내포할 수 있다. 예언자들의 말들이 이야기의 구조 안에서 구체적으로 완벽하게 설명되고 있지 않으므로, 후세대들은 원래 예언자들에게 해당되지 않았던 요소들을 직접적으로 자기들과 관련시킬 수 있었다.

고전 이전 예언자들의 말과 고전적 예언자들의 말 사이의 전승 방식의 차이는 적어도 예언자들 자체의 행동에 있어서 두 가지 근본적인 차이점들에서 기인한다. 첫째, 이른바 문서 예언자들은 오로지 집단이나 민족 전체를 향해 메시지를 선포하였고, 단지 예외적으로만 왕(사 7장)과 같이 개인에게 말했다. 둘째, 이른바 문서 예언자들은 엄밀한 의미에 있어서 행동하지 않았고, 더 이상 정치에 적극적으로 관여하지도 않았으며, 단지 그들은 말을 통하여 활동했을 뿐이다.

예언자들로부터 볼 수 있는 몇 가지의 행동은 이른바 **상징 행위**(symbolische Handlungen)나 **표징 행위**(Zeichenhandlungen)라고 한다. 이러한 행동들은 마술적인 배경에서 발생했을지도 모른다. 그러나 이것들은 임박한 사건들을 확실히 발생하도록 유도하는 행동이 아니라, 오히려 표시를 통하여(사 20 : 3 등) 미리 선포하고, 묘사적으로 선취하며, 예언을 보강하고 강화하기 위한 것이었다. 예레미야는 이스라엘과 그 이웃 나라가 바벨론의 멍에를 메게 될 것을 보여 주기 위하여 쇠 멍에를 멘다(렘 28 : 12 이하 ; 참조. 왕상 22 : 11 등). 상징 행위는 세 가지 중요한 요소로 구성되어 있다. 이 세 가지는 실행 명령, 실행 보도와 해석이다. 하지만 이 세 가지 요소가 늘 빠짐없이 나오는 것은 아니다(왕상 19 : 19 이하 ; 호 1장 ; 3장 ; 사 8장 ; 20장 ; 렘 13장 ; 16장 ; 19장 ; 겔 4-5장 ; 12장 ; 슥 6 : 9 이하 ; 참조. G. Fohrer).

예언서에는—제3자, 즉 제자 또는 전달자 그룹에 의해 작성된—3인칭 보도(암 7 : 10 이하 ; 호 1장 ; 사 7장 ; 20장 ; 예레미야서의 바룩 이야기, 또는 요나서와 같은) 형식의 이야기들뿐만 아니라,—예언자 자신에 의해 작성된—1인칭 보도나 자신에 대한 보도(호 3장 ; 렘 13장 ; 24장 등) 등의 새로운 양식의 이야기들도 발견된다.

특히 **소명 기사**(Berufungsberichte)는 1인칭 보도에 속한다(사 6장 ; 40장 ; 렘 1장 ; 겔 1장 이하). 이것은 예언자를 의심하는 자들에게 예언자 자신의 강제적인 경험을 제시할 수 있는, 즉 예언자의 증명, 변호, 인준의 구실을 한다(참조. 암 7 : 15 ; 렘 26 : 12). 소명 기사 내에서 다시 두 가지의 근본 형식을 구별할 수 있다 : 첫째는 소명이 예언자와 하나님 사이의 **대화**(Zwiegespräch)에서 생긴다는 것이다. 그는 자신의 무자격과 그에게 주어진 임무의 막중함으로 인해 저항한다. 그러나 그것은 하나님의 권고를 통해 거부된다(대체적으로 공식화되어 있는 소명을 보여 주고 있는 모세, 출 3-4장 ; 기드온, 삿 6 : 11 이하 ; 사울, 삼상 9-10장과 렘 1장). 두 번째 소명은 **천상회의 환상**(Thronratvision)을 통하여 보다 간접적으로 발생한다(사 6장 ; 40장 ; 겔 1장 ; 참조. 왕상 22 : 19 이하 ; 슥 1 : 7 이하 ; 욥 1장). 두 경우에서 위임 사건은 "보내다"와 "가다"라는 동사로 요약될 수 있다(출 3 : 10 ; 렘 1 : 7 ; 사 6 : 8-9 ; 겔 2 : 3-4 ; 참조. 렘 14 : 14 등).

일반적으로 "신탁"(Orakel)은 예언자에 관한 이야기와 대조되는 개념으로 이해될 수 있다. 그러나 이 개념은 오해의 여지가 있기 때문에 세 부분, 즉 이야기, 환상, 말로 구분하는 것이 더 적절하다.

2) 환상

제사장은 "교훈"을 주고, 지혜자나 장로는 "충고"를 제공하는 것처럼, 예언자는 "말"(렘 18 : 18) 또는 "묵시"(겔 7 : 26)를 전달하는 자들이다. 아모스와 아마 이사야도 자신들을 "선견자"로서 이해했던 것으로 보인다(암 7 : 12, 14 ; 사 30 : 9-10). 책의 표제들도 예언자들이 말(암 1 : 1 ; 호 1 : 1 등) 또한 환상(사 1 : 1 ; 2 : 1 ; 나 1 : 1 ; 합 1 : 1 등)을 받았다고 보도해 준다. 그들은 스스로 "내가 보았다"(암 9 : 1 등)라고 말한다.

환상은 예언자 전승 내에서 아주 작은 분량에 해당되긴 하지만, 본질적인 의미를 가지고 있다. 사실, 예언에 대한 이해는 환상에 어느 정도의 비중을 두는가에 좌우된다. 왜냐하면 그 어디에서도 미래의 우월성이 환상에서 보다 명백하게 표현되어 있지 않기 때문이다. 또한 환상에서 본 미래적인 통찰은 현실적인 분석에 근거해 볼 때, 거의 추정하기가 어렵다.

과연 환상들은 시간적으로, 그리고 내용적으로 예언자 활동의 시작에 해당되는가? 아모스의 활동은 아마도 환상 시리즈와 함께 시작되는 것으로 보인다(암 7 : 1 - 8 ; 8 : 1 - 2). 이사야(사 6장), 에스겔(겔 1 - 3장), 제2이사야(사 40장), 아마 예레미야(렘 1장, 특히 13 - 14절 ; 참조. 렘 24 : 1 이하)도 취임 환상(Inauguralvision) 및 소명 환상(Berufungsvision)을 통하여 그들의 사명을 위임받는다. 호세아나 미가에게는 환상이 전해지지 않는다. 환상은 에스겔(1 - 3장 ; 8 - 11장 ; 37장 ; 40 - 48장), 스가랴(1 - 6장)와 다니엘서(7 - 8장 ; 10 - 12장 ; 참조. 꿈, 단 2장 ; 4장)에서와 같이, 묵시문학(Apokalyptik)으로 변화하는 과정을 보여 주는 후대 예언에서 점점 더 범위가 확대되고, 비중도 커졌다. 환상의 장르는 예언의 역사 내에서 확연히 발전되고, 확장되었으며, 결국 묵시문학(예를 들면, 에녹서)에 이르러서는 매우 지배적인 위치를 차지하게 되었다. 결국 환상은 하나의 문학적인 양식으로 변화되었고, 더 이상 환상 경험의 배경은 이해될 수 없게 되었다(참조. 눅 10 : 18).

예언자는 환상 중에 하나님과 함께 **대화**를 할 수 있다. 즉 예언자는 무의식적이라기보다는, 오히려 선명하게 깨어 있다. 더욱이 환상의 내용은 추가적으로 서술한 것이 아니라, 처음부터 청취되거나, 혹은 말하거나 중재할 수 있는 통찰력이 부여될 수 있으며, 일반적으로 결국에는 듣는 것으로 전환될 수도 있다(사 40 : 1 - 9).

환상의 재현과 전달을 통해서 예언자는 이미 확실한 방법으로—직접적으로(슥 1:14) 또는 간접적으로(참조. 암 3 : 8) 표현된—자신의 선포의 임무를 수행하였다. 게다가 환상 가운데서 예언자에게 강요된 통찰은 이후의 자신의 나머지 메시지에도 영향을 끼쳤다.

현재 보존된 환상들은 변형된 양식 구조나 혹은 내용적인 기준에 따라서, 그리고 무엇보다도 환상 장면과 말의 관계성에 따라서 구분될 수 있다. 눈으로 본 것이 통고된 사건과 직접적으로 일치하는 것은 "사건 환상"(Ereignisvision)이다(예를 들면 암 7 : 1 - 6). 만약 환상의 내용과 사건이 단지 환상의 내용을 재현하는 말로만 연결될 경우, 학자들은 이것을 "언어유희환상"(Wortspielvision) 또는 "언어유음환상"(Wortassonanzvision)이라고 말한다(암 8 : 1 - 2 ; 렘 1 : 11 - 12). 물론 이러한 것들과 다른 유형의 환상들(현존환상

[Anwesenheitsvision], 상징환상 [Symbolvision], 상황환상[Situationsvision] 같은)과의 구분은 분명하지 않다. 한 본문을 어떤 그룹으로 명확히 분류하는 것은 어려운 일이며, 그 범주의 설정 역시도 유동적이다.

물론 간과해서는 안 될 중요한 차이가 있다. 한편으로, 때로는 예언자가 보는 환상은 야웨의 개입에 의해 펼쳐지는 장면을 체험하는 것이다: "주께서 내게 보이셨다"(암 7:1; 참조. 렘 24:1; 슥 3:1; 겔 37:1 등). 또 다른 한편으로, 때로는 하나님 자신이 환상의 내용이 되며, 환상 중에 자신의 정체를 드러내기도 하신다: "내가 주를 뵈었다"(암 9:1; 왕상 22:19; 사 6:1). 그러나 이러한 구별조차 적어도 후대에는 사라진다(암 7:7).

또한 하나님의 초월성은 하나님을 보는 것에서도 존속된다. 하나님의 말씀을 듣는 것이 보는 것보다 우선적으로 체험된다(참조. 왕상 22:11 이하). "내가 주를 보았다"라는 통고는 환상의 실행이 주는 것보다 더 많은 것을 약속해 준다. 아모스도, 이사야도 하나님을 묘사하지는 않는다. 스가랴의 환상에서 일곱 등잔을 지닌 순금등대(슥 4:2)는 지상에서의 하나님의 무소 부재함, 전지함과 전능함(슥 4:10)을 상징적으로 표현한 것이다.

에스겔은 하나님 보좌의 주변에 대한 묘사를 하고 있으며(겔 1:4 이하), 특히 **다니엘**은 "옛적부터 계신 분"(단 7:9 이하)으로 자유롭게 묘사한다. 에스겔은 하나님의 존재를 묘사하기에는 불충분한 언어적 한계를 지시하기 위하여 "… 같더라"(겔 1:22, 26-27 등)라는 유보적인 표현구를 첨가하였다. 비록 이러한 불충분한 묘사에도 불구하고, 그는 과감히 "이는 야웨의 영광의 형상의 모양이다"(겔 1:28)라고 결론 내리는데, 이것은 "이는 야웨의 형상이다"라는 직접적인 진술을 피하기 위한 것이다.

포로기 이후 시대 하나님의 초월성이 더욱 강하게 강조될 때, 에스겔의 새 성전에 관한 환상(겔 40:3-4; 참조. 사 40:6)에서는 초보적인 단계로, 스가랴의 환상 시리즈와 다니엘서(단 7:16; 8:15 이하 등)에서는 본질적인 요소로서, 하나님과 인간 사이에서 중재자의 기능을 담당하는 해석 천사(angelus interpres)가 나타난다. 그 이후로 하나님과 예언자의 직접적인 만남은 더 이상 이루어지지 않는다.

3) 말

이른바 문서 예언자에 관한 전승에서 가장 넓은 범주는 말(言)이라고 할 수 있다. "환상"에 상응하는 것으로 "청취"라는 개념이 일반적으로 사용되고 있으나 적절한 것만은 아니다. 비록 많은 부분이 이미 형식적으로 하나님의 말씀으로 받아들여지지 않고, 오히려 예언자 자신으로부터 유래한 것이라 할지라도, 청취라는 개념은 예언자들의 말들이 하나님으로부터 수용된 것이라는 사실을 전제하지 않을까? 그러나 분명히 하나님의 말씀으로 증명된 말에서도 다음과 같은 질문이 제기된다 : 예언자는 구체적인 상황에서 그가 전달해야 할 말이 그에게 주어질 때까지 기다려야만 했는가(참조. 렘 28 : 6 이하 ; 42 : 7 ; 민 22 : 8, 19 등)? 혹은 그는 — 특별히 환상을 통하여 — 그에게 주어졌던 미래에 대한 통찰을 근거로 개별적인 말을 스스로 형성하고 전달하였는가?

따라서 "청취"의 개념은 특별한 양식으로 남겨지거나 또는 이미 보여진 것이 아니라, 오히려 들려진 것에 관하여 보도하는 환상의 한 부분으로 남겨 놓는 것이 더 낫다(참조. 특별히 사 40 : 1-9).

예언자의 말은 뜻밖에도 풍부한 연설 양식들을 통해 부각된다. 그것들이 대부분의 경우에 있어 본래적인 것이 아니고 이차적으로 예언자의 것이 되었다는 사실, 즉 다른 삶의 영역들에서 예언자의 것으로 돌려졌다는 기본적인 통찰은 각양각색의 것들을 몇 가지의 기본적인 양식으로 정리할 수 있도록 도와 준다. 그것은 예언자의 말들을 쉽게 개괄할 수 있게 해 줄 뿐만 아니라, 실질적인 유익을 준다 : "예언의 본래적 유형"을 탐구할 때(H. Gunkel, "Die Propheten als Schriftsteller und Dichter", in : H. Schmidt, *Die großen Propheten,* [2]1923, XLVI), 예언 현상의 특수성이 더욱 강렬하게 대두된다. 예언의 본래 유형은 그것이 위협이든지 구원이든지 간에 미래 선포 안에서 발견되어야 한다.

(1) 미래 선포(Zukunftsansage)와 근거(Begründung)

이른바 문서 이전 예언자의 말들도 이미 특징적인 두 부분을 보여 주고 있다. 그들은 — 종종 메신저 공식(Botenformel)에 따라 — 심판 선포를 사실화하기 위하여, 가장 먼저 현장에서 드러난 명백한 범죄 행위를 상세히 말한다:

> "네가 죽이고
> 또 빼앗았느냐 하셨다 하고
> 또 저에게 이르기를 야웨의 말씀이
> 개들이 나봇의 피를 핥는 곳에서
> 개들이 네 피 곧 네 몸의 피도 핥으리라"
> (왕상 21 : 19 ; 참조. 왕하 1 : 3-4 등).

집단이나 백성 전체를 향한 매우 강렬한 심판의 위협들은 이른바 문서 예언자의 압도적인 내용이다. 이처럼 아모스는 풍자적이고, 조롱하는 말투로 북왕국의 신분 높은 여성들을 질책한다:

> "사마리아 산에 거하는 바산 암소들아(즉 살찐 가축들)
> 이 말을 들으라.
> 너희는 가난한 자를 학대하며
> 궁핍한 자를 압제하며 가장에게 이르기를:
> 술을 가져다가 우리로 마시게 하라 하는도다.
> 주 야웨께서 자기의 거룩함을 가리켜 맹세하시되:
> 때가 너희에게 임할지라.
> 사람이 갈고리로 너희를 끌어가며
> 낚시로 너희의 남은 자들을 그리하리라"(암 4 : 1-2).

비록 미래의 사건이 현재의 경악스러운 그들의 죄악 된 행위와 상응한다고 할지라도, 고발 다음에 이어지는 미래 선포만이 하나님의 말씀으로 간주되고 있다(암 3 : 9-11 ; 8 : 4 이하 등). 메신저 공식의 보다 세부적인 형식 중의 하나인 하나님의 맹세(즉 야웨께서 그의 거룩함을 가리켜 맹세하시되— 역자 주)는 이방 군대에 의한 위협의 심판을 확실하게 규정하고 있다. 형벌 선포 이전에 나오는 심판의 근거는 예언자 그 자신의 말이다. 따라서 고발과 미래의 말을 구분하는 것은 한 걸음 더 나아가 인간의 말과 하나님의 말씀을 구분하는 것과 일치한다. 물론 하나님의 말씀도 예언자 자신이 표현한 것이므로, 그것은 분명하게 아모스의 언어적 특징으로 각인되어 있다. 그러나 그는—필경 인간으로서는 도달하기 어려운—미래 선포를 상당할 정도로 생소한 말씀으로 느꼈을까? 어쩌면 하나님은 단지 암울한 미래에 대한 확신만을 예언자에게 심어 주셨고(참조. 암 8 : 2), 그로 하여금 스스로 백성의 죄가 무엇인지를 깨닫고 기술하게 하신 것인가(G. von Rad)?

자주 "보라"로 시작되는 미래 선포는, 그것이 심판을 암시하고 있기 때문에 **심판의 말**(Gerichtswort), 또는 **재앙의 말**(Unheilswort), **재앙 예언**(Unheilsweissagung), 또는 **체벌 선포**(Strafankündigung), 그리고 **판결의 말**(Urteilswort) 등으로 불린다. 이렇게 다양한 이름들은—심판의 상황에 따라—그때그때마다 예언 선포가 갖는 각각의 특정한 의미들을 내포하고 있다. 즉 다양한 이름들은 부분적인 면만을 표현하고 있을 뿐, 일반적인 면을 포괄하지는 못하고 있다. 그러므로 예언의 구조가 전승사적 추론을 통해서도 결코 일반화될 수 없다면, 가장 형식적인 개념이 가장 적절할 것이다. 적어도 통용되는 개념들에 대하여 가능한 한 형식적으로 이해하는 것이 선택되어야 할 것이다.

구체적 상황에서 말하고, 특정한 수신인들과 접촉하며, 청중들로 하여금 하나님의 뜻을 인식하도록 하기 위하여, 미래 선포는 **근거**를 필요로 한다. 그렇게 함으로써 청중들은 심판을 그들 죄에 대한 형벌로서 인지할 수 있게 되었다. 심판은 숙명이 아니라 하나님에 의해 주어진 심판이다. 예언자의 말 가운데 백성의 죄악을 지적하는 이 부분을 **책망의 말**(Scheltrede), **고발**(Anklage), 혹은 **상황 지적**(Lagehinweis)으로 부른다. 이 부분은 상황 분석, 즉 예배, 사회, 정치를 불문한 현재의 비판을 포함한다. 그러므로 미래 선포는 예언 선포의 한 가지 기본적인 요소이며, 상황 분석은 또다른 한 가지 요소이다. 이 두 가지 요소는 때에 따라서 독립적으로 나타나기는 하지만, 서로 쌍을 이루어 보통 하나의 단위를 이룬다. 특히 책망의 말과 위협의 말은 종종 "그러므로", "때문에" 등의 불변화사로 연결된다.

재판 연설(Gerichtsrede)은 소송을 반영하는 특정한 본문들에서 보다 잘 나타난다(예를 들어 사 1 : 18 이하 ; 호 2 : 4 ; 렘 2 : 9 ; 이 책 21장 2.3을 보라). 개별적으로는 사전 "심의 단계의 논쟁"과 "고발 연설" 혹은 "변호 연설" 등으로 세분할 수 있다(참조. H. J. Boecker).

(2) 화(禍) 외침(Weherufe)

예언자의 **화(禍) 외침**에는 서두에 "화 있을진저!"(*hoj*, 아이고!—역자 주)가 나오고, 그 다음에 명사 또는 종종 능동분사가 뒤따른다. 이 분사는 한 개인이나 집단의 행위를 묘사하고 그 행위에 대하여 책임을 부과한다:

> "화 있을진저, 야웨의 날을 사모하는 자여!"(암 5 : 18).
> "화 있을진저, 악을 선하다 하며
> 선을 악하다 하는 자들이여!"(사 5 : 20 ; 참조. 미 2 : 1).

그러한 화를 선포하는 말들은 흔히 일렬로 나열되어 나오는데(사 5 : 8 이하 ; 합 2 : 6 이하), 이는 본래적인 연설의 단위일 수도 있고 아니면 후대의 복합물일 수도 있다. 또한 그것들은 본문의 분류 기준으로 사용될 수도 있다(사 28 : 1 ; 29 : 1 ; 30 : 1 등). 예언자는 "화 있을진저"(아이고!)라는 말을 어디에서 빌어 왔을까? 그 질문은 활발한 토론을 야기했다(가장 최근에, C. Hardmeier). 저주의 말들(Fluchworte)과의 구조상의 유사점들은 어떻게 설명될 수 있을까(신 27 : 15 이하)? 주제에 있어서 지혜문학과의 접촉점들이 발견된다(사 5 : 20 이하 등). 그러나 "화 있을진저"는 실제로 *조가*(弔歌 : Totenklage)에서 기인한 것이다(왕상 13 : 30 ; 렘 22 : 18 ; 34 : 5 ; 참조. 암 5 : 16). 예언자는 그의 청중들에게 "죽음의 씨앗이 특정한 인간의 행위에 이미 내재해 있다"(G. Wanke)는 것을 생생하게 알리기 위해, 죽은 자가 아닌 살아 있는 자들에게 그것을 바꾸어 불러 댔다. 예언의 양식적인 측면에서 미래 선포와 근거 제시를 놓고 판단해 보면, 화 외침은 죄 지적(사건의 묘사에서)과 형벌 통고가 결합된 혼합 양식이다. 살아 있는 자들이 죽을 운명에 처해 있음을 슬퍼하는 "화 있을진저!"는 이미 위협적인, 현재적 심판을 내포하고 있다. 그럼에도 불구하고 미래 선포가 뒤이어 특징적으로 따라 나올 수도 있다(사 5 : 8-9 ; 30 : 1-3 등).

키나(*Qina*) 및 **장송곡**(Leichenlied)은 그 의도에 있어서 화 외침과 비슷하다. 그렇지만 양식에 있어서는 때때로 보다 긴 절이 짧은 절 앞에 미리 나오며(예를 들어 암 5 : 2), 내용에 있어서는 과거와 현재가 흔히 대조되어 나온다(사 1 : 21 ; 14 : 12 이하 ; 겔 27장 등 ; 참조. 이 책 26장 2).

화 외침과 반대되는 것은 **마카리스무스**(Makarismus : *aschre*, "복되도다!")이다. 마카리스무스는 축하할 때(왕상 10 : 8 ; 참조. 시 127 : 5 ; 128편), 혹은 어떤 행동을 찬미할 때(시 1 : 1 ; 2 : 12 ; 32 : 1-2 등; 참조. 마 5 : 3 이하) 사용된다.

(3) 역사 회고(Geschichtsrückblick)

예언자는 미래뿐만 아니라 과거에 대해서도 주시한다. 물론 이른바 심판 예언자들에게 있어서 **역사 회고**는 짧거나(암 2 : 9 ; 9 : 7 ; 사 28 : 21 등) 혹은 상세하거나(호 9 : 10 이하 ; 특히 11 : 1-2 ; 사 9 : 8 이하 ; 이 책 20장 3.3) 상관없이 본질적으로 죄의 지적, 즉 미래 선포의 근거로 쓰인다. 예언자가 이같이 "역사의 한 일면(비판적인 면—역자 주)만 관찰하는 목적은 전(全) 시대에 걸쳐 변함없는 이스라엘의 죄상을 증명하기 위함이라는 것은 명백하다"(H. Gunkel ; 참조. J. Vollmer).

(4) 논쟁의 말(Disputationswort) 및 토론의 말(Diskussionswort)

예언자는 **논쟁의 말** 또는 **토론의 말**, **다툼의 대화**(Streitgespräch) 등으로도 불려지는 장르에서 그의 청중들과 논쟁을 시작하면서 자신의 메시지에 대한 그들의 의심을 전제하고, 질문을 통하여 일정한 결론으로 그들을 유도하려고 애쓴다(암 3 : 3-6, 8 ; 6 : 12 ; 9 : 7 ; 렘 13 : 23 ; 23 : 23-24 ; 학 1 : 2, 4 이하 등). 이러한 연설 방법은 시간이 흐르면서, 보다 엄격한 양식으로 굳어진 듯하다(제2이사야, 이 책 21장 2.2 ; 말라기, 이 책 22장 4). 그것들은 원래 일상 생활의 말다툼이나 또는 오히려 지혜 학교의 논쟁으로부터 발생한 것인가(참조. 욥 6 : 5-6 ; 8 : 11)?

(5) 권고의 말(Mahnwort)

권고의 말은 명령형의 요구를 띠고 있다 : "너희는 옷을 찢지 말고 마음을 찢으라"(욜 2 : 13 ; 렘 4 : 4). 권고의 말에 결론("-하기 위하여", "-하지 않기 위하여")이나 이유("왜냐하면")가 첨가될 수 있다. "벧엘을 찾지 말라"(암 5 : 5) 또는 "악행을 그쳐라"(사 1 : 16)와 같이 형식이나 혹은 내용적으로 부정적인 뜻을 내포하는 양식은 **경고의 말**(Warnwort)이라고 부르며, "돌아오라"(렘 3 : 22 등)는 특별한 권고는 **회개 촉구**(Bußruf)로 불리운다. 권고의 외침은 주제와 중심 용어에 있어서 통일성이 없으므로, 다음과 같이 다양한 출처들이 가정된다 : 지혜(이 책 27장 3.5), 법(호 2 : 4 이하 ; 참조. 왕상 3 : 24 이하), 전쟁(호 5 : 8 ; 렘 6 : 1 ; 51 : 6, 27-28, 45 ; 욜 2 : 1 ; 4 : 9 ; 참조. 출 14 : 13 ; 신 20 : 3 ; 사 7 : 4 등), 그리고 제의. 예언자는 찬양(이 책 25장 4.1), 민족적 탄식의 촉구(렘 36 : 9 ; 6 : 26 등 ; 이 책 25장 4.2), 예언에 의해 수용된 제사장적인 가르침(*Tora* : 순례 혹은 제물에 대한 "가르침" : 암 4 : 4-5 ; 5 : 4, 21-22 ; 사 1 : 10 이하 등)에서 명령형을 사용한다.

(6) 구원의 말(Heilswort) 및 약속(Verheißung)

심판에 반대되는 **구원의 말** 또는 **약속**은 거의 통일성을 갖지 못한 것 같다(예를 들어 호 2 : 14 이하 ; 암 9 : 11-12 ; 사 11장 ; 렘 28 : 2-3 ; 30-31장 ; 또는 겔 37장). 흔히 쓰이는 도입 공식은 "그날에는/그날"(호 2 : 16 이하 ; 욜 3 : 1), "말일에"(사 2 : 2), "보라, 날이 이르리니"(렘 31 : 31 ; 참조. 암 4 : 2) 등이다. "하나님의 이름으로 기도자에게 그의 간구가 응답되었음을 확신시켜 주는" (과거에는 제사장의) "구원 신탁"(Heils-orakel)이 가장 명확하게 인식된다(J. Begrich ; 그리고 이 책 21장 2.1). 우리는 이러한 구원 약속의 말에서 또다시 "구원 선포"(Heilsankündigung)와 "구원 서술"(Heilsschilderung)을 구별해야만 하는가(C. Westermann)? 여하튼 심판 선포처럼 구원 선포 역시도 종종 하나님을 "1인칭"으로 표현함으로써, 미래를 가능하게 만들고, 미래를 이끌어 나가는 분이 하나님이심을 지시하고 있다(호 14 : 5 ; 사 1 : 26 등).

3. 현재 예언서 연구에서 나타나는 논쟁점들

예언자들이 다양한 연설 양식들을 활용하고 있다면, 그들 선포의 결정적인 것, 즉 본질적인 것은 어디에서 찾을 수 있을까? 그것은 미래 선포 혹은 상황 분석(사회 비판을 포함하여) 아니면 권고의 말, 한 걸음 더 나아가 회개 촉구 등 그 어디에서 찾을 수 있을까? 이제부터는 현재 예언서 연구에서 취급되는 몇 가지 근본 문제들에 대하여 논하고자 한다.

(1) 문서 예언자의 메시지의 출발점은 제의나 율법 혹은 지혜문학 등 그 무엇이든 간에, 어느 정도 이스라엘의 초기 전승들로부터 "유래하고" 있는가? 확실히 예언자들은 여러 가지의 연설 양식, 주제, 전승, 표상들을 수용하여, 그것들을 자신의 메시지의 틀 안에서 변형시키고, 그것을 각자의 현재 상황에서 청중들에게 선포한다. 그러나 하나님은 자신의 백성과의 관계를 단절하실 것(암 8 : 2 ; 호 1 : 9 ; 사 6 : 9 이하 ; 렘 1 : 13-14 ; 16 : 5 등)이라는 예언자들의 미래 선포는 과거의 생각과 연결시킬 수 있는가? 혹은 이러한 통찰을 통해 하나님과 백성 간의 관계를 인정하는 전승의 근본적인 내용(창 15장 ; 출 3장 등)에 그들은 오히려 반대하는 것일까?

(2) 이와는 달리 문서 예언자들은 미래에 대한 통찰이나 사용하고 있는 연설 양식들(심판 선포와 근거, 화 외침, 장송곡 등), 또는 그 주제들(제의 비판, 사회 비판 등)에 있어서 상호 간에 서로 많은 공통점을 가지고 있기 때문에, 그들은 거의 서로에게서 완전히 독립해 있다고 볼 수 없다. 개별적인 특징들, 즉 주요한 부분에서 드러나는 차이점들에도 불구하고, 그들의 메시지는 서로 매우 유사하다. 이러한 공통점은 어떻게 형성되었을까? 직접적인 문서의 의존은 생각할 수 없다. 경우에 따라서는 어쩌면 예언자의 제자들을

통해 중재된(사 8 : 16) 구두 전승들(참조. 렘 26 : 18에 나타난 미 3 : 12의 인용) 때문에 서로 결합된 것은 아닐까?

경우에 따라서, 문서 예언자들은 아주 드물지만 다른 예언자들과 분명하게 연대하기도 한다(호 6 : 5 ; 참조. 렘 28 : 8). 그러나 그들은 보통 예언자 그룹에 대하여 비판적으로 대립한다(암 7 : 14 ; 미 3 : 5 이하 등).

(3) 미래 선포와 현재 분석은 일반적으로 서로 결합되어 있다. 그러나 이러한 관계를 어떻게 해석하는가에 대해서는 논쟁의 여지가 있다. 미래에 대한 예감은 백성의 현재 상태에 대한 깊은 통찰에서 기인한 것일까? 혹은 그 반대로 미래 확신의 결과를 통해서 예언자는 죄를 지적하게 되었을까?

그 배후에는 개별적인 말과 계시 사이의 관련성이 동시에 숨어 있다. 예언자 자신으로부터 유래한 개별적인 말들은 — 환상 가운데서 얻어진 — 미래에 대한 자신의 일반적인 통찰이 응집된 것인가? 아니면 하나님의 말씀으로 인정되는 모든 말들은 매번 새로운 계시의 행위로부터 기인한 것인가?

(4) 현재와 미래의 관계 역시 미래와 관련된 말들의 관계를 어떻게 이해해야 할지를 질문하는 것에 달려 있다. 예언자의 심판 선포들이 권고의 말들에 의하여 해석될 수 있을까? 혹은 그 반대로 — 적어도 고대 시기에는 보다 드물게 나타나는 — 제의적인 성향을 지닌 권고의 말들은 종말론적 선포로 보아야 하는가(참조. 예를 들어 암 5 : 5)? 심판 선포 자체는 단지 위협일 뿐인가? 즉 자신의 행동을 통해 심판을 피하도록 하기 위한 최후의 경고들인가? 아니면 예언자들은 심판의 메시지와 구원의 메시지를 통하여 확실히 도래하는, 동시에 이미 나타나기 시작한 미래를 선포하는 것인가?

이와 동일한 질문의 영역에 속한 또 하나의 부분적인 문제가 있다: 이른바 이사야의 "완고하게 하는 명령"(Verstockungsauftrag : 사 6 : 9-10)과 같은 과격한 진술은 예언자의 선포에 대한 청중들의 반응을 근거로 하여 회고를 통해 최초로 작성된 것인가?

(5) 아모스를 제외하면 이른바 심판 예언자들은 심판뿐만 아니라 구원 역시 선포했던 것 같다. 구원의 약속을 일반적으로 "진정하지 못한 것"으로 설명할 수 없다면(이 책 13장 1.3), 다음과 같은 질문이 제기될 것이다: 예언자는 다양한 시대에, 그리고 변화하는 청중을 향해 여러 가지 상반되는 것을 말했기 때문에, 예언자의 메시지는 모순적인 것일까? 아니면 심판 선포와 구원 선포는 내용상 관계가 있는 것일까?

한 가지 해석에 따르면, 심판과 구원의 관계는 오직 심판을 이겨낸 "남은 자"(왕상 19:17-18)에 대한 희망을 통하여 서로 연결된다. 그러나 논쟁의 여지없이 예언자의 말로 간주되는 예언자의 "진정한" 말에서는 남은 자가 심판의 표시에 불과하다: 더 이상 미래적 의미를 갖고 있지 않을 뿐만 아니라 그 자체는 위협을 받고 난 이후에 남은 잔유물로서, 파괴된 흔적의 정도를 확증할 뿐이다(암 3:12; 8:10; 9:4; 사 17:5-6; 30:17 등; 참조. 욥 1:15 이하). 이와는 반대로 진정성에 있어서 논란이 되고 있는 말들에서 나타나는 남은 자는 "거룩한 씨앗", 즉 심판의 목표로서, 새로운 구원의 담지자로서 나타난다(사 6:13; 4:3; 일찍이 암 5:15; 9:8 등).

회개 촉구는 역시 비슷한 방법으로 후대 시대에 와서야 비로소 회상에 의해 예언자의 메시지로 요약된 것인가(왕하 17:3; 슥 1:3-4)? 예언자들은 회개가 이루어지지도 않았고(암 4:6 이하; 사 9:13; 30:15), 혹은 이루어질 수도 없다는 것을 확신하고 있다(호 5:4; 렘 13:23). 그러므로 예언자들은 하나님 자신의 전환만을 약속할 수 있었다(호 14:5; 겔 37장 등). 그러므로 구원 선포의 틀 안에서 회개 촉구 역시 설명된다(호 14:1; 렘 3:12; 참조. 사 55:6 등). 그렇다면 예언자의 메시지에서 인간은 구원을 보존할 수 없으며, 단지 구원을 새롭게 선물로 받아야 하는 것인가?

이와 같은 질문들은 현재의 예언서 연구에서 매우 다양하게 대답된다. 예언의 모든 이해가 본문의 "진정성"과 "비진정성"의 여부를 전제로 하고 있기 때문에, 예언자들의 모습은 매우 다양한 양상으로 묘사된다.

4. 문서 예언자의 선구자들

구약의 문서 예언은 각 개인이나 — 황홀경에 빠진 — 집단(삼상 10 : 5 이하 ; 19 : 22 이하)으로 등장하는 초기 이스라엘 시기부터 시작되는 여러 단계의 예언 현상 가운데에서도 비교적 후기 형태에 해당된다.

발람은 이방인으로서 본래 이스라엘의 예언자 대열에 속하지 않는다. 그는 초기 시대에 아마도 강력한 예언을 이스라엘에게 선포했었다. 그 예언은 야웨가 "축복으로 바꾸셨던" 저주의 예언이었는가(신 23 : 5)? 아니면 발람은 그가 원했던 저주 대신 야웨의 지시로 인해 축복을 말해야만 했을까(민 22-24장)? 여하튼 야위스트(민 24장)나 엘로히스트(민 23장)의 폭넓은 전승 가운데에는 하나님에 의한 강제적 경험(민 22 : 8, 18)이나 혹은 환상과 말씀을 통한 계시(민 23 : 3 ; 24 : 3-4, 15 이하)와 같은 예언의 요소들이 상당히 발견되고 있다.

이처럼 이스라엘의 개개 인물에 관한 전승에 있어서 후대 시대는 전승 형성에 얼마나 관여하고 있는 것일까? 엘리야나 엘리사에 관한 이야기 시리즈처럼 여러 이야기의 복합물은 그 이야기의 역사적 배경과 형성 과정을 연구해야 할 필요가 있는 각각의 개별적인 이야기로부터 생겨난 것이다. 이러한 상황에 직면하여 우리는 문서 이전 예언자에 대해서 보다 간결하게 조망해 볼 필요가 있다. 역사성에 관해 회의적일 수밖에 없는 요소는 신학적 고찰을 통해 해결할 수 있다. 이야기들이 기적적이고 전설적인 영역으로 변화하는 지점에서 그 이야기들은 실제 이상의 것을 제시한다. 즉 여기에서 제시하고자 하는 것은 예언자 자신이 아니라 오히려 하나님 그분 자신이 활동하고 있다는 사실이다 : 부분적으로 많을 수도 혹은 적을 수도 있지만, 결국 예언자에 대한 모든 전설적인 보도들은 "야웨-이야기"(G. von Rad)로 묘사되는 경향이 있다.

사무엘은 이스라엘의 개인 예언자의 시작일까? 아마도 가장 오래된 보고에 따르면, 그는 이른바 소사사로 나타난다(삼상 7 : 15-17). 그는 "하나님의 사람" 혹은 "선견자"(삼상 9 : 6 이하)로, 심지어 죽은 영혼으로 자신을 표현한다(삼상 28 : 7 이하). 사무엘은 황홀경 무리의 지도자(삼상 19 : 18 이하 등)로 나타나기도 하고, 확실히 후대의 것으로 보이는 유년시절의 이야기에서는 "예언자"(삼상 3 : 19-20)라는 명칭으로 등장한다. 때로는 카리스마적 군대 지휘관(삼상 7 : 7 이하)으로 묘사되기도 한다. 무엇보다도 전승은 왕권 성립 시에 사무엘의 협력에 대해 자세히 이야기하고 있다(참조. 이 책 11장 3.3). 역사적으로 사무엘의 다양한 기능들이 어떻게 묘사되든지 간에, 그때부터 위대한 사사에게 통합되어 있었던 지도권과 카리스마는 분리되기 시작했다. 그리고 예언을 통해서 왕권을 비판하고 이를 교정하려는 예언자들이 나타났다.

다윗의 시대에는 인구조사 이후 왕과 맞섰던 "선견자" 갓(예루살렘 제단의 기원에 대한 삼하 24장, 그리고 삼상 22 : 5)과 "예언자" **나단**이 나타났다. 법궤가 예루살렘으로 옮겨진 이후에(삼하 6장), 나단은 다윗의 성전 건축을 거부하면서, 다윗 가문의 영원한 존립을 선포했다(삼하 7장). 이 예언은 자주 구약에서 반복되었으며, 동시에 수백 년의 역사가 경과하는 동안 점차적으로 약속의 형태를 띠게 되었으며(시 89편 ; 132편 ; 왕상 2 : 4 ; 8 : 25 ; 9 : 4-5 ; 참조. 슥 3 : 7 등), 포로기의 예언자에 의해서는 이 약속이 심지어 백성 전체에게로 확장되었다(사 55 : 3-4). 또 다른 경우, 나단은 소송 사건에 대한 비유를 통해서 다윗이 자신의 죄(비이스라엘인과의 간음 : 삼하 12장)를 스스로 판결하도록 유도했다. 이때에 나단은 다윗 왕에게 약속이 아닌 위협을 선포한다. 마지막으로 다윗이 죽음에 임박해 있을 때 발생한 궁중의 암투 가운데, 나단은 솔로몬의 왕위 계승을 위해 결정적 역할을 수행하였다(왕상 1장).

다음의 중요한 예언자들은 실로의 아히야(왕상 11장 ; 14장)를 시작으로 북왕국에서 활동했다.

적어도 후대의 관점에서 문서 이전의 예언자들 중 가장 중요한 인물로 보이는 **엘리야**(참조. 말 4 : 5-6 ; 막 9 : 11) — "나는 야웨를 열정적으로 섬기겠다"(왕상 19 : 10, 14) — 는 자신의 생활 신조를 이미 "나의 하나님은 야웨이시다"라는 이름에서 구체화한다. 그는 북왕국에서 아합과 이세벨, 아하시아 통치하에서의 종교 혼합이 촉진되었던 시기에, 혹은 바알 제의가 지배적이었던 때에, 야웨 신앙의 배타성(왕하 1장, 구원의 신 바알에게 문의)을 위해 싸우면서, 자신의 동시대인들에게 야웨나 바알 중에서 한 신을 선택하

도록 요구했다: “어느 때까지 둘 사이에서 머뭇머뭇 하려느냐?”(왕상 18:21, 갈멜산에서의 하나님의 판결). 이전의 나단처럼 엘리야는 포도원 주인 나봇을 살해했던 왕의 구체적인 죄악에 맞서 정의(법)를 수호하고자 힘썼다. 일반적으로 이 이야기(왕상 21장)의 배경에는 두 가지의 상이한 법 이해가 전제되어 있다: 가나안의 세계에서는 너무나 당연한 왕의 권력과 이스라엘에서는 금지되어 있는 유산의 양도에 관한 것이다. 엘리야의 중요성은 모세의 계승자로서 야웨 신앙의 기원지인 하나님의 산에 가서 신의 현현을 경험하는 전승에서 나타난다(왕상 19장; 참조. 출 19장; 33장). 하나님은 (더 이상) 자연 현상들인 폭풍과 지진, 불 가운데 계시지 않으시고, 정적 가운데 계신다. 만약 엘리야가 거기에서 아람 왕으로 하사엘을, 이스라엘 왕으로 예후를 기름 붓도록 명령받았다면(왕상 19:15 이하), 격렬한 아람인들과의 전쟁과 예후의 혁명(왕하 8장; 9-10장)과 같은 다가올 시대의 두 가지 결정적 사건은 하나님의 사람과 연관되고, 그 사건은 곧 백성의 정화로 이해될 수 있는 것들이다. 엘리야는 “바알에게 절하지 않고 바알에게 입맞추지 않은” 칠천 명을 제외한 모든 이스라엘을 심판으로 위협했다.

엘리야의 그러한 특징 외에도, 그에게만 볼 수 있는 유일한 것은 불말들이 끄는 마차를 타고 “올라가는”(참조. 창 5:24; 시 73:24) 승천에 관한 전승에서 나타난다. 그러나 **엘리사**가 목격자로, 그리고 후계자로서 임명되도록 허락된 이 장면은 본래 엘리야가 아니라 엘리사의 이야기 시리즈에 속해 있다(왕하 2-9장; 13장). 엘리야의 외투를 통해 즉각적으로, 그리고 무조건적으로 “후계자”로 부름 받은 엘리사(왕상 19:19 이하)는 엘리야로부터 카리스마적인 장자의 몫을 받는다(왕하 2:9; 참조. 신 21:17). 따라서 엘리사의 카리스마적 권위는 하나님으로부터 직접적으로 오는 것이 아니라, 민수기 11장 17, 25절에서 이스라엘의 장로들이 모세의 영감을 공동으로 받은 것처럼, 엘리야에 의해 중개되는 것으로 간주된다. 때로는 엘리사 자신이 적어도 제자 공동체의 지도자로 나타나기도 한다(왕하 2:3 이하; 4:1, 38; 6:1 등). 비록 바알 종교와의 대결이 엘리사의 전승들에서는 부각되지 않는다 할지라도, 그는 예언자 생도들과 더불어 이른바 열정적인 야웨 숭배자인 예후로 하여금 혁명(기원전 845년)을 일으키도록 사주했던 것으로 보인다

(왕하 9장). "이스라엘의 병거와 마병(또는 병거 조종수)"(왕하 13 : 14 ; 2 : 12) 이라는 명예로운 칭호가 가리키는 것처럼, 엘리사의 정치적 활동은 (아람인들과의) 전쟁에서 다소간의 역할을 해 냈다(왕하 6 : 8 이하). 그뿐만 아니라 엘리사는 엘리야처럼 아람인 하사엘의 즉위에 관여하였다(왕하 8장). 기적 이야기들은 이전의 엘리야 이야기 시리즈에서 보다 더 많이 기록되어 있다. 이들 중에서 야웨를 믿게 되었으나, 여전히 이방신의 성전에서 예배를 드릴 수밖에 없었던 아람인 나아만 이야기(왕하 5장)의 신학적인 영향(이방인의 "개종", 그러나 제1계명의 면제?)은 특별히 주목할 가치가 있다.

이미 엘리야가 "나의 대적"(왕상 21 : 20 ; 참조. 왕상 18 : 17)으로 불렸던 것처럼, 이스라엘의 왕은 **이믈라의 아들 미가야**를 그렇게 판단했다 : "저는 내게 대하여 길한 일을 예언하지 아니하고 흉한 일만 예언한다"(왕상 22 : 8, 18). 이른바 문서 예언자들이 등장하기 바로 전에 언급된 미가야 예언자의 마지막 이야기는 후대에 예언자들 내부에서 갈등이 있었음을 보여준다. 그 때에 구원을 약속했던 직업 예언자들과 심판을 선포했던 개인 예언자들은 서로 첨예하게 대립했다. 미가야의 이야기는 후대의 상황으로부터 어느 정도로 영향을 받았을까? 이 이야기는 참 예언과 거짓 예언의 차이를 명백히 함에 있어서, 어느 정도로 교훈을 주며, 본보기가 되고 있는가? 이 이야기는 어느 정도로 사건의 진행 과정을 재현하고 있는가? 미가야는 전체 민족에게 다가오는 심판을 보았을 뿐 아니라("내가 보니 온 이스라엘이 목자 없는 양같이 산에 흩어졌는데") 천상회의의 계속적인 환상을 통하여("내가 보니 야웨께서 그 보좌 위에 앉으셨고" : 참조. 사 6장 ; 렘 23 : 22 ; 욥 1장) 그의 대적들이 거짓된 구원의 메시지를 선포했다는 사실까지도 밝힐 수 있었다 : "거짓말하는 영을 선지자의 입에 넣으셨다."

이와 같이 환상들 가운데서, 이른바 위대한 예언자들의 심판 메시지가 준비되었고, 또한 그 심판의 메시지는 후대의 회상을 통해서 선취되었다. 비록 사무엘서와 열왕기서의 예언자들에 관한 이야기의 역사적인 배경을 보다 명확하게 밝히는 것이 어렵다 할지라도, 이미 문서 이전 예언자들은 야웨를 위해 전력으로 위협과 약속의 말씀을 가지고 왕과 대면할 수 있었다는 사실은 의심의 여지가 없다. 문서 예언자들은 이 메시지를 민족 전체에게 확장시켰다.

제14장 아모스

1. 아모스를 기점으로 하여, 갑작스럽고도 결정적인 이른바 문서 예언 시대가 시작되었다. 이 문서 예언은 상징 행위를 제외한다면, 모두가 구두로 선포되었다가 이후에 문서화된 것들이다. 아모스의 전승을 모아 놓은 이 책에서 3인칭으로 서술된 예언자에 관한 이야기(암 7 : 10-17)를 제외하면, 이 책은 거의 예외 없이 예언자의 말과 환상으로 구성되어 있다. 한 절(암 3 : 2, 8 ; 6 : 12 ; 9 : 7)이나 몇 절로 구성된 각각의 구절들과 더불어 동시에 비교적 큰 단위들도 발견된다. 특별히 이 책은 다른 예언서들과는 달리 **이방 민족들에 대한 심판 시리즈**(암 1 : 3-2 : 16)로 시작한다. 후대의 첨가들을 제외한다면, 이 광대한 복합물들은 처음부터 현재의 문맥을 그대로 형성하고 있었을 것이다. **환상 시리즈**(암 7 : 1-9 ; 8 : 1-3) 역시 이미 하나의 통일성을 이루고 있었음을 보여 준다. 이 환상 시리즈의 절정은 이방 민족의 심판 시리즈와 마찬가지로 결론 부분에서 나타난다. 아모스서는 표제(암 1 : 1)를 시작으로 다음과 같이 구성되어 있다 :

암 1 : 2	(암 1-2장 또는 1-9장?에 대한) 주제 선언(Motto) "야웨께서 시온에서부터 부르짖으시며"	
I. 암 1 : 3-2 : 16	후렴구가 있는 이방 민족들에 대한 심판 시리즈 : "서너 가지 죄로 인하여 내가 (심판/심판의 말)을 돌이키지 아니 하리니 … 내가 불을 보내리니"	
	2 : 6-16	이스라엘에 대한 반박 사회 비판(6-8절), 이스라엘을 위한 하나님의 행동(9절[10-12절]), 지진과 전쟁의

선포(13절 이하)

II. 암 3–6장 도입부가 있는, 이스라엘에 대하여 심판을 선포하는 개별적인 말들 :

- a) "이 말씀을 들으라"(암 3 : 1 ; 4 : 1 ; 5 : 1 ; 참조. 암 8 : 4)
  - 3 : 2 선택은 죄의 보응을 의미한다.
  - 3 : 3–6, 8 논쟁의 말
  - 3 : 9–4 : 3 수도 사마리아에 대한 여러 가지 말
    - 3 : 12 어떠한 구원도 없다.
    - 4 : 1–3 상류 계층의 여성에 대한 반박 (참조. 사 3 : 16 이하)
  - 4 : 4–5(5 : 5) 제의에 반(反)하는 권고의 말
  - 4 : 6–12 후렴구가 있는 역사 회고 : "그러나 너희가 내게로 돌아오지 아니하였느니라."
  - 5 : 1–2, 3 조가(弔歌)
- b) "화"(암 5 : 18 ; 6 : 1 ; 아마도 5 : 7 ; 6 : 13)
  - 5 : 4–6, 14–15 "야웨를 찾으라"
  - 5 : 18–20 야웨의 날
  - 5 : 21–27 제의에 대한 반박("내가 너희 절기를 미워하여"), 정의를 위함, 형벌선언("다메섹 밖으로 추방")
  - 6 : 1–7, 8 이하 사마리아에 있는 안일한 자에 대한 반박

III. 암 7–9장 다섯 환상들, 3인칭 보도와 말

- 7 : 1–8(9) ; 8 : 1–2(3) 두 쌍으로 된 네 가지 환상 "주 야웨께서 내게 보이신 것이"
- 7 : 10–17 3인칭 보도 : 아모스와 아마샤. 벧엘로부터의 추방. "나는 예언자가 아니다 …"(14절)
- 8 : 4–14 개별적인 말들
  - 8 : 11–12 야웨의 말씀에 대한 기갈

9 : 1 - 4 계속되는 독립적인 환상
("내가 주님을 보니")
제단의 파괴
9 : 7(8 - 10) 이스라엘의 선택 의식에 대한 반박
"너희는 내게 구스 족속 같지 아니하냐?"

IV. 암 9 : (8 - 10)11 - 15 (이차적 부록) 구원의 말
9 : 11 - 12 다윗의 무너진 장막의 회복

2. 아모스서에는 여러 가지 **첨가**들이 발견된다. 물론 그것들을 분리하는 것이 쉽지는 않다 :

(1) 아마도 원래 함께 구성되었던 찬양, 즉 **영광송**(Doxologien : 암 4 : 13 ; 5 : 8 ; 9 : 5 - 6)은 주제 선언(암 1 : 2)과 마찬가지로, 포로기 - 포로기 이후로 추정되는 후대에 비로소 아모스서에 삽입되었을 것이다. 공동체는 창조주에 대해 이같이 찬양함으로써 그 심판을 정당한 것으로 시인하거나(참조. 시 51 : 4 ; F. Horst) 또는 예언자의 말의 미래적 - 종말론적 중요성을 고백했던 것이다(참조. K. Koch ; W. Berg).

(2) 다윗의 무너진 성막 재건과 자연물의 축복을 보여 주고 있는 화해적인 결말이 심판의 메시지에 첨가(암 9 : 11 - 15)된 것은 이미 심판을 경험했던 포로기 또는 포로기 이후의 시기에 이루어진 것이다. 이 같은 **구원의** 말을 삭제하는 것이 예언자를 이해하는 데 결정적인 역할을 하기 때문에, 대다수의 주석가들은 이를 삭제하는 것에 동의하고 있다(다른 의견에 대하여는 W. Rudolph를 보라).

(3) 물론 다음과 같은 것들은 포로기 이후 **신명기 역사가의 첨가물들로** 간주해야만 한다 : 우선, 두로, 에돔, 그리고 유다(암 1 : 9 - 10, 11 - 12 ; 2 : 4 - 5). 이 세 민족은 "야웨께서 말씀하신다"는 결말 공식이 생략되고, 또한 죄

지적 분량이 확장되었다는 공통점으로 인해 이미 주의를 끌고 있다. 그 다음으로 아모스 2장 10-12절; 3장 1b, 7절; 5장 25(-26)절과 부분적으로 1장 1절과 같은 개별적인 말도 신명기 역사가의 첨가에 속한다. 그 외에 아모스 5장 13절과 8장 11절 이하, 그리고 9장 8절 이하 등도 논란의 여지가 있다.

이와 같이 아모스서는 점차적인 성장 과정을 통하여 발전하였다. 아모스서는 아모스의 말들과 환상들로 시작하여, 거기에 3인칭 보도(암 7:10-17)가 보충되었으며, (추측해 보건대) 친구 집단이나 혹은 제자 집단(이른바 아모스 학파)에 의해 확장되었고, 후대의 첨가를 통해 종결되었다. 이 책의 형성은 아모스의 출신지이자, 그가 추방당했던 지역(암 7:12)인 남왕국(참조. 암 1:1-2; 2:4-5; 7:10 등)에서 이루어졌다. 이와 같이 독특한 유다적 편집은 호세아서에서 더욱 분명하게 인식할 수 있다.

3. 남왕국의 드고아 출신인 아모스(암 1:1)는 여로보암 II세 치하인 기원전 760년경에 북왕국에서(만) 활동했다. 당시의 국제 정치는 안정적이었고, 군사적으로도 어느 정도 성과를 얻었으며(암 6:13과 왕하 14:25 이하를 비교), 경제적으로도 번영을 누렸다. 그러므로 예언자의 "출현 동기는 그 시대의 정치적 또는 문화적 상황에 기인하지 않는다. 외관상으로 그 같은 것들은 그의 출현에 별다른 영향을 끼치지 못했다"(A. Weiser, *Das Buch der zwölf kleinen Propheten*(I), ATD의 암 1:1에 대한 주석). 오히려 국내 정치 상황들, 즉 사회적 불의(이 책 3장 4를 보라.)가 탄식의 원인이 되었던 것 같다. 왜냐하면 앗수르 제국도 단지 정치적 식견가들의 눈에만 인식될 정도였기 때문이다. 앗수르인들이 다소 아람 국가의 국력을 약화시키기는 했지만, 더 이상 남쪽으로 진출하지는 못했다. 아모스는 후대의 호세아와 이사야와는 달리, 앗수르 제국을 구체적으로 지명하여 언급하지 않고 있으며, 단순히 암시적으로만 말하고 있다(암 5:27; 4:3; 6:2, 14).

아모스의 사역은 오직 짧은 기간, 아마도 몇 달간을 북왕국(참조. 암 1:1 "아모스가 위협한 바 있는 지진이 일어나기 2년전")과 특히 벧엘(암 7:10 이하), 사마리아는 물론(참조. 암 3 : 9 ; 4 : 1 ; 6 : 1) 다른 지역들에서도 활동하였다. 그는 이방국가(암 1 : 3 이하 ; 9 : 7 등)를 포함하여, 이스라엘의 현재와 과거에 대해서도 알고 있었으며, 직관적이고도 풍부한 비유를 포함하는 시적인 말들을 사용했다(참조. 암 3 : 3 이하, 12 ; 5 : 19 등). 볼프(H. W. Wolff)는 아모스와 (씨족) 지혜에 대한 관계 — 예를 들면 숫자 격언의 사용에서 — 에 관하여 관찰하기도 했다(참조. 암 1 : 3 이하와 잠 30 : 15 이하를 비교). 그러나 슈미트(H. H. Schmid)는 이에 대해 비판적이다. 여하튼 예언자의 미래 메시지는 이러한 배경에서는 설명될 수 없다.

호세아와 달리 아모스는 단지 부분적으로만 이스라엘의 초기 역사를 인용하고 있다. 아모스는 이스라엘을 위한 야웨의 전쟁 전승을 이스라엘을 대적하는 전쟁 선포로 역전환시켰던 것처럼(암 2 : 13 이하), 출애굽 전승(암 9 : 7 ; 참조. 암 3 : 1-2)과 정착 전승(암 2 : 9)과 같은 근본적인 전승들을 빌어서, 오히려 이스라엘에 대항하는 논쟁을 펼친다. 호세아(4 : 2)와 달리 아모스는 하나님의 법을 문자적으로 인용하기보다는 오히려 그것의 의도적인 면에 일치를 이루려 했다.

아모스의 직업은 "목자요 뽕나무를 배양하는 자"로 기록되어 있는데, 아마도 가축을 소유한 목축업자였을 것으로 추측해 볼 수 있다. 어쨌든 그는 예언 활동으로 자신의 생계를 유지할 필요는 없었으며, 더구나 아모스 자신은 그 스스로를 예언자나 예언자의 제자로 간주하지도 않고 있다. 오히려 그는 자신이 하나님에 의해 직접적으로 선택되었음을 인식하고 있었다(암 7 : 14–15 ; 참조. 암 1 : 1). 아마도 그것은 환상들을 통해서가 아니었을까?

4. 아모스의 **환상**들은 그의 초기 사역에 속한 것들일 것이다. 왜냐하면, 냉혹하기는 하지만 아직은 결정적인 심판이 도래한 것처럼 보이지 않는 첫 번째 쌍의 환상(메뚜기에 의한 추수의 파멸과 불에 의한 목초지의 파괴)에서, 아모스는 여전히 백성들을 위하여 중보기도를 시작하고 있기 때문이다: "주, 야웨여 용서하소서! 야곱이 어떻게 설 수 있겠습니까?" "내 백성 이스라엘의 끝이 이르렀은즉"(암 8 : 2)이라는 하나님의 말씀으로 이어지는 두 번째 쌍의 환상에서, 아모스는 백성 전체를 향한 피할 수 없는 심판(참조. 암 8 : 7 ; 9 : 4)을 확신한다. 이러한 기본적 인식에서 바벨론 포로기 이전 문서 예언자의 창의성과 독특성이 어느 정도 드러난다(참조. 내용상 호 1 : 9 등,

단어 표현상 겔 7장; 창 6 : 13 P). 아무튼 심판의 방법이 처음부터 결정되지는 않았던 것으로 보인다. 왜냐하면 아모스가 보다 이후에 때에 따라서는 심판의 방법을 지진(암 2 : 13; 9 : 1; 참조. 암 3 : 14-15; 1 : 1)으로, 그리고 일반적으로는 그 심판을 하나님이 이방 민족을 도구(6 : 14)로 하여, 이스라엘에게 행하는 전쟁(암 2 : 14 이하; 3 : 11; 4 : 2-3; 5 : 3, 27; 6 : 7; 7 : 11, 17; 9 : 4)으로 구체화시키고 있기 때문이다. 처음에는 심판의 이유조차 자세하게 주어지지 않았으나, 나중에야 비로소 제의 비판과 사회 비판 등을 통해서 보다 자세한 심판의 근거들이 예언자의 선포 가운데 생겨난 듯하다. 소명을 받기 이전에는 자기 시대를 그같이 배타적인 시선으로 바라볼 필요가 없었다. 그러나 그는 미래의 심판에 대한 예감을 통해서 현재를 다르게 볼 수 있었으며, 현재의 결점을 인식할 수 있지 않았을까? 물론 이 심판은 이스라엘의 죄 때문에 임한 것이다. 이 심판이 불가피하고 불가해한 숙명이 아니라 하나님에 의해서 내려진 처벌이라는 점은 처음부터 의심의 여지가 없다("내가 더 이상 용서하지 않는다.", 암 7 : 8; 8 : 2). 백성 전체를 위협하는 이 심판은 아주 먼 미래가 아니라, 매우 가까운 미래에 이루어질 사건으로서 심지어 "이미 이루어진 사실"(A. Weiser, ATD)처럼 인식되기까지 한다. 선포된 미래가 이미 현재를 결정한다는 점에서, 예언자의 메시지는 여전히 "종말론적"이라는 — 논쟁의 여지가 있는 — 명칭으로 불리울 만한다.

5. 청중에 대한 예언자의 선포에서 보이는 통찰력은 내용뿐만 아니라 시대를 이해하는 데에도 영향력을 발휘한다. 즉 예언자는 자신의 통찰력을 통해서 외적으로는 번영의 삶을 누리고 있는 백성들을 향하여 죽음의 노래(조가)를 불러댄다:

"처녀 이스라엘이 엎드러졌음이여
다시 일어나지 못하리로다
자기 땅에 던지움이여
(더 이상) 일으킬 자 없으리로다"(암 5 : 2).

백성에게 임할 사건은 어느 누구도 피해갈 수 없는 심판으로서 점진적으로 선포되고 있는 화 외침에서 구체적으로 설명되고 있다:

"화 있을진저 야웨의 날을 사모하는 자여! …
마치 사람이 사자를 피하다가
곰을 만나거나
혹 집에 들어가서 손을 벽에 대었다가
뱀에게 물림 같도다"
(암 5:19; 참조. 암 9:2-4; 왕상 19:17; 사 5:5-6).

이 같은 표현에서 아모스는 전적으로 이스라엘의 죽음(암 5:3, 16-17; 6:9-10; 8:3; 9:4)과 추방(암 5:5, 27; 6:7; 7:11)을 선포하였다. 또한 아모스는 자신을 궁전에서 "모반자"로 비난했을 뿐만 아니라, 그에게 선포조차 금지시켰던 제사장의 가족에게도 동일한 운명을 선포했다(암 7:17). 결코 남은 자는 존재할 수 없다(암 3:12; 참조. 암 4:2; 6:10 등).

청중들의 반발에 대해, 아모스는 먼저 그가 강제적으로 경험했던 바를 언급한다(암 3:8; 7:14-15; 참조. 암 3:3-6). 아모스는 처음에 대중에게 외쳤던 이방 민족에 대한 심판(암 1:3-2:16)에서 형벌뿐만 아니라 죄 지적에서도 이스라엘과 이웃 민족들을 동일하게 취급했다. 아모스는 아마도 자신의 메시지에 반발하도록 하는 백성들의 선택 사상에서, 책임이나 죄의 보응(암 3:2; 참조. 암 6:12)과 같이 전혀 다른 결말을 유도하거나 혹은 이스라엘의 특권조차 상대화시켰다:

"야웨께서 가라사대 이스라엘 자손들아
너희는 내게 구스 족속 같지 아니하냐.
내가 이스라엘을 애굽 땅에서,
블레셋 사람을 갑돌에서
아람 사람을 길에서
올라오게 하지 아니하였느냐"(암 9:7; 참조. 암 6:2).

동시에 이 같은 표현은 예언자가 하나님을 우주적인 범주 안에서 이해하고 있음을 보여 준다. 야웨는 이스라엘과 무관하게 자행된 범죄도 징벌하시는(암 2 : 1), 이방 국가들의 재판관일 뿐만이 아니라(암 1 : 3 이하), 주변 세계를 넘어서(암 9 : 7), 우주의 경계까지 미치는 권능을 가지고 계신 분이다(암 9 : 2-3).

6. 아모스가 이방 민족들의 죄를 그들의 전쟁 행위(암 1 : 3 이하)에서 찾았다면, 그에 비해 이스라엘의 죄는 정의의 결핍(암 3 : 10 ; 5 : 7, 24 ; 6 : 12)에서 찾았다. 즉 **사회 비판**(Sozialkritik)을 전면에 내세운다: "저희가 은을 위해서 의인을 팔며"(암 2 : 6 ; 참조. 왕하 4 : 1). 가난한 자를 학대하고, 사치스러운 생활(암 4 : 1)을 누리는 것은 물론이려니와, 양과 무게를 변조하는 행위(암 8 : 4-5)나 "성문"에서 법을 왜곡하는 행위(암 5 : 10, 12, 15) 등과 같이 경제적인 범죄들도 언급하고 있다(암 2 : 6-8 ; 3 : 9-10, 15 ; 4 : 1-2 ; 5 : 7 이하 ; 6 : 4 이하, 12 ; 8 : 4 이하 ; 참조. 왕실에 대한 반박인 암 7 : 9, 11). 아모스가 단지 상류층의 범죄만을 추궁하는 것으로 보이지는 않는다(암 2 : 7 "아버지와 아들이 한 젊은 여인에게 다녀서"). 아무튼 그는 본래 하류층의 편도 들지 않는다. 오히려 사회 비판은 죄 지적의 방법으로 사용됨으로써, 이스라엘 백성 전체에게 임할 심판의 선포로 전개된다(암 2 : 6 이하, 13 이하 ; 참조. 암 3 : 11). 아모스는 "묘사된 사회 상태의 부정이라는 선을 넘지는 않지만, 사회 비판을 통하여 그의 분석과 비판을 더욱 첨예화시킨다"(M. Fendler, "Zur Sozialkritik des Amos", *EvTh* 33, 1973, 53="아모스의 사회 비판", 김정준 역, 「신학사상」 21, 1978, 293—역자 주).

아모스가 사회 정의의 예언자로 간주된다면, 그것은 정당한 것이다. 하지만 그것만이 그가 고발하고 있는 유일한 주제는 아니다. 그는 이뿐만 아니라 거짓된 안전 의식이나 **교만함**(암 6 : 1-2, 8, 13 ; 8 : 7) — 이는 특히 이사야가 관심을 갖고 있는 주제이다 — 에 대해서, 그리고 **제의 비판**(Kultkritik)에 대해서도 논쟁을 벌인다. 아모스는 그가 다섯 번째 환상(암 9 : 1)에서 경험했던 제단의 파괴(암 3 : 14), 즉 북왕국 성소들(암 5 : 5 ; 7 : 9)의 파괴에 관한 이야기를 자신의 말로 전달한다. 사람들은 이러한 선포를 물론 아모스의 의도는 아니었지만 나중에 와서 단 하나의 예루살렘 성소를 위한 근거로 이해했는가(암 1 : 2)? 그와 동시대 인물이었던 호세아와 달리 아모스는 그의 제의 비판을 바알 제의로의 배반에 근거를 두고 있지는 않다. 그러나 이후의 예언자들과 마찬가지로 아모스는 제사장적인 어투를 논쟁적으로 수용하면서, 희생 제물과 절기에 대하여 거칠게 대항했다(암 4 : 4–5 ; 5 : 21 이하 ; 8 : 10 ; 참조. 암 2 : 8). 사회 비판과 마찬가지로, 제의 비판도 그것만을 독립적으로 분리해 낼 수는 없다. 제의 비판 역시도 미래에 대한 메시지(암 5 : 5, 27 ; 8 : 10)와 또한 예언자들이 이해하는 하나님에 대한 인식과 서로 통합되어 있다. 그러므로 아모스 메시지의 일면을 표현하는 "제의(Kult) 대신 법(Recht)과 윤리(Ethos)"라는 표어(암 5 : 24, 14–15)는 결국 불충분하지 않은가?

7. 아모스가 고발과 형벌의 선포를 넘어서 **희망의 빛에 대한 여운을** 남겼는지에 대해서는 역시 논쟁의 여지가 많다. 아모스서의 결말에 나오는 구원 예언(암 9 : 11 이하)에서 아모스 자신은 어떠한 것도 말하지 않았다. 조건적인 구원을 허용하는 "나를 찾으라 그리하면 살리라"(암 5 : 4–5, 6, 14–15)는 권고를 아모스가 한 말로 보아야 하는지의 문제는 아직도 불분명하다(H. W. Wolff는 거부하는 입장). 예언자 자신이 선포하였든지 아니면 그의 제자 무리에 의하여 선포되었든지 간에, 선을 사랑하고 정의를 행하는 자들의 생존 가능성은 이중적으로 제한되고 있다 : 은혜는 오직 "남은 자"에게만 주어지며, 그것조차도 단지 "어쩌면" 주어질지도 모르는 것이다(암 5 : 15). 그 같은 권고의 말이 결국 백성들의 삶을 변화하도록 고무시킬 수 있었는가? 또한 그렇게 되기를 바라는 의도로 선포되었던 것인가? 진정한 구원의 희망은 호세아에 와서야 비로소 언급된다. 그러나 역사의 진행과 북왕국의 멸망(기원전 722년)은 오히려 아모스가 옳았음을 보여 주었다.

제15장 호세아

1. 열두 소예언서는 호세아서로부터 시작된다. 이것은 호세아서가 다음에 나오는 소예언서들에 비해 가장 큰 부피를 차지하기 때문일 수도 있고 혹은 후대 사람들이 호세아를 가장 오래된 인물로 생각했기 때문일 수도 있다. 그러나 호세아는 아모스보다 약 10년 뒤에 등장한 아모스의 동시대 인물로서, 아모스가 언급한 바 있는 이스라엘의 여로보암 II세(암 7 : 9, 11)와 유다 웃시야 왕의 통치 기간 동안 활동했었다. 웃시야 왕이 죽은 해는 이사야가 소명을 받았던 해이기도 하다(6 : 1). 기원전 734/733년의 이른바 시리아-에브라임 동맹전쟁이 호세아의 선포에 반영되어 있다(5 : 8 이하). 반면 그는 사마리아에 대한 위협(13 : 16), 즉 기원전 722년 앗수르 제국에 의한 북왕국의 멸망이 성취되는 것은 경험하지 못했다. 그러므로 호세아의 예언 활동은 대략 기원전 750-725년경의 시기에 해당되며, 이것은 아모스에 비해 상당히 긴 기간이다. 또한 호세아서는 분량에 있어서 아모스서보다 대략 반 정도 더 많다.

호세아는 유일한 비(非)유다인 출신의 문서 예언자였다. 북왕국은 그의 활동 무대였을 뿐만 아니라, 아마도 그의 고향이었을 것이다. 많은 언어적 특징들이나 야곱 전승과 출애굽 전승(호 11-12장)의 수용과 같은 몇 가지의 선포 주제들은 이를 근거로 해명될 수 있을 것이다. 문서 예언자의 선구자들이 주로 북왕국에서 활동하였다는 것을 고려해 볼 때, 호세아는 남쪽 출신인 아모스와는 또 다른 측면에서 이스라엘의 예언자들에게 상당한 의미를 부여했을 것이다(호 6 : 5 ; 12 : 10, 13). 여기에서 전승 관계를 인식할 수 있을까? 아마도 엘리야와 엘로히스트로부터 호세아와 신명기 전승들, 그리고 젊은 시절 호세아로부터 영향을 받은 것처럼 보이는 예레미야까지의 전승 고리를 인식할 수 있다(참조. 이 책 10장 1.3). 한 가지 예를 들면 호세아(호 4 : 2), 예레미아(렘 7 : 9), 그리고 신명기가 십계명이나 그 전승들을 포함하고 있다는 것은 결코 우연이 아니다.

우리는 호세아의 전기에 대해서 거의 알지 못하며, 아모스서에 기록되어 있는 출생지와 직업에 관한 것조차도 호세아서에서는 언급되지 않고 있다. 아버지인 브에리(호 1 : 1), 아내인 고멜(호 1 : 3), 그리고 상징적인 이름을 통해 호세아의 선포 내용을 암시해 주는 세 아이(호 1 : 4 이하)만이 기록되어 있다. 또한 아모스 7장 14절이나 이사야 6장과 같은 본래의 소명기사도 전해지지 않고 있다(참조. 호 1 : 2). 물론 대부분의 예언자들처럼 호세아도 적대와 조롱을 경험해야만 했다: "이 예언자는 바보이고, 영에 사로잡힌 자가 미쳤나니"(호 9 : 7－8). 즉 호세아는 적어도 조롱적인 의미에서 "예언자"로 불리웠다.

2. 아모스서는 구두 연설의 작은 단위들을 아주 명백하게 서로 분리할 수 있는 반면에, 호세아서에서는 각각의 말들이 주제나 혹은 역사적인 관점에 따라서 보다 큰 단위로 묶여 구성되어 있다. 메신저 공식 같이 새로운 주제를 이끄는 연설 공식들이 거의 생략되어 있기 때문에(참조. 그러나 호 2 : 13, 16 등), 호세아서에서 본래의 말의 단위들을 구분해 내는 것은 매우 어렵다. 단지 가끔씩은 한 수집물의 시작(호 4 : 1)과 끝(호 2 : 21 ; 11 : 11)이 공식으로 표기되기도 하며, 이 책의 결말은 지혜 문학적 권고(호 14 : 9)로 끝난다. 호세아서의 탄탄한 구성력은 이미 구두 낭독의 단계에서 이루어진 것인가 (H. W. Wolff는 "출현 묘사"[Auftrittsskizzen : 예언자가 출현할 당시에 사용했던 화법이나 묘사적 표현들—역자주]로 생각하였다.)? 아니면 후대의 전승 과정에서 이루어진 것인가? 그것도 아니라면 문서화 과정에서 이루어진 것인가? 만일 호세아가 자신의 말을 기록하지 않았거나 또는 고작 예외적인 경우에만 기록했다거나 혹은 그가 연설의 구조들을 이미 형성하지 않았다면, 우리는 이 책의 구성에 대해서 비교적 많은 부분을 편집자에게 돌리지 않을 수 없다. 물론 호세아서에서 기본층으로부터 후기의 개정층을 명백하게 분리하기는 어렵다.

호세아서는 두 부분으로 이루어져 있으며, 두 개의 부분은 다시 작은 수집물들로 구성되어 있다. 3인칭 보도로 된 호세아 1장, 위협의 말과 구원의 말로 이루어진 2장, 그리고 1인칭 보도로 구성된 3장으로 구성되어 있는 첫 번째 부분(호 1-3장)은 "호세아 개인의 삶의 역사가 그의 선포에 어떻게 반영되어 있는지"(W. Rudolph)를 보여 준다. 이 책의 두 번째 부분(호 4-14장)은 다시 두 가지 큰 단위들(호 4-11장과 12-14장)로 구성되어 있다. 거기에는 이미 호세아 1-3장에서와 같이, 심판 메시지와 구원 메시지가 연이어 나온다. 이사야서와 견줄 수 있을 정도로 호세아서는 위협과 약속을 반복적으로 되풀이한다:

	심 판	구 원
I. 호 1-3 장	1:2-9	1:10-2:1
	2:2-13	2:14-23
	3:1-4	3:5
II. 호 4-14장	4:1-11:7	11:8-11
	11:12-13:16	14:1-8

두 번째 부분의 개별적인 신탁들에서 명확한 구조는 거의 파악되지 않는다. 호세아 9장 10절 이하 이후에는 이스라엘의 죄악을 지적하는 역사적인 회고들이 부각된다.

I. 호 1-3장

1장	3인칭 보도. 음란한 여인과의 결혼 명령 세 아이: '이스르엘', '긍휼히 여기지 않음', '나의 백성이 아님'	
2장	개별적인 말(다양한 시행을 가지고 있음)	
	1:10-2:1	약속. '심판의 이름'에서 '구원의 이름'으로의 전환: "살아 계신 하나님의 아들들"
	2-13절	위협. 하나님은 땅의 선물들을 빼앗는다. 부부의 비유. 바알 제의와의 논쟁

14-23절 약속. 광야로부터의 귀환("제2의 출애굽"), 새 공동체

3장 1인칭 보도 "음부된 그 여인을 사랑하라!"
4절 "왕도 없이 희생 제물도 없이"
5절(후대 첨가) 하나님과 다윗에게로 돌이킴(참조. 렘 30:9).

II. 호 4-14장

4-11장 4장 제사장들(1-10절)과 제의(11-19절)에 대한 반박
1절 "이 땅에 하나님을 아는 지식이 없다."
5:1-7 백성의 지도자들에 대한 반박
4절과 6절 돌이킴의 불가능성
5:8 이하 시리아-에브라임 동맹 전쟁
6:1-3 참회의 노래(참조. 14:2-3 등): 2, 3일 후의 치유
6:4 개선할 수 없는 이스라엘
6:6 제사보다 하나님을 아는 지식
7:8 "에브라임이 열방과 섞였다."
8:4 이하 왕권과 제의에 대한 반박
9:7 이하 "이 예언자가 바보이다."
9:10 이하 첫 번째 역사 회고(바알 브올)
"내가 이스라엘 만나기를 광야에서 포도를 만남 같이 하였다."
11장 배교한 아들 이스라엘
"이스라엘이 어렸을 때에 내가 사랑하였다."
11:8 이하 하나님의 거룩한 사랑: "나는 사람이 아니요 하나님이라."

12-14장 12장 교활한 조상인 야곱을 닮은 이스라엘 (참조. 창 27장 이하; 렘 9:3; 사 43:27)
13장 이스라엘의 몰락
14장 하나님의 치유(4절 이하)의 결과로서 회심 촉

구(1-3절)
해설적인 지혜 문학적 끝맺음(9절):
"야웨의 길은 정직하니."

아모스의 메시지와 같이 호세아의 메시지 역시 **남왕국**으로 옮겨졌으며, 이것은 대략 북왕국의 멸망 이후에 이루어졌다. 이 책의 이 같은 형성 과정이 불확실한 본문의 보존 상태를 해명할 수 있을까? 아모스서의 두 번째 부분(암 3:1)과 유사하게, 호세아서의 두 번째 부분은 "야웨의 말씀을 들으라"(호 4:1; 참조. 호 5:1)는 이른바 "주의 집중의 촉구"로 시작된다. 아모스서에서 여러 번 나타나는 영광송들은 호세아서에도 한 번 첨가되어 있다(호 12:5). 두 예언서의 편집적인 관계에 있어서 아모스의 말들(암 5:5; 1:4 등)이 특히 변형되어 후대에 호세아서(호 4:15; 8:14; 참조. 호 7:10; 11:10)로 편입되었다고 결론지을 수 있을까?

아무튼-여러 층을 이루고 있는-남왕국 **유다의 편집**은 북왕국에 대한 호세아의 말들을 남왕국에서 현실화시킴과 동시에 확대시켰다(호 1:7; 4:15; 5:5; 6:11; 또한 1:1; 3:5 등). 남왕국 유다의 편집은 호세아 자신이 때에 따라서 자신의 선포에 유다를 포함시켰다는 사실에 의존하였을 것이다(호 5:10, 12; 6:4).

구원의 말은 중요한 문제를 제기한다. 비록 몇몇 부분(호 1:7; 3:5)은 이차적인 본문으로서 명백히 제거시킬 수 있긴 하지만, 그러나 많은 부분에 있어서(특히 호 1:10-2:1; 또는 2:18 이하) 그 증명이 어렵기 때문에 "진정한"-"진정하지 못한"의 결정은 보류하지 않을 수 없다. 그러나 아모스와는 달리 호세아가 심판으로 위협했을 뿐만 아니라 동시에 구원까지도 약속하였다는 것은 논쟁의 여지가 없다.

3. 각각 3인칭과 1인칭으로 기술된 두 보도에서처럼 우선적으로 부각되는 것은 심판 선포와 고발이다. 이 두 보도는 (음란한) 여인과 호세아와의 관계를 묘사하고 있는데, 이것은 오래 전부터 주석의 과정에서 풀 수 없는 문제를 제기해 왔다. 그것은 두 보도가 하나의 동일한 사건을 다루고 있는지

아니면 두 개의 사건을 다루고 있는 것인지, 그리고 동일한 한 여자인지 서로 다른 두 명의 여자인지에 대한 문제이다. 호세아는 하나님의 명령으로 음란한 여인과 고의적으로 결혼하였는가, 아니면 결혼 생활 중에 아내의 부정을 알게 된 것인가? 본문(호 1 : 2)은 후대에 훼손된 것인가? 그리고 "음란한 여인"은 부부 관계의 부정을 뜻하는가, 아니면 성전 매춘을 의미하는가, 혹은 이방 제의, 특히 가나안의 성적 제의 의식의 참여를 가리키는가(참조. 호 2 : 2 이하 ; 4 : 12 이하 ; 5 : 4)?

가능성 있는 해석들을 모두 제시할 수는 없다. 각각의 불확실성에도 불구하고 학자들은 호세아 1장에 대해서는 볼프(H. W. Wolff)의 해석을, 그리고 3장에 대해서는 루돌프(W. Rudolph)의 해석을 선호하는 듯하다.

볼프에 의하면 호세아는 하나님의 명령에 따라 "결혼 정년이 된 여인과 결혼하였는데, 그 여인은 이미 이스라엘에까지 파고들었던 신부의 성년 의식에 참여하였다. 그 의식을 통해 그 여인은 자신의 순결을 신에게 바쳤으며, 이로써 풍성한 출산의 능력을 보증받았다"(H .W. Wolff, *Dodekapropheton I : Hosea,* BK XIV/I, ^{4}1990, 14－15).

반면에 (W. Rudolph에 따르면) 호세아 3장은 1장에서 언급된 여자에 관한 것도, 결혼에 관한 것도 아니다. 오히려 그것은 음녀를 사들여 고립시키는 것과 관계된 것이다 : "가서 다른 이로부터 사랑을 받은 한 여인을 사랑하라."

이야기의 경과가 보여 주는 것과 같이, 두 보도의 의미는 명백하다. 그것은 환상이나 비유가 아니라, 바로 **상징 행위**이다. 호세아는 이 같은 상징 행위를 통해서 자신의 선포를 실물로 제시하고, 확증했다. 유사한 방법으로, 후대 이사야도 그의 메시지 속에 자신의 가족을 끌어들였다(호 7 : 3 ; 8 : 3). 이 두 사건은 이중적인(상징적인) 의미를 내포한다. 즉 이스라엘의 현재를 특징지을 뿐만 아니라 그의 미래도 결정한다. 두 경우에서 나오는 여인은 당시 야웨를 저버리고, 그 대신 우상을 숭배했던 이스라엘(호 1 : 2 ; 3 : 1)을 의인화한 것이다. 이러한 죄의 지적에 대하여 연속된 사건은 각각의 미래를 서술하는 것이다. 첫째 아들의 이름 이스르엘(왕하 9－10장에서 예후의 피의 혁명의 장소)은 왕조의 몰락뿐만 아니라 왕정의 파멸을 선포한다(호 1 : 4).

딸의 이름 "긍휼히 여기지 않음"(로-루하마—역자 주)과 아들의 이름 "나의 백성이 아님"(로-암미—역자 주)은 하나님과 백성 사이의 결합이 파괴되었음을 선포한다: "너희는 내 백성이 아니요 나는 너의 하나님이 되지 아니할 것임이니라"(출 3:14에 반대하는 호 1:6, 9). 유사한 방법으로 혼자 남게 되는 음란한 여인(호 3:3)은 아내나 백성의 교육이나 개선보다는, 왕권의 종말과 예배 행위들의 확정적인 종영을 상징한다. 이스라엘은 많은 날 동안 왕도 없이 제의도 없이 지내야 하기 때문이다(4절과 5절은 아마도 전체적으로 첨가된 것으로 심판 후의 회개를 기대한 것으로 보인다).

4. 두 가지 상징 행위들의 목적은 호세아의 그 밖의 메시지에서도 나타난다. 아모스와 동일하게, 호세아는 이스라엘을 향한 하나님의 애정 깊은 돌보심을 취소하고(호 1:6; 2:4), 그 대신에 전쟁(호 7:16; 8:3; 10:14; 11:6; 13:16 등), 죽음(호 13:14-15), 그리고 민족의 흩어짐을 선포한다: "저희가 열국 가운데 유랑하는 자가 되리라"(호 9:16-17). 호세아는 하나님의 형벌에 대한 예리한 묘사에 있어서 아모스를 능가하기조차 한다: "나는 좀과 같으며, 썩이는 것 같으며, 사자 같으며, 곰과 같다"(호 5:12, 14; 13:7-8 등; 참조. 호 7:12).

물론 고발에 있어서도 특징적인 변화들이 나타난다. 아모스에게는 사회 비판이 우세하지만, 호세아에게는 **제의 비판**(Kultkritik)이 우세하다. 호세아는 북왕국의 제단들과 성소들에 대하여 심판을 선포하기 시작하였으며(호 8:11; 10:2, 8; 12:11), 축제의 기쁨을 폐할 것이라고 위협하였고(호 2:11; 9:5), 더불어 희생 제물들을 거절하였다:

> "나는 인애를 원하고 제사를 원치 아니하며,
> 번제보다 하나님을 아는 것을 원하노라"
> (호 6:6; 참조. 호 3:4; 8:13; 9:4).

제사장과 단 한 번의 논쟁을 벌이는 아모스(암 7:10 이하)와는 달리, 호세아는 제사장에 대하여 엄하게 심판을 선고한다(호 4:4 이하; 5:1;

6 : 9). 무엇보다도 그는 아모스가 추궁하지 않았던 (호 5 : 26 ; 8 : 14에도 불구하고) 모티브들까지도 제의 비판의 근거로 삼는다 : 호세아는 바알 제의, 우상숭배로 인한 배반 행위, 즉 **제1계명**과 **제2계명**의 위반을 비판한다. 그와 더불어 북왕국의 전형적인 문제들(참조. 왕상 12 : 28-29)과 북왕국 예언자들의 특별한 주제들(참조. 왕상 18장 ; 왕하 1장)이 화제가 되었던 것일까? 우상 금지에 대한 열정은 엘리야 전승에서는 물론 아직은 낯설다.

하나님의 형상물들은 인간의 작품으로서 하나님을 나타낼 수 없으며, 하나님을 인간 수준으로 끌어내리는 것이다 :

> "장인이 그것을 만들었고,
> 그것은 참 신이 아니다"
> "사람들이 송아지에게 입맞춘다"
> (호 8 : 6 ; 13 : 2 ; 참조. 호 8 : 4이하 ; 10 : 5 ; 11 : 2 ; 14 : 3).

매춘 행위가 이방 제의와 결합되어 있으므로 — 이는 남신과 여신이 하늘에서 올리는 결혼식을 이방 제의가 모방함으로 유래한 것이다. — 호세아는 그러한 행위를 "행음"이라고 부른다(호 2 : 2-3 ; 4 : 10 이하 ; 5 : 3-4 ; 9 : 1 ; 이 주제는 렘 2-3장과 겔 16장 ; 23장에서 수용된다). 이는 가나안의 풍요 제의를 평가절하 할 뿐만 아니라 야웨신앙의 배타성을 고백하는 것이다. 호세아는 이방 민족들에게 도움을 구하는 정치적 관계조차도 "음행"이라고 간주했다(호 8 : 9 이하 ; 참조. 호 5 : 13 ; 7 : 8 이하 ; 10 : 4 ; 12 : 1). 호세아가 하나님과 그 백성과의 결합을 남편과 아내의 관계로 묘사했던(호 2 : 2 이하 ; 참조. 렘 2장 등) 이유는 가나안 종교로부터 남신과 여신의 결혼이라는 신화적 표상을 수용함으로써, 하나님께 대한 백성의 배신 행위를 "이스라엘의 간통"이라는 상징으로 재해석하기 위함이었다. 호세아가 백성들의 죄악을 증명할 때 십계명의 윤리적 부분이나 십계명 전승을 사용했던 것과 마찬가지로(호 4 : 2), 호세아는 직접 인용을 통하여 제1계명의 요구를 구체화한다(호 13 : 4 ; 3 : 1).

호세아는 이방 종교와의 논쟁 때문에 **역사**에 대한 회고에 상당히 의존하였을까? 무엇보다도 먼저 역사 회고는 호세아가 하나님의 신실하심과 이스라엘의 배반, 더불어 시간의 변천 속에서도 그대로 지속되는 죄악의 연속성을 지적하는 데 도움을 준다(호 9-12장). 그와 함께 출애굽 전승들("내 아들을 애굽에서 불러 내었거늘" 호 11 : 1; 12 : 9; 13 : 4)과 광야 전승들(호 2 : 3, 14-15; 9 : 10; 13 : 5-6)이 많이 언급된다. 그 밖에도 호세아는 제2이사야에 와서 비로소 다시 중요시되는 족장 전승을 증거로 사용한다(야곱, 호 12장).

아모스가 자기 시대의 사회적인 모순들에서 구체적인 범죄들을 끄집어 내었다면(예를 들면, 호 2 : 6-8) 호세아의 **사회 비판**(Sozialkritik)은 일반적인 양상을 보여 준다:

> "이 땅에는 진실도 없고 인애도 없고
> 하나님을 아는 지식도 없다"
> (호 4 : 1; 참조. 호 6 : 6 이하; 12 : 7).

그러나 호세아는 모든 예언자들 가운데서 전반적으로 **왕정**에 대하여 가장 혹독한 비판가였다: "저희가 왕을 세웠으나, 내게로 말미암지 아니 하였고"(호 8 : 4). 이와 같이 그는 왕정을 오직 인간의 조직으로 또는 하나님의 노여움의 대가(호 13 : 11)로만 이해하기 때문에, 왕정을 위협할 수도 있었다: "나는 이스라엘 족속의 왕정을 폐할 것임이니라"(호 1 : 4; 3 : 4). 이를 통해 그의 비판은 근본적인 특징을 보여 준다. 왜냐하면, 후대의 남왕국 예언자들은 왕이나 왕실을 비난하기는 하지만, 메시아적 예언 속에서 이 제도들을 고수하기 때문이다. 논쟁거리가 되는 유다와 이스라엘의 결합에 관한 예언조차도 오직 한 명의 공동 "지도자"(두령)만을 약속한다(호 1 : 11; 3 : 5는 첨가). 호세아가 왕권과 제의를 하나님이 새롭게 주시는 선물에서 언급하지 않은 것으로 보아(호 2 : 14 이하), 그는 심판을 넘어선 구원에 대한 자신의 희망 속에서 왕권의 지속이나 제의의 지속이 아닌 것을 기대하였는가?

5. 심판은 하나님이 땅의 음란한 것과 왕권과 제의를 이스라엘에게서

빼앗는 것으로 실현된다(호 2 : 3, 9 – 12 ; 3 : 4). 호세아는 이 근본 사상들을 이스라엘의 전체 역사를 통하여 고찰하였으며 확대시켰다. 앗수르는 그 나라를 침략하여, 주민들을 유배할 것이다. 단지 앗수르로 뿐만 아니라 이스라엘이 처음 출발한 곳으로 끌고 갈 것이다 : "저희가 애굽으로 다시 가리라" (호 8 : 13 ; 9 : 3, 6 ; 11 : 5 ; 참조. 호 7 : 16). 이와 같이 출애굽과 땅의 정착뿐만 아니라 이 민족의 전체 역사는 **취소된다**. 전통에 나타난 정치적 상황을 근거로 구체화된 애굽으로의 귀환이나 앗수르 제국으로의 추방은 호세아에게 두 가지 의미가 있다. 그것은 바로 현재의 것을 제거함으로써, 출발한 장소로 되돌아가는 것이다. 그러나 이것을 통하여 새로운 시작이 가능케 된다 :

> "저희가 애굽에서부터 새같이,
> 앗수르에서부터 비둘기같이 떨며 오리니,
> 내가 저희로 각 집에 머물게 하리라"
> (호 11 : 11 ; 참조. 호 2 : 14 – 15).

후대의 예레미야, 에스겔, 그리고 제2이사야는 이러한 이른바 **제2의 출애굽** 사상을 수용한다. 호세아에 있어서 결정적인 것은 그의 메시지가 독립된 두 부분으로 나누어지지 않는다는 것이다. 약속된 구원은 심판을 경감하거나 또는 그것을 취소하는 것이 아니라, 그와는 달리 심판을 전제로 한다. 단지 "원점 상황"(原點狀況, Nullpunktsituation : H. W. Wolff)에서 하나님은 새롭고, 방해받지 않는 영속적인 교제와 파괴된 것의 회복을 허락하신다 : "네가 나를 내 남편이라 일컫고 다시는 '내 바알(즉 주)' 이라 일컫지 아니하리라"(호 2 : 16 이하 ; 14 : 5 이하).

이스라엘은 구원을 새롭게 부여받을 수는 있지만, 그러나 그들은 스스로의 힘으로 그것을 유지할 수는 없다. 구원의 기회가 주어질 때마다 그들은 그 기회를 거절했다(호 2 : 2 이하 ; 참조. 호 4 : 16 ; 6 : 4 ; 7 : 14 이하 ; 10 : 12 – 13). 이스라엘은 "나를 잊어 버리고"(호 2 : 13) ; "저희가 듣지 아니한다"(호 9 : 17 ; 참조. 호 11 : 5 이하). "에브라임의 불의가 봉합되었고, 죄가 저장되었다"(호 13 : 12). 따라서 하나님은 (호 14 : 1 이하에도 불구하고) 이스라엘이 그 스스로 회개할 것을 믿고 기다릴 수 없었으며, 그렇기에 하나님 스스로 이스라엘의 회개를 만들어 낼 수밖에 없었다:

> "내가 저희의 패역을 고치고
> 내가 저희를 즐거이 사랑하리니"(호 14 : 4).

결국 하나님의 이스라엘을 향한 연민과 사랑은 오직 하나님 자신의 거룩함에서 기인한 것이었다(참조. 사 40 : 25). 왜냐하면 그의 마음속에서는 사랑이 정당한 분노와 끊임없이 싸우고 있기 때문이다:

> "에브라임이여 내가 어찌 너를 놓겠느냐
> 이스라엘이여 내가 어찌 너를 버리겠느냐? …
> 내 마음이 내 속에서 돌이키어
> 나의 긍휼이 온전히 불붙듯 하도다
> 내가 나의 맹렬한 진노를 발하지 아니하며
> 내가 다시는 에브라임을 멸하지 아니하리니
> 이는 내가 사람이 아니요 하나님이라.
> 나는 네 가운데 거하는 거룩한 자니라"(호 11 : 8-9).

사실은 북왕국에 대한 호세아의 약속은 실현되지 않았다. 그러나 예레미야(렘 3 : 12, 22 ; 31 : 3, 20)와 같이 후대의 예언자들은 그 희망을 계속해서 이어 나갔다.

제16장 이사야

1. 전통적으로 예언자 이사야의 작품으로 간주되는 방대한 이 책은 수백 년에 걸쳐서 완성된 대단히 복잡한 문학적 구성물이다. 일찌기 중세 시대부터 서로 다른 차이점들이 이사야서 내부에서 주목된 이래, 1780년 이후부터는(J. G. Eichhorn과 J. Chr. Döderlein을 통하여) 점차 이사야서를 1-39장과 40-66장의 두 부분으로 구분하고, 각각 두 명의 저자를 가정하기 시작했다. 여기에서 두 명의 저자란 (첫 번째) 이사야와 이른바 **제2이사야**("두 번째의 이사야")라고 부르는 또 한 명의 무명의 저자이다. 다음의 몇 가지 근거들이 이사야서의 통일성을 포기하게 만든다:

(1) 이사야는 6장 1절 등에 의하면 기원전 700년 이전, 즉 앗수르인(사 10:5 이하 등)이라 불리는 사람들로부터 위협을 받던 시기에 살았다. 그러나 이사야 40장 이하는 이미 기원전 587년 바벨론의 예루살렘 파괴를 전제로 하고 있다. 이와 더불어 이사야 47장에서는 멸망을 초래하는 위협적인 존재가 더 이상 앗수르가 아니라, 바벨론임을 알 수 있다. 때때로 페르시아 왕 고레스가 언급되기도 한다(사 44:28).

(2) 이사야 40장부터는 관용어의 사용, 화법, 사상, 진술 의도 등이 철저히 변화한다. 심판의 위협 대신에 **구원의 약속**들이 지배적이며, 하나님의 이름에 "거룩한 자", "구속자"와 같은 첨가어를 자주 덧붙여 사용한다.

(3) 산문체인 이사야 36-39장은 열왕기하 18-20장에서 유래한 부록

으로서, 이는 이사야서가 한때 35장으로 종결되어 있었음을 암시해 준다.

오늘날까지도 매우 중요하게 다루어지는 둠(B. Duhm)의 『이사야 주석』(1892. [4]1922) 이래로 학자들은 비로소 제2이사야(40–55장)와 제3이사야(56–66장)를 구분하기 시작했다.

> 다른 예언서의 구성처럼 이사야서의 전체 구조 역시 다음과 같은 의미를 내포하고 있다. 즉 심판 선포가 지배적인 (첫 번째) 이사야의 메시지는 40장 이하의 구원의 약속을 지향하는 것처럼 보인다.

2. 이사야서 내부에서도 2장은 이미 하나의 새로운 표제와 더불어 시작되고 있다(사 2 : 1과 13 : 1을 비교). 그러므로 이 책 역시 이사야 1장, 6–8장, 28–32장 등과 같이 다소 명백히 구별할 수 있는 부분들의 모음집으로 구성되어 있다. 물론 이사야는 그의 메시지가 내포하는 미래적인 중요성 때문에, 때때로 그 메시지를 자신이 직접 쓰거나 또는 받아쓰게 하기도 했지만(사 8 : 1–2 ; 30 : 8 ; 참조. 1인칭 보고인 사 6장과 8장), 후대에 확장된 부분을 제외한다면 이 모음집들은 오히려 제자들의 그룹(사 8 : 16)에서 구성된 것이 확실하다(참조. 3인칭 보도인 사 7장과 20장).

호세아서와 같이, 구원의 말들이 이전의 모음집에 덧붙여졌다. 예를 들면 열방들이 시온을 향해 순례할 것을 약속하는 이사야 1장 이후의 부분(사 2 : 1–5)이나 6–8장 이후에 나오는 메시아의 예언(사 9 : 2–7) 등이 부가된 것들이다. 그밖에도 이사야 2장 6절–4장 1절 뒤에 나오는 4장 2–6절과 뒷장들 가운데 32장 15절 이하 등을 참조하라.

비록 구원에 대한 기대가 결론 부분에 집중되어 있다 하더라도(사 24장 이하 ; 33장 이하), 이 책의 주요 구성 원칙이 심판으로부터 구원의 순서로 전개되지 않는다. 오히려 이사야서는 자기 백성들을 향한 말(사 1–12장 ; 28–32장)과 이방 민족들을 향한 말(사 13–23장)이 함께 모아져 있다. 그러므로 세 개의 중심 단락이 생기게 된다(아래의 I–III 참조). 게다가 그것들은 세 부분의 광범위한 첨가들로 인해 끊어져 있다(A–C : 사 24–27장, 33–35

장, 36–39장).

I. 사 1–11장(12장)	유다와 예루살렘을 향한 대부분의 위협의 말들	
1장	"이사야 메시지의 요약"(G. Fohrer)	
	2–3절	반역하는 아들들
	4–8(9)절	소돔과 같은 예루살렘(기원전 701년)
	10–17절	제의 비판과 정의 : "너희의 손은 피가 가득하도다."
	18–20절	소송을 위한 소환(참조. 사 3 : 13–14)
	21–26(27–28)절	예루살렘 정화 "나는 이전과 같이 너에게 사사(재판관)를 보낼 것이다."
	29절 이하	나무 숭배(참조. 사 17 : 9–11 ; 57 : 5 ; 65 : 3 등)
2–4장	2 : 1, 2–4, 5 (= 미 4 : 1–3, 4–5)	시온을 향한 이방 민족들의 순례
	2 : 12–17	야웨의 날(부분적으로 이차적 테두리인 사 2 : 6–22)
	3 : 1–7, 8–9	현행 관리들인 "버팀목과 지팡이"에 대한 반박
	3 : 16–17, 24(18–23)	상류 계급의 여자들에 대한 반박(참조. 사 3 : 25–26 ; 4 : 1 ; 32 : 9 이하)
	4 : 2–6(이차적 본문)	시온의 영광을 찬양
6–8장	이른바 '이사야의 원문서' (Urschrift) 혹은 '이사야의 회고록' (Denkschrift, 사 6 : 1–8 : 18 ; 9 : 6까지 확대)	
	6장	백성들의 마음을 완고하게 하라는 위탁을 포함한 1인칭 보도로 된 소명 환상 : "내가 주를 뵈었도다 …"
	7장	시리아–에브라임 동맹 전쟁 중의 두 장면을 통한 예언자와 아하스 왕의 만남(3–9, 10–17절)

9절 "너희가 믿지 아니하면 남아 있지 못하리라!"

14절 임마누엘의 징조: "젊은 여자가 잉태하여 …"

18절 이하 개별적인 말들. 앗수르를 통한 심판

8 : 1-4, 5-8 급히 노략하고-빨리 약탈하라

사 7장과 유사한 북왕국과 남왕국을 향한 심판

8 : 11-18 거치는 돌이신 야웨.

제자들 앞에서 메시지를 봉인함.

5장과 9-11장 6-8장을 위한 테두리

5 : 1-7 포도원의 노래

"그는 공평을 바라셨으나 도리어 포악이요."

5 : 8-24 ; 10 : 1-4 화 외침(참조. 사 28 : 1-31 : 1)

9 : 8-21 ; 5 : 25-29(30) 후렴구를 가진 역사 회고

"이 모든 것에 대하여 그의 노가 돌아서지 않으리라"

10 : 5-9(10-12), 13-15 앗수르에게 임할 화

10 : 16 이하 다양한 말들

9 : 2-7 ; 11 : 1-5(6절 이하) 메시아 예언들

12장 부록 : 종말론적인 감사시

II. 사 13-23장 이방 민족을 향한 위협의 말들

표제 : "경고" (사 13 : 1 ; 15 : 1 등)

바벨론, 앗수르, 블레셋(사 13-14장), 모압(사 15-16장), 에돔(사 21장)과 두로-시돈(사 23장)을 향한 말들

14 : 12 "오 새벽별이여, 어찌 네가 하늘로부터 떨어졌느냐!"

14 : 24-27 앗수르를 향한 말.

모든 땅에 대한 야웨의 계획

14 : 28-32 블레셋을 향한 말(30a, 32b절은 첨가?)

17장 다메섹과 이스라엘을 향한 말(1-3, 4-6절)
17:9, 10-11 아도니스(Adonis)정원들에 대하여(참조. 사 1:29-30)
17:12-14 이방 민족들의 공격과 전멸
(참조. 사 8:9-10; 29:5 이하; 시 48편 등)
18-20장 애굽과 에디오피아를 향한 말
18장 에디오피아 사절에게 하는 말
20장 애굽에 대한 이사야의 상징 행위
3년 동안(기원전 713-711년)이나 "벌거벗고 맨발로" 다님.
22장 예루살렘(1-14절; 기원전 701년)과 궁중 관리인을 향한 말(15-23절, 24-25절)

A) 사 24-27장 포로기 이후 시대에서 기원한 이른바 '이사야-묵시' (Jesaja-Apokalypse, 참조. 이 책 24장 3)

III. 사 28-32장 이사야의 후기 시대에서 유래한 예루살렘을 향한 위협의 말들(701년 이전)
이른바 '앗수르 시리즈' (Assurzyklus). 여러 번의 "화 외침"
28-29장 28:1-4(5-6) 사마리아에 임할 화(기원전 722년 이전)
28:7-13 제사장과 예언자를 향하여
28:14-22 사망과의 언약.
하나님의 기이한 일(사 28:21; 29:14)
16절 "보라, 내가 한 모퉁이 돌을 시온에 두노라"
28:23-29 농부에 관한 교훈시(또는 비유?)
29:1-4, 5-8 아리엘-예루살렘에 임할 화(禍)
29:9-10, 11-12 현혹시킴(참조. 사 6:9 이하)
30-31장 애굽의 보호에 대하여(특히 사 30:1-3; 31:1-3)
31:3 애굽 사람은 사람이요 신이 아니다
32:9-14 안일한 예루살렘 여자들을 향하여

(참조. 사 3 : 16 이하)

B) 사 33-35장	희망이 가득한 부록		
	33장	탄원과 구원 신탁을 포함하고 있는 예전의 모방(참조. 미 7 : 8 이하)	
	34장	에돔에 임할 심판(참조. 옵; 겔 35장 등)	
	35장	구속과 시온으로의 귀환(제2이사야와 유사)	

C) 사 36-39장	왕하 18-20장에서 유래된 역사적인 부록
	산헤립의 예루살렘 포위에 관한 보도(기원전 701년)
	히스기야의 감사시(사 38 : 9 이하)
	참조. 왕하 24-25장에서 유래된 렘 52장의 부록

이사야의 말들은 적어도 이사야 1장 1절-4장 1절; 5-11장; 14장; 17-18장; 20장; 22장; 28-32장에서 발견할 수 있다.

3. 아모스와 호세아가 북왕국에서 활동했다면 이사야는 남왕국에서 활동했던 첫 번째 문서 예언자였다. 물론 그는 "이스라엘의 두 집"(사 8 : 14)이라는 표현을 사용하고 있다. 기원전 722년 이전에서 기원한 일련의 위협의 말들은 북왕국을 향하고 있다(사 9 : 8 이하, 28 : 1 이하 등). 그러나 대개 이사야는 "예루살렘과 유다", 즉 다윗의 도성과 지방(사 3 : 1, 8 ; 5 : 3 ; 22 : 21) 그리고 마지막으로 이전의 아모스와 같이 이방 민족들에 대해서도 말하고 있다(예를 들면, 사 18 : 1 이하).

이사야의 부친의 이름은 아모츠(Amoz : אמוץ — 역자 첨가) — 히브리어에서 첫음과 끝음을 다르게 표기하는 예언자 아모스(Amos : עמוס, 역자 첨가)와 혼동해서는 안 된다 — 이다. 그의 아내는 "여 예언자(n^{e}bi'ah, 사 8 : 3) 또는 어쩌면 "예언자의 아내"라는 명칭을 가진다. 한편 이사야 자신은 "예언자"라는 칭호를 피하고, 오히려 자신을 "선견자"("Seher" : 참조. 사 1 : 1 ;

30 : 10 ; 2 : 1)로 이해한다. 호세아에게 그의 자녀들이 그랬던 것처럼 이사야 역시 그의 두 아들들(사 7 : 3 ; 8 : 3)에게 상징적인 이름들을 부여함으로써, 그의 선포의 "상징과 훈계의 표식"(사 8 : 18)으로 삼는다. "임마누엘"(사 7 : 14)을 이사야의 또 다른 아들로 보기는 어렵다.

이사야가 왕과 고위 관리 집단과 가깝고(사 7 : 3 ; 8 : 2 ; 22 : 15 이하), 수도의 정치적, 사회적, 제의적인 상황에 대해서 충분히 알고 있던 것으로 보아, 그는 신분이 높은 귀족 출신으로 예루살렘에서 성장한 듯하다. 이것을 통해 이사야가 한때 의외로 놀라울 정도로 **지혜**(사 1 : 2 ; 11 : 2 ; 참조. 10 : 15 등)에 접근할 수 있었던 사실이 설명된다. 물론 그가 지혜에 대해 무비판적이라는 의미는 결코 아니다(사 5 : 20-21 ; 10 : 13 ; 29 : 14 이하 ; 31 : 2 ; 참조. 사 2 : 17 ; 3 : 3 등). 더불어 그는 **시온 전승**(1 : 21 이하 ; 6장 ; 8 : 18 ; 28 : 16-17 등)과 **다윗 전승**(사 29 : 1 ; 11 : 1 이하 등)으로부터 강한 영향을 받았다. 그러나 아모스와 호세아에게 있어서 매우 중요하게 다뤄지는 출애굽 전승이나 족장 전승이 이사야에게는 매우 희박하다. 이외에도 예루살렘 성전에서 소명을 체험한 바 있는 이사야는 시편의 언어에 기반을 두고 있지만, 그는 다시 그것들을 비판적으로 재해석하고 있다(사 8 : 14, 17 ; 28 : 15 ; 30 : 2-3 ; 31 : 2-3 등).

"이사야의 순교"라는 후대의 외경 전설은 므낫세 시절에 예언자가 톱으로 켜서 조각으로 나뉘졌다는 이야기를 전해 주고 있다(참조. 왕하 21 : 16). 왜냐하면 그는 하나님을 보았다고 주장했을 뿐만 아니라(사 6 : 1), 예루살렘을 "소돔"(사 1 : 10)이라 불렀으며, 도시와 그 땅이 황폐하게 될 것을 예언했기 때문이었다(사 6 : 11 등). 이를 통해 볼 때, 이사야의 결정적인 메시지들이 후대에 이르기까지 사람들의 감정을 상하게 만들었다는 것을 알 수 있다.

4. 대략 이사야의 활동 시기인 기원전 740년경부터 — 이사야 6장 1절에서 웃시야가 죽은 해의 정확한 날짜는 알 수 없다 — 기원전 701년까지는 점점 강해지는 앗수르의 위협으로 인해 정치적으로 불안했던 시대로서, 이사야는 이 시기에 점진적으로 당시의 정치에 대해 자신의 입장을 표명해 나갔다. 적지 않은 본문들이 시대적으로 배열하는데 논쟁의 여지가 있다 할지

라도 사람들은 시대상의 중요한 사건을 기초로 이사야의 활동 시기를 다양하게 분류한다.

(1) 이사야 1-5장에서 부각되는 이른바 이사야의 **초기 선포**에는 후대의 중요한 국제 정치(사 7-8장; 20장; 30-31장)가 아직 언급되지 않고 있다. 죄의 지적은 대체로 **사회 비판**에 의존하고 있다.

초기 선포 가운데 이사야의 소명이 가장 초기의 것이다. 왜냐하면 이사야 6장 1절은 이사야서에서 가장 오래된 날짜를 기록하고 있고, 6장의 심판 메시지의 과격성이 초기 본문의 복합물 안에 반영되어 있기 때문이다(사 1:10, 15; 3:8-9, 25 이하; 5:5-7, 13-14 등). 또한 이사야 1장 16-17절 같은 권고 역시 전후 문맥(사 1:10 이하)을 떼어놓고 그것 자체로 해석되어서는 안 된다.

대개 초기 선포는 이사야의 소명과 시리아-에브라임 동맹 전쟁의 중간 시기에 위치하나, 때에 따라서는 그 이후로 볼 수도 있다.

(2) 기원전 733년 무렵 **시리아-에브라임 동맹 전쟁** 시대에, 유다는 반앗수르의 연합 전선에 가담할 것을 강요당한 바 있는데, 이 사실은 이사야 7-8장에서 생생한 묘사로 언급되고 있다. 그 이후로 이사야는 그의 제자들이 보는 앞에서 자신의 메시지를 봉인하고, 예언의 성취를 하나님께 위임한 채, 침묵기에 접어들었다(사 8:16-18).

이 두 시기에 혹은 그 직후에, 예언자는 기원전 722년 이전에 **북왕국**이 멸망하게 될 것을 선포한다(사 9:8 이하; 5:25 이하; 17:3 이하; 28:1-4; 참조. 7:4 이하; 8:4).

(3) 이사야 20장에서의 상징 행위와 18장 1절 이하의 말씀들, 그리고 아마도 22장 15절 이하 등은 **사르곤** 치하의 앗수르 통치에 대해 봉기했던 **반란**, 특히 기원전 711년경(참조. 사 20:1) 블레셋 도시 아스돗에서의 반란이 신속히 진압되었던 그 시기에 속한다.

(4) 앗수르의 **산헤립의 침입**(기원전 701년의 예루살렘 포위)으로 인해 이스라엘이 황폐해진 기간에 혹은 그 이후 이른바 앗수르 시리즈인 이사야 28-32장의 많은 부분들이 전해졌다. 이사야의 활동은 기원전 701년 또는 700년에 끝난다. 그의 세 가지 최후 진술들은 아마도 이사야 1장 4-8절; 22장 1-14절; 32장 9-14절일

것이다.

5. 이사야는 제의 비판, 사회 비판, "야웨의 날"에 대한 기대, 화 외침, 인간 교만에 대한 논쟁 등의 주제를 아모스와 공유하고 있다. 그럼에도 불구하고 이사야는 주제의 다양성이라는 측면에서는 아모스를 능가한다. 그는 자신의 메시지를 예루살렘으로 확대시켰을 뿐만 아니라, 국제 정세를 묘사하기도 하였으며, 심판 예언과 구원 예언을 서로 맞물리게 했다(사 1 : 21 이하). 또한 이사야의 언어 표현 역시 풍부한 상징을 사용하고 있으며, 때때로 그 상징을 비유로 발전시키기도 한다(사 5 : 1 이하).

"이사야의 선포는 구약성서 전체에서 가장 강력한 신학적인 현상을 나타낸다" (G. von Rad). 그렇지만 유감스럽게도 그것은 또한 가장 많은 논란의 주제이기도 하다. 그 내용에 대한 결정적인 문제에 있어 아주 상이한 해석들이 존재한다. 모든 해석에 있어서 "진정한" 본문과 후대 편집 본문들을 가려낼 수 있는 가장 중요한 특징들이 상당히 불분명하기 때문에, 일반적으로 인정될 수 있는 기본 원칙을 끌어내기가 어렵다.

천상회의 중인 거룩한 하나님의 **환상**(사 6장 ; 이 책 13장 2.2를 보라.)은 이사야를 죄에서 해방시키는 속죄 의식으로 발전하며, 더불어 사명을 감당할 수 있는 자격이 그에게 부여된다 : "내가 누구를 보내야 하는가? 나를 보내소서!" 그와 동시에 소명 환상은 심판 메시지의 원인이 된다. 이믈라의 아들 미가야가 보았던 비슷한 환상(왕상 22 : 19 이하)은 왕이 속임수에 현혹되었음을 밝히는 것이라면, 이사야의 임무는 백성들의 마음을 완고하게 만드는 것을 목적으로 하고 있다 : "너희가 들어도 이해하지 못할 것이요, 보아도 깨닫지 못하리라!" "어느 때까지입니까?"라는 기간에 관한 질문에 대해 "도시들에 그 거주자가 없어 황폐해질 때까지"(11절 ; 12-13절은 아마도 첨가된 것이다)라는 가혹한 대답이 주어진다. 이전의 아모스의 환상에서와 같이 그때와 방법에 대해서는 더 이상 자세히 전개하지 않은 채, 단지 이유만을 명시한다(5절). 이러한 묘사에 그의 소명 사건이 어느 정도 정확하게 반영되고 있는지, 그리고 이 묘사에 후대의 예언 경험이 얼마나 반영되었는지의 문제는 매우 다양하게 대답될 수 있는 문제이다. 그러나 후대 사건에 비추어 본문을 역으로 이해하는 것은 본문 자체의 이해에 불합리한 방법이 되지는 않을까?

이사야는 소명 환상을 통하여 자신의 선포 내용보다는 오히려 자신의 선포의 영향력이 어떻게 될지를 경험했다. 실패라는 것도 그의 위임 안에서는 하나님이 원하시는 것으로 받아들여진다. 이사야의 권고가 어떻게 거절되었고 그것으로 인해 어떻게 심판이 야기되었는지는 예언자와 왕 사이의 만남이 명백한 예가 된다(사 7장). 다메섹과 이스라엘이 예루살렘을 강제로 반앗수르 연합 전선에 가담시키며, 그 나라를 통치하는 다윗 왕가의 아하스를 다브엘의 아들로 대치시키려고 시도하던 그때에, 이사야는—야웨 전쟁 전승을 결합시키면서(출 14 : 13-14; 신 20 : 2-4)—두려움 없이 침묵 가운데 행동하며 또한 야웨만을 신뢰하도록 요구한다(사 30 : 15). 예언자의 미래에 대한 선(先)이해에 의하면 두 원수 국가 아람과 북왕국은 단지 "연기가 자욱한, 타다 남은 장작 토막"에 불과하다. 드디어 후대에 이사야에 의해서(사 8 : 4 이하; 7 : 18 이하) 분명하게 지목된 앗수르의 세력이 가까이 접근한다. 그러나 예루살렘의 왕가는 어떠한 약속이 아니라, 오히려 "너희가 믿지 않으면 결코 남아 있지 못하리라"(사 7 : 9; 참조. 사 28 : 16)라는 조건적인 심판 선포를 언도받는다. 아하스가 제시된 것을 거절하는 다음의 장면이 진행되면서, 그 조건적인 심판 예언은 왕과 민족을 향한 무조건적인 심판 선포로 변한다. 이것은 상당한 논란을 일으키는 임마누엘 예언 안에 있다. 임마누엘 예언은 본래 한 아이의 출생과 명명(命名)에 관한 것이 아니라 시간 진술, 즉 영토의 분할과 관계된 것이다(사 7 : 14, 16-17).

이사야 6장과 7장의 대응 관계는 단지 회고를 통하여 엮어진 것인가? 이사야는 그 대화를 통해서 오직 유다를 위협하고 있는—앗수르를 통해 이루어지긴 하지만 결국은 야웨 자신을 통해 나타나는(사 8 : 12 이하)—심판을 확신하고 있었던 것일까? 또는 그 사건의 결과에 대한 예감을 가지고 그 장면에 발을 딛는 것일까? 이사야는 왕과의 만남에서 그의 아들 스알야숩(Sch^{e}ar jaschub)을 함께 대동한다. "(다만) 남은 자만— "전쟁으로부터"를 보충— 돌아온다"("남은 자가 [반드시—역자 주] 돌아온다"는 의미로 보기는 어렵다)라는 그 이름은 이사야의 둘째 아들의 이름인 "급히 노략하고-빨리 약탈하라"(마헬-살랄-하스-바스, 사 8 : 3-4)라는 의미가 북왕국의 심판을 알리는 것처럼, 오직 유다를 향한 위협의 말로 이해될 수 있다.

아모스(암 3 : 12)처럼 이사야에게도 남은 자들은 심판의 표적이며, 새로운 구원의 담지자라기보다는 오히려 파멸의 잔재(사 1 : 8 ; 17 : 3, 5-6 ; 30 : 14, 17)를 의미한다(이에 비해서 후대의 첨가로 의심되는 본문들 사 1 : 9 ; 4 : 3 ; 6 : 13 ; 10 : 20-21 ; 11 : 11, 16 ; 28 : 5 등에서는 다른 의미로 나타난다). 더불어 수많은 심판 선포들 가운데(사 5 : 6, 24, 29 ; 6 : 11 ; 28 : 2-4, 18-20 ; 또한 8 : 8 등) 남은 자들에 대한 희망의 여지는 보이지 않는다.

6. 이와 같이 이사야는 그의 활동의 각기 다른 시기 안에서 이사야 6장의 근본 진술을 수용하고 있다. 왕과 궁중 관리와 같은 개인뿐만 아니라(사 22 : 15 이하), 집단(사 3 : 16 이하 ; 5 : 8 이하), 그리고 온 백성들에 이르기까지 모두 죄를 지었고(사 6 : 5 ; 9 : 13 ; 10 : 6 ; 30 : 9 ; 31 : 2), 이를 통해 그들 모두는 심판을 향해 가고 있다(사 6 : 11-12 ; 3 : 8 ; 5 : 13, 29 ; 8 : 5 이하 ; 28 : 18 이하 등). 야웨는 스스로 "이스라엘의 두 집에 거치는 돌"(사 8 : 14)이 될 것이다. 이사야는 이스라엘의 배은망덕함과 불순종을 탄식한다(사 1 : 2-3 ; 5 : 1-7). 이른바 "마음을 완고케 하는 위임"(Verstockungsauftrag, 사 6 : 9-10 ; 29 : 9-10)에서는 하나님의 행동으로 간주되는 것이 여기에서는 죄를 지은, 그리고 자신이 그 책임을 져야 하는 백성들의 행위로서 나타나고 있다. 즉 백성들의 무능함과 무의지가 서로 결합되어 있다.

> "회개와 평안 중에 너희의 구원이 있고
> 고요와 신뢰 중에 너희의 힘이 있으나
> 너희는 원치 아니하였도다"(사 30 : 15).

이스라엘 사람들은 보거나(사 5 : 12), 듣기(사 28 : 12 ; 30 : 9, 12 ; 참조. 사 1 : 5 ; 8 : 6 ; 29 : 13 등)를 원치 않는다. 심지어 회개라는 것은 이미

지나쳐 버린 기회처럼 보인다(북왕국에 관하여는 사 9 : 13 ; 참조. 사 6 : 10). 그들은 야웨의 자녀들이지만 타락한 자녀들이다(사 1 : 4 ; 30 : 1, 9). 그러므로 야웨는 "내 백성"(사 1 : 3 등)이라고 말하는 대신에, 경멸적인 어조로 "이 백성"(사 6 : 9 - 10 ; 8 : 6, 11 - 12 ; 29 : 14 - 15 등)이라고 말할 수 있었다.

이전의 아모스와 호세아처럼 이사야도 대개 적군의 침입을 심판으로 보고 있다(사 5 : 25 이하 ; 7 - 8장 등등). 그러나 때로 그는 하나님의 직접적인 개입(사 1 : 24 이하 ; 8 : 13 - 14 ; 29 : 1 - 3)을, 심지어 자연재해도 심판으로 보았다(사 2 : 12 - 17 ; 참조. 사 5 : 14, 24 ; 32 : 12 - 14). 예언자는 결국 다양한 방법으로 실현될 수 있는 한 사건, 즉 심판을 생각하고 있지 않았을까?

항상 심판은 가까운 시기 또는 현재 이미 개입된 사건으로 이해된다(사 1 : 15 ; 7 : 4 ; 29 : 10 등). 그러나 여러 번에 걸쳐 이사야는 2, 3년이라는 보다 더 오랜 시기도 생각하고 있는 듯하다(사 7 : 16 ; 8 : 4).

7. 이사야는 부정과 억압에 대한 아모스의 고발을 계속한다. 그러나 아모스가 법 공동체 안에서 대변자를 갖지 못한 특정 무리를 전혀 언급하지 않은 반면에, 이사야는 불이익을 당하고 있는 가난한 자들과 약한 자들(사 3 : 14 - 15 ; 10 : 2)을 언급하고 있다 :

> "고아를 도와 정당한 권리를 얻게 하고,
> 과부의 소송을 맡아서 하라!"
> (사 1 : 17, 23 ; 10 : 2 ; 참조. 이미 출 22 : 22 등).

또한 "집에 집이 경작지에 경작지가 줄을 잇는"(사 5 : 8) 대지주를 향한 "화 외침"은 그와 동시대의 예언자 미가에게서도 발견된다(미 2 : 2). 고위 관직자인 "지팡이와 버팀목"을 향한 위협은 더욱 독특하다(사 3 : 1 이하). 이와 같이 "정의"라는 주제는 초기 선포에서 지배적이었고(사 1 : 16 - 17, 21 - 26 ; 5 : 7 이하 등), 후기에도 잊혀지지 않았다(사 28 : 17). 그것은 고발과 구원의 기대 두 가지 모두를 결정한다 : "내가 옛날처럼 너희 가운데 다시 사사(재판관)를 일으키노라"(사 1 : 26 ; 9 : 7 ; 11 : 3 이하 ; 28 : 17).

사회 비판과 밀접한 관련이 있는 **제의 비판**은 아주 경미한 부분으로 할당되어 있다. 그것도 또한 죄를 폭로하는 것이다: "너희의 손(들)은 피가 가득하도다", 죄는 "소돔의 지도자"라고 표현된 지배층들뿐만 아니라, "고모라의 백성들"인 모든 백성들에게 속한 것이다(사 1 : 10－17 ; 참조. 사 22 : 12－13 ; 29 : 1, 13－14 ; 제사장들을 향한 말씀은 28 : 7).

이사야가 인간의 **교만**에 반발하는 것은 과연 아모스(암 6 : 8 등)와 관계가 있는 것일까? 이사야는 그 자신이 말을 전하는 모든 청중들에게서 교만의 현주소를 발견한다: 앗수르(10 : 5 이하)에서, 북왕국(사 9 : 9 ; 28 : 1 이하)과 남왕국 특히 예루살렘(사 5 : 14)에서, 수도의 상류층 여자들(사 3 : 16－17 ; 32 : 9 이하), 그리고 궁중 관리들(사 22 : 15 이하)에게서. 거만과 오만은 결국 이사야가 본 "높고도 높은 보좌 위에 계신" "이스라엘의 거룩한 자"(사 1 : 4 ; 30 : 15 ; 31 : 1 등)이신 하나님께 대항하는 것이다. 하나님은 그의 "날"에 제1계명의 요구인 배타성을 성취하실 것이다:

"사람의 자랑은 굴복되고,
인간의 교만은 굴욕을 당하며,
야웨만이 홀로 그날에 높아지리라"(사 2 : 17).

8. **외교 정책**의 실질적 결과에 대한 언급은 이사야의 선포에서 또 하나의 중요한 주제로 자리 매김한다. 이사야는 그의 활동 초기에 시리아－에브라임 동맹 전쟁에 관여하였고(사 7장), 앗수르를 야웨의 명령에 따라 남왕국과 북왕국에 대한 심판을 집행하는 세력으로 공포했다(사 5 : 25 이하 등): "보라, 주께서 (유브라데) 강의 물을 높이시고 강하고 힘있게 하시리라"(사 8 : 7), "주께서 피리로 앗수르 땅으로부터 벌을 부르시니"(사 7 : 18). 이방 대제국은 위임받은 대로 행동하기 때문에 그들은 암시적으로 "주의 강하고 힘있는 자"(사 28 : 2)로 간주된다. 그러나 그들이 자기의 직무, 즉 심판의 도구로서의 기능을 넘어서서 불손하고 거만한 태도를 보였기 때문에, 이사야는 그들에게 "화"를 외친다(사 10 : 5 이하 ; 또한 14 : 24 이하?). 그럼에도 불구하고 그의 활동 후기에 이사야는 애굽과의 동맹을 통하여 앗수르의 속박으

로부터 벗어나려는 모든 시도에 대하여 열정적으로 반대했다(사 20장 ; 30 : 1 이하 ; 31 : 1 이하). 그러한 정치적 동맹은 야웨를 저버리는 인간의 독단적인 행동이 아니겠는가(사 30 : 2)?

> "그러나 그는 지혜로우신즉
> 심판을 일으키시리라 …
> 애굽은 사람이요 신이 아니며,
> 그 말(馬)들은 육이요 영이 아니라,
> 야웨께서 그의 손을 뻗치실 때에,
> 보호하는 자는 비틀거리고
> 보호를 받는 자도 넘어져서,
> 모두 함께 멸망하리라"(사 31 : 2-3).

그러므로 그의 말씀(사 9 : 8)과 같이, 하나님의 "권고, 계획", 그리고 "행위"도 역사 속에서 작용한다. 그러나 이스라엘은 미래를 내다보지 못한다 : "그들은 그의 행하심을 보지 않는다"(사 5 : 12, 19 ; 9 : 13 ; 22 : 11 ; 참조. 사 14 : 26 ; 28 : 21 등). 놀라울 정도로 뚜렷하게 각인되어 있는 이러한 관용어구에서 한 개념 형성의 시작이 포착된다. 이를 통하여 이사야는 심판을 위한 하나님의 도래 혹은 심지어 마음의 완고함조차도 하나님의 "기이한 일"(*opus alienum*)로 이해하기 시작했다 : "그의 행동은 의아하며 그의 말하심은 기이하도다!"(사 28 : 21 ; 참조. 사 29 : 14 ; 31 : 2).

9. 메시아 예언을 제외한다면, 이사야의 **시온 메시지**가 최고의 논란의 대상이 된다. 시온 메시지에 대한 해석은, 예루살렘이 곤궁으로부터 구원될 것이라는 무조건적인 약속을 나타내는 본문들의 "진정성"을 어떻게 결정하느냐에 따라 좌우될 것이다. 이사야는 과연 마지막 때 시온이 기적적으로 구원받게 될 것을 약속하고 있는 것일까? 아니면 약속들은 후대의 첨가물인가(사 8 : 9-10 ; 17 : 12 이하 ; 29 : 5 이하 ; 참조. 사 14 : 30a, 32b)? 이러한 약속들은 아주 일반적으로 이방 민족들의 공격에 대한 방어를 기대하고 있

으며, 동시대의 상황을 인식할 수 없게 되어 있어서 시온 시편(시 46편 ; 48편 ; 76편)에 나타난 이방 민족들의 공격에 관한 모티브를 생각나게 한다. 특히 예루살렘을 향한 위협 뒤에 즉각적으로 구원 예언이 뒤따라 나오는 것이나, 다소 명확하게 사태의 급전환을 기대하는 말들은 추가된 부록으로 의심해 볼 수 있다(사 29 : 5 이하 ; 31 : 5 이하 ; 32 : 15 이하 ; 참조. 사 18 : 7 ; 28 : 5-6 등). 만일 오랫동안 논란이 되었던 그 본문들을 분리해 낸다면, 이사야의 선포는 통일적이고 완결된 듯한 인상을 줄 것이다. 만일 그것이 아니라면 어쩌면 그의 활동이 끝날 무렵(사 22 : 14 ; 28 : 22 ; 29 : 9-10 ; 32 : 14 등), 그가 그의 소명(사 6 : 11)에 근거한 심판 선포를 다시 시작할 때, 그가 단지 일시적으로 의견을 달리 했을지도 모른다. 그러나 이러한 이사야의 이중의 변화를 수용해야 할 근거는 없다. 이사야(사 28 : 15, 18 이하)도—미가(미 3 : 11)나 예레미야(렘 7 : 8 이하)처럼—시온 전승(시 46편 등)에 나타나는, 예루살렘 사람들의 확고한 안전 의식을 공격하는 것은 아닐까? 아무튼 이사야는 예루살렘 거민들이 죽음을 맞을 것이며(사 22 : 14 ; 참조. 사 29 : 4 등), 그 도시 자체가 멸망하게 될 것이라고 위협하고 있다(사 3 : 8 ; 5 : 14, 17 ; 32 : 14).

10. 과연 이사야는 "그 얼굴을 숨기시는" 하나님에 대해 "희망"을 품고 있는 것일까(사 8 : 17)? 의심할 여지없이 심판과 구원은 서로 맞물려 있다. 타락한 수도는 정화되며, 과거에 불리웠던 "의의 도시, 신실한 도시"라는 이름을 장차 새롭게 얻게 될 것이다(사 1 : 21-26).

미래의 새로운 것은 현존하는 것의 심판에서 비롯된다는 내용의 본문을 제외하고, 나머지 모든 구원 기대는 그의 "진정성"에 있어서 논쟁이 된다. 이것은 바로 그 그루터기가 "거룩한 씨"(사 6 : 13)라는 소명 환상의 결론적인 말뿐만 아니라, 이사야 2장과 9장, 그리고 11장의 3가지 중대한 약속들도 마찬가지로 적용된다. 이 본문들에서 명백한 역사적 상황을 이끌어 내는 것은 불가능하다. 물론 구원의 말도 종종 그와 상응하는 문제를 야기시킨다. 나름대로의 예언자 이해에 예속되지 않는 객관적인 근거, 특히 언어적인 특징에 의하여 후대의 본문을 가려내는 일은 대체적으로 어려운 일이기 때문에 적어도 이사야 11장과 이와 비슷한 9장에 대하여서 만큼은 그 "진정성"을 고수해야 한다. 예를 들면 정의의 실현이라는 측면에 강력하게 집중되어 있는 이사야의 구원 예언은 사실상 그의 고발과 반대되는 상(像)을 보여 준다. 이러한 사실에 의해 구원 예언은 이사야의 나머지 메시지와도 연결되어 있을 뿐 아니라 고발과도 상호 결합되어 있다.

이사야 9장 2-7절(아마도 9 : 1b은 제외한다)만이 오직 "어둠 가운데로 걸어간 백성", 그리고 죽음의 권세 하에서 살고 있는(사 9 : 2 ; 참조. 사 29 : 4) 백성에게 하나의 "큰 빛"을 약속하고 있다. 이 "빛"은 하나님 자신을 통한 해방과 지도자의 탄생, 그리고 끝없는 평화를 의미한다. 그에 반하여 이사야 11장(1-5절과 보충 본문인 6-8, 9-10절)에는 메시아의 예언이 독립되어 있다. 영의 채우심(사 11 : 2)은 이사야 9장 6절에서의 존귀한 칭호와 상응한다. 미래의 지도자는 이 백성에게는 결여된 분별력과 정의, 그리고 가난한 자들에 대한 관심(사 1 : 3, 17 등)을 수반해야 한다. 그는 현재 통치권을 가지고 있으나, 심판에 직면한 다윗 왕조의 출신이 아니라(사 7 : 16-17), 오히려 그 그루터기에서 다시 새로 싹트기 시작한 줄기로 상징되는 인물이다.

이사야가 여기에서 관리들이 계속 존속되기를 바라기보다는 단지 제도만이 그대로 존속되기를 바라는 것처럼, 예루살렘의 경우도 장소의 동일성만이 유지, 지속될 것을 기대한다. 이사야 28장 16-17절은 시온의 새로운 기초를 알리고 있다 : "보라, 내가 시온에 새로운 주춧돌을 놓을 것이다." 이방 민족들의 순례에 대한 약속(사 2 : 2-4 ; 미 4 : 1-3에서도 전해지고 있다)에서는 심지어 시온을 굳게 세워 높이실 것에 대해 말한다. 그럼에도 불구하고 예언자는 이스라엘의 국가적인 크기나 지배에 대해서는 말하지 않으며, 단지 높으신 하나님과의 해후를 통해 정의가 세워지고 모든 민족들 사이에서 전쟁이 종결될 것을 말하고 있다(참조. 사 6 : 1 ; 2 : 17).

제17장 미가

1. 미가는 이사야보다 더 후대의 사람이다. 그 두 사람은 어쩌면 남왕국의 같은 지역에서, 그리고 같은 시기에 활동했을 것이다. 그러나 미가서는 웃시야가 죽은 해(사 6 : 1)에 대해서는 언급하지 않는다. 그러나 두 책의 표제(사 1 : 1 ; 미 1 : 1)는 동일한 세 명의 왕들, 즉 요담, 아하스, 히스기야를 언급하고 있다. 미가서 전체에서 오직 한 부분(미 1 : 2-7)만이 북왕국을 향해 선포되고 있다 : "내가 사마리아로 돌의 무더기 같게 하리라." 이 심판 선포는 틀림없이 그 도시가 멸망했던 기원전 722년 이전에 선포되었을 것이다. 북왕국의 붕괴로 나타난 날카로운 분기점은 언어 사용의 변화에서도 인상적으로 부각된다. 경칭인 "이스라엘"의 사용은 북왕국(그와 같이 미 1 : 5)에서 남왕국(미 3 : 1, 9 등)으로 이전되었다. 기원전 701년 앗수르의 예루살렘 원정이 미가의 메시지에도 반영되어 있다(미 1 : 8 이하). 이를 통해 볼 때, 미가는 아마도 기원전 740(?)-700년까지 활동했을 것이다.

물론 그도 수도에서 활동하긴 했지만(미 3 : 9 이하), 예루살렘에서 주거했던 이사야와는 달리, 오히려 그는 아모스의 고향과 더 가까운 유다 구릉지인 모레셋-갓(미 1 : 1, 14 ; 렘 26 : 17-18) 지역 출신이다. 미가가 수도 예루살렘을 사마리아와 동일한 운명에 처하게 될 것이라고 위협한 사실(미 3 : 12 ; 참조. 미 1 : 12, 16 ; 2 : 4)이나, 다윗 왕조가 예루살렘이 아니라 베들레헴으로부터 나올 것이라는 희망을 확신했던 사실(미 5 : 2 이하)은 그의 출신지와 연관지어 설명될 수 있는가? 이 예언자는 왕권 찬탈이 일어날 때마다 다윗 왕조의 편에 섰던 이 땅의 백성들(암 하아레츠, 'am ha'arez)에 속한 자였는가(왕하 11 : 14 ; 14 : 21 등)? 아니면 미가는 "자신의 백성"을 보살피는 마을 장로의 직분을 지니고 있던 자(미 1 : 9 ; 2 : 8–9 ; 3 : 2, 5)였을까(H. W. Wolff)? 미가는 예를 들면 아주 드물게 그의 백성의 운명에 대한 탄식(미 1 : 8 ; 참조. 미 7 : 1, 7)에서, 혹은 자신의 임무에 대한 자신 있는 언급에서만 자신에 대해 말하고 있을 뿐이다(미 3 : 8).

2. 호세아서에서 심판과 구원의 말들이 여러 번 연쇄적으로 나타나듯이, 미가서의 약속의 말들도 위협의 말들의 모음집 끝 부분에서 세 번 나타난다(W. Rudolph) :

	심 판	구 원
I. 미 1–2장	1 : 2–2 : 11	2 : 12–13
II. 미 3–5장	3 : 1–12	4 : 1–5 : 15
III. 미 6–7장	6 : 1–7 : 7	7 : 8–20

각각의 세 모음집들은 — 아모스서(암 3 : 1 등)나 호세아서(호 4 : 1)와 유사하게 — 주의 집중의 촉구인 "들으라!"와 함께 시작된다(미 1 : 2 ; 3 : 1 ; 6 : 1 ; 참조. 또한 3 : 2 ; 6 : 2, 9).

I. 미 1–2장

1장 사마리아의 멸망(2–6절), 유다 도시들과 예루살렘에 대한 위협(8–9절, 10절 이하)

2–4절 백성들에게 귀 기울일 것을 촉구(참조. 사 1 : 2). 신현현

2장 대지주에게 화 외침(1–5절). 백성을 위한 설교자 : 청중의 반대에 대하여(6–7절), 새로운 고발들(8절 이하)

12–13절 (포로기–포로기 이후의) 왕이신 야웨의 인도로 이스라엘이 모아질 것이라는 약속(참조. 미 4 : 7)

II. 미 3–5장

3장 여러 지도자들에 대한 설교 "두령들과 치리자들"(1–4절, 9절),

예언자들(5-8절), 재판관들, 제사장들, 선지자들(9-12절)에 대한 반박

12절 성전의 파괴(렘 26:18)

4-5장 약속들

4:1-4, 5 = 사 2:2-4 이방 민족들의 시온으로의 순례

4:6-8 포로지(미 4:9-10)로부터 디아스포라의 귀향(참조. 미 2:12-13)

4:11 이하 이방 민족들을 정복함(참조. 사 8:9-10 등)

5:2-6 베들레헴 출신의 미래 지도자

5:10-15 제1계명의 관철 : 전쟁 무기들과 이방 제의들에 대한 반박

III. 미 6-7장

6:1-7:7 하나님과 자신의 백성과 논쟁(1-8절; 4-5절은 첨가?).

다음의 말들은 하나님의 요구에 대한 불이행을 슬퍼한다(미 6:8):

6:9 이하 예루살렘의 탐욕에 대한 반박. 거짓된 저울질

7:1 이하 "이 땅에는 더 이상 정직한 자가 없도다"(참조. 렘 5:1)

5-6절 이웃을 믿지 말라!

7절 신뢰의 고백(참조. 사 8:17)

7:8-20 포로기 이후 예언적인 예전 의식 :

성전들이 여전히 파괴되어 있는 예루살렘에 대한 하나님의 은혜의 약속(11-12절의 구원의 신탁에서).

18절 "당신과 같은 신이 어디 있으리이까?"
(미가라는 이름에 대한 암시)

미가 1-3장 부분(미 2:12-13 등과 그 이외의 부분들을 제외하면; 참조. J. Jeremias)을 미가의 것으로 보는 것에 대해서는 학자들이 대개 동의하는 반면, 심판의 말들(미 6:1-7:7), 더욱이 구원의 말들은 진정성에 있어서 논쟁의 여지가 있다. 이 예언자는 단지 야웨로부터(미 1:9, 12) 임할 심판만을 선포했을까? 비록 대부분의 약속들(특히 미 4:1 이하)이 미가로부터

유래한 것이 아니라 할지라도, 적어도 메시아 예언(미 5 : 2 이하)의 기본층은 그 자신의 선포와 잘 조화를 이루고 있다. 이와 같이 — 이사야와 유사하게? — 미가는 숙명적인 심판, 즉 철저한 파괴(미 1 : 6 ; 3 : 12)를 심판 이후에 오는 새로운 전환의 약속과 함께 결합시키는 것처럼 보인다. 그러나 이것은 논쟁의 여지가 있다.

3. **사회 비판**이라는 본질적인 특징에서 볼 때, 미가는 아모스와 특히 이사야(사 5 : 8 이하)와 일치하고 있다. 반면 호세아의 주요 메시지였던 이방 신들과 우상 숭배에 대한 비판이 미가에게는 큰 비중을 차지하지 않고 있다. 미가는 가옥 소유와 토지 소유에 대한 상류층의 탐욕에 기초한 부재지주(不在地主)의 대규모 농장 경영(Latifundienwirtschaft)을 비판하고 있는데, 이때 그는 열 번째 계명(출 20 : 17)을 근거로 고발하는 것처럼 보인다:

> "화 있을진저 악을 꾀하는 자들이여
> 밭을 탐하고 빼앗고 집을 탐하여 취하니
> 그들이 사람과 그 집 사람과
> 그 기업을 학대하는도다"(미 2 : 1-2 ; 참조. 미 2 : 8 이하 ; 3 : 2-3, 10).

일반적으로 미가는 사회의 상류층들의 압제, 특히 정의의 왜곡에 대해 탄식한다: "그들은 선을 미워하고 악을 좋아한다"(미 3 : 1 이하, 9절 이하 ; 참조. 미 6 : 10 이하 ; 7 : 2-3). 만일 다음의 말들이 미가가 한 말이라면, 그도 그의 선배 예언자들과 마찬가지로(암 5 : 21 이하 ; 호 6 : 6 ; 사 1 : 10 이하), 의로운 행위를 (희생)제의와 대립시키고 있음을 알 수 있다:

> "내가 무엇을 가지고 야웨 앞에 나아가며
> 높으신 하나님께 경배할까
> 내가 번제물 일 년 된 송아지를 가지고
> 그 앞에 나아갈까? …
> 그가(야웨 또는 사람) 선한 것이
> 무엇임을 네게 보이셨나니

야웨께서 네게 구하는 것이
오직 공의를 행하며
인자를 사랑하며
겸손히 네 하나님과 함께 행하는 것이 아니냐"(미 6 : 6-8).

순례자가 성소 입장에 대한 조건들을 듣게 되는 것처럼(시 15편; 24편), 이 예언자는 하나님의 뜻으로 잘 알려진 것을 "사람들"에게 가르치고 있다. 미가는 자신의 세 가지 요구들을 제시함에 있어서 보다 앞서 활동한 세 명의 선배 문서 예언자들의 주요 의도들, 즉 공의를 행하는 것(아모스), 인자를 사랑하는 것(호세아), 그리고 겸손히 하나님과 함께 행하는 것(이사야)을 재현하고 있는 것인가?

제사장에 대한 비판(미 3 : 11)을 넘어서, 미가는 **예언과의 논쟁**이라는 주제를 수용한다. 이 주제는 이사야에게는 오직 암시적으로만 사용되었고(사 28 : 7), 예레미야에 와서야 비로소 중요한 것으로 부각되었다:

"내 백성을 유혹하는 선지자는
이에 물면 평강을 외치나
그 입에 무엇을 채워 주지 않는 자에게는
전쟁을 준비하는도다.
이런 선지자에 대하여 야웨께서 가라사대,
그러므로 너희가 밤을 만나리니 이상을 보지 못할 것이요
흑암을 만나리니 점치지 못하리라"(미 3 : 5-6).

미가는 불의한 예언자들을 비난했다. 왜냐하면 그들은 복채에 따라서 구원이나 심판을 선포했기 때문이다. 미가는 그들을 능가하는 미래에 대한 지식을 갖고 있다. 왜냐하면 미가는 그들에게 그들의 예언 활동이 더 이상 지속될 수 없음을, 즉 예언 활동의 종말을 감히 선포하고 있기 때문이다. 그들이 비록 과거에는 계시를 받았을지라도, 미래에는 하나님께서 침묵하실 것이다(미 3 : 4, 7)! 미가는 하나님으로부터 전권을 부여받아, 온 백성의 죄악을 밝힐 수 있는 권한을 갖게 되었다. 따라서 그의 사명은 회개 촉구가 아니

라 죄를 증명하는 것이었다:

"오직 나는—야웨의 신으로 말미암아—
권능과 공의와 재능으로 채움을 얻고
야곱의 허물과 이스라엘의 죄를 그들에게 보이리니"
(미 3:8; 참조. 미 1:5).

4. 이사야가 암시적으로만 언급한 것을(사 28:15 이하), 미가는 거짓된 안전의 확신과 예루살렘의 불가침성에 대한 희망을 직접적으로 고발하고 있다. 이러한 희망은 시온 전승(시 46편; 48편)을 근거로 한 것이다:

"야웨께서 우리 중에 계시지 아니하냐?
심판이 우리에게 임하지 아니하리라 하는도다.
그러므로 너희로 인하여
시온은 밭같이 갊을 당하고,
예루살렘은 무더기가 되고
성전의 산은 수풀의 높은 곳과 같이 되리라"
(미 3:11-12; 참조. 미 1:6; 사 32:14; 회고적으로는 애 5:18).

예레미야가 이 같은 심판의 예언을 새롭게 이어받음으로써(렘 26:18이 자유롭게 인용하고 있다), 성전에 대한 미가의 말은 100년 후에 다시 통용되었다.

미가 역시 이사야처럼 메시아 예언에서 다윗 전승을 수용하고 있기 때문에, 고발과 심판 선포에 있어서 이사야와 미가의 선포 사이에는 밀접한 관련성이 발견된다:

"그러나 너, 베들레헴 에브라다야
너는 유다 족속 중에 작을지라도
이스라엘을 다스릴 자가 네게서
(내게로) 나올 것이라"

(미 5 : 2, 4a, 5a ; 나머지 본문인 미 3, 4b, 5b-6a절은 물론 아마도 6b절도 후대의 첨가일 것이다).

미가는 이사야 11장 1절과 같이, 다윗 왕조의 근원으로 소급한다. 그리고 그는 연속적인 것이 아닌 전혀 새로운 시작, 즉 다윗의 출생지(참조. 삼상 17 : 12 ; 룻 1 : 2)에서 태어나게 될 새로운 지도자를 열망한다. 그렇다면 이 같은 구원의 기대는 예루살렘의 멸망과 그 곳에 거주하는 왕실의 멸망을 전제하고 있는가? 여하튼 하나님은 자신의 대리인으로서 작고 보잘것없는 자(삼상 9 : 21 등)를 선택하신다. 그는 하나님의 능력으로 통치할 것이고, 인격적으로 평화를 대변할 것이다(미 5 : 4a, 5a).

제18장 나훔, 하박국, 스바냐, 오바댜

이사야의 활동 이후, 앗수르의 강압적인 통치가 단행되었던 대략 기원전 700-650년경의 반세기 동안, 예언자들은 침묵하였다. 그 후에 나훔, 스바냐, 하박국, 그리고 예레미야가 등장했다.

1. 이미 "니느웨에 대한 신탁"이라는 표제가 드러내는 것과 같이—미지의 장소인—엘고스 출신인 예언자 **나훔**의 메시지는 단 하나의 주제에 초점을 맞추고 있다. 즉 그 주제는 (기원전 700년경 산헤립 이래로) 앗수르의 수도였던 니느웨의 멸망에 대한 것이다. 각각의 명백한 개별적인 장면들(나 2:4 이하)에서 생생하게 묘사되는 니느웨의 멸망에 대한 언급은 이미 그 도시의 멸망(기원전 612년)을 전제로 하고 있다기보다는 오히려 앗수르의 세력이 여전히 전성기에 있을 무렵 예언자의 미래에 대한 "환상"(나 1:1)을 통하여 보여진 것이다. 다만 앗수르에 의한 애굽 수도 테베의 점령은 오래 전의 일이다(나 3:8; 기원전 663년). 이와 같이 나훔은 기원전 650년경 혹은 그보다 약간 나중에, 고대 근동 국가들의 증오의 대상이었던 앗수르 제국의 멸망을 상당히도 고대하고 있었다: "니느웨가 파괴되는도다! 누가 그 곳을 측은히 여기겠는가?"(나 3:7).

이 책의 첫 번째 부분—이 본문은 나훔의 말로 볼 수 있는지에 대한 '진정성'의 논란이 가장 많이 제기되고 있는 부분이다—은 자연계를 변화시키실 수도 있고, 그에게 속한 존재들을 보호할 수도 있는 하나님의 권능에 대한 찬송을 그 내용으로 하고 있다. 그러므로 이 서론적인 찬송은 다음의 미래 통고를 위한 신학적인 논증을 포함하고 있다: 하나님은 (한 나라의) 정치적인 상황을 전복시키실 수 있으며, 또한 그렇게 하실 것이다. 몇몇의 감탄사들(나 1 : 11－2 : 3) 뒤에 삽입된 주요 부분(나 2 : 4 이하)에서 니느웨를 향한 위협의 말들과 멸망하는 도시에 대한 애가 또는 풍자하는 노래가 세 번 교대로 나오고 있다.

나 1 : 2－8, 9－10	야웨의 권능에 대한 찬송 알파벳의 처음 절반인 a－k에 따라 절들이 시작한다(시 9－10편과 같이) "야웨께서는 질투하시며, 보복하시는 하나님이시라." 신현현(3b－6절 ; 참조. 시 18 : 8 이하 ; 합 3장 등)
나 1 : 11－2 : 2	(난해한) 개별적인 말들 1 : 12－13 유다를 위한 구원 약속 : "내가 그 멍에를 부수리라" 1 : 15 (종말론적인) 축제 의식으로의 소환(참조. 사 52 : 7)
나 2 : 3－3 : 19	니느웨의 멸망
나 2 : 3－13	위협의 말(3－10절), 애가 또는 풍자의 노래(11－12절). 이른바 도전 양식(Herausforderungsformel) : "보라, 내가 너를 대항하여"(나 2 : 13 ; 3 : 5)
나 3 : 1－7	위협의 말(1－4, 5－6절), 애가 또는 풍자하는 노래(7절)
나 3 : 8－19	위협의 말(8－17절), 애가 또는 풍자하는 노래(18－19절) 니느웨와 이미 정복된 노아몬(=애굽의 테베)과의 비교(8절)

시편과 이스라엘을 위한 구원 약속에서 유래된 이 책의 구성은 제의적인 과정을 반영하고 있는가? 하박국서의 구조는 그와 같은 추측을 위한 더 많은 근거를 제공하고 있다.

니느웨를 향한 위협의 말들 중 일부는 이스라엘/예루살렘에 대한 다른 예언자들의 심판 통고와 밀접한 관계를 나타내기 때문에 예레미아스(J. Jeremias)는 다음과 같이 결론을 내린다 : 나훔의 말들(나 3 : 1 이하와 같은)은 본래 예루살렘을 향한 것이었고 나중에야 비로소 니느웨에 대한 것으로 새롭게 해석되었다. 그렇다면 나훔도 구원 예언자만은 아니란 말인가(참조. 나 1 : 12)?

니느웨에 대한 심판 선포는 성취되었다. 외부의 적을 겨냥하고 있는 나훔의 메시지가 일방적인 것처럼 보이듯이, 여하간에 하나님은 가장 강력한 세상 권세 역시 종결시킬 수 있다는—후대의 예언(슥 2장)에서부터 묵시문학(단 2장; 7장)에 이르러서는 결정적인—신앙 고백을 포함하고 있다. 이러한 통찰과 함께 나훔서는 역사의 주인이신 하나님의 권능에 대한 확신을 상기시키려 하고 있고, 아마도 보다 후대에도 이런 의미로 읽혀졌을 것이다.

2. 정복 세력에 대한 심판 선포 역시 **하박국**의 메시지에 있어서도 중요한 내용이다. 그는 기원전 600년 바로 이전, 즉 나훔 이후에 몇십 년 동안 활동했는데, 그 당시는 앗수르가 몰락해 가고 바벨론 제국이 일어나기 시작한 직후로서 매우 불안정한 시기였다. 갈대아 사람 혹은 신바벨론인이라는 이름이 하박국서에서는 명확하게 서술되고 있다(합 1:6은 하박국의 본래 본문이다). 또한 하박국서의 메시지에 의하면 이스라엘에서는 여전히 왕("기름부음 받은 자" 합 3:13)이 그 기능을 담당하고 있으므로, 기원전 598년의 첫 번째 예루살렘 함락 사건이 아직은 반영되어 있지 않음을 알 수 있다.

하박국서는 세 부분의 주요 단락들로 구성되어 있다. 그것들은 이미—나훔 2장 3절 이하와 같이—각각 하나의 작은 구조를 이루고 있다. 첫 번째 단위인 하박국 1장 2절-2장 5절에서는 예언자의 두 번의 탄식과 그에 대한 하나님의 응답이 교대로 나오고 있다. 두 번째 하나님의 대답(합 2:1-5)이 사실상 이 책의 핵심이다. 하나님의 두 번째의 대답에서 지시되는 미래적인 통찰이 심판 선포의 말(합 2:6 이하)로 스며들고, 다시 "기도문"(합 3장)으로 폭넓게 발전되기 때문이다.

합 1:2-2:5	예언자와 하나님 사이의 주고받는 대화	
	1:2-4	불법과 폭력에 대한 예언자의 탄원
	1:5-11	심판 통고로서의 하나님의 응답: "내가 광포한 백성 갈대아 사람을 일으키나니"(6절)
	1:12-13, 14-17	예언자의 이의(참조. 합 2:1) 및 새로운 탄원

	2 : 1 - 5	궁극적인 하나님의 응답	
		1절	파수꾼으로서의 예언자(참조. 렘 6 : 17 ; 겔 3 : 17 등)
		2 - 3절	계시의 기록(참조. 사 8 : 16)
		4 - 5절	계시의 내용. 악인의 종말과 의인의 삶
합 2 : 6 - 20	바벨론을 향한 다섯 번의 화 외침(참조. 사 5 : 8 이하) "야웨께서는 성전에 계시니, 온 세계는 그 앞에서 잠잠하라" (20절 ; 참조. 습 1 : 7 ; 슥 2 : 17)		
합 3장	하박국의 기도 신현현의 묘사(3 - 12절, 13 - 15절)를 둘러싼 탄원의 진술(2절, 16절, 18 - 19절)		

하박국이 탄원하며(합 1 : 2 이하 그리고 12절 이하) 하나님의 대답을 애타게 기대하면서(합 2 : 1) 하나님과 논쟁할 때에, 그 주도권은 마치 그 자신을 계시하시는 하나님 편에 있다기보다는 오히려 예언자 하박국 편에 있는 것처럼 보인다. 과연 하박국은 학자들이 흔히 주장하는 것과 같이 제의 예언자에 속할까? "예언자"라는 칭호(합 1 : 1)나 계시를 받는 방법 및 특징(합 2 : 1 ; 3 : 2, 16) 혹은 시편 언어와의 유사성(합 1 : 2 이하, 12 - 13 ; 3 : 2, 18 - 19)과 같은 몇몇의 암시들은 이런 추측을 가능케 하지만, 확실한 결정을 내릴 수는 없다. 이 책 — 하박국 자신에 의해서는 편집되지 않은 — 전체는 의식서(Liturgie)를 이루고 있는가(P. Humbert)? 어쨌든 3장은 예배에 사용된 흔적을 보여 주고 있다(아래를 보라).

첫 번째 기도에서(합 1 : 2 - 4) 예언자는 불법과 폭력에 대해 탄원한다. 구체적으로 그의 탄원의 내용은 앗수르의 억압보다는 오히려 이스라엘 그 자체에서 행해지는 법적이고 경제적인 억압과 같은 것들이다. 하나님은 놀라운 "일"을 선포함으로 응답하신다(합 1 : 5 ; 참조. 사 28 : 21). 그는 강력한 적국인 바벨론을 통해 징벌을 수행하실 것이다(합 1 : 5 - 11, 14 이하). 그러나 그들은 이스라엘을 정화하는 임무를 넘어선 것일까? 어쨌든 그 강대국의 거만함(합 1 : 11, 16)과 그 잔학성은 예언자로 하여금 이의를 제기하도록

만들고 있다 : 어떻게 거룩하신, 그리고 불멸하시는 하나님이 그들의 사악하고 무자비한 광포를 방관하시며 침묵하실 수 있는가(합 1 : 12 – 13)? 예언자는 망대 — 실제적인 장소(성전 안의 성소 예언자를 위한 장소?)일까? 아니면 단지 상징적인 장소일까? — 위의 파수꾼과 같이 하나님의 응답을 찾고 있다(합 2 : 1). 그것은 우선 "종말"에 관련된 위탁, 즉 묵시의 기록을 포함하고 있으며(합 2 : 2 – 3), 내용상으로는 인과응보의 관계와 그로 인한 악인과 선인 사이의 구별을 거듭 주장하고 있다 : "(오직) 의인은 (하나님에 대한) 그의 신실함을 인하여 살리라"(합 2 : 4 ; 롬 1 : 17 ; 갈 3 : 11에서 첨예화됨).

하나님의 말씀(합 2 : 4 – 5)은 이 책의 두 번째 중심 부분(합 2 : 6 이하)에서 정복자 바벨론을 향한 예언자의 다섯 번의 화 외침으로 전개된다. 물론 그 본문은 후대에 수정이 되었기 때문에(합 2 : 6a의 표제에서 언급된 애매한 말[Rätselrede]로 해석되거나 혹은 합 2 : 18 이하에서 나오는 우상 논쟁으로 해석된다), 사람들은 심지어 화 외침이 항상 그 나라만을 겨냥하고 있는지에 대해서도 문제 삼고 있다(J. Jeremias ; E. Otto). 죽은 우상들과 살아 계신 하나님을 대조(합 2 : 19 – 20) 시킨 결론의 말씀들은 다시 한 번 미래 선포(합 2 : 4 – 5)와 연결된 하박국의 "기도"로 이어지고 있다.

예언자의 탄원과 신뢰의 진술들("나"[我] 3 : 2, 16, 18 – 19)은 환상적인 신현현의 묘사를 둘러싸고 있다 : 자연계의 진동을 동반한 하나님의 시내산 현현(3절 ; 참조. 삿 5 : 4 – 5 ; 신 33 : 2)은 "악인"의 징벌(13 – 15절 ; 참조. 합 1 : 13 ; 2 : 5), 즉 바벨론 세력의 파멸을 겨누고 있다. 계시를 받는 사건은 예언자 자신의 육체를 뒤흔들게 하는 일이었다(합 3 : 16 ; 참조. 사 21 : 3 – 4 ; 욥 4 : 12 이하).

비록 예언자가 그가 본 것(합 3 : 2 ; 2 : 3)이 신속히 실현되기를 갈망하며 동시에 자기 민족을 위하여 하나님의 도움을 고대하긴 하지만(합 3 : 13), 그는 이미 "나의 구원의 하나님"의 권능에 대한 확신과 신뢰로 인해 지금 기뻐하고 있다. 만약 그 결론의 말들(합 3 : 18 – 19)이 후대의 어떤 기도자로부터 유래된 것이 아니라 실제로 하박국으로부터 유래한 것이라면 말이다. 표제나 서명(합 3 : 1, 19b), 그리고 중간에 삽입된 "셀라"(합 3 : 3, 9, 13)가 보여 주는 것과 같이, 예언자의 환상(합 3 : 2 이하)은 다른 시편과 마찬가지로 후대에 이스라엘의 예배 중에 고난 가운데서 하나님의 개입을 바라는 기도로 사용되었다.

3. **스바냐**는 메시지 분량이 적음에도 불구하고, 죄를 지적할 때와 징벌을 선포할 때의 극단적 성향으로 인해, "위대한" 예언자들에 속한다. 그는 그의 주제에 있어서 이사야와, 그리고 그와 동시대 인물인 예레미야와 가깝다. 무엇보다도 먼저 스바냐는 "야웨의 날"(암 5 : 18 이하 ; 사 2 : 12 이하)과 같이 가까이 다가오는 심판의 선포를 현실화한다. 그로 인해 예언자의 예리한 심판 통고의 절박성이 뚜렷이 드러난다 : "야웨의 날이 가깝도다"(습 1 : 7, 14 이하 ; 2 : 2 ; 욜 1 : 15 등에서 수용됨). 이러한 형식(습 1 : 14 이하)에서 야웨의 날은 "진노의 날"(Dies irae), "그날"(Dies illa)이라는 중세 송가(Sequenz)의 모델이 되었다.

젊은 예레미야(렘 2장)와 같이 스바냐(습 1 : 4 이하)도 기원전 7세기 당시 앗수르 패권의 시기에 만연된 바 있는, 그리고 조금 후 기원전 622년 요시야 왕의 개혁에 의해 적어도 잠시 동안 없어졌던 우상숭배, 특히 바알과 천체숭배를 질책하고 있다(이 책 10장 1.5를 보라). 요시야가 이미 어릴 때에 왕위에 올랐기 때문에(왕하 22 : 1), 스바냐가 궁중 관리들이나 왕가(습 1 : 8)를 비판할 때에도 왕 자신을 언급하지 않았던 것은 이해할 수 있는 일이다. 그러므로 표제의 진술(습 1 : 1)은 스바냐가 요시야 시대—더 정확히 말하자면 아마도 종교개혁 전, 즉 기원전 630년경 예루살렘에서—에 나타났다는 사실을 확증한다. 앗수르 세력의 급격한 쇠퇴도 스바냐의 위협의 말(습 2 : 13 이하)에서 아직 뚜렷하게 나타나고 있지 않다.

표제는 부친의 이름을 넘어서 제3세대 이름까지 거명하고 있다. 이것은 예언서 가운데서 아주 특이한 것으로 이 예언자의 가문이 외국인(구스=에디오피아인?)이거나 다윗 계통(히스기야=왕?)이었을 것이라는 추측을 낳는다.

이 책의 구조를 살펴보면, 재앙의 말들(습 1 : 2-3 : 8)과 구원의 말들(습 3 : 9-20)이 구조적으로 서로 연결되어 있긴 하지만, 대부분 세 등분으로 다시 나눌 수 있다. 이방 민족들에 대한 위협의 말들(습 2:4-15) 후에 다시 예루살렘에 대한 심판 통고들이 나타난다(습 1:2-18; 3:1-8). 그리고 또한 구원 예언들이 열방들을 위한 약속(습 3:9-10)과 이스라엘을 위한 약속(습 3:11 이하)으로 분류되고 있다.

습 1:1	표제	
습 1:2-18	유다/예루살렘에 대한 위협의 말들	
	2-3, 17-18절 일반적인 테두리(첨가? 참조. 습 3:8)	
	7절, 14절 이하 야웨의 날. "진노의 날"(Dies irae)	
습 2:1-3	겸손과 정의를 위한 권고:	
	야웨의 날이 이르기 전의 "가능할지도 모르는" 용서	
습 2:4-15	이방 민족들에 대한 위협의 말들:	
	블레셋-모압/암몬-구스(에디오피아)-앗수르	
	11절	(보편적인 희망을 포함한 첨가): "이방의 모든 섬 사람들이, 각각 그의 처소에서 야웨를 예배하리라"(참조. 말 1:11)
	15절	자만에 빠진 니느웨의 몰락에 대한 애가
습 3:1-8	예루살렘을 향한 위협의 말들	
	1-5절	다양한 계층에 대한 설교를 포함한 예언자의 화 외침(3-4절) (참조. 사 3장; 미 2장)
	6-8절	야웨의 말씀: 내가 너희를 대항하는 민족들을 모은다. 스바냐 3:8에서 예루살렘을 향한 위협의 말씀은 후대의 본문의 수정에 의해서 ("너희" 대신에 "그들"에 대한 것으로) 열방들을 향한 심판의 통고와 예루살렘을 위한 약속으로 변경된 듯하다.
습 3:9-10	이방 민족들을 위한 구원의 말	
	이방 민족들이 야웨 예배자로 변화(참조. 습 2:11)	
습 3:11-20	이스라엘을 위한 구원 약속들	
	14-15절	하나님의 왕권 통치에 대한 종말론적인 기쁨으로의 초대(참조. 슥 2:10; 9:9-10)

16-17절, 18-19절, 20절 포로기(포로기 이후)의 시기로부터
기원:
하나님은 "도우시는 용사이시다",
"내가 흩어진 자들을 모으리라"(디아스포라)

"내가 유다와 예루살렘의 모든 거민들을 대항하여 내 손을 펴나니"라는 심판 통고는 세계적인 지평에서 나타난다. 모든 땅위의 사람과 짐승이 멸절하게 되는 다가오는 세상의 심판은 그 이유에 대하여 어떠한 근거도 제시되지 않았기 때문에(습 1:2-3, 18), 예루살렘의 징벌은 다음과 같이 상세하게 지적된 죄의 목록들에 그 원인을 두고 있다: 이방 제의(습 1:4 이하), 상인들(습 1:11)과 상류 계층의 폭력과 사기(습 1:8-9; 3:3), 예언자들과 제사장들의 불성실(습 3:4), 스스로 안전하다는 확신, 자만함과 야웨의 능력에 대한 신뢰의 부족은 "야웨께서 복도 화도 내리지 아니하신다"(습 1:12; 참조. 사 5:19; 말 3:14-15)라는 인용에서도 명확히 드러난다. 그러한 사회 계층들과 집단들에 대한—전형적인—비판은 백성 전체에 대한 심판 통고에 포함되기 때문에(습 1:4), 스바냐(습 3:1-2; 참조. 습 1:12)는 하나님을 멸시하는 포악한 도시 예루살렘에 대한 "화 외침"을 새로 다시 시작할 수 있었다(사 29:1; 참조. 겔 22장). 그럼에도 불구하고 스바냐는 머지않아 나타나기 시작할 심판의 날에 직면하여 다음과 같이 외치고 있다:

"정의를 구하라, 겸손을 구하라!
너희가 혹시 야웨의 분노의 날에 안전하게 되리라"
(습 2:3; 참조. 암 5:14-15; 사 2:10 이하).

이러한 말에서 스바냐는 심판 이전의 면제의 가능성을 제안하고 있다. 그러나 그것은 하나의 조건(단지 하나님 앞에서 겸손한 자들만)과 동시에 하나님의 자유(단지 "혹시")가 유지되는 한에서만 가능한 것이다. 그렇다면 예언자는 어느 정도까지 청중들의 올바른 행동을 신뢰하고 있는 것일까? 근본적으로 보면 그는 하나님 자신에 의한 인간의 변화를 기대한다: "내가 변화

시키리니"(습 3 : 9).

"내가 곤고하고 가난한 백성을
너의 중에 남겨 두리라
이스라엘의 남은 자는
야웨의 이름 안에서 보호를 받을지라
그들은 부정을 행치 아니하며
거짓을 말하지 않으리라"(습 3 : 12-13).

인간의 교만을 넘어서는 하나님의 승리에 대한 이사야의 기대감을 채택한 듯이 보이는 이러한 희망은—예언자 자신의 선포가 아니라 할지라도, 어쨌든 스바냐서의 틀 안에 있는—모든 민족들이 야웨께로 전환한다는 희망에 의해서 한번 더 초월된다(습 3 : 9-10 ; 2 : 11).

4. 하박국이 예루살렘의 첫 번째 포위 직전에 나타났다면 **오바댜**는 대재난의 해인 기원전 597/587년의 사건을 전제한다. 그는 심판에 수반된 부수 현상들을 아주 정확하게, 아마도 자신의 경험으로부터 묘사하는 듯하다. 일찌기 반(反)바벨론 연합 전선에 참가했던 에돔인들은 이스라엘의 몰락을 만족스럽게 생각하는 자들이 되었다. 그들은 유다의 도망자들을 뒤쫓고 그들을 넘겨주었다(옵 14절). 에돔의 적대 행위와 이스라엘의 에돔에 대한 적개심은 일련의 포로기 이후의 본문들 중에서도 반영되고 있다(겔 25 : 12 이하 ; 35장 ; 애 4 : 21-22 ; 시 137 : 7 ; 사 34장 등).

오바댜는 에돔을 향한 하나님의 심판을 "야웨의 선포"로 알리고 있다 : "보라, 내가 너를 열방 중에 미약하게 만들리라"(옵 1-2절). 에서/에돔은 그의 "아우" 야곱/이스라엘(창 25장 이하와 신 23 : 8-9를 보라)에 폭력을 행했다(옵 10절 이하). 열방들이 처음에는 야웨의 징벌의 도구일지라도 그들 자신도 나중에는 위협당하고 만다 : 야웨의 날이 모든 민족들 위에 가깝다" (옵 15a절, 16절 이하). 인과응보 관계의 원칙은 에돔에게뿐만 아니라 모든 민족들(16-17절)에게도 적용되는 것이다.

"네가 행한 대로 너도 받을 것이다(너도 받으리라) ;
너의 행위가 네 머리로 돌아갈 것이다"
(옵 15b절 ; 참조. 잠 12 : 14 ; 26 : 27 등).

옵 1-14절, 15b절	직접 에돔을 향해 선포한 위협들과 그것들에 대한 논증 : 바위틈에 거주하는 자들의 교만(옵 3-4절), 아우 민족 야곱/이스라엘에 폭력을 행함(옵 10절 이하) 열방들이 에돔을 치도록 명하는 야웨의 소환(옵 1절). 1-4절, 5절은 렘 49 : 14-16, 9절과 상응한다. 에돔의 유명한 지혜(렘 49 : 7 ; 욥 1 : 1 등)는 멸망하리라 (8절)
옵 15a절, 16-18절	열방 위에 임할 심판(참조. 욜 3장 ; 사 34장) 열방은 야웨의 분노의 잔을 마시는도다(참조. 렘 25 : 15 이하 등)
옵 19-21절	산문으로 된 세 개의 보충들(?) 19절과 20절은 17b절과, 21절은 17a절과 연결된다.

이 작은 책자 오바댜는 둘 또는 세 부분으로 나뉘어진다. 구분을 위한 주요한 분리선은 오바댜 15절에서 그어진다. 그 구절의 두 번째 절반 부분인 오바댜 15b절은 이 책의 첫 번째 부분(옵 1-14절)의 원칙과 목적을 진술하고 있다. 오바댜 15a절은 두 번째 부분(옵 16-18절)의 주제를 진술하는 표제로 불린다. 그러나 이미 오바댜 1-14절 안에는 여러 어군(語群)들이 포함되어 있기 때문에 학자들은 단지 21절 밖에 안 되는 이 작은 책도 서로 다른 저자들의 것으로 간주했다. 더 이상 자세히 알려지지 않은 예언자 오바댜 "야웨의 종"이라는 이름은— 말라기의 "나의 사자"라는 경우와 비슷하게— 사실상 하나의 상징적인 이름이 아닐까(참조. 암 3 : 7)? 그럼에도 불구하고 이 책은 오히려 심판이 가득 찬 시대에 에돔과 열방 위에 심판을 선포하는 한 예언자의 메시지로 취급하는 것이 더 낫다. 그렇다면 오바댜는 탄식 축제 때에 구원 신탁을 말하는 성소 예언자일까(H. W. Wolff)? 아무튼 이 책에서도 다른 예언자들의 말들과 밀접한 관계를 찾아볼 수 있다(특히 렘 49장). 요

엘 3장(암 9 : 12)과의 접촉점들은 이 작은 책의 위치가 12예언서 중에서 요엘–아모스 다음에 오게 된 것을 설명할 수 있게 해 준다.

단지 결론 부분의 구절들만이 후대에 첨가된 것이다. 그것들은 장래 이스라엘의 소유의 범위를 묘사하고 있지만, 그러나 하나님의 왕권 통치의 희망에 대한 모든 기대들을 능가하는 것이다. 선포된 모든 보복에도 불구하고 그 주권은 이스라엘의 것이 아니라 그분의 것이다(옵 21절 ; 참조. 슥 14 : 9 ; 습 3 : 15 등).

제19장 예레미야

1. 이사야서에는 이사야가 개별적인 말들, 아마도 보다 작은 모음집들을 직접 기록하거나 혹은 기록시켰다는 언급이 있다(사 8 : 1, 16 ; 30 : 8). 반면, 예레미야서는 최초로 예언자의 선포가 집필되는 과정에 대해 보도하고 있다. 바룩은 예레미야의 구술에 따라 두루마리에 그 말을 기록했고, 그것을 성전 안에 있는 사람들과 후에는 왕궁에 있는 왕의 신하들 앞에서 낭독했다. 여호야김 왕이 세 번째로 읽혀진 그 두루마리를 찢고 불태웠을 때에, 예레미야는 그 내용을 다시 받아쓰게 하고 보충했다(렘 36장). 종종 역사성을 의심받는 그 같은 보고들에 대해, 주석가들은 예레미야서의 어떤 본문들이 **원두루마리**(Urrolle)에 기록되었던 것인지를 질문하게 되었다. 이에 대한 명백한 대답은 더 이상 주어질 수 없다. 그 두루마리는 단지 위협의 내용만을 포함하고 있었던 것으로 보이기 때문에, 거기에는 구원의 예언들은 제거되어야 할 것이다. 마찬가지로 그 두루마리에는 예레미야에 대한 3인칭 보도와 아주 후대의 편집으로 보이는 말들은 포함되어 있지는 않은 것 같다. 그렇다면 이것들을 어떻게 구분해 낼 수 있는가?

사실상 예레미야서는 난해한 편집사적 문제를 제기하고 있다. 예레미야서는 일찍이 — 기원전 8세기 예언의 메시지와 유사하게 — 운율적이고도 시적인 리듬으로 각인된 말들과 그밖에 설교체의 **산문 이야기**들을 포함하고 있다(렘 7장과 같이). 설교체의 산문 이야기들은 다음과 같이 유사한 방식들을 반복해서 보여 주고 있다 : (1) 산문의 양식으로 되어 있고, (2) 신명기-신명기사가의 문학 표현과 사상이 결합되어 있으며, (3) 구원과 심판 앞에 서 있는 청중들에게 양자택일을 요구하고 있다. 의도나 문체에 있어서 왜 예레미야는 이렇게 다양한 종류의 표현법을 사용해야만 했을까?

만약 산문 본문들을 예레미야가 선포했던 진정한 구성 요소로 간주한다면, 다양한 방법으로 신명기-신명기사가적 문헌들과 예언자의 말들의 관계를 설명할 수 있을 것이다: 예레미야는 신명기를 통해서 요시야 종교 개혁의 영향을 받았을 것이고, 그 언어는 기원전 7세기에 시작된 화법이거나 혹은 제의에서 전형적으로 사용되는 고도의 화법이라는 것이다. 그러나 우선적으로 예레미야의 진정한 선포를 발견할 수 있는 운율적인 말들에서는 왜 이러한 문체가 발견되지 않는 것일까? 그것이 기교적인 산문체(Kunstprosa)이건, 설교 문체(Predigtstil)이건 간에, 그 고상한 7세기의 화법이 신명기 역사가의 언어 영역 밖에서도 역시 증명될 수 있어야만 하지 않겠는가?

복잡한 문학적인 문제를 어떻게 결정하는냐에 따라 예언자의 전체 이해에 대하여 서로 다른 결론들이 생겨난다. 즉 예레미야를 그의 선배 예언자 대열의 선상에 놓고 그를 이해할 수 있다. 아니면 예언이 기원전 7세기 말엽 현저한 변화를 겪음으로 경고와 권고가 증가했으며, 이에 따라 다른 모든 예언자들과 마찬가지로(렘 25:4-5; 35:15) 예레미야의 메시지(렘 36:3, 7)를 회개의 촉구로 요약해 볼 수 있다는 이해도 가능하다.

최근의 예레미야 연구에까지도 영향을 미치고 있는 둠(B. Duhm)의 주석(1901년)과 관련해서, 모빙켈(S. Mowinckel, *Zur Komposition des Buches Jeremia*, 1914년)은 예레미야서를 3-4개의 문서들(Quelle)로 분류했는데, 그의 견해는 그동안 비록 약간의 수정을 거치긴 했지만 오랫동안 확고한 지위를 얻어 왔다:

A) 예언자의 말들과 일인칭 보도들

다른 예언서들과 마찬가지로 예레미야서에도 역시 철저히 운율적이고 개별적인 말들이 발견된다. 그러한 말들은 공통된 주제를 통해서 (예를 들면 렘 2장; 4-6장 또는 21-23장의 왕들과 예언자들에 대한 말들; 참조. 신 17-18장) 다양한 모음집들과 결합되어 있다.

(호 3장 또는 사 6장에서 이미 나타난 바와 같이) 예언자 자신에 대한 보도들

은 여기 저기 산재해 있다(렘 1장; 13장; 18장; 24장; 25 : 15 이하; 참조. 렘 3 : 6, 11; 14 : 11, 14 등).

B) 3인칭으로 된 예레미야에 대한 보도들, 이른바 바룩의 전기

예레미야 19장 1절-20장 6절; 26-29장; 36-44장; 45장(51 : 59-64)에서는 계속해서 예레미야의 고난에 대해 제3자의 보도로 말하고 있다. 그 보도는 여호야김의 시대부터 시작해서 애굽으로의 도주까지 다루고 있다. 그 보고들의 상세한 내용을 통해 볼 때 그 보도의 기록자는 예레미야와 아주 가까운 주위 사람임을 알 수 있으므로 사람들은 이 보도를 보통 예레미야의 막역한 친구인 바룩에게 소급시킨다(참조. 렘 36장; 43장; 특히 바룩을 향한 예언이 기록된 45장). 여하튼 우리는 그것들을 통하여 다른 예언자들의 삶보다도 예레미야의 운명에 대해 더 잘 알게 되었다.

C) 신명기 사가에 의해 개정되어 있는 산문들

이 말들은 문체, 화법, 그리고 주제면에서 공통성을 보여 주고 있으며(예를 들면 : 예언자의 경고에 불순종한 백성의 죄와 심판 선고), 그와 동시에 야웨의 말씀이나 예언자의 말들에서 포로기의 상황이 암시된다. 그 도식적인 구조는 포로기-포로기 이후의 설교문체에서 기원하는 것일까?

지금까지 명백한 경계 설정은 성공적이지 못한 상태이다 : 하지만 사람들은 적어도 예레미야 7장 1절-8장 3절; 11장 1-14절; 18장 1-12절; 21장 1-10절; 22장 1-5절; 25장 1-11(14)절; 34장 8-22절; 35장 등을 C그룹으로 돌리고 있다.

D) 예레미야 30-31장에 있는 구원 예언들

분명히 이 두 장은 한 개의 고유한 모음집으로 완성되어 있다. 이 두 장의 기본층은 예레미야의 것으로 보이기 때문에, 그것들을 A그룹에 포함시킬 수도 있고 (W. Rudolph), 그리고 특별히 예레미야 3장과 결합시킬 수도 있다.

이런 식으로 문학적인 관계들을 설명하는 것이 나름대로의 장점이 있다. 왜냐하면 이 설명들은 분명한 중복 본문들(예를 들면 렘 7장과 26장)과 용어상의 차이점들을 이해할 수 있도록 만들기 때문이다. 이른바 바룩의 전

기는 통일성이 없는가(G. Wanke), 아니면 그것은 예레미야의 말을 계속해서 서술한 것인가(A. Graupner)? 무엇보다도 신명기 사가적인 용어들이 C의 복합체를 넘어서 또한 B와 A에서도 발견되며, 폭넓고 긴 문체에서뿐만 아니라 시(詩) 본문에 첨가된 간결한 보충들에서도 발견된다(연구사에 관해서는 W. Thiel, *Die deuteronomistishe Redaktion von Jeremia 1–25,* WMANT 41, 1973, 3–31을 보라.). 그러므로 우리는 문서(Quelle)보다는 오히려 전승층(Traditionsschichte : 이미 S. Mowinckel은 그렇게 보고 있다. *Prophecy and Tradition,* 1946년)이라는 개념을 받아들여야만 할 것이다 : 구두 전승에서 예레미야의 말들은 어떤 부분은 적게, 어떤 부분은 대폭적으로 개정되어 있으며, 포로기 시대의 상황이나 혹은 포로기 이후 시대의 상황에 맞게, 즉 그 당시의 상황에 맞게 전용되었거나 혹은 아주 새롭게 형성되었다. 그러한 연유로 A, B, C 복합체들 사이의 연결이 자연스럽게 보이는 것이다.

그와 더불어 우리는 예레미야서의 보다 긴 형성 과정과 예레미야서의 여러 층의 편집을 함께 고려해야만 한다. 신명기 사가적 부분 자체도 통일적이라기보다는, 오히려 의도적으로 아주 근본적인 차이점들을 보여 주고 있다. 이스라엘이나 혹은 이스라엘 사람들 개개인과 더불어 이방 민족들에게도 관심을 둔다(렘 18 : 7 이하; 참조. 렘 12 : 14 이하). 죄 지적과 위협과 병행해서 구원 예언들이 신명기 사가의 문체에서도 등장한다(렘 30–31장, 특별히 31 : 31 이하). 신명기 역사서에 첨가된 본문에서 조짐이 보이기 시작하는, 하나님이 심판 이후에 이스라엘을 돌아보신다는 희망(이 책 11장 2.4)이 예레미야서에서도 계속해서 제시되고 있다(렘 12 : 14 이하 등). 만약 우리가 신명기 사가의 개정을 한 학파에 의해 변화되고 확장된 작품으로 이해한다면(이 책 11장 1.2), 그 복잡한 관계들은 설명될 수 있다 : 공통점들과 더불어 그 자체 안에서 발견되는 비통일적인 신명기 사가적인 언어, 또한 예레미야의 선포의 계승과 발전뿐만 아니라 최종적으로 신명기 사가에 의해 형성된 예레미야서 자체의 본문에서 나타나는 불균형적 요소의 일치점과 차이점은 아래와 같다.

예레미야서는 방법론적으로 다음과 같이 구분된다 :

(1) 신명기 사가에 의해 보충된 예레미야의 말들
(2) "진정한" 예레미야의 말로부터 시작되었으나 신명기 사가의 언어로 구성된 확장된 말들
(3) 예레미야의 배경과 무관한 신명기 사가적 편집 본문

그러나 명백한 구분은 어렵다. 따라서 한편으로는 예레미야서의 편집사에 대한 연구는 특별히 결정적이지도 못하며, 다른 한편에서 예레미야가 선포한 것을 선별하는 것조차 결코 만장일치를 이루지 못했다. 한 절 한 절마다, 더욱이 모든 절의 부분 부분을 철저하게 조사해야만 할 것이다. 얼핏 보기에도 예레미야서는 이전의 예언서들에 비해 훨씬 더 심하게 수정된 것 같다. 예언자의 메시지가 계승되면서 다시 숙고되었던 분기점은 바로 포로기였다.

2. 예레미야서의 구조에서는 다양한 종류의 기준들이 통용된다 : 먼저 첫 번째 부분(렘 1-25장)에서는 말씀들이, 두 번째 부분(렘 26-45장 ; 52장)에서는 산문 형태의 보도들이 우세하다. 다음으로는 — 이사야서와 비슷하게 — 대개 예레미야의 첫 번째 시기의 말들(렘 1-6장)은 두 번째의 시기의 말들(렘 7장 이하) 이전과 관련되고, 예레미야 40-45장은 예루살렘 멸망 이후의 시대와 관련되는 것과 같은 정확한 연대기적 구조가 발견된다. 마지막으로 예레미야서는 자주 일반적으로 종말론적이라고 생각되는 두 부분 내지는 세 부분의 도식으로 분류된다 : 재앙 그리고 구원(렘 29장 ; 30장 이하)으로 분류되며, 재앙, 예언들은 또다시 자기 백성에 대한 말씀(렘 1-25장)과 이방 민족들에 대한 말씀(렘 25 : 12-38 ; 46-51장)으로 나누어진다.

I. 렘 1 : 1-25 : 13(14)	주로 예루살렘과 유다에 대한 위협의 말들
1장	상징적인 구두 접촉(9절)을 포함한 소명 기사(4-10절) "모태에서"(5절) "열방의 예언자"(10절)로의 성별 살구나무에 대한 환상(11-12절)과 끓는 솥에 대한 환상(13-14절[15-16절]) 파송(17-19절 ; 참조. 렘 15 : 19 이하) :

	"내가 너를 놋 성벽으로 만들리라"	
2장	자연 제의에 대한 고발. 부정한 아내인 이스라엘.	
	2-3절	나는 너의 어린 시절(광야 시대)의 사랑을 기억한다
	10-11절	종교들을 비교하도록 촉구
	13절, 32절	자연 법칙에도 어긋나는 배반(참조. 렘 8 : 7 등)
3-4장(4절)	주제 : 야웨께로 돌아옴	
	3 : 1-5	첫 남편에게 돌아오는 것이 불가능함(참조. 신 24장)
	3 : 6 이하	부정한 두 자매인 이스라엘과 유다(참조. 겔 23장)
	3 : 12-13	북왕국에 대한 촉구(참조. 렘 31 : 2 이하)
	4 : 1-2, 3-4	조건적인 돌이킴 : 마음의 할례를 행하라!(참조. 렘 9 : 24-25)
4장(5절)-6장	북쪽으로부터 오는 적. 이른바 스키타이인의 노래들(Skythenlieder)	
	나는 전쟁의 소동을 듣고(4 : 19), 혼돈을 본다(렘 4 : 23)	
	5 : 1	한 사람이라도 정의를 행하는 자가 있는가를 알아보기 위해 예루살렘의 거리들을 돌아다녀 보라!
	6 : 27-30	이스라엘에 대한 검사 : "내버려진 은"(참조. 렘 13 : 10-11)
7장 ; 26장	성전 설교. 실로와 같은 예루살렘	
	9절	십계명(참조. 호 4 : 2)
	16절 이하	하늘 여왕의 제의에 대한 반박(참조. 렘 44 : 17 이하)
	21절 이하	희생 제물에 대한 반박(참조. 렘 6 : 20)
8-9장	개별적인 말들	

	8 : 8 – 9	거짓된 가르침
	9 : 23 – 24	어떤 것도 자랑하지 말라(참조. 고전 1 : 31)
10장(1 – 16절)	첨가 : 우상들에 대한 논쟁(참조. 사 40 : 19 – 20 ; 44 : 9 이하 등)	
11장	언약의 말들	
11 – 20장	예레미야의 고백록(렘 11장 ; 15장 ; 17 – 18장 ; 20장)	
	11 : 18 – 12 : 6	친척들에 의한 아나돗에서의 박해
	17 : 14 이하 ; 18 : 18 이하	적들에 대한 탄원(참조. 렘 11 : 20 – 12 : 3 ; 20 : 11 – 12)
	15 : 10 이하	"화로다 나여, 나의 모친이여, 당신이 나를 낳았습니다!"(참조. 20 : 14 이하)
	20 : 7 이하	"당신은 나를 속이셨고 나는 속았습니다."
13장	유프라테스의 허리띠에 대한 알레고리적 행동 또는 환상(?)	
	13 : 23	선을 행할 능력이 없음 (참조. 렘 2 : 21 – 22 등)
14장(– 15 : 4)	백성의 탄원을 포함하고 있는 예배(7 – 9절, 19 – 22절)와 하나님의 응답	
	14 : 11	중보 기도에 대한 금지 명령(참조. 렘 7 : 16 ; 11 : 14 ; 15 : 1)
16장	상징적인 독신 생활	
	17 : 5 이하	지혜의 말(참조. 시 1편)
	17 : 19 이하	안식일 성수를 위한 열심
18장	토기장이 집에서의 예레미야	
	7절 이하	민족들의 구원과 심판. 하나님의 후회
19 – 20장	상징 행위, 병을 깨뜨림과 첫 번째 내리치심 (렘 20 : 1 – 6).	

21 : 11 – 23 : 8	"왕가(王家)에 대한" 말들.
	살룸/여호아하스 – 여호야김 – 여호야긴
	22 : 15　　요시야는 정의를 행했다.
	23 : 1 – 4　　"화 있을진저 목자들이여!" (참조. 겔 34장)
	23 : 5 – 6　　메시아에 대한 예언 (참조. 렘 33 : 14 이하)
	23 : 7 – 8　　새로운 신조
23 : 9 – 20	"예언자들에 대한" 말들
	29절　　"나의 말이 불과 같지 아니한가?"
24장	두 무화과 광주리의 환상
II. 렘 25장(15 – 38절)	진노의 잔에 대한 환상(다음 부분의 도입으로서)
46 – 51장	이방 민족에 대한 위협의 말들
	단지 일부만이 "진정한"(특히 렘 46 : 3 – 12) 것인 46 – 51장의 이방 민족들에 대한 말들이 헬라어 본문 전승(LXX)에서는 위치가 바뀌어 변형되었고, 25 : 15 이하 앞에 삽입되어 있다. 이와 같이 헬라어 본문 전승은 이 책의 전체 구조에서 보다 분명한 — 그렇다면 보다 오래된 것인가? — 순서를 가지고 있다.
III. 렘 (29장) 30 – 33장	이스라엘에 대한 구원의 말들
30 – 31장	에브라임(북왕국)에 대한 이른바 "위로의 소책자" (Trostbüchlein : 참조. 렘 30 : 2) :
	"나는 내 백성의 운명을 바꾼다"(렘 30 : 4).
	이 소책자의 기본층(특히 렘 31 : 2 이하, 15 이하)은 이전의 북왕국의 거주민들을 향한 것이다. 그 본문은 여기저기에서 "그리고 유다"라는 첨가를 통해(렘 30 : 3 – 4 ; 31 : 27, 31) 친 유다적으로 수정된 것인가?
	31 : 15　　라헬(북이스라엘의 시조모)은 그의 자식들을 애도하여 운다.
	31 : 31 이하　　새 언약

<table>
<tr><td>32장</td><td colspan="2">예루살렘이 포위되었을 때 아나돗에 있는 땅을 구입</td></tr>
<tr><td></td><td>15절</td><td>"사람이 이 땅에 집과 밭과 포도원을 다시 사게 되리라."</td></tr>
<tr><td>33장</td><td colspan="2">여러 가지 약속들</td></tr>
<tr><td>34장</td><td colspan="2">예루살렘 포위의 시작. 시드기야의 운명.
히브리인 노예들의 해방과 그것의 취소</td></tr>
<tr><td>35장</td><td colspan="2">레갑 족속의 모범</td></tr>
</table>

IV. 렘 (19－20장) 26－29장 ; 36－45장

<table>
<tr><td></td><td colspan="2">이른바 바룩의 전기(Baruchbiographie)</td></tr>
<tr><td>26장</td><td colspan="2">성전 설교 이후의 예레미야의 운명
미가 3 : 12의 인용. 예언자 우리야의 죽음</td></tr>
<tr><td>27－29장</td><td colspan="2">거짓 예언자들에 대한 반박</td></tr>
<tr><td>27장</td><td colspan="2">상징 행위 : 느부갓네살에 대한 복종의 표시로 멍에를 짐.</td></tr>
<tr><td>28장</td><td colspan="2">예레미야와 하나냐</td></tr>
<tr><td></td><td>8절 이하</td><td>심판 선포자인 참 예언자(참조. 신 18 : 21－22)</td></tr>
<tr><td>29장</td><td colspan="2">바벨론으로 끌려간 사람들에게 보낸 편지 :
"집들을 짓고, 그 나라/그 땅의 평안을 빌어라!"</td></tr>
<tr><td>36장</td><td colspan="2">두루마리의 생성과 낭독, 그리고 그 운명</td></tr>
<tr><td>37－39장</td><td colspan="2">예루살렘의 포위와 파괴
시드기야의 문의, 예레미야의 경고와 수난</td></tr>
<tr><td>40－43장</td><td colspan="2">총독 그다랴의 암살(렘 40－41장)과 예레미야의 충고에 반대하여 애굽으로 도주(렘 42－43장)</td></tr>
<tr><td>44장</td><td colspan="2">하늘 여왕의 제의에 대한 반박(참조. 렘 7 : 16 이하)</td></tr>
<tr><td>45장</td><td colspan="2">바룩에 대한 예언 :
"나는 네게 너의 생명을 노획물로 주리라."</td></tr>
</table>

<table>
<tr><td>V. 렘 52장</td><td>왕하 24－25장으로부터 온 부록, 이방 민족들에 대한 말의 끝부분이며 결론적인 언급(렘 51 : 64) 이후에 위치함 : 예루살렘의 함락, 바벨론 포로, 여호야긴</td></tr>
</table>

의 사면(참조. 왕하 18-20장으로부터 온 사 36-39장)

3. 이 책의 진술(렘 1:2-3; 3:6; 25:3; 36:2)에 따르면 예레미야는 요시야 왕 13년, 즉 기원전 627/6년에 소명을 받았다. 그는 대략 기원전 650년경에 태어났고(참조. 렘 1:6) 기원전 585년경까지 활동했다.

그 자신은 결코—에스겔과 같이(렘 1:3)—제사장은 아니었지만 제사장의 가문에서 태어났다: 그의 부친의 이름은 힐기야이다(렘 1:1). 예레미야의 고향은 예루살렘으로부터 북쪽으로 얼마 떨어져 있지 않은 아나돗이다(참조. 왕상 2:26). 그러므로 그는 이사야처럼 수도 예루살렘 출신이 아니라, 아모스나 미가 등과 같이 지방 출신이다. 이러한 이유에 근거하여 수도와 성전에 대한 예레미야의 비판적인 입장(렘 5:1; 7장; 26장)을 이해해 볼 수 있을까? 다윗 전통과 시온 전통이 예레미야의 구원의 희망에서 어떠한 비중 있는 역할을 하지 못하거나 혹은 오직 미미할 뿐이라는 사실(렘 23:5-6)은 아마도 단순히 나온 말은 아닐 것이다. 예레미야에게 있어서 "구원"은 예루살렘을 벗어난 포로된 사람들에게만 해당된다(렘 29:7).

호세아가 하나님으로부터 결혼하라는 명령을 받았고, 또 그의 자식들이 그의 심판 메시지의 증인이 되었던 반면에(호 1장; 참조. 겔 24:16 이하), 예레미야는 다가오는 심판의 상징으로서 결혼도 하지 못한 채, 자녀도 없이 지내야만 했다(렘 16:1 이하). 선포의 사역은 그의 삶을 결정했다(렘 15:17; 20:10): 가족들로부터 당한 부당한 대우(렘 11:18 이하), 박해, 학대, 투옥, 애굽으로 납치되기까지. 그러나 예레미야는 바룩이라고 하는, 그를 돕는 자이자 친구이며, 고난을 같이했던 반려자를 갖고 있었다(렘 32장; 36장; 43:3; 45장).

기원전 약 625년에서 585년간의 40년 동안에 예레미야는 요시야의 예배 장소의 단일화, 앗수르 세력의 몰락과 바벨론 세력의 상승, 이 과정을 저지하려는 애굽의 노력, 그리고 예루살렘의 첫 번째 함락과 기원전 587년의 예루살렘의 최종적인 파괴와 같은 통렬한 사건들을 경험했다(이 책 2장 3을 보라). 포로기시대가 시작되는 혼란함 속에서 예레미야는 애굽으로 납치되었고, 거기에서 사망했다.

그 중요한 경험들을 근거로 해서 우리는 이사야와 같이 예레미야의 활동 역시 세 개 또는 네 개의 시기로 나눌 수 있다:

(1) 예레미야의 초기 선포 사역은 **요시야**의 통치 기간, 즉 그의 소명 사건에서 요시야의 종교개혁기까지(기원전 약 626-622년)로서, 주로 예레미야 1-6장에 반영되어 있으며, 절망적인 결말로 끝맺고 있다(렘 6:27 이하). 예레미야 2장에서 논쟁되는 제의의 폐단들은 아마도 요시야의 개혁을 통해서 제거되었을 것이다.

이를 통해서 예레미야는—이사야가 그랬던 것과 비슷하게—10년 이상 침묵한다. 그렇다면 예레미야는 그 개혁 이후 예언자로서 공식적으로 등장할 만한 어떤 동기를 더 이상 찾지 못했던 것인가? 그것도 아니라면 그는 기다리거나 거부하면서 스스로 자제했던 것일까(예레미야의 침묵 기간에 대한 논쟁으로 인해 일부 학자들은 예레미야서가 제시하는 연대 설정과는 달리 요시야의 죽음 이후에 비로소 예레미야가 소명을 받고 등장했다고 보기도 한다)?

예레미야가 요시야 개혁의 신봉자들과 물론 좋은 관계를 맺고 있긴 하지만(참조. 렘 26:24; 왕하 22:12와 렘 36:10), 예레미야 자신은 어느 곳에서도 명백하게 그 개혁에 대한 입장을 표명하지 않는다. 요시야는 개혁 때문이 아니라, 오히려 사회 정의의 실행으로 인해 예레미야로부터 칭찬 받는다(렘 22:15-16). 야웨의 율법에 대한 비판적인 말(렘 8:8-9)은 신명기나 혹은 신명기의 사용에 해당되는가(참조. 이 책 10장 1.5)?

이사야가 그의 첫 번째 시기에 북왕국에 대해 위협을 말했던 것처럼, 선포의 초기 시대에—북왕국을 향한 요시야의 팽창 정책이 북쪽으로 향하던 때에?—예레미야는 100년 전에 이미 멸망당한 북왕국의 거주민들에게 귀환과 재건을 약속했다(렘 3:12 이하; 31:2 이하, 15 이하). 제의 비판에 나타나는 북왕국에 대한 구원 선포는 아마도 예레미야가 그의 초기 시대에 호세아로부터 영향을 받았다는 사실을 짐작케 한다.

(2) 예레미야 7-20장, 26장, 35-36장의 대부분은 **여호야김**의 통치시대부터 예루살렘의 첫 번째 함락(기원전 약 608-597년)까지의 시대에 해당된다.

여호아하스/살룸의 3개월의 즉위 기간 이후(렘 22:10 이하; 왕하 23:31 이하), 예레미야는 여호야김의 즉위와 동시에 성전 설교를 선포한다. 물론 그는 성전 설교에서 요시야의 개혁이 예루살렘 사람들의 자의식에 미친 영향들을 비판한다. 더욱이 그는 왕(렘 22 : 1-2, 13 이하)뿐만 아니라 제사장 계층(렘 20장; 36 : 5; 참조. 렘 6 : 13; 8 : 8-9)과도 대립한다. 기원전 604년에 원두루마리를 낭독할 때의 반응(렘 36장)은 여호야김이 예레미야에 대해 취하는 입장을 보여 주고 있다.

고니야라고 불리는 여호야김의 후계자 여호야긴의 통치 기간은(렘 22 : 24 이하) 또다시 매우 짧았으며 그는 불행한 운명을 맞이했다(왕하 24 : 8 이하).

(3) 예레미야 21-24장*, 27-29장, 32장, 34장, 37-39장들은 첫 번째와 두 번째의 예루살렘 함락 사이에 있었던 **시드기야** 통치 시대와 연관된다(약 기원전 597-587년).

예레미야의 세 번째 활동 시기는 "거짓" 예언자들과의 지독한 대결의 시기였고(렘 27-29장), 감금을 당할 정도로 박해가 점점 더 증가하는 시기였다(렘 37-39장). 그럼에도 불구하고 왕과의 관계는 보다 친근해진다. 시드기야는—바벨론에게 굴복하라는—예레미야의 충고를 들으려 했지만, 그렇게 할 수는 없었다(렘 21장; 27장; 37-38장).

(4) **예루살렘의 멸망** 이후 애굽으로 강제 이주되기까지(기원전 587년 이후)에 이르는 아주 짧은 마지막 선포 시기는 그의 선포의 내용적 측면에서보다는 전적으로 변화된 상황적 측면에서 볼 때, 독립된 활동 시기로 볼 수 있다(렘 40-44장).

이때에 사람들은 예레미야의 경고를 무시한 채 총독 그다랴를 암살한 이후 애굽으로 도망했다. 예레미야는 사람들이 나일 강이 흐르는 땅에서도 느부갓네살의 위협으로부터 보호받을 수 없음을 선포하지 않을 수 없었고(렘 43 : 8 이하), 더불어 이스라엘의 우상 숭배에 대한 비난들을 재개하지 않을 수 없었다.

4. 비록 1인칭 연설 양식을 가지고 있으며, 또한 전체 부분이 후대에 첨가된 것은 아닐지라도 예레미야 1장의 전체 구성에 통합된 소명 기사는 편집적으로 수정된 것이다. 이 외에도 "나는 너무 어립니다"라는 "거절" 양식을 가진 구조가 이른바 소명 공식(Berufungsformular, 출 3-4장; 삿 6장)과 일치하며, 예언자에 관한 계명(신 18 : 18)을 연상시키고 있음을 어떻게 설명할 수 있을까? 예레미야는 이미 출생 전에 "알려졌고"(참조. 사 49 : 1, 5; 갈 1 : 15), "열방의 예언자"로 임명되었다. 그러나 그는 아모스나 이사야처럼 자

신을 "예언자"라고 부르지 않고 오히려 그 칭호를 그의 적들에게 돌리는 것처럼 보인다(렘 23 : 9 이하). 또한 이방 세계에 대한 임무와 그의 전체 선포를 심판과 구원의 메시지로 해석하는 "파괴하고 건설하는" 예레미야의 사명은 오히려 그의 후기 시대에 속한다. 왜냐하면 초기 시기에 예레미야는 오히려 유다와 예루살렘에 대해 탄원하고, 고발하며, 위협했기 때문이다. 이와 같이 1장은 예레미야가 무엇을 위협하고 약속하고, 그리고 경험해야만 했는지를 미리 지시한다 : 그것은 바로 그의 저항과 그에게 주어진 견고성이었다.

한편에서 첫 번째 환상은 다시 한 번 하나님의 약속과 더불어 포괄적인 선포가 서술된다 : "내가 내 말을 지켜 그대로 이루려 함이니라"(렘 1 : 11 이하). 끓는 가마솥에 대한 두 번째 환상은 남왕국에 대한 심판의 말을 나타낸다 : "심판이 북쪽에서 일어나 이 땅의 모든 주민에게 임하리라!" 이 본문은 "진정한" 예레미야의 말이다. 이 환상은 구조와 극단성, 그리고 보편성에서 아모스를 연상시키며(렘 8 : 1-2), 예레미야가 계속해서 전개하는 주제를 소개해 준다 : 북쪽으로부터 오는 재앙이 맨 처음에는 북쪽으로부터 오는 무명의 적을 통해(렘 4-6장, 특히 6 : 22) 이루어지는 전쟁에 관계된 것이었다(렘 1 : 15). 그 대적이 후에는 바벨론으로 동일시되었고(렘 20 : 4 이하 등), 결국에는 느부갓네살이라는 개인적인 이름까지 언급되기에 이르렀다. 이전의 예언자들과 같이 이방의 강대국은 야웨의 심판을 돕는 자로(렘 20 : 4 이하 ; 참조. 렘 1 : 15 등) 나타나며, 더욱이 느부갓네살은 야웨의 "종"과 그의 세계 통치의 대리자로 나타난다(렘 27 : 6 이하 ; 28 : 14). 그러나 심판 자체는 야웨 자신의 행위이다(렘 9 : 11 ; 10 : 18 ; 13 : 26 등).

사회적 고발들이 예레미야에게도 없지는 않다(렘 5 : 1-2, 26 이하 ; 6 : 6 ; 22 : 13 이하 ; 참조. 십계명의 인용인 렘 7 : 9 등). 그러나 적어도 제1계명과 제2계명의 위반에 대한 고발이 활동 초기 단계에서는 지배적이다(렘 2장 ; 참조. 렘 7 : 16 이하 ; 44장 ; 습 1 : 4 이하 등). 예레미야가 독자적으로 공식화하긴 했어도, 실제로 예레미야는 그의 선포 주제 — 하나님과 백성의 관계를 결혼으로 묘사하는 것, 광야 체류를 농경지 진입 이후부터 야기된 타락 이전의 조화의 시기로 묘사하는 것 또는 이방신들의 숭배, 그리고 형상 숭배의 비난, 그리고 특별히 바알 예배와 바알 제의의 비난 — 를 비롯하여 개념화("신의 없다, 부정하다"; 하나님을 "버리다, 잊어버리다")에 이르기까지, 이러한 것들은 호세아로부터 영향 받은 것처럼 보인다:

"내 백성이 두 가지 악을 행하였나니
곧 생수의 근원되는 나를 버린 것과
스스로 웅덩이를 판 것인데 그것은
물을 저축지 못할 터진 웅덩이니라"(렘 2:13).

더욱이 이 주제들의 범위 내에서 무엇이 "진정한" 예레미야의 것이고, 무엇이 편집자의 것인지를 결정하는 것은 아주 어렵다. 왜냐하면 신명기 사가 학파가 예레미야의 메시지를 계속해서 단순화하고, 유형화하고, 그리고 일반화하기 위해서 그 주제와 개념을 수용했기 때문이다(예를 들면 렘 2:20b). 또한 예레미야의 인간의 죄에 대한 통찰의 극단성조차도 호세아와 공통적이다:

"네가 잿물로 스스로 씻으며 수다한 비누를 쓸지라도,
네 죄악이 오히려 내 앞에 그저 있으리니"
(렘 2:22; 참조. 렘 3:1-5; 17:1, 9; 30:12-13 등).

악은 인간에게 흡사 "제2의 본성"(W. Rudolph)처럼 되어 버렸고, 인간은 결코 그것을 탈피할 수도 없으며(렘 13:23; 참조. 렘 4:22 등), 탈피하려고 하지도 않는다(렘 6:16; 8:5 등). 내적인 강요와 자신의 의도, 성격과 행동, 무능과 무의지가 반복해서 서로 뒤섞여 있다. 이스라엘은 "듣지 못하는, 할례받지 못한 귀들"(렘 6:10)을 가지고 있다. 이미 이사야가 그랬듯이(사 1:2-3; 5:1-7) 이 완고함은 예레미야에게 있어서 놀라울 정도로 부자연스럽고 불합리한 것이었다:

"처녀가 어찌 그 패물을 잊겠느냐
신부가 어찌 그 고운 옷을 잊겠느냐
오직 내 백성은 나를 잊었나니

그 날 수는 계수할 수 없거늘"
(렘 2 : 32 ; 참조. 렘 2 : 10 이하 ; 6 : 10 ; 8 : 4 이하 ; 12 : 8 등).

예루살렘의 큰 대로와 시장에서 "정의를 행하는 사람"을 찾는 것은 헛된 것이다(렘 5 : 1). 백성의 정화도 아무런 효과가 없었다(렘 6 : 27-30 ; 참조. 렘 9 : 7).

편집자가 3인칭 보도로 예레미야의 메시지를 회개 촉구(렘 36 : 3, 7 ; 26 : 3)로 요약해 놓은 것은, 명백한 증거들을 통해서 볼 때, 즉 언어적인 근거뿐만 아니라 내용적인 근거에 있어서도, 그 편집을 정당한 것으로 보기는 어렵다.

심판 메시지의 틀 안에서 회개를 끌어내려는 의도는 운문 본문 안에서는 오직 한 번 밖에 진술되지 않았으며, 이것(렘 23 : 22b)조차도 아마도 첨가된 것으로 보인다(W. L. Holladay, G. Münderlein 등). 이미 이전의 예언자들(사 9 : 13 ; 호 7 : 10 등)처럼 회개 촉구는 더 이상 구원의 가능성을 약속하는 것이 아니라, 오히려 이스라엘이 결코 돌이키지 않을 것이라는 고발을 보조하는 것이다(렘 8 : 4 이하 ; 참조. 렘 3 : 1 ; 또한 23 : 20 등).

이 같은 비평적인 판단은 일반적으로 권고의 말에도 해당된다(참조. 렘 2 : 10 이하, 25 ; 6 : 16 등). 그러나 물론 편집된 것으로 결정된 본문(렘 4 : 3 이하처럼)에 대해서는 이러한 판단이 유보될 수밖에 없다. 회개 촉구를 포함하고 있는 권고의 말은 구원 메시지의 틀 안에서 전적으로 다른 기능을 갖고 있다(아래를 보라).

예언자 자신의 말과 후에 편집된 예언과의 차이를 관찰하면 편집자 역시 백성의 회개의 불가능성을 강조하고 있다는 사실을 간과해서는 안 된다(렘 7 : 23-24 ; 11 : 8 이하 ; 18 : 11 이하 ; 44 : 5, 16 등). 회개의 촉구가 포로기의 상황에서 얼마만큼 유효할까(참조. 이 책 11장 2.4)?

5. 침묵기 이후 여호야김의 즉위 때에 예레미야는 다시 등장하여, 요시야의 종교개혁을 통해 성전이 부여해 준 안전 의식에 대해 관심을 표명한다(렘 7장 ; 26장). 그리고 그는 예루살렘 멸망 이전 마지막 20년 동안 멍에를 지는 상징 행위(렘 27-28장)와 말씀들을 통해서 바벨론 세력에 복종할 것을 재촉했다. 야웨는 바벨론에게 세계 통치와 애굽에 대한 통치(렘 43 : 8 이

하)도 위탁했다. 예레미야가 유다의 마지막 왕들로부터 시드기야(렘 34장 ; 37-38장)에게까지 퍼부었던(렘 21 : 11 이하 ; 36 : 30-31) 비판은 실제로 백성 전체에 대한 그의 심판 메시지의 일면이었다(렘 8 : 14 이하 ; 10 : 18 이하 ; 13 : 12 이하 ; 15 : 1 이하 ; 16 : 3 이하 ; 17 : 1 이하).

이것은 — 이전 시대(미 3 : 5 이하)보다 더욱 첨예한 — 예언자와 대적들과의 논쟁에도 해당된다. 예레미야는 이른바 **구원 예언자들**(Heilspropheten)이나 혹은 회고적인 판단에서 나타나는(헬라어 본문에는 나타나지만, 히브리 본문에는 결여되어 있는) 거짓 예언자들과 의견 대립을 하고 있다 : 구원과 평화의 시대(렘 8 : 11 이하), 은혜와 긍휼의 시대(렘 16 : 5 ; 참조. 렘 12 : 12 ; 30 : 5), 더욱이 중보 기도의 시대(렘 14 : 11 이하 ; 15 : 1 이하)는 이미 지나갔다. 이 상황에 직면해서 구원 메시지는 희망 사항 내지는 거짓(렘 6 : 13-14 ; 23 : 16 이하 ; 28 : 15-16 등)이며 꿈에서 기인할 뿐 결코 하나님의 말씀에서 기인하는 것이 아니다(렘 23 : 25 이하) :

> "나 야웨가 말하노라 내 말이 불같지 아니하냐
> 반석을 쳐서 부스러뜨리는 방망이 같지 아니하냐"(렘 23 : 29).

그의 대적들이 예레미야의 심판 선포를 반대할 때(렘 23 : 17 ; 참조. 렘 28 : 2-3), 예레미야는 자신의 심판 선포가 정당함을 입증하고자 투쟁한다 : "나는 이 예언자들을 보내지 아니했으나, 그들은 달리고 있다"(렘 23 : 21, 16). 참 예언자와 거짓 예언자의 본질적인 차이는 윤리적 행위(렘 23 : 11-12)에 있다기보다는 오히려 미래 선포에 있다. 백성 전체를 향한 극단적인 심판의 위협이 진리 기준(Wahrheitskriterium)은 아닐지 몰라도, 적어도 "참"과 "거짓" 예언을 나누는 구별 기준(Unterscheidungskriterium)은 된다. 미래 선포의 성취는 오직 회고를 통해서만 — 어느 정도 납득할 수 있을 정도로? — 증명될 수 있을 뿐이다.

6. 이전의 예언서들에서는 아주 예외적이었던 화법이 예레미야서에서는 상당히 많은 부분을 차지하고 있다 : 동시대인들을 향한 예언자의 말과 하

나님과의 대화가 — 탄원 양식으로 — 나온다. 틀림없이 예레미야의 고발과 심판의 메시지는 탄원으로 나타나고 있다:

> "아, 슬프고 아프다 내 마음속이 아프고
> 내 마음이 답답하여 잠잠할 수 없으니 …
> 이는 나의 심령이 나팔소리와 전쟁의 경보를 들음이로다"
> (렘 4:19 이하; 8:18 이하; 10:19 이하; 13:17; 14:17-18).

예레미야는 자기 자신을 표현하기 위하여 이러한 양식을 수용한 것인가? 진정성에 있어서 논란이 되고 있는 이 고백들(Konfessionen)은 보다 엄격하고, 훨씬 더 공식적인 언어를 사용함으로써 예레미야가 느낀 그의 메시지의 영향을 다음과 같이 증언하고 있다: "나는 기뻐하는 자들의 무리에 앉지 아니 하며 즐거워하지도 아니 합니다"(렘 15:17). 하나님과의 논쟁으로 이끄는, 실로 하나님에 대한 고발로 이끄는 내적인 격정은 외적인 박해들과 상응한다:

> "당신은 나를 속이셨고, 나는 속았습니다.
> 당신은 나보다 너무 강하사 나를 이기셨습니다"(렘 20:7 이하).

그의 대적들과 마찬가지로(렘 23:29; 5:14) 예레미야(렘 20:9) 역시 말씀을 "타는 불"로 느껴야만 했다. 예레미야는 다시 하나님께로 돌아갈 수 있는 기회를 얻었지만(렘 15:19 이하; 참조. 렘 4:1), 결국 탄원 시리즈는 암울하게 끝난다: 예레미야는 그의 생일을 저주한다(렘 20:14 이하; 참조. 렘 15:10; 욥 3장).

7. 분명히 예레미야서에 나오는 수많은 **구원 예언들**(렘 23:3 이하; 30-31장 등)은 "진정성"에 있어서 대부분 자주 논란이 되고 있다. 그러나 그것은 이 예언자 역시 — 가령 호세아나 이사야와 유사하게 — 구원의 희망을 알고 있었다는 사실에 대한 확고한 기반을 제공한다(렘 29장; 32장). 분

명히 그의 초창기인 요시야 시대에 예레미야의 말은 약 100년 전에 이미 멸망당한 북왕국의 거주민을 향해 구원을 선포한다:

> "돌아오라! 배역한 이스라엘아 …
> 나의 노한 얼굴을 너희에게로 향하지 아니하리라
> 나는 긍휼이 있는 자이기 때문이다
> 야웨의 말이니라"
> (렘 3:12-13; 상세하게는 31:2 이하, 15 이하).

새로운 구원은 조건 없이 일어나며, 하나님의 존재 자체, 즉 하나님의 변화에 기초하는 것이다(참조. 호 11:8-9; 렘 3:22; 31:3, 18-20). 회개 촉구는 이러한 약속의 틀 안에서 새로운 의미를 갖는다: 그것은 인간으로 하여금 선과 악을 선택해야 하는 양자택일 앞에 놓는 것이 아니라, 하나님의 은혜와 사랑을 받아들이도록 촉구한다.

예레미야가 북왕국에 대한 그의 메시지에서, 이미 심판을 경험한 사람들에게 구원을 약속했던 것처럼, 그와 마찬가지로 유다와 예루살렘에 대해서도 오직 심판 중에, 그리고 심판 이후에만 구원을 통고했다. 야웨는 예루살렘에 남아 있는 자들이 아니라(기원전 597년에), 오히려 바벨론의 포로로 유배되어 간 자들을 자비롭게 보신다(렘 24장). 물론 그들은 앞으로 2세대 혹은 3세대 동안, 즉 약 70년 동안 고국을 떠나 있어야만 한다. 예레미야는 그들에게 포로될 것을 준비하고, 바벨론 제국의 평안을 위해 기도할 것을 명한다. 현재 살아 있는 자들은 그들의 고향을 다시 보지 못하겠지만, 그러나 후세대는 "미래와 희망"을 갖게 될 것이다(렘 29:5-7, 10-11; 참조. 렘 27:7). 이와 비슷하게 예레미야는 바벨론인들이 예루살렘을 포위하고 있는 동안에 아나돗에 있는 밭을 구입함으로써 멸망 이후의 새로운 삶을 약속한다: "사람이 이 땅에서 집과 밭과 포도원을 다시 살 것이다"(렘 32:15; 참조. 렘 31:5; 33:12-13; 그 이외에 개인에 대한 약속들, 39:17-18; 45:5; 35:19).

이와는 대조적으로 "정의로운 싹"(렘 23:5-6)에 대한 메시아의 예언은 — 이사야서의 동일한 약속들과 비교할 때 — 보다 흐릿하다. 어느 경우든지 다윗 전통은 예레미야에게 있어 부각되지 않는다.

역사적으로 후대에 이르기까지 의미 심장하게 계승되는(고전 11 : 25 등; 이 책 1장 1) "새 언약"(렘 31 : 31 이하; 참조. 렘 32 : 27 이하)의 말이 결코 예레미야로부터 연유한 것은 아니지만, 새 언약은 언약을 파괴하는 이스라엘의 범죄 행위와 그 스스로 다시 새롭게 언약을 체결하는 하나님의 행위를 대비시킴으로써, 예언자의 선포 내용을 어느 정도 반영하고 있다. 변화 불가능한 인간의 죄악성(렘 13 : 23 등)은 곧 희망으로 변한다. 왜냐하면 하나님이 스스로 자신의 뜻을 인간의 심장에 새김으로써, 인간은 자유 의지에 따라 하나님께 순종할 수 있게 되었을 뿐 아니라, 하나님을 인식할 수 있는 모든 가능성이 사람에게 허락되었기 때문이다(참조. 렘 24 : 7).

제20장 에스겔

1. 예레미야서가 심각한 편집사적인 문제를 갖고 있듯이, 에스겔서(Luther : 헤제키엘) 역시도 다른 방식으로 이러한 문제를 떠안고 있다. 비슷한 언어나 인식 가능한 성장 단계들에도 불구하고, 표현의 폭이나 주제의 반복성 및 확연한 불균형과 같은 모든 종류의 증거들은, 한 (익명의) "학파"가 이미 존재해 있던 예언자의 말들을 수집하고 결합시켰을 뿐만 아니라 그것을 해석하고, 계승하여 새롭게 만듦으로써, 그것을 다시 써내려 갔다는 사실을 제시한다.

주석을 할 때에 "예언서에 나오는 예언자의 말은 전승을 담당하는 학파의 중재를 통해 단절되었다는 사실을 진지하게 고려해야만 할 것이다. 따라서 그 학파의 작업은 단지 형식적인 편집과 전승된 자료의 상호 결합에만 국한되지 않는다. 오히려 그 작업은 분명히 각각의 전승된 자료들 하나 하나를 강도를 달리하며 개정했다" (W. Zimmerli, *Ezechiel: Gestalt und Botschaft,* 1972, 21).

이 책의 문체는 놀라울 정도로 통일성을 갖추고 있기 때문에, 원래의 자료와 2차적인 개정 작업을 구분하기가 어렵다. 물론 에스겔 역시 문서 저술가가 아니라 그의 선배들처럼 말과 상징 행위들을 통해 예언 활동을 해 나갔다(겔 4-5장; 12장; 21장; 24장; 37장). 그러나 후대의 영향이 어느 정도까지 그의 메시지를 보존할 수 있었을까? 그리고 어느 정도까지 원자료를 변형시켰을까? 어디에서 그의 진정한 선포가 파악될 수 있을까? 우리는 다소 운율적인 말들만을 에스겔의 것으로 돌려야만 할까 아니면 산문적인 본문들도 그의 것으로 돌려야 할까? 우리는 이전의 문서 예언에서는 알려져 있지 않은, 계속적으로 1인칭으로 표현된 이 책의 형태와, 그리고 이 책을 관통하고 있는(겔 1 : 2-40 : 1) 정확한 연대들을 어느 정도나 신뢰할 수 있는 것일까? 그것들은 학개서나 스가랴서에 있는 연대 진술들보다 앞서서 서술된 것이다.

학자들은 1인칭으로 된 이 책의 형태와 연대들을 어느 정도 신뢰하는 쪽과 모두를 불신하는 쪽으로 양분되어 있다. 이것은 횔셔(G. Hölscher)의 비평과 더불어 다시 새롭게 제기되었다. 그는—본질적으로 시적인 본문들과 산문 본문들 사이의 구분을 토대로—"예언자 에스겔의 환상들과 시(詩)만을 이 책의 핵심층으로 보았으며, 또한 에스겔서를 여러 층으로 된 편집 작품"(G. Hölscher, *Hesekiel, der Dichter und das Buch,* 1924, 26)으로 이해했다.

2. 이 책의 진술에 따르면 부시의 아들 에스겔은 기원전 597년 여호야긴과 그의 추종자들을 비롯하여 이외에 상류 계층과 수공업 기술자들과 함께 느부갓네살에 의해 바벨론으로 유배된 사람 중의 하나이다(왕하 24 : 10 이하). 에스겔은 아마도 니푸르 강에 가까운 한 강, 즉 그발 운하 옆에 있는 텔 아비브(Tell Abib, 히브리어로는 "이삭들의 언덕"이고, 바벨론어로는 "홍수의 언덕")에 정착한 집단에 속해 있었을 것이다. 거기에서 그는 여호야긴의 유배 5년째인 기원전 593년에 소명을 받았다(겔 1 : 1-3 ; 3 : 15). 에스겔서 4-24장의 예루살렘과 그 땅에 대한 심판의 말의 기본층은 에스겔의 소명과 587/6년의 예루살렘 함락 사이 기간에 속한다(참조. 겔 8 : 1 ; 20 : 1 ; 24 : 1). 에스겔은 대재난으로 인해 먼 곳으로부터 "도망쳐 온"(겔 33 : 21-22) 어떤 사람을 통해서 예루살렘의 함락 소식을 접했다. 이방 민족들에 관한 이야기인 겔 26-32장은 이 시대의 마지막 기간에 해당된다. 그리고 새로운 성전에 대한 환상은 약 10년 후인 기원전 573년에 에스겔이 본 것이다(겔 40 : 1 ; 참조. 겔 29 : 17). 어쨌든 연대적으로 볼 때 위협의 말의 시발점은 예루살렘 멸망 시기인 기원전 587년 이전 시기로 소급되는 반면, 구원의 말은 대체로 그 이후에 선포된 것임을 추측할 수 있다.

예루살렘에 대한 환상(겔 8-11장)은 에스겔이 팔레스틴에서도 과연 활동했는가에 대한 질문의 여지를 남겨 준다. 그 환상(겔 8 : 3 ; 11 : 24에 따르면)은 하나님의 영에 의한 황홀경의 상태를 반영하고 있으며, 더불어 그 환상에서 나오는 예루살렘의 상황에 대한 정보는, 그것이 초기 시대(시제의 축소 방식으로?)로부터 유래한 것이 아니라면, 후에 다른 사람의 소식을 통해 예언자에게 전해진 것으로(참조. 렘 29장) 보인다.

예레미야가 결혼하지 않은 것처럼(렘 16 : 2 이하), 에스겔의 부인이 갑작스럽게 죽음을 맞이하게 된 것(겔 24 : 15 이하)은—예루살렘의 멸망에 대한 이스라엘의 반응을 표현하는—상징적인 의미를 에스겔에게 부여한다: "너는 탄식해서도, 울어서도 안 된다!" 더불어 개인적이면서도 육체적인 전율과 마비 상태와 벙어리 및 속박 상태(겔 3 : 15, 22 이하 ; 4 : 4 이하 ; 6 : 11 ; 12 : 17 이하 ; 21 : 11-12 ; 33 : 21-22 등) 등의 에스겔의 경험은 선포의 형태와 의도에서 특별히 심판 선포의 의미를 갖는다. 따라서 우리는 그러한 기이한 현상들을 결코 병적인 상황들에 근거해서 추론할 필요는 없다.

3. 에스겔서는 여러 가지 점에서 이전의 예언서들과는 다르다. 에스겔서는 짧고 독립적-개별적인 말의 수집물이라기보다는, 한 가지의 주제가 폭넓게 표현된, 보다 큰 구성들로 이루어져 있다. 그것은 다음과 같은 특징들이 있다:

(1) 보다 이전의 예언들과 비교해서 **환상**들이 매우 광범위하며(겔 1-3장 ; 8-11장 ; 37장 ; 40-48장), 그로 인하여 그 환상들은 이미 묵시에서의 환상의 의미를 예상케 해 준다. 에스겔은 환상 사건 안에서(참조. 겔 4 : 14 ; 21 : 5) 중보의 기도를 대행할 뿐만 아니라(겔 9 : 8 ; 11 : 13) 예언을 말하기도 하고, 행동하기도 한다(겔 11 : 4 ; 37 : 4 이하).

(2) 확장된 **비유의 말**(알레고리)은 동일한 소재를 다른 의도와 의미로 묘사할 수 있다: 예를 들면 한 명 또는 두 명의 부정한 아내에 대한 비유(겔

16장 ; 23장), 포도나무 줄기에 대한 비유(겔 15장 ; 17장 ; 19 : 10 이하), 불에 대한 비유(겔 22 : 17 이하 ; 24장) 등이다. 여러 개의 비유들(겔 17장의 포도나무 줄기와 독수리의 비유에서처럼)에서 비유와 해석은 서로 융합된다.

(3) 상세한 **역사 회고**는 비유적으로(겔 16장은 예루살렘에 대한 비유 ; 23장은 두 왕국에 대한 비유), 또는 사실적으로(겔 20장) 평판이 나쁜 이스라엘의 초기부터 시작하여 전체 역사를 서술한다(겔 16 : 2 ; 20 : 7-8 ; 23 : 3). 그리고 이 회고들은 그의 동시대인들을 위협하고 고발하며 보기 드물 정도로 매우 강력하게 비판한다.

(4) 다음과 같은 결정적인 전환적 요소들은 다소 전형적인 것이다. 예를 들면 "너는 혹은 너희들은 내가 야웨라는 사실을 알게 될 것이다"(겔 6 : 7, 13-14 등)와 같은 **인지 공식**(Erkenntnisformel)은 야웨의 행위를 선포할 때에 주로 사용된다(W. Zimmerli : 증명의 말씀[Erweiswort]). 또한 도입부의 명령은 "너의 얼굴을 ~에게 향하라"(겔 6 : 2 ; 21 : 2, 7 ; 38 : 2 등)와 같은 이른바 표현 행위(Ausdrukshandlung)로 연결된다. "나 야웨가 그같이 말하였다. 그리고 내가 그것을 행할 것이다"(겔 5 : 15, 17 ; 17 : 24 ; 37 : 14 등 ; 참조. 겔 12 : 25 이하)와 같은 하나님의 자기 진술은 항상 끝 부분에 부가됨으로써 말씀의 정당성 혹은 성취를 강조한다. 무엇보다도 예언자를 "인자"(人子)로 호칭하는 하나님의 연설은 예언자가 한 인간이요, 한 개인이요, 한 피조물이라는 의미를 부여하는 것이다(겔 2 : 1 등).

(5) 에스겔은 새로운 것들을 강조하기 위해서 종종 **예언자의 전통들**을 수용한다. 또한 그는 한편으로 문서 이전 예언자들에게서는 자주 언급되지만, 문서 예언자들에게 와서는 언급이 자제된 관념들을 되살린다 : 야웨의 "손"에 의한 사로잡힘(겔 1 : 3 ; 8 : 1 ; 37 : 1 ; 40 : 1 등 ; 참조. 왕상 18 : 46), 에스겔을 이동시키기도 하는 "영"에 의한 사로잡힘(겔 3 : 12 이하 ; 8 : 3 등 ; 참조. 왕하 2 : 16 ; 5 : 26), 혹은 에스겔의 집에서 장로들이 그의 앞에 앉는 관례(겔 8 : 1 ; 14 : 1 ; 20 : 1 ; 참조. 왕하 6 : 32). 또 다른 한편으로 선포(겔

7장과 암 8 : 2를 비교하라)와 비유 연설(겔 16장; 23장과 호 2장; 렘 3장을 비교하라)은 앞선 문서 예언의 주제와 관련되며 그 가운데서도 특히 예레미야와 관련이 있다.

(6) 에스겔 자신이 바로 **제사장**이거나 혹은 제사장의 아들(겔 1 : 3)이라는 사실은 그의 성전에 대한 관심과 그의 성전 설계도(특히 겔 8장; 참조. 겔 40장 이하)를 이해하는 데 도움을 줄 뿐만 아니라 또한 앞선 문서 예언과 비교해서 부각되는 제사장적인 표현 방법에 대한 언어적인 의존, 특별히 성결 법전(레 17–26장)에 대한 두드러지는 언어적 의존 현상을 설명해 준다.

4. 에스겔서의 구조에서 세 종류의 구분—자신의 민족에게 임할 심판(겔 1–24장), 이방 민족들에게 임할 심판(겔 25–32장), 구원(겔 33–48장)—은 예외가 있음에도 불구하고, 매우 강력하게 지속된다. 때에 따라서는 구원의 말이 심판 통고에 덧붙여지고 결합되기도 한다(겔 11 : 14 이하; 17 : 22 이하; 20 : 32 이하 등). 이와는 반대로 참된 목자에 대한 약속에는 "화 외침"이 삽입된다(겔 34장; 참조. 렘 23장). 상징 행위(겔 4–5장; 12장; 37 : 15 이하)는 환상 보도와 자주 결합되어 있으며, 에스겔 1–24장과 29–32장이 철저히 연대기적으로 배열되어 있다는 사실은 매우 특징적인 것들이다.

I. 겔 1–24장 유다와 예루살렘에 대한 심판의 말

  1–3장 환청과 상징적인 말의 수령과 함께 나오는 이른바 보좌수레 환상(Thronwagenvision, 1장) : 두루마리 책을 먹음(겔 3 : 2–3)

    3 : 16 이하 파수꾼으로의 위임(참조. 겔 33 : 1 이하; 렘 6 : 17)

  4–5장 (겔 3 : 22 이하로부터 시작되는) 예루살렘의 포위를 표현하는 3개의 상징 행위들 :

    4 : 1–2, 3 예루살렘 성읍이 그려진 흙벽돌로 예루살렘을 에워쌈

    4 : 9 이하 부족한 음식을 의미하는 잡곡 빵과 물의 배

		급(참조. 렘 37 : 21)
	5 : 1－2, 3－4	머리카락을 자름 : 각각 3분의 1은 태우고, 3분의 1은 칼로 자르고, 3분의 1은 바람에 흩으라(참조. 사 7 : 20).
	4 : 4－8, 12 이하	삽입 : 포로기 상황을 표현하기 위한 그 외의 상징 행위들, 죄악을 짊어짐, 그리고 빵을 구움.
	5 : 5 이하	열방들의 중심인 예루살렘에 대한 심판(참조. 겔 38 : 12)
6장	이스라엘의 산들(그리고 골짜기들)에 대한 심판 제단들(제사를 드리는 높은 곳들)의 파괴와 더럽힘.	
7장	마지막 날(참조. 암 8 : 2)	
8－11장	예루살렘의 죄와 심판에 대한 환상	
	8장	황홀경에 의한 예루살렘으로의 이동. 네 개의 혐오스러운 것들 : 부정한 제의 및 이방 제의, 형상 숭배, 담무스 제의, 그리고 태양 제의
	9－11장	심판
	9장	여섯 명의 심판 천사들, 한 명의 서기 천사
	10장	잿더미가 된 도시. 그룹들의 수레(참조. 겔 1장)
	11장	블라댜의 죽음. 성전을 떠나시는 하나님
12장	두 가지의 상징 행위 : 포로민들의 이동(예루살렘인들의 끌려감)과 떨면서 먹고 마심(17절 이하).	
	12 : 12 이하	보충 : 시드기야의 운명
	12 : 21 이하	예언의 확실하고 임박한 실현.
13장	남자 예언자들과 여자 예언자들에 대한 화 외침(참조. 미 3 : 5 이하 ; 렘 23장)	
14장	우상 숭배자들은 하나님께 조언을 구할 수 없음(참조. 겔 20 : 1 이하).	
	14 : 12 이하	의로운 세 명, 즉 노아, 다니엘과 욥이라도 단지 자신들만을 구원할 수 있다(참조. 렘

5 : 1 ; 15 : 1).

15장　포도나무로서의 예루살렘은 단지 땔감밖에 되지 못한다.

16장　부정한 여인인 예루살렘(참조. 겔 23장 ; 호 2장)

17장 ; 19장　유다의 마지막 왕들에 대한 탄원(참조. 렘 21-22장)

17장　"수수께끼" : 여호야긴 왕의 운명(독수리에 의해 강탈된 백향목 높은 가지)과 시드기야의 운명(두 마리 독수리 앞에 있는 포도나무 줄기 : 애굽과 바벨론)에 대한 알레고리적 표현

17 : 13 이하　시드기야의 협정 위반

18장　이른바 개인적 보응론(참조. 겔 33 : 10 이하)

의로운 자와 불의한 자(참조. 시 15편 ; 24 : 3 이하).

회심의 자유

"내가 모든 사람을 그들이 행한 대로 심판한다"(18 : 30).

19장　애가. 왕위에 있는 암사자와 그 암사자의 두 마리의 어린 사자들(즉 여호아하스, 여호야긴)에 대한 비유, 그리고 — 부록(10절 이하) — 바싹 마른 포도나무 줄기(시드기야)에 대한 비유

20장　광야 시기에 대한 역사적 회고

야웨 이름의 계시, 제1계명과 안식일 계명의 위반

25절 이하　생명으로 인도하지 못하는 좋지 못한 규정들(처음 난 것의 요구)

32절 이하　첨가 : "얼굴과 얼굴을 맞댄" 광야에서의 심판과 구원. 제2의 출애굽

21장　야웨의 "칼"

23절 이하　상징 행위 : 두 개의 길 앞에 있는 느부갓네살.

예루살렘의 운명이 결정되다.

22장　"피의 도시"(겔 22 : 2 ; 24 : 6, 9)

17절 이하　풀무 속에서(참조. 사 1 : 21 이하)

23절 이하　다양한 계층들에 대한 설교. 모두 부패했다.

23장　부정한 자매인 오홀라와 오홀리바,

즉 사마리아와 예루살렘(참조. 렘 3 : 6 이하)

24장　불 가운데 있는 (녹슨) 가마에 대한 비유

	15절 이하	예루살렘의 몰락에 대한 상징인 에스겔 부인의 죽음 : 결코 비통해 하지 말라.
II. 겔 25-32장	(일곱)이방 민족들을 향한 말(참조. 암 1-2장; 렘 46장 이하 등등)	
	25장	암몬, 모압, 에돔(참조. 겔 35장), 블레셋을 향하여
26-28장	두로를 향하여(그러나 느부갓네살은 두로를 정복 못함; 참조. 겔 29 : 18)	
	19장과 같은 방식으로 26 : 15 이하; 27장; 28 : 11 이하, 32장에서는 애가의 형태가 나타난다. 또한 28-32장과 47장에서는 강화된 신화적 전통들이 나타난다.	
	27장	두로의 배를 향한 애가.
	28 : 1 이하	천상적 존재의 지독한 몰락(참조. 사 14장; 겔 31 : 14 이하; 32 : 17 이하)
	28 : 11 이하	애가: 하나님의 정원에서 추방당한 첫 인간으로서의 두로의 왕(참조. 창 3장)
	28 : 20 이하	시돈에 대한 심판과 이스라엘을 위한 약속
29-32장	애굽을 향한 말(참조. 겔 17 : 7 이하, 15 이하).	
	악어(29장; 32장)와 세계의 나무로서의 바로(겔 31장; 참조. 단 4장)	
III. 겔 33-39장	구원의 말	
	33장은 1-24장에 상응하는 심판 예언으로부터 구원 메시지로의 전환을 나타낸다.	
33장	파수꾼으로서의 위임(참조. 겔 3 : 16 이하)	
	10절 이하	회개 설교 : 의인과 악인(참조. 겔 18장)
	21-22절	예루살렘의 멸망에 대한 소식(참조. 겔 3 : 26-27; 24 : 25 이하)
	23절 이하	그 땅에 머물러 있는 자들과 바벨론에 유배된 자들(30절 이하)의 안일한 의식에 대한 심판
34장	이스라엘의 악한 목자들(1-10절)과 참된 목자. 하나님(11절	

	이하)과 그의 종 다윗(23-24절; 37:22 이하; 참조. 렘 23장).	
	25절 이하	평화의 언약
35:1-36:15	세일과 에돔에 임할 심판(예루살렘의 멸망의 때와 그때 이후의 에돔의 행위로 인하여; 참조. 옵; 사 34장; 63장)과 이스라엘의 산들에 임할 구원(참조. 겔 6장). 그 땅에 대한 적들의 요구에 대하여	
36:16 이하	이스라엘의 정화, 새로운 마음, 새로운 영(26-27절; 11:16 이하)	
37장	마른 뼈들의 소생에 대한 환상: 백성의 새로운 삶과 귀향	
	15절 이하	상징 행위: 남왕국과 북왕국의 통일을 뜻하는 "유다"와 "요셉"이라 씌어진 두 막대기의 결합
38-39장	메섹과 두발의 왕인 마곡의 곡에 의한 북방으로부터의 침략(참조. 렘 4-6장). 그의 멸망과 그 땅의 안전	

IV. 겔 40-48장	새 성전에 대한 환상. (다양한 문서 확장 단계를 거친) 이른바 에스겔의 제도 초안(Verfassungsentwurf)	
	40장	한 천사를 통한 예언자의 인도. 성전 땅의 측량
	43장	야웨의 영광이 성전으로 귀환
	44장	성전의 종들. 레위인들과 제사장들
	45-46장	"군주"(참조. 겔 44:3; 또한 스 1:8)
	47장	성전의 샘(낙원의 강; 참조. 창 2:10 이하; 슥 14:8)
	47-48장	땅의 분배

5. **소명 환상** 중에 에스겔은 북쪽으로부터 온 불구름 속에서 네 개의 날개를 가진 네 마리 생물을 보는데(각각 사람의 얼굴과 사자의 얼굴, 소의 얼굴, 독수리의 얼굴을 가짐), 그들의 머리는 수정과 같은 궁창을 받치고 있었다: 그것들 위에 "인간의 형상 같은" 한 빛나는 형상이 보좌 위에 있었다. "그

것은 야웨의 영광의 형상의 모양이다"(겔 1 : 5 이하, 22 이하, 특히 28절 ; 참조. 이 책 13장 2.2). 다윗-솔로몬 시대 이래로 시온에 굳게 고정된 하나님의 보좌는 바퀴와 같은 것을 가지고(좀더 후대의 본문인 겔 1 : 15 이하, 참조. 겔 10 : 9 이하) 멀고 부정한(겔 4 : 13 ; 11 : 15) 땅으로 이동한다. 이 환상으로부터 에스겔은 위임을 받는다. "인자야, 내가 너를 이스라엘에게 보내리라"(겔 2 : 3). 앞선 예언자들처럼 에스겔은 온 이스라엘에게 보내졌다. 이스라엘은 에스겔의 메시지를 이전에도 그러했듯이 결코 호의적으로 받아들이지 않는다 : "그들이 듣든지 또는 듣지 않든지 — 왜냐하면, 그들은 불순종하는 족속이기 때문이다 — 그들은 그들 가운데 이미 예전부터 선지자가 있었음을 알아야 한다"(겔 2 : 5 ; 참조. 겔 33 : 33). 그와 같이 에스겔은 "불순종하는 족속"인 "이스라엘 민족"에게 전적인 책임을 전가시켰을 뿐만 아니라, 또한 과거를 뒤돌아볼 때 이미 그들이 알고 있었던 사실을 다시 깨닫게 했다. 알고 있음에도 불구하고 "듣지 않는" 저항에 부딪혀서 에스겔은 금강석과 같이 굳은 이마를 얻는다(겔 3 : 5 이하 ; 참조. 겔 2 : 6 이하 ; 12 : 2 이하 등). 그 첫 번째 환상이 이사야 6장을 상기시킨다면, 모든 비난들 속에서도 견고하게 된다는 약속은 예레미야 1장(17절 이하)을 계승하는 것으로 보인다. 또한 상징적인 말이 사용됨으로써 예레미야의 비유의 말(렘 15 : 16 ; 참조. 렘 1 : 9)이 에스겔의 환상 체험 속에서 변화되어 사용된 것을 볼 수 있다 : 에스겔은 두루마리를 먹어야만 했는데, 그 두루마리를 양편으로 펼치니, "애가와 애곡과 심판이 기록되어 있었고" 그것이 그에게는 꿀과 같이 단 것이었다(겔 2 : 8-3 : 3).

6. 이 두루마리의 문구에서 간접적으로는 에스겔 4-24장의 주제가 선취되고 있으며, 직접적으로는 청중들에게 선포된 미래의 결과가 실현되고 있다. 이토록 심판이 이르기 전의 마지막 몇 년 동안에 앞선 문서 예언자들의 엄격한 **심판 메시지**가 에스겔에 의해 다시 한 번 등장했고, 첨예화되었으며, 뿐만 아니라 때로는 과도하게 강조되기도 했다. 환상(겔 8-11장)과 상징 행위(겔 4-5장 ; 12장 ; 21 : 19 이하 ; 24 : 15 이하)와 예언 선포 속에서 예언자는 항상 새로운 변화를 주면서 그 땅과 예루살렘성에 "멸망"(겔 7장)을 선

포했다:

"화로다 피의 성읍이여!"(겔 24:9)

"내가 수풀 가운데 포도나무를
불에 던질 화목이 되게 한 것 같이
내가 예루살렘 주민도 그같이 할찌라"(겔 15:6).

야웨의 영광이 떠난(겔 10:18-19; 11:23-24) 그 성소는 더 이상 보호받지 못한다: "보라, 내가 나의 성소를 더럽히리라"(겔 24:21). 예레미야, 그리고 이사야와 유사하게, 에스겔은 애굽과의 동맹을 통해 — 바벨론에 의한(특히, 겔 21:23 이하) — 심판으로부터 벗어나려는 시도를 반대하고 있다(겔 17장; 23장; 29장 이하).

그 고발은 제의적(겔 6장; 8장; 13-14장; 43:7 이하), 사회적(겔 22장; 34장), 심지어 외교정치적인 이유(겔 17장)를 포괄하고 있다. 이스라엘은 모두 죄인이다(겔 16장; 23장; 22:23 이하 등). 임박한 하나님의 심판은 모두에게 임한다:

"모든 얼굴에는 수치가 있고,
모든 머리는 대머리가 될 것이다"(겔 7:18).

"나는 의로운 자와 의롭지 않은 자를
너희로부터 제할 것이다"(겔 21:3).

항상 심판 철회의 불가능성이 선포되며, 어떤 남은 자도 살아남을 수 없음이 강조되고 있음에도 불구하고(겔 9:8 이하; 11:13; 15장; 21:3; 6 이하; 22장; 24장 등), 무엇보다도 9장의 환상 사건은 이 견해와 모순되고 있다: 한 — 제사장적인 — 서기관으로부터 이마에 표시(십자가 형태?)를 얻은 사람은 여섯 명의 죽이는 천사들에 의한 살인과 심판을 모면한다(참조. 또한 겔 5:3 등). 그 장면은 유월절 피의 보호 의식(출 12:23-24)을 상기시키거나 수백 년 후 세례 요한에 의해 실시된 심판 이전에 구원을 약속하는 세례를 상기시키는 것이 아닐까? 어쨌든 전체 백성을 위협하고 있는 심판으로부터 제외된 개인들이 있다는 점에서 볼 때, 이러한 장면은 개별화를 의미하고 있다.

심판은 곧 일어나야만 한다: "때가 이르렀고, 날이 가까왔다"(겔 7:7). 이사야서에서와 같이(사 5:19), 에스겔에서도(겔 12:21 이하) 청중들은 그 임박한 기대를 비웃는다.

7. 편집에 의해 의도적으로 강조된 에스겔서의 표현에 따르면, 에스겔서의 심판 메시지를 뒷받침해 주고 있는 "그 성이 함락되었다"라는 예루살렘의 멸망에 관한 소식(겔 33:21-22; 참조. 겔 3:25 이하; 24:25 이하)은 에스겔의 선포에 있어서 큰 변화를 일으킨다. 물론 **구원 메시지**의 "진정성"은 상당히 논란의 여지가 있다. 사람들은 무엇보다 37장의 환상과 상징적인 사건에 담겨 있는 진정한 구원의 말들에 주의를 기울인다.

이 책의 구조에서 구원 선포와 심판 선포는 서로 조화를 이룬다. 하나님의 귀환(겔 40-48장; 6장과 36장도 비교하라)은 그의 성전으로부터의 떠남(겔 8-11장)과 상응한다. 고발은 오히려 이스라엘의 깊게 뿌리박힌 죄를 인식하고 있기 때문에, 구원의 약속은 백성의 행위와 존재에 관계되기보다는 오히려 하나님의 새로운 창조 행위를 통해 가능케 되는 새로운 삶을 기대하고 있다(참조. 겔 36:21 이하).

"우리의 뼈들이 말랐고 우리의 소망이 없어졌다"(겔 37:11; 참조. 겔 33:10; 사 49:14)라고 탄식하는, 포로로 끌려간 자들의 절망은 뼈들이 되살아나는 환상과는 대조적이다: "보라, 내가 너희에게 생기를 주겠다"(겔 37장; 참조. 창 2:7). 이러한 새 창조, 즉 죽은 자들이 널려 있는 벌판에서 되살아나고, 무덤들이 열림은 회생과 해방, 즉 엄격히 말하면 백성의 귀환을 상징한다. 이 책의 순서에서 바로 그 다음에 나오는 두 개의 막대기를 잇는 상징 행동에서, 새 창조는 유다와 이스라엘의 재통일을 희망하는 내용으로 이어진다(겔 37:15 이하; 참조. 호 1:10-2:1).

아마도 한편으로는 호세아에서 언급된 출애굽 전통(겔 20장; 23장), 또 다른 한편으로는 이사야에서 존재했던 예루살렘 전통이라는 두 가지 전통이 에스겔서에서는 함께 발견된다. 그러나 정의로운 "왕"으로서의 새로운 다윗에 대한 기대(겔 34 : 23-24 ; 37 : 24-25 ; 참조. 겔 17 : 22 이하)는 아마도 이 책의 후대층에 가서야 비로소 나타난 것이다. 이 사람은 참된 목자가 되라는 하나님의 명령을 받는다(겔 34 : 10 이하). 하나님 자신이 다윗을 그의 종으로 임명하고 평화의 언약을 체결했던 것처럼(겔 34 : 25 이하 ; 37 : 26), 하나님은 또한 순종 및 내적인 새 변화와 참다운 인간성을 창조하신다 :

"또 새 영을 너희 속에 두고
새 마음을 너희에게 주되
너희 육신에서 굳은 마음을 제하고
부드러운 마음을 줄 것이다"
(겔 36 : 26 ; 참조. 겔 11 : 19 ; 18 : 31 ; 렘 24 : 7 ; 31 : 33).

하나님 자신이 자신의 백성 가운데 거하신다는 사실(겔 37 : 26-27 ; 참조. 슥 2 : 10)은 점차적으로 더욱 발전된 새 성전과 새 성전의 건축에 대한 환상으로 전개되고 있다(겔 40-48장, 특히 43장).

8. 에스겔 3장 17-21절, 18장, 33장 1-20절과 또한 14장 1-20절의 본문들은 **개인**들에 대한 관심, **회개**에 대한 제안, 그리고 법적 요소들의 수용이라는 공통점이 있다. 그 단편들은 다소 이러한 공통점들을 공유하고 있지만, 이것들은 문맥으로부터 분리될 수도 있다. 이들 모두는 에스겔로부터 기원되지 않은 것인가(H. Schulz)? 혹은 기원전 587년 이후인 에스겔 선포의 후기 구절에 속하는 것인가?

에스겔서는 두 번째의 소명을 통해 구원 선포를 시작한다(겔 33 : 1-9 ; 구원 선포는 3 : 17 이하에서 먼저 이루어졌다.). 예언자의 임무는 파수꾼 내지는 척후병(참조. 렘 6 : 17)의 임무로 확대되었기 때문에, 악한 자는 그의 행위를 그만 두고 구원받을 수도 있었다. 또한 청중들의 행위와 운명에 대한 책임은, 자신의 임무를 성실히 수행하고 있는 예언자에게는 제한되며, 그 책임은 오히려 청중들 자신에게 돌려진다. 심판 메시지는 더 이상 개인의 변화에 영향을 미치지 못한다(참조. 겔 15장; 2:5 이하 등). 에스겔 18장이 폭넓게 전개하고 있는 회개의 가능성은 결국 구원 약속으로부터 주어지는 것인가?

"아비가 신포도를 먹었으므로 아들의 이가 시다."(겔 18:2; 참조. 렘 31:29)는 씁쓸한 속담은 심판을 이미 경험한 사람들의 자기 이해를 표현한 것이다: "주의 길이 공평치 않다"(겔 18:25 이하; 33:17 이하). 또한 그 인용은 역사적인 경험을 진술할 뿐만 아니라 동시에 그 세대들이 죄로 인해 타락했고, 따라서 심판을 그들의 책임으로 보았던(겔 16장; 23장) (앞선) 예언자들의 심판 메시지와는 모순되는 것처럼 보인다. 성소입장 의식으로부터 유래된 법전승(시 15편; 24:3 이하)을 이어받은 에스겔 18장은 모든 새로운 세대의 책임과 더불어 모든 개인의 책임이 그 속담과 다르다는 것을 말하면서, 새로운 삶의 가능성을 열어 놓고 있다:

> "나 야웨가 말하노라 내가 어찌 악인의 죽는 것을 조금인들 기뻐하랴 그가 돌이켜 그 길에서 떠나서 사는 것을 어찌 기뻐하지 아니하겠느냐?" (겔 18:23; 참조. 겔 33:10 이하; 14:6).

이처럼 각 개인의 자기 삶에 대한 책임이 여기에서는 어느 정도 가능하다. 이와 같은 것은 앞선 예언자들에게서는 아직 알려지지 않았으나, 후대의 구원 예언의 틀 안에서 수용된다(사 55:7; 44:5 등).

제21장 제2이사야와 제3이사야

1. 이사야 40-55장 저자는 이사야 1-39장과 비교해 볼 때, 완전히 뒤바뀐 상황, 즉 약 200년 이후의 상황(이 책 16장 1을 보라)에 처해 있다: 그는 심판을 선포하고 있는 것이 아니라 오히려 심판을 전제하고 있다. 예루살렘은 이미 파괴되었다(사 44:26; 51:3 등). 선포의 대상이 되는 백성은 지금 억압받고 있으며(사 42:22 등), 유배되어 살고 있다. 또한 바벨론의 멸망(사 43:14; 46-47장)과 페르시아의 고레스(Kyros)의 등극이 기대되는 시점이다(사 44:26-27 등).

이사야 40-55장은 장소와 시대적인 진술을 포함하는 표제들을 갖고 있지 않기 때문에, 우리는 제2이사야의 사역 장소(팔레스타인이 아니라 바벨론)와 시기에 대해서 단지 추측에만 의존할 수밖에 없다. 그것이 우연이든 의도적이든 간에, 그 본문들은 예언의 후기 시대(사 56-66장; 24-27장)에 나타난 다른 본문들과 마찬가지로 익명으로 되어 있다.

이사야서의 전체 구조에서 40장 이하는 1장 이하에서 언급되는 고발과 심판 통고 그 다음으로 주어지는 용서에 대해 말한다. 제2이사야가 이사야의 메시지에 연결되어 있다는 점에서 두 부분은 처음부터 관계되어 있지 않았을까? 이사야 40장은 6장을, 43장 8절 이하는 6장 9-10절을 떠오르게 한다. 또한 두 예언자들이 "이스라엘의 거룩한 자"(사 41:14, 16 등)라는 하나님에 대한 칭호나 희생 제물 비판(사 43:22 이하), 그리고 시온 전승 등에서 서로 일치한다.

에스겔의 사역이 포로기 초기에 해당된다면, 제2이사야의 등장은 포로기 후기인 대략 기원전 550-540년에 해당된다. 리디아왕 크뢰소스(Krösos)

에 대한 고레스의 속전속결의 승리(기원전 546년)는 제2이사야서 본문(사 41 : 2-3, 25 ; 45 : 1 이하)에서 반영되고 있지만 기원전 539년의 바벨론 함락은 아직 언급되지 않고 있다. 이 예언자는 바벨론 도시의 멸망과 그 곳 신들의 몰락을 선포한다(사 46-47장 ; 참조. 사 21 : 9). 그러나 실제로 고레스는 의기양양하게 바벨론에 입성하였으며 그에게 정복된 민족에 대한 관용적인 종교 정책의 일환으로(참조. 스 6 : 3-5) 바벨론의 제의를 보존하거나 재건했다.

2. 제2이사야는 파국의 희생자들, 즉 "이스라엘 집의 남은 자"(사 46 : 3)에게 말하고 있으며, "야웨께서 나를 버리셨다"(사 49 : 14 ; 40 : 27 ; 참조. 사 45 : 15 "자신을 숨기시는 하나님")라고 탄식하는 그의 동시대인들의 좌절과 절망에 반대하고 있다. 비록 제2이사야는 선배들의 비판을 수용하여 반복할 수 있었음에도 불구하고 포로기 이전 심판 예언에서 가장 중요하게 다루어졌던 연설 양식, 즉 죄 지적을 근거로 하는 심판 예언을 이 같은 상황에서 결코 사용하지 않았다. 제의 비판은 다음과 같은 사실을 보여 준다(사 43 : 22 이하) : 죄는 백성에게 있는 것이지 야웨께 있는 것이 아니다. 그러나 그 백성은 "눈멀고", "귀먹은" 상태로 있기 때문에(사 42 : 18 이하 ; 43 : 8 ; 참조. 사 6 : 9-10 ; 렘 5 : 21 ; 겔 12 : 2), 제2이사야의 선배 예언자들이 징벌을 선포했을 때와 마찬가지로, 그 백성은 제2이사야의 위로의 메시지에 대해서도 거의 마음을 열어 놓지 않았다. 또한 예언자의 말과 눈앞의 실제와의 모순은 이전의 심판 예언의 시대에 비해 결코 적지 않았다. 만약, 야웨의 종의 노래(특히, 사 53장)가 자서전적인 이야기로 해석될 수 있다면, 제2이사야는 실제로 박해와 죽음까지도 경험했을 것이다.

제2이사야는 환상 내지는 환청(사 40장) 혹은 권고의 말과 같이 선배 문서 예언자의 연설 양식을 사용하고 있기는 하지만, 강조점을 완전히 바꾸고 있다. 그가 사용한 결정적인 양식들은 "비예언적인 기원"(J. Begrich)을 가진다 :

(1) 제2이사야는 곤경에 처한 사람들을 위로하고 그들에게 기도의 응

답이 주어질 것이라고 약속하는(참조. 삼상 1 : 17 ; 창 21 : 17 ; 애 3 : 57 ; 그리고 이 책 25장 4.2) 이른바 **구원 신탁**(Heilsorakel)을 백성 전체에게 확대하여 사용한다: "이스라엘아, 이제는 두려워 말라"라는 요구는 하나님의 1인칭 연설을 통해서 (완료형으로 된) 본질적인 구원 약속과 연결된다: "그래서 내가 너를 구속했다." 그리고 이것은 청중들에 대하여 (미완료형으로) 연속해서 전개된다: "네가 물 가운데로 지날 때에 내가 너와 함께 할 것이다." 이 단락은 하나님의 개입의 목적과 의도를 진술함으로써 종결된다(사 43 : 1-7 ; 41 : 8-13, 14-16 ; 또한 44 : 1-5 등). 일반적으로는 단지 구원 신탁은 대부분 간접적인 풍자를 통해서, 그러나 또한 때에 따라서는 명백한 지시를 통해서(참조. 사 49 : 14 ; 51 : 9 이하), 이전의 백성들의 탄원을 언급하기도 한다. 제2이사야는 예배에서 즉 공동체의 탄식 집회에서(슥 7장 ; 8 : 19) 그 같은 말을 연설했던 것일까(H. E. von Waldow)? 그러나 자유롭게 사용되고 있는 연설 양식은 예언자의 선포가 예배와 결합되어 있다는 입장과 모순된다.

베스터만(C. Westermann)은 이사야 41장 17-20절 ; 42장 14-17절 또는 43장 16-21절과 같은 본문들을 구원 선포(Heilsankündigung)로 보면서, 구원 신탁(내지는 구원 약속[Heilszusage])으로부터 구별해 내고 있다. 이 본문들에서는 두려워 하지 말라고 권고하는 인격적인 언급이 빠져 있으며, 완료형이 아닌 미래형으로 언급되고 있다. 그러나 구원 신탁은 원래부터 고유한 "삶의 자리"(예배)를 근거로 이미 규정된 구조를 가지고 있기 때문에 우리는 오히려 예언자가 구원 신탁의 근본 양식을 변형시키고 세분화시켰다고 이해할 수 있다.

(2) 제2이사야는 자신을 향한 비난에 맞서기 위해서, 이미 선배 문서 예언자들이 사용한 바(암 3 : 3-6, 8 ; 렘 13 : 23 ; 이 책 13장 2.3.4를 보라.) 있는, 널리 통용되고 있는 **논쟁의 말** 혹은 다툼의 대화라는 양식을 이용한다. 물론 제2이사야에 대한 비난은 일반적으로 함께 제시되기보다는 오히려 암시되고 있다. 이 포로기의 예언자 제2이사야는 무시되고 잊혀진 신앙의 진리들을 실제화하고, 이것을 "기초"로 하여, "결론" 부분에서 그것을 설명하

고 전개하면서, 자신의 선포의 정당성과 필요성을 변호한다: "야웨를 기다리는 자들은 새 힘을 얻으리라"(사 40 : 27-31, 12-17, 21-24 ; 46 : 5 이하 등). 이 같은 연설 양식에서는—단지 수사적이며, 허구적이거나 혹은 전혀 진정하지 못한?—질문들과 지혜문학적 언어 요소들, 그리고 야웨의 창조 능력, 야웨의 비교 불가능성, 야웨의 말에 대한 신뢰성을 노래하는 찬양적인 분사들이 부각된다.

(3) **재판 연설**에서 제2이사야는—결코 제의적이 아닌 세속적인—성문에서 이루어지는 그 지역 장로들의 법정 심문을 모방한다. 재판의 제기(사 43 : 22 이하)나 재판 이전의 연설(사 44 : 6 이하) 등에서 볼 수 있는 여러 가지의 연설 양식들이 제2이사야의 선포에 반영되어 있다. 내용상 이스라엘의 고발에 대한 야웨의 변호(사 43 : 22-28 ; 참조. 사 50 : 1-3)와 제2이사야에서 아주 자주 나타나는 야웨와 이방 민족들, 혹은 그들의 신들과의 특별한 논쟁(사 41 : 1-5, 21-29 ; 43 : 8-13 ; 44 : 6-8)은 서로 구별되어야 한다. 두 번째 경우에서 신들의 심판에 대한 신화적인 표상들(시 82편)은 역사적인 시간 안에서 실현되었는가?

(4) 마지막으로 **종말론적인 찬양시들**(참조. 이 책 25장 4.1)은 하나님이 미래에 행할, 아니 이미 나타나기 시작한 구원에 대한 찬양과 기쁨에 온 세계가 동참할 것을 요구한다(사 42 : 10-13 ; 44 : 23 ; 45 : 8 ; 48 : 20-21 ; 52 : 9-10). 비록 작은 분량의 찬양 노래들이지만, 때에 따라서 이 책의 분류에 있어서는 중요하게 취급된다(C. Westermann). 왜냐하면 그것들은 보다 큰 구성들을 결정할 수 있기 때문이다(눈에 띄게는 사 44 : 23).

만약 제2이사야 자신이 작은 단위들을 큰 단위로 통합한 것이라면(이미 사 40 : 12-31에서처럼) 그는 처음부터 광범위한 문학적 구조를 직접 형성했었으며 더불어 문서를 통해서 활동한 것인가? 아니면 문서화 과정에서 편집자의 손길이 능동적으로 예언자의 선포에 개입된 것인가? 하나님의 말씀의 활동성에 대한 고백(사 40 : 10-11 ; 55 : 12-13의 귀향 약속을 이끄는 40 : 8 ; 55 : 10-11)은 이 책의 틀을 형성한다. 또한 사람들은 고레스가 주도적인 역할을 하고 있는 이사야 40-48장과 일반적인 형태로 구원의 변화를 선포하고 있는 49-55장을 종종 대조시킨다. 그러나 두 부분은 하나님의 종의 노래들, 시온에 귀환하는 것에 대한 희망 등에 의해서 결합된다. "외치라"는 명령(사 40 : 6), 청중들의 말의 인용(사 40 : 27 등), 내용과 형식에 있어서 다소 분명하게 구분될 수 있는 단위들과 (에스겔서에 비해 현저한) 엄격한 시적-리듬적 구조 등은 구두로 선포된 개별적인 말들이 이사야 40-55장의 기초가 되었음을 말해 준다. 이 개별적인 말들은 후대에 이르러 주제에 따라 규정되고, 케리그마적으로 배치된 단위들을 형성하게 되었다. 이 외에도 주로 이방신들의 형상에 대해 논쟁하는 명백한 첨가들이 존재하고 있다.

제2이사야서를 개괄해 보면 다음과 같은 몇 가지 중심점들이 나타난다:

사 40장	프롤로그. 소명 "환상"(1-8, 9-11절) 하나님의 비교 불가능성. 논쟁의 말(12-31절)
사 41 : 8 이하; 51장	아브라함
사 44장	영의 부어줌(1-5절). 형상들에 대한 논쟁(9절 이하)
사 41장; 44 : 24 이하; 45 : 1-7	고레스
사 46-47장	바벨론의 멸망. 풍자의 노래(사 47장)
사 42장; 49장; 50장; 53장	야웨의 종의 노래
사 51 : 9 이하	"야웨의 팔이여 깨소서!" 탄원과 야웨의 응답
사 52 : 7-10	종말론적 즉위시(참조. 시 47편; 93편; 96-99편)
사 54장	노아 언약 (9-10절)
사 55장	다윗 약속(3절 이하). 에필로그 "내 생각은 너희들의 생각과 같지 않다."

3. 이 책(사 40-55장)은 환상으로 시작된다. 이 환상은 이사야 6장과 놀라울 정도로 비슷하다. 예언자의 소명을 통해서 직분이 위임되는 기능도 이사야 6장과 일치한다. 그러나 이 환상은 전혀 다른 의도를 가지고 있다. 물

론 그 환상은 순수한 **환청**(Audition)이다. 보이는 것은 아무것도 없고, 지상에서는 아직 인식될 수 없는 것이 들리기만 한다. 제2이사야는 이사야처럼 하나님의 궁중 회의에 참여할 수도 있고, 서로 부르는 소리를 들을 수도 있으며, 하나님이 그의 천상의 사자들에게 위임하듯이 제2이사야도 증인으로 위임된다:

> "너희 하나님이 가라사대
> 너희는 위로하라 내 백성을 위로하라
> 너희는 예루살렘의 마음에 닿도록 말하며 그것에게 외쳐 고하라,
> 그 복역의 때가 끝났고
> 그 죄악이 사함을 입었느니라!"(사 40 : 1-2).

하나님 자신이 포로기와 고통의 때의 종말, 즉 새로운 시대를 선포하신다. 추방당한 자들을 위한 변화, 즉 심판으로부터 구원으로의 변화는 세부적인 언어 표현에서도 부각된다: "너희들의 하나님"은 (다시) "내 백성"에게 말씀하신다. 위로하라는 명령이 중복되는 것은 그 백성들을 인도하여 생기를 북돋으며, 그들을 위로하고자 하기 위함이다(사 49 : 13 ; 51 : 12 등). 새로운 희망은 곤고한 자들에게 약속된다. 그 미래에 대한 희망은 외형적으로 볼 때 청중들이 회의적이라는 것과, 희망의 미래에 참여하려 하지도 않으려 한다는 사실을 처음부터 고려하고 있는 것처럼 보인다. 소환의 대상은 인간이 아니라 바로 하늘의 존재들이다: "광야에 야웨의 길을 예비하라!" 순탄하지 못한 모든 것들을 평탄하게 만드는 것은 하나님이 하실 일이다: 하나님은 그 길 위에서 자신의 영광을 계시하시며, 그 추방당한 자들을 하나님의 추종자로 삼도록 그들을 인도해 내실 것이다(사 40 : 5, 10-11).

예언자는 하늘의 대화를 통해서 "외치라!"는 명령을 수행하도록 위임받는다. "내가 무엇을 외쳐야만 합니까?"라는 그의 물음에 대한 대답으로 이 예언자는 "모든 육체는 풀이다"라는 말을 듣게 된다. 인간의 무상함에 대한 이 같은 인식—7절에서는 후대에 그의 백성에게로 전용된다—은 이 예언

자의 항변이 아니라 오히려 그 질문에 대한 대답이다. 게다가 이 세 번째의 개별 장면은(사 40 : 6 - 8) 보편적 - 무시간적 개념이라기보다는, 오히려 구체적인 근거를 기초로 하고 있다. "우리 하나님의 말씀이 영원히 지속된다"(참조. 사 44 : 26 ; 45 : 19 ; 이미 렘 1 : 11 - 12 ; 사 9 : 7 등)라는 약속처럼, 압제자들의 힘의 한계와 마지막에 대한 지시(사 51 : 12 - 13 ; 40 : 24 ; 41 : 11 - 12)는 이전에 선포되었던 위로의 말이 영속적이라는 것과 그것이 지향하는 목표를 뒷받침해 준다. 구원의 약속이 심판을 경험한 사람들의 행위에 의해서가 아니라, 오히려 하나님 자신의 변화에 기인한다는 사실(사 43 : 25 ; 48 : 9 이하)은 하늘의 장면에서 가장 명확하게 표현될 수 있다.

4. 이 예언자는 40장의 환청에서 들은 주제들을 이스라엘의 "구속"에 대한 메시지(사 43 : 1, 14 등)에서 상술하고 있다. "야웨께서 그 종 야곱을 구속하셨다"라는 말은 거의 새로운 고백처럼 보인다(사 48 : 20 ; 44 : 23). 바벨론으로부터의 해방은 자연이 기뻐하는 가운데 그 어떤 장애물도 없는 출애굽으로 실현된다(사 41 : 17 이하; 42 : 16 ; 43 : 19 - 20 ; 49 : 9 이하; 55 : 12 - 13 등). 이른바 **두 번째 출애굽**— 이것은 이미 호세아(2장)와 에스겔(20장)이 보다 절제된 모습으로 기대했던 것이었다— 은 첫 번째 출애굽을 훨씬 능가할 것이다(사 52 : 12 ; 사 48 : 21과 출 12 : 11 ; 17 : 5 - 6 등을 비교하라). 야웨 자신은 시온에 들어가기 위해 이스라엘과 동행할 것이다(사 52 : 12 ; 40 : 10 - 11). 예언자는 이 사건을 만질 수 있을 정도로 자기 앞에 매우 가깝게 도래해 있는 것으로 보고 있기 때문에, 제2이사야는 "너희들의 하나님을 보라!"(40 : 9)라는 말로 하나님의 도래를 사자들로 하여금 알리게 했으며, "너의 하나님은 왕이 되셨다!"(사 52 : 7은 시 47 : 9와 93 : 1의 대관식 시(詩)들의 전통에 의존하고 있다)라는 말로 왕권의 통치를 사람들에게 전달하게 했다.

이와 같이 예루살렘으로의 귀향과 파괴된 도시 및 성전의 재건(사 44 : 26, 28 ; 참조. 사 52 : 11)이 출애굽의 목표였다(사 49 : 16 - 17 ; 51 : 3, 11 ; 54 : 11 이하 등). 즉 하나님이 통치하는 곳에 하나님의 공동체가 거주한다(참조. 사 52 : 1). 그 도시의 넓이는 더 이상 충분하지 못하다(사 54 : 1

이하; 참조. 슥 2장). 왜냐하면 귀환하는 무리에는, 사방에서 모인(사 43 : 5-6), 심지어 이방 민족들에 의해서도 옮겨지는(사 49 : 22-23; 보다 현저하게는 45 : 14; 49 : 26) 모든 "자손들"이 포함되기 때문이다.

대체적으로 족장 전승은 문서 예언에서 잘 나타나지 않는다. 호세아(호 12장)는 야곱 전승을 단지 논쟁할 때 죄 지적을 위해 사용한다. 이것은 제2이사야에게도(사 43 : 27) 영향을 미친다. 그러나 제2이사야는 포로로 끌려온 사람들에게 아브라함 약속을 상기시킴으로 그들을 위로했고(사 41 : 8-9; 51 : 1-2), 그들을 야곱-이스라엘(사 44 : 1-5 등)일 뿐만 아니라 시온-예루살렘(사 40 : 2; 49 : 14 등)이라고 불렀다. 더욱이 대홍수 이후에 체결된 노아와 하나님의 "평화의 언약"에 대한 전승은 변화의 정도를 구체적으로 설명하기 위해서 언급된다: "나의 자비는 네게서 (다시는) 떠나지 아니할 것이다"(사 54 : 9-10).

노아와의 "영원한 언약"(창 9장)이나 광야에서 또한 창조 기사들 등에서 나타나는 "야웨의 영광"의 출현(출 16장) 등의 개념은 제2이사야와 대략 동시대이지만, 그러나 그보다 먼저 활동한 제사장 문서와의 공통점들이다(참조. A. Eitz).

"영광"이라는 개념의 수용과 제2의 출애굽, 예루살렘으로의 야웨의 귀환 등의 기대는 아마도 보다 이전에 활동했던 예언자인 에스겔과의 관련성들을 보여 준다(참조. D. Baltzer).

제2이사야의 위로의 메시지는 이미 귀향에 대한 기대와 백성의 집회, 예루살렘의 재건을 통해서 구체화되고 있지만, 그것은 다시 한 번 더 첨예하게 다루어진다. 이전의 예언자들이 앗수르나 바벨론을 야웨의 심판의 도구들로 보았고, 예레미야가 느부갓네살을 야웨의 "종"(렘 25 : 9 등)으로 곧바로 표현할 수 있었던 것처럼, 제2이사야는 페르시아왕인 고레스를 야웨의 "목자"(사 44 : 28)로, "기름부음 받은 자"(메시아; 사 45 : 1; 참조. 사 48 : 14)로 언급한다. 더 이상 이스라엘의 왕들이 아닌 고레스가 야웨의 명령에 따라 통치권을 행사한다(사 41 : 25). 따라서 고레스는 본래의 독립적인 의미를 갖기보다는 오히려 단지 야웨의 포괄적인 구원 사역의 틀 안에서 바벨론을 정복하고 포로된 자들을 해방시키는 임무를 갖는다: "그는 내 마음에 드는 것을 성취하리라"(24절 이하의 야웨의 자기 진술에 포함되어 있는 사 44 : 28;

참조. 사 41 : 2 이하, 25 이하 ; 45 : 13 ; 46 : 11 등). "정치적인 것"은 동시에 "신학적인 것"의 한 부분이다. 즉 그것은 역사와 관련된 신앙과 희망의 일부에 속한다. 결국 야웨 자신이 그 승리를 획득하신다(사 42 : 13 ; 49 : 24-25 등).

5. 제2이사야는 바벨론 신들(참조. 사 46 : 1)의 능력과 영광이 인상적으로 부각되었던 포로기의 상황에서, 이방 신앙들에 대항하여 구원 예언을 변증한다. 대부분의 **재판 연설**에서 문제가 되는 것은 "누가 참 신인가"하는 점이다. 참과 거짓을 가리는 기준은 이미 지나가 버린 것과 지금 도래하고 있는 것에 대한 올바른 시대적인 예언, 즉 영향력 있는 말씀이다. 포로기 이전 예언자들과 그들의 심판 예언은 이러한 기준 내에서 효력을 발휘했다 :

> "그들로(그 신들) 하여금 나와서 우리에게 어떤 일이
> 일어날 것인지 진술하게 하라!
> 또 이전 일의 어떠한 것도 고하라.
> 우리가 연구하여 그 결국을 알리라
> 혹 장래사를 보이며 후대사를 진술하라.
> 너희의 신 됨을 우리가 알리라
> 또 복을 내리든지 화를 내리라
> 우리가 함께 보고 놀라게 될 것이다"(사 41 : 22-23, 26).

그 신들은 침묵하고 있으며, 아무것도 하지 못할 뿐 아니라 아무것도 아니다(사 41 : 24, 29 등). 따라서 철저한 "유일신론"(Monotheismus)의 의미에서 그것들의 존재 자체가 곧 부정되는 것은 아니지만, 역사를 지배하고 예정할 수 있는 이방신들의 힘과 능력은 부정된다. 그래서 이 예언(참조. 사 44 : 25-26)은 동시에 야웨의 진실성을 입증하는 것이 된다.

만약 제2이사야가 이러한 논쟁 가운데서 제1계명을 구체화하고 있다면("나는 내 영광을 다른 자에게 주지 않는다" 사 42 : 8 ; 48 : 11), 제2계명은 손으로 정교히 만들어진 **신들의 형상**들을 조롱함으로써 고수된다(사 40 : 19-20 ; 41 : 6-7 ; 44 : 9 이하 등). 이미 보다 오래된 예언서들에서 비슷하게 논

쟁되고 있듯이(사 2 : 8 ; 17 : 8 ; 렘 10장 등), 우상 제조에 대한 진술들은 분명히 후대의 첨가로 간주될 수 있을 것이다. 이 같은 진술을 통해서 야웨 신앙은 이방 종교와 대조된다. 또한 제2이사야는 풍자를 통해서 야웨의 독특성과 우월성을 부각시킬 뿐 아니라, 야웨를 살아계시지만 표현할 수는 없고, 비교할 수도 없는 하나님으로 고백하고 있다(참조. 시 115편 ; 135편).

6. 땅이나 성전 같은 약속의 자산이 상실되었던 시대에, 제2이사야는 때로 출애굽 전승을 증거로 논증을 펼친다(사 43 : 16 – 17 ; 용과의 전쟁에 관한 신화적인 특징들을 보여 주는 사 51 : 9 – 10). 그는—이전 예언에 비해 놀라울 정도로 새로운 것을 표현한—자신의 약속을 보증하기 위하여, 야웨의 능력에 대한 증거로서 **창조**를 언급한다. 그래서 제2이사야는 변화무쌍한 우주론적 개념들을 사용할 수 있었고, 하나님의 1인칭 말씀에서 찬양적 분사를 말할 수 있었으며(사 40 : 22, 26, 28 ; 42 : 5 ; 45 : 12, 18 등), 구원 신탁 안에서 이스라엘의 창조와 선택을 동일화할 수도 있었다(사 43 : 1 ; 44 : 2 등). 이와 같이 제2이사야에게 있어서 창조는 "태초에" 있었던 최초의 사건을 이야기하는 본래적으로 독립적인 주제가 아니라, 오히려 역사, 즉 현재와 미래와 관련된 것이다. 창조자는 구속자이시다(사 44 : 24). 빛과 어두움을 갖고 있는 온 우주가 하나님의 창조물이듯(사 45 : 7), 다가오는 구원도 하나님의 창조물이다(사 41 : 20 ; 45 : 8 ; 44 : 3 – 4 ; 참조. 사 65 : 17 – 18) :

> "너희는 이전 일을 기억하지 말며
> 옛적 일을 생각하지 말라
> 보라 내가 새 일을 행하리니
> 이제 나타낼 것이라
> 너희가 그것을 알지 못하겠느냐?"(사 43 : 18 – 19).

"이전 것"과 "새것", 그리고 "과거의 것"과 "미래의 것"이 곧바로 대조를 이룬다. 제2이사야에 의해 변형되어, 여러 번 반복되는, 그러나 쉽게 이해되지 않는 이 개념의 쌍은 이미 실현된 예언자의 말과 아직 실현되지 않은 예언자의 말을(참조. 사 42 : 9 ; 48 : 3, 6-7 ; 또한 41 : 22-23 ; 43 : 9), 특별히 과거의 역사와 선포된 구원을 대조시키고 있다. 따라서 "이전 것"은 현재 경험된 심판뿐 아니라 출애굽 이래의 전체 구원사를 포함하며, 새로운 구원은 옛 구원을—새로운 출애굽에 대한 기대처럼—능가할 뿐만 아니라 오히려 그것을 밀어낼 것이다(참조. 렘 23 : 7-8). 이 같은 극단적인 진술은 청중들에게 더 이상 뒤돌아보지 말라는 촉구뿐만 아니라 하나님이 오게 하시는 미래에 자신을 전적으로 던지라는 촉구이다(참조. 사 42 : 10 이하 ; 44 : 23 ; 52 : 9, 11 등). 보다 이전의 심판 예언자들의 심판 통고처럼, 제2이사야의 위로의 메시지는 가까운, 이미 시작된, 더욱이 이 예언자의 말에서 현재하고 있는 종말론적인 미래를 선포한다 : "그것은 이미 싹트고 있다!"

이 구원은 결코 직접적으로 심판을 경험한 자들에게만 한정되는 것이 아니라, 온 세상이 지켜보는 가운데 일어나며(사 40 : 5 ; 52 : 10), 더욱이 이방 민족들도 포함된다. 제2이사야는 창조와 역사에 대한 하나님의 단독적인 활동에 대한 인식들을 하나님의 자기 진술들에서 최고조로 서술한다 : "나는 빛도 짓고 어두움도 창조하며 나는 평안도 짓고 환난도 창조한다"(사 45 : 7), "나는 처음이요 나중이다. 나 이외에는 신이 없다"(사 44 : 6 ; 48 : 12 등). 더불어 그는 이방 민족들이 이러한 진실을 고백하게 될 미래를 기대한다 :

> "내게 모든 무릎이 꿇겠고
> 모든 혀가 맹약하리라 했노라
> 공의와 힘은 야웨께만 있다"
> (사 45 : 23-24 ; 참조. 사 45 : 3, 6, 14-15 ; 49 : 26 ; 43 : 10).

이와 같이 제2이사야는 제1계명을 실제적인 논쟁에서 사용할 뿐만 아니라, 제1계명이 미래에 세계적으로 실현될 것을 희망했다. 이러한 목적을 실현하기 위해, 하나님의 백성 자신이 "메신저"(사 42 : 19)와 "증인"(사 43 : 10, 12 ; 44 : 8)으로 위임받는다 : "네가 알지 못하는 나라를 너는 부를 것이다"(사 55 : 5). 이스라엘의 "임무"는 결코 지켜보는 것에 있는 것이 아니라 이방 민족들과의 연합을 통하여 하나님의 백성을 확장하는 것이다(참조. 사 56 : 3 이하 ; 슥 8 : 20 이하).

7. 제2이사야는 다윗의 통치와 왕정에 관한 전승을 분리시킨다 : "왕"은 오직 야웨 자신이다(사 52 : 7). 야웨는 세계 통치자이시지만 이스라엘을 위해 계신 분이다 : "너희들의 왕"(사 43 : 15 ; 41 : 21 ; 44 : 6). 또한 "기름 부음 받은 자"의 칭호는 페르시아왕 고레스에게 주어진다(사 45 : 1). 제2이사야는 "다윗에 대한 은혜의 표시"인 나단 신탁(삼하 7장)을 그 백성에게 사용한다(사 55 : 3). 그렇다면 이 포로기 예언자의 메시지에는 — 제2이사야의 선배들(최근의 것으로 렘 23 : 5-6 ; 겔 34장 ; 37장)과 후배들(학개, 스가랴)과는 달리 — 메시아에 대한 예언이 나타나지 않는가? 아마도 이 같은 신학적 틀 안에서 야웨의 종의 수수께끼 같은 모습은 "왕의 시종(신하)"(참조. 왕하 22 : 12)으로서, 즉 왕이신 야웨의 대리자로 해석될 수 있지 않을까?

이른바 **야웨의 종의 노래들**(die "Lieder" vom Ebed Jahwe) 내지는 하나님의 종의 "노래들"(die "Lieder" vom Gottesknecht)은 이 책으로부터 분리될 수 있고 독립적이며, 그리고 상호 연결된 하나의 층을 형성한다. 그것들은 그의 임무 임명(사 42장)에서부터 그의 죽음(사 53장)에까지 이르는 그 종의 경험을 묘사하고 있다. 물론 실제적으로 해석에 영향을 미칠 수 있는 네 본문의 경계 설정은 결코 통일적이지 않다 : 이사야 42장 1-4(5-9)절 ; 49장 1-6(7-13)절 ; 50장 4-9(10-11)절 ; 52장 13절-53장 12절. 괄호 안에 있는 부분들은 본래 그 종에 대한 이해를 달리하고 있는, 기본층과 어긋나는 진술을 담은 후대의 확장을 나타낸다.

이사야 42장 1-4절에서 그는 — 분명히 천상 회의에서 — 하나님의 정의, 은혜의 결정, 법 질서, 즉 "토라"를 온 세계에 선포해야만 하는, 야웨의 영을 수여 받은 "선택된 자"로 공식적으로 소개된다. 암시된 미래는 그 반대 성향을 지시함에도 불구하고 "그는 피곤치 않을 것이다"라는 성공의 약속은 두 개의 흐름, 즉 사역과 고난으로 이루어지는 노래들에서 보다 더 자세히 상술된다. 그 종은 이사야 49장 1-6절에서 예레미야 1장의 소명 공식을 연상시키는 1인칭 연설의 형태로 이방 민족들에게 자신이 태어나기 전부터 이미 위임받았음을 말하고 있다 : 그는 단지 이스라엘을 "재건하고 귀향시키는"

것뿐만 아니라 "이방의 빛"이 되어야 하는 사명을 가지고 있으며, 또한 야웨의 구원을 땅 끝까지 전해야 할 사명도 가지고 있다. 또다시 1인칭 문체로 되어 있는 세 번째 노래인 이사야 50장 4-9절은 도입 부분에서 보여 주는 바와 같이, 두 개의 주제가 엮어져 있다: 혀와 귀를 준비할 뿐만 아니라 야웨의 도움을 통해서 종의 선포 임무를 감당해야 하며 고난 속에서도 의연해야 한다. 네 번째의 노래는 결론이자 절정에 해당하는 부분이다. 여기—또다시 하늘에서의 장면을 말하고 있는 것일까?—에는 하나님의 말씀으로 된 두 가지 보고(사 52:13-15; 53:11b-12)와 "우리"라는 그룹의 고백(사 53:1-11a)이 나타난다: "그는 실로 우리의 짐을 졌다". 이 말은 대신 고난 받는 자, 즉 멸시받는 자의 성공과 높아짐을 뒷받침해 준다: 그 의로운 자는 "많은 자들"(분명히 모든 민족들)을 의롭게 만들 것이고, 그들의 죄를 짊어질 것이며, 왕들은 그 앞에서 그들의 입을 다물 것이다(사 53:11-12; 52:15). 종의 죽음과 매장,—암시적인 방법으로 제시될—새 생명, 모든 사람들에 의한 무죄의 입증과 겸손한 자의 세계적인 인정 등에 대한 핵심적인 진술들은 역사적으로 경험될 수 있는 영역을 초월한다.

전체 제2이사야서에서와 마찬가지로 하나님의 종의 노래들에서도 시편으로부터 유래한 요소들, 특히 탄원시와 신뢰시로부터 유래한 요소들과 지혜문학으로부터 유래한 요소들이 발견된다. 그러나 무엇보다도 이제 막 언급할 두 개의 전승들은 지금까지 듣지 못했던 새로운 것(참조. 사 52:15)을 만들기 위해 통합된다.

이사야 42장의 궁중예식, 하나님이 손을 붙잡아 주시며 부르시는 "선택된 종"이라는 칭호(시 89:4, 20 이하), 재판의 사역과 다른 사람들을 돌보는 것, 영을 부어 주는 행위(삼하 23:2-3; 사 11:2 이하), 또는 이사야 49장의 직위를 수여하는 소명의 말씀(시 2:7)과 예리한 말씀으로 종을 준비시키는 것(사 11:4) 등은 어쩌면 **왕-메시아** 전승으로부터 나온 것이다.

이사야 42장과 49장의 이러한 전승의 줄기는 말씀의 사역과 고난을 잘 알고 있는 **예언 전승**을 통해서 발전되고 새롭게 해석된 것이다. 50장에 이르면 이 전승은 지배적인 자리를 차지한다. 예레미야서와의 관계 특히 예레미야의 고백록과의 관계는 주목할 만하다(렘 12:5-6; 11:19 등).

그러나 이사야 53장은 이사야 42장을 연상시키는 보편적인 틀을 가지고 다시

한 번 왕 전승을 수용하고, 그것을 수정한다(사 53 : 2). 그리고 예언과 시편에 나타난 모든 고난에 대한 진술들처럼 왕 전승을 넘어서고 있다.

명예로운 칭호인 "(하나님의) 종"이 구약에서는 모세나, 예언자들(사 44 : 26), 왕들, 더욱이 메시아(겔 34 : 23-24 ; 슥 3 : 8 등)에게 수여되기 때문에, 여기에서 종이 누구인가라는 어려운 질문에 올바르게 대답하기는 어렵다. 그 대답들은 이미 각각의 종류에 따라 매우 상이하게 구분된다 :

1) 첫 번째는 **집단적 해석**으로서, "종"을 이스라엘 그 자체로, 즉 백성 전체나 혹은 포로 공동체로 재해석하는 견해는 당시의 상황(종으로서의 이스라엘 사 44 : 1-2 등)과 동시에 이사야 49장 3절을 근거로 하고 있다. 그러나 이 본문에서 이스라엘은 삽입된 것이다. 여기에서 종은 이스라엘을 위한 임무를 부여받은 자로서(사 49 : 5-6), "눈멀고, 귀먹은" 백성과는 달리 자신의 운명을 기꺼이 받아들인다(사 50 : 5-6).

2) 미래나 과거 혹은 현재의 한 인물을 고려하는 **개인적인** 해석은 아주 다양한 가능성을 갖고 있다 :

(1) 전통적인 **종말론적-메시아적**인 이해는 그 종이 결코 다윗 모습도 아니며 이스라엘을 귀환시키는 실제적인 임무를 갖고 있다는 사실을 근거로 볼 때, 문제가 된다. 그 "노래들"은 분명 후대에 대한 예언이 아니라, 오히려 제2이사야의 종말론적인 선포와 같이 주로 현재의 상황에 대해 말하고 있다.

(2) 사람들은 종이 왕이건 혹은 예언자이건 간에, 그 종을 **과거의 다양한 인물**들과 동일시했다. 이러한 요구에 따라 본래는 보다 후대의 전승층에서 나타나는(민 12 : 3 ; 출 32 : 31-32 등) 모세가 그 종으로 간주되었고, 조금 후에는 문학적으로 제2이사야와 가장 많은 관련성이 있어 보이는 예레미야도 그 종으로 간주되었다.

(3) 오늘날 가장 널리 받아들여지는 해석(참조. 이미 행 8 : 34)인 제2이사야 자신이 바로 그 종이라는 **자서전적 해석**은 그 종의 선포의 임무와 두 번째, 세 번째 노래의 1인칭 연설의 형태를 근거로 하고 있다. 그러나 언어

적으로 현저한 차이점을 나타내고 있는 네 번째 노래는 또다른 하나의 저자, 즉 제2이사야의 제자("우리")에 속한 사람으로 추측할 수 있다.

자서전적 해석의 난점들은 두 개의 근본적인 질문으로 요약된다. 첫째: 이사야 42장에서 하나님의 종이 천거되는 장면이 왜 40장의 환청 보도와 별개로 나타나는 것일까? 제2이사야의 이스라엘에 대한 사역이 이방 민족들에게 확장되었기 때문에, 두 번째의 소명이 필요한 것인가? 어느 정도까지 이 예언자가 이 같은 세계적인 선포의 사명을 실제적으로 지속했는가(참조. 사 42 : 10; 43 : 10; 52 : 10 등)? 둘째: 처음 세 개의 노래들은 원래부터 이사야 53장을 지향하고 있기 때문에, 4개의 본문들은 모두 하나의 통일체로 이해될 수 있지 않을까? 어떻게 제자들의 무리가 그들의 스승을 회고하면서 그가 죽음 이후에 생명을 얻었고, "많은 자들"의 죄를 짊어졌다고 감히 말할 수 있었겠는가?

그러나 이 모든 역사적인 경험들을 초월하는 이사야 53장의 진술들은 미래에 대한 진술들로 보면 보다 잘 이해될 수 있지 않을까? 만약 스가랴 9장 9-10절이 이방 민족들에게 구원을 선포할 "의롭고, 겸손한" 왕을 기대하고 있다면(참조. 또한 "찔린 사람"에 대한 모호한 언급인 슥 12 : 10), 적어도 하나님의 종의 노래도 역시 메시아 기대에 대한 후대 형태에 영향을 주었을 것이다.

제2이사야의 긴박한 기대는 그가 기술한 대로 — 바벨론의 멸망, 백성의 화려한 귀환, 고레스의 야웨에 대한 시인 (사 45 : 3) 등 — 성취되지는 않았다. 그럼에도 불구하고 하나님의 미래의 계시와 그의 왕권 통치의 시작에 대한 희망은 아마도 제2이사야의 제자 중의 한 사람인 제3이사야에 의해 계승되었을 것이다.

8. 둠(B. Duhm, *Das Buch Jesaja,* 1892년[5 1968])이 인식했던 것처럼 이사야 56-66장은 하나의 독립적인 문학적 단위를 형성하고 있다. 하지만 그것이 하나의 통일성을 이루고 있는지, 아니면 각각의 시기별로 구별될 수 있는 작은 말들의 모음집으로 구성되어 있는지는 논란의 여지가 있다. 그러나 적어도 이사야 60-62장의 중심에 있는 구원 예언들이 포로기 이후 시대

의 초기, 즉 페르시아 시대의 한 예언자로 소급된다는 사실에 있어서는 일치를 보이고 있다. 그는 기원전 538년 이후, 아마도 520-515년의 성전 재건 이전에 (예루살렘에) 등장했었을 것이다.

이 책의 구조에 있어서 그 중심 주변으로 껍질과 같은 다양한 층들이 존재한다. 가장 핵심 범위 주변으로 느슨하게 삽입된 백성의 탄원시(사 59장)와 이미 완벽하게 하나의 통일성을 이루고 있는 백성의 탄원시(사 63 : 15 이하)가 둘러싸고 있다. 중앙에 있는 구원의 약속은 백성의 탄원시에 대한 대답이다. 백성의 탄원시 외부에는 다시 구원에 대한 진술들이 삽입되어 있거나(사 57 : 14 이하 ; 65 : 17 이하) 혹은 부록이 덧붙여진(사 66 : 6 이하) 고발의 말들이 배열되어 있다(사 56-58장 ; 65-66장). 가장 외부의 틀을 형성하고 있는 말들은 분량이 적고(사 56 : 1-8), 포괄적이며, 이미 확고하게 묵시적(사 66 : 18 이하) 성향을 드러내고 있다. 여기에서 공동체의 개념은 포로기 이전 시대의 한계를 초월하며 확장되고 있다.

사 56 : 1-8	"공동체의 율법". 신 23장과는 달리 외국인들과 고자들의 허용 "내 집은 만민이 기도하는 집이라 불리게 될 것임이라"(7절)	
사 56 : 9-57 : 13	여러 가지 고발의 말(포로기 이전 시대로부터 행해진?)	
	56 : 9 이하	목자들에 관하여(참조. 렘 23장 ; 겔 34장)
	57 : 3 이하	우상 숭배, 간음에 대하여
	57 : 14 이하	겸허하고 통회한 자들에 대한 위로의 말들
사 58장	이른바 금식에 관한 설교(참조. 슥 7-8장). 올바른 금식에 대한 권고의 연설 "우리가 금식하되 주께서 보지 아니하심은 어찜입니까?"(3절) "주린 자에게 네 식물을 나눠주며 유리하는 빈민들을 네 집에 들이며 벗는 자를 보면 입히라!"(7절)	
사 59장	탄원, 고발, 죄 고백의 요소들(12절)과 하나님의 약속을 가진 "예언자적 예전 의식" "보라 야웨의 손이 짧아 구원치 못함이 아니다"(1절)	
사 60-62장	예루살렘을 위한 구원의 말. 시온의 영화	
사 60장	시온을 향한 이방 민족들의 순례(참조. 사 2장 ; 학 2장)	

	61 : 1 – 3	예언자의 위로의 임무
	61 : 6	"너희는 야웨의 제사장이라 일컬음을 얻을 것이라"(참조. 출 19 : 6).
사 63장	이방 민족들 특히 에돔을 심판하러 하나님이 돌아오심(1 – 6절).	
	탄식하면서 역사를 회고함, 특히 모세에 대해(7 – 14절)	
사 63 : 15 – 64 : 11	간청들과 질문들을 포함한 백성의 탄원의 노래(참조. 애가)	
	아브라함이 아니라 하나님이 우리의 아버지이시다(사 63 : 16 ; 64 : 7).	
	"아, 당신은 하늘을 가르고 강림하옵소서!"(사 63 : 19, 15)	
사 65장	의로운 자들과 악한 자들(1 – 16절)	
	종말론적인 구원 기대들의 "총합"(17절 이하)	
	"내가 새 하늘과 새 땅을 창조한다"(사 65 : 17 ; 66 : 22).	
사 66장	성전에 대한 비판 : "하늘은 나의 보좌이다"(참조. 왕상 8 : 27).	
	예루살렘의 풍요로 인한 기쁨(7절 이하)	

구원 예언을 선포하는 무명의 설교자인 "제3이사야"는 그 자신 스스로 자신의 전권과 자신의 위임에 대해 기술한다 :

> "주 야웨의 신이 내게 임했으니
> 이는 야웨께서 내게 기름을 부으사
> 가난한 자에게 아름다운 소식을 전하게 하려 하심이라.
> 나를 보내사 마음이 상한 자를 고치며
> 포로된 자에게 자유를
> 갇힌 자에게 놓임을 전파하며 …"
> (사 61 : 1 – 3 ; 참조. "나"에 대해서는 사 62 : 1, 6 ; 내용에 관해서는 57 : 14 ; 66 : 2).

이 예언자는 제2이사야의 제자로 자신을 이해하고 있으며, 용어적 측면에서도 제2이사야의 구원 메시지와 결합되어 있다. 그러나 변화된 자신의 상황적 조건들에 따라 구원 메시지를 새롭게 해석한다. 제2이사야가 특정한 시기에 행한 말씀은 제3이사야에게 있어서 일반적일 뿐만 아니라 중재적 의미를 가지고 있다(참조. 특히 사 40 : 3 이하와 57 : 14 – 15). 그러나 제3이사야는 제2이사야의 구원 약속이 실망스러울 정도로 명백하게 실현되지 않은 경제적 빈곤의 상황 속에서 구원으로 변화하게 될 것을 진술했을 뿐 아니라 시온의 영화에 대한 희망을 고집했다. 그럼에도 불구하고 하나님의 미래의 실현은 이미 백성들의 태도를 규정한다 :

> "일어나라 빛을 발하라.
> 이는 네 빛이 이르렀고
> 야웨의 영광이 네 위에 임했음이니라!"(사 60 : 1 – 2 ; 참조. 사 56 : 1).

포로기 이후의 상황과 문제점들은 성전의 파괴에 대한 탄원(사 64 : 10 – 11), 예루살렘 도시(사 61 : 4 ; 61 : 10 – 11, 18)와 성소(사 66 : 1 이하의 탄원과 비교하여 60 : 13)의 재건에 대한 희망, 금식 예배(사 58장)와 탄원시들(사 63 : 15 이하 ; 59장), 보다 나은 경제적 조건들에 대한 갈망(사 62 : 8 – 9 ; 60 : 17 ; 참조. 학 1장) 혹은 안식일 성수에 부여된 의미(사 56 : 1 – 2 ; 58 : 13 – 14)에서 명확히 나타난다.

제2이사야의 위로 메시지와의 주요한 차이점은 이사야 56 – 66장이 이전의 심판 예언자들의 선포를 연상시키는 고발들을 가지고 있다는 점이다 : "너희 죄악이 너희와 너희 하나님 사이를 갈라놓았다"(사 59 : 2). 여기에서 사회 비판(사 58 : 3 이하)과 아울러 다시금 이방 제의들 특히 풍요 제의들이 거부되고 있다(사 57 : 3 이하 ; 65 : 3 이하 ; 66 : 17). 우리는 제3이사야의 고발 부분을 모두 배제한 채, 단지 그의 진정한 메시지를 제2이사야로부터 계승된 구원 선포(사 60 – 62장 ; 참조. 사 57 : 14 이하 ; 65 : 17 이하 ; 66 : 6 이하)로만 제한할 것인가? 그 공동체가 "악인들"과 "경건한 자들"의 두 그룹으로 나뉘어졌다는 말들(사 57 : 19 이하 ; 65장 ; 66 : 5)도 우리를 보다 후대의 시대로 인도하는 것처럼 보인다. 어쨌든 포로기 이후의 상황은 물론 그것이 전체 백성이 아니라 몇 개의 무리들로 국한되기는 하지만, 보다 이전 예언의 죄 지적과 형벌 통고를 다시 수용하게 하는 원인을 제공하였다.

제3이사야는 이방 민족들이 하나님의 심판을 경험하기를 바라기보다는(사 63 : 1 이하; 60 : 12; 66 : 15-16, 24) 오히려 그들이 이스라엘을 섬기고 그 미래의 구원에 동참하기를 기대한다(사 60 : 3-4, 9; 61 : 9; 66 : 12, 20; 이미 사 49 : 22-23). 이 책의 (보다 후대의) 결론부에서는 보편주의가 모든 특수주의를 압도한다. 즉 하나님은 모든 민족들을 모으시고, 그들로 하여금 자신의 영광을 보게 하실 것이며, 더욱이 — 제사장의 계보를 통한 인준 없이 — 이방 민족들로부터 "제사장들과 레위인들"을 선택하실 것이다(사 66 : 18, 21; 참조. 말 1 : 11; 습 2 : 11).

제22장 학개, 스가랴, 제2스가랴, 말라기

1. 제3이사야 이후 몇 년이 채 지나기도 전에, 예언자 학개는 당시 암흑의 시대 속에서 임박한 구원의 메시지를 받게 되었다(사 60 : 1-2 ; 56 : 1). 그리고 이전에 제2이사야가 자신의 메시지를 페르시아의 왕, 즉 고레스의 승리와 결합시켰던 사실과 유사하게, 학개 역시도 자신의 메시지를 직접적으로 동시대적인 사건들과 결합시켰다. 고레스의 칙령(스 6 : 3 이하)에 따라 기원전 539년 직후 페르시아의 총독 세스바살은 바벨론으로 옮겨진 성전 기구들을 다시 가져왔으며, 아마도 새 성전을 위한 기초석도 놓았을 것이다(스 5 : 14 이하 ; 참조. 학 2 : 18 ; 슥 4 : 9). 그러나 그 외의 작업은 빈곤한 경제 상태로 인하여(사 62 : 8-9 ; 학 1 : 6, 9-10 ; 2 : 16-17) 성공할 수 없었다. 기원전 520년에 페르시아 왕 다리오 I세의 통치 2년째에, 학개는 단지 몇 달 동안 예루살렘에서 활동하는 동안 유배지에서 귀국한 사람들(스 2장)과 예루살렘에 남아 있던 노령의 유다인들에게 자신의 메시지를 선포했으며, 이를 통해서 동시대 사람들의 상황적 판단을 뒤엎었다 : 즉 현재의 열악한 경제적인 상황은 이유가 될 수 없으며, 오히려 열악한 상황은 성전이 여전히 폐허로 남아 있기 때문에 생긴 결과라는 것이다.

"산에 올라가서 나무를 가져다가
성전을 건축하라.
그리하면 내가 그로 인하여 기뻐하고,
영광을 얻으리라"(학 1 : 8).

학개의 선포 가운데서 발견되는 통일성은—이전의 에스겔과 바로 이어 나오는 스가랴의 선포와 같이—아주 정확하게 기입된 날짜이다(학 1:1에서 2:20까지). 학개서의 두 장에는 서술적인 말(학 1:1, 3, 12-15; 2:1-2, 10, 20)과 어느 정도 운율적인 형태의 말들이 서로 교차적으로 사용된다. 이 날짜들(520년 8-12월)은 어느 정도 신뢰할 만하다. 또한 연설의 단위는 원래 어떻게 구분되었으며(특히 학 2:10 이하), 그 연설의 청중이 누구였는가의 질문들이 제기될 수 있다. 학개의 선포는 크게 네 주제들(I-IV)로 나눌 수 있다:

	I. 성전 재건에 대한 촉구
학 1:1-2:5	논쟁의 말들(학 1:2, 4 이하; 9 이하)과 조건적 약속을 내용으로 하는 권고의 말들 (학 1:7; 2:3 이하: 참조. 학 2:15-19)
	II. 세상의 진동
학 2:6-9	무조건적인 약속: 시온을 향한 이방 민족들의 순례(참조. 사 2장; 60장; 66:20)
	III. 부정한 백성
학 2:10-14	예언자에 의해 현실화된 정결한 것과 부정한 것에 관한 제사장의 토라(참조. 레 10:10-11)
	IV. 메시아에 대한 기대
학 2:20-23	무조건적인 약속: 세상의 진동과 평화. 야웨의 인장 반지인 스룹바벨

실제로 학개는 전반적인 상황을 냉정하게 평가하지만, 그럼에도 불구하고 질문과 권고를 통하여 성소의 재건이 자신들의 주거 환경의 개선보다 우선된다는 사실을 깨우쳐 준다(학 1:4, 9; 참조. 삼하 7:2). 또한 하나님의 영이 함께 하심으로(학 2:5; 1:13), 그것은 성공할 것이다. 하늘로부터 임한 고난(학 1:10-11)은 구원으로 바뀔 것이다: "오늘부터 내가 축복하리

니"(학 2 : 19 ; 슥 8 : 9 이하). 그뿐 아니라 하나님이 곧 천지를 진동케 하실 것이며 그와 동시에 열방들은 자신들의 보물들을 가져올 것이다. 그로 인하여 미래의 집은 이전에 파괴되었던 것보다 더욱더 아름답게 될 것이다: "은도 내 것—이스라엘의 것이 아니라 야웨의 것—이요, 금도 내 것이니라"(학 2 : 6－9). 그러므로 제2이사야와 제3이사야 같이 이전의 예언자들이 기대했던 구원은 아직 미래적인 것이지만, 그것은 새로운 성전의 재건과 더불어 시작된다(2 : 9).

실제로 학개의 외침은 효과가 있었다. 성전 건축은 즉시 시작되었고(학 1 : 12 이하) 진행되었다(학 2 : 1 이하 ; 스 5 : 1－2 ; 6 : 14). 그러나 학개는 백성(의 일부)이 성전 건축에 참여하는 것과 성전에 출입하는 것을 문제 삼고 있는가? 부정한 것의 위험과 효력에 대하여 가르치며, 거룩과 부정을 지시하는 제사장의 훈계가 예언자의 통찰력으로 전환되었다: "이 백성은 그 손으로 하는 모든 일과 그들의 희생 제물 모두가 부정하다"(학 2 : 10－14). 일반적으로 사람들(J. W. Rothstein 이후로)은 더 이상 상세하게 파악할 수 없는 "이 백성"을 이전의 북왕국 주민, 즉 앗수르에 의해 강제적으로 이주된 이후 이방 민족들과 그들의 종교를 함께 수용할 수밖에 없었던(왕하 17장) 후대의 사마리아인(스 4장)으로 해석한다. 학개는 야웨의 신앙 공동체 안에서 발생될 수 있는 혼합주의를 막기 위하여, 이미 처음부터 이러한 집단과 공동체를 구분했던 것인가? 아니면 학개는 이전의 선배 예언자들과 마찬가지로(참조. 사 6 : 4 ; 겔 36 : 25 ; 37 : 23) 자기 민족을 "부정한 백성"으로 명명하고 있는 것일까(K. Koch)? 하나님의 구원 약속과 이 백성의 상태는 더욱 대조적으로 부각된다.

학개는 기원전 598년 바벨론의 포로로 끌려간 여호야긴 왕의 손자이며 동시에 유다를 통치하는 페르시아의 관리인 스룹바벨과 제사장 여호수아에게 성전 재건을 재촉한다(학 2 : 2 이하 ; 1 : 1, 12). 이를 통해 볼 때 포로기 이후에는 정치적인 직무와 제사장의 직무가 서로 공존했음을 알 수 있다. 학개는 그 책의 마지막 말에서 다윗 계통의 스룹바벨에게 메시아적인 존칭을 약속한다. 세계의 대격변 속에서(학 2 : 6, 21) 하나님은 스스로 민족들의 전쟁 도구들을 파괴하실 것이며, 자신의 평화의 나라에 대리인들을 임명하실 것이다(학 2 : 22 – 23). 학개는 내용을 전개함에 있어서 이사야의 미래에 대한 기대(사 9 : 4 이하)를 새롭게 하기도 하고, 일반적으로 확장하기도 하며, 시온 전승과 다윗 전승을 결합시키기도 한다. 그러나 표현상 전혀 다른 시대를 드러내고 있다 : 스룹바벨은 야웨의 "종"(겔 34 : 23 – 24 등)으로서 하나님의 손의 인장 반지로 "선택된다"(렘 22 : 24).

학개의 임박한 미래에 대한 기대는 이루어지지 않았지만(학 2 : 6 이하, 20 이하), 그의 성전 재건에 대한 자극으로 인해 포로기 이후 이스라엘의 신앙 역사에 오랫동안 깊은 영향을 주었고, 무엇보다도 그들의 상황 속에서 하나님의 미래에 대한 희망을 품을 수 있게 하였다.

2. 학개 이후 얼마 되지 않아, 대략 두 달 후에 **스가랴**가 등장했고 그는 적어도 기원전 520 – 518년(학 1 : 1과 슥 1 : 1 ; 7 : 1)까지 2년간 활동했다. 스가랴는 학개의 구원 선포를 계속 이행했으나, 보편적인 범주(슥 1 : 7 이하 ; 6 : 1 이하)와 죄 인식의 깊이(슥 5 : 5 이하)에 있어서는 학개를 능가했다. 일반적으로 스가랴는 예루살렘에 대한 하나님의 회복, 죄로부터 공동체의 성화, 디아스포라의 귀향, 이스라엘의 인구 증가, 이방 민족들의 무력화와 또한 그들의 구원 참여, 성전 건축과 메시아적 기대의 완성과 같은 선배 예언자들의 주제들을 수용했다. 그와 동시에 제3이사야서와 마찬가지로 구원의 메시지에서 고발과 심판 통고가 발견된다(슥 5장 ; 7장).

스가랴서의 첫 번째 주요 부분(슥 1 – 8장)은 말씀사건 공식(Wortereignisformel, 슥 1 : 1, 7 ; 7 : 1)과 결합되어 있는 정확한 연대 구분을 통해 세 부분으로 나뉜다. 이 부분은 작은 분량의 회개 촉구(슥 1 : 1 – 6)를 담고 있는 서론과 광범위한 금식 설교를 담고 있는 결론(슥 7 – 8장) 사이 부분에 압도적으로 환상과 개별적인 말들이 배치되는 독특한 구조(슥 1 : 7 – 6 : 15)를 가지고 있다. 테두리 부분(첫 번째와 세 번째 부분)에서는 "선배 예언자들"(슥 1 : 4 이하 ; 7 : 7 이하 ; 8 : 9 이하)이 선포했던 말들이 명확하게 재언급된다. 전승의 수용적 관계가 후기 시대에 더욱 증대했고, 이러한 사실은 이미 오래 전부터 예언서의 정경적 가치가 인정되었음을 보여 준다.

예언자가 밤에 본(슥 1 : 8 ; 4 : 1 ; 1 : 7에 따르면 519년 2월) 1인칭 문

체로 된 7개의 밤의 환상(Nachtgesichte) 시리즈가 첫 번째 부분에서 기본층을 이루고 있다. 그 환상들은 환상의 내용 묘사와 해석이라는 구조를 가지고 있기 때문에, 또한 환상에 대한 질문과 대답이 교차되어 나오기 때문에, 아모스 8장 1-2절이나 예레미야 1장 13-14절 등을 연상할 수도 있지만, 그러나 이 부분의 환상은 그보다 더욱 폭넓게 형성되어 있다. 아모스가 "주께서 내게 보이신 것이 이러하니라"라고 스스로 말할 수 있었던 반면에, 스가랴의 환상에서 하나님은 해석해 주고, 질문과 대답을 하고 더구나 환상을 제공할 수도 있는 통역 천사 혹은 해석 천사(angelus interpres)를 통해서만 활동하신다(슥 4 : 1-2, 5 ; 5 : 3 이하 등). 이렇듯 해석 천사는 "온 세상의 주"(슥 4 : 14 ; 6 : 5)와 이 예언자(이미 겔 40 : 3-4 ; 후대의 단 8장 ; 10장) 사이의 중개인으로서 활동한다.

한편으로는 7가지 환상 시리즈(슥 1 : 8-15 ; 1 : 18-21 ; 2 : 1-5 ; 4 : 1-6a, 10b-14 ; 5 : 1-4, 5-11 ; 6 : 1-8)에 다른 환상(슥 3 : 1-7)이 삽입되어 있다. 이 환상(슥 3 : 1-7)은 내용은 물론 형식에 있어서도 다를 뿐만 아니라, 해석 천사도 등장하지 않으며, 7가지 환상 시리즈와는 달리 구체적인 인물, 즉 제사장 여호수아에 대하여 이야기한다. 이 환상은 본질에 있어서로 관련되었기 때문에 환상 시리즈 가운데이자 메시아의 환상 바로 앞에, 즉 네 번째 자리에 배열되어 있다(그러므로 슥 3장의 독립된 환상을 함께 계산하느냐 하지 않느냐에 따라서 환상들의 갯수는 7 혹은 8개로 변한다).

다른 한편으로 아모스의 환상(암 7 : 9, 10-17 ; 8 : 3)처럼, 스가랴의 환상에도 해설적이지만 본래 독립적이었던 개별적인 말들(슥 1 : 16-17 ; 2 : 6-13 ; 3 : 8-10 ; 4 : 6b-10 ; 6 : 9-15)이 삽입되어 있다. 스가랴는 그 같은 삽입구를 통해서 자신에게 주어진 미래에 대한 통찰들을 계속해서 전달한 것으로 보인다. 따라서 이 말들은 본질상 스가랴로부터 유래한 것이라 할 수 있다. 그러나 문장의 구성 흐름을 방해하기 때문에, 예언자 자신이 직접 그곳에 삽입한 것으로 보기는 어렵다.

여기저기에 삽입되어 있으며(슥 2 : 9, 11 ; 4 : 9 ; 6 : 15), 동시에 에스겔을 상기시키는 "너희는/너는 야웨께서 나를 보내신 줄 알리라"라는 공식은 예언자의 설교라기보다는 오히려 책의 편집에 속한다. 아마도 현재의 성취되지 않은 상황에 직면하여, 예언자가 선포한 구원 예언의 진실성을 뒷받침하기 위해 삽입되었을 것이다.

학개서와 스가랴서의 유사한 연대들 또는 학개 1-2장과 스가랴 8장 9절 이하의 유사성들로부터 예상할 수 있듯이, 두 책의 편집 사이에는 관련성이 있다. 그 연관성은 다시 역대기 역사서와 연관성을 보여 준다.

만일 스가랴서의 편집이 단지 회개 촉구(슥 1 : 1-6)나 금식에 관한 설교(슥 7-8장)뿐만 아니라 그 중간의 방대한 분량(슥 1 : 7-6 : 15)까지도 같은 날에 주어진 한 단위로 취급한다면, 이러한 연대기는 거의 신뢰할 만한 것이 못 된다. 오히려 스가랴 1장 3-6절이나 7장 7-14절, 그리고 8장 14절 이하에서 우리는 신명기 역사학파와 비슷한 후대의 목소리를 듣고 있는 것이 아닌가(참조. W. A. M. Beuken)? 회개가 구원으로의 전환을 위한 조건이라는 것은— 스가랴 1장 3절 이하에서 그와 같이 이해되기는 하지만— 환상들(슥 1 : 7 이하)의 의도와 부합되지 않는다. "밤의 환상들은 무조건적인 구원의 약속을 보여 준다." 즉 밤의 환상들은 "구원을 절대적인 새로운 실재" (Beuken, *Haggai-Sacharja 1-8,* 1967, 112)로 선포한다.

A) 슥 1 : 1-6 회개 설교(기원전 520년 10-11월)

B) 슥 1 : 7-6 : 15 환상들과 말들로 이루어진 구성(기원전 519년 2월)

1장	I. 환상(8-13, 14-15절) : 화석류 나무 사이에서 홍마를 탄 사람, 그 뒤에 다양한 색의 말을 탄 자들
	16-17절 개별적인 말
	II. 환상(18-21절) : 네 명의 대장장이에 의해 흩어진 네 뿔
2장	III. 환상(1-5절) : 예루살렘을 측량하기 위해서 측량줄을 지닌 사람
	개별적인 말들(10-17절)
3장	중간의 환상(1-7절) : 여호수아의 무죄 판결과 직위 임명
	개별적인 말들(8-10절) : 여호수아 앞에 세운 돌
4장	IV. 환상(1-6a, 10b-14절) : 두 감람나무로 둘러싸인 등대.
	스룹바벨에 대한 약속(6b-10절)

5장	V. 환상(1-4절) : 날아다니는 저주의 두루마리
	VI. 환상(5-11절) : 큰 통 가운데 있는 여인
6장	VII. 환상(1-8절) : 네 방향에서의 네 병거
	상징적인 대관식(9-15절)
C) 슥 7-8장	고발과 서로 다른 종류의 — 일부는 후대인 — 구원 예언(슥 8 : 1 이하)들을 포함하는 이른바 금식에 관한 설교(기원전 518년 12월 ; 참조. 사 58장)

스가랴의 환상 속에 나타난 이미지는 때때로 이해하기가 매우 어렵다. 그러나 이미 초기 예언자들의 환상들처럼 모든 강조점은 진술의 의도에 있으며, 이것은 언제나 명확하고 명백하게 서술된다. **첫 번째 환상**에서 예언자는 땅위의 상황을 알아보기 위하여, 하나님으로부터 파견된 천상의 말을 탄 자들을 본다(욥 1 : 7 ; 2 : 2). 땅이 조용하고 침체되어 있다는 보도 때문에 탄원이 일어난다 : 70년이 지난 이후에도 유다와 예루살렘에 대한 하나님의 진노가 아직 끝나지 아니한 것인가? 하나님은 위로의 말씀들로 대답하신다. 이와 같이 스가랴는 자신이 처한 현재 상황과는 대조되는 종말론적인 메시지(사 40 : 1 ; 66 : 13 ; 렘 29 : 10 등)를 새롭게 전해 준다. 비록 현실은 그렇지 않게 보일지라도 구원의 시간은 시작되었다. 하나님은 예루살렘을 "몹시 사랑하신다". 따라서 이방 민족에게 진노하실 것이다(슥 1 : 15 ; 8 : 2). 그들의 시간은 끝났다.

두 번째 환상의 네 개의 뿔은 이스라엘을 "흩어지게 한"(압제자) 열국의 권력을 상징하며, 그들의 힘은 (네 명의 대장장이에 의하여) 파괴된다. 마지막 환상에서처럼 4라는 숫자는 세상 전체를 나타내는 것이므로 4라는 수의 이미지는 하나님을 통해서 세계 제국들이 굴복 당하게 되는 묵시적인 희망을 선취하는 것이다(단 2장 ; 7장 ; 참조. 학 2 : 22).

세 번째 환상에서는 예루살렘의 넓이를 재는 사람이 등장한다. 그러나 그의 행위는 정지된다. 예루살렘의 인구 증가에 대한 약속(사 49 : 19-20)은 넘치도록 성취된다 : 도시가 성벽의 경계선을 넘어설 정도로 커지기 때문에, 오로지 하나님의 "영광"만이 그 도시의 방어벽이 될 수 있다(겔 43 : 5 ; 학 1 : 8).

"예루살렘은 그 가운데 사람과 육축이 많으므로
그것이 성곽 없는 성읍 같으니라.
야웨의 말씀에 내 자신이 그 사면에서 불성곽이 되며,
그 가운데에서 영광이 되리라"(슥 2 : 4-5).

바벨론으로부터 도주할 것을 권고하는 해설적인 첨가들도 이 같은 기대로부터 그러한 결론을 유출한 것이다(슥 2 : 6 이하; 참조. 사 48 : 20; 43 : 5-6). 인구 증가는 디아스포라의 귀환을 통하여, 혹은 "많은 이방 민족들"(슥 2 : 11; 8 : 20 이하)의 가입을 통하여 실현된다. 어쨌든 현재는 하나님의 미래에 대해 기뻐하도록 촉구된다:

"시온의 딸아, 노래하고 기뻐하라
이는 내가 임하여 네 가운데 거할 것임이니라"(슥 2 : 10, 13).

다섯 번째(및 여섯 번째) 환상(슥 5 : 1-4)에서는 도적질과 거짓 맹세를 하는 자에 대한 저주의 말들을 기록한 두루마리들이 날아가는 모습을 보여주고 있다. 이와 같이 구원의 시간이 이르기 전에 이 공동체는 악인들—구체적으로 말하자면 유배된 자들의 재산을 갈취하며, 제 것으로 했고, 귀향자들에게 돌려주지 않는 그 땅에 남아 있었던 자들?—로부터 정화된다.

여섯 번째(및 일곱 번째) 환상(슥 5 : 5-11)에서는, 하나님 자신에 의한 공동체의 속죄의 기대가(참조. 겔 36 : 25; 37 : 23) 가시적-비유적으로 계속된다: 그 땅의 죄가 모아진 큰 통 가운데 앉아 있는, 하나님을 부인하는 자를 대표하는 이 여인은 날개가 있는 두 여인에 의하여 유다에서 바벨론으로 옮겨진다. 그 여인은 그 곳에서 신상(神像)으로서 주각(柱脚) 위에 서 있어야만 한다.

마지막 환상은 첫 번째 환상과 연결되며, 첫 번째 환상에서 탄원의 원인이 된 정적을 깨뜨린다: 하늘의 입구에 있는 두 개의 놋산에서 다양한 색깔의 말에 수레를 맨 네 개의 마차가 하나님으로부터 사방으로 나아가기 위하여 나온다. 북쪽으로 이동하는 한 쌍의 마차는 야웨의 노를 발하기 위해서가 아니라, 유배된 자들을 귀향시키거나 또는 이방인들을 이스라엘과 결합할 수 있도록 감동시키기 위하여, "북방에 야웨의 영을 내릴 것이다"(슥 2 : 6 이하 ; 8 : 7-8, 20 이하).

외부에 있는 환상들(슥 1 : 8 이하 ; 6 : 1 이하)은 환상의 전체적인 틀을 형성한다. 7가지 환상 시리즈의 한가운데에는 광범위한 **네 번째의 환상의 메시아 기대**(슥 4 : 1-6a, 10b-14)가 자리하고 있다. 한 개의 등잔대에는 7개의 촛대가 있고, 각각의 촛대 위에는 7개의 등잔이 놓여 있는데(그러므로, 총 49개의 불), 이것은 실제적으로 말하자면 땅위를 살펴보시는 하나님의 눈을 상징한다 : 세상 주인의 전능(全能)과 전재(全在). 촛대의 오른쪽과 왼쪽의 두 개의 올리브 나무는 두 명의 "기름의 아들들" 또는 하나님의 사역을 하는 "기름 부음을 받은 자들"을 상징한다. 그와 동시에 이 미래 환상에는 포로기 이전 시기에는 존재하지 않았던 권력의 분할이 나타난다. 이스라엘의 상부 권력은 정치적인 지도자와 제의적인 지도자로, 바꾸어 말하면 세속적인 지도자와 종교적인 지도자가 동등한 서열로 공존한다.

이렇게 이원화된 미래에 대한 기대는 구약 성서 밖에서는 단지 쿰란에서만 다시 언급된다. 실제로 포로기 이후 공동체를 지도하는 임무는 제사장의 역할이었다. 그도 역시 "기름 부음을 받은 사람이었다"(레 8 : 12, 30 이하 등).

만일 잇도의 아들 혹은 손자인 스가랴(슥 1 : 1 ; 5 : 1 ; 6 : 14)를 느헤미야 12장 16절의 인물과 동일시한다면, 에스겔과 마찬가지로 그는 제사장 가문의 출신이었을 것이다. 그러므로 학개와 비교할 때 스가랴가 미래를 구상함에 있어서 대제사장에게 중요한 의미를 부여했던 바를 설명할 수 있다.

맨 가운데 부분의 환상(슥 4 : 14)의 목적은 하나의 또 다른 환상, 즉 상징 행위와 개별적인 말들을 통해서 전개된다. 처음에 이름 없이 등장하는 두 사람은 대제사장 여호수아와 그리고 학개(슥 2 : 23)에 의하여 이미 메시아적 위엄을 부여받은 다윗의 자손인 스룹바벨이다. 가운데 부분의 말씀(슥 4 : 6b-10)에서 대제사장이 아니라 스룹바벨에게 성전 건축을 완료할 수 있다는 약속이 주어진다 : "힘에 의해서도 권력에 의해서도 아니니다. 오직 나의 영에 의해서 이루어질 것이다!"

이와 달리 다른 구조를 가지고 있을 뿐 아니라, 일곱 가지 환상 시리즈에 후대에 첨가된 대제사장 여호수아의 환상(슥 3 : 1－7)이 가운데 부분에 자리잡고 있다. 여호수아는 야웨의 천사 앞에서 하늘의 고소자 사탄에 의하여(참조. 욥 1－2장) 고발당한다. 그러나 여호수아는 더러운 옷으로부터 새로운 옷을 입게 되고, 그와 함께 죄로부터 해방되며 더구나 깨끗한 관을 쓰게 된다(참조. 레 16 : 4 ; 또한 해석하기 어려운 말씀인 슥 3 : 8－9). 물론 순종이라는 조건하에서 대제사장은 성전의 책임을 부여받으며, 동시에 하나님께 자유롭게 "접근할 수 있는" 권한을 약속받기 때문에 여호수아는 이 공동체를 위하여 중보 기도를 할 수도 있다(슥 3 : 7 ; 참조. 렘 30 : 21).

환상들과 같이 1인칭으로 보도된 스가랴 6장 9절 이하의 상징 행동은 분명히 후대에 수정되었다. 따라서 매우 다양하게 해석된다. 이 본문은 위 본문(슥 3 : 1－7)과는 차이 나는 내용을 보여 준다. 스가랴는 유배된 자들로부터 금과 은을 취하고, 왕관을 만들고 누군가—현재의 본문에 따르면, 대제사장 여호수아—의 머리 위에 씌우라는 명령을 받았다. 그러나 그는 이미 터번(Turban : 챙이 없는 모자의 일종—역자 주)을 쓰고 있었고, 성전 건축은 스룹바벨의 임무였기 때문에(슥 6 : 12－13 ; 4 : 9－10), 상징적인 대관식은 아마도 원래 스룹바벨과 관련된 것이었고, 스룹바벨은 "그 가지 아래서 싹이 돋을 것이다"에서 약속된 "가지"로서 선포되었다(렘 23 : 5 ; 또는 학 2 : 23 이하). 대제사장이 그를 돕는다(슥 6 : 13 ; 4 : 14). 그러나 역사의 진행이 메시아적 즉위를 증명하지 않고 있기 때문에 이 본문은 (스가랴 자신에 의해서가 아니라) 수정되었고, 종말론적인 기대는 더 이상 현재에 대한 것이 아닌, 미래로 향해졌다(슥 6 : 12).

스가랴는 환상들에서 "완전한 하나님의 나라는 이미 하늘에 준비되었다"는 것을 경험한다. "종말론적인 구원 체계들과 종말론적인 직책들은 하늘나라에서 이미 선행적으로 현존하고 있다"(G. von Rad).

자이볼트(K. Seybold, *Bilder zum Tempelbau: Die Visionen des Propheten Sacharja,* 1974, 107)에 따르면 환상 시리즈는 "예루살렘 성전의 재건에 대한 호소

예견으로, 시온을 제의 중심으로 회복하려는 건의서와 계획서로 생각되며, 이를 통해 이 시리즈는 새로운 성소의 거룩한 말씀(Hieros Logos)이라는 특성을 갖게 된다." 그러나 이상하게도 성전은 아주 드물게만 나오고 어떤 경우에 있어서도 환상 시리즈에서는 한번도 언급되지 않고 있다(슥 1 : 16 ; 4 : 9-10 ; 6 : 12-13). 하나님 통치의 시작에 대한 기대는 현실적인 계기를 넘어서 버린 것은 아닌가?

스가랴 7-8장은 다른 양식으로서, 적어도 여러 가지 후대의 자료들을 통해 풍성하게 되었다. 그러나 내용적으로 성전 건축의 진행과 관련되어 있다. 금식 예배 및 애도 예배들이 성전 파괴의 날(그리고 유사한 기념일에, 슥 7 : 3, 5 ; 8 : 19)을 따라야 하는지에 대한 질문에서 청중들의 완고한 마음을 비난함으로써 처음에는 대답이 거부된다. 두 번째 시도에서 비로소 대답은 구원의 예언으로 바뀐다. 금식은 기쁨이 된다(슥 8 : 19). 일련의 다양한 약속들은 이러한 전환의 기대와 연결되어 있다(사 65 : 17 이하를 보라).

그럼에도 불구하고 다음 세대에서도 금식 예배는 중지되지 않고 계속되었다(말 2 : 13 ; 3 : 14). 이러한 점에서 볼 때 스가랴의 미래 환상은 희망으로 머문다. 그러나 그것은 이 세상에서 하나님의 능력이 관철되기를 바라는 희망이다.

3. 스가랴서 9장부터는 양식과 언어, 그리고 역사적 상황에 있어서 다소 새로운 것이 시작된다. 편집에 의해서, "야웨 말씀의 경고"(슥 9 : 1 ; 12 : 1 ; 말 1 : 1)라는 세 개의 동일한 종류의 표제어가 붙여짐으로써 열두 개의 소예언서 중 마지막 세 개(각각 3장씩으로 된)의 모음집이 생겨났다. 즉 스가랴 9-11장과 12-14장, 그리고 말라기(히브리 성서에서 말라기는 3장으로 구성됨— 역자 주)이다. 일반적으로 스가랴서의 두 개의 부록들을 학자들은 이사야와 유사하게 **제2스가랴**(슥 9-14장)로 부르거나, 또는 내용상으로 다시 제2스가랴(슥 9-11장)와 제3스가랴(슥 12-14장)로 구분하기도 한다. 여하간에 스가랴 14장의 이방 민족들의 침략의 기대는 주제에 있어서 12장과 친밀하나 양식상으로는 다른 것이다. 따라서 이 본문들은 한 저자에 의한 것이 아니다. 학자들은 포로기 이전 시기와 포로기 이후 시기에서 매우

다양한 연대들을 제안했다. 아마도 비교적 오래된 처음 부분은 대략 기원전 300년대에 유래된 것이며, 두 번째의 비교적 후대의 부분은 기원전 3세기에 유래된 것으로 보인다. 그러므로 기원 시기는 기원전 330년경 알렉산더 대왕의 원정 이후이며(참조. 슥 9 : 1-8?), 적어도 스가랴의 활동보다 200년 이후이다. 알렉산더의 제국을 분할한 왕국인 애굽의 프톨레미 왕조와 앗수르/시리아에서의 셀류키드 왕조(슥 10 : 10-11 ; 참조. 사 19 : 23-24)뿐만 아니라 사마리아인들과의 분열(슥 11 : 14)과 헬라인들(슥 9 : 13)도 언급되어 있다.

어떻게 스가랴 1-8장에 여러 개의 장들을 덧붙일 수 있었을까? 사실 다소간의 문자적인 접촉(예를 들면, 슥 2 : 10 ; 9 : 9 ; 혹은 2 : 5 ; 9 : 8)을 넘어서서 주제적인 유사성이 있기는 하다. 또한 스가랴 9-14장이 비록 변화된 다른 방법을 사용한다고 할지라도 그 장들은 구원 시대의 시작을 묘사한다 : 예루살렘에 대한 하나님의 보호(슥 9 : 8, 15-6 ; 10 : 6 ; 12장 ; 14장), 백성들의 귀향과 모임(슥 9 : 11-12 ; 북왕국을 포함하는 10 : 6 이하 ; 참조. 렘 3 : 12-13 ; 30-31장), 죄로부터의 해방(슥 13 : 1 이하), 이방 민족들의 무력화(슥 9 : 13 이하 ; 11 : 1 이하 ; 12 : 14), 이스라엘과의 연합(슥 9 : 7 ; 14 : 16 이하), 마지막으로 하나님의 왕권 통치 :

> "야웨께서 천하의 왕이 되시리니
> 그날에는 야웨께서 홀로 한 분이실 것이요
> 그 이름이 홀로 하나이실 것이다"(슥 14 : 9, 16-17 ; 참조. 신 6 : 4).

이방 민족들의 두 번에 걸친 공격에 있어서(슥 12장 ; 14장) 예루살렘이 한 번은 지탱할 수 있었지만(슥 12장), 두 번째에는 그렇지 못했다(슥 14장). 하나님 자신이 다시 한 번 도시 인구의 반을 포로로 끌고 갈 적들을 친히 데려 오신다. 이러한 정화를 위한 심판 기대(슥 13 : 7 이하 ; 14 : 2 이하)와 함께 변형된 — 부분적인 — 양식으로, 후기 예언은 포로기 이전 예언자들의 심판과 구원의 통고를 계승한다. 명확하게 이해할 수 있는 의도를 지닌 본문과 더불어 명확하게 이해하기 어려운 구절들도 있다(슥 11 : 4 이하의 목자에 관한 설교). 예루살렘의 주민들이 애곡하는(슥 12 : 10), "그 찔려 죽은 자”는 하나님의 종의 운명을 떠맡아야만 했던 메시아적인 인물(사 53 : 5)일까? 어쨌든, 하나님의 도움을 의지하며, 군마를 타지 않고 나귀를 타는, 그러나 온 세상을 그의 말씀으로 평화롭게 할 겸허한 왕에 대한 기대가 앞부분에서 지배적으로 나타난다(슥 9 : 9 - 10).

슥 9장 1 - 8절 야웨의 권능의 북방과 서방으로의 확장
(알렉산더 대왕의 개선 행렬의 암시?)
9 - 10절 미래의 평화의 왕에 대하여 기뻐하라는 호소(참조. 마 21장)
11 - 17절 설명적인 구원의 말들 : 귀향, 야웨 전쟁
슥 10장 1 - 2절 하나님으로부터의 축복
3 - 12절 전쟁과 귀향(참조. 슥 9 : 10 이하)
11 : 1 - 3 몰락하는 상류층에 대해 풍자하는 노래(참조. 사 2 : 12 이하 ; 렘 25 : 36 이하)
슥 11 : 4 이하 ; 13 : 7 - 9 소위 목자에 관한 설교(참조. 렘 23장 ; 겔 34장 ; 사 56 : 9 이하)
11 : 4 - 14, 15 - 17 상징 행위, 환상, 알레고리.
희생될 양의 방목.
“은총”과 “연합”의 두 개의 막대기(참조. 겔 37 : 15 이하),
유다인과 사마리아인 사이의 분열의 상징
11 : 13 : 은 30개(마 27 : 3 이하)
13 : 7 이하 남은 자들(3분의 1)의 정화
슥 12장 예루살렘에 대한 이방 민족들의 습격과 그들의 패배.
영의 부어 주심.
“찔려 죽은 자”에 대한 애통(10절 이하)
슥 13장 더러움, 우상 숭배, 그리고 (황홀경)예언으로부터의 해방
슥 14장 이방 민족들의 침략, 도시 점령 이후에야 있을 구원.
예루살렘의 정화(2분의 1 ; 참조. 슥 13 : 7 이하). 신현현.
이방 민족들 중 남은 자들이 야웨를 왕으로서 숭배함(16절 이하).

4. 3장으로 된 **말라기**의 말들은 확실히 열두 소예언서의 마지막을 형성한다. 또한 이 말들은 “야웨께서 말라기를 통하여 이스라엘에게 말씀하신 경

고라"는 표제어에 의하여, 스가랴 9-11장과 스가랴 12-14장과 함께 하나의 모음집으로 또는 편집의 단위로 묶여진다. 비록 학개와 스가랴보다 후대임에도 불구하고 말라기는 스가랴 9-11장보다는 대략 100년 정도 앞선다. 물론 말라기라는 말이 정확히 사람의 이름인지 아니면 한 무명 예언자를 부르는 칭호인지에 대해서는 여전히 논쟁의 여지가 있다: "나의 사자."(참조. 학 1:13; 말 3:1; 2:7)

그의 이름이 불확실한 것과 같이 그의 활동 시기 역시 단지 대략적으로 결정할 수밖에 없다. 말라기는 이미 제2성전(말 1:10; 3:1, 10)의 폐해들에 반대하는 단호한 태도를 취한다(말 1:6 이하). 게다가 대조적으로 (페르시아의) "총독"이 언급되기도 했다(말 1:8). 기원전 587년 예루살렘의 파괴 이후, 에돔에 의해서 유다가 당했던 곤궁은 복구된 듯하다(말 1:3 이하). 혼인에 관한 문제(말 2:10 이하)와 십일조 헌납의 의무(말 3:8 이하)는 어쩌면 에스라와 느헤미야 시대에 대한 강한 암시로서 이해될 수 있다(스 9-10장; 느 13:10 이하, 23 이하). 그러므로 말라기서의 기본층을 기록한 예언자는 기원전 5세기의 전반기나 또는 후반기에 등장한 듯하다.

때에 따라 보다 이전의 예언자들에게서도 발견되고, 제2이사야에서는 빈번하게 발견되는, 논쟁의 말 또는 토론의 말의 양식이 이 책에서는 지배적이다. 질문들(말 1:2-3, 6; 2:10 등)과 인용구들(말 2:17; 3:13-14)은 특징적이다. 예언자는 청중들의 (회의적인) 견해를 화제의 실마리로 삼고 있으며, 자신의 메시지를 질문에 대한 대답으로 전개시킴으로써, 마치 "대화를 통한 (목회적인) 선포"를 하고 있는 것처럼 보인다.

말 1:2-5	나는 너희를 사랑하고 에돔을 미워한다(참조. 겔 35장; 옵; 사 63장). 하나님의 자유에 의한 선택
말 1:6-2:9	제사장들에 대한 고발(말 1:6 이하)과 심판 통고(말 2:1 이하). 흠이 있고 부정한 희생 제물(참조. 신 15:21; 레 22:20 이하) "이방 민족 중에 내 이름이 크게 될 것이다"(말 1:11). 레위인과의 언약(참조. 신 33:8-11)이 파기됨(말 2:4-9)

말 2 : 10-16 이혼(13절 이하)과 혼혈 결혼(11b절, 12절은 첨가 ; 참조. 스 9-10장 ; 느 13장)으로 인한 백성들에 대한 고발
"우리는 한 아버지를 가지지 아니하였느냐?"(말 2 : 10 ; 참조. 말 1 : 6)
"나는 이혼을 미워하노라"(말 2 : 16)

말 2 : 17-3 : 5 공동체의 정화(참조. 슥 5장)
"행악하는 자가 하나님 앞에서 선한가?"(말 2 : 17)
하나님이 심판하러 임하신다(말 3 : 1, 5 ; 참조. 말 2 : 3, 9)
"보라, 내가 내 사자를 보내리니, 그가 내 앞에서 길을 예비할 것이요"(말 3 : 1).
"그의 임하는 날을 누가 능히 당하리요?"(말 3 : 2 ; 욜 2 : 11)

말 3 : 6-12 조건적인 축복의 약속
"내게로 돌아오라 그리하면 나도 너희에게로 돌아가리라"(말 3 : 7 ; 슥 1 : 3)

말 3 : 13-4 : 3 하나님을 경외하는 자들에게 "의로운 태양"이 광선을 발한다.
"너희는 하나님을 섬기는 것이 헛되다고 말한다"(14절 ; 참조. 습 1 : 12).
하나님의 기념책(16절 ; 참조. 출 32 : 32-33 ; 단 12 : 1 ; 시 139 : 16 ; 56 : 8 등).
의인과 악인의 운명(18절 이하 ; 참조. 시 1 : 6)

말 4 : 4, 5-6 12소예언서의 결론.
(예언과 더불어) 모세의 율법을 기억하라는 (신명기사가적) 권고.
엘리야의 다시 옴

말라기는 의심하는 자들에 반대해서 자기 백성에 대한 하나님의 확고한 사랑을 고수한다(말 1 : 2) : 하나님은 이스라엘에게 당신의 위대하심을 증명하실 것이며(말 1 : 5), 물론 자신의 명예도 지키실 것이다(말 1 : 6 ; 2 : 2). 그러므로 말라기는 구원의 기대를 계승하지만, 그러면서도 동시에 심판도 선포한다. 그러나 그 심판 선포는 — 포로기 이전 예언에 비하여 — 공동체 내부의 그룹들로 한정되어 있다. 선택 약속과 구원 약속 다음에 올바르게 희생

제물을 바치지 않은 제사장들에 대한 고발이 따른다. 말라기는 제사장들에 대한 예언자적 비판을 수용하고 있다(호 5 : 1 ; 사 28 : 7 ; 렘 2 : 8 이하). 그러나 그는 예배의 바른 형식을 하나님에 대한 경외심으로 가득 찬 복종으로서 매우 진지하게 받아들인다(말 1 : 6 이하 ; 3 : 6 이하, 3-4절).

그것이 실질적으로 혹은 수사학적으로 형성된 것이든 간에, 학개나 스가랴의 약속이 성취되지 않고 지연된 것에 대한 실망이 대화에서 느껴진다. 그러나 모든 의심에 반대해서 말라기는 바로 하나님의 말씀의 신뢰에 대한 신임을 얻고자 애쓴다(말 3 : 6 이하, 17 이하) : 하나님은 축복과 구원의 약속을 바꾸시지 않고 충실하게 이행하실 것이다(학 2 : 9, 16 ; 슥 8 : 9 이하). 물론 그것은 순종과 경건에 달려 있다. 하나님은 폐해들을 제거하실 것이며, 술수하는 자, 간음하는 자, 거짓 맹세하는 자들 같이 하나님을 두려워하지 않는 행악자들을 공동체로부터 정화시키실 것이다(말 3 : 5 ; 4 : 1 ; 참조. 슥 5장). 반면에 말라기에서는 이방 민족들이 무력하게 되는 것에 대한 희망이 발견되지 않는다(참조. 그러나 보편적인 그리고 아마도 후대의 기대인 말 1 : 11).

하나님은 심판 전에 하나님의 길을 준비하게 할 메신저 — 예언자 자신은 아닌, 미래의 한 인물 — 를 보내신다(말 3 : 1 ; 참조. 사 40 : 3-4). 이 메신저는 열두 소예언서들을 종결하는 첨가 부분에서 돌아올 예언자 엘리야와 동일시되며, 장차 아버지와 자식을 화해시킬 것이다. 세대 간의 조화는 신앙의 계속적인 전달을 위한 근본 조건이 아닐까(출 13 : 8, 14 이하)?

제23장 요엘, 요나

1. 브두엘의 아들, **요엘**의 활동 시기는 책의 표제나 그 밖의 다른 방법을 통해서가 아니라 오직 그의 메시지를 통해서만 추정할 수 있다. 따라서 그의 활동 시기에 대한 견해는 큰 격차를 나타낸다. 여기서는 두 가지 주요 제안만을 언급하고자 한다. 첫 번째로 요엘은 포로기 이전 시기의 후반부로 소급될 수 있다. 그렇다면 그는 구원에 대한 기대로 인하여 동시대인인 예레미야와 대립되었을 것이다. 그러나 그 시기의 격변하는 정치적 상황, 즉 바벨론의 압제나 마지막 왕들의 파란만장한 운명이 이 책에 반영되어 있지 않다. 두 번째로 이스라엘을 흩어지게 하고 이스라엘을 팔아 넘겼던(욜 3 : 2-3, 17) 이방 민족들을 향하여 심판을 선포하는 장면은 아마도 기원전 587년의 파국을 이미 전제하고 있는 듯하다. 게다가 성전(욜 1 : 14 ; 2 : 17)은 이미 성벽을 재건축한 바 있는(욜 2 : 6 이하) 예루살렘의 제2성전을 가리킨다. 고대 예언 선포와의 다양한 언어적 접촉점들 역시 후기 시대의 특징이다.

요엘 3장 16, 18절과 아모스 1장 2절 ; 9장 13절 사이의 일치점들은 요엘서를 아모스서 앞에 놓게 된 원인이 되었다(이 같은 히브리 본문의 순서와는 달리 헬라어 본문에서는 호세아-아모스-미가-요엘-오바댜-요나의 순서로 나온다). 과연 사람들은 보다 오래된 예언을 후대의 정신으로 읽고자 했던 것인가 아니면—후대의 이해에 의해서—그와 같은 연대순으로 배열된 것인가?

요엘은 포로기 이전 문서 예언자들과는 달리 제의를 소중히 여김과 동시에 제사장들을 존중하고 있다(욜 1 : 9, 13-14, 16 ; 2 : 14 이하). 그렇다면 요엘은 "제의 예언자"인가? 이 질문에 명백히 답하기는 어렵다. 왜냐하면 포로기 이후 시대에는 제의가 일반적으로 예언 속에서, 특히 말라기에서 보다 중요하게 다루어지기 때문이다. 실제로 요엘은 말라기와 그다지 멀리 떨어져 있지 않은 기원전 400년경 혹은 기원전 4세기에 활동했다.

요엘서는 대략 두 부분으로 이루어진다(욜 1:1-2:27; 2:28-3:21). 과연 그것들—후대의 산문으로 첨가된 요엘 3장 4-8절을 제외한다면—은 한 저자의 작품으로서, 옛날부터 이 책 전체가 문학적으로 한 권을 형성하고 있었는가? 이에 대하여 적잖은 의심이 공공연하게 일어난다. 그러나 "야웨의 날"이라는 슬로건과 같은 주요 주제들은 다시 반복되고 있다(욜 2:1 이하; 2:31; 3:14; 참조. 욜 2:10; 3:15). 특히 두 부분은 하나님의 인식에 대한 진술로 마무리되며(욜 2:27; 3:17), 그로 인해 이 두 부분은 아주 긴장된 한 단위로 결합되어 있다. 전체 구조는 탄원들(욜 1:4-20; 2:1-17)과 구원 약속들(욜 2:19 이하; 2:28-3:21)로 된 일종의 제의적인 구성을 이루고 있다. 이 같은 구조 속에서 요엘은 포로기-포로기 이후의 예언에서 나타나는 종말론적 기대와 관련된 친밀한 주제들—이방 민족들의 멸망, 예루살렘의 축복, 보호, 그리고 구원—에 관심을 가지고 있긴 하지만 구체적인 동시대의 곤궁에 근거를 두고 있는 점이 특징적이다. 가령 학개(학 1:6 이하; 2:16 이하)가 그의 시대의 빈궁한 경제 상황을 화제의 실마리로 삼았던 것 같이 요엘은 참혹한 메뚜기 심판과 가뭄을 그의 메시지의 출발점으로 삼았다.

A) 욜 1-2장

1:2-20 메뚜기 심판과 가뭄에 대한 탄원

2-3절	거듭해서 후세대들에게 전할 것을 촉구함: 빈궁(4절)과 야웨를 통한 구원(욜 2:18)
5-14절	백성의 탄원을 촉구하는 외침
15절	탄원의 외침 "야웨의 날이 가깝도다!"(습 1:7; 사 13:6 등)
16-18절	"우리"-그룹의 탄원
19-20절	기도의 선구자인 예언자의 기도("내가 당신께 부르

짖으리니")

2장 새로운 탄원과 기도를 들으심.
- 1-2절 비상 경보: 야웨의 날이 이르렀다(참조. 습 1 : 14-15).
- 3-11절 적의 묘사
- 12-14절 회개 촉구
- 15-17절 백성의 탄원을 촉구하는 새로운 외침
- 18절 빈궁의 전환
- 19-20절 하나님의 응답(응답의 신탁[Erhörungsorakel]) : 축복, "북방 군대"를 축출함(메뚜기 떼, 군대? ; 참조. 렘 1 : 14-15).
- 21-24절 기쁨과 감사를 촉구하는 외침
- 25-27절 목표로서의 하나님 인식을 포함하는 새로운 구원 약속(욜 2 : 27 ; 3 : 17)

B) 욜 2 : 28-3 : 21

2 : 28-32 영을 부어 주심(28-29절).
하늘과 땅에서의 표적(30-31절), 예루살렘에서의 구원(참조. 옵 17절)

3장 예루살렘에서 이방 민족들을 심판함(참조. 사 17 : 12 이하; 29 : 5 이하; 겔 38-39장; 슥 12장; 14장).
- 4-8절 산문으로 된 삽입
- 18-21절 궁극적인 하나님의 인식에 대한 진술인 요엘 3 : 17 뒤에 추가된 내용

이야기의 틀(욜 1 : 4 ; 2 : 18-19) 안에는 이중의 탄원이 회개 촉구와 함께 내재해 있다. 광범위하면서도 그 자체로 분류될 수 있는 금식과 민족의 탄원을 촉구하는 외침(참조. 슥 7-8장 ; 사 63장)은 빈궁(욜 1 : 4)에 대한 도입부의 세밀한 보고와 연관되어 있다. 현재의 곤경에서 요엘은 "시대의 징조", 즉 최후 심판의 전조를 바라보고 있다: "야웨의 날이 가깝도다!"(욜 1 : 15 ; 2 : 31 ; 참조. 이미 암 5 : 18 이하에서 ; 사 2 : 12 이하; 특히 습 1 : 7

이하) 이러한 종말론적인 관점에서 요엘은 두 번째로 백성의 탄원을 촉구한다: 하나님에 의해 동원된 적군이 예루살렘에 접근하고 있다! 여기에서 메뚜기 재앙은 이미 예상된 이방 민족들의 습격(사 5:26 이하; 렘 4-6장; 겔 38-39장; 특히 사 13장)이라는 주제와 더불어 상세히 그려지고 있으며, 동시에 종말론적-묵시적인 사건으로 비춰지고 있다: "야웨의 날이 크고 심히 두렵도다. 누가 그날을 견디어 낼 수 있겠는가?"(욜 2:11; 2:31; 말 3:2) 회개 촉구는 구원의 가능성을 열고 있다:

"너희의 옷들을 찢지 말고 마음들을 찢고
너희 하나님 야웨께로 돌아오라!
왜냐하면 그는 은혜로우시고 자비로우시며,
관대하시며 인애가 크시사
심판을 후회하실 것이라.
그가 혹시 그것을 후회하시고 …"
(욜 2:13-14; 참조. 욘 3:8 이하; 또한 출 34:6-7 등).

이 회개 촉구는 명백하게 준수되었는가? 아무튼 상황의 변화가 간략하게 묘사되어 있다: 야웨는 그의 땅과 백성에 대한 동정으로 인해 "질투하시며"(참조. 슥 1:14; 8:2), 구원과 새로운 축복, 그리고 잃은 것들의 회복을 약속하신다: "내 백성이 다시는 결코 망하지 않으리라"(욜 2:18-19). 탄원, 회개 촉구, 들으심, 구원 약속이라는 전체 사건의 진행은 다음 세대들을 위해 전수시킬 만한 가치가 인정될 만큼 특별한 것으로 간주되었다(욜 1:2-3).

첫 번째 부분의 구원 약속들(욜 2:19-20, 25-27)은 책의 두 번째 부분(욜 2:28-3:21)의 예언에서 폭넓게 발전된다. 영의 강림은 연령이나 성별 혹은 사회적 지위와 관계없이 모든 사람들에게 예언의 은사, 직접적인 하나님과의 교통, 그리고 미래에 대한 선언을 부여한다:

"그 후에 이런 일이 일어나리니:
내가 나의 영을 모든 육체 위에 부어 주리라.
너희 아들들과 너희 딸들은 예언할 것이며,

너희 노인들은 꿈을 꾸고,
너희 젊은이들은 환상을 볼 것이라.
그 때에 내가 또 남종들과 여종들 위에
내 영을 부어 주리라"
(욜 2 : 28-29 ; 행 2장은 이것을 보편적으로 해석한다).

하나님은 이방 민족들을 그들의 죄로 인하여 예루살렘으로 이끄신다: "내가 거기 앉아서 사면의 모든 열방을 다 심판하리로다"(욜 3 : 2, 12). 한 분이신 하나님(욜 2 : 27)은 메뚜기 심판과 가뭄을 그치신 것과 같이 최후 심판 때에 그의 성전을 보호하실 것이다. "야웨의 이름을 부르는" 자는 누구든지 불가침의 예루살렘에서 구원을 얻게 된다(욜 2 : 32 ; 3 : 16 이하 ; 참조. 시 46편 ; 48편).

2. 요엘과 대략 동시대나 혹은 보다 후대에 기원한 **요나 소책자**의 희망은 훨씬 더 확대된다. 요나서는 열두 소예언서 가운데서 아주 독특한 종류의 책으로서, 예언자 말씀의 모음집(참조. 단지 욘 3 : 4)이 아니라, 오히려 산문으로 된 예언자에 관한 이야기이다. 그 이야기는 때때로 본문에서 엘리야 이야기들과 같이 문서 예언 이전의 전승 양식이나 예레미야서의 3인칭 보도와 관련되어 있다. 정교한 문학 형태로 볼 때, 요나서는 욥기의 서론 및 결론부의 틀을 이루는 이야기 혹은 룻기나 에스더서와 더 밀접하다. 사람들은 요나서를 교훈적인 성격과 더불어 풍자적인 성향(특히 욘 4장에서)을 가진 소설(Novelle)이라 부른다. 그것은 몇몇의 개별 장면들로 이루어져 있다. 불순종하는 요나가 야웨께 대항하는 세 장면들(욘 1 : 1-3 ; 1 : 17-3 : 3 ; 4 : 1-11)은 예언자가 이방인들을 만나고, 그들의 행동으로 인해 수치를 느끼게 되는 두 장면들(욘 1 : 4-16 ; 3 : 4-10)의 전후 사이에 각각 배치되어 있다. 사람들과 그들의 행동은 이상형의 모습을 나타낸다: 니느웨의 "죄악성"은 세계적인 대도시의 행동을 보여 주며(욘 1 : 2 ; 3 : 2-3, 8 ; 4 : 11 ; 참조. 창 10 : 12), 동시에 요나는 이방인들을 향한 하나님의 자유로운 자비(욘 4 : 2)를 이해해야 하는 이스라엘의 청중 혹은 독자를 대변한다.

열왕기하 14장 25절에 따르면, 이 구절 외에는 알려진 바가 없는 아밋대의 아들 예언자 요나는 북왕국의 왕 여로보암 II세(기원전 787-747년)가 빼앗겼던 영토를 재탈환할 것이라 예언하고 있다. 이토록 "민족주의적인 구원 예언자"가 포로기 이후 시대의 후반부에 이르러 이방인들을 향한 하나님의 자비를 내용으로 하는 교훈적인 이야기의 "주인공"이 되었다. "비둘기"라는 뜻의 요나의 이름은 경박하고도 무분별한 그의 태도를 이미 암시하고 있는 것인가? 열왕기하의 요나가 대략 예언자 아모스와 동시대에 살았기 때문에, 비록 그 소책자가 기원전 4세기 혹은 3세기에 비로소 생성되었음에도 불구하고, 열두 소예언서 중에서도 매우 앞선 위치에 배열될 수 있었다. 책의 두 부분(욘 1-2장 ; 3-4장)사이에는 신명(神名)의 사용과 같이 명백한 긴장이 발견되며, 사람들은 이것을 문학비평적으로 해결하려고 노력했다. 비록 이 책이 선재하는 다양한 전승들과 이야기의 소재들(예를 들면, 물고기 뱃속에 갇힌 사람 등)을 수용하고 있다 할지라도, 이 책은 문학적으로 오히려 통일성을 갖추고 있다.

욘 1-2장	바다로
1:1-3	서론: 위임과 도주
1:4-16	배 위에서: 폭풍의 위험으로부터 바람이 멎을 때까지
1:17-2:10	물고기 뱃속에서 삼일 삼야를 보낸 요나
	2-9절 감사시(아마도 첨가일 것이다)
욘 3-4장	육지에서
3장	새로운 명령(1-3절), 니느웨에서의 선포(4절), 사람과 짐승의 회개 금식(5-9절)과 하나님의 후회(10절)
4장	하나님의 은혜에 대한 요나의 분노

예레미야서의 후대층에서는 이방 민족들을 향한 하나님의 행동이 숙고되고 있으며, 그들을 향해 선포되는 위협과 약속은 서로 대조적이다. 더불어 매우 일반적이고 원칙적인, 이미 조금은 판에 박힌 듯한 판정이 내려지고 있다. 위협의 경우에서는 다음과 같이 말하고 있다:

> "내가 언젠가 어느 민족이나 왕국을 뽑거나 … 멸하기를 위협한다고 하자. 그러나 이 민족이 그의 악에서 돌이키면 …, 내가 그 위에 내리기로 결심했던 심판을 후회하리라"(렘 18 : 7–8).

요나 소책자는 그의 행동을 통해서 보다 강하게 표현되는 하나님의 자유로움("어쩌면" 욘 1 : 6 ; 3 : 9)을 확산시키기 위하여, 그리고 이기적인 이스라엘을 비난하기 위하여, 본보기가 될 만한 이야기를 통하여 이 같은 가능성을 눈앞에 제시하고 있다.

하나님은 요나에게 세계적 대도시인 니느웨를 향하여 외칠 것을 위임하셨다. 왜냐하면 그들의 악이 하늘에 이르렀기 때문이다. 그러나 예언자는 하나님께 순종하는(암 3 : 8) 대신에 "야웨를 떠나" (스페인의?) 다시스로 향하는 배를 타고, 가장 먼 곳으로 달아나고 있다. 그러나 누구든지 하나님으로부터 피하여 달아날 수는 없다(시 139 : 7 이하). 야웨 – 요나 – 니느웨라는 삼각 관계는 배 위의 장면에서 예비된다. 사람들의 반응과 더불어 잡다한 종교적 혼합성을 보여 주는 선원들의 모습은 세계적인 대도시의 행동을 미리 보여 주고 있다. 각자가 불안과 곤경 속에서 "자신의 신을 부를"(욘 1 : 5) 때에, 그 선원들은 가장 이상적으로 행동하고 있다. 실로 선원들은 그의 하나님을 부르지도 않고, 그의 죄를 자백하지도 않는 완고한 요나를 통하여 오히려 그들이 야웨를 시인하게 되었고, 창조자에 대한 요나의 이해를 어느 정도 공유했다(욘 1 : 9, 16).

마침내 그 선원들은 단지 요나를 물 속에 던짐으로써 맹렬한 폭풍우를 피할 수 있었다. 그러자 야웨의 명령에 따라 "큰 물고기"가 요나를 삼켰고, 세 번의 낮과 밤을 보낸 후에 다시 육지에 그를 토해 내었다(욘 1 : 17 – 2 : 10). 야웨의 위임이 요나에게 두 번째로 임하자(욘 3 : 1 – 3), 그는 경험을 통해 깨달은 바대로 더 이상 반항하지 않았다. 그는 그의 메시지를 놀랍게도 너무나 간단히 제시하고 있다 : "사십 일 안으로 니느웨가 멸망하리라." 그 도시에는 소돔과 고모라의 운명이 임박해 있었다. 그러나 무조건적인 심판 통고는 40일이라는 유예 기간을 허락했다. 그러한 위협이 "신앙"을 불러일으켰다. 혹시 하나님이 다시 한 번 심판을 취소하시고 그의 분노를 그치심으로 "우리로 멸망치 않게 하시리라"(욘 3 : 9 ; 1 : 6 ; 참조. 욜 2 : 13-14)는 희망을 품은 채, 왕 자신이(렘 36장과는 달리) 회개 의식을 따르며, 사람과 짐승에게 금식과 함께 상복 기간을 선포하고 악으로부터 돌이킬 것을 촉구했다. 예언자의 말에 대한 반응을 통해 볼 때, 니느웨는 감히 도달할 수 없는 이스라엘의 본보기가 되었다(참조. 단지 겔 3 : 4 이하).

설교의 영향력은 요나를 당황하게 했다. 그가 도시 앞에서 하나님과 홀로 있게 되는 마지막 장면에서, 요나는 불평을 토로했고, 나중에는 애초부터 완고했던 그의 행동을 드러냈다. 요나는 하나님 대신 진노하고 있다(욘 3 : 9-10). 더군다나 그는 하나님의 후회와 동정에 대해 화를 내고 있는 것이다(욘 4 : 2). 하나님은 그림자를 만들어 주는 박넝쿨을 자라게 하시고 또한 말라죽게 하심과 같이 문제를 제기함으로써 요나의 생각을 바꾸려고 시도하셨지만, 요나는 하나님의 자비에 대하여 계속해서 반항하며 오히려 죽기를 원했다(참조. 왕상 19 : 4). 이 이야기는 하나의 질문을 던진 채로 끝나고 있는데, 이것은 결론을 유보함으로써 생각의 여지를 남기기 위한 것이다. 한편으로 이 작은 책은 하나님의 백성에게 이의를 제기하고 있다 : "이스라엘 중 누구에게도 이 같은 믿음을 찾아보지 못했노라"(마 8 : 10 ; 참조. 마 12 : 41). 다른 한편으로 이 책은 이스라엘에게 이방인들을 향한 하나님의 자비를 이해시키기 위해 노력하고 있다.

제24장 다니엘

1. 분명히 구약의 어떤 문학 작품도 세계 4대 제국에 대한 가르침(단 2장; 7장)이나 인자에 대한 기대(단 7 : 13-14)를 포함하고 있는 다니엘서만큼 그렇게 큰 영향을 끼칠 수는 없었다. 다니엘서는 바벨론 제국에서 메데-페르시아 제국으로 넘어가는 변화의 시기를 다루고 있다. 그러나 그 시대, 왕위의 계승, 그리고 왕국들에 대한 역사적 정보들은 부분적으로는 부정확하고 신뢰할 수 없는 것들이다(단 5 : 1, 30-31 ; 9 : 1 등). 이에 반해 알렉산더 대왕의 원정 이후의 사건들을 조망하는 진술들(단 11 : 3-4)은 보다 정확하다. 환상적이거나 역사적인 표현들은 기원전 167년에 예루살렘의 제의를 중단시키고(단 8 : 12-13 ; 9 : 27 ; 11 : 31, 36-37 ; 12 : 11) 유대교를 폭력적으로 헬레니즘화 하려 했던 **안티오쿠스 IV세 에피파네스**(Antiochus' IV. Epiphanes)를 (단 2 : 41 이하 ; 7 : 8, 20 이하 ; 8 : 9 이하, 23 이하 ; 9 : 26 이하 ; 11 : 21 이하) 계속해서 염두에 두고 있다. 결국 유대교 신앙의 존속이 문제가 되었던 극심한 위기의 시대에 다니엘서의 저자는 기원전 165년경 이 책을 기록하게 되었다. 더욱이 그는 마카비 반란(166년부터)을 경험하긴 했지만, 그 전쟁은 그에게 있어서 "작은 도움"(단 11 : 34)에 지나지 않았다. 왜냐하면 그는 하나님 자신이 인도하시는 결정적인 구원을 기대했기 때문이다. 성전의 재봉헌(기원전 164년의 하누카 축제의 기념과 더불어)이나 안티오쿠스 IV세의 죽음(기원전 163년)이 다니엘서에서는 더 이상 반영되어 있지 않다(참조. 다른 형태를 가진 예언인 단 11 : 40 이하).

이 같은 투쟁 속에 유대교는 헬레니즘에 동조하는 자들과 박해 가운데서도 진실되게 신앙을 고수하는 그룹으로 나뉘었다(단 11 : 32 이하). 아마도 다니엘서의 저자는 비상시에는 순교까지도 각오한(단 11 : 33, 35), 오직— "인간의 협력아 아닌"(단 2 : 34, 45)— 하나님의 통치의 실현을 희망하는 "경건한 자들"(하시딤[Chassidim] ; 마카비전서 2 : 42 ; 7 : 13)의 무리인 "지혜로운 자"(단 11 : 33 ; 12 : 3)에 속하였을 것이다.

다니엘서가 (히브리어) 예언서 정경에 포함되지 않고, "성문서"로 간주되었다는 것은 이 책의 생성이 늦었기 때문이다. 헬라어 역본들과 그것을 따르는 역본들에 가서야 비로소 이 책이 예언서에 포함되었다(참조. 마 24 : 15). 내용적으로 예언서와 적절한 상호 관련성을 갖기 때문에 이 책이 예언서에 포함되었던 것이다.

헬라어역 다니엘서에는 4개의 광범위한— 외경— 보충들이 덧붙여 있다. 3장에는 다니엘 9장 4절 이하의 백성의 탄원시를 연상시키는 아사랴(Asarja)의 기도와 용광로에서의 세 청년의 노래가 결합되어 있다. 이 책의 결말에는 보다 방대한 두 개의 첨가물이 첨부되어 있다 : 한 가지는 우상 숭배를 조롱하는 벨(Bel)과 용에 대한 이야기이며, 다른 한 가지는 다니엘의 지혜를 찬양하는 수산나(Susanna) 이야기이다.

2. 마카비 시대 초기에 활동했던 저자는 표현상 옛날부터 의롭고 지혜롭다고 여겨지던 한 사람의 이름을 사용했고(겔 14 : 14, 20 ; 28 : 3 ; 우가릿에서도 알려져 있다), 그를 대략 느부갓네살로부터 고레스에 이르는 포로기에 등장시켰다. 이 책의 처음 절반(단 1-6장)에는 다니엘을 3인칭으로 말하는 이야기나 전설들이 기록되어 있는 반면에, 두 번째 절반의 환상들(단 7-12장)에서는 아주 짧은 진술(단 7 : 1 ; 10 : 1) 이후로 다니엘 자신이 직접 1인칭으로 말하는 저자로 등장한다. 바로 그 다음에 이 책에서는 **익명(Anonymität)으로부터**— 보다 후대의— 묵시사상의 특징(아브라함, 바룩, 에녹, 에스라 등)인 **가명(Pseudonymität)으로의 전환**이 일어난다. 역사의 과정은 묵시문학가의 현재까지, 그리고 도래할 미래까지 이르고 이는 오래 전부터 이미 예언되었으며, 또한 예정된 사건들의 연속이기 때문에, 포로기의 다니엘에게는 그의 미래에 대한 지식을 비밀로 지킬 것이 요구된다(단 12 : 4, 9 ; 8 : 26).

전체 구성의 명백한 불균형에서도 알 수 있는 바와 같이, 첫 번째 "자서전적인" 책의 부분에서 그 저자는 보다 오래된 이야기 소재를 사용하고 있다. 이 이야기의 내용들은 안티오쿠스 IV세의 박해에 대해서는 아직 아무것도 알지 못하고 있다. 그렇다면 이 이야기의 소재는 개별적인 이야기들(대략 단 3장; 4-5장; 6장)로서 구두로 전승된 것인가 아니면 하나의 수집물로 이미 통합된 것이었는가?

다니엘 1장 도입부의 상황 묘사가 히브리어로 기록되어 있는 반면, 바로 그 다음에 등장하는—이미 선재했었던—커다란 중간 부분이 눈에 띄도록 아람어로 기록되어 있다는 사실 역시도 고대의 이야기가 전승되었음을 알려주는 증거물이 된다. 그러나 이 저자는 연설의 시작 부분에서만 표현적으로 아람어를 사용함으로써(단 2:4b; 참조. 스 4:8) 언어를 교체 사용한다. 또한 공통적인 주제를 표현하고 있는 2장과 7장은 중간의 이야기들을 뛰어 넘어서 공통된 언어를 통해 상호 결부되고 있다(O. Plöger).

다니엘서는 이야기나 환상과 환청 혹은 개별적인 주제나 에스겔을 연상시키는, 계시에 대한 예언자의 반응을 나타내는 표현 등의 예언 전통들을 이미 사용한다(단 9:3; 10:2-3, 8 이하, 15). 이미 스가랴의 환상에서 해석 천사가 하나님과 예언자 사이의 중재자로 등장했다면, 이제 다니엘서에서 중재하는 천사(단 4:10; 7:16)는 가브리엘(단 8:15 이하; 9:21 이하)이라는 이름까지 가지고 있다. 이방 민족들의 천사, 즉 지상 세력들을 대변하는 천상의 변호자 가운데 미가엘은 이스라엘을 보호하고 수호하는 자로서 전력을 다한다(단 10:13, 20-21; 12:1). 무엇보다도 다니엘서는 예언자들과는 달리 미래를 이미 계산하고 있음에도 불구하고 (후대의) 예언자적인 종말론을 생생하게 유지하고 있다. 안티오쿠스 IV세의 성전 모독 사건 이후 아주 짧은, 즉 대략 3년 반 이후에 일어나게 될 종말의 시간을 규정했던 사실은 환상의 진행 속에서 보다 명확해진다(단 7:25; 8:14; 9:24 이하; 12:7). 그러나 결국 실제적인 역사의 진행을 토대로—저자 자신에 의해서 혹은 제3자에 의해서?—약간 교정되었다(단 12:11-12).

3. 다니엘서는 지혜의 표상들(단 1:17, 20; 2:20 이하 등)과 더불어 예언자의 전승들을 계승하고 있으며, 동시에 보다 엄격한 의미에서 묵시 문

학(die apokalyptische Litaratur)의 시작을 이루고 있다(그러나 아마도 외경인 에녹서의 일부분들은 보다 오래된 것들이다). "묵시"(Apokalypse)란 이름은 역사의 끝과 과정에 대한 "폭로, 계시"를 주요 내용으로 삼고 있다. 물론 후대의 예언으로부터 묵시로 이행되는 과정이 상당히 매끄럽기 때문에, 확고한 단계를 명확히 결정하기란 불가능하다. 곡(Gog)의 침입과 멸망에 대한 예언(겔 38-39장), 밤에 이루어지는 스가랴의 환상(슥 1-6장), 요엘서와 제3스가랴서(슥 12-14장)에 나타나는 야웨의 날에 대한 기다림, 새 하늘과 새 땅에 대한 희망(사 65 : 17 ; 66 : 22)과 이사야 묵시록(사 24-27장)에 있는 세계적인 심판에 대한 통고 등에서 이 세계에서의 하나님의 권능의 실현을 문제 삼음으로써 묵시 사상은 이미 준비되고 있었다.

이사야서의 이방 민족들에 대한 신탁 다음에 부록으로 나오는 이사야 24-27장은 비이사야적인 단락으로 비록 이미 확실한 묵시문학적 주제(사 24 : 21-22 ; 26 : 19 ; 27 : 1 등)를 표현하고 있음에도 불구하고, 엄격한 의미에서는 아직 묵시로 볼 수 없다. 때때로 포로기 이후의 예언에서 보는 바와 같이 보다 이전의 예언 문헌이 전제되어 있으나, 지금은 우주적인 지평 안에서 현실화된다. 이 단일체는 개별적으로 쉽게 관찰할 수 없는, 점진적인 성장의 구조물이다. 적어도 사람들은 (B. Duhm 이래로) 종말론적인 기대들(사 24 : 1 이하, 16 이하 등)과 대부분 이름이 없는 도시의 멸망을 그리고 있는—후대에 보충된?—노래들(사 24 : 10 이하 ; 25 : 1 이하 ; 26 : 1 이하 등)을 구분한다. 신학적으로 가장 중요한 것은 아마도 아주 후대의 부분들인 이사야 24장 21-23절과 25장 6-8절에서 발견된다. 이 부분들은 모든 민족들을 포함하고 있으며, 더욱이 하나님의 왕권 통치에 대한 희망을 우주로 확장시킨다. 하나님의 우주적 통치는—아마도 가장 최후의 시대에 첨가된 것으로서(사 25 : 8 ; 참조. 사 26 : 19)—죽음까지도 정복할 수 있는 것이다.

4. 다니엘서의 본래 주제는 세상의 통치와 하나님의 통치와의 관계이다. 만약 첫 번째 부분의 이야기들이 세상의 통치자에 의한 하나님 인정, 따라서 현재적인 **하나님의 통치권**에 대한 신앙고백을 목적으로 하고 있다면(단 2 : 46-47 ; 4 : 3 ; 4 : 22-23, 31 이하 ; 5 : 18 이하 ; 6 : 25 이하 ; 참조. 시 145 : 13), 두 번째 부분은 세속적-정치적인 세력을 종식시킬(단 2 : 44 ;

7 : 27 ; 9 : 24 ; 11 : 40 이하) 곧 닥쳐올 하나님의 왕권 통치의 시작을 통고하고 있다. 여기에서는 "마지막 날"에 대한 질문이 핵심적이다(단 2 : 28 ; 8 : 17 이하 ; 10 : 14 ; 12 : 6, 13). 왜냐하면 세계의 시간은 시한부적인 것이기 때문이다(단 11 : 24 이하). 변화하는 미래와 현재의 관계를 통해 묵시문학가는 박해당하고 있는 그의 동시대인들을 위로할 뿐 아니라, 신앙의 정절을 지키고, 희망을 품으며, 인내하며 기다릴 것을 촉구하고자 한다.

I. 단 1-6장 3인칭으로 된 다니엘에 대한 이야기 및 전설

a) 느부갓네살의 시대

1장 바벨론 왕궁에서의 다니엘과 세 친구들의 양육

2장 세계적 국가들의 종말에 대해서 : 다양한 금속들로 된 신상과 파괴적인 돌에 대한 느부갓네살의 꿈

3장 신앙의 정절에 대하여 : 다니엘의 세 친구의 풀무불로부터의 구원

4장 세상 통치자의 굴복에 대하여 : 잘려진 세계적인 나무에 대한 널리 알려진 느부갓네살의 꿈(단 3 : 31-4 : 34)

b) 벨사살의 시대

5장 이 통치자에 대한 징계에 관하여 : 벨사살이 향연 중 성전기명들의 모독에 의한 "메네데겔" 비문

c) "메데인" 다리오의 시대

6장 다니엘의 신앙의 정절에 대하여 : 사자굴에서의 구원

II. 단 7-12장 다니엘의 1인칭 보고인 환상

a) 여전히 벨사살의 시대

7장 네 마리 동물들, 하나님의 심판, 그리고 인자

8장 숫양(페르시아인들)과 수염소(알렉산더 대왕) 사이의 전쟁

b) "메데인" 다리오의 시대

9장 "70년"에 대한 예레미야의 말을 70주로 해석

c) 페르시아 왕, 고레스의 시대

10-12장 종결 환상

10장 큰 강(유프라테스 강)가에서 천사와의 대화

11장 고레스로부터 안티오쿠스 IV세까지에 대한 예언 형태로 된 역사 회고.
마지막 때의 심판(단 11 : 40 이하)과 구원 (단 12 : 1 이하)

12장 부활. 종말에 대한 확신

다니엘서는 이스라엘이 정치적인 독립성을 상실한 시대의 이스라엘 역사를 고찰함으로써 시작된다. 여호야김 통치 제3년에—기원전 597년 제1차 추방을 의미한다—벨드사살이라고 불리우는 다니엘은 예루살렘에서 바벨론으로 유배되었다. 외국 이름으로는 각각 사드락, 메삭, 아벳느고라고 불리우는 다니엘의 영리한 세 친구인 하나냐, 미가엘, 아사랴와 마찬가지로(단 1 : 6 ; 2 : 26), 다니엘 역시 느부갓네살의 왕궁에서 갈대아 내지는 바벨론의 언어와 지혜를 교육받았다. 음식 계명들을 엄격하게 지켰음에도 불구하고, 네 명 모두는 다른 사람들보다 우월했다고 보도된다(단 1장). 느부갓네살이 꿈을 꾸고 나서 불안해 하는 동안 그는 그의 갈대아의 지혜자들에게 그 꿈을 해석할 뿐만 아니라 무엇보다도 그 꿈의 내용 자체를 맞춰 보도록 요구했다. 그 지혜자들의 반문이 나올 때에 이 책은 아람어로 바뀐다(단 2 : 4b). 그 명령이 그들에게는 너무나 어려운 것으로 결론 내려지는 반면, 다니엘과 그의 친구들은 "비밀들을 폭로하시는 하늘에 계신 하나님의 계시를 통해 그 두 가지 과제를 해결할 수 있었다"(단 2 : 28, 22, 47 ; 4 : 9 ; 5 : 1 이하 ; 참조. 창 41 : 16, 38) : 꿈의 내용은 머리부터 발끝까지 금, 은, 동, 그리고 철과 진흙으로 구성된 입상이었다. 그 입상은 사람의 손으로 던져지지 않은 돌 한 개를 맞고 파괴되었다. 그리고 그 돌은 바위로 점점 팽창하더니 "곧 온 세계에 충만해졌다"(단 2 : 31-35). 그 입상은 4개의 연이은 세계 제국을 상징한 것이다(순서상) : 바벨론 – 메데 – 페르시아 – 프톨레미/셀류키스 왕가(마지막 제국을 로마로 인식하는, 보다 후대의 해석이 역사적으로 더 유력하다 : 앗수르/바벨론 – 메데/페르시아 – 그리스 – 로마). 반석으로 묘사되는 하나님의 왕국은 이 모든 나라를 쳐서 멸하시며, 영원히 설 것이다(단 2 : 44).

만약 다니엘의 꿈 해석이 다니엘 4 – 5장의 사건들을 선취하는 것이라면, 2장의 입상 비유와 의도는 7장을 강하게 연상시킨다. 그 거대한 입상에서 세계의 역사(포로기 이후)는 인간의 형상으로 나타나고, 그 네 제국들의 순서는 그들의 가치를 추정케 하는 금속들에 의해 구체화된다. 여기에서 또는 정치적 세력들이 동물로서 등장하는 다니엘 7장과 8장의 묘사에서 다니엘서는 고대 근동의 표상들을 수용하고 있다.

이방 통치자인 느부갓네살은 다니엘의 하나님께 경의를 표하고 다니엘을 그의 세 친구와 함께 고위직 관리로 임용했다(단 2장). 이어지는 장면에서는 이 세 친구들만이 — 포로기 시대의 이스라엘의 대표자들과 모범으로서 — 신앙의 정절과 신앙고백자의 지조를 시험받게 된다. 느부갓네살에 의해 세워진 금으로 된 입상 숭배를 그들이 거부했기 때문에(제1계명과 제2계명의 위반), 그들은 풀무불에 던져졌지만, 그러나 그들은 불에 타지 않았고 "신의 아들과 같은"(단 3 : 25) 한 천상적 존재에 의해 보호받는다. 이전과 같이 느부갓네살은 "능히 구원하실 수 있는" 하나님(단 3 : 17, 29 ; 6 : 27)을 찬양한다. "지극히 높으신 하나님"(단 4 : 2 – 3)에 대한 경험들 때문에, 느부갓네살은 한 칙령에서 그루터기까지 베어진 세계의 나무에 관한 자신의 꿈을 모든 민족들에게 알린다. 다니엘이 해석하듯이 그 꿈은 느부갓네살의 운명을 선취하는 것이었다 : 그 교만한 왕(단 4 : 30)은 그가 인간에게 통치권을 주시고, 높이기도 하시고 낮추기도 하시는(단 4 : 32 ; 5 : 18 – 19) 하늘의 주를 시인하고 그것에 따라 그의 권력을 다시 얻을 때까지 한 마리의 짐승처럼 살아야만 한다(단 4 : 26, 34 이하). 그리고 그와 같은 사건이 일어난다.

다니엘 4장에서는 기이한 행동을 보여 주었던 바벨론 최후의 왕인 나보니두스

(Nabonid)의 이야기 소재(참조. 쿰란에서 발견된 "나보니두스의 기도")를 느부갓네살에게 전용하고 있는 것처럼 보인다. 이를 통해서, 나보니두스가 몇 년가량 부재하는 동안 바벨론을 대리 통치했던 벨사살(단 5 : 1 ; 7 : 1 ; 8 : 1)이 오히려 다니엘서에서는 잠정 기간의 통치 사실이 무시되고 약 30년 정도가 단축되어 느부갓네살의 후계자 및 왕으로 묘사되는 사실도 설명될 수 있다.

느부갓네살이 은혜를 되찾은 반면에 "왕" 벨사살은 더 이상 은혜를 얻지 못한다. 향연에서 그가 예루살렘으로부터 탈취해 온 성전의 기명들로 술을 마실 때 신비하게 한 손이 나타나 벽에 몇 단어들을 쓴다. 또다시 왕의 지혜자들은 아무런 역할도 하지 못했다(단 2 : 5 이하 ; 4 : 6-7 ; 5 : 8, 15 ; 참조. 출 9 : 11 P). 해석뿐만 아니라 읽는 것조차도 다니엘에게만 가능할 뿐이다: 메네, 메네, 데겔, 우바르신(mene, mene, tekel ufarsin) — 본래는 분명히 세 가지 화폐 단위인 "미네, 쉐겔, 그리고 (그것의) 조각들" — 은 "계수되고, 저울질되고 그리고 나뉘어졌다"라고 해석된다. 즉 바벨론 통치의 끝이 가까이 왔고, 바벨론 왕국은 메데와 페르시아로 나뉘어질 것이다(단 5장).

벨사살의 죽음 이후에 권력은 메데인 다리오(단 6 : 1)에게 넘어간다. 역사적으로 보면 그 왕은 페르시아인이지 메데인은 아니다. 또한 아하수에로의 아들이 아니라(단 9 : 1), 그의 아버지이며 고레스의 후계자이다(단 10 : 1). 다리오는 궁중 관료들에게 설득 당함으로써, — 신적인 왕 이외에 — 하나님께 드리는 한 달 동안의 기도를 금지하는, 문서화되어 무효화할 수 없는(단 6 : 8, 15 ; 에 1 : 19 ; 8 : 8) 명령을 내린다. 신앙에 있어서 충실한 다니엘은 사자굴에 내던져지지만 — 이미 그의 세 친구들이 풀무불에서 그랬던 것처럼 — 구원받는다. 그 때문에 다리오는 그의 모든 통치 영역에 "권세가 무궁하신" "살아 계신 하나님"을 경외하라는 명령을 반포한다(단 6 : 26 ; 4 : 3 ; 4 : 34).

다니엘 2장에서처럼 4개의 세계 국가들을 구현하고 있는 4마리 동물에 대한 다니엘의 환상(단 7장)은 이야기체에서 1인칭 양식의 환상으로 전환되는 시점일 뿐만 아니라, 이 책의 중심 부분이기도 하다. 다니엘 2장과 7장은 7장에서 마지막으로 아람어가 사용된 것뿐만 아니라 비슷한 주제 때문에도 서로 연결된다. 이미 다니엘 2장에서 들을 수 있는 "끝"에 대한 질문은 이 책의 두 번째 부분에서도 지배적이다. 독수리의 날개를 가진 사자, 곰, 그리고 날개 달린 표범 이후에 10개 내지 11개의 뿔을 가진 한 동물이 등장한다. 그 동물은 하나님의, 즉 "옛적부터 계신 분"의 심판대로부터 흘러나온 불의 강으로 인해 죽임을 당한다. (단 2장에 따르면) 거대한 입상을 쳐부수고, 세계 국가들을 파멸시키는 하나님의 나라를 상징하는 그 돌이—그 동물들과 반대로—여기에서는 하나님의 심판 이후 최초로 인간의 형상으로 나타난다. "인자(Menschensohn)와 같은 이"가 "하늘의 구름을 타고" 오신다. 그리고 그에게 영원한 통치권이 주어진다(단 7 : 13-14). 그는 한 개인으로 표현되었고, 그는 역시 신약이나 에녹서에서도 그와 같이 (즉 한 개인으로서) 이해되었다. 그러나 이상한 점은 "인자"가 환상의 해석 부분에서는 집합적인 무리들, 즉 다시 그 왕국을 차지하는 "지극히 높으신 분의 거룩한 자들"(단 7 : 18 이하)과 동일시된다. 그들은 천상적 존재들이거나 선택받은 혹은 (보다 제한적으로는) 여전히 신앙의 정절을 지키고 있는, 현재의 박해받는 백성(단 7 : 21, 25)을 구체화한 것은 아닌가? 처음부터 이스라엘은 이와 같은 통치에 참여하기 위해 "지극히 높으신 분의 거룩한 자들"로 등장한 것은 아닌가(단 7 : 27)? 아마 미래의 환상은 개정되고 재해석되었을 것이다. 어쨌든 그것은 현재의 형태로서는 아주 실제적이다 : 네 마리 동물의 열 개의 뿔, 즉 열 명의 왕들의 연속은 결정적으로 11번째 통치자인 안티오쿠스 IV세를 향하고 있다. 그리고 그의 무자비한 통치하에서 하나님의 통치가 출현하기 시작할 것이다.

그 다음 환상의 이미지들은 별들의 세계에서 따온 것처럼 보인다. 다니엘은 메데-페르시아 제국을 묘사하고 있는 두 개의 뿔을 가진 숫양이 알렉산더 대왕을 상징하는 한 개의 뿔을 가진 수염소에게 짓밟히는 것을 본다. 한 뿔의 자리에서 4개의 뿔들이 나타난다(알렉산더 대왕이 죽은 후 그 국토를 분열시킨 장군들의 각각의 나라들?). 보다 뒤늦게 자라난 더 큰 뿔(다시 안티오쿠스 IV세)은 남쪽과 동쪽을 향할 뿐만 아니라 하늘을 향하여 진출하였으며, 결국은 성전을 모독하게 되었다. 따라서 어떠한 희생 제물도 불가능해졌다. 그러나 그것은 제한된 기간 동안, 즉 3년 반 동안만 가능한 일이다

(단 8 : 9 이하, 23 이하). 다니엘은 죄의 고백과 구원에 대한 간구를 내용으로 하는 — 보다 후대에 덧붙여진 — 참회 기도(단 9 : 4 – 20) 다음에서 이스라엘에 대한 심판의 "70년" 예언(렘 25 : 11 ; 29 : 10 ; 슥 1 : 12 ; 대하 36 : 20 – 21)을 현재의 고난들과 곧 도래할 것으로 기대되는 종말로 이해하며 1년을 7년(즉 490년)으로 해석했다. 이러한 구체화의 방법은 예를 들면 예언자의 선포를 묵시적으로 해석하는 방법이며, 또한 묵시문학가들이 전통을 현재와 미래에 관련시켜 이해하는 방식이기도 하다.

비슷한 방법으로, 하나님의 사자와의 만남을 이야기하고 있는, 광범위한 도입부 다음에 나오는 마지막 환상(단 10 – 12장)은 일종의 환청으로서 안티오쿠스 IV세의 시대를 중심으로 역사적인 윤곽을 그려내고 있으며, 그 진술의 목적은 곧 종말을 선포하는 것이다. 고대하고 있는 — 그러나 현실적으로는 아직 시작되지 않은 — 예루살렘에서의 안티오쿠스 IV세의 멸망(11 : 40 이하)은 종말의 시작, 즉 이스라엘의 곤궁으로부터 악행자들의 처벌로 이행해 가는 전환점이다. 하나님 통치의 시작은 하나님 백성의 통치를 가리키는 것뿐만 아니라(7 : 27), 죽은 자들의 부활도 가리킨다. 물론 단지 신앙의 정절을 지킨 자들만이 구원에 참여한다. 현재의 이스라엘 분열은 종말의 심판에서 그대로 입증될 것이다 :

> "땅의 티끌 속에서 잠을 자는 사람들 중에
> 많은 사람이(즉 분명히 하나님의 백성의
> 모든 그룹들 또는 틀림없이 모든 인류가 아니라
> 아마도 단지, 경건한 자들만일 것이다)
> 깨어 영생을 얻을 자도 있겠고
> 수욕을 받아서 무궁히 부끄러움을 입을 자도 있을 것이며"(단 12 : 2).

이와 같이 마지막 때에는 예언자의 심판의 위협들과 마찬가지로 예언자의 구원의 약속들도 이행된다. 하나님은 그의 말씀을 신실하게 지키신다.

Ⅳ. 제의시와 지혜서

제25장 시편

1. 구약성서의 시문은 시편뿐만 아니라, 예언자들의 말과 지혜문학의 많은 부분에서 나타난다. 각운의 문장은 아주 드물게 나타난다(예를 들면, 렘 1:5; 시 75:6-7). 두운법 또는 두운은 빈번하게 나타난다(예를 들면, 창 1:1; 암 5:5; 시 1:1 등). 문장의 운율, 즉 이른바 평행법(Parallelismus membrorum)이 기본을 이루는데, 그것은 동일한 형태가 표현을 달리하여 나타난 것이다. 히브리어에서는 운율과 사상, 형태와 내용이 거의 일치하기 때문에 구절의 끝과 문장의 끝이 대체로 일치한다.

반절이나 줄, 행과 절, 그리고 어구와 어절들이 한 개의 절을 형성할 수 있다. 이때 이 절은 복합문장으로 구성된 것이며, 혹은 두세 개로 구별할 수 있는 이중·삼중의 어구와 구두점을 가질 수 있다.

의미상 짝을 이루는 시행들이 서로 일치될 뿐 아니라, 서로 다른 단어가 동일한 관념을 묘사한다면, 이것은 동의적 평행법(ein synonymer Parallelismus)이라고 부를 수 있다:

"나의 죄악을 말갛게 씻으시며,
나의 죄를 깨끗이 제하소서!"
(시 51:2-3; 참조. 시 5:1; 사 1:10 등).

두 개의 시구가—다소 엄격한—대조를 이룬다면, 이는 반의적 평행법

(ein antithetischer Parallelismus)이다:

> "야웨께서 의인의 길은 인정하시나,
> 악인의 길은 망하리로다"
> (시 1:6; 참조. 시 27:10; 잠 10:1 이하).

먼저 사용된 시구나 문장 성분이 다음 시구나 문장 성분에서 똑같이 되풀이되지 않고, 변형되어 진행되는 이른바 종합적 평행법(ein synthetischer Parallelismus)이 있다. 또한 그것은 둘 또는 세 마디로 되어 있지만, 진술의 평행성은 더 이상 인식될 수 없다:

> "야웨께서는 나의 빛이요 나의 구원이시니
> 내가 누구를 두려워하리이까?"
> (시 27:1; 23:1; 1:3; 103:1-2; 사 40:31).

예를 들어 학자들은 특별한 경우로서 비유적인 평행법(ein parabolischer Parallelismus)을 이런 세 가지 기본 형식의 평행법으로부터 구별시킨다. 비유적인 평행법에서는 두 개의 시구가 반은 비유 부분으로, 그리고 나머지 반은 내용 부분으로 나뉜다:

> "아비가 자식을 불쌍히 여김 같이
> 야웨께서 자기를 경외하는 자를 불쌍히 여기시나니"
> (시 103:11-13; 42:1; 사 1:3; 55:9-11; 잠 26:14 등).

세 어구로 된 구절들은 흔히—변환적, 반복적, 또는 동의어의 반복이라고도 불리는—점층적인 평행법(ein stufenartigen Parallelismus)을 사용한다. 이 평행법은 결정적인 단어들로 진행되면서, 사상을 확장시킨다. 고대 근동의 전승들, 즉 이스라엘 국가 형성 이전의 전승들이 흔히 이 같은 형태로 보존되어 있다.

"높이 계신 야웨의 능력은
많은 물소리보다도 더 크며
바다의 큰 파도보다 더 위대하나이다"
(시 93 : 3-4 ; 24 : 7-8 ; 29 : 1-2 ; 참조. 시 92 : 9 등).

예외적인 것들로 이른바 짧은 구절들(Kurzverse)이 많이 존재하는데, 이것들은 평행을 이루지는 않지만, 비슷한 모양을 가진 무리로 구성되어 있다(시 111-112편 ; 아마도 십계명과 같은 법 서술의 나열도 마찬가지).

때에 따라서 시의 절들은 합쳐져서 "연"(Strophen)이 되기도 하고, 하나의 후렴절 또는 후렴구를 통해 서로 분리되기도 한다(시 42-43편 ; 46편 ; 사 9 : 7-20 ; 5 : 25 이하 등). 알파벳 시형(alphabetisches Akrostichon)에서는 절이나 "연"의 첫 번째 문자가 알파벳의 순서와 일치한다(시 9-10편 ; 111-112편 ; 145편 ; 나 1장 ; 애 1-4장 등). 이러한 문체는 기억을 돕기 위해 이용된 것인가 아니면 이런 문체는 구전적인 강연보다는 문서의 형태로 생각할 때 보다 더 잘 이해될 수 있기 때문에, 오히려 이 문체는 시편이 문서로 전승되었다는 사실을 전제하고 있는 것인가?

히브리어에서 시문은 의심할 여지없이 운율적인 구조를 보여 준다. 이러한 운율적 구조는 장음절과 단음절의 반복이 아닌 강조된 음절과 강조되지 않는 음절의 연속에 기인한다. 이른바 교차적 체계(ein alternierendes System)의 이해에 따르면 강조된 음절과 강조되지 않은 음절은 매우 규칙적으로 번갈아 나타난다. 반면에 보다 자연스럽고 보다 더 적절한 이른바 강조의 체계(ein akzentuierendes System)에 따르면, 강조되는 음절 다음에는 강조되지 않은 보다 많은 음절들이 뒤따라 나온다.

히브리어의 발음은 시간의 흐름 속에서 변형되었고, 순수한 운율은 거의 찾아볼 수 없기 때문에 운율에 관한 논쟁적인 문제에 대해 일반적으로 납득할 만할 해결책을 제시하기는 매우 어렵다.

2. 초기시대부터 이스라엘에서는 매우 다양한 상황에서 노래가 불려졌고, 악기가 동반되기도 하였다(출 15 : 20-21 ; 민 21 : 17-18, 27 이하 ; 삿

5장; 삼하 1:17 이하; 참조. 암 5:23 등). 이미 역사서들에서 다윗은 노래하는 자로(삼하 1장; 22-23장), 솔로몬은 잠언들과 노래들의 저자로(왕상 4:32) 인정되었듯이, 시편의 거의 절반의 저자는 시인 다윗으로, 두 개의 시편(72편; 127편)은 솔로몬의 것으로 돌려져 있다.

확실히 상당한 논란의 여지가 있는 다윗에게(lᵉdawid)라는 표제는 아직도 그 해석이 불확실하다: "다윗에 의한 또는 다윗을 위한"으로 번역할 수 있다. 그러나 이 표제가 적어도 보다 상세한 상황의 보고와 결부된 곳에서는 시의 기원의 표시로 이해될 수 있다(시 18편; 51편 등).

물론 도입부의 역사적 정보는 후대의 것이며, 그러므로 역사적인 신빙성은 거의 없다. 그것은 시편의 기원에 대한 것이라기보다는 시가 시편으로 모아진 시기의 그 시에 대한 이해를 보여 주고 있다. "야웨는 나의 목자시니"(시 23편)는 다윗 시대에 생겨난 신뢰의 노래로 보기는 어려우며, 시편 90편은 "모세의 기도"가 아니다. 헬라어 번역성서에서 한층 더 증가된 이차적인 역사화는 의도적인 해석으로 생겨난다. 그러한 의도적 해석은 한 시편의 적절한 상황을 이스라엘의 역사 안에서 찾기 위한 것이다(시 51:4과 삼하 12:13을 비교하라).

일련의 시편들은 포로기 이후 성전에서 종사하던 레위인 성가대의 것으로, 시편 50편과 73-83편은 아삽의 것으로 돌려지고 있다(참조. 대상 15:17, 19). 열두 개의 시편의 그룹(시 42-49편; 84-85편; 87-88편)은 "야웨, 이스라엘의 하나님을 큰소리 높여 찬양하는 고라 자손의 노래집"에 속한다(대하 20:19; 참조. 대하 35:15; 대상 9:19, 31). 우리는 이러한 성가 가수들을 시편의 작곡자로 볼 수는 없지만, 시편의 전승자로 볼 수는 있다. 예언자의 말들이 후대에 보충된 것처럼, 보다 오래된 노래 역시도 후대에 계승 발전되었다.

시편들은 무엇보다도 표제들과 공통된 중심 단어들(대관식 시편, 할렐루야 시편)을 근거로 하여 다소 크고 작은 모음집들로 분류될 수 있다(아래에 있는 표제를 보라). 여러 가지 중복들은 이러한 모음집들이 본래 서로 아무 상관없이 존재했다가 비로소 후대에야 결합되었다는 사실을 보여 준다(시 14편 = 53편; 40 : 14 이하 = 70편 등).

"야웨를 찬양하라 …"는 송영(Doxologie)은 네 개의 모음집의 마지막 부분에 예외 없이 삽입되어 있다(시 41편; 72편; 89편; 106편의 끝에). 송영은 적어도 후대에는 다섯 권의 책들로 구성된 오경과 유사하게 시편이 이해될 수 있도록 만들었다. 시편 150편은 전체적으로 종결 찬양의 역할을 한다. 반대로 구원의 외침을 담고 있는 시편 1편과 아마도 종말론적으로 해석되었을 것으로 보이는 제왕시인 시편 2편은 상대적으로 오래되고 방대한 다윗의 시편들(3-41편)을 포함하고 있는 첫 번째 모음집의 앞부분에 배치되었다.

서로 다른 부분 모음집들로 구성된 이른바 엘로히스트 시편(elohistischer Psalter : 42-89편)은 두 번째 책과 세 번째 책의 일부를 점유하고 있다. 엘로히스트 시편에서 야웨라는 이름은 후대에 엘로힘, 즉 "하나님"으로 포괄적으로 대체되었다. 이것에는 제3계명이 엄격하게 적용된 것일까? 또는 다른 후대의 문서들(역대기, 욥기)처럼 하나님과 인간의 차이가 강조되고 있는 것일까?

시편의 구성

제1권 : 시 1-41편
시 41 : 13의 종결 송영과 함께

시 1편	전체 시편의 도입 : 이 문서(시편)를 읽는 자에게 "복 있도다"
시 2편	제왕시. 이 시편은 이전에는 분명히 시 1편에 속해 있었고(참조. 행 13 : 33) 종말론적으로 해석된다
시 3-41편	**첫 번째 다윗 시편들** 시 3-41편(33편은 제외) : "다윗의 시편"

제2권 : 시 42-72편
72 : 18-19의 종결 송영과 함께

제3권 : 시 73–89편
89 : 52의 종결 송영과 함께

시 42–83편 : **엘로히스트 시편**
3개의 부분 모음집(a–c)으로 구성 :
a) 시 42–49편 : "고라 자손의 시"
추가적으로 기재된 구절들을 통해 인식할 수 있는 세부 그룹 : 시 42–45편 ; 46편 ; 47–49편
부록 시 50편 : "아삽의 시"
b) 시 51–72편 : **두 번째 다윗 시편**
보다 정확하게 말하면 시 51–65편 ; 68–70편(70인역에서는 67편 ; 71편도) : "다윗의 시"
추가적으로 기재된 구절들을 통해 인식할 수 있는 세부 그룹 : 시 52–55편 ; 56–60편 ; 62–64편 ; 65편 ; 67–68편.
부록 시 72편 : "솔로몬의 시"(참조. 시 127편 ; 왕상 5 : 2)
서명인 시 72 : 19 : "이새의 아들 다윗의 기도의 끝"
c) 시 73–83편 : "아삽의 시"

시 84–89편 엘로히스트 시편에 대한 부록
시 84–85편 ; 87–88편 : "고라 자손의 시"
시 86편 : "다윗의 시"
시 88편 : "에스라인 헤만의 시"
시 89편 : "에스라인 에단의 시"(참조. 왕상 4 : 31 ; 대상 15 : 17 이하).

제4권 : 시 90–106편
시 106 : 48(= 대상 16 : 36)의 종결 송영과 함께

제5권 : 시 107–150편
시 150편(6절)의 종결 송영과 함께

시 90편 : "모세의 기도"(참조. 신 32장-33장)
시 93편 ; 96-99편 ; 47편 : 이른바 **대관식시**(Thronbesteigungspsalmen)
시 104-106편 ; 111-117편(114편은 제외?) ; 135편 ; 146-150편 : "할렐루야" 시편 (공동체의 응답으로 "야웨를 찬양하라"는 표제 또는 서명을 가지고 있음 ; 참조. 시 106 : 48)
이른바 할렐(Hallel) 시편인 113-118편(유월절과 다른 축제의 때)
시 108-110편 ; 138-145편 : "다윗의 시"
시 120-134편 : "순례"의 노래 또는 "(성전에) 올라가는" 노래.
이른바 율법시인 119편과 같은 개별 시편들(참조. 시 1편 ; 19편)

헬라어 번역은 두 번씩이나 두 개의 시편을 하나의 시편으로 묶고 있으며(시 9-10편은 옳지만 시 114-115편은 옳지 않다), 그리고 시편 두 개는 오히려 분리되고 있다(시 116편 ; 147편). 그래서 70인역에서는 시편의 편수가 달리 계산된다. 대개 숫자 하나가 마소라 본문보다 더 적다.

3. 오래 전부터 시편은 아주 다양한 관점들에 의해서 해석되어 왔다.

종말론적-메시아적인 해석은 이미 초기 유대교 시대까지 소급되고 고대부터 교회 안에서 사용되었다. 그러나 이 해석은 본문 안에서 그 근거를 발견할 수 없다. 확실히 시편은 미래에 대한 진술을 포함하고 있지만, 그러나 사람들이 본문의 우주적인 지평을 근거로 종말론적으로 해석하는 (시 96편 이하와 같은) 본문들에서조차도 예언적인 약속의 특징적 어구인 "그날에" 등이 존재하지 않는다.

기원후 19세기에 이르러서는 생성 시기를 추론함으로써 시편을 해석하려는 **역사적 해석**이 확고한 위치를 얻었다. 물론 일반적으로 시편에서는 역사적인 자리를 인식할 수 없다. 왜냐하면 시편은 시편을 기록하게 된 구체적인 동기를 보편적이고도, 다소 정형화된 언어로 표현하기 때문이다. 시편은 일회적인 개인의 경험이 아니라 전형적이고 대표적인 선례들을 묘사하기 때문에, 시편은 뒤바뀐 상황에서도 되풀이될 수 있고, 각각 나름대로의 탄원과 찬양의 말이 될 수 있다. 그런 까닭에 시편의 연대 추정은 예외 없이 대단히 불확실하고 논쟁의 여지가 많이 있다. 단지 시편 137편에 나오는 "바벨론 강변에 앉아 우리가 울었다"라는 구절은 확실히 포로기를 지시하고 있다. 그 밖의 다른 시편들에 대해서는 그것들을 전체적으로 포로기 이후의 것으로도(참조. B. Duhm의 주석), 또한 단순히 포로기 이전 시대의 것으로도 간주할 수 없다. 몇몇 포로기 이전 시대의 시편(예를 들면 시 2편; 24편; 29편; 45-48편; 93편; 110편)뿐만이 아니라 포로기 이후의 시편도 있음을 생각해야 한다.

궁켈(H. Gunkel)에 의해 진정한 기초가 놓여진 **양식사적인 해석**(참조. 아래의 4) 이후에 모빙켈(S. Mowinckel)은 **제의사적인 해석**을 시도했다. 그는 시편을 제의적 노래로 이해하고, 그 제의를 대관식 축제가 중심이 되는 거룩한 드라마로 이해했다. 그러나 그 같은 제의가 이스라엘의 제의와 일치한다고 보기에는 접촉점이 너무나 미비할 뿐 아니라, 이스라엘의 예배에 대한 우리의 지식(출 23 : 14 이하 등)이 너무 부족하기 때문에, 제의적인 해석은 흔히 불확실한 주장으로 받아들여진다.

사실 다수의 시편이 탄원시 및 간구시임에도 불구하고, 시편은 표제와 삽입된 송영들에 의해 "찬양시"로 해석되었다. 이 점에 있어서 시편을 "제2성전 공동체의 노래책"(J. Wellhausen)으로 특징짓는 것은 옳다. 그럼에도 불구하고 시편은 그 자체가 후대에 공적인 예배의 노래로뿐 아니라 개인의 "사적인" 기도로도 이용되었다(참조. 예레미야의 탄원시). 결국 첫 생성지와 두 번째 생성지, 즉 시편의 생성과—시편의 모음과 마찬가지로 포로기 이후 예배라는—후대의 사용은 구별되어야 한다.

문체적-문학적 해석(M. Weiss 등)은 각각의 시편을 개인의 예술작품으로 간주하고, 언어와 구조에 있어서 통일된 단위로 이해하려고 하였다. 만약 전승이 시편 기자의 창작의 자료가 되었다면, 이러한 해석은 전승의 중요성을 잘못 판단하는 것은 아닐까?

본문이 역사의 흐름에 따라 점차적으로 성장했다고 설명하고—그것이 단지 구두 전승이든 또는 이미 문서로 고정된 것이든 간에—서로 다른 상황에서 생겨난 여러 가지 층을 구분하려고 시도하는 **전승사적인 해석**은 오경에서는 아주 큰 성공을 거두었으나 시편으로 적용하기에는 아직 초보적 수준에 머물러 있다.

4. 현재 우리가 드리고 있는 예배에서 하나님을 진술할 때, 시편이 사용했던 두 개의 중요한 양식이 짧은 예배 어투에 보존되어 있다. 즉 하나님을 삼인칭으로 부르는 찬양 : 할렐루-야(*Hallelu-ja*) "주를 찬양하라!" 그리고 하나님께 드리는 간구 : 키리에-엘레이존(Kyrie-eleison) "주여, 우리를 긍휼히 여기소서!"

1) 사람들은 미리암의 노래를 "이스라엘 **찬양시**(Hymnus) 가운데 가장 간단하고도 가장 중요한 기본 형태"(F. Crüsemann)로 이해한다. 미리암의 노래는 애굽의 추적자들에 대한 야웨의 승리를 노래하고 있다 :

> "야웨를 찬송하라, 왜냐하면 이는 그가 자신을 높이셨기 때문이다.
> (또는 그는 높으시기 때문이다)
> 그가 말과 (병거에) 탄 자를 바다에 던지셨음이로다!"(출 15 : 21).

노래나 찬양을 부르도록 많은 사람에게 권고하는 부분이 나온 다음에 키(כִּי), 즉 "왜냐하면"으로 시작되는 이른바 핵심 부분이 나온다. 이 핵심 부분은 찬양하라는 촉구의 이유이자 동시에 찬양의 내용이 된다. 하나님을 찬양하는 것은 그의 행위들을 다시 이야기하는 것이다. 권고와 핵심 부분이라는 이중의 구조는 후대의 방대한 시편들에서도 반복된다. 그러나 이 구조는 다양한 방식으로 확장되고 팽창된다(시 33편 ; 100편 ; 145-150편 등). 예를 들자면 찬양시들은 본래 독립적인 찬양의 분사문체를 수용하거나(시 104 : 2 이하 ; 136 : 3 이하 등) 또는 시작 부분의 촉구와 비슷하게 후렴구를 가지고 있다(시 103 : 20 이하 ; 136 : 26 등). 때에 따라서 하나의 역사 행위(시 135-136편, 그리고 이른바 역사시편[Geschichtspsalmen]인 105-106편 ; 114편 ; 78편)를, 그리고 좀더 자주 창조주의 권능과 자비(시 9편 또는 이른바 자연시편[Naturpsalmen] 8편 ; 19A편 ; 104편 ; 참조. 24 : 1 – 2 ; 29편)를 이미 정형화된 관용구로 찬양한다 :

> "왜냐하면 그는 선하시고,
> 인자하심이 영원하기 때문이다"
> (시 106 : 1 ; 107 : 1 ; 118 : 1 이하 ; 136 : 1 등).

예언자 제2이사야는 종말론적 찬양에서 이미 하나님의 미래적 행위들에 대해 기뻐하라고 촉구했다(이 책 21장 2.4 ; 참조. 슥 2 : 10 ; 9 : 9 – 10 등). 그러나 개인 역시도 자신에게 다음과 같이 권고할 수 있다 : "내 영혼(즉 나 자신)아, 야웨를 찬양하라"(시 103 – 104편 ; 146편 ; 8편 ; 출 15장). 이러한 개인적 형태의 찬양시는 예배라는 본래적인 "삶의 자리"로부터 점차적으로 분리된 것일까(시 135 : 1 – 2 등)?

2) 찬양하라는 촉구를 가지고 있는 찬양시는 일차적으로 공동체를 겨냥한 것이라면, 이른바 **탄원시**(Klagelied)는 하나님을 향한 것으로서 본질적인 의미에서 기도이다 : 호산나(Hosianna) "구원하소서 (나의 하나님이시여)"(시 3 : 7 등), "주여, 생각하시고, 가엾이 여기시며, 구원하소서!"(삿 16 : 28 ; 암 7 : 2 ; 또한 왕상 18 : 26 ; 또는 세속적인 것으로는 삼하 14 : 4 등). 하나님을 부르는 간구가 핵심 부분이다. 그래서 "간구의 노래"(Bittlied)라는 명칭이 더 적절한 듯하다. "탄원시"라는 이름은 간구에 덧붙여진 이유에 근거한 것이다. 이 이유에는 현재 처한 상황이 묘사되고 고난에 대한 탄식도 묘사된다.

"탄식에만 머문 탄원시편은 존재치 않는다. 탄원은 그 자체로 의미 있는 것이 아니다. … 탄원에서는 고난에 대한 자기 묘사와 자기 연민이 아니라, 고통의 전환이 다루어진다. … 탄원의 본래적 기능은 호소이다. 이러한 호소에 따르면 고난은 고난을 변화시킬 수 있는 분에게서 오는 것이다. 따라서 탄원 자체는 하나님을 향한 움직임으로 간주된다"(C. Westermann. "Struktur und Geschichte der Klage im Alten

Testament"[1954], *Forschung am Alten Testament* II, 1974, 255, 261).

탄원시의 전개 형식은 본래 부름, 탄원, 간구라는 세 가지 부분으로 되어 있다. 그러나 이러한 기본 요소들에 흔히 다른(아래 부분에서 1)-5)로 표시된) 구조적 요소들이 덧붙여지기도 한다. 그렇지만 그 순서는 엄격히 고정되어 있는 것은 아니다. 또한 민족 탄원시("우리")와 개인 탄원시("나")는 구조상으로 서로 비슷하다:

1. 하나님을 부름, 이것은 자주 짧은 간구나 질문과 결합된다.
"하나님이여, 당신은 왜 우리를 영원히 버리시나이까?"(시 74:1)
"내 하나님이여, 내 하나님이여 당신은 왜 나를 버리셨나이까?"(시 22:1)
"야웨여 내가 깊은데서 당신께 부르짖나이다!"(시 130:1)

1) 이전의 하나님의 구원 행위, 특히 출애굽에 대한 언급
"당신은 구속하셨나이다"(시 74:2; 참조. 44:1-3; 85:1-3; 사 51:9-10)

2. 고난의 묘사로서의 **탄원**: 질병, 죄악, 적을 통한 박해, 하나님의 떠남
이것은 전형적인 질문인 "어찌하여, 얼마나 오랫동안입니까?"
"왜 열방으로 하여금 저희 하나님이 지금 어디 있느냐"라고 말하게 하십니까?"(시 79:10; 115:2)
"야웨여 어느 때까지입니까, 나를 잊으셨나이까?"(시 13:1)
문장의 주어에 따라 탄원은 다시 한번 세 부분으로 나눌 수 있다(C. Westermann): 적들-우리/나-너(참조. 시 13:1-2)

2) 무죄함의 맹세
"당신이 나를 감찰하셨으나, 흠을 찾지 못하셨나이다"(시 17:3)

3) 신뢰의 고백 및 신뢰의 진술
"하나님은 예로부터 나의 왕이시라"(시 74:12)
"나는 오직 당신의 인자하심을 의뢰하였사오니"(시 13:5; 참조. 시 22:9-10; 28:7; 71:6)

이것은 역사 회고처럼 (1) 신뢰의 진술을 포함하고 (2) 동시에 하나님의 간섭의 동인을 포함한다.

3. 간구
"야웨여 우리의 운명을 돌리소서!"(시 126 : 4 ; 참조. 시 80 : 14)
"하나님이여 내 속에 정한 마음을 창조하소서!"(시 51 : 10-11)

4) 구원 이후에 찬양과 감사를 서약하는 찬양 맹세
"우리는 영원히 당신께 감사하나이다 …"(시 79 : 13)
"내가 야웨께 감사하고/찬양하리로다"(시 7 : 17 ; 13 : 5)

5) 응답의 확신
간구 뒤에는 구원 신탁이 나올 수 있다. 제사장이나 예언자를 통한 이러한 응답이 시편에서는 단지 암시적으로만 포함되어 있지만(시 12 : 5 ; 60 : 6 이하 ; 85 : 8 이하 ; 107 : 19-20 ; 119 : 25, 81 ; 삼상 1 : 17 ; 애 3 : 57 ; 참조. 기도자의 자기 대답 시 42 : 5, 11 ; 130 : 5), 제2이사야의 메시지에서는 직접적으로 포함되어 있다(참조. 사 50 : 4 ; 이 책 21장 2.1).
이러한 구원 신탁은 탄원시가 "분위기 급변"(Stimmungsumschwung)을 통하여 응답의 확신으로 끝나는 시에 전제되어 있는 듯하다 :
"행악하는 너희는 다 나를 떠나라.
왜냐하면 야웨께서 내 곡성을 들으셨기 때문이다"
(시 6 : 8 이하 ; 참조. 시 28 : 6 이하 ; 56 : 9 이하 등).

이미 바벨론의 탄원시에는 이스라엘의 탄원시와 비교되는 주제들과 동일한 구조가 나타나고 있다. 이 같은 구조는 아마도 가나안의 중재를 통해 이스라엘에게 알려졌을 것이다. 또한 이외에도 고대 근동의 기도 문학과의 밀접한 관련성이 인식되기도 한다. 구약 시편의 특징은 개인시뿐만 아니라 공동체시 역시도 제1계명을 구체적으로 적용함으로써 위기 가운데서 오직 야웨께만 향하고, 오직 그분께만 도움을 간청한다는 점에 있다. 그분은 유능한 의사(출 15 : 26)요, 죽이기도 하시고 살리시기도 하시는 분이시다(삼상 2 : 6 ; 신 32 : 39 등).

탄원시도 찬양시처럼 본래 예배에서 그 기원을 갖는다. **민족 탄원시**는 공적인 **민족 탄원집회**에서 불리어졌다. 우선 전쟁의 위기, 자연재해 또는 다른 원인들에 의해서 "금식"이 촉구되었다(왕상 8 : 33 이하 ; 21 : 9 이하 ; 렘 36 : 9 ; 욘 3 : 5 ; 욜 1 : 5 이하). 또한 기원전 586년 성전 파괴 이후에는 "금식" 기념집회가 정기적으로 열렸다. 따라서 민족 탄원시들(시 44편 ; 74편 ; 79-80편 ; 83편 ; 85편 ; 참조. 애가서 ; 사 63 : 15 이하 ; 단 9장)의 현재 형태가 대부분 포로기-포로기 이후에서 기원한다는 점도 잘 설명이 될 수 있다.

개인 탄원시들(시 3편 ; 5-7편 ; 13편 ; 22편 등)은 대부분 제의적 상황에서 기원한다. 물론 개인 탄원시 모두가 그런 것은 아니다. 왜냐하면 개인 탄원시들은 성소로부터 거리가 멀리 떨어진 곳에서도(시 42-43편), 예를 들어 병상에서도 행해질 수 있기 때문이다(사 38장). 하나님께 기도를 드리는 이유가 다양하므로, 개인 탄원시들은 유일하고 공통된 "삶의 자리"를 갖지 않는다. 오히려 사람들은 박해, 투옥, 질병에 대한 여러 가지의 암시들로부터 시작해서 **소송을 당한 사람**(시 7편 ; 26편 등)이나 **환자**(시 38-39편 ; 41편 등)의 상황과 같은 특별한 상황을 추론했고, 또한 제의에서의 하나님의 판결이나 환자의 제의 공동체로의 재입교를 위한 제의법적인 제도들을 추론해 냈다(최근에는 W. Beyerlin, K. Seybold). 그러나 시편의 진술들은—명확한 귀납적 추론을 내리기에는 충분하리 만큼 구체적이지 못하고, 너무나도 일반적이며—전형적이다. 결국 시편은 하나님과의 교제 관계가 회복되기를 기도한다.

본래의 구체적인 동기가 무엇이었든 간에 개인 탄원시와 마찬가지로 민족 탄원시도 그 동기를 넘어서서 하나님 앞에서 일반적이고 인간적인 상황을 한탄할 수 있다. 예를 들어 시편 90편은 인간의 **무상함**을 탄식하고 있다(참조. 시 103 : 14 이하 ; 104 : 29-30 등). **참회시**(Bußpsalmen : 51편 ; 130편 ; 32편 ; 참조. 6편 ; 38편 ; 102편 ; 143편)에서는 곤경에 대한 탄식 대신에 용서에 대한 호소와 함께 죄의 고백이 지배적으로 부각된다.

감사시(Dankpsalm)는 탄원시의 결과로서 이해될 수 있다. 탄원자는 곤경에 처했을 때에 자신이 노래했던 "나는 야웨께 감사하리라"(시 7 : 17 ; 앞의 424쪽의 개별적 요소 4)를 보시오)와 같은 감사를 구원을 경험한 이후에 성소에서 희생제사를 드리며 표현한다 : "나는 나의 서원을 당신께 갚으리라" (시 66 : 13 ; 참조. 시 116 : 17 ; 118 : 19 ; 욘 2 : 9). 물론 감사시 역시 감사제사—히브리어에서는 이 둘이 모두 "토다"(toda)로 불려진다(암 4 : 5 ; 시 50 : 14)—와는 분리될 수 있고, 심지어 감사제사를 대체할 수도 있다. 감사시는 개인 탄원시로부터 다음과 같이 하나님 부르는 것을 물려받았다 :

> "당신께서 내게 응답하시므로
> 내가 당신께 감사하리이다"(시 118 : 21 ; 참조. 사 12 : 1 ; 욘 2 : 2).

핵심이 되는 부분은 공동체 또는 회중 앞에서 하나님의 구원 행위(시 40 : 1 이하)를 다시 이야기하는 부분이다(시 22 : 22 이하 ; 66 : 16 ; 116 : 18-19 ; 118 : 17). 그 고백은 다른 사람들도 비슷한 체험을 할 수 있도록 해 주기 위해 전달된다. 따라서 감사시들(시 30편 ; 32편 ; 41편 ; 66 : 13 이하 ; 116편 ; 118편 ; 사 38 : 10 이하 ; 욘 2 : 2 이하 ; 참조. 왕의 감사시 : 시 18편)에서는 곤경과 탄원을 회고하는 보도가 흔히 확장되기도 한다.

찬양시("야웨를 찬양하라 : 왜냐하면 ~이기 때문이다")와 감사시(나는 당신께 감사합니다. 왜냐하면 ~때문입니다)는 서로 다른 구조와 기원을 갖고 있기 때문에, 이 두 가지(C. Westermann같이 "찬양"이라는 하나의 범주에 넣고)를 서술적인 찬양(ein beschreibendes Lob) 및 보고적인 찬양(ein berichtendes Lob)으로 나누는 것은 바람직하지 못하다(참조. F. Crüsemann). 민족 감사시도 존재하는가의 문제는 논쟁의 여지가 있다(시 124편 ; 129편).

감사시가 탄원시의 찬양 맹세의 결과로 생겨난 것이라면, **신뢰시**(Vertrauenslied)는 확신의 고백을 발전시킨다 : "주는 내 생명을 붙들어 주시는 이시니이다"(시 54 : 4). 탄원시나 혹은 감사시의 구조를 이루는 요소(앞의 424쪽의 3)인 신뢰의 진술은 개인 신뢰시(시 23편 ; 27편)나 혹은 민족 신뢰시(시 125편 ; 46편)로 독립되어 나타난다. 그러나 배경이 되는 곤경의 상황이 여전히 여운을 남기고 있기 때문에, 그 고백은 실제 상태와의 관련성을 잃지 않거나 심지어 눈에 보이는 상황과 모순되지도 않는다 :

"야웨는 나의 목자시니, 내게 부족함이 없으리로다 …
내가 사망의 음침한 골짜기를 다닐지라도"(시 23 : 1, 4).

3) 서로 느슨하게 관계되어 있는 세 개의 시편 그룹들, 즉 제왕시(Königslieder), 시온시(Zionslieder), 그리고 대관식시(Thronbesteigungslieder) 등은 양식사적인 관점보다는 주제적-전승사적인 관점에 따라 구별된 것들이다.

제왕시들(Königspsalmen, 시 2편 ; 18편 ; 20-21편 ; 45편 ; 72편 ; 89편 ; 101편 ; 110편 ; 132편 ; 144편)은 아주 상이한 형태와 구조, 그리고 "삶의 자리"를 갖고 있다. "제왕시들의 내적인 통일성"은 단순히 "그 시들이 모두 왕들에 관한 것들을 다룬다"(H. Gunkel)는 사실에 있다. 여기서 다루어지는 왕은 통치하고 있는 군주이며 보통은 다윗 계열의 사람이다(그러나 시 45편의 혼인의 시는 북왕국에서 기인한 것인가?). 그럼에도 불구하고, 이 시편들은 구체적인 동시대적 암시들을 제공하고 있지 않을 뿐만 아니라, "통치자의 이상"(공의, 장수, 세계적인 통치권 ; 참조. 이 책 2장 3.1)이 상당할 정도로 표현되고 있기 때문에, 그 시편들은 후대에 쉽게 종말론적-메시아론적으로 해석되었다.

"전면에 부각되어 있는 것은 왕이 아니라 하나님이다. 따라서 그 시편에서는 명백하게 왕에 대한 찬미의 노래도, 왕의 명성을 칭찬하는 것도 나타나지 않는다. 제의적인 제왕시들에서는 왕의 능력과 업적에 대한 보도보다는 하나님이 왕에게 약속하신 것, 왕이 하나님께 기도하는 것, 그리고 기도가 실현되어 왕이 하나님께 감사하는 것에 대한 서술이 더 많다"(G. Fohrer, *Einleitung in das Alte Testament*, [12]1979, 291-292).

이러한 왕의 의존성은 예를 들어 왕이—예언자를 통한—하나님의 말씀에 의해서야 비로소 아들의 지위와 통치권을 받는다는 사실(시 2편; 89편; 110편), 그리고 왕은 기도 또는 중보기도를 필요로 한다는 사실(시 20-21편; 72편; 144편)에도 표현되어 있다. 한편으로는 왕의 인간적 속성 역시 부인되지 않으며(시 89:46-47; 144:3-4), 다른 한편으로는 왕이라는 칭호가 누구에게든지 쉽게 사용될 수 있다(이른바 민주화[Demokratisierung]: 시 8편).

형식상 민족 신뢰시에 가까운 시온시들(Zionspsalmen, 시 46편; 48편; 76편; 참조. 시 87편; 84편; 122편; 132편; 137:3)은 야웨가 거하시는 장소인 시온을 찬양한다. 이미 예언자들은 바다와 이방 민족들로부터의 방어(또한 사 17:12 이하 등)를 말하는 "하나님의 도성"의 불가침에 대한 사상에 비판적 입장을 취하였다(사 28:15 이하; 미 3:11-12). 시온 시편은 의식 행렬을 포함하는 제의적 행사를 전제하고 있는 것일까(시 48:12-13; 46:8)?

이 같은 문제는 "야웨가 왕이 되었다" 혹은 "야웨가 왕으로서 통치한다"(시 93:1; 96:10 등)와 같이 하나님의 왕권 통치를 선포하는 시편들, 즉 찬양시의 특징을 지니고 있는 이른바 **대관식시**(Thronbesteigungspsalmen)나 야웨-왕-시편(Jahwe-Königs-Psalmen, 시 47편; 93편; 96-99편)을 이해하는 데 매우 중요하다. 특히 이러한 외침이 세속적인 왕위등극식에서도(삼하 15:10; 왕하 9:13) 나타나기 때문에, 시편 47편(5절, 8절)의 상황에서 이러한 외침은 제의적 행사를 예감케 하지 않는가? 모빙켈(S. Mowinckel, 1922년; 이미 이전에 P. Volz, 1912년)은 마르둑 신의 혼돈과의 전쟁, 세계 창조, 그리고 즉위식을 축하하는 바벨론의 신년축제에 착안하여 야웨의 등극축제를 가을축제의 일부분으로 추론했다. 그러나 이러한 추론은 오늘날까지도 추종자가 있지만 강한 반대자도 낳았다. 본문에 의해서는 예배 행사를 설득력있게 구성할 수 없다. 어쨌든 우리는 법궤 행렬에 대해 생각할 수 있으며, 법궤 행렬이 성소로 들어갈 때에 사람들은 환호하며 하나님을 왕으로 외쳤을 것이다(참조. 시 24:7 이하). 과연 해당 시편들의 연대에 대한 논쟁이 있기는 하지만, 포로기의 제2이사야(사 52 : 7-10)는 대관식시들의 전통을 전제하고 있다. 시편 47편과 93편은 고대의 것으로 보이는 반면, 시편 96-99편은 보다 후대, 아마도 포로기 이후의 것으로 보인다. 대관식시들은 백성에 대한 하나님의 신실하심(시 93 : 5 ; 98 : 3 ; 99 : 4 이하)과 결부되어 하나님의 전세계적인 왕권 통치를 고백한다는 점에서 일치한다.

이런 세 가지 시편 그룹의 도처에서 예배 과정의 흔적을 어렴풋이 엿볼 수 있는 것처럼(시 2편 ; 110편 ; 46-48편), 다른 시편들도 **제의적인** 요소들을 포함하고 있다(시 115편 ; 121편 ; 134편 등). 성소로 들어갈 때의 성소 입장의식(Einlaßliturgien : 시 15편 ; 24편 ; 참조. 미 6장 ; 겔 18장), 감사축제의식(Dankfestliturgien : 시 107편 ; 118편) 또는 제의에서의 예언자적 심판 설교들(prophetische Gerichtsreden, 시 50편 ; 81편 ; 참조. 95편 ; 82편)이 각각 인식될 수 있다. 이와 유사하게 예언서 본문(렘 14장과 같이 ; 미 7장)에도 예배의 과정들이 나타난다.

또 다른 시편들(시 112편 ; 127-128편 ; 133편)은 **지혜적인** 언어와 사상을 포함한다. 지혜적 특징은 의인의 길을 찬양하는 이른바 율법시편(Gesetzespsalmen)인 시편 1편과 119(19B)편, 악인의 "멸망"을 목도하고 의인의 운명에 대해 숙고하는 시편 73편(시 37편 ; 49편), 그리고 역사시편(Geschichtspsalm)인 78편에도 영향을 미치고 있다. 이 외에도 지혜적인 특징들은 널리 영향을 미치는데 예를 들면 다음과 같은 기도에서도 발견된다: "우리에게 우리 날 계수함을 가르치사 지혜의 마음을 얻게 하소서!"(시 90 : 12 ; 참조. 시 32 : 8 이하 ; 111 : 10 등).

제26장 아가, 애가, 룻, 에스더

시로 표현된 세 권의 아가, 애가, 전도서와 두 개의 산문으로 서술된 룻과 에스더는 성서 안에 역사서(룻기, 에스더), 시가서(전도서, 아가서), 그리고 예언서(애가)에 흩어져 있으나, 히브리어 성서에는 하나의 그룹, 즉 다섯 개의 **두루마리**(Megillot) 혹은 축제의 "두루마리"로 묶여 있다. 이미 오래 전에 에스더서는 부림절과 결합되었고, 애가서는 일찍이 탄원집회에서 낭송되었다. 그러나 그 밖의 다른 책들은 중세기 이후부터야 비로소 예배 의식에서 사용되었음이 입증되고 있다. 즉 아가서는 유월절(부활절)에, 룻기는 칠칠절(오순절)에, 애가서는 성전 파괴에 대한 기념집회에, 전도서는 초막절 내지 가을 축제에, 그리고 에스더서는 부림절에 사용되었다. 이러한 다섯 책들의 일부는 계절의 경과에 상응하는 순서로 배열되어 있지만, 일부는 연대기적 관점에 따라서 구성되었기 때문에, 사사시대를 배경으로 하는 룻기가 맨 처음에 나타나고 있다. 정경의 세 번째 부분인 "성문서" 안에는 아직 어느 정도의 개방성이 존재한다(이 책 1장 1을 보라).

이러한 책들이 내적으로는 축제들과 별관련이 없다는 사실이 아가서에서(룻기나 전도서에서도 마찬가지로) 명백히 나타난다.

1. 학자들은 "노래들 중의 노래", 즉 다른 노래들보다 뛰어난 **아가서**를 그 본래적인 언어에도 불구하고 아주 다양한 방법으로 해석했다:

(1) **알레고리적 해석**은 예언자들의 비유 설교(호 1-3장; 렘 2장; 겔 16장; 23장; 또한 사 5장)와 유사하게, 노래로 찬미하는 연인들, 즉 신랑과 신부의 관계를 야웨와 이스라엘의 관계로 해석하였다. 이미 초기 유대교 시

대로 소급되는 이러한 해석은 기독교 교회에 의해서 변형되었다. 말하자면 그리스도와 교회, 또는 그리스도와 성도와의 관계로 해석하는 것이다. 그러나 아가서 본문 자체는 그와 같은 이해를 위한 어떠한 근거도 보여 주고 있지 않다.

(2) **제의적-신화적 해석**은 현재는 다소 숨겨져 있으나 이 노래들의 본래적인 의미를 따라 이 노래들을 남신과 여신과의 관계와 결부시킨다. 이러한 해석은 적어도 이 본문에 영향을 미쳤을 (이슈타르-담무스 제의의) 신들의 결혼예식이 아가서의 이면에 숨겨져 있다고 본다. 때에 따라서는 제의적-신화적 본문들과의 언어상의 관련성이 확실히 나타나기도 하지만, 아가서 전체를 이러한 관계로 해석하는 것은 너무 무리한 방법일 수 있다.

(3) "있는 그대로의", 즉 **문자적 해석**은 아가서를 이전에는 독립적으로 존재했던, 개인적인 사랑 노래들의 모음집으로 간주한다. (결코 통일적이지도, 목적지향적이지도 않으며, 혹은 드라마틱하게 형성되어 있지도 않은) 전체 구조는 예를 들면 예언서의 편집처럼 후대의 것으로서, 단지 때때로 주제적인 이유로, 대부분은 핵심 단어의 연결과 같은 우연한 이유로 인해 생겨난 것이다(W. Rudolph).

사랑의 노래(戀歌)들의 "삶의 자리"가 무엇이며 동시에 이 노래들이 전승된 이유는 무엇일까? 이것들은 "자유로운 사랑"을 노래하고 있는 것일까? 모든 노래들이 여러 날 동안 음악과 춤과 놀이로 엮어지는 **결혼축제**에서 불리어지지 않았다 할지라도, 적어도 대부분의 노래들은 신랑과 신부의 관계를 노래한다(아 4 : 9 이하; 1 : 2 이하; 2 : 4 이하). 이런 이유에서 현대의 아라비아 노래들에서 발견되는 것과 유사하게 "왕"으로 불리는 신랑은 실제로 솔로몬과 동일시될 수 있다(아 1 : 4, 12; 3 : 11; 6 : 8-9; 8 : 11-12). 아마도 술람미라는 이름은 "솔로몬에게 속한" 귀족의 딸인 신부를 가리키는 것 같다(아 6 : 13-14). 다양한 개별적인 특징들은 결혼 풍습으로 설명된다. 결혼 풍습은 실제로 구약에서 나타나지는 않지만(참조. 창 29 : 21 이하; 렘 16 : 8-9; 왕의 결혼 풍습에 대해서는 시 45편), 보다 후대의 시대에는 분명히 나타나고 있다.

이른바 묘사의 노래들(Beschreibungslieder)에서는 여인의 우아함과 매

력을 찬미한다: "내 사랑, 너는 아름답고도 아름답구나"(아 4:1 이하; 6:4 이하; 6:13 이하; 또한 남자에 대해서는 5:10 이하). 이 본문은 많은 비유와 암시를 담고 있다. 그래서 포도원과 동산은 여자를 가리키는 상징이고(아 2:15; 4:12), 과일을 따서 먹고 마시는 것은 사랑의 즐거움을 의미한다(아 4:16 이하; 8:2; 참조. 아 7:2). 여인은 놀랄 만큼 자주 말한다: "나는 내 포도원을 지키지 않는다"(아 1:6), "가장 사랑하는 자는 나의 것이고, 나는 그의 것이다"(아 2:16; 참조. 아 6:3; 8:6). 남자가 말하고 있는 부분은 일부에 지나지 않는다. 때에 따라서는 서로 대화를 주고받는다(아 1:15-16).

언어적으로 볼 때 이 노래들은 포로기 이후 후기시대에 아마도 예루살렘 근방에서 기원한 것이지만(아 3:10-11), 왕정시대에서 유래한 더 오래된 전승 자료도 포함하고 있다. 이미 신랑을 솔로몬과 비교하는 것은 이 모음집의 편찬자를 솔로몬으로 보았다는 것을 암시한다. 사람들은 솔로몬을 지혜교사로, 동시에 잠언서와 전도서의 저자로 보고 있으며(참조. 왕상 4:32), 이를 통해 아가와 지혜문학과의 관련성을 추론해 냈을 것이다. 사랑의 노래들은 백성들의 평범한 언어를 반영하는 것이 아니라, 오히려 지극히 예술적이고 시적으로 형성되어 있으며—시편과 유사하게—개인적이지 않고, 오히려 대표적이고, 전형적인 경향을 띠고 있으며, 선창(先唱)을 위한 노래로 생각된다.

뷔르트봐인(E. Würthwein)은 노래들의 기원에 관하여 그의 견해를 다음과 같이 요약한다: "아가서의 시들은 예술적인 노래들로서 포로기 이후 예루살렘 지혜자 집단에서 유래되었으며, 또한 보통 칠 일간 계속되는 결혼축제에서 불려졌다(*Die Fünf Megilloth,* HAT I/18, 1969, 34).

아가서가 성문서 가운데서 이미 (솔로몬의 권위로 인해) 정경으로서의 위치를 인정받은 후에, 아가서에 대한 "있는 그대로의" 이해는 난관에 부딪치게 되었다. 알레고리적 해석은 이러한 난관을 극복하려고 한 것일까? 아가서 자체는 인간과 자연의 아름다움(아 2:11 이하), 창조에 대해 형용할 수 없는 기쁨을 말하고 있다. 그렇다면 이러한 진술은 신학적 정당성을 가지고 있지 않은 것인가?

2. **애가**(哀歌)는 완전히 다른 양식의 작품이다. 애가의 지배적인 분위기는 기쁨이 아니라 비애다. 그것은 세속적인 것이라기보다는 하나님 앞에서의 탄원이다. 애가서는 예루살렘과 성전이 파괴되고(애 2 : 6 이하), "우리의 생명의 호흡인 야웨의 기름부은 왕이 사로 잡혔고"(애 4 : 20), "우리의 유업인 땅이 이방인에게 넘어갔다"(애 5 : 2)라고 표현되는 기원전 587년 멸망 이후의 정황을 묘사하고 있다. 형식과 주제에 있어서 이 노래들은 민족 탄원시의 특징(특히 애 5장 ; 참조. 시 44편 등, 이 책 25장 4.1를 보라)들을 **키나**(Qina) 내지 장송곡의 요소와 결합시키고 있다. 이 장송곡은 영광스러웠던 과거와 암울한 현재를 대조시키며, 흔히 "아아!"라는 탄식으로 시작한다 :

> "아아, 이 도시가 어찌 그리 적막하게 앉았는고!
> 예전엔 주민이 얼마나 많았는가!
> 열방 중 으뜸이었던 도시가 과부와 같이 되었다.
> 친구가 다 배반하고 원수가 되었다."
> (애 1 : 1-2 ; 참조. 애 2 : 1 ; 4 : 1 ; 사 1 : 21 이하)

이러한 구조로 인해 이 노래의 명칭이 생겨났는데, 히브리어로는 노래들의 도입부에 나타나는 "아아!"로 불리우고, 유형상으로 "키나" 혹은 "애가의 책 및 두루마리"로 불리운다. 애가서 1장부터 4장은 각각 22절로 되어 있으며, 그 중 1-3장은 3행씩 한 절을 이루고 있고, 오직 4장만이 2행으로 되어 있다. 각 절마다 알파벳의 순서로 시작하고 있다(비슷한 알파벳 시형은 시편 9-10편 등 ; 이 책 25장 1을 보라). 훨씬 더 짧은 민족 탄원시인 5장은 알파벳 시형으로 되어 있지는 않지만, 그러나 히브리 문자수와 일치하는 22절로 기록되어 있다.

이미 이러한 형태는 개별적인 노래들이 본래 독립적으로 존재했다가 아마도 후대에야 비로소 다소 느슨한 하나의 통일체로 구성되었다는 사실을 보여 준다. 그러나 개별 노래들은 바벨론에서라기보다는 팔레스틴이라는 동일한 장소에서, 일부는 기원전 587년의 멸망과 근접하여 일부는 그 보다는 더 긴 시간이 지난 이후에, 하지만 대략 비슷한 시대에 생성되었다. 더욱이 이런 생생한 묘사(애 4 : 17 이하와 같은)는 목격자의 체험에 기인하고 있는 것은 아닌가? 헬라어 또는 라틴어 역본은 애가서를 예레미야서 다음에 놓고, (이것은 오늘날 성서에도 영향을 미치고 있다) 저자를 이 예언자로 봄으로써 이 목격자를 더욱 상세하게 구체화시키고 있다(참조. 대하 35 : 25). 사실상 예레미야(렘 8 : 21－22 등)는 탄원 양식에 매우 친숙하다. 그러나 파국 직후, 바로 애굽으로 끌려갔던 예언자는 내용상으로 뿐만 아니라 시간적으로 보아도 저자로 볼 수 없다. 아무튼 애가가 한 명이나 또는 여러 명의 저자를 가지고 있는지는 불확실하다. 그러나 그것의 "삶의 자리"는 아주 명백히 추론될 수 있다. 애가는(특히 애 1장) 처음부터 예배를 위해서 지어진 것은 아니지만, 곧 얼마 되지 않아 "금식예배" 및 애도예배 때 사용되었다. 예배들에서는 주기적으로 그 587년의 암울하고, 경악스런 사건들이 회상되었다(슥 7－8장).

포로기 시대에 역사를 회고하면서 죄를 고백한 신명기 역사가의 역사서와 흡사하게, 애가는 기도 속에서 그 당시의 정황을 해석하려고 한다. 애가는 죄를 자백하면서 문서 예언의 고발과 심판 통고를 자신에게 적용한다 :

> "야웨께서 그가 계획하신 일을 행하셨고 그의 말씀을 이루셨나이다"(애 2 : 17).

> "원수 같이 주께서 나타나사 이스라엘을 삼키셨음이여 …
> 자기 제단을 주께서 버리사, 그의 성소를 더럽히셨나이다"(애 2 : 5, 7).

야웨의 분노가 재앙을 불러일으켰지만(애 2 : 1 이하 ; 3 : 43 이하), 그것은 그들의 죄로 인한 것이다 : "예루살렘이 크게 범죄하였다"(애 1 : 8 ; 참조. 애 1 : 13－14 ; 3 : 42 ; 4 : 6 ; 5 : 7, 16). 상당 부분의 책임이 (이른바 구원－) 예언자들에게 돌려진다 :

"너희 예언자들이 거짓과 사기를 보았고
너희의 운명을 돌이키도록 너희 죄를 폭로하지 않았다"(애 2 : 14 ; 참조. 애 4 : 13).

애가가 문서 예언자들의 이러한 비난을 받아들였던 것처럼(렘 23장), 이스라엘의 연합 정책에 대한 예언자의 고발들 역시 정당한 것으로 받아들이고 있다(애 4 : 17 ; 5 : 6–7).

개별적인 특징들로 묘사되고 있는 고난 속에서 애가는 하나님께 간청한다(애 1 : 21 ; 2 : 18). 어떠한 다른 위로자도 없다(애 1 : 9, 16–17, 21). 오직 그들을 치신 자만이 그들의 기도를 들어줄 수 있고, 아마도 기도에 응답할 수 있었을 것이다. 그러기에 그 기도는 확신에 차 있다 : "주께서 영원히 버리지 않을 것입니다"(애 3 : 31 ; 참조. 애 3 : 21 이하 ; 4 : 22). 그러나 이러한 희망은 탄원 속에서 아주 조심스럽게 고백되고 있다 :

"야웨여 우리를 당신에게 돌이키소서.
그리하시면 우리가 전처럼 돌아가겠사오니
우리의 날을 옛적 같이 새롭게 하옵소서.
당신께서 우리를 완전히 버리셨사오니
우리에게 지극히 분노하셨나이다"(애 5 : 21–22).

3. 소책자인 **룻기** 또한 고통 중에서의 하나님에 대한 탄원과 신뢰를 기록하고 있지만 완전히 다른, 즉 이야기체 서술 방식을 취하고 있다. 개별적인 장면들로 세련되게 구성되어 있는 이 "단편 소설"(Novelle)은 비극적인 곤경으로부터 시작해서 행복한 결말로 끝나는 아치형 구조를 이루고 있다.

룻 1장 1–7a절	해설 : 역사와 상황
7b–19a절	나오미와 룻의 대화. 룻의 결심
19b–22절	고향 베들레헴에서의 탄식 : "우아함과 사랑스러운 자"라는 나오미 대신 "괴로운 자"라는 마라로 칭하라
룻 2장 1–17절	이삭 줍는 밭에서의 룻과 보아스의 첫 번째 만남

	18-23절	룻이 나오미에게 보고하다.
룻 3장	1-5절	나오미의 계획
	6-15절	밤중 타작마당에서의 룻과 보아스의 만남
	16-18절	룻이 나오미에게 보고하다.
룻 4장	1-12절	성문에서의 법정 소송. 기업 무를 자의 권리 포기
	13-17절	보아스가 룻과 결혼. 아들의 출생
	18-22절	(이차적인 본문) 다윗까지의 계보

사사시대에 베들레헴의 엘리멜렉은 기근을 피해 그의 아내 나오미와 두 아들들과 함께 모압땅으로 피난하였다. 아버지가 죽은 후 두 아들은 모압 여자를 아내로 맞이하였다. 그러나 두 아들도 죽게 되자, 이제 홀로 남은 나오미는 베들레헴으로 귀향할 것을 결심하게 되고 함께 했던 그녀의 며느리인 오르바와 룻에게 각기 자신의 고향으로 돌아가 살 것을 강권한다. 오르바가 "그녀의 민족과 신에게 돌아간" 반면, 룻은 나오미를 따라서 동시에 야웨를 "따르겠다"는 결단을 굽히지 않았다:

"당신께서 가시는 곳에 나도 가고,
당신께서 거하는 곳에 나도 거하겠습니다.
당신의 민족이 나의 민족이 되고,
당신의 하나님이 나의 하나님이 되십니다.
당신이 죽는 곳에서 나 또한 죽어 거기서 장사될 것입니다.
야웨께서 나에게 무슨 일을 하시든 간에
단지 죽음만이 당신과 나 사이를 나눌 수 있을 것입니다."
(룻 1:16-17; 참조. 룻 2:12).

고향에서 나오미는 야웨께서 주신 그녀의 불운한 운명을 한탄한다(룻 1:13, 20-21; 참조. 욥 1:21). 룻은 가난한 자들의 권리(레 19:9-10; 23:22; 신 24:19)를 통해, 수확이 끝난 밭에서 이삭을 주워가며, 두 여인의 생계를 위해서 다부지게 생계를 꾸려 간다. 그러다가 그녀는 우연히 엘리멜렉의 친족인 보아스의 밭에 이르게 된다. 보아스는 매우 세심하게 이방 여인의 형편을 배려해 주고, 그녀를 친족으로 대우하며, 그녀에게 하나님의 축복을 빌어 준다(룻 2 : 12). 나오미가 룻이 일하여 가져온 많은 소득물을 보자, 그녀의 탄식은 하나님의 자비에 대한 찬미로 변하게 된다(룻 2 : 20). 추수기가 끝날 무렵 룻은 나오미의 제안을 따르게 된다. 나오미는 룻에게 "안식처" 곧 가정을 마련해 주려고 한다(룻 3 : 1 ; 1 : 9). 즉 나오미는 룻에게 밤에 타작마당에 있는 보아스에게 찾아가서, 그에게 친족이나 시형제(媤兄弟)와 결혼할 수 있도록 부탁하게 한다: "당신은 기업을 무를 자이다"(룻 3 : 9). 법적인 제도(창 38장 ; 신 25 : 5 이하)에 따르면 후손이 없이 죽은 남자의 가장 가까운 친척은 죽은 남자의 부인과 결혼을 해야 하는 의무를 지니고, 거기서 태어난 첫 번째 아들은 죽은 자의 자식으로 간주된다(참조. 룻 4 : 10). 보아스 보다 더 가까운 기업을 무를 권리를 가진 친척이 살고 있었기 때문에, 보아스는 두 여인을 위한 변호자로서, 성문 앞에서 열릴 법정모임(룻 4 : 1 이하 ; 참조. 룻 2 : 1 ; 이 책 3장 2.3을 보라)에 참여하기 위해 아침을 기다리게 된다. 보아스는 열 명의 장로들 앞에서 기업을 무를 우선권을 가진 친족에게 엘리멜렉의 토지 소유권을 "무를 것"을 요청한다(참조. 레 25 : 25 ; 렘 32 : 7 이하). 즉 예전의 엘리멜렉의 토지를 매매를 통해 사들이고, 과부가 된 며느리와 결혼하라는 것이다. 그 친척이 권리를 포기하자, 신을 벗어 주는 오랜 관례를 통해 그 권리는 보아스에게 양도된다. 따라서 룻은 보아스의 아내가 된다. 룻은 아들을 낳았고, 그 아이는 나오미의 자손으로 간주된다(룻 4 : 13 이하). 이방 며느리 룻은 나오미를 사랑한 결과 "일곱 아들 보다" 더 고귀한 자로 칭찬을 듣게 된다.

이 이야기의 끝에 나오는 계보(룻 4 : 18 이하)에 따르면 오벳이라는 이름을 가진 룻의 첫째 아들은 이새의 아비이고, 다윗의 조부로 나타난다. 이 계보는 먼 과거에까지 이르고, 이야기의 구조에 있어서 문체상으로 주목을 끌고, 역대상 2장 5, 9절 이하에서 차용된 것으로 보아 나중에 첨가된 것임이 틀림없다. 결국 이 이야기는 후대에 가서야 비로소 다윗의 가문과 결합되었다고 볼 수 있는가? 물론 이러한 비평적인 고려들은 "오벳"(룻 4 : 17b)이라는 이름에게도 적용되고, 이 아이가 원래는 다른 이름을 가졌을 것이라는 가정을 수용하게 한다. 그러나 이러한 개입은 다윗의 조상 가운데 모압 여인이 있었다는 이야기가 갖는 난관을 완화시키고 있지 않은가? 그밖에 도입부에 나타난 엘리멜렉의 출생지에 관한 진술에서 이미 에브라다(룻 1 : 1-2 ; 참조. 삼상 17 : 12 ; 미 5 : 2)의 (지방행정 구역인) 베들레헴이라는 다윗의 고향이 언급된다. 아마도 여인들의 축하도 다윗의 조상 베레스를 암시하고 있다는 것은 결코 우연이 아닐 것이다(룻 4 : 12). 따라서 후대의 족보는 그 이야기가 처음부터 의도했던 것을 단지 주석하고 있을 뿐이라는 설명도 가능하다.

아무튼 그러한 고려는 사건의 역사성에 대하여 말하고 있는 것이 아니라 오히려 어느 정도 "단편 소설"의 원래적인 자기 이해에 대하여 진술하고 있는 것이다. 여기서 말하는 사건은 매우 오래 전의 일을 가리키고 있다(룻 1 : 1 ; 4 : 7). 이 이야기가 야웨 공동체에 모압인이 들어오는 것을 금지하는 법(신 23 : 3)을 무시하고 있다면, 이는 아직 그러한 규정을 알지 못하고 있는, 즉 신명기보다도 더 오래된 왕정시대에 생겨난 것이거나, 후대에 그러한 규정을 넘어선 것 둘 중의 하나이다. 소책자 룻기의 절대적인 연대 결정은 거의 불가능하다. 그러나 그것은 룻기 못지 않게 이방인에게 우호적인 단편 소설 요나서와 시기적으로 가까운 후대, 즉 포로기 이후 시대에 생겨났다고 볼 수 있겠다.

룻에 관한 이야기는 모범적인 행동, 의무감, 돌봄, 신의(참조. 1 : 8 ; 3 : 10)에 대하여 이야기하고 있다. 이것은 확실히 가족 내의 신의에 관한 것이지만, 한 이방 여인의 신의와 그 여인에 대한 신의까지도 보여 주고 있다. 하나님은 인간의 자기 결단, 계획과 행동 안에서, 그리고 그것들을 통해서 보이지 않게 인도하고 계신다. 그분은 축복을 통해 사건을 이끄시고, 고난과 괴로움(룻 1 : 13, 20-21)으로부터 선한 결과를 창조하시는 분이시다(룻 1 : 6, 9 ; 2 : 12, 20 ; 3 : 10 ; 4 : 11, 13-14).

4. **에스더서**에는 신학적 진술들이 매우 빈약하다. 또한 에스더서는 개별적인 장면들이 교차되는 구조를 지닌 "단편 소설"(Novelle)이다. 이 이야기는 수사라는 지역에 있는 페르시아의 궁전에서 전개된다. 서두의 두 장(에 1-2장)은 주인공들을 소개하고 본래적인 줄거리(에 3-9장)의 전제가 되고 있다. 아하수에로 왕(즉 크세르크세스 1세, 기원전 486-465년)은 왕비 와스

디가 잔치에 나오는 것을 거절한 이유로 그녀를 폐위시킨다(에 1장). 제국의 모든 아름다운 처녀 가운데서 왕비의 계승자를 뽑게 되었는데, 유대인 고아 에스더(히브리어로 하닷사, "화석류 나무")가 왕의 총애를 받아서 새 왕비에 오르게 된다. 에스더의 사촌이요 보호자였던 모르드개는 왕에게 모반을 경고한다. 또한 모르드개의 공훈이 기록되고 있다(에 2장).

하지만 모르드개는 왕의 대신인 하만에게 절하기를 거부한다. 하만이 페르시아인이 아니며 아각인, 즉 이스라엘의 원수인 아말렉의 왕족에 속한 사람이라는 사실은 주목할 만하다(출 17 : 8 이하 ; 삼상 15장). 그러기에 하만은 제비를 뽑아 아달월 13일로 정해진 날에 온 페르시아 제국에서 살고 있는 유대인들을 멸절하기로 하는 칙령을 애써 얻어낸다(에 3장). 에스더는 모르드개를 통해 이 사실을 알게 되고 간청이 거절될 것을 무릅쓰고(에 4장) 왕이 하만과 함께 잔치에 연이어 두 번이나 나오도록 간청한다(에 5 : 1 – 8). 그 사이에 하만은 계속해서 무릎을 꿇고 이마를 땅에 대며 경의를 표하기를 거절하는 모르드개를 처형하기 위해 장대를 세운다(에 5 : 9 – 14). "유대인을 박해하는 자"(에 3 : 10 등)의 권력이 정점에 이르게 되자, 반전이 일어난다.

잠이 오지 않는 밤에 왕은 역대일지를 읽게 되는데, 그것으로 인해 그는 모르드개의 공훈을 알게 되어 그에게 상을 베풀기로 결정한다(에 2 : 22 – 23). 하만은 자기 생각에 자기가 그 상을 받을 것으로 생각하고 공개적으로 치하하는 방법을 천거하지만 그 상은 당황스럽게도 모르드개에게 돌아가게 된다(에 6장). 두 번째로 열린 잔치에서 에스더는 자기가 유대인 혈통임을 고백하고 자기의 생명과 자기 민족의 구원을 간청하게 된다. 왕이 음해를 모의한 자가 누구인지를 묻게 되자, 하만은 달아나 에스더의 옥좌 위에 엎드리게 된다. 왕은 하만의 이러한 행동을 추근거리는 행동으로 오해하고 모르드개를 죽이려고 하만 자신이 세운 장대 위에 그를 매달도록 한다(에 7장).

모르드개는 하만을 대신하여 인장 반지를 받음으로써 왕의 전권을 부여받게 되었고, 한편 하만의 집은 에스더에게 주어진다. 왕에게 두 번째로 나아갔을 때, 에스더는 유대인을 해하려는(에 3 : 13) 칙령까지도 취소하도록 간청한다 : "내가 어찌 내 민족이 당할 화를 내 눈으로 보겠나이까?"(에 8 : 6). 이 이야기가 이러한 소원의 성취를 향해 전개된다면, 이 이야기는 위기를 모면하고 임박한 재난에서 벗어나는 좋은 결론으로 끝날 수 있을 것이다. 왜 박해 당하던 사람들이 더 나아가서 박해하는 자들이 되어야만 했는가? 왕에 의해서 공포된 포고령은 폐기될 수 없기 때문에(에 8 : 8 ; 1 : 19 ; 단 6 : 8 이하), 적들로부터 자신을 방어하고 그들의 박해자를 죽일 수 있는 법령이 왕에 의해서 유대인들에게 허용되었다. 이 일은 아달월 13일과 그 다음날에 일어난다(에 9 : 1 – 19).

세 부분으로 이루어진 종결은 이러한 사건들로부터 다음과 같이 결론을 끌어내게 된다 : "유대인이 그들의 적 앞에서 평안함을 얻고", 애통이 기쁨으로 변하게 된 이틀 동안에(에 9 : 22 ; 8 : 15 – 16), 모르드개와 에스더에 의해(에 9 : 20 이하, 29 이하) 연례적인 부림절 축제가 생기게 된 것이다. 종결 부분은 다시 한 번 모르드개의 명성을 상기시켜 준다. 그는 "왕 다음 가는 이인자가 되었다"(에 10 : 1 – 3 ; 참조. 에 8 : 2, 15).

확실히 이 이야기에서는 가지 각색의 페르시아적인 색조와 페르시아 이름(에 1 : 10, 14 ; 9 : 7 이하)이 포함되어 있지만, 그러나 구체적인 역사적 배경은 발견되지 않는다. 적들에 대한 승리의 기쁨을 포함하는 이야기의 결말이 비역사적이기 때문에, 에스더서는 하나의 "역사소설"(ein historischer Roman)로도 불려지게 되었다. 물론 전반적인 상황은 역사적이다 : 세계 각처에 흩어져 있던 유대 민족은 그들의 이질성으로 인해(에 3 : 8) 거부와 박해를 당한다(참조. 단 3장 이하). 여기에는 이 민족의 부유함에 대한 소문도 하나의 요소로 작용하는 것인가(에 3 : 9, 13)? 어느 경우이든 유대인의 혈통을 숨기는 것이 유리하다(에 2 : 10). 이러한 사정은 아마도 헬레니즘 시대에 비로소 나타나기 시작했으므로, 이 이야기는 아마 동방 디아스포라의 영역에서 기원전 300년이나 200년경에 생성되었을 것이다.

이 에스더 소책자는 현재의 형태에서 부림절의 제정을 제시하고 그 기원을 확증하려 한다. 물론 학자들은 본문의 통일성을 여러 가지 방식으로 의심해 왔다. 아마도 에스더 9장 20절 이하는 부록일 것이다. 이 구절은 축제에 대한 보다 오래된 결론적인 언급을 설명하고, 부림이라는 명칭을 "제비뽑기"로 설명한다(참조. 에 3 : 7). 에스더(에 5 : 1 이하 ; 7 : 1 이하)와 모르드개(에 3 : 1 이하 ; 6 : 1 이하)라는 인물들로 구성된, 적어도 두 가지 이야기 주제가 서로 복합되어 있다(에 2 : 5 이하, 19－20 등). 본문 여기저기에서 더 오래된 원형적인 형태들이 명백하게 드러날 수 있다. 그러나 그것들은 문서의 초기 단계라기보다는 구전적인 이야기의 자료로 드러난다. 전체 구성은 예로부터 부림절 축제를 위해 배열되어 있다.

물론 이 이야기는 비로소 후대에야 부림절 축제의 전설이 되었음이 틀림없다. 왜냐하면 부림절은 이미 존재하고 있었고 아마도 페르시아나 메소포타미아 지역의 신년 축제와 같은 방식이 유대교에 의해 수용되었기 때문이다. 또한 이를 통해 에스더(페르시아어로 "별" ; 참조. 이쉬타르)와 모르드개(마르둑 숭배자?)라는 이름도 이해할 수 있을까? 신년 첫 날에 제비를 뽑아서 운수를 결정하는 일이 거행되었는가, 아니면 (G. Gerleman이 주장하는 것처럼) 부림이라는 단어는 "몫", 즉 상호 간에 주고받는 선물을 의미하는 것일까? 어쨌든 이 축제는 명확히 세속적인 성격을 나타내고 있으며, 기쁨, 친구들과 가난한 자들에게 나누어 주는 선물(에 9 : 18－19, 22 ; 8 : 16－17), 아마도 또한 금식(에 9 : 31)이 이 축제의 특징이다. 구약에서 추수 축제들이 구원사적인 근거를 가지고 있듯이(예를 들면 레 23 : 42, 43－44) 부림절 역시 에스더 이야기로부터 역사적인 동기를 부여받는다.

이미 초기 유대교와 기독교에서는 이 책이 정경으로서의 가치가 있는지에 대한 의심이 있었다. 확실히 모르드개와 에스더는 위험한 상황 속에서도 모범적으로 유대교를 고집하고 있다. 그러나 이 책은 지나치게 유대교의 우월성을 강조하고 있지는 않는가(에 6 : 13)? 왜 멸망 앞에서의 구원이 적대자들에 대한 승리로 첨예화되어야 하는 것일까? 자기 손으로 보복하는 것이야말로 박해 당한 자들에게는 확실히 이해될 수 있는 소원이지만, 신학적으로는 부당한 소망인 것이다. 요나서 소책자는 에스더와 얼마나 다른 평가를 하고 있는가!

에스더 이야기는 하나님의 이름을 피하고 있다. 그럼에도 이야기의 줄거리는 하나님의 숨겨진 인도를 전제하고 있다. 인간이 포기하는 상황에서, "유대인은 다른 측면에서 해방과 구원을 얻게 될 것이다"(에 4 : 14). 절하기를 거절하는 것(에 3 : 2 ; 5 : 9)은 생명이 위협을 받을지라도 제1계명에 순종하는 것을 증거하고 있지 않는가(참조. 단 3장)?

제27장 잠언

"지혜"(Weisheit)는 무엇보다도 이론적이고, 원칙적인 질문들에 대답할 수 있는 능력이라기보다는 오히려 일상적인 삶 속에서 올바른 길을 찾고, 사건과 사람에 대해 대처할 수 있는 능력을 의미한다. 지혜는 예를 들면 장인이나 예술가(출 31 : 3 이하 ; 35 : 10, 25-26, 35 ; 사 40 : 20 등), 통치자나 재판관(왕상 3장 ; 사 11 : 2 이하)의 전문 지식이며, 삶에 대한 현명한 대처(잠 6 : 6)이며, 동시에 간단히 말하면 **경험적 지식**이기도 하다. 경험자는 삶 속에서 일어나는 사건들을 관찰하고, 비슷한 것들을 나란히 늘어놓고 이를 통해 규칙을 인식하는 것에 기초하고 있다. 자연에 관한 것이든 인간 관계에 관한 것이든 간에, 이미 존재하는 질서들에 관한 통찰은 상징적인 언어로, 그리고 평행적인 언어(이 책 25장 1을 보라)를 통해 형성되고, 보존되었다. 경험의 수집과 계승이 전통을 창조한다("선조들의 격언" 삼상 24 : 14). 즉 전통은 자체의 경험을 통해서 권위를 획득한다(욥 8 : 8). 지혜의 목적은 위험과 화를 멀리하고, 생명의—정의롭고, 명예롭고, 성공적인—길을 찾는 데 있다(잠 13 : 14 ; 15 : 24).

1. 지혜문학이 구약 정경의 세 번째이자 마지막 부분인 "성문서"에서 주로 발견된다는 사실은 지혜가 이스라엘의 후대의 현상이라는 이해에 이르게 했다. 실제로 지혜문학은 이스라엘만의 독특한 현상이 아니라, **고대 근동의 보편적인 현상**이다. 즉 바벨론이나 가나안에도 지혜가 있었다. "유목민인 동방의 아들들"의 지혜는 이스라엘에서도 잘 알려져 있었다(왕상 4 : 30-31 ; 욥 1 : 3 등). 구약성서조차도 외국인들을 격언모음집의 저자로 부르고 있다

(잠 30:1; 31:1; 참조. 욥 1:1). 특히 애굽은 이스라엘의 지혜에 영향을 주었던 것으로 보인다. 잠언 22:17-23:11의 부분은 언어상으로 볼 때 어느 정도는 애굽의 아멘엠오페(Amenemope)의 지혜서로부터 차용한 것이긴 하지만, 일치점과 더불어 차이점(신학적인 이유 제시, 잠 22:19, 23; 23:11)도 보여 주고 있다. 그러므로 잠언은 "고대 근동의 지혜가 이스라엘적-유대적으로 각인된 것"(J. Fichtner, *Die altorientalische Weisheit in ihrer israelitisch-jüdischen Ausprägung,* BZAW 62, 1933)을 표현한 것이다.

이러한 연관성은 우선 지혜가 포로기 이후에 처음으로 알려진 것이 아니라는 사실을 보여 준다. 구약이 솔로몬의 지혜를 보도하고 있다면(왕상 3장; 4:29 이하), 이러한 전승은 개별 격언들 또는 작은 격언모음집이 초기 왕정시대까지 소급된다는 점에 있어서 어느 정도 역사적으로 신빙성을 가진다. 또한 예언자들은 지혜를 전제하고 있으며, 그것에 대해서 긍정적(암 6:12; 사 1:2-3; 11:2; 28:23 이하)이든 비판적(사 5:21; 29:14; 44:25; 렘 8:9 등)이든 간에 관련을 맺고 있다.

물론 지혜적인 사고는 상당히 기나긴 역사를 갖고 있다. 그것은 예를 들면 삶의 경험을 형성하고 있는 개별 격언들(삼상 24:14; 잠 10:1 이하; 25:1 이하)에서부터 욥의 대화 또는 전도서에 있는 광범위한 신학적 반성에까지 이르고, 또한 정경 밖에 있는 예수 시락서(Jesus Sirach)나 솔로몬의 지혜서(Weisheit Salomos)에서도 나타난다. 보다 긴 단위들(잠 1-9장)은 짧은 단위들보다 후대의 것으로 볼 수 있을까? 혹은 긴 단위들은 또 다른 "삶의 자리"에서 생겨난 것일까? 지혜의 의인화(잠 1:20 이하; 8; 9; 참조. 욥 28장)나 지혜와 율법과의 결합(시 1편 등)은 후대에야 비로소 나타난 현상인가? 이스라엘에서는 그렇게 보인다. 어쨌든 솔로몬은 후대에도 권위를 가지고 있었고, 사람들은 흔히 솔로몬의 권위에 의존했다(잠언, 전도서, 욥기, 솔로몬의 지혜서).

2. "유다의 왕인 히스기야의 신하들이 격언들 중의 한 부분을 편찬했다"(잠 25:1). 그러므로 지혜는 왕의 궁정에서 육성되었다. 왕은 지혜로운 조언자를 필요로 했다(삼하 16:23; 창 41:33). 아마도 관료 양성을 위한

학교가 있었을 것이다.

그러나 오히려 가정이 보다 본래적인 지혜의 "삶의 자리"가 아니었을까? 무엇보다도 교육은 가정 안에서 행해진다. 아버지뿐만 아니라 어머니도 가르치고, 아들은 듣는다(잠 1 : 8 ; 4 : 1 이하 ; 6 : 20 ; 31 : 26 ; 참조. 출 12 : 26 ; 13 : 14 등). 왜냐하면 아들은 부모님들을 존경하는 것이 당연하기 때문이다(잠 10 : 1 ; 20 : 20 등). 이와 같은 이유로 잠언이 겨우 몇몇의 왕에 관한 격언(잠 16 : 10 이하 ; 25 : 2 이하)들만 포함할 뿐, 애굽의 가르침과는 달리 관리들의 윤리를 언급하고 있지 않다는 점이 보다 더 잘 이해된다. 잠언에서 언급되는 사람은 모든 사람이지 어느 특정한 계층이 아니다.

그렇다면 궁정의 지혜자들은 어느 정도까지 기존의 자료를 "수집"(잠 25 : 1)한 것이고, 어느 정도까지 스스로 만들어 낸 것인가? 어쨌든 지혜는 관료나 제사장(렘 8 : 8–9) 양성을 위한—이스라엘에서도 존재했을 것이라고 단지 추측만 할 뿐인—학교에서 유래했으며, 후대에는 아마도 예루살렘에 자체의 교육기관이 있었을 것이다. "아버지-아들"의 호칭의 배후에는 선생과 학생의 관계가 숨겨져 있을 수 있다(잠 1 : 1 이하). 제사장과 예언자와 병행해서 "조언"을 줄 수 있었던 "지혜자"라는 특정한 계급이 실제로 존재했을까(렘 18 : 18 ; 참조. 겔 7 : 26)? 지혜자의 조언은 높이 존중되었으며(삼하 16 : 23), 실제로 계시에 기초한 것일 수 있었다(욥 4 : 12 이하 ; 32 : 6 이하). 그러나 다른 사람들을 가르치기 위해 조언을 하는 것뿐만 아니라 스스로의 수양을 위해 조언을 듣는 것도 지혜로운 것이다(잠 1 : 5 ; 10 : 17 ; 12 : 15).

3. 경험의 전수라는 목적을 위해서 잠언은 다양한 화법을 사용한다.

1) 속담(Maschal), 금언(Sentenz)이나 명언(Wahrspruch)이라고 불리는 진술어(Aussagewort)에서 지혜는 "현실에서 일어나는 사실들을 포착하고, 그것들을 열거하고 인식할 수 있는 문장을 통해 명확히 진술된다"(W. Zimmerli, "Ort und Grenze der Weisheit im Rahmen der alttestamentlichen Theologie", *Gottes Offenbarung,* 1963, 304). 인간 생활이 있는 그대로 드러난다. 거래에 대해서는 다음과 같이 말한다 :

"물건을 사는 자가 '나쁘다' '나쁘다' 고 말하지만
돌아가서는 그것을 자랑한다"(잠 20 : 14).

운명이 자신의 행위의 결과로 일어난다고 이해하는 **행위 - 결과 - 관계** (Tun - Ergehen - Zusammenhang)가 자주 나타난다 :

"함정을 파는 자는 도리어 빠지며,
돌을 굴리는 자는 도리어 치일 것이다"
(잠 26 : 27 ; 참조. 삼상 24 : 14 ; 잠 11 : 2, 17, 25 ; 22 : 8 - 9).

그러나 대체적으로 그 기준들은 중립적으로 묘사된 것이 아니라, 가치 평가된 것이다. 이러한 판단은 일반적으로 지혜자와 우매자, 의인과 악인, 가난한 자와 부유한 자, 성실한 자와 나태한 자와 같은 간단한 **대조 개념**에서도 자주 나타난다. 대조 개념들에 의하면, 인간의 미래를 결정짓는 삶에 대한 태도 및 처세는 흡사 인간의 행위로부터 기인하는 것처럼 보인다 :

"의인의 소망은 즐거움을 가져와도
악인의 기대는 사라진다"
(잠 10 : 28 ; 참조. 잠 11 : 7, 23 등).

교육적인 전달을 위해서 지혜는 일종의 흑백 묘사(Schwarz - Weibβ - Technik)를 선호한다. 쉽게 이해될 수 있는 의로운 생활 태도에 대한 권고 및 어리석은 생활 태도에 대한 경고가 흑백 묘사 안에 숨겨져 있지 않는가?

2) 표상의 말(Bildwort) 또는 - "~와 같이"로 표시되는 - **비유의 말**(Vergleichwort)을 통해, 다양한 영역, 보통 자연계와 인간 세계에서 일어나는 현상들이 자주 서로 연결된다. 그때에 강조점은 흔히 결론 부분에 있다 :

"문짝이 돌쩌귀를 따라서 도는 것 같이,

게으른 자는 침상에서 도느니라"(잠 26 : 14).

"개가 그 토한 것을 도로 먹는 것 같이,
미련한 자는 그 미련한 짓을 거듭 행하느니라"
(잠 26 : 11 ; 참조. 잠 25 : 3, 11 이하, 26, 28).

이렇게 확증된 관계는 단지 구체적인 묘사를 위한 것일까? 아니면 결국 그것은 자연과 인간의 삶 사이의 유비, 즉 범세계적인 질서를 전제하는 것일까? "적어도 이스라엘에서는 세계 질서 전체가 다루어지지 않고 개별 질서들"(H. J. Hermisson, *Studien zur israelitischen Spruchweisheit,* WMANT 28, 1968, 191), 즉 여기저기서 밝혀진 유비들이 다루어진다. 서로 다른 종류의 상황과 사건들이 갖는 공통점인 비교점(유사점 : tertium comparationis)이 자주 불분명하게 규정되며, 모호하게, 심지어는 "수수께끼" 같이 나온다는 점은 결코 우연이 아니다(참조. 수수께끼에 대해 왕상 10 : 1 ; 잠 1 : 6 ; 삿 14 : 12 이하).

3) 이러한 점은 표상의 말이나 비유의 말의 특정한 형태로 간주되는 **숫자잠언**(Zahlenspruch)에서도 해당된다. 왜냐하면 숫자잠언은 여러 가지 다양한 현상들을 서로 엮어주고 있기 때문이다 :

"내가 심히 기이히 여기고도
깨닫지 못하는 것 서넛이 있나니
곧 공중에서의 독수리의 비행 자취와
바위 위의 뱀의 길과
먼 바다 위의 배의 길과
여자와 함께 한 남자의 자취이다"(잠 30 : 18 – 19).

"길"이라는 낱말을 사용한 언어 유희는 이전에는 아직 확립되지 않은, 그때마다 새롭게 만들어지는 길 또는 회고를 통해서는 더 이상 알 수 없는 (잠 30 : 20이 그러하다) 길을 생각하고 있는 것일까? 어쨌든 독자들은 "앞의

3가지 현상들은 단지 네 번째의 인간의 사건을 해석하기 위해서 제시되었다"(H. W. Wolff)는 인상을 받는다. "자연 지혜"(Naturweisheit, 참조. 왕상 4 : 33)는 오직 인간을 주목하고 있는 격언들에서만 나타난다(참조. 시 104편 ; 욥 38장 이하).

"셋-넷"과 병행해서 "하나-둘"에서 "아홉-열"까지 한 단계씩 높아지는 또 다른 수의 나열도 나타난다(잠 30 : 15 이하 ; 6 : 16 이하). 예언자도 이것을 받아들여 사용하고 있다(암 1 : 3 이하).

4) 첫 번째는 긍정적으로 평가하고 두 번째는 부정적으로 평가함으로써 두 가지 경우를 대조시키는 격언들은 비교(Vergleich)의 특별한 형태를 포함하고 있다 :

"가난해도 야웨를 경외하는 것이,
부유하고 번뇌하는 것보다 낫다.
채소를 먹으며 사랑하는 것이
살진 소를 먹으며, 미워하는 것보다 낫다"
(잠 15 : 16-17 ; 참조. 잠 16 : 8 ; 17 : 1 ; 전 7 : 1 이하 등).

일반적으로 "~보다 낫다"라고 번역되는 히브리어 표현(*tob min*)은 아마도 양자의 좋고 나쁨의 정도를 신중히 고려하는 것을 뜻하는 것이 아니라, 배타적이면서 대조적으로 한편을 승인하는 표현으로 이해될 수 있다 : "~와 달리/대조적으로 좋다"의 이러한 해석은 오히려 대조 개념들을 사용하는 지혜적 사고와 일치하고 있지 않을까? 아무튼 이러한 대조는 다시금 삶의 올바른 길을 찾는 것을 도와주려 한다. 그것은 일상적인 생활 영역뿐만 아니라 윤리적 영역(잠 19 : 1, 22), 나아가서는 신학적인 영역(시 118 : 8-9)에서도 그러하다.

5) 권고의 말(Mahnwort)의 유형은 분명하게 어떤 특정한 행위를 촉구하며, 또한 흔히 ("왜냐하면"과 같은) 이유를 덧붙이거나, ("~하지 않기 위

해서"라는 표현을 통해서) 결과들에 대해서 경고한다. 그러므로 인과응보의 법칙에 의거하여 악인들과 대조되는 신중한 행위가 요구된다:

> "행악자들에게 화내지 말고,
> 악인에게 격노하지 마라.
> 왜냐하면 행악자에게는 미래가 없고
> 악인의 등불은 꺼지기 때문이다"
> (잠 24 : 19－20 ; 참조. 시 37 : 1－2).

애굽의 영향을 받은 격언 모음집인 잠언 22장 17절 이하(또한 1 : 8 이하)에서 빈번하게 나타나고 있는 이 화법은 많은 문헌 영역, 특히 예언자의 메시지에까지 영향을 끼쳤다(이 책 13장 2.3, 5를 보라).

4. 솔로몬의 잠언서(라틴어 : Proverbien)는 예언서들이나 시편과 유사하게 개별 **모음집**들이나 부분 모음집들로 구성되어 있다. 그렇지 않다면, 분명한 반복들은 어떻게 설명될 수 있겠는가(잠 19 : 1과 28 : 6 그리고 11 : 13과 20 : 19을 비교하라)? 개별 격언들은 때때로 공통 주제에 의해(예를 들면, 야웨의 격언들 잠 16 : 1 이하), 보통은 단지 핵심어의 연결과 같은 것들에 의해(잠 25 : 2－3), 느슨하게 결합되어 있다. 따라서 서로 다른, 더욱이 상호 대립적인 경험들이 충돌할 수도 있다(잠 26 : 4－5 ; 17 : 27－28). 그럼에도 불구하고 한 격언이 바로 앞의 격언을 설명해 줄 수도 있다(잠 25 : 16－17).

모음집들은 부분적으로는 표제어를 통해 파악될 수 있지만, 서로 매우 다른 특성을 지니고 있으며, 또한 서로 다른 시대에 생겨난 것들이다. 물론 형태나 내용적인 기준들을 근거로 아주 제한적이긴 하지만, 연대 설정도 가능하다. 커다란 중요 모음집들(Ⅰ, Ⅱ, Ⅴ) 가운데 책 전체의 의미를 밝혀주는 가장 후대의 것(참조. 잠 1 : 7)이 맨 앞에 놓여지게 되었다. 이것은 구약에서 자주 나타나는 기본 원칙과 일치한다(참조. 창 1장 P가 2장 J 앞에 있다). 두 개의 고대 모음집들(Ⅱ, Ⅴ)에는 각각 비이스라엘적 기원을 가진 부록들이 연결되어 있다는 점이 눈에 띈다.

I. 잠 1-9장

"이스라엘 왕, 다윗의 아들, 솔로몬의 잠언"
아마도 가장 후대의(포로기 이후의) 모음집

1 : 1-7 다음과 같은 주제 선언을 가지고 있는 전체 책의 표제 : "야웨를 경외하는 것은 지혜의 근본이다"(잠 1 : 7 등).

보다 긴 단위들은 청중들을 주목시키는 말로 시작하고 권고들을 포함하는 교훈연설인가(잠 1 : 8 이하; 4 : 1 이하, 10 이하, 20 이하 등; B. Lang)?

5-7장(6 : 1-19 제외). "이방인을 아내로 맞는 것"에 대한 경고(참조. 잠 2 : 16 이하)

1 : 20 이하; 8장; 9장 인격화된 "여성 지혜"(잠 9 : 13 이하의 어리석음과 대조됨)

8 : 22 이하 창조에 대한 찬양 : 창조의 첫 산물인 지혜는 세계가 생성될 때에 존재했었고(참조. 잠 3 : 19-20), 하나님 앞에서 뛰놀았으며, 따라서 인간에게는 필수적이다(잠 8 : 32 이하; 2 : 2 이하).

II. 잠 10장-22 : 16

a 10-15장

b 16장-22 : 16

"솔로몬의 잠언들"
단락 V와 함께 가장 오래된 모음집 중 하나이며, 두 부분(a, b)으로 구성되어 있다.

a 부분에서는 대부분 반어평행법을 사용한 진술어들이 나온다(예를 들면 잠 10 : 1 이하).

자주 지혜자와 우매자, 의인과 악한 자의 행위와 결과가 대조된다.

III. 잠 22 : 17-24 : 22

"지혜자의 말들"

a 22 : 17-23 : 11

애굽의 아멘엠오페(기원전 1000년 이전)의 지혜서를 명백하게 차용한 것. 주로 권고의 말. 도입 격언(잠 22 : 17-21)에 이어 10개의 주제들(잠 22 : 22-23 : 11)이 뒤따름.

b 23 : 12－24 : 22	(아키카르의 앗시리아－아람적인 격언에 따른) 잠언 23 : 13－14와 24 : 10－12를 제외한다면 "이방적인 특징은 거의 없지만", 그러나 "종교적 특성이 강하게 나타남" ; 잠 23 : 17 ; 24 : 12, 18, 21(B. Gemser)
IV. 잠 24 : 23－34	"이것 또한 지혜자의 (말씀들)"
V. 잠 25－29장	"히스기야 왕의 신하들에 의해 수집된 솔로몬의 잠언"
a 25－27장	"이스라엘 지혜문학에서 가장 '세속적인' 단락"이 "가장 원래적인 형태"(H. H. Schmid, *Wesen und Geschichte der Weisheit,* BZAW 101, 1966, 145)일까? 단지 잠언 25 : 2, 22만이 하나님을 언급하고 있다.
b 28－29장	더 강력하게 종교적인 색채를 띠고 있다. a 부분은 농부나 수공업자의 지침서이고, b 부분은 통치자의 지침서인가(U. Skladny)?
VI. 잠 30 : 1－14	"아굴의 말들" 이 단락은 Ⅷ과 같이 비이스라엘적이고, 분명히 이 단락은 에돔－북아라비아 지역에서 유래한 것이다.
VII. 잠 30 : 15－33	숫자잠언들
VIII. 잠 31 : 1－9	"마사의 왕, 르무엘에 대한 말씀" 왕으로 임명된 아들을 위한 어머니의 가르침
XI. 잠 31 : 10－31	덕 있는 아내에 대한 찬양, 알파벳 시형(Akrostichon)

5. 잠언들의 주제들은 다양하다. 지혜는 대화(잠 18 : 7, 13 ; 25 : 11), 교육(잠 13 : 24 ; 29 : 19), 부모(10 : 1 등)나 왕에 대한 태도(잠 16 : 12 이하 ; 23 : 1 이하), 그리고 가계와 가정(잠 12 : 4 ; 19 : 14 ; 21 : 9 ; 31 : 10 이하), 사회(잠 11 : 11, 14 ; 14 : 34), 지혜자나 의인 및 경건한 자의 행위와 결과(잠

10 : 20 – 21 ; 11 : 3, 31 ; 13 : 25 ; 14 : 16 ; 15 : 2, 28) 등을 다룬다. 행위와 보상과의 관계를 올바로 유지시키거나 나아가서 이를 창조하는 것은 하나님이 하시는 일이기 때문에(잠 10 : 3, 22 등), 인간의 행위에 따른 결과가 나타난다 : 너의 길을 주에게 맡기고(잠 16 : 3), 너 스스로 보복하지 말며(잠 20 : 22 ; 24 : 29), 네 원수가 넘어질 때 즐거워하지 말며(잠 24 : 17 이하) 오히려 그를 도우라(잠 25 : 21 – 22)! 부모에 대한 경멸(잠 28 : 24 ; 30 : 11, 17 ; 참조. 잠 17 : 25 ; 23 : 24), 간통(잠 6 : 20 이하 ; 23 : 27), 거짓 증언(잠 12 : 19, 22 ; 19 : 5 ; 21 : 28 ; 참조. 잠 18 : 5)이나 남의 재산을 취하는 것(잠 10 : 2 ; 참조. 잠 16 : 8 등)에 대한 경고는 십계명과 아주 가깝다. 피압제자들은 창조주의 보호 아래 있다(잠 14 : 31 ; 17 : 5 ; 15 : 25). 가난한 자를 돌봐주라는 권고와 더불어(잠 19 : 17 ; 22 : 9, 22 – 23 ; 23 : 10 – 11), 부유한 자와 가난한 자가 존재하나 둘 다 하나님의 손안에 있다는 통찰이 제시된다(잠 22 : 2 ; 29 : 13). 하나님은 인간을 시험하기 위해 인간의 가장 깊은 곳을 볼 수 있지만(잠 15 : 3, 11 ; 16 : 2 ; 21 : 2) 하나님은 그 행위에 있어 자유롭다(잠 16 : 1, 9 ; 참조. 잠 25 : 2a). 그러므로 사람은 그 자신과 그 자신의 운명을 통찰할 수 없다(잠 20 : 24 ; 21 : 30 – 31). 사물의 질서(잠 11 : 24 – 25)와 더 나아가 자신의 마음에 대한 지혜자의 통찰이 제한적이기 때문에(잠 16 : 1 – 2) 겸손은 인간에게 있어 당연한 것이다(잠 16 : 5, 18 이하 ; 22 : 4 ; 26 : 12). 결국 하나님을 경외하는 것, 즉 동시에 하나님을 신뢰하는 것이 참 지혜이다(잠 14 : 26 – 27 ; 1 : 7 ; 9 : 10 ; 욥 28 : 28 ; 시 111 : 10 ; 참조. 렘 9 : 23 – 24 등).

제28장 코헬렛, 솔로몬의 전도서

코헬렛(Kohelet)은 지혜를 가르치는 교사이다. 그는 헬레니즘 시대에 지혜 사상의 결과를 비판적으로 성찰했으며, 놀랍게도 독자적으로 활동했다. 본문에서 보통 **코헬렛**(히브리어로는 여성분사로 표현되는 점이 눈에 띈다)은 공동체(*kahal*)의 최고 책임자 혹은 설교자를 표현한다. 그러나 이 직업 표현(전 12 : 8에는 관사를 포함하고 있다. 참조. 전 7 : 27)은 고유명사(전 1 : 12 12 : 9-10)로 서술되었다. 루터는 그리스-라틴어 번역인 "에클레시아테스"(Ecclesia-tes)를 "설교자"(Prediger)라고 번역했다.

표제(전 1 : 1)에 있는 이 고유명사는 가명인가? 표제에서 코헬렛은 예루살렘에서 통치하고 있는 다윗의 아들과 동일시된다. 이것은 솔로몬을 가리키고 있는 것이 확실하다(참조. 전 1 : 16). 물론 잠언서와 아가서가 솔로몬에게 명백히 의존하고 있는 반면에, 전도서에서는 그의 이름이 나타나지 않는다. 그러나 솔로몬의 저작권은 아가서와 전도서가 정경 안으로 들어올 수 있도록 해 주었거나 또는 가능하도록 했다(후대 예배 시 사용에 대해서는 이 책 26장을 참조).

1. 아마도 코헬렛이 현재 형태의 책을 집성한 것은 아닌 것 같다. 책의 성장 과정은 외적인 틀, 즉 **3인칭**(전 1 : 1-2a ; 12 : 9 이하; 참조. 전 7 : 27)으로 된 도입과 결론의 진술들에 의해 부분적으로나마 규명된다.

코헬렛을 다윗의 아들(전 1 : 1)과 동일시하는 것은 아마도 이차적인 것으로 짐작되며(전 1 : 1), 이것은 또한 전도서 1장 12절의 "나 코헬렛은 예루살렘에서 이스라엘을 다스리는 왕이 되었다"라는 기록과 관련되어 있다. 즉 본문에서는 단지 전도서 1 : 12-2 : 11, 12이 왕의 말로 되어 있다. 소위 "왕의 허구"(Königsfiktion)는 이 책 전체에 나타나는 1인칭 연설인 "내가 보았다, 내가 깨달았다"(전 2 : 13 이하)를 통해 분명하게 계속된다. 그것은 어떤 사건을 인생 체험으로 묘사한다(참조. 잠 24 : 30 이하; 시 37 : 25, 35). 이와 더불어 단수 2인칭 문체로 된 권고들(전 5 : 2 이하)과 일반적인 관찰들(전 3 : 1 이하)이 나타난다.

책의 말미에 있는 두 개의—산문적인?—추가들이 각각 상이한 의도를 가진다는 사실이 인지된다. **첫 번째 에필로그**는 코헬렛을 "백성에게 지식을 가르치고", "진리의 말씀들"을 기록한 지혜자로 소개하며 표현하고 있다(전 12 : 9-11). 이와는 반대로 **두 번째 에필로그**는 의심할 여지없이 비평적인 어조를 띄며, 한편으로는 끊임없이 책을 짓는 일과 몸을 피곤케 하는 공부에 대해 경고하고(전 12 : 12), 또 한편으로는 다음과 같이 권고한다: "하나님을 경외하라. 그리고 그의 계명을 지켜라!" 하나님의 심판이 모든 인간의 행위와 심지어 숨겨진 행위에 대해서도 내려진다(전 12 : 13-14).

전통적인 신앙에 입각한 이러한 **개정 작업**이 이 책 자체에서도 실행되었는가? 더불어 하나님의 심판(전 11 : 9b)과 정당한 인과응보(전 8 : 12b-13)에 대해 이야기하는 진술들을 삽입물로 간주하는 것은 당연한 일이다. 그 밖의 본문들(전 3 : 17a; 8 : 5 등)은 논쟁의 여지가 있다. 확실한 불균형이 내용 속에서 나타난다. 왜냐하면 코헬렛은 지혜문학적인 전통 자료를 수용하고, 자신만의 비판적인 의미로 재해석했지만, 전체 결론을 내리고 있지는 않기 때문이다("~이지만, 그러나" 전 2 : 13 이하; 9 : 4 이하 등). 이 밖에 언어상의 차이점을 파악하기가 어렵다. "정통적인" 입장에서 수정된 부분이 있긴 하지만, 결코 명백히 드러나지가 않는다.

2. 3인칭으로 된 보다 바깥쪽에 있는 틀은 보다 안쪽에 있는 틀을 둘러싸고 있다. 안쪽에 있는 틀은 동일한 의도적인 진술을 증언한다: "헛되고 헛되니 모든 것이 헛되다"(전 1 : 2; 12 : 8). 창조기사가 전체를 총괄하는 도입부와 결말 부분(창 1 : 1; 2 : 4a)을 통해 해석되는 것과 같이, 전도서에도 일종의 주제 진술 혹은 중심 주제가 있다. 그것은 말씀들을 하나의 "주제 선

언"(Motto)으로 규합하기 위해 추가된 해석인가?

아마도 전도서 1 : 3-11에 있는 세대의 교체와 11 : 9-12 : 7의 시기에 대한 문장들은 근본적인 진술로서 의도적으로 책의 처음과 결말 부분에 위치된 것 같다. 따라서 이 책이 **세 단계**를 거쳐 형성되었다고 추정하는 것은 그럴 듯하다 :

1) 전도서 1 : 12 이하의 1인칭에는 "코헬렛"에 의해 저술된 금언모음집 본래의 도입부가 있었을 것이다.
2) 이 책의 구성은 아마도 첫 번째 에필로그의 기록자, 즉 코헬렛을 소개하는 결말 부분 진술들(전 12 : 9-11)의 저자로부터 기인했다. 그는 코헬렛의 제자였을까?
3) 두 번째 에필로그의 저자는 위에서 언급된 비평적인 내용의 삽입물들을 통해 이 책의 마지막 형성에 관여했었을 것이다(전 12 : 12-14).

어쨌든 전도서는 단 하나의 주제에 대한 논문은 결코 아니다. 전도서는 비록 잠언서보다는 더 통일적이지만, 욥기서보다는 완성도가 낮기 때문에 결코 논리적인 구조라 할 수 없다. 여기저기에서 발견되는 개별 격언들은 교훈시, 금언 혹은 숙고들로 구성되어 있다. 예를 들어 "~보다 낫다"라는 일련의 격언(전 7 : 1 이하)은 전도서 6장 12절에서 7장 14절까지 아치형 구조를 이루며 이어져 있고, 하나의 중심 사상에 종속되어 있다. 물론 보다 커다란 단위들은 서로 명확하게 구분되지 않는다. 여러 가지 경우에서 주제는 도입부에서 시작된다(전 3 : 1 등).

이 책은 형식적으로는 일인칭 연설을 통해, 내용적으로는 "허무함"(Nichtigkeit)이라는 중심 사상에 의해 결합되어 있다. 그 밖의 특징적인 핵심 단어들은 다음과 같다 : "고난", "호흡", "바람을 잡는 것", "어리석음", "이익", "소득", "해 아래서"(즉 죽음에 직면하고 있는 땅위에서).

전 1 : 1	표제
전 1 : 2 ; 12 : 8	중심 주제 : "모든 것이 헛되다."
전 1 : 3, 4-11	유사표현의 반복 :
	"인간이 그의 모든 수고의 소득으로 무엇을 얻는가?"(전 1 : 3)

"해 아래서는 새로운 것이 일어나지 않는다"(전 1 : 9).
전 1 : 12–11 : 8 "가운데 부분", 즉 금언 수집물에서는 다음과 같은 것들이 눈에 띈다 :
1 : 12–2 : 11 왕의 회상
3 : 1 이하 "모든 것은 때가 있다."
전 11 : 9–12 : 7 인간의 시기에 대해
전 12 : 9–11, 12, 13–14 에필로그

3. 코헬렛은 완성된 오경을 전제하고 있는 듯하며(참조. 전 5 : 4–6과 신 23 : 21 이하), 후대 아람어의 영향을 받은 히브리어를 사용하고 있으며, 동시에 페르시아적인 외래어(전 2 : 5 ; 8 : 11)를 수용한다. 보다 정확하게 말하면 학자들은 이 책이 페르시아 통치 이후 곧 마카비 전쟁 이전 몇 백년 즈음, 대략 기원전 300년 중엽이나 말경에 팔레스틴에서 생성된 것으로 생각한다. 이 시대는 **초기 헬레니즘**의 시대이다.

코헬렛의 사상들은 애굽과 바벨론의 지혜문학 본문들과의 접촉을 보여준다. 이들의 지혜문학 본문들에 비판적인 숙고가 없지는 않다(참조. O. Loretz). 그러나 비록 직접적인 차용이 드러나지 않는다 해도 그 당시 시대 상황은 그리스의 영향을 고려하도록 해 준다(R. Braun). 그러므로 코헬렛의 지혜에 대한 비평은 그리스–헬레니즘적 회의주의를 통해 영향을 받았을 수 있다고 추측할 수 있을까?

4. 문체나 사상의 출발점을 통해서 볼 때 코헬렛은 잠언의 지혜와 친숙했고 잠언의 단어들과 통찰들을 수용하였다 : "지혜로운 이는 머리에 눈이 있으나 어리석은 자는 어둠 속에서 헤맨다"(전 2 : 14a ; 참조. 전 4 : 13 ; 8 : 1 ; 10 : 12). 그럼에도 불구하고 코헬렛은 그 의도에 있어서 잠언의 지혜와는 상당히 모순된다(전 1 : 17 ; 7 : 23 이하 ; 8 : 17). 그는 상호 관련되어 있는 두 개의 근본 사상으로부터 얻은 지혜의 인식을 상대화시킨다.

첫째 : 지혜자는 결국 어떠한 "이익"(전 6 : 8)도 없으며, 어리석은 자와

마찬가지로 죽는다. 경건한 자와 죄인은 "한 운명"을 맞게 된다. 죽음 너머에 대한 어떠한 사상도 나타나지 않으며, 따라서 인간과 짐승 사이에는 어떠한 차이점도 없다(전 2 : 14 이하 ; 3 : 19 이하 ; 9 : 2 이하). 코헬렛은 그 당시 발아(發芽)하고 있었던 부활의 희망에 대해서 회의적이었는가(전 3 : 21 ; 참조. 전 12 : 7)?

둘째 : 죄인들과 똑같은 상태에 처한 경건한 자도 있고, 경건한 자와 동일한 상태에 있는 죄인도 있다. **행위-결과-관계**는 인생을 해명하지 못한다(전 8 : 14 ; 7 : 15 ; 9 : 11).

이러한 두 개의 중심 문제들 이외에 또 다른 문제들이 추가된다 : 세상에서 묵인되는 불의(전 3 : 16 ; 4 : 1 ; 5 : 8 ; 8 : 9 이하 ; 참조. 전 9 : 16 ; 10 : 6 이하), 부(전 5 : 10 이하), 상속자에 대한 불확실성(전 2 : 18-19), 일반적인 인간의 악함(전 8 : 6, 11)과 특별히 여인의 악함(전 7 : 27 이하 ; 9 : 9). 경건한 자 역시 잘못이 없지 않다(전 7 : 20).

이에 따라 코헬렛은 잠언과는 달리 더 이상 개별적인 질서들에 관한 인식을 질문하지 않고, 인생 전체에 대해서 질문한다(이는 자연과의 비교 속에서 명백히 드러난다 : 잠 6 : 6과 대비되는 전 3 : 19). 전도서에서는 지혜자(전 8 : 17)에게조차도 설득력 있는 해답이 존재치 않기 때문에 코헬렛은 혹독한 결론에 다다른다 : "나는 인생을 미워한다"(전 2 : 17). 태어나지 않는 것이 더 낫다(전 4 : 2-3). 이러한 판단은 고난 가운데에 처한 개인의 깊은 탄식으로서는 이해할 수 있지만(왕상 19 : 4 ; 렘 15 : 10 ; 20 : 14-15 ; 욥 3장 등), 일반적인 것으로는 구약의 다른 곳에서는 나타나지 않는 내용이다. 확실히 인생은 그 나름대로의 기쁨이 있다(예를 들면, 젊음이나 포도주 등 전 2 : 24-25 ; 3 : 12-13 ; 5 : 18-19 ; 9 : 7 이하 ; 11 : 9 등). 이 기쁨은 하나님에 의해서 주어지는 선물로서 사람들은 마땅히 이를 누릴 수 있어야 한다(전 9 : 7 ; 3 : 13 ; 5 : 20). 그러나 그 기쁨도 죽음에 직면해서는 오로지 상대적인 것에 지나지 않는다(전 2 : 1 ; 3 : 22 ; 8 : 15).

이 모든 것에도 불구하고 코헬렛은 의심할 여지없이 "하나님 경외"를 고수한다(전 5 : 7 ; 3 : 14 그러나 7 : 16-17에서는 지나친 것에 대해 경고한다). 하나님은 생명을 주기도 하며 취하기도 하며(전 5 : 18 ; 12 : 1, 7), 기쁨과 고난을 주기도 하며, 행운과 불행을 주기도 한다(전 2 : 24-25 ; 3 : 10 ; 6 : 2 ; 7 : 14). 여기에서 제1계명의 영향을 느낄 수 있지 않을까? 하나님이 결정하고 행하는 것을 인간은 변경할 수 없다(전 3 : 14 ; 6 : 10 ; 7 : 13). 하나님은 모든 것을 옳게 만드셨으나 인간은 하나님의 일(또한 행위와 보상의 관계라고 하는 삶의 질서)을 깨달아 알 수 있는 능력이 없다(전 3 : 11 ; 8 : 17 ; 참조. 전 7 : 29 ; 5 : 2). 인간은 자신의 때(전 3 : 1 이하 ; 참조. 전 9 : 1)도, 자신의 미래(전 8 : 7 ; 9 : 12 ; 10 : 14)도 알지 못한다.

코헬렛이 이스라엘에게 은혜를 베푸셨던 하나님의 이름(출 34 : 6-7)을 더 이상 언급하지 않은 것에 대해서 우리는 그에게 이의를 제기해야 하는 것일까? 야웨라는 이름은 대체로 후대에는 잘 등장하지 않고 지혜문학에서는 특별히 잘 나타나지 않는다(참조. 욥기). 구약에서는 아주 이례적인 전도서 역시 정경에 속한다면, 그것은 독자로 하여금 다음과 같은 질문을 하게 한다 : 하나님이 역사 속에서 활동하시고, 죽이기도 하시며 살리기도 하신다는(삼상 2 : 6) 신앙 고백이 개인의 세상 경험과 인생 경험에서도 유지되는가?

제29장 욥기

주인공의 이름이 히욥(Hiob) 또는 욥(Ijob)으로 불리는 이 책은 아주 상이한 두 부분으로 구성되어 있다: 하나는 산문(머리말 욥 1:1-2:13; 맺는 말 42:7-17)으로 되어 있는 서론과 결론의 틀을 이루는 이야기(Rahmenerzählung)이고, 다른 하나는 범위가 클 뿐 아니라, 서론과 결론의 틀을 이루는 이야기 안에 삽입되어 있는 운율을 띠고 있는 상당한 분량의 시문(Dichtung)이다. 이 부분은 욥과 그의 친구들 그리고—숨어 있는 파트너인—하나님과의 대화(욥 3:1-42:6)를 포함하고 있다.

1. 도입 문장들은 이 책의 두 부분 모두에게 기초가 된다: 욥은 하나님을 경외하고, 정직하고, 동시에 부유한 사람이었다. 행위-보상-관계에 따르면 어떠한 고난도 욥에게는 일어나지 않아야 했다. 그럼에도 불구하고 재앙이 그에게 일어났고, 산문으로 되어 있는 부분에서는 다음과 같은 질문이 제기된다: 욥은 신앙을 지킬 수 있을까? 욥기의 토론의 주제는 단지 고난의 문제가 아니라 경건하고 의로운 사람의 고난이다. 이 같은 인식은 욥의 친구들에게는 어려운 문제였다.

욥은 스스로 잘못도 없이 재산과 자녀들을(욥 1장), 그리고 결국에는 자신의 건강까지 잃는다(욥 2장). 그러나 심지어 그의 아내의 시험하는 말(욥 2:9)에도 불구하고 욥의 신실함이 입증된다. 그는 자신의 운명을 하나님의 손에 맡긴다. 더욱이 욥은 다음과 같이 창조주를 찬양하기도 한다:

"야웨께서 그것을 주셨고, 야웨께서 그것을 취하셨다.

야웨의 이름이 찬양을 받으시기를!"(욥 1 : 21).

"우리가 복을 하나님으로부터 받았으니,
우리가 재앙도 받아야만 하지 않겠는가?"(욥 2 : 10).

신앙을 검증 받은 후에 욥은 원상태로 복구되었고, 게다가 훨씬 더 부자가 되는 축복을 받는다(욥 42 : 10 이하).

이야기 및 전설 속에서 욥은 그의 독실한 신앙을 유지하는 반면에, 시문으로 되어 있는 대화 부분에서 욥은 반항하고, 탄식하고, 고발한다. 틀을 이루는 이야기에서 사용된(욥 1 : 6 이하) 야웨라는 이름은 시문 안에서는 아주 예외적으로만 나타나고, 그리고 실제로는 나중에 가서야 비로소 자주 발견된다(욥 38 : 1 등). 시문에서는 "하나님"으로 번역된 엘(El), 엘로아(Eloah), 그리고 "전능자"로 번역된 샷다이(Schaddaj)라는 신명을 즐겨 사용하고 있다. 이런 저런 차이점들로 해서 이야기와 시문은 한 사람의 저자에 의해 쓰여졌다고 할 수가 없다.

구두 전승으로 된 욥에 관한 전설이 이미 존재했었다는 것은 분명하다. 그러나 그 전설은 결코 단조로운 "민속민담"(Volkssage)이 아니라, 오히려 하나의 예술적 산문으로 저작된 "지혜문학적 교훈 이야기"(H. P. Müller, *Das Hiobproblem.* EdF 84, 1978, 45, 80)이다. 그 전설은 욥이라는 인물을 통해서 경건과 현실 사이의 관계를, 보다 정확하게 말하면 고난 가운데 하나님을 경외하는 자의 태도를 다루고 있다. 물론 이야기와 시문이 서로 동떨어진 것은 아니다. 오히려 시문은 이야기를 전제하고 있다(욥 8 : 4 등). 한때 독립적으로 전승되던 욥에 관한 전설은 후대의 대화 본문의 앞뒤를 포괄하는 틀을 이루는 이야기가 되었고, 그뿐 아니라 하나의 분명한 수정 작업을 겪었다. 이 수정 작업이 어느 만큼이나 이루어졌는지는 논쟁이 되고 있다.

2. 이 전설의 생성 연대는—확실한 불균형에 근거해서—아주 다양하게 설명되고 있다.

한 견해에 의하면 두 개의 **천상 장면들**(욥 1 : 6-12 ; 2 : 1-7)은 후대의 첨가이다. 오직 이 두 장면에서만 사탄은 천상의 궁정에 속한 자로 나타난다. 하나님의 동의를 통해서 사탄은 욥이 고난 중에서도 자신을 생각지 않고, 신앙을 굳게 지키는가를 시험할 수 있게 되었고, 그 결과 하나님은 내기에 이기고, 사탄은 옳지 못했던 것으로 드러난다. 그러나 천상의 장면들이 지혜문학적인 행위-보상-사고와 무관할 수는 없다. 왜냐하면 오직 그 장면들만이 왜 의인이 고난을 경험해야만 하는가 하는—욥 자신에게는 알려지지 않은—하나의 이유를 제시해 주고 있으며, 또한 그 사건을 해석해 주고 있기 때문이다. 그 외에 다른 학자들은 사건의 진행 과정을 파괴하지 않고서는 욥기 2장으로부터 그 천상 장면들을 분리해 낼 수 없다고 본다(욥 2 : 7). 물론 또 다른 견해에 의하면 욥기 2장은 단지 1장의 후대의 중복을 의미한다. 욥기 42장이 욥의 건강 회복(욥 2 : 7)에 대해서도 보도하고 있지 않으며, 그의 아내에 대해서도 침묵하고 있다(욥 2 : 9-10)는 점은 주목할 만하다. 그러나 만약 첫 번째의 재앙들이 욥 자신에게 미치지 않았다면, 욥기 1장은 처음부터 2장을 목표로 하고 있지 않았을까? 이뿐 아니라 이 두 장은 천상의 장면들(욥 1 : 6-8, 11, 12b = 2 : 1-3a, 5, 7a)에서 뿐만이 아니라 그 장면들 밖에서도(욥 1 : 22 = 2 : 10b 등) 밀접하게 결합되어 있다. "이 이야기의 작가는 중복들을 이야기를 고조시키는 수단으로 아주 기교적으로 사용했다"(E. Ruprecht, "Leiden und Gerechtigkeit bei Hiob", *ZThK* 73, 1976, 427).

이와 같이 다양한 불균형은 욥에 대한 이야기가 구두 전승되었던 초기 단계들에 대한 귀납적 추론을 가능하게 해 주지만, 그러나 이러한 불균형조차 이 이야기의 문학적인 통일성에 이의를 제기할 수 있을 정도로 충분치는 못하다.

다음과 같은 질문에 답변하는 것은 어려운 일이다: 욥에 관한 전설이 욥을 위로하려는(현재는 욥 42 : 11에 서술되고 있고 아주 부적절한 위치에 있는) 친척들의 방문뿐만이 아니라, 세 친구들의 방문(욥 2 : 11 이하)에 대해서도 이전부터 보도하고 있었는가? 또는 친구들은 시문의 작가에 의해서야 비로소 잇달아 나오는 대화의 상대자들로서 이야기 안으로 들어오게 된 것인가(참조. 욥 42 : 7 이하)?

3. 욥에 관한 전승은 분명히 초기의 이방적 기원들로 소급된다. 욥은 "동방의 아들들"(욥 1 : 3 ; 참조. 왕상 4 : 30)에 속하고, 동쪽이라기보다는 오히려 남동쪽에 있는 에돔 지역(애 4 : 21)으로 추정되는 "우스 땅" 출신이다. 욥의 친구들인 데만(에돔 지역?) 사람 엘리바스, 수아(유프라테스강 유역) 사람 빌닷, 그리고 나아마(북쪽 지역) 사람 소발 역시도 외국인들이다. 그럼에도 불구하고 하나님을 경외하는 사람인 욥에 관한 이야기는 결코 에돔, 아라비아 또는 다른 곳에서가 아니라 이스라엘에서 유래한 것이다.

한편으로 만약 족장시대처럼 집안의 가장 자신이 제물을 바친다면(욥 1 : 5), 이 이야기는 고대의 전통 요소들을 포함하고 있는 것이다. 다른 한편으로 사탄이 유혹자 또는 적대자로 등장하는 것(참조. 슥 3장 ; 대상 21 : 1)과 같은 아주 후대의 사상들이 나타난다. 이러한 사실로 볼 때 욥에 관한 전설이 최초로 문서로 저작된 것은—아마도 요나서와 마찬가지로—분명히 포로기 이후 시대이다. 만약 예언자 에스겔(겔 14 : 14, 20)이 노아, 다니엘, 그리고 욥을 이전 시대에 살았던 정의롭고 경건한 사람의 표상으로 언급한다면, 그는 분명히 현재의 이야기를 아직은 알지 못하며, 오직 고대의 욥에 관한 구두 전승만을 알고 있었을 것이다.

일반적인 견해에 따르면 전체 욥기는 **기원전 5세기에서 3세기 사이**에, 말하자면 페르시아 또는 초기 헬레니즘 시대에 생성된 것이다. 보다 정확한 연대 결정은 상당히 어렵다.

4. 이 책에서도 역시 후대의 개정들이 발견된다. **두 개의 삽입된 본문들**이 쉽게 지적될 수가 있다.

네 번째 친구인 **엘리후의 연설들**(욥 32 – 37장)은 광범위하고 아주 중요한 본문의 성장을 의미한다. 엘리후는 이전이나 이후(욥 42 : 7 이하)에는 언급되지 않으며, 욥으로부터 어떠한 대답도 얻지 못한다. 무엇보다도 엘리후의 연설들은 하나님에 대한 욥의 최후의 호소(욥 31 : 35 이하)와 하나님의 대답 사이의 문맥을 끊어 놓고 있다. 그 연설들은 지혜문학적인 견해들을 수정해서 다시 한 번 이용하려고 시도한다. 이 연설들이 세 친구들이 이전에 발설했던 말들과는 아주 다르게 욥을 인용하고 있는 것은 결코 우연이 아니다(욥 33 : 8 이하). 이전에 진술되었던 사상들이 여러 번 반복될 뿐더러, 이와 함께 고난은 하나님의 경고이며 교육적인 조처라는 견해도 나타난다(욥 33 : 19 ; 36 : 8 이하 ; 참조. 욥 5 : 17)

지혜에 대한 노래(욥 28장)는 본래 독립된 본문이었다. 이 노래는 지혜를 인격체(잠 8-9장처럼)가 아니라, 물질적 형태로 노래하고 있다. 사람은 땅에 있는 보물들을 캐낼 수는 있지만, 지혜에는 도달할 수 없다(13, 21절). 후렴구(12, 20절)는 "어디에서 지혜가 발견되는가?"라고 외치고 있다. 오직 하나님만이 지혜에 이르는 통로이다(23절 이하). 이 시가 아무런 비판적인 의도 없이 욥의 말들에 삽입된 것은 아니다. 결국 지혜는 그 친구들이나 욥의 것이 아니라 오직 하나님 한 분만의 것이다. 이것보다 더 후대의 첨가(28절)는 이러한 인식을 잠언 1장 7절의 의미로 국한시킨다 : 올바른 지혜는 하나님을 경외하는 것이다.

그 이외에 최소한 두 개 이상의 구절들이 본문 안으로 삽입된 것처럼 보인다. 처음에 있는 두 개의 연설군에서는 세 친구인 엘리바스, 빌닷, 그리고 소발이 순서대로 말을 하는 반면에, 세 번째의 연설군(욥 22-27장)은 불완전하다 : 빌닷은 아주 짧게 말하고 소발은 더 이상 어떤 말도 하지 않는다.

하나님의 연설(욥 38-41장)이 전체적으로 첨가된 것은 아니지만, 추가적으로 확장되었다. 이 연설은 그때마다 욥의 굴복으로 종결되는 두 개의 부분들(욥 40 : 3-5 ; 42 : 1-6)에 의해서 현재와 같은 형태로 구성되어 있다. 욥기 40 : 3-5이 화제를 전환시키는 40 : 1, 6-7과 함께 종결 부분에서 연설의 중간으로, 즉 앞으로 옮겨졌거나 아니면 완전히 새롭게 처음으로 형성되었든 간에, 이것은 본래 하나의 연설이다. 그 외에 베헤모트(Behemot)와 레비아탄(Leviatan), 즉 "하마"(욥 40 : 15-24)와 "악어"(욥 41 : 1-34), 또한 타조(욥 39 : 13-18)와 같은 표현은 아마도 후대에 추가된 것으로 추정된다.

위의 사실들을 근거로 해서 대략적으로 판단한다고 할지라도 적어도 욥기는 4단계의 발전 과정을 고려해야만 할 것이다 :

Ⅰ. 욥에 대한 이야기의 구전적인 전(前)역사(참조. 겔 14 : 14 이하)

Ⅱ. 욥에 대한 이야기(욥 1-2장; 42장)
Ⅲ. 욥에 대한 이야기를 틀로 사용하는 욥에 관한 시문(욥 3-27장; 29-31장; 38-42:6)
Ⅳ. 욥에 관한 시문에 덧붙여진 후대의 첨가들(특히 욥 28장; 32-37장)

I. 욥 1-2장 틀을 이루는 이야기. 프롤로그
욥에 대한 두 번의 시험과 욥의 신실함의 입증
"욥이 어찌 까닭없이 하나님을 경외합니까?"(욥 1:9)
재산, 자녀들(욥 1장), 그리고 건강(욥 2장)을 잃음.

II. 욥 3-31장 욥의 독백들(욥 3장; 29-31장)로 둘러싸인 세 가지의 연설군들 안에 있는 대화
3장 욥의 독백
그의 태어남을 저주함(참조. 렘 20:14 이하; 전 2:17)
4-27장 세 개의 연설군(욥 4-14장; 15-21장; 22-27장)
데만 사람 엘리바스의 연설(욥 4-5장; 15장; 22장),
수아 사람 빌닷의 연설(욥 8장; 18장; 25장),
나아마 사람 소발의 연설(욥 11장; 20장),
그리고 욥의 연설들(욥 6-7장; 9-10장; 12-14장; 16-17장; 19장; 21장; 23-24장; 26-27장)
28장 부록: 지혜에 대한 노래(참조. 잠 8-9장)
29-31장 욥의 독백
한때는 유명하고 장래가 유망했지만(욥 29장), 지금은 외부의 사람들로부터 비난을 당하고, 자기 내부 안에서는 시험을 당한다고 탄식(욥 30장).
무죄함을 고백하는 정결 맹세(욥 31장)
하나님에게 도전(욥 31:35 이하).

III. 욥 32-37장 삽입: 엘리후의 연설들

IV. 욥 38:1-42:6 "신현현". 욥의 대답(욥 40:3-5; 42:1-6)을 포함하는

두 개의 하나님의 연설들

V. 욥 42 : 7 - 17　틀을 이루는 이야기. 에필로그

5. 욥에 대한 이야기는 이미 **지혜문학적인 요소**들을 갖고 있다(욥 2 : 10 등). 더욱이 지혜는 대화 부분의 지배적인 전통이다. 지혜는 더 이상 개별적인 격언들로 진술되는 것이 아니라, 오히려－전도서에서보다도 훨씬 더－보다 긴 연설의 단위들로 서술된다. 그러나 이스라엘의 소송 절차들에서 유래하거나(욥 13 : 3 이하 ; 40 : 8 등 ; 참조. H. Richter), 또는 시편들에서 잘 알려진 또 다른 양식의 요소들(C. Westermann)도 현저하게 나타난다. 따라서 탄원시들과의 밀접한 연관성(욥 3장 ; 29 - 30장 등)뿐만 아니라 찬양시적인 주제들(욥 9 : 4 이하 ; 38 이하 등)도 발견된다.

전도서(전 7 : 15)와 비슷하지만 그러나 다른 방식으로 이 대화의 저자는 행위와 결과, 경건과 행운, 불의와 고난의 관계에 대해 의심한다. 욥의 친구들이 삶에 대한 이해를 매우 엄격한 방식으로 전제하고 있는 반면(욥 4 : 6 이하 ; 8 : 6 이하 ; 15 : 20 이하 ; 20 등), 욥은 적어도 자신에게 적용된 그러한 삶에 대한 관점에 대해 대항한다(욥 21 : 7 이하 등). 그러나 그들은 어떤 인간도 결국 높으신 하나님 앞에서는 의롭고 정결한 모습으로 설 수 없다는 것을 안다(욥 4 : 17 ; 15 : 14 이하 ; 25 : 4이하). 오직 이 점에서만 욥(욥 9 : 1 이하)은 그들과 일치한다.

이미 고대 근동의 지혜문학에서는 다소 간의 차이가 있긴 하지만, 양식(대화)과 주제(의로움과 고난)에 있어 욥기와 유사한 본문들이 있었다 : 그러한 것들에는 이른바 수메르의 욥과 "나는 지혜의 주님을 찬양할 것입니다"라고 말하는 바벨론의 욥, 또는 이른바 바벨론의 신정론 내지는 바벨론의 코헬렛과 같은 것들이 있다(W. Beyerlin이 편집하여 최근에 출판된 『구약성서의 종교사적인 문헌 자료』 [*Religionsgeschichtliches Textbuch zum AT*, 1975]의 157 이하와 그것에 추가하여 H. P. Müller, *Das Hiobproblem,* 1978, 49 이하를 참조하라).

구약에서는 지혜시들 중의 하나인 시편 73편이 욥기와 가장 근접하지만, 그러나 시편 73편은 죽음의 경계를 초월한 대답을 하고 있다(23절 이하).

6. 욥의 친구들은 대화가 진행되어가도 그들의 입장을 굽히지 않고 그들의 논지들을 반복하기 때문에, 사상의 발전은 그들의 연설 안에서 아주 힘들게 인식된다. 그것들이 형식상 서로 연관되어 있을 때에도, 친구들과 욥의 상세한 대화들은 언제나 단지 아주 느슨하고 간접적으로만 서로 관련되어 있다(욥 16 : 2 이하 ; 18 : 2 ; 19 : 2 이하 ; 오직 21장만이 20장을 반박한다).

그런 까닭에 욥이 그 친구들에게 대답을 하는 것인지 또는 반대로 그 친구들이 욥에게 대답을 하는 것인지 쉽게 결정되지 않는다(G. Fohrer는 후자를 지지한다). 대화는 4장의 엘리바스의 연설에서 시작하는가 아니면 이미 3장의 욥의 탄식하는 독백에서 시작하는 것일까?

또 하나의 논쟁이 되는 문제는 욥에 대해 공통적으로 반대하고, 이른바 인과응보의 가르침(Vergeltungslehre)을 주장하는 욥의 세 명의 친구들은 또한 각각 그들 고유의 특징을 갖고 있다는 점이다 : 엘리바스는 품위 있고 사려 깊으며, 소발은 냉혹하고, 빌닷은 양자의 중간 정도의 특징을 가지고 있는가?

그럼에도 불구하고 욥기의 전체 구도에 있어서 하나의 분명한 점층법은 너무나도 분명하다. 친구들은 위로하는 격려의 말(욥 4 : 1 이하)로 시작해서 개인적인 죄의 고발들(욥 22 : 4 이하)에 이르게 된다. 욥은 자신의 출생을 저주하는 것(욥 3 : 3 이하 ; 참조. 욥 6 : 8 ; 10 : 18 이하)으로 시작해서 약한 자들을 괴롭히고(욥 7 : 12 이하) 죄 없는 자들을 유죄로 선고하는(욥 9 : 20 이하) 하나님에 대한 고발 다음으로 하나님을 돕는 자로 인정하게 되는 확신에까지 이른다. 이와 같이 욥은—예를 들어 자신의 운명에 제1계명을 적용함에 있어서—아주 상호 모순되는 하나님에 관한 진술들을 한다. 하나님과 자신 사이에 어떠한 재판관도 존재하지 않는, 즉 보다 상위의 어떠한 중립적인 법정도 존재하지 않는다는 인식에도 불구하고(욥 9 : 32–33), 욥은 하나님께 법률적인 결단을 촉구한다(욥 13 : 3, 18 이하 ; 23 : 4 이하). 만약 그가 "나를 놓아 주십시오!"(욥 7 : 16 ; 10 : 20)라는 그의 이전의 기도와는 상반된 태도를 취하여 하나님 앞에서 선다면, 욥은 그의 친구들의 조언(욥 5 : 8–9 ; 8 : 5–6 ; 11 : 13 이하 ; 22 : 21 이하)을 따른 것인가? 하나님은 음부의 진노로부터 욥을 감추시며, 욥에게 선처를 내릴 수도 있다(욥 14 : 13). 따라서 욥은 자신을 박해하고(욥 16 : 9 이하; 19 : 6 이하; 21장), 자신으로부터 정의를 빼앗아 가신(욥 27 : 2) 하나님이 아니라, 어려움 가운데 욥을 위해서, 욥의 의로움을 위해서 등장하시는 하나님께 탄원한다. 욥은 화를 내시는, 아마도 불의하며, 그리고 제멋대로 행하시는 하나님이 아닌, 그에게 호의를 베푸시는 하나님께 항소한다:

"나의 증인은 하늘에 있고
나의 보증인은 하늘의 높은 곳에 있습니다"(욥 16 : 19-21).

"나는 나의 대속자(법률상의 조력자)가
살아 있다는 것을 알고 있습니다. …
또한 나는 육체 없이 하나님을 보게 될 것입니다"(욥 19 : 25-26).

심한 논쟁거리가 되고 있는 이 구절에 따르면, 죽음에 직면해 있든지 혹은 죽음에 처해 있든지 간에, 욥은 그가 한 변호자를 발견할 것이고, 실제로 하나님을 볼 것이라는 것을 확신한다. 그러한 고백들은 비탄의 깊은 어둠 속에 비치는 섬광들이 아닐까?

친구들은 욥을 정의로운 사람이 아니라, 단지 고난당하는 인간으로 생각하는 반면에, 욥 자신은 자신의 무죄함을 강력히 주장한다(욥 6 : 24, 28 이하; 9 : 21 ; 10 : 7 ; 16 : 17 ; 23 : 10 이하). 그뿐만 아니라 그는 미래에도, 즉 그의 생의 끝날까지 순수성을 지킬 것을 맹세하고(욥 27 : 2 이하), 끝으로 그는 광범위한 정결의 맹세(욥 31장)를 통해 자신이 과거와 현재에 있어서 어떠한 죄도 범하지 않았음을 강조한다. 이 무죄에 대한 고백은—하나님께서 도움의 호소를 듣지 않으신다는 탄원(욥 30 : 20)과는 상반되게 다시—욥의 외침 안에서 나타나기 시작한다: "전능자여 나에게 응답하소서!"

현재는 엘리후의 연설의 삽입 등으로 문맥이 끊겼지만, 욥기의 원래 본문에서는 욥의 도전적인 연설 후에 바로 "폭풍으로부터의" 하나님의 응답이 나타난다(욥 38 : 1). 그 응답은 욥의 운명에 대해서 단지 간접적으로만 언급한다. "내가 땅의 기초를 놓을 때에 너는 어디에 있었느냐? 네가 하나님과 같은 팔을 갖고 있느냐?"(욥 38 : 4 ; 40 : 9)와 같은 질문들은 창조의 경이로움에 직면한 욥에게 세계를 창조하거나 또는 그것을 유지할 능력이 인간에게 없다는 사실을 알게 해 준다. 인간에게는 멀리 떨어져 있거나 혹은 더 가까이 있는 자연(별, 번개, 동물들)의 질서를 유지하는 것은 하나님의 임무이지, 지식과 능력의 한계를 지닌 인간의 임무가 아니다.

> 수사학적인 질문들을 통해서, "하나님은 질문하고 있는 사람을 질문을 받는 자로, 결국에는 답변해야만 하는 자로 만드신다. … 하나님의 연설들은 그의 창조에서 가시화되지만 동시에 이해될 수 없는 하나님 앞에 욥을 세우고, 하나님과 인간 사이의 관계에 대하여 앞서서 진술했던 것을 올바른 위치로 옮겨 놓는다." 창조를 통한 변론에서 인간은 "모든 점에서, 그리고 처음부터 활동하셨으며, 무한히 뛰어나신, 그리고 이해 불가능한 하나님 앞에서 인간은 시간, 힘, 지식, 능력에 있어서 유한적이다"(E. Würthwein, "Gott und Mensch in Dialog und Gottesreden des Buches Hiob" [1938], *Word und Existenz,* 1970, 215)라는 사실을 보여 준다.

하나님의 말씀은 욥에게 있어서 욥의 정당성을 인정해 주는 것이라기보다는 오히려 훈계이다(욥 38 : 2 ; 40 : 8). 그럼에도 불구하고 그는 그 훈계를, 고대하던 은혜로운 하나님의 선물로 경험하고 있는가? 어쨌든 욥은 전능자에게 굴복한다 : "보십시오, 나는 너무나 미천합니다. 내가 무엇을 당신께 대답할 수 있겠습니까?"(욥 40 : 4). 그리고 그는 세계의 질서에 대한 그의 의심, 하나님에 대한 고발들, 그리고 자신의 무죄함에 대한 맹세들을 포기한다 :

> "나는 당신에 대해 소문으로만 들었습니다,
> 그러나 이제는 나의 눈으로 당신을 뵈었습니다.
> 그러므로 나는 나의 주장을 철회하고
> 티끌과 재 가운데서 뉘우칩니다"(욥 42 : 5 - 6).

"이러한 욥의 문제 해결"은 세상에 대한 모든 해석들과 고난의 경험들을 초월할 뿐 아니라, 그것들을 상대화시켜 버리는 개인적인 하나님 경험에서 기인하는 것인가? 욥이 "자신의 주장을 철회할 때", 반항하며 하나님과 논쟁을 벌였던(대화 본문에서의) 욥에서 신앙 안에서 자신의 운명을 받아들이며(욥 1 : 21 ; 2 : 10) 하나님께 복종하는 (머리말의) 욥으로 되돌아갔다. 그 대화의 저자는 욥을 결론에서 서론의 상태로 환원시킨다는 점에서, 틀이 되는 이야기를 아주 심오한 의도 속에 보존하고 있지는 않은가? 욥의 마지막 말에 따르면 욥은 또 다시 "티끌과 재 가운데서"(욥 2 : 8 ; 42 : 6) 자신을 낮추는 태도를 취한다. 그는 다른 사람이 된 것인가? 아니면 이전과 달라지지 않았지만 새로운 경험을 통해 여유를 찾게 된 것인가?

욥이 주장을 철회한 이후에는 욥(욥 13 : 7 ; 27 : 5 등)과 그의 친구들(욥 20 : 3 ; 22 : 5 등) 사이의 논쟁의 시비를 가리고 그것을 공개적으로 선포하기 위한 하나님의 판결은 필수적이다 : 욥의 자기 인식은 그 친구들의 신학을 결코 승인하지 않는다. 반대로 그들은 욥의 중보기도를 통해서 생명을 부지한다. 왜냐하면 그들은 하나님에 대하여 "정당하지 못한 것"을 말했기 때문이다(욥 42 : 7–9).

상실했던 것에 대한 풍부한 배상을 받는 욥의 운명의 변화는 그의 깨달음의 전제가 아니라, 오히려 깨달음의 결과이다. 즉 이것은 "하나님의 선물"이요, 하나님의 판결에 대한 확증이다(욥 42 : 10 이하 ; 11절은 본래 1–2장에 속하는 것이다). 하나님은 중단되었던 행위–결과–관계의 효력을 다시금 회복시키는 것일까?

Ⅴ. 구약성서의 신학과 해석학

第30장 구약성서의 하나님 이해

1. 구약은 하나님에 대한 언급을 제공하고 있으며 그 같은 진술이 없었다면 우리는 구약의 하나님을 이해할 수 없을 것이다. 그 언급들은 여러 가지 형태로 나타나며, 역사적으로 다양한 변형을 겪어 왔다.

구약은 하나님의 **영원성**에 관한 고백을 신앙의 시간성에 관한 **역사적인 인식**과 연결하고 있다. "산들이 생기기 전부터, 땅과 물이 생겨나기 전부터, 당신은 영원토록 하나님이십니다"(시 90 : 2 ; 참조. 시 93 : 2 ; 102 : 26－27 ; 창 1 : 1 ; 신 33 : 27). 이는 하나님이 모든 시간 이전에 계셨고, 그는 모든 시간 속에 존재하며, "세대에서 세대까지"(시 90 : 1) 현존하시기 때문이다. 신들은 태어나고 죽는다. 하지만 하나님의 출생과 죽음에 대해서는 생각할 수 없다(합 1 : 12) : "야웨여, 당신은 옛적부터 불멸하시는 나의 하나님, 나의 거룩하신 분이 아니십니까?" 하나님은 처음도 끝도 없지만, 하나님에 대한 신앙은 시점을 가지고 있다. 아브라함의 조상은 "다른 신들을 섬겼다"(수 24 : 2 ; 참조. 집회 11－12장). 이처럼 신앙은 끝이 없이 과거로 소급해 가는 것이 아니라, 하나의 역사를 갖고 있다(참조. 출 6 : 2).

2. 물론 **신앙의 시작**(참조. 이 책 2장 1)이 개별적으로 어떻게 형성되었는가를 역사적으로 회고해 보는 것은 매우 어렵다. 왜냐하면 그것은 문학 이전의 단계를 추적해야 하며, 그 단계에서 각 전승들은 이미 완성된 형태로서 각각의 전승에 대한 해석과 전승의 이름 및 전승의 단편들에 기초하고 있기 때문이다. 따라서 그 대답은 너무나도 상이하다. 전승의 본문들은 현존하는 맥락 속에서 이미 그 자신의 원래적인 의미와 전혀 다르게 해석되었다.

그 이유는 이름과 시대의 변화 속에서도 구약은 오직 한 분이신 하나님의 정체성을 규명해야 했기 때문이며, 이는 모세에게 한 말에서 잘 나타난다. "나는 야웨이다. 나는 아브라함, 이삭, 그리고 야곱에게는 엘 샤다이로 나타났다. 하지만 나의 이름 야웨를 그들에게 알리지는 않았다"(출 6 : 2-3 P ; 참조. 이 책 10장 2). 종교사적 관찰은 재구성된 역사 서술의 결과를 인식하기 위하여, 회상의 형태로 설명되는 하나님의 정체성에 대한 언급을 연구 대상으로 삼는다.

한편 제사장 문서(P)는 신명(神名)에 관하여 다음과 같이 회상한다. 즉 야웨-이보다는 야웨라는 이름으로 불리우는 하나님-는 모세에게 처음으로 그 이름이 계시되었다(참조. 출 3 : 13 이하 ; 또한 호 12 : 10 등). 반면, 야위스트의 이야기 층은 "야웨는 처음부터 야웨라는 이름으로 예배되었다"(창 4 : 26 ; 9 : 26 등)는 전제에서 출발한다. 따라서 서로 다른 방식으로 표현하고 있지만 신학적인 통찰은 동일하다. 즉 동일하신 한 분 하나님이 창조(창 2 : 4b 이하)이래로 활동한다는 것이다.

아마도 서로 다른 형태의 이 두 전승 모두에는 역사적인 기억이 제대로 보존되었을 것이다. 그렇다면 야웨는 이스라엘에게 알려지기 이전에 이미 숭배되었다가 모세 때부터 비로소 이스라엘에서 예배된 것인가? 팔레스틴에 살고 있다가 나중에 이스라엘에 편입된 집단들에게 알려진 신은 누구인가?

2.1. 야곱과 라반의 땅의 경계를 설정하는 계약에서, 맹세 양식은 놀랍게도 동사의 복수형(창 31 : 53)을 취하고 있다 : "아브라함의 하나님과 나홀의 하나님은 우리 사이를 판단하시기를(역자 주-히브리어 동사가 복수형임) 원합니다!" 각각의 집단에 속해 있는 두 명의 신들이 아마도 재판을 위해 호출된 것으로 보인다("아브라함의 하나님"은 야곱의 집단에, "나홀의 하나님"은 라반의 집단에 속한다). 각각의 집단은 그들의 신을 섬긴다. 각 신들은 그 집단의 대표자의 이름("하나님" — "개인의 이름")뿐 아니라, 그 집단의 본질과도 동일시된다. 즉 그 신들은 재판의 과제뿐만 아니라, 동시에 각각의 집단을 보호해야 할 책임을 갖고 있다(참조. 창 4 : 15). 여러 명의 천사

들에 대하여 말하는 벧엘 성소에서의 계시는 얼마나 다른가(창 28 : 12[역자주—우리말 개역성서는 "하나님의 사자"로 번역하였다. 개역개정성서는 "하나님의 사자들"로 바로잡아 번역하였다.; 참조. 창 32 : 2)!

창세기 31 : 53은 조상들의 신에 관한 신앙(Vätergottglauben)을 재구성할 수 있는 확실한 발판을 제공한다(A. Alt). 즉 그것은—유목민의 삶의 방식과 종교 양식에 상응하기 때문에—일단은 널리 인정되고 있지만, 때로는 제한적으로, 그리고 변형적으로 수용되고 있다. 사실상 "나의/너의 조상의 하나님"(창 31 : 5, 42 등)이라는 양식은 복수형태인 "너의/너희 조상의 하나님"(출 3 : 13 이하)보다 더 오래 된 것으로 볼 수 있다. 동시에 "아브라함의 하나님"(창 31 : 53 ; 시 47 : 10)이나 "이삭의 놀람(친척?)"(창 31 : 42, 53) 혹은 "야곱의 강함(황소?)"(창 49 : 24 ; 시 132 : 2, 5)과 같은 양식은 "아브라함, 이삭, 그리고 야곱의 하나님"(출 3 : 6, 15-16)처럼 나란히 서술하는 것보다 더 오래된 것으로 볼 수 있다. 왜냐하면 아브라함, 이삭, 야곱의 족장 전승들은 각기 다른 지역과 연결되어 있기 때문에, 각각의 씨족이나 가족의 신들이 후대에 나란히 하나로 통합되면서, 하나의 신으로 통일되었기 때문이다. 물론 알트(A. Alt)가 주장하듯이, 유목민의 신앙이 고대 근동(명백히 말하자면 이슬람 이전의 베두인 사람)의 '지역'과 결합된 조상신이라기보다는, 오히려 '개인'과 결합된 조상신이라는 주장은 아직도 입증되지 못하고 있다. 족장의 이름을 따라 부르는 신의 이름은 그 자신의 본래적인 이름이 아니라, 오히려 단순히 별칭일 뿐이다. 그렇다면 족장의 하나님 이름은 단지 그 별칭인 하나님(El)을 의미하는 것인가?

족장들은 그들의 신을 혹은 그들의 신들은—일반적인 셈족어 이름인—"엘"이라는 이름으로 숭배하였는가?

구약성서의 여러 구절에서 나타나는 증거로서 유목민 족장들이 엘(El) 하나님을 숭배했다는 사실(창 49 : 25 ; 참조. 창 33 : 20 ; 46 : 3 ; 출 15 : 2 ; 18 : 4)은 창세기 31장 53절 처럼 오래된 것도, 신뢰할 만한 것도 아니다. 족장 집단의 신앙과 벧엘과 같은 약속된 땅의 성소에서 행해졌던 종교를 구별하려는 시도로 인하여, 족장의 '엘' 신앙은 후대 이스라엘 백성의 야웨 숭배로부터 배제되어야 했다. 어떻게 그 가능성을 판단하든 간에, 원역사의 암흑을 어느 정도라도 밝히는데 야웨 신앙이 선구자 역할을 하였다.

또한 엘(El) 이름은 여러 가지 형식을 가지고 있으며, 성서 밖의 평행구들과 비교해 볼 때 구약에서의 형태는 매우 제한적일 뿐이다. 엘 올람(El 'Olam) "영원한 하나님”(창 21 : 33)의 이름은 브엘세바에서, “엘 로이”(El Ro'i) “나를 감찰하시는 하나님(?)”(창 16 : 13)은 남쪽에 위치한 우물과 연관이 있다. “엘 벧엘”(El Bet-El) “벧엘의 하나님”(창 35 : 7 ; 참조. 창 31 : 13 ; 렘 48 : 13)은 이 성소와 연관되고 있다. “엘 엘리욘”(El Eljon) “지극히 높으신 하나님”(창 14 : 18 이하 ; 참조. 민 24 : 16 ; 시 46 : 5 ; 47 : 3 ; 82 : 6 등)은 예루살렘과 관련 있는 것으로 볼 수 있다. 이러한 서술에서 지역의 신들은 지속적으로 지역과의 관련성을 가진 채 존재할 수 있었다. 그들은 그 지역에서 숭배되었고, (O. Eißfeldt에 따르면) 아마도 그 지역 최고의 신을 엘(El)로 이해하게 되었을 것이다. 그와 달리 세겜과 관련된 “이스라엘의 하나님 엘”(창 33 : 20 ; 참조. 수 8 : 30)은 양식적으로 전혀 다른 형태로서, 한 집단과 연결되어 있음을 보여 준다.

제사장 문서는—전수받은 전통을 체계화하고 시대를 구분하는 노력을 통해서—족장시대의 서로 다른 신의 이름을 엘 샤다이(El Schaddaj)로 요약하고, (가나안에서의) 족장의 시대를 그 이전의 원역사 시대와 그 이후의 모세 시대로 구분하였다(창 17 : 1 ; 28 : 3 등등 ; 출 6 : 3까지 ; 참조. 이 책 8장 2). “전능하신 자”라는 번역(불가타의 ‘전능’ omnipotens를 넘어서)은 70인역에서 기인하며 욥기에서 샷다이(Schaddai)는 흔히 절대적인 창조주(Pantokrator)로 서술되고 있다.

구약성서는 여러 가지 형태의 양식을 보존하고 있다. 왜냐하면 엘은 보통명사로서 일반적인 “하나님”을 의미하고 있기 때문이다. 또 다른 개별적인 이름은 단지 별칭으로서 혹은 야웨의 속성으로 나타난다 : “영원한 하나님”, “지존하신 분”(창 21 : 33 ; 시 47 : 3 등). 이외에도 구약에는 여러 전승이 있는데, 이들은 궁극적으로 하나의 목적을 가지고 있다 : “족장들에 대한 약속”(롬 15 : 8)은 계속 유효하다. 하나님은 조상들과 그 가족을 약속의 미래로 이끌었고, 그 가운데 하나님은 그들을 보호하시며, 그들의 여정에서 그들을 돌보아 주셨고(창 28 : 5 ; 31 : 3, 5 ; 35 : 3 ; 46 : 3-4 등), 후손들(창 18장 ; 16 : 11-12 등)과 땅의 소유(창 12 : 6-7 ; 15 : 7, 18 ; 28 : 13 등)를 약속하셨다. 그에 따라서 약속에 대한 희망의 신뢰와 하나님의 인도 하에 현재의 구원이 선포되었다 : “내가 너와 함께 하리라”(창 26 : 24, 28 등).

약속의 말들은 족장 전승에서 널리 퍼져 있으며, 그 원래적인 강조점은 족장 전승에 있고, 모두가 후대에서 기원된 것은 아니다. 물론-개별적으로 경계를 설정하기가 매우 어려운-족장 전승의 기본 자료들은 후대의 경험을 통해 확장되었고, 그에 따라 변형되었다. 자손에 대한 약속은 이스라엘의 민족 형성을 의미하게 되었고(창 12 : 2 ; 17 : 4 이하 ; 26 : 4 등), 땅 소유에 대한 약속은 팔레스틴의 정착으로 추정되었다(특히 신 6 : 10 등). 후대의 제사장 문서에 의하면 족장들은 "이방인의 땅"에서 살았다(창 17 : 18 ; 28 : 4 등). 그들은 그 곳에 묻혔으며(창 23장), 약속된 미래에 대한 담보물을 소유했다(참조. 이 책 8장 1.2). 따라서 땅과 백성이 처음부터 마치 당연한 관계로 연결된 것도 아니었음은 물론 그것을 서로 결합시키지도 않았다. 땅의 소유는 하나님에 의해 약속되고, 주어졌을 것이다. 이스라엘은 그 어떠한 공도 들이지 않았으므로(신 8 : 17 ; 9 : 6) 결국 땅은 그들의 것이 아니며 하나님의 소유이다(레 25 : 23 ; 수 22 : 19).

2.2. 시기적으로 초기에 해당되고 매우 다양하게 표현된, 그래서 신뢰할 만한 구약의 증거에 의하면 시내산은 이미 "야웨"의 고향이었다(삿 5 : 4-5 ; 신 33 : 2 ; 출 19장 이하). 아마도 야웨는 켄족(창 4 : 15)이나 미디안족(출 18 : 12)에게 숭배되었을 것이다. 미디안 계열의 제사장 딸과 결혼한(출 2 : 15 이하에 의하면) 모세는 그들로부터 야웨의 이름을 알게 되었고, 애굽의 부역을 하는 그 땅의 백성들을 해방시킬 수 있었다. 모세는 억압받은 자들에게 야웨의 도움을 약속하였는가(출 3 : 8, 16-17 J는 그렇게 본다. 한편 3 : 10-12 E는 하나님의 초월성을 강조하기 위해서 모세에게 인도의 역할을 맡긴다)? 동시에 여러 다른 전승들(출 3 : 13 이하, 16)은 공통적으로 족장의 하나님이 야웨라는 사실을 강조하고 있다. 이는 야웨가 그의 약속에서 이와 동일한 방식으로 그 자신을 표현하고 있다는 사실과도 일치한다. 그 하나님은 이제 더 이상 가족이나 씨족의 하나님이 아니라, 백성의 하나님이다(출 3 : 7-8, 16-17 J ; 3 : 9 이하 E). 바로에게 대항하는 대화에서 "히브리인의 하나님"이라는 표현이 사용되는데(출 5 : 3 등), 문맥으로 보아 그것은 야웨를 의미한다(출 3 : 18 ; 7 : 16 등). 야웨는 이스라엘이 추적으로부터 구원받은 이후(출 14장) 그들의 감사의 대상이 된다(출 15장). 이미 가장 오래된 전승은 그 사건을 자연 사건이나 이스라엘의 승리가 아닌, 야웨의 승리로 보고

있다: 그는 그 원수를 바다에 "집어 던졌다"(미리암의 노래 15:21에 따르면) 혹은 "엎으셨다"(출 14:27 J). 이스라엘은 하나님을 그의 행위를 통하여 알게 되었고, 그를 찬양하게 되었다. 후대의 개인 찬양시인 시편 103편 2절은 다음과 같이 노래한다: "내 영혼아 야웨를 찬양하라. 그의 모든 선한 행위를 잊지 말라!" 이 사건은 직접적으로 경험한 사람들을 넘어서는 중요성을 갖는다. 이는 미래를 향하여 개방되어 여기에 또 다른 사건이 연결될 수 있었다. 그 결과 연속되는 사건을 되돌아보며 하나님을 찬양하게 되었다(모세의 노래도 마찬가지이다. 출 15:1-18; 참조. 시 105-106편; 135-136편 등). 하지만 애굽으로부터의 해방은 이스라엘의 역사를 통해서 볼 때, 근본적인 선택 행위로 간주된다(호 12:9 "나는 애굽에서 너를 이끌어낸 너의 하나님이다"; 참조. 시 114:1-2 등). "이스라엘을 애굽으로부터 이끌어 내신 야웨"라는 고백은 "그 표현이 매우 자주 등장하는 것을 볼 때, 매우 중요한 구약의 신학적인 진술"(E. Zenger) 임을 알 수 있다. 이는—지혜문학이나 예루살렘 전승에는 나타나지 않지만—매우 폭넓게 맥락을 형성하고 있으며, 동시에 선택의 토대가 되었다(참조. 암 3:1-2; 9:7 등).

2.3. **시내산 전승의 단락**에서는 전혀 다른 본질적 특징이 서술된다: 함께 동행하시는 하나님은 산에 거하시거나 혹은 나타나시며, 약속의 말씀이나 행위 대신에 명령이나 법으로 계시를 내린다. 애굽 탈출이나 시내산 전승이 처음부터 연관되어 구성되었는지는 논란이 되고 있지만 두 개의 전승 덩어리가 단지 모세 개인에 대한 것이 아니라, 무엇보다도 야웨 하나님에 대한 것이라는 사실은 일치되고 있다. 출애굽기 19장 16절 이하에 따르면 그의 계시는 자연의 어떤 현상을 동반한다(우뢰, 번개, 연기, 불; 참조. 창 15:17). 그 현상들은 하나님의 모습은 볼 수 없게 만들며(참조. 후대의 해석인 신 4:12), 단지 그가 오셨다는 사실만을 알려 준다. 또한 야웨는 적어도 어떤 지역이나 산의 하나님이 아니라, 시내산에서 "내려오신" 분이며(출 19:18, 20 J; 참조. 출 24:16 P), 그 곳으로부터 돕기 위해 출발한 분이다(삿 5:4-5). 혹은 인간과 함께 움직이는 분이다(출 33:12 이하; 민 10:11 이하). 무엇보다도 시내산에서의 신현현은 하나님의 계시와 하나님에 의한 보호 및

제의식사(출 24 : 10 – 11)와 희생제의(출 24 : 6, 8)를 통해 형성되는 하나님과 백성의 교제를 목적으로 한다. 이 같은 하나님과 백성의 교제 관계 이후에 백성들에게 하나님의 명령과 법전이 주어지는데(출 20장 ; 21 – 23장 ; 34장), 이는 제의적인 영역을 넘어서 일상의 생활에 관한 것까지도 포함된다.

2.4. 바다에서 일어난 추적들로부터의 구원은, 예로부터, 즉 이미 초기부터 야웨의 행위로 이해되었는데, 이는 전사(戰士)의 개입 행위로 묘사된다. 후대의 서술은 다음과 같다(출 14 : 13 – 14, 25) : "보라, 야웨의 도움을 … 야웨께서는 너희를 위해서 싸우시니, 너희는 조용히 있으라!" 출애굽기 17장 8절 이하와 민수기 21장에 따르면 "야웨는 전사다"(출 15 : 3 ; 참조. 사 42 : 13)라는 경험은 광야에서도 반복되며, 적어도 경작지에서, 즉 가나안 도시국가들(삿 4 – 5장)과 그 주변국가들(삿 6장 이하 ; 참조. 수 2장 이하)과의 전쟁에서 비로소 가장 중요한 의미를 얻게 되었다. 이 전승의 형성 과정에서 이스라엘의 협력(삿 5 : 23 ; 참조. 삼하 5 : 24)은 점점 더 제외된다(삿 7 : 2 ; 시 33 : 16 이하 ; 44 : 4, 7 – 8 ; 참조. 사 30 : 15 – 16 등).

3. 아마도 모세를 야웨 신앙의 기원으로 생각할 수 있을 것이다(출 3장). 그럼에도 불구하고 개인의 경험과 영향보다는 오히려 집단 속에서 행해진 전승 과정으로 파악하려는 전승사적 연구는 구약 신앙의 고유한 특징을 모세의 계시 사건으로 소급하는 일에 더 이상 이르지 못했다. 구약 신앙의 특성이나 본질이 언제, 그리고 어떻게 형성되었는지는 여전히 논쟁 중에 있다.

3.1. 하나님과의 관계에서 배타성(Ausschließlichkeit)을 요구하는 것은 여러 법전에서 나타난다 : "(다른) 신들을 섬기는 자는 처형되어야 한다(따라서 오직 야웨만을 섬겨야 한다)"(출 22 : 20 ; 참조. 다른 신을 부르는 것 혹은 숭배하는 것에 대해서 출 23 : 13, 24 ; 34 : 14). 이에 대해 십계명의 제1계명은 "너는 내 앞에서 다른 신을 두지 말라"(출 20 : 3 ; 참조. 시 81 : 10 등)고 하며, 이는 제의적인 영역을 넘어서 일상 생활에도 연결된다. 첫째 계명은 다른 신들의 존재 여부에 대해서 논쟁하는 것이 아니라(참조. 삿

11 : 23 – 24 ; 삼상 26 : 19 ; 왕하 5 : 17 – 18 등) 단지 한 분이신 하나님에 대한 배타적인 섬김을 말하는 것이다 :

> "모든 백성은 저마다 그들의 신들의 이름으로 행하지만,
> 우리는 우리의 하나님 야웨의 이름으로 언제까지나 영원히 행하리라"
> (미 4 : 5 ; 참조. 고전 8 : 5 – 6).

따라서 이방 신들의 "존재"(Sein) 자체가 부정되는 것이 아니라 그 신들이 이스라엘을 "위한 존재"(Sein für)라는 점이 부인된다 :

> "나 외에 다른 도움을 주는 자는 없다"(호 13 : 4 ; 사 43 : 11 ; 참조. 렘 2 : 13).

이러한 하나님과의 관련성을 단일신론(Monolatrie)이라고 한다. 단일-야웨 종교 (Mono-Jahwismus)는 "야웨의 배타성 요구가 이스라엘에게 촉구되기 때문에, 유일신 사상(Monotheismus)의 전 단계"로 볼 수 있다(W. Holsten). 유일신 사상은 동시에 구약 신앙의 이론적인 결과이다. 즉 배타적인 관계에 대한 요구는 인간의 삶과 자연, 역사적 실재 속으로 점점 더 파급되어 나가기 시작하면서, 결국 다른 신에게는 어떠한 세력의 범주도 허용할 만한 공간이 남지 않았던 것이다.

예를 들면 죽은 자를 두고 하는 맹세, 혹은 죽은 자에 대한 숭배(레 19 : 31 ; 20 : 6, 27 ; 삼상 28장), 마술 혹은 요술(출 22 : 17 ; 신 18 : 9 이하), 천체 숭배(신 4 : 19 등)는 금지되었다. 별은 신비한 성스러운 존재가 아니라(참조. 겔 8 : 16), 세속적인 현상에 불과하다(창 1 : 14 이하 ; 시 136 : 7 이하 등).

구약성서는 여러 신들, 혹은 남신과 여신의 배우자 신을 전제로 한다. 그러나 신들의 탄생과 결혼, 죽음을 이야기하고 있는 신화들의 수용을 거부하고 있으며, 수용할 때는 이 신화들은 완전히 변형이 되었다. 그래서 신들의 결혼에 대한 묘사는 하나님과 백성의 관계로 재해석되었다(호 1 – 3장 ; 렘 2 – 3장 ; 겔 16장 ; 23장).

이미 고대 근동에서도 자주 발견되는 표현으로서 "야웨와 같은 위대한 신은 누구인가?"(시 77 : 13 ; 참조. 시 89 : 7 ; 출 15 : 11 ; 18 : 11 등)라는 하나님의 비교

불가능성에 대한 질문은 배타적 신앙에 대한 고백으로 이어졌다: "그 누구도 당신 같지 않으며, 당신 외에는 그 누구도 없습니다"(삼하 7 : 22 ; 참조. 시 89 : 18 등). "가장 높으신 분"(시 97 : 9 ; 82 : 6 등)은 한 분이신 하나님이다(시 73 : 11).

사탄에 대한 신앙은 구약에서 아주 미미한 역할을 할 뿐이다. 그러므로 위협적인 세력 역시 하나님의 영역으로 통합된다. 따라서 인간은 기쁨과 고통, 선과 악을 같은 손으로부터 받게 된다: "우리가 하나님으로부터 선한 것을 받는다면, 그로부터 악한 것도 받아야 하지 않겠는가?"(욥 2 : 10)

그러므로 구약의 상당한 부분들에서 제1계명이나 그 곳에 표현된 배타성 요구가 결정적인 의미를 갖는다. 특히 예언자들은 그의 선포 내용의 결론을 제1계명으로부터 이끌어 내기 때문에, 이방제의(왕상 18장 ; 왕하 1장 ; 렘 2장 ; 44장 ; 겔 8장 등), 교만(사 2 : 12 이하), 이방 세력에 대한 신뢰(사 30 : 1-3 ; 31 : 1-3 등)와 그와 같은 것들에 대해 논쟁한다. 야웨만을 섬겨야 한다는 언급은 신명기에서도 나타나는데(이 책 10장 2), 신명기는 야웨의 단일성과 유일성을 서술하면서, 이후 시대를 위한 근본적인 신앙고백을 만들어 냈다(신 6 : 4) : "들으라, 이스라엘아, 우리 하나님 야웨는 한 분이신 야웨이다(혹은 유일하신 분, 단지 한 분)!" 하나님의 단일성은 인간과 하나님이 서로 분리되지 않고 하나를 이루는 단일성에 상응한다: "너는 전적으로 야웨 네 하나님 앞에서 완전하라"(신 18 : 13 ; 참조. 창 17 : 1 P ; 왕상 8 : 61 ; 11 : 4 등). 신명기 역사서에서는 배타성의 요구가 역사 판단의 기준으로 강조되었다(수 23 : 6 이하 ; 왕상 11 : 2, 4 ; 왕하 17 : 35-36 등). 제2이사야는 거듭해서 야웨의 유일성을 강조하였다: "나는 처음이요 나중이니, 나 외에 다른 신은 없다"(사 44 : 6 ; 참조. 사 43 : 10 ; 45 : 5 ; 신 4 : 35 등). 학자들은 그러한 언급에서 유일신사상이 표현되었다고 본다. 그러나 포로기 예언자의 선포 내용은 어떠한 이론적인 관점이 아니라, 하나님에 대한 신뢰를 목적으로 삼고 있으며, 그 "한 분"이신 창조주가 동시에 구속자라는 것(사 44 : 24), 그가 도울 수 있다(사 43 : 11 ; 45 : 21 등)는 사실을 말하고 있음을 기억해야 한다.

포로기에는 서로 다른 본문들에서 유일신론적이거나 유일신론적으로 보이는 언급들이 발견된다(창 1 : 1 P ; 신 4 : 39 ; 32 : 39 ; 삼하 7 : 22 ; 왕하 5 : 15 ; 제2이사야 등).

3.2. 고대 이스라엘의 주변 국가와 비교해 볼 때, 공간적이나 시기적으로 병행구가 없는 **형상금지**(Bilderverbot)는 모든 법모음집에서 발견된다. 법모음집들은 깎은 것이나 혹은 부어서 만든 상(출 20 : 4 ; 신 27 : 15 ; 참조. 호 11 : 2 ; 13 : 2)이나 신들(출 20 : 23 ; 34 : 17 ; 레 19 : 4 ; 참조. 레 26 : 1)을 만드는 것과 이것들을 섬기는 것을 금한다. 첫 번째 양식(출 20 : 4 "너는 어떤 우상도 만들지 말라")은 오래된 것이다. 다른 곳에서는 첫째 계명과 둘째 계명이 이미 하나가 되어 나타난다. 야웨 신앙의 결정적인 계명으로 작용하는 이 두 가지 계명의 내용적인 유사성과 밀접한 관련성은 십계명에서도 나타나며(해석적인 확장 본문인 출 20 : 5 "이들에게 기도하지 말라") 또한 그 이외의 본문(출 34 : 14, 17 ; 레 19 : 4 ; 참조. 렘 1 : 16 등)에서도 나타난다. 우상숭배제의에 대한 공격적인 논쟁은 구약에서 후대에 나타나는데(사 2 : 8, 20 ; 40 : 19-20 ; 44 : 9 이하 ; 렘 10장 ; 시 115 : 4 이하 등), 최초의 언급은 엘리야나 아모스(암 5 : 26과 8 : 14에도 불구하고)가 아니라 오히려 호세아(호 8 : 4 이하 ; 10 : 5-6 ; 11 : 2 ; 13 : 2)에서 나타난다. 그러나 공식적인 야웨제의에서, 특히 예루살렘 성전에서도 일찍이 야웨의 실제적인 형상은 존재하지 않았다(참조. 그러나 삿 17-18장). 구약은 주변의 종교적인 세계들(짜라투스트라[Zarathustra]는 다르다)이 통례적으로 명백하게 숭배하고 거룩히 여기는 것들을 배제한다. "하나님의 얼굴을 본다"라는 표현구는—성소에 하나님의 상이 존재한다—는 사실을 전제하지 않고 사용될 수 있었다. 따라서 이것은 단지 비유적으로 사용된 표현이다.

형상 금지의 유래, 원인 및 (최초의) 근거는 확실히 말하기가 어렵다. 오히려 형상숭배의 영향력을 기술하는 것이 보다 쉬울 것이다. 야웨의 형상화 금지는 본질적으로 야웨의 "인격성"을 보호하지 않는다. 차라리 형상숭배의 금지는 시간의 선상에서 하나님과 세상의 차이, 즉 하나님의 초월성을 강조하는 것이다. 하늘에서도 땅에서도 혹은 지하 세계에서도 하나님의 형상을 만들어서는 안 되며, 하나님은—남성이나 혹은 여성으로도—묘사될 수 없다. 그는 세상적인 것으로 표현될 수 없다(신 4 : 15 이하). 따라서 영적인 특징과 감각적인 특징 사이의 경계도 근본적으로는 없다. 오히려 의미상 구분이 될 뿐이다. 그가 계시될 때에도 하나님은 볼 수 있는 분이 아니다(신 4 : 12) : "너희는 그 말의 음성을 들었지만, 그 모습은 보지 못하였다."

그에 상응하여 언어적인 형상(호 5 : 12, 14 ; 애 3 : 10 등)은 형상 금지의 계명과는 무관하다. 또한 구약은 눈으로 보는 것을 거부하지만 귀로 듣는 것은 인정하고 있다.—예외적으로—하나님을 보았을 경우라 할지라도 그의 외모가 서술되지 않는다(출 24 : 10–11 ; 참조. 창 12 : 7 J ; 17 : 1, 3 P ; 사 6장과 같은 예언자의 환상). 아주 조심스러운 암시적인 표현이 에스겔 1장 22절 이하에서만 언급된다. 이 본문은 불충분한 표현인 비교의 말로 언급된다 : "인간의 모습과 같은." 또한 다니엘 7장 9절 이하에서는 "옛적부터 계신 분"이라고 간단히 서술된다. "누구도 나를 볼 수 없고, 나를 본 자는 살아남을 수 없다"(출 33 : 20 ; 참조. 삿 13 : 22 ; 사 6 : 5 등)는 문장은 기본 명제이다. 보다 강하게 신화적으로 각인 된 이야기에서조차도 하나님은 직접적으로 땅에서 일어나는 사건에 개입하지만, 그의 행위 가운데서 인간적인 면은 배제된다(창 2 : 21 ; 15 : 12 ; 19 : 17, 26 ; 출 12 : 22–23). 따라서 모세(출 3 : 6)와 엘리야(왕상 19 : 13)는 하나님의 현존 앞에서 그의 얼굴을 가리웠다(사 6 : 2에 따르면 스랍 역시 가리고 있다). 마치 하나님 그 자신이 등장하여 행동하고 말하는 것처럼(창 21 : 17–18 ; 참조. 창 16장 ; 22장 ; 삿 6장 ; 13장 등), 하나님의 사자나 하나님의 천사들이 가시적인 영역에 대리자로 나타난다(출 3 : 4 이하를 출 3 : 2과 비교하라). 먼 곳에 계신 하나님은 출애굽기 33장 12절 이하에 따르면 그의 "얼굴"로, 신명기 역사서(왕상 8 : 16 이하, 29–30 등)에 따르면 그의 "이름"으로, 제사장 문서(출 16 : 7, 10 ; 24 : 16–17 등)에 의하면 그의 "영광"으로 근접해 갈 수 있다. 이 같은 변화된 방법으로 하나님과 그의 땅 위에서의 현존, 그 자신 자체로서의 존재와 인간에게로 향하는 하나님, 하나님의 자유와 그의 계시성, 그의 초월성과 역사적인 활동들이 구분되긴 하지만, 이것들은 동시에 언급되기도 한다. 물론 하나님을 직접 대면할 수 있다("얼굴에서 얼굴로" 겔 20 : 35 ; "눈에서 눈으로" 사 52 : 8)는 사실이 미래의 사건으로 기대된다 : "야웨의 영광이 나타나고 모든 육체는 그것을 보게 된다"(사 40 : 5 ; 참조. 사 52 : 10 ; 또한 고전 13 : 12).

3.3. 구약은 역사적 사건을 아주 엄격하고도 철저하게 하나님의 행위로 이해하는데, 하나님의 행위는 동시에 하나님의 본질을 풀어서 기술한 것일 수도 있다 : "나는 너를 애굽에서 이끌어낸 너의 하나님 야웨다"(출 20 : 2). 즉 하나님은 이스라엘을 해방시킨 분이다. 이와 비슷하게 아브라함의 하나님의 정체성도 회고적으로 규정된다(창 15 : 7) : "나는 너를 갈대아 우르에서 이끈 야웨니라." 하나님이 어떤 분이며 누구인지는 **역사**를 통해서 알 수 있다. 역사에 나타난 신적 계시에 관한 사상은 이미 고대 근동 국가들에서도 찾아볼 수 있기는 하지만, 그럼에도 불구하고 다음의 사실에 주목할 필요가 있다 : "역사적 사건을 하나님의 계시로 이해하는 사상은 이스라엘 제의의 독특한 현상으로서 주변 국가에서는 그와 비슷한 것을 거의 찾아보기 어렵다"(B. Albrektson). 따라서 유월절은 애굽에서의 체류를 현재화하는 과제를 갖고 있다. 규칙적으로 반복되는 제의는 역사를 결코 되풀이하는 것이 아니다. 그것은 단지 한 번 있었던 사건을 "회상하는 것이다"(출 12 : 4 ; 참조. 신 16 : 3, 12). 그러므로 미래의 세대는 시간적 간격뿐만 아니라 지속적인 현재적 의미를 의식하게 된다. 아마도 구약 신앙의 배타성과 역사와의 관련성은 매우 밀접하게 결합되었을 것이다 : 구약은 신들 상호 간의 행동에 대해서는 알고 있지 않기 때문에 한 분이신 하나님의 모든 행위는 세상을 향한 혹은/그리고 인간을 향한 행위일 뿐이다.

이른바 "짧은 신앙고백"(kleines Credo)의 후대의 요약(신 26 : 5-11 ; 참조. 시 136편 등)에서 두드러진 역사적 사건들은 야웨의 연속적인 활동의 결과로 표현되거나, 혹은 공동체는 예루살렘의 보호를 하나님의 은총 행위로 간주하며 이를 회고적으로 고백한다 : "만군의 야웨께서 우리에게 남은 자들을 조금이라도 남겨 주지 않으셨더라면 우리는 소돔이나 고모라 같이 되고 말았으리라!"(사 1 : 9 ; 참조. 시 94 : 17). 후대에는 그들의 희망에서도 새로운 고백을 서술하고 있는데, 그것은 미래의 사건을 앞당겨서 하나님의 행위로 서술하는 것이다(렘 23 : 7-8 ; 사 48 : 20 ; 참조. 사 44 : 23 등). 예를 들면 앞서 인용된 십계명의 도입부에서 하나님이 자신을 1인칭 "나"로 표현하여, 과거의 사건들을 묘사한 것과 마찬가지로, 예언자들은 하나님의 1인칭 표현을 사용하여, 미래의 사건을 선포할 수 있었다(암 5 : 27 ; 6 : 14 등). 출애굽전승은 이미 이스라엘의 하나님이 애굽의 권력을 압도한다는 사실을 이야기하고 있다(출 7-15장 ; 참조. 창 12 : 17 등). 이와 마찬가지로 예언자들도 그들의 선포에서 이방 민족을 끌어들이고 있다(예로서 암 9 : 7) : "내가 이스라엘을 애굽 땅에서 이끌었듯이, 블레셋인들도 갑돌에서, 아람인도 길에서 데리고 올라오지 않았느냐?" 이미 발생한 사건과 말로 선포된 사건들은 하나님의 섭리로 인식되었고, 그 결과 인간의 책임과 하나님의 활동은 상호 배타적이지 않다(참조. 창 50 : 20 E ; 출 8 : 15 ; 9 : 12 P ; 삼하 17 : 14 ; 사 29 : 10 ; 30 : 9, 15 등). 이러한 신앙과 사상의 틀 안에서, 출애굽기 3장 14절의 해석에서 논란이 되는 야웨의 이름은—"나는 너희와 함께 있을 것이다"(출 3 : 12)라는 약속에 근거하여—하나님의 현존과 활동의 선포로 이해된다 : "나는 내가 있고 싶은 곳에 있을 것이다(Ich werde sein, der ich sein werde)".

구약 신앙은 이러한 특징을 보존하고 완성하려는 목적 하에(위의 글 3.1-3) 주변 종교로부터 전수된 것을 선택하거나 변형시키는 과정을 통해 비판적으로 수용함으로써, 하나님-백성의 관계를 훨씬 뛰어넘는 새로운 하나님에 대한 진술에 이르게 되었다.

4.1. **창조주**에 대한 신앙은 아마도 기독교에게 전수된 구약의 주된 유산일 것이다. 창조 진술이 구약 전체에서 언급되진 않지만 특정한 본문에서는 중심을 이룬다(특히 창 1-2장 ; 시편 ; 제2이사야 ; 지혜 문학 : 잠언/욥기/전도서 ; 예언서들 중 부가된 본문들). 비록 그 증언들이 초기 왕정 시대에도 없지는 않지만(창 2장 J ; 14 : 19 이하 ; 아마도 왕상 8 : 12[LXX 본문] ; 시 19A편 ; 24 : 2 ; 104편 ; 잠 14 : 31 등), 대체로 후대의 포로기나 혹은 포로기 이후 시기에 나타난다(창 1장 P : 시 8편 ; 33편 ; 136편 ; 148편 ; 사 40 : 12 이하 등). 추측컨대 이 신앙은 창조주에 대한 신앙고백으로 언급되기 전에, 자연에 대한 야웨의 권능(출 14-17장 ; 19 : 16 등)에 대해서도 알고

있는(족장들, 출애굽, 시내산에 관한) 고대 역사 전승을 통하여 이미 오래 전에 이루어진 것으로 보인다. 따라서 자연에서 구원으로 추론된 것이 아니라 오히려 역사 속에서의 신앙 체험을 통해서 세상이 창조된 것으로 이해되었다. 그리고 나서 그 신앙은 회고를 통하여—공동체와 개인의 삶을 초월하는—우주적 범주의 "시작"에 대해 진술하기에 이르렀다.

또한 구약의 창조 진술은 잘 알려진 주변 세계의 우주발생론과 인류발생론과의 대결을 통하여 형성되었다. 그것은 창세기 14장 19절 이하의 장면에서 잘 나타난다: (예루)살렘의 왕 멜기세덱은 엘 엘리욘 "하늘과 땅을 지으신 높으신 하나님"의 이름으로 아브라함을 축복한다(여기에서 나오는 낯선 하나님 이름도 야웨를 의미한다; 참조. 창 14 : 22 ; 시 47 : 3). 구약 자체의 신앙에 상응하지 않는 주제(인간이 신의 피로 창조되었다는 내용 등)는 배제되었지만, 다른 것들(바다와의 싸움 혹은 용과의 싸움: 시 74 : 12 이하; 77 : 17 이하; 89 : 10 이하; 사 27 : 1 ; 51 : 9–10 등)은 시적인 부분에서만 암시적으로 사용되었다.

놀라울 정도로 다양한 구약의 창조사상(참조. 창 1 : 24 ; 2 : 7, 19 ; 시 90 : 2 ; 139 : 15–16 ; 사 42 : 5 ; 45 : 18 ; 48 : 13 등)은 결코 한 가지의 통일된 "세계상"으로 규정되어 있기보다는, 오히려 불균형 그 자체로 배열되어 있다. 구약이 근본적인 차이를 지니고 있는 창세기 1장과 2장의 창조에 대한 보도를 결합시키고 있는 것을 감안할 때, 구약에서는 창조 과정의 방법에 대한 사상은 더 이상 결정적으로 중요해 보이지 않는다. 이렇게 다양한 종류의 진술들이 추구하는—전체적인—의도가 중요하다: 하나님은 삶의 공간을 지닌 세상 전체, 즉 피조물들(창 1장 ; 시 104편 ; 121 : 2 등)과 사람들(시 8편 ; 22 : 10–11 ; 139 : 13–14 ; 렘 1 : 5 등)을 창조하셨고, 그리고 하나님은 그들의 주인이 되신다(시 24 : 1–2 등).

또한 특별한 방법으로 구약 신앙에 적합하고, 그리고—제1, 2계명에 상응하는—하나님의 유비불가능성(Analogielosigkeit)과 하나님 행위의 자유성을 드러내는 진술들이 발견된다: "그가 말했고, 그대로 되었다"(시 33 : 6, 9 ; 148 : 5 ; 애 3 : 37 ; 창 1 : 3 등). 그는 별들을 "부르셨다"(사 40 : 26), 혹은 생명체에게 번성하게 하신 것처럼(창 1 : 22, 28), 땅으로 하여금 식물을 생산하도록 "말씀하셨다"(창 1 : 11–12, 24 ; 8 : 22). 그의 "창조"(bara, 창 1 : 1, 27 등)는 어떤 재료도 필요로 하지 않는다. 구약에서 "창조하다"라는 동사는 하나님에게만 사용되고 인간의 행위에는 사용되지 않는다. 따라서 창조 과정의 방법에 대해서도 더 이상 말할 수 없다.

창세기 1장의 창조보도(이 책 8장 2를 보라)는 세상의 영역과 삶의 공간, 그리고 삶 그 자체를 하나님의 선물로 이해하고 있으며, 동시에 역사의 "처음"으로부터 시작한다. 먼저 하나님의 형상을 지니고 있으며(창 1 : 26-27 ; 9 : 6) 하나님이 말을 걸어주는 상대(창 1 : 28-29)라는 면에서 다른 생명체들보다 우수한 존재인 인간 역사가 다루어지고, 그리고 나서(창 17장과 출 1 : 7 P 이후부터) 민족 역사를 언급한다. 하나님은 그가 창조한 것에 대해 전적으로 긍정하셨다: "보라, 그것은 심히 좋았다!"(창 1 : 31). 아직은 피를 흘리는 폭력이 없는, 목적에 합당한 아름다운 세상이다(창 1 : 29-30 ; 상응하는 구절은 2 : 8 이하 J). 그러나 이후에 폭력이 발생하자마자 그것과 반대되는 말이 서술된다: "보라, 세상이 패괴하였다"(창 6 : 11-12 P ; 참조. 창 3 : 14 이하 ; 4 : 6 이하 J). 두 가지의 판단은 현 세상의 이중적인 갈등을 동시에 보여준다.

시편은 창조주에 대한 신앙고백을 현재적 경험과 연결시키면서(시 8편 ; 104편 ; 139편 등), 창조주에 대한 신뢰를 말하며, 창조주를 위기의 상황 속에서 도우시는 분으로 생각하고 있다(시 121 : 1-2 ; 참조. 시 33편 등). 지혜문학에서는 억압받는 자에 대한 행위는 곧 창조주에게 행하는 것으로 간주된다(잠 14 : 31 ; 17 : 5). 그럼에도 불구하고 창조는 부와 가난, 상식적인 동기와 근본적인 동기라는 대조적인 것들도 그대로 남겨 둔다(창 22 : 2 ; 29 : 13 ; 참조. 욥 31 : 13 이하 ; 말 2 : 10). 전도자(코헬렛)가 회의적으로 인간은 이 질서를 이해할 수 없다는 사실을 추가하고 있음에도 불구하고(전 3 : 11), 하나님은 이 세상을 "지혜로" 창조하셨다(잠 3 : 19-20 ; 8 : 22 이하 ; 참조. 욥 38-39장).

이와는 달리 예언자 제2이사야는—포로기의 깊은 상처를 통해 형성된—역사 대신에, 오히려 창조를 근거로 그의 약속을 강조한다: 백성들의 무능력함에도 불구하고, 하나님은 선포된 구원을 실현시킬 힘과 능력을 갖고 계신다(사 40 : 12 이하 ; 45 : 7-8, 18 등). 동시에 창조는 선택과 구원에 근접해 있으며(사 43 : 1-2 ; 44 : 2, 24등), 미래의 구원은 새로운 창조와 같다: "보라, 내가 새 일을 행하리니"(사 43 : 19 ; 48 : 6-7). 즉 "새 하늘과 새 땅"(사 65 : 17 ; 66 : 22 ; 참조. 렘 31 : 22 등)이다.

4.2. 특히 미래적인 의미로의 의미 전환이라는 유사한 변형이 야웨에게 왕의 칭호를 부여하고 난 이후 발생한다. 기원적으로 **하나님의 왕권**(Königtum)이라는 표현 방식은 하나님의 배타성을 표현하기보다는, 오히려 광범위한 신들의 무리와 그들 사이에서 최고의 위치를 차지하는 왕적인 통치자를 지칭하는, 고대 동양 종교의 관념을 전제하고 있다. 이스라엘은 경작지에 이르러 이 같은 관념을 수용함으로써, 한 분이신 하나님을 여러 신들 중의 왕으로 선포할 수 있었고, 그와 더불어 야웨는 넓은 세상에서 최고의 주권자로 언급되었던 것이다 : "위대한 왕은 야웨이며 모든 신들 중의 왕이다"(시 95 : 3 ; 참조. 시 29 : 1-2, 10 ; 47 : 3 ; 사 6장 등). 다른 여러 신들에 대한 단 한 분이신 하나님의 우월성(시 97 : 7, 9)에서—첫 번째 계명의 의미로 재해석되어—"이스라엘의 왕"(사 44 : 6), "너희의 왕"(사 43 : 15)이라는 표현으로 생겨났고, 이러한 왕의 칭호는 하나님의 통치뿐만 아니라 하나님의 교제의지도 입증하고 있다(사 33 : 22) : "우리의 왕, 야웨가 우리를 도우리라". 아마도 예루살렘의 가을축제 때, 가령 (법궤가) 행렬할 때에 "야웨는 왕이다(왕이 되셨다)"라는 말이 외쳐졌을 것이다. 이는 이른바 대관식시 및 야웨-왕-노래를 추측하게 만든다(특히 시 47편 ; 93편 ; 그리고 96-99편 ; 참조. 시 24 : 7 이하 ; 슥 14 : 16 이하). 제2이사야는 이 전승을 수용해서 이 양식을 약속으로 변형시키고 있다 : "너의 하나님이 왕이 되셨다." 이 말의 실제 의미는 미래적인 것을 묘사하는 것으로서 근접한 미래에 "모든 민족들이 보는 앞에서" 이루어질 하나님의 왕권 통치의 시작을 선포한다(사 52 : 7-10). 다른 예언자들의 말(겔 20 : 33 이하 : 미 2 : 12-13 ; 4 : 7 등)이 이러한 기대를 지속시키고 있다면, 하나님의 왕권에 대한 고백은 제1계명의 미래지향적인 해석과 상응한다 :

> "야웨께서 온 세상의 임금이 되시리라.
> 그 날에는 야웨는 한 분뿐이시고
> 그 이름은 하나 뿐이리라"(슥 14 : 9 : 참조. 슥 14 : 16).

세계적인 왕권 통치에는 죽은 자들도 포함된다(시 22 : 28-30). 혹은 하나님이 제한을 두지 않고 통치하여 이방 민족들이 자신과 교제하는 것을 수용할 때가 되면, 하나님은 "죽음을 영원히 멸절하실 것이다"(사 24 : 23 ; 25 : 6－8). 물론 하나님의 왕권 통치는 미래의 사건으로 기대될 뿐만 아니라, 동시에 현재의 일로서 받아들여지고(시 103 : 19), 그리고 그렇게 알려진다: "왜냐하면 하나님의 통치는 영원한 통치이며, 그의 왕국은 세세토록 보존되기 때문이다"(단 4 : 34 ; 참조. 단 2 : 46－47 ; 3 : 33 ; 6 : 26－27 ; 시 145 : 13). 그러므로 이 세계는 이미 하나님의 통치에 대하여 기뻐하도록 촉구된다: "야웨는 왕이다. 땅은 즐거워하라!"(시 97 : 1 ; 참조. 시 98 : 6).

5. "성서는 끊임없이, 그리고 풍부하게 하나님의 본성에 대하여 말하고 있다"(G. Ebeling)라는 판단은 구약에 잘 들어맞는다고 볼 수 없다. "왕"이라든가 "주"라는 표현 외에는 하나님의 속성에 대해 그다지 말하고 있지 않다. 그를 찬양할 때에도 별칭은 별로 언급되지 않는다. 또한 대개 존재의 특징으로서의 본성에 대해서는 언급하지 않고 대부분 하나님에 대해서 동사로 말한다. 이러한 점에서 구약은 고대 근동세계가 보여 주는 언어적 가능성에 대하여 비판적으로 제한하고 있음을 알 수 있다. 왜냐하면 야웨의 속성은－역사와의 관련성과 함께－신앙의 배타성을 가지고 있기 때문이다. 동시에 구약이 하나님에 대하여－체계적으로 숙고하여－논(論)하는 일에 소극적이라는 사실이 명백하게 드러난다.

5.1. 구약은 하나님과의 관계의 배타성 요구를 야웨의 "열심/질투"(Eifer)에 근거한 것으로 보고 그렇게 설명한다(출 20 : 5 ; 34 : 14 ; 신 4 : 23－24 ; 6 : 14－15 등). "열심/질투"의 속성을 통해서 엘 "하나님"은 첫 번째 계명의 의미로 엄격하게 해석된다. 동시에 "열심/질투의 거룩성"은 다른 이방신들을－시샘, 시기로서－배격하는 것이 아니라, 이스라엘을 향한 것이다(수 24 : 19 등). 그것은 백성에게 구원도 가져다줄 수 있다(사 9 : 6 ; 슥 1 : 14 등).

이미 고대 근동은 신의 특징을 "거룩"으로 명명하는데(참조. "신들의 아들들에 대해서는" 출 15 : 11 ; 시 89 : 6, 8 ; 시온에 대해서는 시 46 : 5 ;

48 : 2), 구약은 하나님의 "거룩"을 그의 "열심/질투"(수 24 : 19)로 규정하고 있다: "야웨와 같이 거룩한 자는 없다"(삼상 2 : 2 ; 참조. 사 6 : 3 ; 40 : 25 등). 이스라엘의 거룩한 분은 자기 백성을 고발하고(사 1 : 4 등), 심판 후에 그들을 구속하신다(사 41 : 14 등 ; 참조. 사 57 : 15 ; 호 11 : 9). 그렇게 높으신 하나님은 인간과 가까이 계신다(시 99 : 9) : "우리 하나님, 야웨는 거룩하시다."

구약에서 야웨는 죽고 소생하는 신으로 죽음 이후에 새로운 생명을 얻기 때문이 아니라, "진정한" 하나님(렘 : 10 : 10)으로 "살아 계심"이 입증되고(삼상 17 : 26, 36 등) 생명을 선사할 수 있는 분이기 때문에 "살아 계신" 분이다: "나의 영혼이 하나님, 곧 살아 계신 하나님을 갈망합니다"(시 42 : 2, 8 ; 참조. 시 84 : 2 ; 호 1 : 10). 그는 생명의 "원천"이시다(시 36 : 9 ; 참조. 렘 2 : 13 등).

5.2. 구약에는 역사 속에 나타나는 하나님의 행위에 주목하는 **신앙고백**(Credo) 이외에도 전혀 다른 구조의 **고백 양식**을 보존하고 있다. 그것은 역사와의 명백한 관련이 없이 일반적이고 무시간적인 하나님의 본질을 서술하고 있다. 그것은 여러 번의 변형된 흔적을 가지고 있기 때문에, 보다 후기 문서임을 알 수 있다. 그리고 그것은 (출 34 : 6-7임에도 불구하고) 하나님의 자기 소개가 아니라, 인간에 대한 하나님 사랑을 진술하고 있다:

> "자비롭고 은혜로운 분은 야웨,
> 그는 분노를 더디하시고,
> 자애가 넘치시는 분이다"
> (시 103 : 8 ; 참조. 시 86 : 15 ; 145 : 8 : 느 9 : 17 등).

하나님의 선함과 인내함, 그리고 용서함에 대한 근본적인 고백이 어떻게 인간의 역사적 경험과 관계된 것일까? 그것은 위기와 고난—혹은 죽음—가운데에서 현실에 대항하기 위한 것인가? "당신의 자비는 생명보다 낫다"라고 시편 63편 3절은 감히 서술하고 있다.

마찬가지로 여러 곳에서 비슷한 제의적인 양식들이 묘사되어 있다: "그는 선하신 분이시니 그 분의 자애는 영원하시다"(시 106 : 1 ; 136편 등). 구약은 여러 가지 본문에서 하나님의 은총에 대해 다양하게 증거하고 있다(출 20 : 6 ; 사 54 : 10 ; 렘 3 : 12 ; 9 : 23 ; 호 2 : 19 ; 시 33 : 5 ; 51 : 3 ; 103편 : 130 : 7 등).

5.3. 하나님의 은혜에 대한 다양한 신앙고백이 요엘 2장 13절에서는 이스라엘을 위해서, 요나 4장 2절에서는 이방 민족들을 위해서 서술되고 있다: "그는 심판을 **후회**하셨다." 구약의 하나님은 전혀 변화하지 않는 분만은 아니다. 그는—그의 전지(全知)에 기초하여—처음부터 확정적이기보다는, 오히려 그의 의도나 행위를 후회하시는, 즉 인간의 행동이나 그들의 중보기도(창 18 : 17 이하 ; 출 32 : 9 이하 등)를 통해서 새롭게 결정하시는 분이시다. 그의 피조물들의 뿌리 깊은 죄악에 직면하여 "야웨는 인간 창조를 후회하셨다"(창 6 : 5-8 J). 홍수 심판을 통해서도 인간은 변화되지 않았기 때문에, 하나님은 인간에 대한 자신의 태도를 변경하였고, 그의 창조세계 가운데 비록 악이 존재함에도 불구하고, 낮과 밤의 규칙적인 존속을 확고부동하게 약속했다(창 8 : 21-22 J ; 참조. 사 54 : 9). 이와 유사하게 하나님은 사울을 왕으로 삼은 것에 대해서도 후회했다(삼상 15 : 11, 35 ; 참조. 예루살렘의 버림에 대하여 왕하 23 : 27). 물론 이 두 가지 예외적인 경우에서 각각은 이미 완결된 과거를 회고하고 있으며, 통속적인 개념이 아니라 신학적으로 채색된 "심사숙고 단계의 개념"(J. Jeremias)을 통하여 전승을 추가적으로 해석한다. 창세기 6-8장 J의 설명이 무엇을 의미하는지는, 예언자 호세아가 말해 주고 있다: 이스라엘 스스로는 변할 수 없는 참회의 불가능성(호 5 : 4 ; 7 : 2 ; 11 : 7 등)을 치유하기 위하여(호 14 : 4) 하나님 스스로 마음을 바꾸기까지 하면서 노력하신다(호 11 : 8 "나의 마음은 나를 대항해서 돌이켰다"). 아모스에게 있어서(암 7 : 3, 6) 하나님의 후회는 더 이상 이스라엘의 죄악에 대한 징벌을 보류하거나 폐지시킬 수 있는 현재의 가능성이 아니다(암 7 : 8 ; 8 : 2). 반면에 호세아의 선포에 따르면 하나님의 의지 변화, 자기 통제 혹은 긍휼히 여김은 자기 백성뿐만 아니라(출 32 : 11-14 ; 렘 26 : 3, 13, 19 ; 욜 2 : 12 이하 등), 이방 민족들(렘 18 : 7 이하 ; 욘 3-4장)을 그의—정당한—분노로부

터 보호하고 그들을 파멸에서 구하는 것이었다. 구약은 한편으로 하나님이 그의 (구원의) 말을 되돌이키는 분이 아니라는 사실을 보여 준다 : "하나님은 인간이 아니시니, 그는 거짓말하지 않으시고, 후회하지도 않는다"(민 23 : 19 ; 참조. 삼상 15 : 29 등). 그러나 다른 한편으로는 인간의 회개와 하나님의 후회를 희망한다(렘 18 : 7-8 ; 욜 2 : 12-14 등).

5.4. 하나님은 세상과 개개인의 **재판관**이시다(시 82편 ; 96편 이하). 그는 사람의 마음을 시험한다(시 7 : 8 이하 ; 9 : 4 ; 참조. 왕상 8 : 30 이하 등). 이러한 정의의 하나님은 그를 부르는 자를 도우신다(시 4 : 1 ; 31 : 1 등) : "야웨는 자비하며, 정의롭다. 우리의 하나님은 인자하시다"(시 116 : 5 ; 참조. 시 25 : 8 ; 145 : 17 ; 사 45 : 21). 하나님의 정의가 구원 행위를 가능케 함으로 (이미 삿 5 : 11의 드보라의 노래에서처럼) 시편기자는 한편으로 다음과 같이 기도한다 : "당신의 성실로, 당신의 정의로 내게 응답하소서!"(시 143 : 1). 다른 한편으로는 도우실 준비를 하고 있는 하나님께 찬양한다 : "저의 입은 당신의 정의를, 당신의 구원의 행적을 온종일 선포하리라"(시 71 : 15 ; 참조. 시 40 : 10-11 ; 145 : 7 등). 미래의 통치자는 다음의 칭호를 얻게 된다 : "야웨는 우리의 정의이다"(렘 23 : 6 ; 참조. 렘 33 : 16).

마찬가지로 "신실하시며"(신 7 : 9 ; 참조. 사 65 : 16 등), "용서하시고"(시 99 : 8) 혹은 "숨으시는"(사 8 : 17 ; 45 : 15) 하나님과 같은, 하나님에 대한 드문 명칭들은 인간에 대한 하나님의 관계를 보여 준다. 동시에 나의 하나님의 "본성"은 그의 성향뿐만 아니라, 동시에 그의 능력과 행동을 위한 준비성까지도 가리킨다. 즉 의지와 행위, 그의 본질과 활동도 포함한다 : "야웨는 자기의 모든 길에 의롭고, 그의 모든 행위는 자비롭다"(시 145 : 17 ; 참조. 시 103 : 8-10).

하나님은 그의 **영**(히브리어로는 여성명사임)을 통하여 일회적이고 특별하게 그리고 지속적인 방법으로 활동한다. 그의 영은 소위 대사사(삿 6 : 34 등)와-초기의-예언자들(삼상 10 : 6 이하 ; 19 : 20 이하 ; 참조. 민 11 : 16 이하)을 일깨운다. 반면에 소위 문서 예언자들은 영보다는 말씀으로 부름을 받았다(다른 예는, 겔 3 : 12,

14 등; 참조. 호 9:7; 렘 29:26; 미 3:8; 사 61:1). 하나님의 영은 생명을 주고(시 104:29-30; 욥 33:4; 참조. 창 2:7 등), 새 힘을 공급하며(새 창조, 겔 37장; 참조. 욜 2:28-29; 시 51:10-11), 그의 피조물에게 임한 하나님의 현존과 같다(시 139:7). 하나님의 영과 인간의 무능으로서의 "육체"는 상호대립될 수 있다(사 31:3; 40:6-7; 또한 슥 4:6).

6.1. 왕은 특별하게 하나님의 돌봄을 받는다: 야웨는 "그의 왕에게 큰 도움을 베푸시고, 당신의 기름부음을 받은 다윗과 그 자손에게 영원토록 인자를 베푸신다"(시 18:50). 하나님은 다윗과 시온을 선택했다(왕상 8:16[LXX]; 시 132편). 하나님은 왕에게 왕관과 함께 축복과 생명, 그리고 존귀함을 주었으므로 왕은 야웨를 의존한다: "왕은 야웨를 신뢰하였고, 높으신 분의 은총을 통해서 그는 흔들리지 아니하리라"(시 21:4-8). 왕은 가난한 사람을 돌아볼 책무가 있으나(시 72:12 이하), 그 스스로도 하나님의 도움에 의존해야 한다(시 20:2 이하, 10). 이러한 왕의 종속성은 왕의 기도(왕상 3:5 이하; 시 2:8; 21:4, 6; 144:7)에서 혹은 그를 위한 중보기도(시 20:2 이하; 72:1; 132:1, 10)에서 나타난다. 사사시대의 영웅들은 직접적으로 하나님으로부터 부름을 받았고, 마찬가지로 왕의 즉위 역시도 간접적으로 하나님의 부름을 받는 것처럼 보인다. 왕의 정당성은 왕에게 1인칭의 화법으로 혹은 예언자의 말을 통해 전달되는 하나님의 말씀에 근거한다: "너는 내 아들이다"(시 2:7; 참조. 시 89:4-5, 28 이하). 이와 비교될 만한 전권위임의 말인 "내가 네 원수들을 네 발판으로 삼게 될 때까지 나의 우편에 앉으라"(시 110:1)는 언급에서는 하나님의 행위와 인간의 행위의 차이가 점점 더 벌어지면서 결국 서로 대조되기까지에 이른다: "병력이 강력하다고 왕이 승리하는 것이 아니라 … 보라, 야웨의 눈이 자기를 경외하는 이들에게 머무는 도다"(시 33:16, 18; 참조. 시 20:8-9; 147:10-11). 그러므로 통치자도 결국 인간적인 무력감을 시인하는데 포함되며(시 89:50-51; 144:3-4), 그때에 하나님의 영향력의 공간은 더욱더 확장된다.

6.2. 이에 상응하는 경향은 메시아적인 예언에서 뚜렷하게 드러난다. 메

시아는 본질적으로 "구원의 전달자"가 아니라, 오히려 하나님에 의해서 창조된 평화의 상태에서 나타나서 "평화의 통치자"라고 불리운다. 왜냐하면 그는 더 이상 전쟁을 이끌지 않기 때문이시다(사 9 : 2-5, 6-7). 하나님은 스스로 멍에를 파괴하시고(참조. 출 14-15장 ; 시 20 : 7-8 등), 빛을 가져오시거나 혹은 그 스스로가 빛이 된다. 즉 그 빛은 구출이요 구원이다(사 9 : 2 ; 참조. 사 60 : 1-2 ; 시 27 : 1 ; 36 : 9 등). 미래의 왕은 "야웨의 권능으로" 즐거워할 것이며(미 5 : 4), 진실로 그는 "야웨는 우리의 정의다"(렘 23 : 5-6)라는 이름을 갖게 될 것이다. 그렇게 메시아는 한편으로 하나님과 매우 가까이에 있거나, 심지어는 하나님이 거의 동격이 되기도 한다. 명예로운 칭호인 "놀라운 것을 계획하는 이", 그리고 "신적 영웅" 및 "강한 하나님", "영원한 아버지"(사 9 : 6) 등은 신적인 존귀의 칭호이다(참조. 사 28 : 29 및 시 24 : 8). 고대 근동이나 애굽 왕의 칭호를 연상시키는 그 같은 존귀의 칭호는—오직 한 번 "하나님, 신적인"(시 45 : 6)이라는 말로 사용되었을 뿐—지상의 지배자에게는 결코 사용되지 않으며, 미래의 기대에서만 사용되었다. 다른 한편으로 메시아는 하나님 밑에 있다. 그에게 주어진 카리스마도 "야웨를 경외하는 영"에 속한다(사 11 : 2). 구약에 나오는 메시아에 대한 마지막 예언(슥 9 : 9-10)은 전차 대신에 평화롭게 나귀를 탄 메시아로 설명하는데, 그는 하나님의 도움에 의존하는 "빈약한 자"(Armer)이다(참조. 시 20 : 6, 9 ; 33 : 16). 그의 평화의 선포는 전 세상을 향해 울려 퍼진다 : "그는 이방 민족들에게 구원을 선포한다." 메시아의 통치는 우주적으로 확대된다(참조. 미 5 : 4 ; 사 11 : 10 ; 또한 시 72 : 8 등). 동시에 오실 이는 겸손한 분으로 알려진다. 모세에 대한 후대의 평판 역시 이와 비슷하다 : "모세는 어떤 사람보다 매우 겸손했다"(민 12 : 3 ; 참조. '하나님의 종'에 대해서는 사 53 : 4).

6.3. 하나님과 왕 사이의 특별한 관계는 사무엘하 7장 14절에서 서술된 약속에서 잘 표현된다 : "나는 그에게 **아버지**가 되고, 그는 나의 아들이 되리라." 왕은 자연적이고 육체적인 면에서 하나님으로부터 기원한 것이 아니라—아마도 왕위의 즉위식 때에—하나님의 아들로 선포된 것이다(시 2 : 7 ; 참조. 시 89 : 27-28 ; 또한 사 9 : 6). 이와 동시에 구약은 때때로 "신들이나

신의 아들들"에 대한 신화적인 사상을 보여 주고 있는데(창 6 : 1-4 ; 시 29편 ; 82편), 그들은 점점 야웨 아래로 예속된다(시 89 : 5 이하 ; 욥 1-2장 등).

하지만 특히 (하나님의) 아들이라는 칭호는 백성에게도 적용되었다: "애굽에서 나는 내 아들을 불러내었다"(호 11 : 1 ; 참조. 출 4 : 22-23). 물론 초기 시대에는 이러한 표현, 즉 하나님과 이스라엘의 관계를 아버지-아들의 관계로 구체적으로 설명하려는 표현에 대해 확실히 유보적이었다. 이러한 표현은 야웨 신앙의 견지에서 볼 때, 문제가 되는 사상(참조. 렘 2 : 27)과 너무 쉽게 결합될 수 있기 때문이다. "너희는 야웨, 너희 하나님의 아들이다"(신 14 : 1)라는 약속은 이스라엘의 행위의 책임을 지운다. 예언자들은 이스라엘 백성을 "탈선한, 타락한" 자식이 되었다고 비난하면서(사 1 : 4 ; 30 : 1, 9 ; 렘 3 : 14, 22 등), 백성 전체의 불순종을 지적한다(호 2 : 4 ; 렘 2 : 29 ; 겔 2 : 3 이하 등). 이와 비슷하게 모세의 노래도 아들들을 "진실이 없는"(신 32 : 20) 자로 언급하며, 또한 죄 지적에서 창조주(신 32 : 6)를 감히 **아버지와 어머니**라고 부른다: "너는 너를 낳으신 바위를 무시하고, 너를 태어나게 하신 하나님을 잊어 버렸다"(신 32 : 18 ; 참조. 민 11 : 12). 다른 오래된 이름—"나의 하나님 아버지는 높으신 분이다"라는 의미의 아브라함처럼—에서 하나님은 때때로 "아버지"로 불리며, 그는 인도하는 자와 보호하는 자로 서술된다. 후대의 문헌에서 아버지라는 칭호는 오히려 창조주에 적용된다:

> "우리 모두의 아버지는 한 분이 아니시냐?
> 한 분이신 하나님께서 우리를 창조하지 않으셨느냐?"
> (말 2 : 10 ; 참조. 1 : 6 ; 사 64 : 7 등)

사랑하는 아버지의 권위(잠 3 : 12)는 자비와 염려로 인하여 철회될 수 있다: "아버지가 자식들을 가엾이 여기듯, 야웨께서는 자신을 경외하는 이들을 가엾이 여기신다"(시 103 : 13 ; 참조. 말 3 : 17). 그러므로 공동체는 "우리 아버지"라는 기도의 외침을 통해서, 구원자에게로 향할 수 있게 된다(사 63 : 15-16 ; 64 : 7 ; 참조. 렘 31 : 9).

7. 왕의 즉위 때에는 예언자의 말을 통해서 수여된 하나님의 말씀이 중요한 기능을 담당한다. 이외에도 **예언자**들은 이미 초기부터 왕에게 약속의 말을 전하거나(삼하 7장) 혹은 위협의 말(삼하 12장; 24장; 왕상 21-22장)을 선포할 수 있었다.

7.1. 이른바 기원전 8세기와 7세기의 문서예언자(참조. 이 책 13장)는 왕(암 7:9, 11; 사 7장; 렘 21:11 이하) 혹은 왕권(호 1:4; 3:4; 8:4 등)에 비판을 가한다. 백성 전체에 대한 그들의 심판 선포는 구약 신앙의 근저를 깔고 있다. 이 예언자들은 하나님이 이스라엘에게 호감을 갖고 있으며, 죄를 용서하신다는 기본적 이해에 기초하면서도 동시에 하나님의 통치가 백성들의 고난 속에서 드러나고 심지어, 이스라엘의 멸망을 가져오게도 할 것이라는 미래 통찰도 지니고 있다.

아모스는 그의 네 개의 환상 시리즈에서 한 가지 관점을 이끌고 있다: "내 백성 이스라엘의 끝이 왔다. 나는 더 이상 그들을 지나쳐 버리지 않을 것이다"(암 8:2). 아모스는 확실한 미래에 대한 언급(암 1:3-2:6; "나는 철회하지 않으리라")을 신적인 "나는"이라는 말로 계속 선포한다: "나는 그 모든 죄를 지은 너희를 벌할 것이다"(암 3:2; 참조. 암 2:13 등). 이미 아모스에게 있어서 야웨는 이스라엘의 재판관일 뿐 아니라, 그 주변 국가를 넘어서(암 5:27; 6:14; 9:7) 우주의 경계까지 이르는 힘을 가지신 분이시다: "그들이 하늘로 올라가더라도 혹은 지하 세계로 파고들더라도, 그리고 바다 밑바닥에 숨더라도, 내가 거기에서 그들을 이끌어 내리라"(암 9:2-3; 참조. 시 139:7 이하). 따라서 야웨는 "민족의 신" 혹은 "국가의 신"이라는 차원을 초월한다. 더군다나 그는 자신의 백성을 치시는 분이시다.

아모스의 후임자는 그때 그때마다 자신의 강조점과 더불어 아모스의 선포를 수용한다. **호세아**는 "내가 너와 함께 하리라"(출 3:14)는 하나님의 현존의 약속을 정반대로 서술한다: "너희는 더 이상 내 백성이 아니며, 나는 더 이상 너희를 위해 있지 않으리라"(호 1:9). 하나님 스스로에 의해서 이스라엘 백성과의 교제가 끊어진다는 이러한 냉혹한 메시지는 상징의 말에서도 반영되어 있다: "내가 사자처럼 찢어서 물고 가면, 그 누구도 빼내지 못할 것이다"(호 5 : 14 ; 참조. 호 5 : 12 ; 13 : 7 – 8).

이사야에게 있어서 하나님은 더 이상 "신뢰의 반석"(시 18 : 2 등)이 아니라, 오히려 "이스라엘의 두 집안에게 걸림돌이며, 발을 채는 돌"(사 8 : 14)이다. 이사야는 청중들이 스스로 원하였고(사 9 : 13 ; 28 : 12 ; 30 : 9, 12, 15), 그래서 책임을 질 수밖에 없는 백성들의 눈먼 상태(사 9 : 9 – 10 ; 29 : 9 – 10)에서 이미 현존하는 심판을 경험했다. 그래서 그는 하나님의 말씀으로 이스라엘의 기도가 응답될 수 없음을 선포한다(사 1 : 15) : "비록 너희가 그렇게 많이 기도할지라도, 나는 너희의 기도를 (더 이상) 듣지 않으리라."

아모스처럼, 환상을 통해서 "그 땅의 모든 백성들에게 도래할 심판"(렘 1 : 13 – 14)을 확신할 수 있었던 **예레미야**에게는 그 백성을 위한 중보 기도조차 금지되었다(렘 14 : 11 등). 예레미야는 그의 삶 가운데 그것을 증명해야 한다 : "나는 이 백성에게서 구원을 거두고, 자애와 자비를 거두었다"(렘 16 : 5 ; 참조. 암 9 : 4 ; 호 13 : 14). 가까운 하나님이 먼 곳의 하나님이 됨으로써(렘 23 : 23), 예레미야는 그의 선포로 인해 고립되었으며(렘 15 : 17), 스스로 고통을 받았다 : "당신은 나에게 거짓 시냇물과도 같습니다"(렘 15 : 17). 예레미야(렘 20 : 7)는 아모스보다(암 3 : 8 ; 7 : 15 ; 참조. 사 8 : 11) 더 큰 중압감을 느껴야만 했다(참조. 고전 9 : 16).

예언자는 심판을 여러 방법으로 서술하고 있다. 때때로 그것은 하나님과의 직접적인 대면으로(암 5 : 17 ; 9 : 1 이하 ; 사 1 : 24 이하 ; 2 : 12 이하 등), 때로는 보다 더 자주 나타나는 간접적인 하나님의 행위로 서술된다. 그의 백성을 위해서 싸우는 야웨의 전쟁에 대한 회상이 오히려 그의 백성을 대적하기 위한 전쟁으로 변형된다(암 2 : 14 이하 ; 사 28 : 21 "기이한 그의 행동" 등). 대제국은 야웨의 심판의 도구로서, 야웨의 위임을 받아 이스라엘의 심판을 집행한다. 그래서 앗수르는 "야웨를 위한 강한 자"로 서술되고 있다(사 28 : 2 ; 참조. 사 5 : 26 이하 ; 7 : 18 이하 ; 암 5 : 27 ; 6 : 14 ; 렘 27 : 6 ; 또한 구원 약속의 본문에서도 사 44 : 23 ; 45 : 1).

위협적인 하나님의 "분노"에 직면하여(사 5 : 25 ; 렘 23 : 19 – 20 등), 예언자가 현존하는 희망을 모두 파괴시키는 것이 이해된다 : "화 있을진저, 야웨의 날을 갈망하는 자들이여! 그날은 어둠일 뿐 결코 빛이 아니다"(암 5 : 18 ; 참조. 사 2 : 12 - 17). 스바냐도 동일한 주제를 말하고 있는데(습 1 : 7, 14 이하), —후대의 구원의 약속처럼(사 43 : 19)—심판의 선포도 아주 임박한 것으로 보고 있다 : "야웨의 날이 가까왔다! 분노의 날은 바로 그날이다!" 예레미야는 그에게 적대적이었던 "구원" 예언자들에게 그의 확신을 관철시켜야만 했다 : "그들은 '구원이다' 라고 말하지만, 구원은 없다"(렘 6 : 14 ; 참조. 렘 23 : 16 이하 ; 28 - 29장 ; 겔 13장). 이에 상응하여 예언자들은 선택의식(암 3 : 2 ; 6 : 1 ; 9 : 7)과 "야웨가 우리 가운데 있지 아니하냐? 그러므로 우리에게 심판은 오지 않으리라!"(미 3 : 11 ; 참조. 렘 5 : 12)고 말했던 그 백성의 안전 의식에 대항해야 했다. 시온 전승과는 정반대로(시 46편 등), 성전이 있는 예루살렘조차도 구원을 보장할 수 없다(미 3 : 12 ; 렘 7장, 26장 ; 겔 8장 이하 ; 참조. 사 28 : 14 이하 등).

이와 동일한 의도에서 논쟁거리가 되는 제의 비판과 희생제물 비판이 설명되는데, 예언자들은 이를 하나님의 말씀으로 선포한다 : "나는 너희의 축제를 미워하고, 역겨워한다"(암 5 : 21 이하 ; 참조. 암 4 : 4 - 5 ; 5 : 5 ; 사 1 : 10 이하 ; 43 : 22 이하 등). 예언자들은 백성들의 "죄"(암 3 : 2, 14 ; 5 : 12 ; 사 1 : 4 ; 6 : 5 등)를 여러 가지 영역에서, 즉 예배와 사회, 법 혹은 정치 등에서 예를 들어 지적하고 있고, 동시에 하나님의 사랑과 이스라엘의 배반을 직접적으로 대조시킨다 : "나는 이 아들들을 키웠다 … 하지만 그들은 나를 거역하였다"(사 1 : 2 ; 더 자세히 전개된 포도원의 노래인 5 : 1 - 7 ; 참조. 렘 2 : 7 등). 때로 죄는 그 출생의 시작에까지 소급되며("어머니의 태에서 그는 그의 형제를 속였다" 호 12 : 3 ; 참조. 사 43 : 27 ; 겔 15 - 16장 ; 23장 등), 단순히 회개하지 않는 수준(사 30 : 15 ; 렘 6 : 16 ; 겔 2 : 3 이하 등)을 넘어서서, 이제는 회개의 불가능성에 대해서까지 말하고 있다 : "그들의 행위는 그들이 야웨께 돌아가는 것을 허용하지 않는다"(호 5 : 4 ; 참조. 렘 2 : 22 ; 13 : 23 등).

7.2. 그 같은 급진적인 관점에도 불구하고, 아모스를 제외한 문서 예언자들은 마치 예루살렘이 포위당했던 시기에 예레미야가 땅을 사는 상징 행

위(렘 32 : 6-15)를 보여 주었던 것처럼 심판과 더불어 구원을 말하기도 한다. 호세아는 앗수르로의 유배를 애굽으로 되돌아가는 것으로 묘사한다. 따라서 원점으로 다시 되돌아감으로 새로운 시작을 할 수 있다(호 8 : 13 ; 9 : 3, 6 ; 11 : 5, 11 ; 12 : 9 ; 2 : 14-15). 이러한 전환은 하나님 안에서의 변화로 말미암아 발생한다("내 마음이 내 속에서 돌이키어", 호 11 : 8). 그리고 그의 행위로 표출된다 : "나는 그들의 반역을 고친다"(호 14 : 4 ; 렘 3 : 22 ; 31 : 20이 이를 수용). 이와 비슷하게 이사야도 "숨어 계시는" 하나님을 "희망하며" 기다린다(사 8 : 17). 과거에 대한 회고 속에서 새로운 미래가 하나님의 행위로 기대된다 : "내가 너의 사사들을 맨 처음처럼 만들고, 너의 조언자들을 시작할 때와 같이 만들리라"(사 1 : 26 ; 참조. 사 28 : 16-17). 예레미야는 북왕국에 대한 호세아의 약속을 새롭게 갱신한다 : "회개하라 이는 내가 자비하기 때문이다"(렘 3 : 12). 같은 방식으로 후대의 말들도 구원의 미래에 직면하여 특정한 행동을 요구한다. 곧 회개, 기쁨 혹은 정의의 행함이다(사 44 : 22 ; 55 : 6-7 ; 56 : 1 ; 60 : 1 ; 슥 2 : 10 ; 9 : 9-10 등). 예레미야는 남왕국에 대해서는 구원이란 오직 심판을 겪는 중에 혹은 심판받고 난 다음에 경험하는 것으로 생각한다(렘 24장 ; 29장 ; 32장). 에스겔이 본 죽은 뼈들이 다시 살아나는 환상은 백성들의 미래가 하나님의 창조 행위를 통하여 이루어진다는 사실을 잘 보여 준다 : "보라! 내가 너희에게 생명의 숨을 주리라"(겔 37 : 5-6). 이와 비슷하게 창조의 갱신(483쪽의 단락 4.1을 보라)이나 혹은 인간의 갱신이 기대된다 : "내가 새로운 마음을 주리라"(겔 36 : 26 ; 참조. 렘 31 : 31 이하 ; 시 51 : 10 등).

예언자들의 선포에서 하나님의 말씀은 점진적인 역할을 하고(암 3 : 8 ; 사 9 : 8 ; 렘 1 : 11-12 ; 5 : 14 ; 23 : 28-29 등), 포로기 예언자인 제2이사야는 이미 성취된 그의 선임자의 말씀에 의존할 수 있었다(사 44 : 26 ; 참조. 사 41 : 22-23 ; 43 : 9 등). 그는 이미 선취된 미래의 소리를 듣고 있다 : "보라, 너희의 하나님을"(사 40 : 9 ; 참조. 사 52 : 7). 비록 그의 구원 선포가 제한적으로 성취되었다 하더라도, 그것은 "영원히 유효한"(사 40 : 8), 영향력 있는(사 55 : 10-11) 말씀이며, 제3이사야나, 학개, 그리고 스가랴 같은 포로기 이후의 예언자에 의해서 계속해서 전승되었다 : "딸 시온아, 기뻐하며 즐거워하라. 이는 내가 와서 네 가운데에 거할 것이라"(슥 2 : 10). 마지막으로 미래에 대한 기대는 이후에 대두되는 묵시문학에 의해 수용되는데, 그것은 하나님의 행위와 인간의 행위를 매우 엄격하게 구별한다(단 2 : 34-35 등).

8.1. 야웨 신앙은 또한 고대 근동의 영향을 받아 각인된 **지혜사상**(참조. 이 책 27장)에서도 서서히 나타나기 시작한다. 그것은 인생의 성취를 목적으로, **잠언**의 형태로 경험들을 수집하고 해석한다. 동시에 행위-결과의 관계, 즉 선한 행위에는 구원이, 불의한 행위에는 심판이 뒤따른다는 사상이 중요한 역할을 하고 있다: "흠 없이 걷는 이는 안전하게 걸어가지만, 비뚤어진 길을 걷는 자는 드러나게 마련이다"(잠 10 : 9 ; 참조. 잠 26 : 27 등). 하나님은 이러한 삶의 질서와 어떠한 관련이 있는가? 그는 "마음을 시험하시고"(잠 21 : 2 ; 16 : 2), 인간을 그의 행위에 따라 보응하신다(잠 24 : 12 ; 25 : 21-22 ; 렘 17 : 10 등). "착한 이는 야웨께 총애를 받는다"(잠 12 : 2). 불의와 교만은 하나님께 "가증한 것"이다(잠 11 : 1, 20 ; 16 : 5 등). 인간이 겸손해야 하는 것은 마땅하다(잠 20 : 24 ; 21 : 30 ; 26 : 12). 하나님의 은밀한(잠 25 : 2) 통치 앞에서, 인간의 통찰은 제한적이기 때문이다: "인간이 마음으로 그의 앞길을 계획하여도, 그의 발걸음을 이끄시는 분은 야웨시다"(잠 16 : 9 ; 참조. 잠 16 : 1 ; 19 : 21). 인간 자신의 노력이 아니라, "야웨의 축복이 부(富)한 자를 만드는 것이다"(잠 10 : 22). 이러한 사유에서 윤리적인 결론이 도출된다. 즉 가난한 이가 압제받아서는 안 된다. 가난한 이는 그의 창조주에게서 보호를 받기 때문이다(잠 14 : 31 ; 17 : 5 ; 22 : 22-23 ; 23 : 1-2). 또한 하나님 자신이 체벌하시거나 "보복"하시기 때문에(참조. 창 9 : 5 ; 삼하 16 : 8 ; 사 35 : 4 ; 47 : 3 등 ; 이스라엘에게는 사 1 : 24), 보복을 하는 것은 인간의 일이 아니다(잠 20 : 22 ; 23 : 17-18 ; 24 : 29 ; 삼상 24 : 13 ; 시 37 : 1-2).

세상의 경험과 삶의 경험은—아마도 보다 후대의—수집물의 주제 선언(Motto)과 함께 보다 더 밀착되어 신앙으로 통합되었다: "야웨를 경외함이 지혜의 시작이다"(잠 1 : 7 ; 참조. 잠 9 : 10 ; 14 : 26 ; 욥 28 : 28 ; 렘 9 : 22-23 등). 예언자 이사야는 하나님에 의한 그의 심판 선포에서 지혜 전승을 비평적으로 수용하면서 말하고 있다: "그분 역시 지혜로우시기에 재앙을 내리신다"(사 31 : 2 ; 참조. 사 5 : 21).

일반적인 죽음의 운명에 직면하여, "설교자" **코헬렛**은 지혜(전 1 : 16-17 ; 2 : 14 이하 등)와 행위-결과-관계에 대해 의심을 품는다. 즉 "악인들의 행동에 상응하는 결과를 겪는 의인들이 있고, 의인들의 행동에 상응하는 결과를 누리는 악인들이 있다는 것이다"(전 8 : 14 ; 참조. 전 7 : 15). 하지만 코헬렛은 사건의 경과와 이러한 삶의 선물이 하나님의 손으로부터 온 것임을 수용한다(전 2 : 24-25 ; 7 : 14 ; 12 : 1, 7 등). 하나님이 행하시는 일은 모두 의롭고 하나님을 경외해야 한다(전 3 : 14). 하지만 인간은 하나님의 일을 깨닫지 못한다(전 3 : 11 ; 8 : 17). 그러므로 인간은 그 자신의 미래를 알 수 없다(전 3 : 21 ; 8 : 7 ; 9 : 12 ; 10 : 14).

코헬렛은 인간 존재의 통찰의 한계에도 불구하고, 운명에 대한 하나님의 섭리를 믿는 신앙을 고수하며, 마찬가지로 **욥** 역시도 그를 박해하고 학대하는 하나님과 씨름한다(욥 16 : 9 이하 ; 19 : 6 이하) : "사방에서 나를 내려치니 나는 죽었구나. 그분께서 나의 희망을 나무 뽑듯 뽑아버리셨네"(욥 19 : 10 ; 참조. 욥 14 : 19). 욥은 정의로운 하나님과 상대하여(욥 27 : 2 ; 참조. 욥 9 : 20 이하), 하나님께 정의를 집행하라고 요청한다 : "나의 증인은 하늘에 계신다"(욥 16 : 19-21 ; 19 : 25-26). 욥이 고대했던(욥 31 : 35) 대답은 그에게 인간의 지식과 행동의 한계를 깨닫게 해 주었다(욥 38장 이하). 이를 통해 욥은 하나님이 정당하다는 것을 알고 격렬하게 반항하는 모습에서 하나님 앞에서 겸손한 모습으로 돌아갔다(욥 42 : 5-6 ; 2 : 8 ; 참조. 이 책 29장 6).

욥은 하나님에게 하나님의 진노를 피해서 자신을 스올에 숨기시고, 그곳에서 그를 긍휼히 여겨달라고, 단 한번 자신의 소원을 감히 피력하였다(욥 14 : 13 ; 참조. 욥 19 : 26). 따라서 죽음 가운데에서도 유지되는 하나님과의 교제에 대한 신앙 고백은 욥기서를 뛰어넘는다 : "그러나 내가 항상 당신과 함께 하니 … 내 육체와 내 마음이 쇠약하나 … 하나님은 영원한 분깃이시라"(시 73 : 23-26 ; 참조. 시 49 : 15).

8.2. "나는 당신께 부르짖는데, 그러나 당신은 나에게 대답지 아니하십

니다"(욥 30 : 20 ; 참조. 욥 19 : 7)라는 당혹스러운 욥의 하나님 경험과는 달리 시편은 다음과 같이 증거한다 : "야웨께 나의 곤경을 부르짖었더니, 당신은 나에게 대답하셨습니다"(시 120 : 1 ; 18 : 6 ; 22 : 5 ; 40 : 1 ; 애 3 : 55 이하 ; 렘 29 : 12 ; 사 55 : 6 ; 65 : 24 등). 이 부르짖음은 깊은 곳에서(시 130 : 1), 하나님으로부터 버림받은 체험이나 하나님의 은닉(시 13 : 1 ; 88 : 14 등)에서 터져 나온다. 기도자는 집중적으로 부르짖는다 : "내 영혼아, 네가 어찌하여 낙심하며, 내 안에서 불안해 하느냐? 하나님을 바라라!"(시 42 : 5, 11 ; 참조. 시 27 : 14 ; 37 : 3 이하). "내가 무엇을 바라겠습니까, 주님!"이라는 질문은 이미 답을 가지고 있다 : "나의 소망은 당신께 있나이다!"(시 39 : 7 ; 참조. 시 71 : 5 ; 130 : 5 이하). 그는 신뢰할 만한 분으로서, "흑암의 골짜기에 서 있는" 개인(시 23편 ; 27편 ; 참조. 렘 15 : 20 등)과 공동체(시 46편 ; 125편 등)를 인도하시는 분이다. 죄의 고백에서 비슷한 결론이 발견된다 : "오로지 당신께만 범죄하였습니다"(시 51 : 4 ; 참조. 시 32편). 시편은 다양한 방식으로 하나님의 먼 곳에 계심과 가까이 계심, 하나님의 진노와 은총, 동시에 인간의 무력함과 존귀성도 증거하고 있다. 한편으로 시편은 창조주를 찬양한다(483쪽의 단락 4.1) : "당신은 인간을 하나님보다 조금 못하게 만드셨습니다"(시 8 : 5). 다른 한편으로는 하나님을 고발한다 : "우리는 당신의 진노로 소스라치니이다"(시 90 : 7). 그러나 하나님은 "우리가 단지 먼지에 지나지 않는다는 사실을 생각하신다"(시 103 : 14). 하나님에 대한 찬양은 공동체(시 22 : 23)를 넘어서 전 세계로 퍼져 나간다 : "호흡이 있는 모든 것들아, 야웨를 찬양하라!"(시 150 : 6 ; 참조. 시 33편 ; 96–99편 ; 145편 ; 148편). "하늘이 하나님의 영광을 선포한다"(시 19 : 1 ; 참조. 시 29 : 1–2).

9.1. 사려 깊은 사람은 "하나님을 찾는다." 단지 "우둔한 자만이 그의 마음으로 말하기를 하나님이 없다고 한다"(시 14 : 1–2 ; 참조. 잠 19 : 3). 구약성서 안에 나타나는 그 같은 의심은 "이론적인 무신론"(Theoretischer Atheismus)이라기보다는 "실제적인 무신론"(Praktischer Atheismus)서 유래한 것이며, 하나님의 존재에 대한 의심이라기보다는 인간의 삶에 미치는 하나님의 활동에 대한 의심인 것이다 : "하나님은 벌하지 않는다"(시 10 : 4, 11).

"야웨는 선한 일도 악한 일도 하지 않는다"(습 1 : 12 ; 참조. 말 2 : 17 ; 3 : 14-15 ; 렘 5 : 12 ; 시 73편).

이와는 대조적으로 구약은 다양한 목소리와 다양한 방식으로 다음과 같이 고백하고 있다: "이스라엘을 지키시는 분은 졸지도 않고 잠들지도 않는다"(시 121 : 4). 그리고 그 분은 "피곤하지도, 지치지도 않는다"(사 40 : 28). 이것은 신인동형론적인 의미로 서술된 것이다. 가시적인 이미지보다는 들을 수 있고, 말할 수 있는 이미지가 사용되고 있다. 이 이미지는 인간의 운명에 개입하시는 하나님을 묘사하기 때문이다. 따라서 구약성서도 알고 있는 바 하나님과의 씨름 중에서 가장 심각한 시험이 발생한다: 존재의 심각한 고통이 하나님 앞에서의 탄원이나 심지어 하나님을 고발하는 데서 서술되고 있다(시 22편 ; 렘 15 : 10 이하 ; 20 : 7 이하 ; 욥 ; 참조. 사 53장 ; 또한 왕상 19 : 4 ; 욘 4장 등). 역사가 진행되면서 계속해서 이 하나님과 함께하는 새로운 경험들이 생겨나고, 새로운 삶의 영역들이 신앙을 통해서 연결되고 해석된다. 결국 구약의 하나님 이해는 정적으로 고정된 것이 아니라, 완성되지 않은, 그리고 계속해서 탐구하는 진행적인 것이다. 그러나 그것은 확신에 의해 신앙적으로도 고백된다. 그것은 기도, 그리고 예언자의 말, 탄원, 그리고 약속과 같은 아주 다양한 화법으로 표현된다.

9.2. 이러한 하나님 이해는 광대한 넓이와 높이, 그리고 깊이를 가지고 있다. 물론 상호대립적인 것도 포함하고 있다. 하나님은 백성의 하나님(참조. 이른바 언약 공식[Bundesformel] "나는 너희 하나님이 되고, 너희는 내 백성이 되리라")이며, 개개인의 하나님이며, 세상의 하나님이시다: "내 영혼아, 야웨를 찬양하라. 그분의 모든 피조물들아, 그가 통치하는 모든 곳에서 야웨를 찬양하라!"(시 103 : 1, 22 ; 참조. 시 139 : 7 이하). 그는 시간의 시작과 끝을 포함하고 있다(창 1 : 1 ; 사 41 : 1 ; 44 : 6 ; 48 : 12 ; 65 : 17 등). 그는 먼 곳의 하나님이며 또한 가까운 곳의 하나님이시다: 높으신 자가 낮은 자들 곁에 계신다(시 33 : 13 이하 ; 34 : 18 ; 113 : 5 이하 ; 사 57 : 15 ; 66 : 1-2 등). 하늘은 땅이 필요로 하는 것을 주신다(사 55 : 10-11). 그러므로 저 세상과 이 세상은 서로를 배제하지 않는다.

구약은 여러 번 하나님의 행위와 인간의 행위를 구분한다(출 14 : 13-14 ; 사 43 : 24-25 ; 슥 4 : 6 ; 시 115 : 1-2 등). 시간의 흐름 속에서 하나님과 인간의 차이가 특히 강조된다(호 11 : 9 ; 사 31 : 3 ; 겔 28 : 2, 9 ; 욥 9 : 2, 32 ; 전 5 : 1 등). 야웨라는 고유명사 대신 "하나님"(El, Elohim)이라는 칭호가 점점 더 많이 사용되었다면 (기도의 대상으로까지 시 5 : 10 ; 51 : 1 등), 그것은 또 다른 이유들이 작용한 것이다: 하나님 이름의 오용 금지(출 20 : 7)가 보다 엄격하게 강조되고, 오직 한 분이신 세상의 주관자에 대한 신앙고백(시 136 : 26 ; 애 3 : 41 ; 욘 1 : 9 등)이 다른 신들의 능력과 존재를 부인한 것이다.

창세기 1-2장의 두 개의 창조이야기는 창조에 적합한 현실과 이미 존재하는, 모순을 간직하고 고통에 가득한 현실 사이를 구분한다(483쪽의 4.1). 이에 상응하여 피 흘림도 없고 폭력에 의한 죽음도 없는 세상(사 11 : 6 이하 ; 참조. 사 2 : 4 ; 65 : 25), 혹은 아예 죽음 자체가 없는 세상(사 25 : 8)에 대한 희망이 생겨났다. 하지만 하나님은 이 땅에 선과 악이 생기게 하였으며, 인간에게는 기쁨과 고통을 주셨다(창 30 : 2, 22 ; 출 4 : 11 ; 21 : 12 ; 삼상 16 : 13-14 ; 암 3 : 6 ; 사 45 : 7 ; 애 3 : 37-38 등). 지혜문학 역시 다음과 같이 서술한다: "야웨는 사랑하는 자를 꾸짖으신다"(잠 3 : 11-12 ; 참조. 잠 16 : 4 ; 22 : 2). 코헬렛 역시 인생의 불가해성에 직면하여 다음과 같이 훈계하고 있다(잠 7 : 14): "행복한 날에는 행복하게 지내라. 불행한 날에는 생각하라. 이 두 가지를 모두 하나님이 만드셨음을." 구약에서 이러한 관점은 매우 본질적이다. 이른바 위대한 예언자들은 이것을 더욱 첨예화시킨다: 하나님은 "죽이기도 하고 살리기도 하신다." "그는 낮추기도 하며, 높이기도 하신다"(삼상 2 : 6-7 ; 겔 17 : 24 ; 참조. 신 32 : 39 ; 왕하 5 : 7 ; 사 19 : 22 등). "그가 슬픔을 주셨을 때에도, 그는 (다시) 긍휼을 베푸신다. 그의 충만한 은혜로"(애 3 : 31).

9.3. 구약성서는 이스라엘만을 위한 배타적 성격이 아닌, 구약의 사상 안에서(시 115 : 1-2 ; 126 : 1-2 ; 요나 등), 특히 구약의 희망 안에도 **이방 민족들을** 포함시킨다. 모든 세상은 야웨의 영광을 보고(사 40 : 5), 그리고 경

험하게 될 것이다: "단지 야웨에게만 구원과 힘이 있으리라"(사 45 : 23 ; 참조. 사 19 : 21 이하 ; 25 : 6 ; 슥 2 : 15 ; 시 22 : 27 ; 83 : 18 등). 가장 폭넓게 차지하는 기대에서 구약은 시온과의 결합(사 2 : 2 이하)조차도 포기했다: "이방민족들의 모든 섬나라 사람들이 각각 자기 처소들에서 그분을 경배하리라"(습 2 : 11 ; 참조. 습 3 : 9 – 10 ; 말 1 : 11 ; 사 66 : 21).

창조 보도와 더불어 구약은 처음부터 모든 인류(Menschheit)에게 관심을 표현하며, 모든 인간을 그가 속한 민족이나 성별에 관계없이 오직 하나님의 "형상"으로 서술한다(창 1 : 26 – 27). 여기에도 윤리적인 결과가 없지 않다(창 9 : 6). 또한 구약은 의미심장한 신학적 관점을 근본적이며 일반적으로 묘사한다: "당신 앞에서는 그 누구도 의롭지 않습니다"(시 143 : 2 ; 참조. 창 8 : 21 ; 욥 4 : 17 ; 또한 출 33 : 20 ; 신 8 : 3 ; 삼상 16 : 7 ; 사 2 : 17 ; 미 6 : 8 등). 이러한 관점을 통하여 사람은 "당신의 손가락으로 지으신 작품인 하늘" 앞에서 스스로를 돌아보고 동시에 – 고백적인 표현으로 – 스스로가 하나님의 보살핌으로 살아가고 있다는 사실(시 8 : 4 – 5)을 인정하게 된다: "사람이 무엇이관대 당신이 이토록 생각해 주십니까?"

제31장 구약성서의 통일성에 관한 질문

"구약성서신학"에 대한 관점들

"구약성서신학"은 두 가지 측면에 의해 결정된다. 한편으로는 항상 새롭게 재해석될 수 있는 성서 본문에 의해서이며, 다른 한편으로는 특정한 문제점들을 지니고 있는 시대 상황에 의해서 결정된다. 이러한 문제점들에서 구약에 대한 결정적인 통찰을 종합하려는 시도가 생겨난다. 이러한 모든 성서신학들은 동시에 이전의 서술들을 수용하거나 거부함으로써 형성되었기 때문에, "성서신학"을 이해하는 데 있어서, 성서신학의 역사를 조명하는 것은 큰 도움이 될 것이다.

1. 18세기 말엽, 구약의 독자성이 교의학으로부터 확보된 이후(J. Ph. Gabler, "성서 신학과 교리 신학의 정당한 구분에 관한 강연" [Rede über die rechte Unterscheidung biblischer und dogmatischer Theologie], 1787), 곧이어 신약으로부터도 그 독자성이 인정되고 공언된 이래, 19세기에 이르러 학자들은 구약 안에서 구약의 시대들과 현상들을 더욱더 세분할 수 있었다. 이를 통하여 히브리 종교와 유대 종교 즉 포로기 이전과 이후의 종교 사이의 구별이 이루어졌고(W. M. L. de Wette, 1813년), 예언이 고유의 현상으로 인식되었으며(B. Duhm, 1875년), 헬레니즘-로마 시대의 묵시문학이 구분되었다. 이와 더불어, 한편으로는 구약의 독특성과 그 시대들에 대한 포기할 수 없는 인식이 획득되었고, 다른 한편으로는 구약 종교에 대한 역사적 이해가 지배적인 접근방법이 되었다. 이러한 상황에서 1893년에 스멘트(R. Smend)는 다음과 같은 결론을 이끌어 냈는데, 그 결론에서 그는 그 책의 제목을 『성서신학』이라는 표현 대신에 『구약 종교사 교본』(*Lehrbuch der alttesta-*

mentlichen Religionsgeschichte)이라고 하였고, 조직적인 방법보다는 오히려 시기적으로 나누는 방법(고대 이스라엘, 예언자들, 유대교)을 택했다.

그 후 곧바로 마르티(K. Marti)는 이것을 지지하여, "각양각색의 구약으로부터 통일적인 신학을 추론하는 것이 불가능하다"(Ⅳ)라는 논지를 제시하면서, 『구약성서 신학』 대신에 『이스라엘 종교사』(*Geschichte der Israelitischen Religion*, [3]1897, [5]1907)라는 표제를 선택했다. 그는 구약을 "역사적으로 다루기를 원했고, 다양한 시대의 종교적 관념들을 표현하고자 하였으며, 그것들의 시대 경과에 따른 변형과 발전을 입증하기를 원했다"(3).

"순수한 역사적" 고찰은 충분히 깊은 통찰력을 가져다주었지만, 역사적인 개별 현상들의 다양성과 그 시대들의 변화들은 구약을 전체적이고 통일적으로 보는 관점으로부터 이탈시켰다. 이로 인해, 구약학과 전체로서의 신학과의 관계는 점점 더 소원해졌다. 마침내 구약의 고유성은 상실될 정도의 위협에 직면하게 되었다.

2. 다른 신학 분야와 마찬가지로 세계 1차 대전 직후 더욱더 첨예화된 역사적 지식을 추구하는 방법론에 회의를 품는 새로운 문제들이 제기되었다. 1921년 키텔(R. Kittel)은 "구약학의 미래"라는 논문에서 "구약 종교의 생활양식 및 생활 표현에 대한 관찰"과 더불어, "종교의 본질과 핵심 및 그 진리를 종교적으로 체계화하는 작업으로까지 함께 진행되어야 함"을 촉구했다(*ZAW* 39, 1921, 96-97).

또 다른 방법의 시도는 구약학을 신학에 종속시키려 했다. 슈토이어나겔(C. Steuernagel)은 "구약 종교사로 인해 지나치게 위축되었던 구약신학을 그것의 구속으로부터 해방시키는 것"을 필연적인 것으로 보았다. 따라서 그는 "구약신학과 구약종교사"라는 표제를 제시했다(Festschrift K. Marti, 1925, 269).

종교사적 혹은 신학적인 문제 제기들은 각각의 정당성을 가질 뿐 아니라 상대편의 입장을 배제하지 않고, 더불어 상호 보완되어야 한다. 두 가지

연구 방향의 공존을 요구하는 것은 확실히 중요하고도 정당한 것이다. 그런데 결국은 만족스럽지 못한 형태의 연구가 수용되었다. 왜냐하면 그 형태는 단순히 병렬적이고 이분법적이어서 결국 중복이 되어버렸기 때문이다. "종교사"가 역사 서술 방식을 고수한 반면에, "신학"은—19세기에 그랬듯이— 또 다시 조직적인 개요의 형태를 취했다(E. König, *Theologie des Alten Testaments kritisch und vergleichend dargestellt, 1912/22 ; E. Sellin, Theologie des A.T.,* 1933 ; 후대의 G. Fohrer, *Theologische Grundstrukturen des A.T.*, 1969/72도 비슷하다).

3. 아이히로트(W. Eichrodt)는 ("하나님과 백성, 하나님과 세계, 하나님과 인간"이라는 3개의 주요 주제와 언약이라는 중심 개념과 더불어) 그의 의미심장한 구상에서 "체계적인 원칙에 역사적 원칙을 보완하고, 개별적인 신앙 사상을 다룸에 있어서는 역사적 발전의 주원인들을 고려함으로써" 중재를 시도했다(*Theologie des AT* I, 1933. [8]1968, 4). 동시에 그는 "구약의 문헌들이 보고하고 있는 종교를 변화무쌍한 역사적 운명에도 불구하고, 지속적인 기본 성향과 변함없는 기본 유형을 가진 독립된 실재로 묘사하려고"(제1판 서언에서) 노력했다.

신학적으로 "독특하거나 혹은 그렇게 여겨질 만한 구약의 표상이나 사상, 개념들을 총괄"(*Theologie des AT,* 1935, Vorwort, [4]1966)했던 쾰러(L. Köhler)와 마찬가지로, 아이히로트는 "구약의 사상세계와 신앙세계" (*Theologie des AT* I[4], 2)를 서술하고자 했다. 구상과 전개가 각각 서로 다름에도 불구하고, 개별적인 요소들과 전체와의 관련성, 계시의 역사성과 계시의 구속력을 제시하기 위해, 하나님과 이스라엘, 세계, 그리고 인간에 관한 구약의 근본적인 진술들을 하나의 기본 명제로 연관시켰다. 그러나 구약의 통일성을 추구하면 할수록, 통일성의 손상은 더욱 심화되었다. 왜냐하면, 그 통일성은 사람마다 각기 다른 방법으로 규정되었기 때문이다.

구약의 중심점으로 다음과 같은 것들이 거론되었다: '하나님의 거룩성' (A. Dillmann, G. Hänel), '언약' (W. Eichrodt), '명령하는 주의 현존' (C. Köhler), '공동체 관계로서의 신 인식'(Th. C. Vriezen), "나는 주, 곧 너희 하나님이다"라는 기본 약속(F. Baumgärtel), '하나님의 왕권 통치'(W. Eichrodt 역시, 그 외), '하나님의 통치와 하나님과의 공동체 관계의 공존'(G. Fohrer) 등이다.

다양성과 역사와의 관련성을 지닌 구약성서로부터 하나의 통일된 사상을 추론해 내려는 다양한 시도들은 일반적으로 공인된 결론에 이르지 못했고, 모든 영역에 대해 기본 명제를 관철시키려 했던 계획도 성공하지 못했다. 그것은 체계적인 배열이 역사적 다양성을 무시하든지 혹은 기본 명제가 개별 현상을 다룸에 있어 즉각 포기되어 버리든지 둘 중에 하나였기 때문이다. 구약의 진술들은 명쾌하게 체계화될 수도 없고, 더구나 하나의 개념을 이끌어 낼 수 없다.

4. 폰 라트(G. von Rad)의 등장과 더불어 신기원을 이루는 새로운 명제가 출현했다. 그는 하나님의 역사적 활동에 대한 구약의 신앙 증언을 부각시킴으로써, 역사와 교리에 대한 이분법을 파기했다: "우리는 이스라엘의 신학적 사상 세계를 그들의 역사 세계로부터 분리시킬 수 없다. 왜냐하면 역사 세계에 대한 논술 자체가 이미 이스라엘 신앙의 복합적 산물이기 때문이다. 그러한 사실들은 이스라엘 신앙이 경험해 왔던 사건들의 연속성에 우리가 관심을 기울여야 할 것을 동시에 말해 주고 있다. … 구약성서의 신학적 진술을 위한 가장 정당한 방식은 재기술(Nacherzählung)하는 것이다" (*Theologie des AT* I, 1957. [4]1962, 134). 폰 라트는 역사적 증언의 "재언"(再言: Nachsprechen)을 통해서 "개론"(및 문헌학)과 "신학"을 접근시키고, 또한 계속해서 이 둘을 본문과 긴밀한 관련 속에서 주석하기에 이르렀다. 따라서 폰 라트는 다양한 관계성으로부터 나온 개별적인 진술들을 더 이상 하나의 사상 복합체로 총괄하지 않았다. 그는 구약성서의 통일성에 관한 대답에 대해 유보적인 입장을 취했다. 왜냐하면 개별적인 역사 증언들이 동일한 계시 사건에 기인하는 것은 아니기 때문이다.

구약의 야웨 계시는 "아주 다양한 내용을 지닌 개별적인 계시 행위들로 길게 분산된 채” 나열되어 있다. “그러한 계시들 가운데는 수많은 개별 행위에 대한 해석과 바른 신학적 관계를 규명할 수 있는 어떠한 결정적인 중심점도 존재하는 것처럼 보이지 않는다”(*Theologie des AT* I[4], 128). 구약은 “신약에서 볼 수 있는 중심점은 없고”, 심지어 야웨 안에서도 그러한 중심점은 결코 발견되지 않는다. “왜냐하면 우리는 이 이스라엘이 실제적으로 그들의 하나님 안에 항상 안주한 것만은 아니라는 것을 알기 때문이다” (*Theologie des AT* II[4], 1965, 386).

베스터만(C. Westermann)은 다음에 동의한다: “신약의 중심점 문제를 구약으로 적용시키는 것은 불가능하다”(*Theologie des AT in Grundzügen,* 1978, 5).

군네벡(A. H. J. Gunneweg)은 “기독교 신학에서는 그 중심점과 근본이 그리스도이기 때문에, 구약이 도대체 기독교 신학에서 하나의 ‘중심점’을 취할 수 있는지”(*Vom Verstehen des AT*, 1977, 79 ; 참조. A. H. J. Gunneweg, “‘Theologie des Alten Testaments’ oder ‘Biblische Theologie’”, FS E. Würthwein, 1979, 42)에 대해 질문한다. 그러나 이러한 “중심점”(Mitte)조차도 구약성서의 유산없이 언급될 수 있는 것일까?

물론 폰 라트는 “야웨 신앙과 그 증언들에 있어서의 유형에 대한 문제”를 제기함으로써, 통일성에 대한 시도를 계속 진행했다(*Theologie des AT* II[4], 447 ; 참조. “Offene Fragen im Umkreis einer Theologie des Alten Testaments”, *Gesammelte Studien zum Alten Testament* II, 1973, 295). 찜멀리(W. Zimmerli)는 단호하게 구약의 중심점에 대한 문제를 “포기할 수 없는 것”으로 간주했다(“Zum Problem der ‘Mitte des AT’”, *EvTh* 35, 1975, 102).

찜멀리는 역사적 변천 속에 나타난 하나님에 대한 구약 진술의 내적 관계를 표현하기 위해, 구약이 “야웨라는 이름으로” 인식하고 있는 “하나님의 동일성”을 부각시켰고, 이것을 그의 『구약 신학의 개요』(*Grundriß der alttestamentlichen Theologie*)라는 책의 “계시된 이름”이라는 장에서 기술했다(1972. [4]1982, 10-11 혹은 1장). 그러나 그 이상의 전개에 있어서 이러한 계획은 유보되었다. 명백하게도 구약은 오직 특정한 문학층에서만(출 3 : 14-15 ; 호 1 : 9 ; 신명기) 야웨의 이름을 숙고하고 있고, 포로기 이후 문서들(욥기 ; 전도서 ; 시 42-83편 등)의 적지 않은 부분이 야웨 이름을 기피했다. 따라서 신앙의 통일성은 오직 이름의 변천에서만 다음과 같이 언급될 수 있다: “후기 시대에 야웨 이름을 두려워하여 기피하는 본문에서도, 한 하나님의 동일성은 의심할 여지없이 전제된다"(W. Zimmerli, "Biblische Theologie I", *TRE* VI, 1980, 445). 그러나 이러한 동일화는 구약 본문에서 언어적으로 증명되어야 하지 않을까?

그 문제에 대한 현명한 표현으로, 스멘트(R. Smend)는—벨하우젠과 연관해서—"이스라엘의 하나님인 야웨, 야웨의 백성인 이스라엘"이라는 이른바 언약 공식(Bundesformel)을 중심점으로 삼았다. 구약에서 가장 특징적인 (물론 비로소 후대의 문서들에서 나타나는) 이러한 표현을 통해서 지혜문학도 고려될 수 있으며, 혹은 구약에 침투해 있는 주변 종교들과의 대결 과정도 이해될 수 있을까? 하나님과 백성의 관계에 대한 예언자의 비판과 더불어 이러한 관계의 확장, 즉 전세계가 한 하나님을 고백할 것이라는 희망이 앞서 언급한 언약 공식에서는 충분한 효력을 갖지는 못한다.

5. 모든 난제에도 불구하고, 구약에 있어서 일치되고도 본질적인 공통점, 혹은 구약이 지니고 있는 근본적인 모티브들을 추구해야만 하는 과제가 남아 있다. 통상적이지만 그러나 여전히 논쟁의 여지가 있는 은유인 "중심점"(Mitte)—이는 중심이라기보다는 하나의 선명한 흐름(ein roter Faden)을 의미한다—을 찾는 문제는 중요한 개별적인 견해들을 포괄하기 때문이다.

1) 주변 세계와 구별되는 야웨 신앙만의 독특성에 대한 문제 :

이웃 종교들로부터, 야웨 신앙을 실질적이고도 본질적으로 구별짓게 하는 것은 무엇일까? 또한 동시에 사람이 바알 대신에 야웨를 "추종하고"(왕상 18 : 21), 바알 대신에 야웨가 신앙 진술들의 주체가 될 때의 차이점은 무엇일까?

구약이 한편으로는 주변 세계의 종교 표상들을 거부하면서도, 다른 한편으로는 그것을 통합하고, 근본적으로 재해석하였다는 이러한 주석적 통찰은 "구약 신학"에 있어서 고려되지 않으면 안 되는 것들이다. 이와 같은 방법에 의해 이른바 종교사학파(Religionsgeschichtliche Schule)의 의도가 통용되었고, 고대 근동과의 비교를 통해서 "이스라엘의 독창성"(H. Greßmann, "Die Aufgaben der alttestamentlichen Forschung", *ZAW* 42, 1924, 10), 즉 구약 신앙의 독특성을 파악하려 했다. 이 과제 안에는 동시에 주변 세계 표상들과의 접촉에 따른 구약의 척도를 묻는 어려운 질문이 숨겨져 있다. 어떠한 기준에 따라, 구약 신앙이 다양한 이방 종교 현상으로부터 수용할 것을 선택하고 그것을 변형시키며, 그리고 그 자신의 본질과 조화되지 않는 것을 배격했는가?

2) 역사적 불연속 내에서의 연속성의 문제 :

전승사적 변혁들과 시대의 변화 속에서도—그리고 특별히 하나님과의 관계에 관련해서—시종일관 유지되는 것은 어떠한 명제들과 자극들인가? 물론 변화 속에서 항구적인 것을 찾고자 하는 모든 노력에 있어서 전혀 유동성이 없는 불변의 것을 발견할 수는 없다. 그 때문에 본질과 현상, 혹은 핵심과 외형을 구별하는 것은 충분치 못하다.

3) 다양한 형태의 구약 문헌들의 공통성에 대한 문제 :

이렇게 다양한 화법들과 문학 작품들을—명백하건 명백하지 않건 간에—결합시키는 근본적인 요구가 존재하는 것일까? 의심할 여지없이 공통적인 의도는 오직 변화된 언어 형태에서 다시 한 번 표현될 수 있다.

4) 구약의 유산, 즉 이스라엘을 넘어서는 영향력에 대한 문제 :

구약은 역사적 영향을 신약에 끼침으로서 비로소 "기독교화"된 것인가? 아니면 구약과 신약 사이에 심도 있는, 최종적인 일치점이 존재하는 것인가? 구약의 고유성, 독특성, 본성이 신약과도 공통적인가?

결국 다양한 것들로부터 추구되는 통일성은 그것이 서로 다른 경험들이든 혹은 서로 대조되는 진술들이건 간에 커다란 구약 영역의 폭뿐만 아니라 기나긴 역사적 과정도 은폐해서는 안 된다.

여하튼 언급된 기본 문제들에 대한 대답이 존재하지 않는가? 야웨 종교를 고대 근동의 다양한 종교들로부터 구분해 주며, 제1계명에서 표현된 야웨 신앙의 배타성은 이것이 처음부터 존재했던 것이든 혹은 (족장 전승 그리고 아마도 지혜문학처럼) 후기 전승 단계에서 비롯된 것이든 간에, 구약의 폭넓은 범위(역사서들, 법전모음집들, 예언, 시편)를 규정한다. 동시에 이러한 배타성은 삶과 죽음(삼상 2 : 6 - 7 ; 왕하 5 : 7 ; 겔 17 : 24), 어두움과 빛, 심판과 구원(사 45 : 7 ; 애 3 : 37 - 38 ; 출 4 : 11 ; 잠 29 : 13 ; 욥 2 : 10 ; 전 7 : 14), 과거와 미래(창 1 : 1 ; 사 43 : 18 - 19 ; 65 : 17 등)와 같은 존재의 양극성 혹은 대조를 포괄하고 있다.

신약에서도 제1계명은 - 종말론적 기대(고전 15 : 28 ; 참조. 슥 14 : 9)에 이르기까지 - 아주 명백하게 통용되고 있다(마 6 : 24, 33 ; 22 : 37 - 38 등). 제1계명은 "그리스도 사건"으로 새롭게 해석되었을 뿐만 아니라 - 고대 교회에서 삼위일체 교리로 발전되기까지 - 그리스도 사건 자체는 제1계명의 의도를 보존하는 것으로 해석되었다. 그렇다면 어느 누가 신학사에서 이러한 구약 유산의 영향력을 망각할 수 있겠는가?

제32장 구약성서의 인간 이해

구약의 인간학적인 통찰들

"인간이란 무엇인가?" 이 질문은 구약에서 낯선 주제도 아니며, 오히려 구약의 한 구절을 인용한 것이다. 이 질문은 인간을 제3자의 입장에서 객관적으로 바라봄으로써, 인간에 대해 모범적, 원칙적, 일반적, 보편적인 언급을 진술할 수 있었던 한 개인의 질문이었다. 물론 이렇게 관찰된—지혜문학적인—성찰은 객관적인 중립적 태도로부터 유발된 것은 아니다. 오히려 그것은 한편으로는 인간 자신의 한계 또는 허무함에 대한 인식으로부터, 다른 한편으로 "당신"이라고 언급되는 하나님과 인간의 관계성에서 기인한 것이다. 따라서 이러한 성찰은 신앙고백 없이는 불가능한 것이다:

> "사람이 무엇이관대,
> 당신께서는 그를 생각하시나이까?"
> (시 8:4; 참조. 시 144:3-4; 비판적인 수용은 욥 7:17-18; 15:14).

"사람이 무엇이관대"라는 질문은 이어 나오는 구절을 통해서야 비로소 구약에서 그 나름의 독특한 차원을 얻게 된다. 구약에서의 인간 자신에 대한 숙고는 곧 하나님 앞에 서 있는 인간의 위치에 대한 숙고인 것이다.

분명히 인간은 (혈통, 민족, 사회적 지위, 연령 등의) 특정한 상황과 구체적인 조건 하에서 살아간다. 이렇게 인간이 서로 다른 조건들을 가지고 있기 때문에 우리는 이와는 반대로 많은 사람 또는 모든 사람의 공통점에 대해 숙고해 볼 필요가 있지 않겠는가?

구약성서가 대체로 민족이나 무리 또는 특정 인물들에 대해 말하고 있긴 하지만, 그럼에도 불구하고 구약은 놀라울 정도로 자주, 그리고 여러 번 인간에 대해서 포괄적으로 말한다. 예를 들어 창조이야기는 처음부터 보편적인 형태를 띠고 있다. 구약은 이방인과 구별하여 오직 자기 백성의 구성원과 자기 백성만을 참된 인간으로 언급하는 것은 아니다.

"인간"에 대한 질문은, 그것이 모범적, 대표적인 의미를 갖든지 또는 보편적인 의미를 갖든지 간에 이미 각각의 집단과의 관련성을 넘어서서 보편적인 "인간성"에 관한 성숙된 인식을 전제해야 하지 않을까?

1. "지혜자"(이 책 27장과 30장 8.1을 보시오)는 주변 세계, 즉 인간과 사물과의 관계, 인간과 다른 인간과의 관계, 또한 자기 자신과의 관계를 관찰한다. 그것을 통해 그는 반복되는 경험들로부터 확실한 규칙성을 깨달으며, 전형적인 관련성을 밝혀 내고, 격언을 통해 그러한 관련성을 구체적인 모습으로 표현하려고 한다. 그리고 이러한 통찰들은 전수된다. 이것을 통해 "인간"(잠 3 : 13 ; 19 : 11, 22 등)은 주어진 사회 질서에 적응하고, 위험을 피하며 삶을 지속할 수 있게 된다. 지혜자는 삶의 과정들을 주의 깊게 살핀다. 그럼으로써 그는 인간의 현상들을 밝혀 내고, 스스로가 직접 경험하며, 그것을 통해 인간의 한계를 인식하게 된다 :

> "마음의 계획은 인간에게 (속하지만),
> 그러나 혀의 응답은 야웨께로부터 (온다)" (잠 16 : 1).

이와 같은 통찰에 의하면 한편의 생각이나 의지와 또 다른 편의 말 사이에는 차이가 있으며, 이 둘은 반드시 일치하지는 않는다. 말이 명확하게 생각을 따르는 것은 아니다. 말과 생각의 관계는 아주 밀접한 것처럼 보이지만, 사람은 그 관계를 명백하게 알 수는 없다.

마찬가지로 의도와 성공 사이에도 차이가 있다는 것, 즉 계획과 실현 사이에는 거리가 있다고 말할 수 있다. 그러한 관념은 우리의 언어권에서도 속담으로 나타난다. 왜냐하면 그것은 모순되거나 불합리하게 체험되는 일상의 경험을—인생은 우리 자신이 원하는 것과는 다른 방향으로 (종종) 나아

간다—다음과 같이 짧게 표현할 수 있기 때문이다:

> "사람의 마음은 자신의 길을 계획할 수 있지만,
> 그러나 야웨께서 그의 걸음을 인도하시느니라"
> (잠 16 : 9 ; 참조. 왕에 대해서는 잠 21 : 1).

여기에서 "마음"은 감정의 자리라기보다는 오히려 이성, 이해, 그리고 계획이 이루어지는 자리이다.

한편에서 "포도주는 사람의 마음을 기쁘게 한다"(시 104 : 15 ; 참조. 잠 15 : 13). 즉 마음은 정서를 뜻한다. 다른 한편에서 "포도주는 마음을 빼앗는다"(호 4 : 11). 즉 포도주는 이성을 잃게 만든다. 마음은 "숲의 나무들이 폭풍 앞에서 떨듯이, 두려움에 가득하여"(사 7 : 2) 떨 수 있다. 그러나—적어도 우리가 가진 생각과 비교해 볼 때—구약의 독특한 주장은 "마음이 이해한다"(사 6 : 10)는 사상이다. 통찰, 판단, 그리고 의지의 자리인 마음은 "지혜롭거나"(왕상 3 : 12 등) 또는 어리석을 수 있다(잠 22 : 15과 18 : 15을 비교하시오). "마음을 쏟아 놓는다"(시 62 : 8 ; 애 2 : 19)라는 말은 "진심을 말한다"는 뜻이다. 마음이 상쾌하게 되면(창 18 : 5), 사람이 생기를 얻는다.

생각은 단순히 인간 안에 있는 어떤 것이 아니라, 인간의 한 차원 혹은 한 면이다. 더욱이 인간이 사유하고 결정한다는 점에서 볼 때, 생각은 본질적으로 인간 그 자체이다. "많은 체험"(잠 19 : 21)에도 불구하고 사람은 인생의 길을 간파할 수 없다. 인간은 자신이 계획하는 것을—적어도 항상—실행할 수는 없다. 미래는 감추어져 있다. 실제로 과거를 회고해 볼 때, 우리는 이미 지나쳐 온 과정들도 종종 설명할 수 없을 때가 있다. 따라서 다음과 같은 질문이 제기된다:

> "사람이 어떻게 자신의 길을 이해할 수 있으랴?"
> (잠 20 : 24 ; 참조. 렘 10 : 23 ; 전 3 : 11 등).

인간은 자신의 한계를 경험하지만, 나름의 해석을 통해 그것을 넘어서서 한계의 저편에 있는 (물론 멀리 떨어져 있지 아니한) 하나님을 깨닫는다. 즉 하나님은 이렇게 인식될 수 있는 세상과 인간 존재를 경영하고 결정하는 힘으로 이해된다. 따라서 인간은, 그에게 주어진 것 안에서 하나님의 행위를, 예기치 않았던 체험 속에서 섭리를 그리고 운명 속에서 숙명을 깨달을 수 있다. 구약은 사람이 거의 또는 결코 접근할 수 없는 사건의 영역 즉 예측할 수도 없고, 측량할 수도 없는 수수께끼와 같은 삶의 성질(창 30 : 2 등)을 단순한 우연으로 보지 않고, 오히려 하나님의 활동으로 인식했다. 욥(1 : 21)은 철저하게 그러한 경험의 "근원"을 지적한다 :

> "내가 벌거벗은 채로 내 어머니의 몸으로부터 나왔고,
> 나는 또 벌거벗은 채로 그리로 돌아간다.
> 주신 분도 야웨, 가져가시는 분도 야웨이시다."

일반적인 "하나님"으로 부르지 않고, 신앙 전승에서 잘 알려진 야웨("주")라는 신명이 언급된다는 점을 볼 때, 이러한 인식에도 신앙고백이 암시적으로 포함되어 있는 것은 아닌가?

인간이 자신의 삶을 스스로 조종할 수 없기 때문에, 겸손 또는 겸허, 즉 자신의 한계를 깨닫는 것은 마땅한 일이다 :

> "네가 스스로 지혜롭다 여기는 자를 보느냐?
> 미련한 자가 그 보다 더 희망이 있느니라"
> (잠 26 : 12 ; 참조. 잠 21 : 30 ; 사 5 : 21 ; 렘 9 : 22-23).

> "사람의 마음의 교만은 멸망의 선봉이지만,
> 그러나 겸손은 존귀의 앞잡이니라"
> (잠 18 : 12 ; 참조. 시 14 : 12 ; 15 : 33 ; 16 : 5, 18-19 ; 29 : 23 등).

사람이 이미 자기 자신조차도 완전히 이해할 수 없다면, 나름대로의 의도나 은밀한 충동을 가지고 있는 다른 사람에 대해서는 더더욱 파악할 수 없

다. 그러므로 이미 위에서 언급한—"마음"이라는 개념을 통해 표현된—생각과 말 또는 계획과 행동 사이의 간격에 대한 통찰과 더불어 내적인 것과 외적인 것, 명백한 것과 숨겨진 것, 가시적인 것과 불가시적인 것, 사람이 일반적으로 경험할 수 있는 것과 경험할 수 없는 것에 대한 구분이 추가된다. 이와 마찬가지로 인간의 판단과 하나님의 통찰이 서로 구분된다. 인식의 한계는 또다시 신앙의 해석 또는 신앙고백 안에서 주목된다:

> "사람은 외모를 보지만,
> 그러나 야웨께서는 마음을 보시느니라"(삼상 16 : 7).

> "당신만이 모든 사람의 마음을 아시나이다"
> (왕상 8 : 39의 기도; 또한 잠 15 : 11; 시 44 : 21; 대상 28 : 9 등).

구약에서 여러 번 표현된 신앙의 통찰은—어느 한 민족이나 종교에 국한되지 않고—보편적인 가치를 갖는다:

> "야웨께서는 하늘에서 바라보시고
> 그분은 모든 인간을 감찰하시느니라.
> 그가 거하는 곳에서
> 그분은 땅의 모든 거민을 살피시느니라.
> 그분은 그들의 마음을 만드시고,
> 그들의 모든 행위에 주목하시느니라"
> (시 33 : 13-15; 참조. 시 14 : 2; 94 : 11; 잠 5 : 21; 15 : 3 등).

여기에서는 하나님과 인간의 차이가 높음과 낮음의 간격과, 하늘과 땅의 간격으로 비교되어 명시적으로 나타난다. 물론 이러한 공간적인 관념은 하나님이 세계 밖에 계시며, 또한 세계와 구분되신 분이라는 이해를 목적으로 하는 것이 아니라, 오히려—그와는 정반대로—모든 인간은 모든 것을 감찰하시고 모든 곳에 현존하시는 하나님 앞에서 책임을 진 존재라는 신앙고백을 목적으로 한다.

따라서 인간이 자신의 인생에서 무엇을 믿을 수 있는가 라는 질문에서 우리는 실망스런 대답을 얻지 않는다(잠 28 : 26 등). 오히려 우리는 인간의 한계성을 통찰하면서, 직접적인 인식의 영역에서는 확실한 것을 추구할 수 없다는 역설적인 대답을 얻게 된다:

"야웨를 피난처로 삼음이
사람을 의지하는 것보다 더 낫도다"
(시 118 : 8, 6 ; 참조. 시 84 : 5, 12 ; 145 : 9, 15 ; 146 : 3 ; 렘 17 : 5-8 ;
또한 잠 3 : 5 ; 16 : 20 ; 29 : 25 등).

2. 이미 잠언 본문 가운데 보다 오래된 본문은 간단한 진술의 형식으로 다음과 같은 통찰을 보여 주고 있다:

"들을 귀와 볼 눈,
야웨께서 이 모든 것을 만드셨느니라"(잠 20 : 12 ; 참조. 출 4 : 11 ; 시 94 : 9).

무엇인가를 인식하며, 다른 것 또는 다른 사람과 관계를 맺으며, 다른 것 또는 다른 이에게 자신의 의사를 표현하며 살아가는 인간은 피조물이다. 귀와 눈에 대한 언급이 단순히 인간이 가지고 있는 개별적인 신체기관의 의미를 넘어서서, 인간 그 자체에 대해 말한 것이라면, 모든 인간은 출신이나 생활 수준과 같은 현존하는 한계를 초월하여 여러 가지 다양성 속에서도 한 가지의 공통점을 발견하게 된다:

"부자와 가난한 자가 섞여 살지만,
(그들) 모두를 창조하신 자는 야웨이시니라"
(잠 22 : 2 ; 참조. 잠 29 : 13 ; 또한 잠 16 : 4).

이처럼 인간 사이에서 나타나는 대조적인 것들은 결코 간과되거나 감추어지지 않는다. 그러나 부자와 가난한 자 사이에 존재하는 부정할 수 없는 차이점 가운데에서도—감추어진, 명백하게 드러나지 않은—공통점이 밝혀진다. 그 공통점은 역시 윤리적인 행위를 결과로 수반한다(잠 14 : 31 ; 17 : 5 ; 23 : 10-11 등). 인간이 처한 다양한 상황 속에서 모든 것을 떠받치고 있는 하나의 근거가 발견되고 알려진다. 이러한 양상은 창조이야기에서 더욱 분명히 드러난다. 창조이야기는 민족들의 다양성(창 10장)을 뛰어넘어, 인류 전체를 하나님의 피조물로 보며, 이와 유사하게 남자와 여자도 하나님이 말씀하신 대로 하나님의 "형상"으로 이해한다(창 1 : 26 이하).

격언들에 조심스럽게 암시되어 있는 (현상태와 본질적인 인간의) 차이는 두 가지 창조이야기에—현재의 것과 창조된 것 사이의 차이로서—강하게 전제되고, 표현되어 있다. 이 이야기들은 서로 다른 생활 환경 속에서 사는 모든 인간에게 공통된 것이 무엇이며, 인간에게 근본적이고 가치 있는 것이 무엇인가를 진술하려는 의도를 갖고 있다. 이것을 위해 창조이야기들은 근원, 즉 감추어져 있으나 상실되지는 않은 근본에 대해 이야기한다. 따라서 인간이 주어진 세계 속에서 체험하는 일반적인 경험은 신앙의 관점에서 분명한 의미를 가진다. 세상에는—오늘날의 관점에서 이야기한다면—얻기 힘든 것과 쉬운 것, 낯선 것과 낯익은 것, 상황에 따라 변화하는 것과 변화하지 않는 것이 함께 존재한다.

2.1. 보다 오래되고, 다채롭고 의미심장한—두 번째, 즉 야위스트의—창조이야기(창 2 : 4b 이하 ; 이 책 6장 2.1을 보시오)는 얼핏보기에 상상력이 풍부한 이야기 같지만, 그 안에는 심오한 신학적 숙고가 담겨져 있다.

창조이야기와 이른바 낙원이야기(Paradieserzählung)를 함께 연결해서 볼 때에야 비로소, 우리는 모순 속에 놓여 있는 현존재를 이해하려는 야위스트의 의도를 인식할 수 있다 : 인간은 창조되었으나(창 2장), "수고해야 하고 무거운 짐을 져야만 한다"(창 3장). 현재의 실정을 볼 때, 창조는 수고와 고통 가운데서 "파괴된" 것으로 보일 수밖에 없다.

인간이—아담 "(그) 인간"은 이 곳에서 고유명사가 아니다. 오히려 그 단어는 전형적이고 대표적인 인류를 의미한다—두 가지 소재, 즉 땅과 하나님의 생명의 호흡(창 2 : 7)으로 만들어졌다는 것은 하나님과 세계 사이에 있는 인간의 위치를 상징한다. "땅의 먼지"로 만들어진 형상은 생명의 원천인 하나님의 "호흡"에 의해서야 비로소 한 "생명체", 즉 개인이자 인격이 되었다. 이 점에 있어서 이 이야기는 창조에서 나타난 인간의 지위를 신화적이면서도, 풍부한 상상력을 동원하여 생동감 있게 표현한다. 이 점은 창세기 1장의 신학적으로 숙고된 창조론이 창조에 있어서 인간의 지위를 "하나님의 형상"이라는 개념을 가지고 표현한 것과 유사하다.

이와 같은 지상의 재료와 하나님의 호흡의 결합에도 불구하고, 구약은 인간을 이분법적으로 이해하지 않는다. 즉 구약은 인간을 (일시적이고-현세적인) 몸 및 신체와 영 또는 (불멸하는) 혼으로 구분하지도 않고, 더욱이 환생을 통한 윤회도 말하고 있지 않다.

인간은 몸과 영혼을 가지고 있을 뿐만 아니라, "살아 있는 영혼"(창 2 : 7), 즉 생명체요 인격이다.

"영혼"(네페쉬)은 자주 인간의 감정, 욕구, 또는 목표를 더 상세하게 표현한다: "내 영혼아, 네가 어찌하여 불안해 하느냐?"(시 42 : 1, 5 ; 또한 시 103 : 1 등).

"영혼"(왕상 19 : 4 ; 욘 4 : 3)과 마찬가지로 "영"(루아흐)은 하나님이 주신 생명력이다. 하나님은 임종 시에 이 생명력을 사람으로부터 거두어 가신다(시 104 : 29-30 ; 참조. 사 42 : 5 ; 욥 33 : 4 ; 34 : 14-15 ; 전 3 : 19, 21 ; 12 : 7 ; 그밖에 창 6 : 3 ; 겔 37 : 5 이하 등).

"영"은 또한 기분, 감정, 그리고 격정의 자리이다(창 26 : 35 ; 왕상 10 : 5 ; 21 : 5 등). 또한 그것은 자주 무언가를 실행하는 재능이나 능력을 뜻하며(창 7 : 15 ; 출 31 : 3), 더욱이 하나님의 선물이나 하나님의 현존을 의미하기도 한다(삼상 11 : 6 ; 16 : 13-14 ; 이 책 30장 5.4를 보시오).

인간이 자신에게 주어진 것과 명령받은 것에 만족하지 못하여 하나님의 명령을 어김으로 말미암아 그 이후에 상황은 심각하게 변화되어서 창조세계의 여러 면에서 균열이 생겼고, 현존재의 모순이 생겨났다. 양심에 대한 헬라적 개념에 대해 미처 알지 못하는 이 이야기는 "양심"의 동요를 기술한다("마음이 두근거리다" 삼상 24 : 6 ; 삼하 24 : 10 등). 인간의 부끄러움과 두려움(창 3 : 8, 10)은 하나님과의 교제가 깨어졌음을 보여 준다. 세심히 배려하는 창조주의 말씀이 아니라, 처벌하는 심판자의 말씀(창 3 : 14 이하)이 삶의 수고와 궁핍과 고생을 가져온다. 창조된 실제와는 다른 지금 존재하는 현실은 죄와 죄의 결과 없이는 이해될 수 없다.

이 이야기에서 연달아 일어난 것으로 묘사된 것은 인간과 세계를 동시에 그리고 함께 규정짓는다(그리고 분명히 이와 같이 진술된다). 선과 악은 서로 결부되어 있다. 이 두 가지, 즉 모든 현실은 하나님과 그분의 말씀에 귀속된다. 이중성, 모순, 그리고 단절의 모습을 띠고 있는 이 세계는 두 개의 서로 상반되는 세력들로부터 생겨나거나, 두 가지 원리로 설명되는 것이 아니라, 일원화된 신앙을 통해 이해된다. 고대 근동에서 신적인 존재로 인식되던 유혹하는 자, 즉 뱀조차도 하나님의 피조물 가운데 하나일 따름이다(창 3 : 1).

그럼에도 불구하고, 인간의 죄와 현존재의 고통을 통해 묘사되고 있는 현존하는 세계는 하나님에 의해 창조된 세계와 다르다. 여기에서 우리는 조심스러움을 느낄 수 있다. 일단 우리는 기본적인 사상을 다음과 같이 표현할 수 있다 : 하나님은 악을 창조하지 않았다. 그러나 그분은 인간에게 자율성, 결정권(참조. 창 2 : 19), 그와 더불어 범죄적 위반행위를 행할 수 있는 자유도 부여하였다. 혹 이와 같은 일반적인 진술은 다채로움과 동시에 항상 새로운 해석을 하도록 동기를 부여하는, 따라서 결코 소진되지 않는 이야기의 의미심장함을 너무 많이 상실하였나? 이 이야기는 명백한 설명을 제공해 주기보다는 창조 세계에 악이 어떻게 들어오게 되었는가를 단지 암시해 주고 있다.

2.2. 창조 세계에 합당한 이상과 현 실태의 차이는 첫 번째 — 이른바 제사장문서의 — 창조이야기(창 1장 ; 참조. 이 책 8장 2.1과 30장 4.1)에서 다시 나타난다. 이 이야기는 세계의 형성을 우주의 범위에서 시작해서 식물과 동물 그리고 인간에 이르는 순서로 기술한다는 점에서 2장의 창조기사와 비교된다. 구약은 두 가지 전승 모두, 즉 여러 가지 색채의 인간"상"(像)을 보존하고 있지만, 그 이야기들을 조화롭게 조정하지 않은 채 보존하고 있다. 그러나 물론 두 이야기의 진술의 의도는 비슷하다.

한편으로 이 창조이야기는 인간, 별, 식물 게다가 동물도 피조물로 이해함으로써 인간을 포괄적인 자연과 생명체의 틀 안에 포함시킨다. 그러나 다른 한편으로 이 이야기는 인간과 자연을 대조시킴으로써, 함께 피조된 모든 것들보다 인간을 우대한다.

자연이라는 개념을 구약성서에 적용할 때는 아주 조심하지 않으면 안 된다. 구약성서에서 자연은 "스스로 생성된" 것이 아니라, 인간에게 주어진, 인간을 둘러싼 생활 공간이며, 그 나름의 고유하고 지속적인 질서(렘 8 : 7 ; 사 55 : 10)와 아름다움(참조. 애 2 : 11 이하)을 갖고 있는 것으로 이해된다. 또한 구약은 인간의 지위를 자연의 범주 안에서가 아니라, 하나님의 작품의 범주 안에서 고려한다(시 8편 ; 104편 등).

이와 같이 사물을 존재하도록 부르거나 땅에게 식물을 내는 힘을 부여했던 창조자의 말씀은 사람을 인격적으로 배려한다 : "하나님께서 이르시되"(창 1 : 28). 창세기 2장에서 인간은 동물에게 이름을 지어줌으로써 동물보다 우위에 있는 것으로 나타나는 반면에, 창세기 1장에서 인간은 독특한 축복의 말씀을 통해 땅을 "충만히 채우고"(참조. 창 10장 ; 또한 출 1 : 7 등) "지배하라"는 임무를 부여받는다. 이 본문의 문맥을 통해 볼 때, 지배하다라는 말은 틀림없이 파괴를 의미하지 않는다.

이러한 특별한 위치는 역사적으로 중요한 영향을 미쳐 왔으며 또한 다양한 방향으로 전개된 고유한 하나의 개념으로 집약되었다 : 인간은 하나님의 "형상"으로, 즉 아주 특별한 관계로 창조되었다. 이것은 포괄적으로 인간이 하나님의 (대화) 상대자라는 의미가 아니라, 오히려 하나님의 대행자, 대변인, 대리인 혹은 아마도 피조 세계의 증인이라는 의미일 것이다. 말하자면 인간은 하나님과 세계의 중간적 위치에 있다. 시편 8편은 이와 같은 중간적 위치를 다음과 같은 말로 대담하게 표현한다 : "당신께서는 그를 하나님보다 조금 못하도록 만드셨나이다." 이 진술에서 하나님이라는 표현은 신학적으로 아주 신중을 기했던 후대 시대에 천사와 유사한 존재라는 약화된 표현으로 대치되었다. 모든 사람은—어느 민족에 속하거나, 남자나 여자나 마찬가지로—이 같은 직책을 부여받았고, 이러한 자유를 위임받았으며, 따라서 "침해할 수 없는 존엄성"을 가진 것이다. 인간은 그러한 존엄성을 자신의 생각, 의지 또는 행위를 통해서 획득할 필요는 없으나, 그러나 인간은 그에 합당한 행위를 해야 한다.

"폭력"을 통해 재앙이나 죄악이 인간 생활에 들어오게 되자, 하나님은—제사장문서의 보도에 따르면—앞의 무조건적인 칭찬과는 전혀 다른 의견을 표명하신다. 현실 세계는 "아주 좋다"(창 1 : 31)와 "타락하고, 잘못되었다"(창 6 : 11–12)는 두 가지 상반되는 판단으로만 특징지어지는 것일까? "두려움과 무서움"(창 9 : 2)이 지배하는 파괴된 창조 세계에서, 인간의 피를 흘리지 말라는 근본적인 요구는 결정적인 기본적 사실로부터 소급된 것이다(창 9 : 6). 즉 이 계명은 인간이 하나님의 형상이라는 사실에서 얻어진 것이며, 그 목적은 인간을 인간 자신으로부터 지키기 위한 것이다 :

> "사람의 피를 흘린 자는,
> 그 피를 역시 사람을 통해—혹은 : 그 사람을 위해—흘릴지니,
> 이는 하나님께서 사람을 그분의 형상대로 지으셨기 때문이니라."

이와 같은 법조항은 가인의 형제살인에 대한 이야기가 다양하고 분명히 보여 주는 것을—인간이 자신 주위에 사는 다른 인간, 즉 형제를 죽인다는 것을—보편적인 방식으로 진술한다 : 모든 인간은 하나님의 형상으로서 보호받아야 한다. 땅을 통치하는 인간의 자유와 힘(창 1 : 26 이하 ; 9 : 1–2)은 인간 자신에게 있어서는 결국 그 한계에 도달한다.

3. 창조주에 대한 신앙고백이 그에 따른 결과들을 수반하는 것처럼, 종교—구약의 표현을 빌리자면 : 하나님 경외—는 공동체 생활에 무관심하지 않으며, 오히려 인간 상호관계를 위한 근본적 통찰과 근본 원칙들, 그리고 근본적인 범죄행위에 관계되어 있다. 이러한 사실은 다음과 같은 두려움 속에 명확히 표현되어 있다 : "이 곳에서는 하나님을 두려워함이 없으니, 그들이 나를 죽일 것이니라"(창 20 : 11 ; 참조. 잠 16 : 6 등).

미가서(미 6 : 8)는 인간에게—제물이 아니라—그가 어떻게 행해야 하는지를 상기시킨다:

"사람아, 선한 것과
야웨께서 네게 요구하시는 것이
선포되었나니,
공의를 실행하는 것과,
인자를 사랑하며,
겸손히 네 하나님과 함께 동행하는 것이 아니냐."

"선하고", 그리고 하나님의 뜻에 합당한 것은 사람에게 생소한 것이 아니다: 공의, 이웃과의 동료 의식, 하나님에 대한 헌신. 어떤 조건도 제시되지 않은 이 간략한 가르침은 개별 계명들이 아니라 근본적인 현상들을 강조한 것으로 일종의 신앙에 근거한 윤리의 총체이다.

이와 비슷하게 다른 본문들도 때때로 윤리에 관한 근본 통찰들과 근본 요구들을 일반적이고, 압축적으로 표현한다(참조. 창 17 : 1; 레 19 : 2; 암 5 : 14; 호 4 : 1-2; 12 : 6; 사 1 : 16-17).

이웃을 사랑하라는 계명은 외적인 행위를 초월해서 내적인 것에까지 미치며, 부정문의 형식으로 진술된다(레 19 : 17-18; 참조. 33-34절): "너는 네 형제를 마음으로 (즉 은밀히) 미워하지 말지니라."

적어도 원수를 사랑하라고 고무하는 말들은 자주 발견된다(출 23 : 4-5; 왕하 6 : 2 이하; 렘 15 : 11; 29 : 7; 잠 25 : 21-22; 또한 잠 20 : 22; 24 : 17, 29).

그와 같은 예언적인 윤리의 요약은 하나님이 자신의 백성과 벌이는 소송사건에서 나타난다(미 6 : 1). 그리고 이 요약문이 어휘상 이스라엘에게 그들의 죄를 "통고해야 하는" 미가의 임무를 연상시킨다는 것은 우연이 아니다. 예언자들은 윤리적인 요구를 포괄적으로 죄를 지적하는 데에 사용한다. 즉 그들은 그러한 윤리적 요구를 통해 백성 전체를 고발한다(사 29 : 13; 참조. 사 1 : 2-3, 4; 렘 5 : 1 등): "그들의 마음은 내게서 멀리 있느니라."

자신의 백성이 한 사람도 예외 없이 죄에 빠져 있음을 이와 같이 단언하는 것은 구약의 전형적인 특징이다. 왜냐하면 그와 같은 단언이 (원역사, 지혜문학, 시편 등과 같은) 다양한 종류의 문학층들과 화법들에서 인류 전체에게 적용되기 때문이다. 이미 고대의 지혜는 인간이 자신을 완전히 파악하지 못하며 또한 정확하게 판단할 능력이 없다는 것을 알고 있다:

> "인간의 모든 길이 자기 눈에는 정결하나(올바르나),
> 그 영(마음)을 시험하는 자는 야웨이시니라"
> (잠 16:2; 21:2; 참조. 잠 14:12; 17:3; 24:12 등).

하나님은 마음과 신장, 즉 숨겨진 마음과 내적인 동요를 시험하신다(렘 11:20; 17:9-10; 20:12; 시 7:9; 26:2; 또한 시 11:4; 14:2; 욥 7:18 등).

"하나님 앞에서"의 질문과 대답은 다음과 같이 날카롭게 표현된다:

> "인간이 하나님 앞에서 의로운가,
> 또는 사람이 자신의 창조주 앞에서 정결한가?"
> (욥 4:17; 참조. 욥 9:2; 14:4; 15:14; 25:4 이하; 잠 20:9; 전 7:20; 9:3; 렘 17:9 등).
>
> "당신 앞에는 의로운 인생이 없나이다"
> (시 143:2; 참조. 시 14:2-3; 116:11; 창 6:5; 8:21; 왕상 8:46; 미 7:2).

잘못을 범치 않은 자가 아무도 없다는 이 같은 극단적인 통찰은 인간의 죄를 용서하기 위한 것이 아니라, 오히려 인간에게 그의 참된 상황을 상기시키고, 그가 어떠한 상황에 처했는가를 제시하기 위한 것이다.

구약은—"첫 번째 죄가 모태에서 나왔고, 그 죄로 인하여 우리 모두는 죽어야만 하느니라"(시락서 25:24 혹은 25:32; 참조. 롬 5:12 이하)는 후대의 이해와는 달리—아담을 통해, 그리고 아담 이래로 대대로 유전되는 죄에 대해서는 아직 모르고 있다. 구약이 “어릴 적부터 악하니라”(창 8 : 21 ; 6 : 5)라고 인간의 마음에 대해서 말하고, 죄의 근원을 “어머니의 몸”(시 58 : 3 ; 참조. 시 12 : 4)이나 심지어 출생 혹은 임신(시 51 : 5)의 단계로까지 소급시키는 것은 인생의 최초의 단계에서부터 죄가 발생하여, 그때부터 이미 죄악에 둘러싸여 있다는 사실을 지시함으로써, 어린아이의 시기에는 죄가 없다는 사실을 부정할 뿐만 아니라 인간은 개별적인 잘못을 범하는 자일 뿐만 아니라 하나님 앞에서는 모두가 죄인이라는 사실을 고백하기 위한 것이다. 그런 전제하에서 시편 기자는 “깊은 데서 부르짖으면서”, 하나님 앞에서의 인간의 상황을 자신의 처지로 솔직하게 숙고하고 있다 :

“당신께서 죄를 헤아리시면 …,
주님, 누가 설 수 있었겠나이까?
그러나 당신께는 용서함이 있사오니,
사람들이 당신을 경외하였나이다!”(시 130 : 3 – 4).

전반적으로 시편은 삶의 현상들과 과정들, 경험의 굴곡에 대해 명상적으로 숙고하며—진술뿐만 아니라, 예를 들어 소망이나 질문 안에—여러 가지 인간론적인 통찰을 간직하고 있다. 인간이 스스로는 가질 수 없는 “듣는(즉 심문하고, 사려 깊은) 마음”을 구한 솔로몬과 마찬가지로(왕상 3 : 9), 시편 기자는 하나님께 향하여 “내 안에 정한 마음을 창조해 주십시오!”(시 51 : 10)라고 아뢸 수 있다.

때때로 교훈적인 특징들이 발견되기도 한다. 따라서 시편 32편의 감사시의 기도자는 자신의 신앙적 통찰을 전수하고, 보편타당하게 설명하려고 한다. 그는 의인이나 무죄한 자를 칭찬하지 않고, 오히려 자신의 죄를 진술하여 자유함을 경험한 사람을 칭찬한다 :

“복이 있도다,
자신의 허물을 용서받으며,
그 죄가 가리움을 받은 자여!

복이 있도다,
야웨께서 그 죄를 묻지 아니하는 자여!"(시 32 : 1-2 ; 참조. 잠 28 : 13).

도입부의 "~한 사람에게 복이 있도다!"(참조. 잠 3 : 13 ; 8 : 34 ; 28 : 14) 라는 행복 기원이나 구원 외침에는 영적인 것과 세상적인 것, 구원과 번영이 함께 포함되어 있다. 이것은 또한 내적인 것과 외적인 것, 정신적인 것과 육체적인 것을 구분하지 않는 구약의 "전체론적인" 사고를 보여 주는 하나의 표시이기도 하다.

4. 두 가지 창조이야기에서 하나님이 창조한 세계는 현재의 세계와 일치하지는 않지만, 그러나 인간의 본질에 대해서는 처음부터 하나의 결정적인 관점을 보여 준다 : 인생은 허무하다. 이른바 낙원이야기는 후대에 - "죄의 삯은 사망이니라"(롬 6 : 23)는 인식에 근거해서 - 다른 각도로 이해되었다. 즉 인간은 하나님의 형상으로 창조되어 본래 불멸의 존재였고 타락 이후에 비로소 죽음에 예속되었다는 것이다. 그러나 낙원이야기 자체는 그러한 생각을 가지고 있지 않다. 하나님이 인간을 "땅의 티끌"(창 2 : 7)로부터 만들었기 때문에, 그 기원에서 인간의 미래가 이미 예시되어 있다. 근원은 종말과 일치한다 :

"너는 먼지니 먼지로 돌아갈지니라"(창 3 : 19 ; 참조. 시 103 : 14 등).

죽음은 "살아 있는 존재"(창 2 : 7)에게 속하고, 그것은 죄에 대한 형벌이 아니라 오히려 인간 실존의 수고로움의 끝으로 여겨진다(창 3 : 19). 불멸은 인간에게 닫혀진 가능성으로만 나타난다. 생명나무에 접근하는 것은 금지된다(창 3 : 22). 하나님과 인간의 이러한 차이점은 계속 유지된다.

이러한 측면에서도 구약은 죽음의 잔혹성을 미화하지도, 밝게 하지도 않고 또한 배제하지도 않는다. 오히려 구약은 눈에 띄게 침착하게, 더 나아가 냉소적으로 죽음을 "온 세상의 길"(수 23 : 14 ; 왕상 2 : 2 ; 참조. 삼하 12 : 23)이라고 말한다. 일반적인 인생의 의미는 아브라함(창 25 : 8 ; 참조.

창 15 : 15), 이삭(창 35 : 29), 다윗(대상 29 : 28 ; 참조. 대하 14 : 15) 또는 욥(욥 42 : 17)의 이야기에서처럼, 결코 "장수하며 유복하게" 살다가 죽는 것은 아니다. 오히려 다음과 같은 비유가 많은 삶의 경험들을 포괄한다(삼하 14 : 14 ; 참조. 삼하 19 : 36) :

> "우리는 필경 죽으리니
> 땅에 쏟아져서
> 주워 담을 수 없는 물과 같으니라."

"모든 인간은 단지 숨에 불과하다"(시 39 : 11, 5 ; 62 : 9). 왕조차도 특별한 하나님의 약속과 높은 지위에도 불구하고 죽음으로부터 제외되지는 않는다(시 144 : 4 ; 참조. 시 89 : 47 – 48). 인생의 허무함은 자연과 비교된다. 그러나 사실 인생은 분명히 자연만도 못하다. 왜냐하면 나무는 희망의 뿌리라도 가지고 있기 때문이다 :

> "여인에게서 난 사람은
> 사는 날이 적고 괴로움이 가득하며
> 그 발생함이 꽃과 같아서 쇠하여지고
> 그림자같이 신속하여서 머물지 아니하거늘 …
> 나무는 소망이 있나니,
> 찍힐지라도 다시 움이 나서 …
> 그 뿌리가 땅에서 늙고 줄기가 흙에서 죽을지라도
> 물 기운에 움이 돋고 가지가 발하여 연한 가지와 같거니와
> 사람은 죽으면 소멸되나니 그 기운이 끊어진즉 …
> 사람이 누우면 다시 일어나지 못하느니라"
> (욥 14 : 1 – 2, 7 – 12 ; 참조. 시 103 : 14 이하 ; 전 9 : 2 이하).

모든 인간은 죽어야만 한다는 인식 곧 운명의 불가항력에 대한 인식(민 16 : 29 ; 참조. 시 82 : 7)과 이러한 경험적 해석은 늘 나란히 위치한다. 사람이 죽으면 하나님은 그의 호흡, 숨 또는 영, 즉 생명의 힘을 다시 취하신다

(시 104 : 29 – 30 등). 이처럼 죽음은 신앙을 통해 숙고된다. 왜냐하면 구약은 중립적인 운명을 알고 있지 못하기 때문이다: "당신은 인간을 먼지로 되돌이키십니다"(시 90 : 3). 생명이 하나님의 창조물인 것처럼, 죽음도 하나님의 섭리이다.

따라서 인간은 존재의 허무함을 하나님 앞에서 탄원할 수 있지만, 그럼에도 불구하고 다음과 같이 하나님께 기도할 수 있다. 즉 하나님이 인간에게 그가 죽을 수밖에 없는 존재라는 인식을 허락해 주셔서 인간이 자아를 망각하며 살지 않고 인생이 어떻게 될 것인가를 알고 살게 해 달라는 기도이다:

> "야웨여 나의 종말과 연한이 언제까지인지 알게 하사,
> 내가 나의 연약함을 알게 하소서!"(시 39 : 4).

> "우리에게 우리 날 계수함을 가르치사,
> 지혜로운 마음을 얻게 하소서!"(시 90 : 12).

물론 고대의 사상에 따르면 "어떠한 사람도 다시 볼 수 없는"(사 38 : 11) 음부의 세계는 인간적인 관계뿐만 아니라, 하나님과의 관계 역시 단절되는 곳이다(사 38 : 18): "음부가 주께 감사하지 못하며, 사망은 주를 찬양하지 못하나이다."

죽은 자들은 "하나님께서 행하신 선한 일"에 대해 감사(시 103 : 2)하는 일로부터 (우선적으로) 제외된다. 시편 기자가 탄원하면서 던진 "주께서 사망한 자에게 기사를 보이시겠나이까? 유령이 일어나 주를 찬송하리이까?"라는 질문(시 88 : 11 – 12 ; 참조. 시 30 : 9)은 '아니다' 라는 대답을 얻는다(사 38 : 18 – 19 ; 참조. 시 6 : 5 ; 115 : 17). 이스라엘은 역사 속에서 하나님을 무엇보다도 산 자의 하나님으로, 곧 산 자들 가운데서 일하시는 "살아 계신 하나님"(시 42 : 2, 8 등)으로 경험하였다. 그리고 이스라엘은 죽은 자들이 "망각의 땅에 있다"고 생각했고, 그 땅에서 죽은 자들은 하나님으로부터 "분리되어" 있다고 보았다(시 88 : 5 이하). 이러한 고대의 이해에 따르면 죽음은

죽은 사람을 이웃들과 하나님으로부터 분리시키고, 공동체와 하나님과의 교제 관계를 단절하고, 하나님과의 관계를 끝내는 것이었다.

5. 구약의 후기 시대에, 정확히 말하자면 기원전 3세기의 헬레니즘 시대에, 독립적이었거나 자기 의지가 뚜렷했던 한 사상가(이 책 28장과 30장 8.1을 보시오)는 그 같은 관념을 뛰어 넘어서, 그리고 그것과 대립될 만한 지혜문학적인 인식의 기초를 세웠다. 그는 "지혜자는 그 눈이 머리에 있으나 어리석은 자는 어둠 속에서 헤매느니라"(전 2 : 13–14)는 지혜문학적인 기본적 구분을 명확하게 수용하면서, 동시에 이러한 근본적인 구분을 심층적으로 상대화시켰다. 바로 그 사상가는 코헬렛(전도서의 저자) 곧 "설교자" 이다.

그는 "사람이 어찌 자기의 길을 알 수 있으랴?"(잠 20 : 24)라는 고대의 통찰을 급진적으로 "사람에게 무엇이 낙인지 누가 알 것인가?"(전 6 : 12)라는 회의적 진술로 변화시켰다. 이처럼 코헬렛은 더 이상 이곳 저곳에서 경험되는 질서 체계에 대해 질문하는 것이 아니라, 수고와 한계에 직면한 인생 전체를 질문했다(전 1 : 3 등) : "모든 수고가 인간에게 무엇이 유익한가?" 코헬렛으로 하여금 지혜사상을 넘어서서 인생의 소득이 무엇이냐는 질문을 하도록 만들고 또한 그 질문에 대한 응답을 유보하도록 영향을 끼친 세 가지의 특별한 근본사상은 서로 밀접하게 연관되어 있다.

첫째, 의인이 죽을 수도 있고 악인이 장수할 수도 있다(전 8 : 14 ; 7 : 15). 행위와 그 결과, 행동과 그로 인한 운명은 삶의 과정을 설명하고 이해시킴에 있어서 명확한 관련성이 없다.

"악한 일에 징벌이 속히 실행되지 않으므로,
인생들이 악을 행하기에 마음이 담대하도다
(즉 악을 행하도록 고무되느니라)"(전 8 : 11).

둘째, "대저 사람은 자기의 시기를 알지 못하느니라." 곧 사람은 시간과 우연의 지배를 받는다(전 9 : 11 - 12 ; 참조. 전 3 : 11 이하). 특별히 미래는 인간에게 숨겨져 있다 :

> "그 후에 해 아래서 무슨 일이 있을 것을
> 누가 능히 그에게 고하리요?"
> (전 6 : 12 ; 참조. 전 3 : 22 ; 7 : 14 ; 8 : 6 - 7 ; 10 : 14).

사람은 자신이 수고한 결과를 다른 사람에게 넘겨주어야만 한다(전 2 : 18 - 19, 21 ; 5 : 12 이하). 지혜문학은 다음과 같은 명제에 의존한다 : "의인을 기념할 때에는 칭찬하거니와 악인의 이름은 썩게 되느니라"(잠 10 : 7 ; 참조. 전 24 : 20). 그러나 코헬렛은—이미 예언자들이 그랬던 것처럼(렘 5 : 1 ; 6 : 28 등)—이러한 이분법을 포기한다 :

> "지혜자도 우매자와 함께 영원토록
> 기억함을 얻지 못하느니라"(전 2 : 16 ; 참조. 전 1 : 11 ; 9 : 5).

셋째, 죽음은 사회적인 차이뿐만이 아니라 윤리적이고 종교적인 차이도 없애버린다(전 9 : 2 이하 ; 2 : 14 이하). 더욱이 "인간은 동물보다 나을 것이 없다"(전 3 : 19 ; 참조. 시 49 : 12, 20).

> "모두 먼지로 말미암았으므로
> 모두 먼지로 돌아가나니
> 인생의 영(호흡)은 위로(하나님께로) 올라가는지를
> 짐승의 영(호흡)은 아래로(음부로) 내려가는지를
> 누가 알겠느냐?"(전 3 : 20 - 21).

이러한 질문은 마치 신앙과 사상 사이를 오가는 것처럼 보인다. 때때로 코헬렛 스스로도 제시하고 있는 고대의 사상에 따르면(전 12 : 7), 하나님이 영 곧 생명의 힘을 도로 취하실 때, 인간은 땅으로 되돌아간다. 그러나 코헬렛은 이러한 사상보다 더 많은 것을 고려한다. 곧 코헬렛은 인간이 죽은 후에 "영"이 하늘로 "올라간다"는 헬레니즘 시대에 생겨난 사상에 대해 회의적인 태도를 취하고 있다. 코헬렛은 인간에 대해 계속해서 객관적이고 냉철한 전통적인 견해를 고수하고, 새로 발아하기 시작한 불멸의 희망에 대해서는 유보적인 입장을 취하는 것처럼 보인다.

삶의 질서를 알 수 없으며 모든 사람이 죽어야만 한다는 삶의 곤경에 직면해서 코헬렛은 "희락"을 찬양하는데, "이는 인간에게 있어서 해 아래에서 먹고 마시고 즐거워하는 것보다 더 나은 것이 없기 때문이다. 수고하는 일 중에 그러한 일이 그와 항상 함께 있을 것이니라"(전 8 : 15 ; 2 : 24 등). 그러나 이러한 인식조차도 상대적이다. 삶의 기쁨을 추구하려는 자기 촉구 다음에는 바로 다음과 같은 반대 의견(전 2 : 1 ; 참조. 전 2 : 3-11)이 뒤따라 나온다: "또한 이것도 헛되도다."

물론 코헬렛은 유보적인 태도와 비판적인 사고를 끝없이 펼쳐나가지 않고, 멈출 줄도 알고 있다. 구약은 적어도 하나님의 존재나 하나님의 활동을 부인하는 경우를 알고 있다:

> "어리석은 자는 그 마음에 이르기를 하나님이 없다 하도다"
> (시 14 : 1 = 53 : 1 ; 참조. 잠 19 : 3).

이러한 측면에서 코헬렛은 어리석은 자가 아니라, 지혜로운 자가 되기를 원한다. 하나님이 존재한다는 사실은 그에게는 의심할 여지없이 확실하다. 코헬렛은 단지 자신이 살던 시대에 고착되어 있으며, 현대적인 느낌을 주는 수많은 그의 사고들도 우리의 시대와는 거리가 먼 것인가?

코헬렛이 오직 그 당시의 사람들만이 명백하게 수용할 수 있는 것을 전제하고 있다는 흔히 빠지기 쉬운 오해로부터 벗어나기 위해서는, 적어도 후대의 구약 본문에 "그들은 마음에 이르기를 야웨는 선을 행하지도 악을 행하지도 않느니라"(습 1 : 12 ; 참조. 욥 22 : 13-14 등; 이 책 30장 9.1)라고 말하는 사람들이 언급되어 있다는 사실을 기억해야만 할 것이다. 코헬렛은 그러한 사람들에 속하지 않았다. 그에게 있어서 선은 삶의 기쁨을 포함하여 "하나님의 손으로부터"(전 2 : 24) 온 것이다. 인간이 행한 일은 하나님의 선물이

다(전 3 : 13 ; 5 : 17-18 ; 9 : 9 등). 이것은 실존의 어두운 면에도 해당된다 :

> "형통한 날에는 기뻐하고
> 곤고한 날에는 생각하라.
> 하나님이 이 두 가지 일을 병행하게 하셨느니라!"
> (전 7 : 14 ; 참조. 전 1 : 13).

이 문장은 너무도 단순하게 들리지만 "곤고한 날"에 이 문장을 암송하는 일은 그리 쉽지만은 않을 것이다.

인간 경험의 다양성과 모순은 서로 대립되는 대구법으로 표현될 수 있다. 이것은 한편으로는 인생의 이중성을 보여 주고, 다른 한편으로 인생 전체를 포괄한다(전 3 : 3-8) : "헐 때가 있고 세울 때가 있으며 울 때가 있고 웃을 때가 있으며 …."

코헬렛은 하나님의 손으로부터 온 운명을 감수하는 것처럼 보인다 : "인간은 더 할 수도 없고 덜할 수도 없나니 하나님이 이와 같이 행하심은 사람으로 하여금 그 앞에서 경외하게 하려 하심이라"(전 3 : 14 ; 참조. 전 6 : 10 ; 7 : 13). 한 분이신 하나님으로부터 행복과 고난, 선과 악을 받게 될 때에, 사람은 모호하면서도 모순적인 실존의 경험들을 신앙의 배타성, 곧 제1계명의 의도로 해석할 수 있지 않을까?

코헬렛이 마치 철학에서처럼 "인간에게 무엇이 유익한가"라고 질문할지라도, 그의 대답은 신학적인 것이다. 곧 하나님이 인생의 일을 결정한다는 고백이 있기 때문이다. 인생과 세계의 다양한—인간이 간파하지 못하는—현상들은 한 분이신 하나님을 대면할 때 이해된다. 하나님 자체가 부인되는 것이 아니라, 하나님의 활동을 인식할 수 있다는 가능성이 거부된다 : 인간은 하나님의 활동을 이해할 수 없다(전 3 : 11 ; 8 : 17 ; 참조. 전 7 : 24, 29). 아마도 강제적인 것 없이 냉정하게 판단해 보건대 코헬렛은 이 세상의 모든 일에 대해 질문함과 동시에 저 세상에 대해서는 회피하고 있으면서, 하나님에 대한 확신을 가지고 있다. 코헬렛이 광범위한 신앙 전승에 더 이상 예속되지 않은 채, 하나님의 역사적 행위와 은혜, 그리고 하나님께 대한 감사, 신뢰 혹은 희망에 대해 침묵하고 있긴 하지만, 그러나 그는 여전히 "하나님 경외"를 고수한다(전 3 : 14 ; 5 : 6 ; 참조. 전 7 : 16－17). 따라서 전도서가 구약 정경 안에 포함된 것은 정당하지 않은가?

6. 예언자들은 하나님의 권능이 이스라엘의 고난으로 입증된다는 자신들의 가혹한 메시지를 때때로 확장시키기도 한다. 따라서 그들의 선포는 일반적인 혹은 원칙적인 특성을 갖는다.

이사야는 미래를 내다보면서 "야웨의 날(주의 날)"을 선포한다. 그날은 자연과 문명의 "모든 교만한 것과 높아진 것" 위에 임할 것이고, 인간의 교만을 겸손케 하는 것을 목적으로 한다 :

"인간의 거만은 꺾어지고
사람들의 교만은 낮아지리라.
그날에
야웨만이 홀로 높여지리라"(사 2 : 17 ; 참조. 사 2 : 9, 11 ; 5 : 15 등).

예언자 이사야는 교만과 자만을 반대하면서 인생의 한도와 한계를 숙고하게 하며 겸손을 촉구하는 지혜를 제시한다(잠 16 : 5) : "무릇 마음이 교만한 자를 야웨께서는 미워하시느니라!" 그러나 교만에 대한 예언자의 비판의 동기와 이유는－지혜에서와는 달리－인간에게 적절한 통찰이 아니라 미래의 기대에서 비롯된 것이다. 도래하실 하나님 앞에서 교만은 존재할 수 없다 : "야웨께서 홀로 높여지리라." 이러한 선포는 제1계명으로 강조되어 표현된 신앙의 배타성의 의도를 보존하고 있다(참조. 출 22 : 19 ; 시 83 : 18). 그러나 그것은 요구로서가 아니라 미래에 대한 말이다(슥 14 : 9 ; 사 60 : 19 등).

따라서 지혜적인 배경을 가지고 있는 심판은 일회적인 실제적 상황을 넘어서는 의미를 갖는다. 그러나 그 심판이 갖는 의미는 우주적인 것이 아니라 일반적인 의미이다. 즉 이스라엘에게 이루어져야 할 일은 하나님과 인간 전체의 관계를 표현한다.

이와 비슷한 또 하나의 원칙적인 판단도 하나님이 역사 속에서 활동하신다는 예언자의 신앙을 반영한다: "애굽은 사람이요 신이 아니며, 그 말들은 육체요 영이 아니니라"(사 31:3; 참조. 8절; 또한 호 11:9; 민 23:19). "육체"는 무능하고 연약하며, 죽을 수밖에 없고 덧없는 인간을 묘사하는 말이다(사 40:6; 렘 17:5; 시 56:5; 창 6:3 등).

에스겔(겔 28:2, 9)은 두로 왕의 교만에 대한 심판 선포에서 다음과 같이 말한다: "너는 사람일 뿐이요 신이 아니다." 에스겔은 더 이상 그의 선배들처럼 자신의 이름이나 혹은 "예언자"와 같은 칭호로 불리지 않고, 늘 간략하게 "인간(인자)"으로 호칭된다. 그는 마치 하나님과 인간의 대조를 실체화시킨 전형적인 한 개인으로 보인다.

미래의 희망을 내용으로 하는 후대에 형성된 틀에서는, 예언자들이 탄원했던 이스라엘 백성의 목의 곧음이나 마음의 완고함(사 6:9; 29:13; 렘 5:21; 17:1; 겔 2:4 등)이 인간의 철저한 갱신을 통해 사라질 것이라는 선포가 나타난다: "내가 너희 몸에서 돌 같은 마음을 제거하고, 살 같은 마음을 줄 것이니라."(겔 36:26; 참조. 겔 11:19; 렘 24:7; 31:33-34 등) 개개의 기도자들은 그러한 약속들을 자기 자신을 위한 기도로 받아들일 수 있다:

> "하나님이여, 내 속에 순수한 마음을 창조하시고
> 내게 변함없는 새로운 영을 주소서!"(시 51:10).

무엇보다도 구약의 독특하고 고유한 공헌은 살인이 없는 세상, 곧 폭력에 의한 죽음과 피흘림이 없고, 인간 뿐 아니라 피조물 전체가 평화롭게 사는 세상에 대한 희망일 것이다. 구약은 하나님이 세계를 창조하셨을 때에, 세상에 폭력에 의한 죽음이 없었다고 회고한다(창 1:29-30; 2:16). 또한 구약에서는 사람들이 무기를 농기구로 바꾸어 사용하고(사 2:4 등), 자기 보존을 위해 다른 동물을 살육하지 않아도 되는 미래가 기대된다(사 11:6 이하). 때때로 이러한 희망은 인간 삶의 한계를 넘어서기도 한다.

죽음에 대항하고 죽음 너머를 바라보는 희망은 구약 전체에서 아주 초보적인 단계에 머물러 있으며, 단지 몇 개의 구절에서만 부각되고 있다. 그러한 희망은 하나님의 권능에 대한 신앙고백에 의존하고 있는데, 놀라울 정도로 이미 초기의 증언에서도 하나님의 권능은 음부의 한계를 뛰어넘고 있다:

> "죽은 자들의 나라와 음부도 야웨 앞에서 드러나거든
> 하물며 인생의 마음이리요!"
> (잠 15 : 11 ; 참조. 암 9 : 2 ; 사 7 : 11 ; 호 13 : 14 ; 욥 14 : 13 ; 26 : 6 등).

> "내가 음부에 내 자리를 펼지라도,
> 당신은 거기 계시나이다"
> (시 139 : 8 ; 참조. 암 9 : 2 ; 또한 삼상 2 : 6-7 ; 신 32 : 39 등).

신앙의 배타성은 삶이나 세상의 영역뿐만이 아니라 심지어 죽은 자들의 나라도 원칙적으로나 영속적으로 하나님과 무관하다는 사실을 허용치 않는다(시 22 : 28-30 ; 사 25 : 8 ; 이 책 30장 4.2와 8.1을 보시오). 구약은 때때로 죽음 속에서도 하나님과 교제를 계속할 것이라고 고백하기도 한다:

> "그러나 내가 항상 당신과 함께 하니
> 당신께서 내 오른손을 붙드셨나이다.
> 당신의 교훈으로 나를 인도하시고
> 후에는 영광으로 나를 영접하시리니
> 하늘에서는 (당신 외에) 누가 내게 있으리요?
> 땅에서는 당신 밖에 나의 사모할 자 없나이다.
> 내 육체와 마음은 쇠잔하나 …
> 하나님은 내 영원한 분깃이시라"
> (시 73 : 23-26 ; 참조. 시 49 : 15 ; 욥 19 : 25-26).

7. 휴머니즘(人間愛, Humanität)에 대한 증언에 있어서 구약 정경은 놀라울 정도로 여러 가지 측면을 가지고 있으며, 광범위하다. 구약 정경은 문서예언서 안에서 자기 자신에 대한 비판을 담고 있고, 모세나 다윗의 죄에 관해 진술하고, 코헬렛의 회의(懷疑)와 시편의 탄원 혹은 비이스라엘인 욥의 하나님과의 투쟁을 제시한다. 이처럼 구약은 "하나의 인간상"만을 가지고 있지 않다. 이러한 점에서 "인간에 대한 고정적인 상"을 결정할 때에는 신중을 기하지 않으면 안 된다. 광범위한 스펙트럼과 매우 다양한 목소리들에도 불구하고 구약에 있어서 단 한 가지 사실은 명확하다. 즉 구약은 "하나님 앞에 있는"(vor Gott) 인간에 대해 숙고한다.

심층적 차원에서 볼 때, 하나님의 백성은 일반적인 인간일 수 있다. 시편의 기도자(시 32 : 2 ; 참조. 시 118 : 8-9 등)는 일회적인 상황을 뛰어넘는 자신의 경험을 제시한다 : "~하는 자는 복이 있도다!" 또한 이스라엘 백성의 경험들에서도 인간에 대한 진술이 추론되기도 한다. 특별한 것에서 보편적인 것이 드러난다. 광야 체류기간 동안 만나를 먹었다는 전승은 후대에 다음과 같은 인식으로 발전한다(신 8 : 3) : "사람이 떡으로만 사는 것이 아니니라." 하나님 백성의 실존과 신앙, 그리고 사상에 강한 영향력을 미친, 몇몇 근본적 구조들은 다른 민족들에게도 통용된다. 바꾸어 말하면 이스라엘의 인간 이해는 결코 보편적인 인간 이해로부터 배제되지 않는다.

제33장 구약성서에 대한 찬반론

구약성서 해석학의 주제들

구약과 신약은 아무런 문제없이 서로 연결되어 있는 것이 아니다. 교회에서 구약은 귀중한 책이지만 그러나 논란이 되는 책이기도 하다. 즉 구약은 일찍부터 인정되기도 했지만 동시에 비판적인 시선을 받기도 했다. 기독교는 구약과 상당한 긴장 관계에 있다. 이러한 긴장 관계는 수용과 거부, 근접과 소원, 긍정과 부정, 일치와 불일치로 특징 지워진다. 구약은 무조건적으로 되풀이될 수 있는 것뿐만 아니라 다시는 실감 있게 체험될 수 없는 것도 포함하고 있다.

1. 원시기독교 공동체는 구약을 매우 당연한 것으로 수용했고, 그것을 자신에게 적용하였다. 여기에는 원시기독교가 그와 같이 할 수 있게 만든 세 가지 중심 인식이 있다: 구약성서의 하나님은 예수의 아버지이며, 예수는 약속된 메시아이며 그리스도이고, 또한 새로운 공동체는 선택된, 하나님의 참된 백성이다. 이를 통해 정체성의 윤곽이 형성된다면, (성전 파괴와 같은 시대사적인 사건들에 의해 훨씬 더 가속화된) 신 · 구약의 차이점도 곧바로 부각된다: 희생제사는 예수의 십자가에서의 죽음을 통해 무효화되고, 공동체의 일원이라는 상징은 할례 대신에 세례가 되었으며, 구약의 의식규정들과 법규정들은 무력화되었고, 전체적으로 율법은 공동체를 통일시키는 의의를 상실했다.

교회사에서 그리고 특별히 계몽주의 시대 이래로 그 밖의 신 · 구약의 차이점들이 인식되고 강조되었기 때문에, 구약에 대한 유보적인 입장들은 구약을 거부하게 될 정도로 첨예화되었다. 예를 들어 칸트(I. Kant)는—젬러(J.

S. Semler)의 사상을 수용해서—『순수이성의 한계 내에 있는 종교』(*Religion innerhalb der Grenzen der bloßen Vernunft,* [2]1794, 185 이하)에서 이 주제에 대해 언급하면서 구약과 신약의 차이점은 유대교와 기독교를 단절시키는 것으로 이해하였다: 유대교 신앙이 기독교 교회의 성립 "바로 직전에 있었던 것"은 사실이지만, 그러나 유대교 신앙은 교회의 신앙과는 "결코 본질적으로 연관성이 없는, 즉 개념상 결코 통일성이 없는 것이다." "일반적인 교회사는 체계를 형성해야만 한다는 점에서" 오직 기독교를 그 출발점으로 삼고 있으며, "기독교는 자신이 유래한 유대교를 완전히 떠나서 새로운 원칙 위에 세워진 것이다". 즉 새로운 신앙은 옛 신앙을 계승하지 않는다. 따라서 역사적으로는 연속성이 있지만, 내용적으로는 불연속성을 갖는다. 이와 비슷한 판단들이 신학자들에게서도 발견된다.

2. 본질적으로 (B. Spinoza 또는 J. S. Semler) 구약을 비판할 때마다 항상 반복되고, 표어로 요약될 수 있는 주제들은 다음과 같은 세 가지이다:

1) 특수주의(Partikularismus) 및 국수주의(Nationalismus)
구약 신앙은 한 특정 민족과 결부되어 있다. 그리고 민족 종교는 특정한—과거의—문화 단계의 특징인 것처럼 보인다.

2) 율법성(Gesetzlichkeit)
구약은 기독교 신앙을 율법화시킬 위험이 있다.

3) 현세성(Diesseitigkeit)
구약은 "미래적 삶에 대한 신앙이 없다"(Kant). 따라서 기독교의 구원 이해가 구약의 현세적 기대들로 인해 세속화될 위험이 있다.

구약에 대한 해석이 나중에 제기된 이러한 문제들을 단순히 무시하지 않기 위해서는, 이러한 반론들을 반드시 고려해야만 할 것이다. 이러한 비판들은 단지 (어느 정도 폭넓은) 몇몇 영역에 해당될 뿐, 구약 전체와 구약의 다양성을 포괄하는 비판은 아니다. 무엇보다도 구약은 희망을 통해 자신의

"한계"를 넘어선다. 그것은 이방 민족들에 대해서 뿐만 아니라(사 2 : 2 이하 ; 40 : 5 ; 45 : 6 ; 66 : 21 ; 습 2 : 11 ; 3 : 9) 죽음에 대해서도(시 22 : 27 ; 73 : 23 이하 ; 사 25 : 8 등) 마찬가지이다.

우리가 율법과 복음의 대립적인 관계를 보여 주는 본문을 구약에서 찾는다면, 우리는 그에 해당되는 것을 구약에 나타난 하나님 행위와 인간 행위의 근본적인 구분에서 가장 먼저 발견할 수 있다(출 14 : 13-14 ; 20 : 2 이하 ; 신 7 : 6-7 ; 호 13 : 4 ; 14 : 5 ; 사 5 : 1 이하 ; 43 : 25 ; 56 : 1 ; 60 : 1 ; 렘 1 : 5 이하 ; 3 : 12 ; 단 2 : 34, 45 ; 참조. 창 50 : 19-20 ; 왕하 5 : 7 등).

3. 구약의 특수성이나 혹은 구약의 이질성에 대한 인식만큼이나 신구약의 연결성에 관한 질문도 중요하다. 신구약의 차이점을 간과하지 않으면서도 연관성을 표현할 수 있는 여러 가지 가능성들이 있다 :

1) 약속(Verheißung)과 성취(Erfüllung)

이 현상은 이미 구약에서도 잘 알려진 것이다(창 21 : 1 ; 민 23 : 19 ; 수 21 : 45 ; 왕상 17 : 16 ; 사 44 : 26 ; 참조. 사 55 : 11 ; 겔 37 : 14 등). 실현된 약속조차도 미래를 위한 것으로 새롭게 약속되고(창 22 : 17 ; 32 : 13과 또한 사 54 : 7-8 ; 55 : 3과 비교하라), 실현되지 않은 희망들은 계승될 수 있다(사 40 : 5 ; 52 : 7, 10 등). 신약은 구약을 "약속"이란 말로 특징지운다(롬 4 : 13 이하 ; 9 : 3 ; 15 : 8 ; 갈 3 : 14 이하 ; 참조. 고후 1 : 20 ; 마 1 : 22-23 ; 요 19 : 24-25 등). 실제로 이러한 사고는 한편으로는 구약의 미래 개방성이라는 구약의 본질적 특성을 부각시킨다. 약속은 구약의 상당히 넓은 부분을 차지한다(창세기, 출애굽기, 예언서 등). 다른 한편으로 성취는 기대를 넘어서거나 기대를 수정하기도 한다. 즉 이러한 점에 있어서 신약은 결코 항상 구약과 관련될 필요가 없는 신약의 자유성과 독립성을 유지할 수 있다.

2) 모형론(Typologie)

약속이 그 자체로 미래 통고인 반면에, 한 인물이나 사건 또는 말씀도 과거를 회고함으로써 얻어진 모형론적인 숙고로 인해 미래 사건의 모형, 예시된 묘사, 전조 또는 윤곽이 되기도 한다. 따라서 광야를 가로질러 건너는 것(출 16-17장 ; 32장 등)

은 "모형적인" 사건이 된다(고전 10 : 6, 11 ; 요 19 : 36과 출 12 : 46 ; 또한 롬 5 : 14 ; 구약에서는 사 52 : 11-12와 출 12 : 11 등을 서로 비교하라. 기교적인 것으로는 예를 들면 이삭을 제물로 바치는 사건을 그리스도의 희생의 예표로 묘사하는 것). 뚜렷한 공통점들로 인하여 두 가지 사건은 신구약 중간기의 시간적 간격에도 불구하고 직접적으로 서로 관련된다. 이는 물론 다음과 같은 전제를 근거로 하고 있다 : 두 가지의 사건에서 모두 동일한 하나님이 역사하셨다. 이 밖에도 이러한 방식은 약속과 성취의 범주나 구원사의 연속성이라는 개념과 결부될 수도 있고, 변형될 수도 있다. 후대의 사건이 그 이전의 사건을 완성시킬 뿐만 아니라, 그 사건과 정반대로 나타날 수도 있기 때문에 모형(模型 : Typos)-원형(原型 : Antitypos)의 관계도 역시 일치와 차이점으로 표현될 수 있다. 그러나 한 사건의 본래적 의미를 넘어서서 그 사건이 원래 가지고 있지 않은 미래적 의미를 도출할 수 있는가? 폰 라트(G. von Rad)가 초기에는 "원칙적으로 구약 본문의 자기 이해를 떠나서 그 이상의 의미를 갖게 되는" 모형론적인 해석을 변호했다면("Typologische Auslegung des Alten Testaments", *EvTh* 12, 1952 ; 17-33, 특히 31), 후기에는 모형론적인 의미를 전승사적 의미에서 파악했다(*Theologie des AT* II[4], 350 이하, 387 이하).

3) 전승사(Überlieferungsgeschichte)

전승사는 역사의 변화에 따른 수용과 변형을 관찰하기 때문에, 따라서 역사적 방법론에 속한다. 그러나 전승 과정은-역사의 우연성 때문에-심각한 단절과 변형 없이 연속되지는 않는다. 따라서 전승들은 심각하게 변화되고, 상실되고, 새롭게 시작될 수도 있다.

4) 구조유비(Strukturanalogie)

구약과 신약(또는 현재)을 비교하여 하나님 이해, 세계 이해, 그리고 인간 이해에서 나타나는 유비들을 찾아내고 경험을 해석할 때나 상황과 마주칠 때 나타나는 공통점들을 추적한다. 랏쇼브(C. H. Ratschow, *Der angefochtene Glaube*, 1960, 67 이하)는 구조유비에 대해 다음과 같은 것들을 실례로 언급한다. 그것은 특정 시공간 안에서 벌어진 사건에서 감춰지고 동시에 계시된 하나님의 행위, 잃어버린 자에 대한 하나님의 애정 그리고 인간에 대한 하나님의 고통이다(참조. A. H. J. Gunneweg ; H. D. Preuß).

불트만(R. Bultmann)에 따르면 구약에서 인간은 "시간성과 역사성 안에서 관찰된다. … 그러나 이러한 존재 이해는 신약의 존재 이해와 동일한 것이다"(*Glaube und Verstehen* I, 1993, 324).

구약과 신약 모두의 관련성과 독자성이 결국 모든 도식을 파괴하기 때문에, 서로 다른 접근법과 비교법이 필요하지 않은가? 두 가지 관찰 방법, 즉 구약에서 신약으로 향하는 것(구약에 나타난 미래의 기대들; 신약에서의 구약의 언어와 전승의 수용)과 또한 신약에서 구약으로 향하는 것(비슷한 것들을 드러내는 것)은 서로 배타적이어서는 안 되며, 상호 보충적이어야 할 것이다. 구약과 신약의 연속성(Nacheinander)과 병립(Nebeneinander)의 문제로 생겨난 과제는 구약과 신약의 공존성(Miteinander)에 대한 것이다. 즉 공존성에 대한 질문이란 모든 심각한 차이점들에도 불구하고 존재하고 있는 "내용상"의 통일성을 질문하는 것이다.

어쨌든 구약은 자기 자신의 진술을 통하여 말해야만 한다.

핸첸(E. Haenchen)의 다음과 같은 촉구는 정당하다: 우리는 "우리가 역사적 연구에서 다시 발견된 구약 문서들의 본래적인 의미가 신약의 메시지와 유사하다고 인식할 때, 그리고 그렇게 인식하는 한에서 구약의 유산을 거리낌없이 사용할 수 있다"(*Die Bible und Wir,* 1968, 27).

4. 언어상의 분명한 일치점 또한 (신약의 구약에 대한 직접적인 인용 이외에) 신구약의 공통점에 속한다. 신약은 구약으로부터 신학적으로 각인된 표현법들을 넘겨 받아서 새로운 경험들을 표현하는 데 사용하기도 했다. 예를 들어 바울에게 주어진 원시 기독교의 전승은 초기 시대로 소급되는 "그분께서 누구에게 나타나셨다"(창 12 : 7 등)라는 관용구를 부활하신 분의 나타나심을 표현하는데 사용하였다. 즉 신앙고백(고전 15 : 3-4)은 심지어 "성경대로"라고 표현하여 명확히 구약과 관련시키기도 한다. 유월절이 억압으로부터 구출된 것을 "기념"하는 날로 간주된 것처럼(출 12 : 14; 참조. 신 16 : 3, 12; 시 111 : 4 등), 성찬은 구약의 유월절 이야기와 관련을 맺고 있다: "이것은 나를 기념하는 것이다!"(고전 11 : 24-25; 눅 22 : 19). 이와 같이 각각의 현 세대들은 이전의 세대들과 자신을 동일시하는 방법으로 구원

에 참여한다(출 12 : 27 "우리의 집들" ; 고전 11 : 24 ; 눅 22 : 19–20 "너희를 위한").

신약과 구약에서 공통적으로 사용된 특정한 개념들(예를 들어 "영", "의", 하나님의 "왕권 통치", "죄", 또한 "믿다", "용서하다" 등)을 조사하는 것도 유익하지만, 그러나 그것만으로는 충분치 못하다. 왜냐하면 구약은 이러한 개념을 시종일관 개념적으로 사고하지 않고, 개념으로 파악되지 않는 현상적인 것으로 인식하고 있기 때문이다.

언어상의 (그리고 언어 이외의) 일치에 의해서 신구약의 내용은 어느 정도까지나 일치할 수 있을까? 구약에서 신약으로 넘어갈 때도 계속적으로 유지되는 문제들 또는 인식들에는 어떠한 것들이 있는가? 어느 정도까지 기독교 신앙은 구약을 근거로 하고 있는가?

무엇보다도 분명한 것은 제1계명으로 요약하여 표현된 하나님에 대한 구약의 진술을 지적하는 것이다. 제1계명은 구약의 유산으로서 여러 가지 모습을 띠고, 여러 가지의 영향을 미친다. 그리고 동시에 제1계명은 구약이 계속적으로 기독교에 던지는 질문이기도 하다. 따라서 그라쓰(H. Graß, *Christliche Glaubenslehre* II, 1974, 97)는 구약을 "교회의 유일신론적 양심"이라 부른다.

구약의 존재 이해를 율법 아래 있는 존재라고 해석했던 불트만(R. Bultmann, *Glaube und Verstehen* I, 1933, 313–336)은 구약의 중요한 영향도 강조했다 : "하나님이 역사 속에서 인간과 함께 행동한다는 사실을 가르쳐 주는 구약의 하나님 이해"는 이방인 기독교인들에게 "즉각적으로 침투된 '자연신학'(natürliche Theologie)의 사상을 막아 주는 평행추"이다. "하나님은 당신이 행하는 것 속에서 계시하신다는 사상은 구약으로 인해 유지될 수 있었다. 그리고 그러한 사상 때문에 예수라는 인물과 그의 십자가를 이해할 수 있는 가능성도 얻을 수 있었다"(*Theologie des NT*, [6]1968, 120).

브라운(H. Braun, "Das Alte Testament im Neuen Testament", *ZThK* 59, 1962, 30)도 이와 비슷한 판단을 내린다 : "신약의 저자들이 구약과 유대교의 사상에 각인되어 있지 않았다면, 헬레니즘적인 기독교는 황홀경(Ekstase)과 신비주의(Mystik)로 빠져버렸을 것이다."

두 신들, 즉 이 세상의 정의로운 주와 낯선 선한 하나님에 대한 마르시온(Marcion)의 가르침과 그리고 이와 비슷한 영지주의 사상에 반대해서, 교회는 2세기에 창조주와 구속주는 같은 분이라는 신앙고백을 고수했다. 이처럼 교회는 이미 창조주와 구속주가 같다는 사실(사 43 : 1 ; 44 : 6 등)을 진술한 구약을 신앙의 증언으로 굳게 붙들었다.

구약이 없었다면 신약은 너무 쉽게 곡해되지 않았을까? 이 때문에 이른바 후대의 교회들(junge Kirchen)에서 구약을 각기 지방의 전통으로 대체하는 것은 불가능한 일이었다.

5. 구약은 기독교 교의학의 전통적인 형태에도 영향을 주었다. 이는 다음과 같은 세 개의 복합적인 주제들에서 가장 쉽게 드러난다 : 신론(예를 들어 "살아 계신 하나님"과 같은 하나님의 속성들, 창조, 계시의 역사성), 인간론(하나님의 형상, 인간의 전체성, 창조와 세계에 대한 책임, 죄와 속죄), 종말론(메시아에 대한 기대, 하나님의 나라 등). 이 밖에도 기독론의 영역에서는 특별히 세 가지 직분(예언자, 대제사장, 그리고 왕)에 관한 교리가 구약의 전승 요소들을 수용했다. 그리고 성령론에서도 구약의 증언들은 영의 활동에 대해 진술하는 것을 도와주었다. 더욱이 구약의 언어는 예배에서도 계속 사용되었다(민 6 : 24 이하 ; 사 6 : 3 ; 시편들)

결국 하나님에 대한 진술과 하나님에 대한 관념을 구별하는 형상 제조의 금지명령은 신학적으로 아주 큰 의미를 갖고 있지 않은가? 구약은 신앙과 상황이 밀착된 관계에 있다는 사실을 보여 줄 뿐만 아니라, 신앙 이해, 세계 이해, 그리고 인간 이해의 역사성에 대해 숙고하도록 고무시키기도 한다. 그러한 동기들은 현존재의 한계 상황에 만족하지 않고 이 세계의 변화를 기대하는 소망에서 시작될 수 있다(사 2 : 4 ; 11장 ; 65 : 17 등). 늘 한 분 하나님에 대한 신앙이 진술되는 구절에는 구약의 영향이 직-간접적으로 나타난다. 이러한 인식은 종교들(유대교, 기독교, 이슬람교)의 공통점을 새롭게 찾도록 만들 수 있지 않은가?

결국 구약의 의미에 대한 질문에는 단지 하나의 해답만이 존재하는 것이 아니다. 따라서 구약은 그 자체로 그리고 구약의 영향력의 역사 가운데서도 너무나 다양한 모습을 갖는다.

나는 이제 이 책의 마지막 부분에서 몇 가지 논지들(이것은 논문 "Ansätze zum Verstehen des Alten Testament", *EvTh* 47, 1987, 457-459의 내용을 확대 보충함)의 분명한 특징들을 요약하고 강조하려고 한다:

1. 구약은 신앙의 역사를, 즉 한 분이며 동일한 하나님에 대한 신앙(출 6:2-3 등)의 역사를 보존하고 증언한다. 또한 구약은 현재의 신앙인들을—기독교 공동체뿐만 아니라 한 개인—신앙의 역사로 편입시킨다.

구약을 통해서 형제들을 뛰어넘어 신앙의 선조(아버지들)를 갖게 되고, 또한 그 사실을 인식하게 된다면, 구약이 신앙인들에게는 중요하지 않겠는가?

2. 구약은 "인간이란 무엇인가?" 라는 질문을 제기하며 (종종 생생한 비유적 이야기로) 인간의 죄로 인한 타락과 유한성을 포함하는 인생의 넓이와 깊이를 묘사한다. 이처럼 구약은 신앙에 입각하여 인간의 실제에 대한 인식과 해석에 관심을 두고 있다. 즉 구약은 "하나님 앞에 선 인간"(homo coram Deo)의 경험들에 관심을 보인다.

또한 구약은 이스라엘이 체험한 경험들에 대해 일반적인 인식과 구속력을 부여하기도 한다: "사람이 떡으로만 사는 것은 아니다"(신 8:3; 참조. 창 1:26-27; 8:21; 9:6; 미 6:8; 사 2:17; 잠 16장 등).

3. 구약은 인간에 대해 질문할 뿐 아니라, 대답도 제공한다. 그 대답은 인간에 대한 질문에 이어서 진술된다(시 8:4): "당신께서는 그를 생각하시나이다." 이러한 대답은 일시적인 것이 아니라, 오히려 확신에 찬 무조건적인 약속이거나 확언일 수 있다.

4. 구약의 여러 진술가운데 다음과 같은 진술이 지배적인 중심 어조를 형성한다(호 13:4; 사 45:21):

"나 이외에 너는 하나님을 알지 못하며,
나 이외에는 구원자가 없느니라."

이처럼 계명들과 법규정들(출 20장 이하)이 비로소 하나님의 약속(출 3장, 6장), 구원, 그리고 돌보심(출 14-17장)의 결과로 주어진 것처럼, 십계명(출 20 : 2-3)에서도 "네 하나님"이란 배타성 요구는 약속의 결과로 나타난다.

구약이 기독교에게 물려주었고, 오늘날까지도 신앙의 언어로서 중요시되는 모든 것들은 제1계명으로 첨예하게 표현된 배타성의 요구에 의해 깊이 영향받았다. 그러한 예로는 창조주에 대한 신앙고백, 시편의 탄원과 찬양, 하나님을 "아버지"(참조. 사 63 : 16 ; 말 2 : 10과 렘 2 : 27을 비교하라)로 부르는 것 또는 하나님의 왕권 통치에 대한 기대(시 95 : 3과 슥 14 : 9을 비교하라)가 있다.

따라서 제1계명은 결코 하나의 "형식적인" 연결 요소나 근본 주제만이 아니라, 전승, 사상, 그리고 경험 심지어는 윤리적인 태도(참조. 레 19 : 2 ; 잠 20 : 22 ; 롬 12 : 17 이하)와 희망에 관련하여 상당한 영향을 미쳤다.

또한 메시아에 대한 예언들도 결국 하나님의 활동을 약속한다: "당신께서는 큰 기쁨을 주십니다. 만군의 야웨께서 이를 이루실 겁니다"(사 9 : 3, 7 ; 참조. 사 11 : 2). 이와 마찬가지로 미래의 왕(렘 23 : 6)도 "야웨는 우리의 의이며 우리의 구원이시다"라는 이름을 지닌다. 이처럼 하나님은 본래 구원자이시다(참조. 시 130 : 7-8).

5. 구약 신앙은 인간 경험의 모순은 아닐지라도, 인간 경험의 갈등을 포함한다: "태어날 때가 있고 죽을 때가 있다. 울 때가 있고 웃을 때가 있다"(전 3장). 구약 신앙은 좋은 일에서뿐만 아니라 좋지 못한 일에서도 하나님에 대한 신앙을 고백한다: 누가 인간을 "보게도 눈멀게도 만드느냐? 바로 나, 야웨가 아니냐?"(출 4 : 11 ; 참조. 사 45 : 7 ; 욥 1 : 21 ; 또한 룻기와 애가 등).

"당신은 인간을 먼지로 돌아가도록 만드십니다"라는 인식에도 불구하고 시편 90편은 하나님을 "피난처"라고 고백하며, 인간의 시간적인 유한성에 대해서도 숙고한다(참조. 욥 14장). 시편의 탄원, 욥의 고발 또는 예레미야의 고백은 너무나도 고통스러운 경험 속에서 바로 "당신"을 향한, "당신"과의 투쟁을 보여 준다. 구약은 그러한 말씀들을 전승함으로써, 하나님에게 비판적인 인간이 하나님에 대해 말할 수 있을 뿐만 아니라(3인칭으로 "하나님은 없다" 시 14 : 1 ; 참조. 시 10 : 4, 11 ; 73 : 11 ; 습 1 : 12 등), 오히려 하나님에게 탄원하거나 하나님을 고발할 수도 있음을 보여 준다. 따라서 항의와 의심은 신앙에서 벗어날 필요가 없고, 오히려 신앙 안에서 진술될 수 있는 것이다.

6. 구약이 하나님의 거룩성(사 6장) 또는 하나님의 통치(시 47 : 8－9 ; 145 : 13 등)를 강조하여 하나님의 형상 제조를 금지하는 것은 그것을 통해 하나님이 인간의 관념 안에 갇힐 수 있는 분도 아니며, 또한 인간의 소원을 보증해 주는 분도 아니며(참조. 암 5 : 18 ; 렘 6 : 14), 오히려 숨어 계셨고(사 8 : 17 ; 참조. 사 29 : 14 ; 45 : 15) 멀리 계시는(렘 23 : 23) 하나님이라는 사실을 분명히 보이기 위한 것이다.

따라서 구약은 하나님이 "죽이기도 하시고, 살리기도 하신다"(삼상 2 : 6 등)는 인식을 갖고 있다. 이러한 상반된 내용의 연속에는 진술의 의도가 숨겨져 있다. 또한 소교리문답(Kleiner Katechismus)에 나타난 루터(M. Luther)의 해설도 구약의 의도와 잘 맞아떨어진다(신 6 : 15, 13 등) : "우리는 하나님을 경외하고 사랑해야 한다."

이와 상응하여 구약은 하나님이 위험에서 미리 보호해 주시는 것이 아니라 위험을 당하는 중에 보호해 주신다는 약속을 계속하고 있다(렘 1 : 8 ; 15 : 20 등). 하나님의 은혜의 끝을 생각할 수 있는 예언자들(렘 16 : 5 등)은 재난 중에 새로운 구원을 약속한다(사 1 : 21－26 ; 11 : 1 ; 렘 29장 ; 32장 ; 겔 37장 등). 그리고 시편의 기도자는 하나님이 어둠 가운데서 그를 붙들어 주실 것이라고 확신한다 : "사망의 음침한 골짜기에서 당신은 나와 함께 하십니다"(시 23 : 4 ; 참조. 시 73 : 23 이하 등).

7. 시편은 "야웨께서 마음이 깨어진 자에게 가까이 계신다"라고 고백한다(시 34 : 18 ; 참조. 시 51편 ; 사 57 : 15). 성서는 모세에 대해서 다음과 같이 말한다: "그는 매우 겸손하여, 땅위에 어느 사람보다도 겸손했다"(민 12 : 3). 심지어 고대했던 미래의 왕조차도 (히브리어 본문 슥 9 : 9 – 10에 따르면) 가난할 뿐 아니라 하나님의 도움에 의존하며, 이방 민족들에게 구원을 선포한다. 예레미야가 자신의 민족 가운데에서 선포하면서 어떻게 고난을 받았는지, 그리고 하나님의 종이 자신의 민족을 위해 얼마나 고난받았는지를 생각한다면, 우리는 "구약에서 축복은 그 안에 십자가를 포함하며, 신약에서 십자가는 또한 그 안에 축복을 담고 있다"는 본회퍼(D. Bonhoeffer)의 판단에 동의할 수밖에 없다.

8. "그가 자신이 만드신 모든 것을 보시니, 매우 좋았더라"(창 1 : 31)라는 창조에 대한 하나님의 판단은 기쁨과 고통으로 이원화된 현재의 세계가 아니라, 적어도 폭력적으로 유발되는 고통이 없다는 점에서 피흘림이 없었던 세상에 대한 것이다(창 1 : 29 – 30). 동시에 창조된 세계와 현재의 세계 사이에는 차이가 발생했다. 현재 존재하는 세계의 모습은 하나님께 합당한 것이 아니다. 따라서 이러한 불의와 고난은 당연한 것이다.

예언적 – 종말론적인 희망은 창조 세계와 현존 세계가 차이가 있다는 사상을 수용해서, "끝이 없는 평화"(사 9 : 6 ; 2 : 4)의 지속과 사망의 멸망(사 25 : 8 ; 참조. 시 22 : 27 이하 ; 73 : 23 이하) 또는 "새 하늘과 새 땅"(사 65 : 17)의 성취를 선포했다. 이미 이사야는 신앙의 배타성에 근거해서 미래의 기대를 다음과 같이 진술한다: "그날에 인간의 교만이 낮아질 것이고, 오직 야웨만이 높여질 것이다"(사 2 : 17). 기독교 공동체가—구약을 넘어서서—이미 오신 자의 미래를 고백하는 것이 사실이지만, 그러나—구약과 함께 그리고 구약과 같은 의미로(슥 14 : 9 ; 참조. 사 24 : 23 ; 60 : 19 – 20 등)—"하나님은 모든 것의 주이시다"(고전 15 : 28)라는 고백이 실현될 것을 소망하고 있다.

9. 만약 기독교 공동체가 예배에서 아론의 축복(민 6 : 24 – 26 ; 참조.

시 90 : 17 ; 121 : 8 등)이나 다음과 같은 기도를 낭송하고 고백한다면 :

> "주께 감사하라,
> 왜냐하면 그는 선하시며 인자하심이
> 영원함이기 때문이니라"(시 136 : 1 ; 참조. 출 34 : 6-7 ; 시 103편 등).

기독교 공동체는 하나님이 은혜롭게 함께 하실 것이라는 구약에서 주어진 약속("내가 너와 함께 있느니라")의 지배를 받는 것이며, 신약에서 이 약속에 대한 확신을 고백하는 것이다.

구약은 비로소 후대에 기독교 공동체에 수용되었던 것이 아니라, 오히려 처음부터 한 분이신 하나님에 대한 신앙의 증거였다.

신약에서 제1계명은 아주 당연하게 효력을 발휘한다 : "어떤 사람도 두 주인을 섬길 수 없느니라"(마 6 : 24 ; 참조. 마 6 : 33 ; 22 : 37-38 ; 롬 3 : 30 등). 마가복음 15장 34절에 따르면 예수는 십자가에서 하나님께 버림받은 상태에서 시편 22편의 말씀을 인용하여 자신을 버린 하나님께 속마음을 토로했다 : "나의 하나님, 나의 하나님 어찌하여 당신은 나를 버리셨나이까?"

부활절에 관한 초기의 증언이 "예수를 죽은 자들로부터 일으키신"(갈 1 : 1 등) 하나님의 역사를 지시하고 있다면, 후대의 고대 교회도 제1계명을 계속 유지하면서 삼위일체 교리를 발전시켰다. 그러므로 한편으로 신약은 하나님을 새롭게 이해하였고, 또 다른 한편으로 그리스도에 대한 체험도 구약과의 관련성을 계속 유지하면서 해석되었다.

창조주와 구속주가 같다는 고대 교회의—마르시온의 주장과 반대되는—중요한 신앙고백은 나름대로 이미 구약(사 43 : 1 ; 44 : 6 등)을 진술한 것이다.

10. 기독교 공동체는 이방 민족들이 한 분 하나님을 받아들일 것이라는 소망을 가지고 있는 구약(사 19 : 24-25 ; 25 : 6-7 ; 45 : 23 ; 습 2 : 11 ; 시 22 : 27-28 ; 100편 등)으로부터 물려받은 바 있는 "민족"이라는 개념을 전용(轉用)하여 유대인과 이방인으로 구성된 민족으로 해석한다(엡 2장 ;

3 : 6). 물론 교회는 "그리스도의 몸"임에도 불구하고, "하나님의 백성"(출 19 : 6을 따르고 있는 벧전 2 : 9 - 10)으로 이해된다. 물론 이는 "하나님의 '그' 백성"도 "하나님의 '한' 백성"도 아니다.

이처럼 교회는 스스로에 의해서 세워진 것이 아니라, 이스라엘과 마찬가지로 "부름 받고"(호 11 : 1), "선택되고"(단 7 : 7 - 8) "창조된"(사 43 : 1 등) 것이다.

히브리어 성서 중에서도 토라에 가장 큰 권위를 부여하는 유대교 공동체는 또한 자신들이 아브라함이 받은 "영원한 언약"(창 17 : 19 등) 안에 있다고 고백한다. 이에 반해 기독교 공동체는 예언자들의 "새 언약"(렘 31 : 31 - 34 ; 참조. 고전 11 : 25 등)의 약속에 의지한다.

이러한 차이점은 심각하지만, 토라와 예언이 한편으로는 둘 다 모두 하나님의 은혜를 하나님의 자유로운 행위로 이해하고 다른 한편으로는 인간의 불순종을 부인하지 않는다는 점에 있어서 일치한다.

예언자들이 약속한 구원은 이미 언약 파기에 대한 질책에까지 이르는 그들의 비판을 전제한다(렘 31 : 32). 반면에 토라에 따르면 이스라엘 민족은 하나님이 도와주실 것이라는 약속에 곧바로 "불순종"(출 6 : 9)과 불평(14 : 11 - 12 등)으로 응답한다. 심지어 모세조차도 예외가 아니었다(민 20 : 12 등). 또한 족장들이나 다윗도 흠이 없지 않았다. 이러한 점에서 토라는 하나님의 지속적인 은혜에 대하여 설명하였고, 예언은 죄인이 될 자들이나 이미 죄인이 된 자들(창 8 : 21 ; 렘 17 : 1 ; 시 143 : 2 등)을 향한 하나님의 새로운 은혜를 기대했다.

참고문헌

아래의 약어들은 일반적으로 통용되는 관례를 따르고, 대부분은 슈베르트너(S. Schwertner)의 『신학과 신학 관련 분야의 국제적인 약어 표시들』(*Internationales Abkürzungsverzeichnis für Theologie und Grenzgebiete*, 2d ed. Berlin/New York : de Gruyter, 1992)을 따르고 있음을 밝힌다.

추가하여 쓰인 약어들: WuD : Wort und Dienst; WBC: Word Biblical Commentary ; HBS : Herders Biblishe Studien ; WuB : Wort und Botschaft des AT, ed. by J. Schreiner, 1967, ^{3}1975 ; TaI : Tradition and Interpretation, ed. G. W. Anderson, 1979 ; THLI : Textwissenschaft-Hermeneutik-Linguistik-Informatik ; NSKAT : Neuer Stuttgarter Kommentar. Altes Testament.

제1장 구약의 부분들

연구개관 : **R. Smend,** "Ein halbes Jahrhundert Einleitungswissenschaft," *ThR* 49 (1984) 3-30 ; **D. A. Knight** and **G. M. Tucker** (ed.), *The Hebrew Bible and Its Modern Interpreters* (1985) ; **W. H. Schmidt, W. Thiel** and **R. Hanhart,** *AT. Grundkurs Theologie* 1, *UB* 421 (1989).

구약개론: **A. Bentzen** (^{5}1959 ; Eng. : *Introduction to the OT,* 1967) ; **O. Eissfeldt** (^{3}1964, ^{4}1976 ; Eng. : *The Old Testament: An Introduction*, 1965) ; **A. Weiser** (^{6}1966 ; Eng. : *Introduction to the Old Testament,* 1961) ; (**E. Sellin**－) **G. Fohrer** (^{12}1979 ; Eng. : *Introduction to the Old Testament,* 1972) ; **A. Robert** and **A. Feuillet** (1963) ; **O. Kaiser** (^{5}1984 ; Eng. : *Introduction to the Old Testament,* 1975) ; **R. Smend,** *Die Entstehung des AT* (=*EntstAT*) (1978) ; **B. S. Childs,** *Introduction to the Old Testament as Scripture* (1979) ; **H. J. Boecker, H. J.**

Hermisson et al., *AT* ([2]1986) ; **R. Rendtorff** ([4]1992 ; Eng. : *The Old Testament : An Introduction* 1985, 1986) ; **R. J. Coggins,** *Introducing the OT* (1990) ; **O. Kaiser,** *Grundriss der Einleitung in die kanonischen und deuterokanonischen Schriften des AT* I (1992), II (1994), III(1994).

정경의 문제 : **H. v. Campenhausen,** *The Formation of the Christian Bible* (1972) ; **H. Haag,** "Kanon," *Bibel-Lexikon* ([2]1968) 915이하. (bibliog.) ; **H. Gese,** "Erwägungen zur Einheit der biblischen Theologie"(1970) : *Vom Sinai zum Zion* (1974) 11-30 ; **J. Conrad,** "Zur Frage nach der Rolle des Gesetzes bei der Bildung des alttestamentlichen Kanons," *ThV* 11 (1980) 11-19 ; **G. Wanke,** "Bibel," *TRE* VI (1980) 1-8 (bibliog.) ; **H. J. Zobel,** "Einleitungswissenschaft I," *TRE* IX (1982) 460-69 (bibliog.) ; *JBTh* 3 (1988, bibliog.) ; **O. H. Steck,** "Der Kanon des hebräischen AT," *FS W. Pannenberg* (1988) 231-52 ; **G. Maier** (ed.), *Der Kanon der Bibel* (1990) ; **N. Freedman,** "The Formation of the Canon of the OT" : **E. B. Firmage et al.** (ed.), *Religion and Law* (1990) 315-31 ; **G. Chr. Macholz,** "Die Entstehung des hebräischen Bibelkanons nach 4Esra 14," *FS R. Rendtorff* (1990) 379-91 ; **O. H. Steck,** *Der Abschluß der Prophetie im AT. Ein Versuch zur Frage der Vorgeschichte des Kanons, BThSt* 17 (1991) ; idem, "Der Kanon des hebräischen AT" : **W. Pannenberg** and **Th. Schneider** (ed.), *Verbindliches Zeugnis I. Kanon-Schrift-Tradition, Diki* 7 (1992) 11-33 ; **R. T. Beckwith,** "A Modern Theory of the OT-Canon," *VT* 41 (1991) 385-95 ; **C. Dohmen** and **M. Oeming,** *Biblischer Kanon, warum und wozul, QD* 137 (1992) ; E. Zenger (ed.), *Die Tora als Kanon für Juden und Christen, HBS* 10 (1996).

제2장 이스라엘의 역사

개요 : **A. Alt,** *Kleine Schriften zur Geschichte des Volkes Israel* I-III (1953 이후) ; selection in *Grundfragen zur Geschichte des Volkes Israel* (1969 ; an English-language selection : *Essays in Old Testament History and Religion,* 1967) ; **M. Noth,** *Geschichte Israels* ([2]1954, [8]1976 ; Eng. : *The History of Israel,* [2]1960) ; **M. Metzger,** *Grundriss der Geschichte Israels* (1963, [5]1979) ; **A. H. J. Gunneweg,** *Geschichte Israels bis Bar Kochba* (1972, [3]1979) ; **S. Herrmann,** *Geschichte Israels in alttestamentlicher Zeit* (1973, [2]1980 ; Eng. : *A History of Israel in Old Testa* *ment Times,* 1975 ; see **R. Smend,** *EvTh* 34 [1974] 304–14) ; **A. Jepsen** and **K.–D. Schunck,** *Von Sinuhe bis Nebukadnezar* (1975, [3]1979 ; with chronological table and ancient Near Eastern courses) ; **G. Fohrer,** *Geschichte Israels* ([2]1979) ; **J. H. Hayes** and **J. M. Miller,** *Israelite and Judaean History* (1977) ; **H. H. Ben–Sasson** (ed.), *Geschichte des jüdischen Volkes,* I (1978, [2]1981) ; **R. de Vaux,** *The Early History of Israel* (1978) ; **J. Bright,** *A History of Israel* ([3]1981) ; **H. Donner,** *Geschichte des Volkes Israel und seiner Nachbarn in Grundzügen* I (1984, [2]1995), II (1986, [2]1995) ; **J. A. Soggin,** *A History of Israel* (1981) ; **Z. Kallai,** *Historical Geography of the Bible* (1986) ; **R. H. Lowery,** *The Reforming Kings. Cults and Society in First Temple Judah, JSOT.S* 120 (1991) ; **P. R. Davies,** *In Search of 'Ancient Israel', JSOT.S* 148 (1992) ; **G. W. Ahlström,** *The History of Ancient Palestine from the Palaeolithic Period to Alexander's Conquest, JSOT.S* 146 (1993) ; **H. M. Niemann,** *Herrschaft, Königtum und Staat, FAT 6* (1993).

제3장 사회사적 요소들

연구개관 : **W. Schottroff,** "Soziologie und AT." *VF* 19/2 (1974) 46–66 (bibliog.) ; idem, "Zur Sozialgeschichte Israels in der Perserzeit," *VF* 27/1 (1982) 46–68 (bibliog.).

M. Weber, *Das antike Judentum* (Gesammelte Aufsätze zur Religionssoziologie III, 1920, [4]1966 ; Eng. : *Ancient Judaism,* 1952) ; **W. Schluchter** (ed.), *Max Webers Studie über das antike Judentum. Interpretation und Kritik* (1981) ; **L. Köhler,** *Der hebräische Mensch* (1953 ; Eng. : *Hebrew Man,* 1957) ; **R. de Vaux,** *Das AT und seine Lebensordnungen* I–II (1960/2, [2]1964/6 ; Eng. : *Ancient Israel : Its Life and Institutions* 1961) ; **Y. Yadin,** *The Art of Warfare in Bible Lands in the Light of Archaeological Discovery,* I (1962) ; **G. Buccellati,** *Cities and Nations of Ancient Syria* (1967) ; **H. E. v. Waldow,** "Social Responsibility and Social Structure," *CBQ* 32 (1970) 182–204 ; **G, C. Macholz,** "Die Stellung des Königs in der israelitischen Gerichtsverfassung," *ZAW* 84 (1972) 157–82 ; **F. Stolz,** "Aspekte religiöser und sozialer Ordnung im alten Israel," *ZEE* 17 (1973) 145–59 ; **J. Ebach,** "Sozialethische Erwägungen zum atl. Bodenrecht," *BN* 1 (1976) 31–46 ; **M. Schwantes,** *Das Recht der Armen, BET* 4 (1977) ; **F. Crüsemann,** *Der Widerstand gegen das Königtum, WMANT* 49 (1978) ; **H. G. Kippenberg,** *Religion und Klassenbildung* *im antiken Judäa* (1978) ; **W. Dietrich,** *Israel und Kanaan* (1979) ; **N. K. Gottwald,** *The Tribes of Yahweh* (1979) ; idem, "Sociological Method in the Study of the Ancient Israel" : **M. J. Buss** (ed.), *Encounter with the Text* (1979) 69-81 ; **W. Schottroff** and **W. Stegemann** (ed.), *Der Gott der kleinen Leute* I (1979, ^{2}1981) ; idem, *Traditionen der Befreiung* I (1980) ; **W. Thiel,** *Die soziale Entwicklung Israels in vorstaatlicher Zeit* (^{2}1984) ; **G. Fohrer,** *Zur Einwirkung der gesellschaftlichen Struktur Israels auf seine Religion, BZAW* 155 (1981) 117-31 ; **M. Klopfenstein,** "Jahweglauben und Gesellschaftsordnung," *IKZ* 72 (1982) 118-31 ; **U. Worschech,** *Abraham. Eine sozialgeschichtliche Studie, EHS.T* 225 (1983) ; **L. and W. Schottroff** (ed.), *Mitarbeiter der Schöpfung* (1983) ; **R. Smend,** "Der Ort des Staates im AT." *ZThK* 80 (1983) 245-61 ; **H.-P. Müller,** "Gesellschaft II," *TRE* XII (1984) 756-64 (bibliog.) ; **N. K. Gottwald,** *The Hebrew Bible. A Socio-Literary Introduction* (1985) ; **N. P. Lemche,** *Early Israel. Anthropological and Historical Studies on the Israelite Society before the Monarchy. VT.S* 37 (1985) ; **J. W. Rogerson,** "The Use of Sociology in OT Studies,", *Congress Volume Salamanca, VT.S* 36 (1985) 245-56 ; **H. Niehr,** *Herrschen und Richten, FzB* 54 (1986) ; **K. Engelken,** Frauen im *AT. BWANT* 130 (1990) ; **V. Fritz,** *Die Stadt im alten Israel* (1990 ; Eng. : *The City in Ancient Israel,* 1995) ; **R. E. Clements** (ed.), *The World of Ancient Israel. Sociological, Anthropological and Political Perspectives* (1989, 1991) ; **R. Albertz,** *Religionsgeschichte Israels in atl. Zeit, GAT* 8/1-2 (1992 ; Eng. : *A History of Israelite Religion in the Old Testament Period*, OTL, 1994 ; 참조. **W. Thiel,** *ThLZ* 119 [1994] 3-14) ; **R. Kessler,** *Staat und Gesellschaft im vorexilischen Juda vom 8. Jahrhundert bis zum Exil, VT.S* 47 (1992) ; idem, "Frühkapitalismus," *EvTh* 54 (1994) 413-27 (cf. 400이하).

예언자의 사회 비판 : **H. Donner,** "Die soziale Botschaft der Propheten im Lichte der Gesellschaftsordnung Israels," *OrAnt* 2 (1963) 229-45 ; **K. Koch,** "Die Entstehung der sozialen Kritik bei den Profeten," *FS G. v. Rad* (1971) 236-57 ; **G. Wanke,** "Zu Grundlagen und Absicht prophetischer Sozialkritik," *KuD* 18 (1972) 1-17 ; **M. Fendler,** "Zur Sozialkritik des Amos," *EvTh* 33 (1973) 32-53 ; **O. Loretz,** "Die prophetische Kritik des Rentenkapitalismus," *UF* 7 (1975) (271-78 ; **W. Kornfeld**, "Die Gesesllschafts-und Kultkritik atl. Propheten," *FS Kardinal König* (1980) 181-200 ; **G. Fleischer** (see §14) ; **A. D. H. Mayes,** "Prophecy and Society in Israel," *FS R. N. Whybray, JSOT.S* 162 (1993) 25-42.

제4장 (모세) 오경

연구사 : **H. J. Kraus,** *Geschichte der historisch-kritischen Erforschung des AT* ([4]1988) ; **E. Osswald,** *Das Bild des Mose* (1962) ; **R. J. Thompson,** *Moses and the Law in a Century of Criticism since Graf, VT.S* 19 (1970) ; **R. E. Clements,** "Pentateuchal Problems," *Tal,* 96-124 ; **L. Schmidt,** "Literarkritik I," *TRE* XXI (1991) 211-22 ; **B. Seidel,** *Karl David Ilgen und die Pentateuchforschung im Umkreis der sogenannten älteren Urkundenhypothese, BZAW* 213 (1993 ; 참조. *ZAW* 106 [1994] 476-85) ; **C. Houtman,** *Der Pentateuch* (1994).

주요 학술서 : **J. Wellhausen,** *Die Composition des Hexateuchs* (1876-1877, [4]1963) ; idem, *Prolegomena zur Geschichte Israels* (1883, [6]1905 ; Eng. : *Prolegomena to the History of Ancient Israel,* 1885, 1957) ; **H. Holzinger,** *Einleitung in den Hexateuch* (=*EinlHex*) (1893) ; **J. Estlin Carpenter** and **G. Harford,** *The Composition of the Hexateuch* (1902) ; **S. R. Driver,** *An Introduction to the Literature of the Old Testament* (1912) ; **O. Eissfeldt,** *Hexateuch Synopse* (1922, 1962) ; **G. v. Rad,** "Das formgeschichtliche Problem des Hexateuch"(1938) : *GSt* (1958, [4]1971) 9-86 (Eng. : *The Problem of the Hexateuch and Other Essays,* 1966) ; **M. Noth,** *Überlieferungsgeschilchte des Pentateuch* (1948, [3]1966 ; Eng. : *A History of Pentateuchal Traditions,* I. 1972) ; **G. Hölscher,** *Geschichtsschreibung in Israel* (1952) ; **S. Mowinckel,** *Erwägungen zur Pentateuch-Quellenfrage* (1964).

최근 저서 : **R. Rendtorff,** *Das überlieferungsgeschichtliche Problem des Pentateuch, BZAW* 147 (1976 ; Eng. : *The Problem of the Process of Transmission in the Pentateuch, JSOT.S* 89, 1990) ; **E. Otto,** "Stehen wir vor einem Umbruch in der Pentateuchkritik?" *VF* 22/1 (1977) 82-97 ; **P. Weimar,** *Untersuchungen zur Redaktionsgeschichte des Pentateuch, BZAW* 146 (1977) ; **B. Diebner,** "Neue Ansätze in der Pentateuch-Forschung," *DBAT* 13 (1978) 2-13 ; **H. Donner,** "Der Redaktor" (1980) : *Aufsätze zum AT, BZAW* 224 (1994) 259-85 ; **H. Ch. Schmitt,** *Die nichtpriesterliche Josephsgeschichte, BZAW* 154 (1980, esp. 175이하 ; 참조. **H. Seebass** : *VF* 27/1 [1982] 89-91) ; idem, "Redaktion des Pentateuch im Geiste der Prophetie," *VT* 32 (1982) 170-89 ; **E. Zenger,** "Wo steht die Pentateuchforschung heute?" *BZ* 24 (1980) 101-16 ; iedm, "Auf der Suche nach einem Weg aus der Pentateuchkrise," *ThRv* 78 (1982) 353-62 ; **H. H. Schmid,** "Auf der Suche nach neuen Perspektiven für die Pentateuchforschung," *Congress Volume Vienna, VT.S* 32 (1981) 375-94; **R. North,** "Can Geography Save J from Rendtorff?" *Bib* 63 (1982) 47-55; **A. H. J. Gunneweg,** "Anmerkungen und Anfragen zur neueren Pentateuchforschung" (1983, 1985): *Sola Scriptura* 2 (1992) 93-119, 120-44; **G. Larsson,** "The Documentary Hypothesis and the Chronological Structure of the OT," *ZAW* 97 (1985) 316-33; **L. Ruppert,** "Die Aporie der gegenwärtigen Pentateuchdiskussion und die Josefserzählung der Genesis" (1985): "Studien zur Literaturgeschilchte des AT," *SBAB* 18 (1994) 89-109(cf. 274이하); **H.-C. Schmitt,** "Die Hintergründe der 'neuesten Pentateuchkritik' und der literarische Befund der Josephsgeschichte Gen 37-50," *ZAW* 97 (1985) 161-79; **C. J. Labuschagne,** "Neue Wege und Perspektiven in der Pentateuchforschung," *VT* 36 (1986) 146-62; **F.-L. Hossfeld,** "Der Pentateuch": **E. Sitarz** (ed.), *Höre Israel!* (1987) 11-68; **T. L. Thompson,** *The Origin Tradition of Ancient Israel 1. The Literary Formation of Genesis and Exodus 1-23, JSOT.S* 55 (1987); **R. N. Whybray,** "The Making of the Pentateuch," JSOT.S 53 (1987); **W. H. Schmidt,** "Plädoyer für die Quellenscheidung," *BZ* 32 (1988) 1-14; **A. de Pury** (ed.), *Le Pentateuque en question* (1989); **E. Blum,** *Studien zur Komposition des Pentateuch, BZAW* 189 (1990); **J. A. Emerton** (ed.), *Studies in the Pentateuch, VT.S* 41 (1990); **C. Brekelmans and J. Lust** (ed.), "Pentateuchal and Deuteronomistic Studies," *BEThL* 94 (1990); **M. Haran,** "Book-Size and the Thematic Cycles in the Pentateuch," *FS R. Rendtorff* (1990) 165-76; **W. H. Schmidt,** "Elementare Erwägungen zur Quellenscheidung im Pentateuch," *Congress Volume Leuven, VT.S* 43 (1991) 22-45; **G. J. Wenham,** "Method in Pentateuchal Criticism," *VT* 41 (1991) 84-109; **S. Boorer,** *The Promise of the Land as Oath. A Key to the Formation of the Pentateuch, BZAW* 205 (1992); **P. Haudebert** (ed.), *Le Pentateuque, LeDiv* 151 (1992); **H. Seebass,** "Pentateuch," *TRE XXVI* (1996) 185-209 (bibliog.)

창세기 주석서들: **H. Gunkel** (HK, [3]1910; Eng.: 1998); **O. Procksch** (*KAT,* [2,3]1924); **S. R. Driver,** *The Book of Genesis* ([12]1926); **G. v. Rad** (*ATD,* 1953, [11]1981; Eng.: *OTL,* 1972); **U. Cassuto,** *Commentary on Genesis,* I (1961), II (1964); **E. A. Speiser** (*AncB,* 1964); **N. Sarna,** *Understanding Genesis* (1966); **C. Westermann** (*BK,* I [3]1983, II [2]1989, III 1992; Eng.: I 1984, II 1985, III 1986); **W. Zimmerli** (*ZBK. AT* I. [3]1967; II, 1976); **B. Vawter,** *On Genesis: A New Reading* (1977); **J. Scharbert** (*NEB,* I 1983, [3]1990, II 1986); **N. M. Sarna** (*JPSTC,*

1989) ; **V. P. Hamilton** (*NIC,* 1990) [Gen 1-17] ; **H. J. Boecker** (*ZBK.AT* III, 1992) ; **L. Ruppert** (*FzB* 70, 1992) [Gen 1-11] ; **H. Seebass** (I 1995, II/1 1996).

연구개관 : **C. Westermann,** *Genesis 1-11, EdF 7 (1972) ;* idem, *Genesis 12-50, EdF* 48 (1975) ; **J. S. Kselman,** "The Book of Genesis : A Decade of Scholarly Research," *Interp* 45 (1991) 380-92.

최근 저서 : **E. Blum,** *Die Komposition der Vätergeschichte, WMANT* 57 (1984) ; **M. Köckert,** *Vätergott und Väterverheißungen, FRLANT* 142 (1988); **A. R. Müller,** "Die Mehrungsverheißung und ihre vielfältige Formulierung," *FS J. Scharbert* (1989) 259-66 ; **H. Gese,** "Die Komposition der Abrahamserzählung" : *Atl. Studien* (1991) 29-51 ; **H. Schmid,** *Die Gestalt des Isaak. Ihr Verhältnis zur Abraham- und Jakobtraditon, EdF* 274 (1991) ; **L. Schmidt,** "Väterverheißungen und Pentateuchfrage," *ZAW* 104 (1992) 1-27 ; **J. Schreiner,** "Zur Theologie der Patriarchenerzählungen in Gen 12-36," *FS H. D. Preuss* (1992) 20-34 ; **T. D. Alexander,** "Are the Wife/Sister Incidents of Genesis Literary Compositional Variants?" *VT* 42 (1992) 145-53 ; **I. Fischer,** *Die Erzeltern Israels. Feministisch-theologische Studien zu Genesis 12-36, BZAW* 222 (1993).

출애굽기 : **H. Holzinger** (*KHC,* 1900) [Exod, Num] ; **B. Baentsch** (*HK,* 1903) [Exod-Num] ; **H. Gressmann,** *Mose und seine Zeit* (1913) ; **G. Beer** and **K. Galling** (*HAT,* 1939) ; **M. Noth** (*ATD,* 1958, [6]1978 ; Eng. : *OTL,* 1962) ; **U. Cassuto,** *Commentary on Exodus* (1967) ; **J. P. Hyatt** (*NCBC,* 1971) ; **B. S. Childs** (*OTL,* 1974) ; **J. I. Durham** (*WBC,* 1987) ; **W. H. Schmidt** (*BK,* II/1 1988, II/2 1994이후) ; **J. Scharbert** (*NEB,* 1989) ; **N. M. Sarna** (*JPSTC,* 1991) ; **B. Jacob** (1997 ; Eng. : 1992) ; **C. Houtman** (*COT,* I-II 1989 ; Eng. : *Historical Commentary on the Old Testament,* I 1993, II 1996).

연구개관 : **R. Smend,** *Das Mosebild von Heinrich Ewald bis Martin Noth* (1959) (="Die Methoden der Moseforschung : Zur ältesten Geschichte Israels" : *GSt* II [1987] 45-115) ; **E. Osswald** (위를 보라) ; **H. Schmid,** *Mose. Überlieferung und Geschichte, BZAW* 110 (1968) 1-13 ; **R. J. Thompson** (위를 보라) ; **H. Engel,** *Die Vorfahren Israels in Ägypten. Forschungsgeschichtlicher Überblick über die Darstellungen seit R. Lepsius* (1849), *FTS* 27 (1979, bibliog.) ; **H. Schmid,** *Die*

Gestalt des Mose, EdF 237 (1986) ; **W. H. Schmidt,** *Exodus, Sinai und Mose, EdF* 191 (1983, [2] 1990) (bibliog.) ; **E. Zenger,** "Mose," *TRE* XXIII (1994) 330-41 (bibliog.).

최근 저서 : **G. Fohrer,** *Überlieferung und Geschichte des Exodus, BZAW* 91 (1964) ; **P. Weimar** and **E. Zenger,** *Exodus, SBS* 75 (1975, bibliog.) ; **J. Jeremias,** *Theophanie, WMANT* 10 ([2]1977) 194이하. (bibliog.) ; **P. Weimar,** *Die Meerwundererzählung* (1985) ; **F. Kohata,** *Jahwist und Priesterschrift in Exodus 3-14, BZAW* 166 (1986 ; 참조. idem, *AJBI* 12 [1986] 3-28 ; 14 [1988] 10-37) ; **G. Fischer,** *Jahwe unser Gott. Sprache, Aufbau und Erzähltechnik in der Berufung des Mose (Ex 3-4), OBO* 91 (1989) ; **H.-C. Schmitt,** "Tradition der Prophetenbücher in den Schichten der Plagenerzählung Ex 7, 1-11, 10," *FS O. Kaiser, BZAW* 185 (1989) 196-216 ; **J. Kegler,** "Zur Komposition und Theologie der Plagenerzählungen," *FS R. Rendtorff* (1990) 55-74 ; **L. Schmidt,** *Beobachtungen zu der Plagenerzählung in Ex VII 14-XI 10, StB* 4 (1990) **A. Schart,** *Mose und Israel im Konflikt, OBO* 98 (1990) **W. H. Schmidt,** "Mose" : **P. Antes** (ed.), *Große Religionsstifter* (1992) 32-48 ; **F. Crüsemann,** *Die Tora* (1992) 39이하. (Eng. : *The Torah,* 1996).

레위기 : **M. Noth** (*ATD,* 1962, [4]1978 ; Eng. : *OTL,* 1965, [2]1977) ; **K. Elliger** (*HAT,* 1966) ; **N. H. Snaith** (*NCBC,* 1969) [Lev, Num] ; **G. J. Wenham** (*NIC,* 1979) ; **W. Kornfeld** (*NEB,* 1983, [2]1986) ; **R. Rendtorff** (*BK,* 1985이후) ; **B. A. Levine** (*JPSTC,* 1989) ; **J. Milgrom** (*AncB,* 1991) [Lev 1-16] ; **E. S. Gerstenberger** (*ATD,* 1993 ; Eng. : *Leviticus : A Commentary, OTL,* 1996).

최근 저서 : **K. Koch,** "Atl. und altorientalische Rituale," *FS R. Rendtorff* (1990) 75-85 ; **A. Schenker** (ed.), *Studien zu Opfer und Kult im AT mit einer Bibliographie 1969-1991 zum Opfer in der Bibel, FAT* 3 (1992) ; **I Willi-Plein,** *Opfer und Kult im atl. Israel, SBS* 153 (1993) ; **D. J. Lane,** *The Peshitta of Leviticus, MPIL* 6 (1994) ; **W. Zwickel,** *Der Tempelkult in Kanaan und Israel, FAT* 10 (1994).

민수기 : **M. Noth** (*ATD,* 1996, [4]1982 ; Eng. : *OTL,* 1968) ; **J. de Vaux** (1972) ; **W. Riggans** (*The Daily Study Bible,* 1983) ; **P. J. Budd** (*WBC,* 1984) ; **J. Milgrom** (*JPSTC,* 1990) ; **J. Scharbert** (*NEB,* 1992) ; **H Seebass** (*BK,* 1994이하).

최근 저서 : **R. P. Knierim,** "The Book of Numbers," *FS R. Rendtorff* (1990) 155-63 ; **H.-J. Zobel,** "Bileam-Lieder und Bileam-Erzählung," *FS R. Rendtorff* (1990) 141-54 ; **M. S. Moore,** *The Balaam Traditions. Their Character and Development, SBL.DS* 113 (1990) ; **J. Hoftiizer** and **G. Van der Kooij** (ed.), *The Balaam Text from Deir ᶜAlla Re-evaluated* (1991).

신명기 : 10장을 보라

제5장 이야기의 양식들

1. 신화와 원역사 : **J. Hempel,** "Glaube, Mythos und Geschichte im AT," *ZAW* 62 (1953) 109-67 ; **B. S. Childs,** *Myth and Reality in the Old Testament* (1960) ; **B. Albrektson,** *History and the Gods* (1967) ; **W. H. Schmidt,** "Mythos im AT," *EvTh* 27 (1967) 237-54 ; **A. Ohler,** *Mythologische Elemente im AT* (1969) ; **W. Pannenberg,** *Christentum und Mythos* (1972) ; **J. W. Rogerson,** *Myth in Old Testament Interpretation* (1974) ; **J. J. M. Roberts,** "Myth Versus History : Relaying the Comparative Foundations," *CBQ* 38 (1976) 1-13 ; **H. P. Müller,** *Jenseits der Entmythologisierung* ([2]1979) ; idem, "Mythos-Anpassung-Wahrheit," *ZThK* 80 (1983) 1-25 ; **B. Otzen** et al., *Myths in the Old Testament* (1980) ; **J. Assmann, W. Burkert** and **F. Stolz,** *Funktionen und Leistungen des Mythos, OBO 48* (1982) ; **H. Graf Reventlow,** *Hauptprobleme der atl. Theologie im 20. Jahrhundert, EdF* 173 (1982) 168-83 (bibliog.) (Eng. : *Problems of Old Testament Theology in the Twentieth Century,* 1985) ; **C. Petersen,** *Mythos* im *AT, BZAW* 157 (1982) ; **K. Koch,** "Qädäm. Heilsgeschichte als mythische Urzeit im alten (und Neuen) Testament" (1988) : *Spuren des hebräischen Denkens* (1990) 248-80, 297-98. (bibliog.) ; **J. van Seters,** "Myth and History. The Problem of Origins" : **A. de Pury** (ed.), *Histoire et conscience historique dans les civilisations du proche-orient ancien* (1989) 49-61 ; **R. H. Moye,** "In the Beginning : Myth and History in Genesis and Exodus," *JBL* 109 (1990) 577-98 ; **H.-P. Müller,** *Mythos-Kerygma-Wahrheit, BZAW* 200 (1991) ; **G. Fuchs,** *Mythos und Hiobdichtung. Aufnahme und Umdeutung altorientalischer Vorstellungen* (1993) ; **W. H. Schmidt,** "Mythos III," *TRE* XXIII (1994) 625-44 (bibliog.).

족보 : **C. Westermann** (*BK* I, 1974) 8이하 (Eng. : 4장을 보라) ; **R. R. Wilson,** "The Old Testament Genealogies in Recent Research," *JBL* 94 (1975) 169–89 ; idem, *Genealogy and History in the Biblical World* (1977) ; **M. Oeming** (12장을 보라) 9이하.

2. 민담의 전승 양식 : **H. Gunkel,** *Genesis* ([3]1910, VII이하 ; Eng. : *The Legends of Genesis : The Biblical Saga and History,* 1901, 1964) ; idem, *RGG* V ([2]1930) 381–90 ; **C. Westermann,** "Arten der Erzählung in der Genesis" : *Forschung am AT* I (1964) 9–91 (="Die Verheissung an die Väter," *FRLANT* 116 [1976] 9–91) ; idem, *Genesis* 12–50, *EdF* 48 (1975) 20이하. ; **K. Koch,** *Was ist Formgeschichte?* ([4]1982) 182이하 (Eng. : *The Growth of the biblical Tradition : The Formcritical Method,* 1969) ; **J. H. Hayes** (ed.), *Old Testament Form Criticism* (1974) 57이하 ; **H. J. Hermisson,** in *Enzyklopädie des Märchens* I (1975) 419–41 ; **J. P. Fokkelman,** *Narrative Art in Genesis (1975) ;* **P. D. Miller,** Jr., *Genesis 1–11* (1978) ; **M. Fishbane,** *Text and Texture : Close Readings of Selected Biblical Texts* (1979) ; **R. Alter,** *The Art of Biblical Narrative* (1981) ; **J. J. Scullion,** "Märchen, Sage, Legende," *VT* 34 (1984) 321–36 ; **G. W. Coats** (ed.), *Saga, Legend, Tale, Novella, Fable. Narrative Forms in OT Literature, JSOT* 35 (1985) ; **H.–J. Hermisson,** "AT und Märchen," *EvTh* 45 (1985) 299–322 ; **H. Gunkel,** *Das Märchen im AT* (1921, 1987 ; Eng. : *The Folktale in the Old Testament,* 1987) ; **F. Ahuis,** "Das Märchen im AT," *ZThK* 86 (1989) 455–76.

기원론 : **S. Mowinckel,** *Tetrateuch–Pentateuch–Hexateuch, BZAW* 90 (1964) 78이하 ; **B. O. Long,** *The Problem of Etiological Narrative in the Old Testament, BZAW* 108 (1968) ; **R. Smend** "Elemente alttestamentlichen Geschichtsdenkens," *ThSt* (B) *95* (1968) 15이하 ; **B. S. Childs,** "The Etiological Tale Reexamined," *VT* 24 (1974) 387–97 ; **F. W. Golka,** "Zur Erforschung der Ätiologie im AT," *VT* 20 (1970) 90–98 ; idem, "The Aetiologies in the OT" Part 1, *VT* 26 (1976) 410–28, Part 2, *VT* 27 (1977) 36–47 (bibliog.) ; *THAT* II, 945–6. (bibliog.).

3. 요셉 단편소설 : **G. v. Rad,** "Josephsgeschichte und ältere Chokma" (1953) : *GSt, TB* 8 (1958, [3]1965) 272–80 ; idem, *Die Josephsgeschichte* (1954, [4]1964) (=*Gottes Wirken in Israel* [1974] 22–41) ; **O. Kaiser,** "Stammesgeschichtliche Hintergründe der Josephsgeschichte" (1960) : *Von der Gegenwartsbedeutung des*

AT (1984) 127–41 ; **L. Ruppert,** *Die Josephserzählung der Genesis* (1961) ; **D. W. Redford,** *A Study of the Biblical Story of Joseph* (1970) ; **C. Westermann,** *Genesis 12–50, EdF* 48 (1975) 56이하. **G. W. Coats,** *From Canaan to Egypt* (1976) ; **H. Donner,** Die literarische Gestalt der alttestamentliche Josephsgeschichte (1976) ; **E. Otto,** "Die 'synthetische Lebensauffassung'," *ZThK* 74 (1977) 387–400 ; **F. Crüsemann** (3장을 보라), 143이하 (bibliog.) ; **H. Seebass,** *Geschichtliche Zeit und theonome Tradition in der Joseph–Erzählung* (1978) ; **I. Willi–Plein,** "Historiographische Aspekte der Josephsgeschichte," *Henoch* 1 (1979) 305–31 ; **H. Ch. Schmitt,** *Literarkritische Studien zur nichtpriesterlichen Josephsgeschichte* (4장을 보라) ; **E. Blum,** *Die Komposition der Vätergeschichte, WMANT* 57 (1984) 229–57 ; **L. Schmidt,** *Literarische Studien zur Josephsgeschichte, BZAW* 167 (1986) 121이하 ; idem, "Josephnovelle," *TRE* XVII (1988) 255–58 ; **W. Dietrich,** *Die Josephserzählung als Novelle und Geschichtsschreibung, BThSt* 14 (1989) ; **L. Ruppert** (4장을 보라) ; idem, "Zur neureren Diskussion um die Josefsgeschichte der Genesis," *BZ* 33 (1989) 92–97 ; **H. Schweizer,** *Die Josefsgeschichte. Konstituierung des Textes I : Argumentation, II : Textband, THLI* 4 (1991) ; **H. J. Boecker,** "Überlegungen zur Josephsgeschichte," *FS H. D. Preuss* (1992) 35–45 ; idem, "Überlegungen zur Erzählung von der Versuchung Josephs (Genesis 39)," *FS H. Graf Reventlow* (1994) 3–14 ; **H. Seebass,** "Joseph, sein Vater Israel und das pharaonische Ägypten," *FS K.–D. Schunck, BEAT* 37 (1994) 11–25 (auch 27이하, 37이하).

제6장 야위스트의 역사서

개요 : **H. Seebass,** "Jahwist," *TRE* XVI (1987) 441–451 (bilbliog.)

G. v. Rad, *Das formgeschichtliche Problem des Hexateuch* (4장을 보라) ; **M. L. Henry,** *Jahwist und Priesterschrift* (1960) ; **H. W. Wolff,** "Das Kerygma des Jahwisten" (1964) : *GSt* (1964) 345–73 (Eng. : "The Kerygma of the Yahwist" : W. Brueggemann and H. W. Wolff (ed.), *The Vitality of Old Testament Traditions* [1975] 41–66) ; **P. F. Ellis,** *The Yahwist* (1968) ; **L. Ruppert,** "Der Jahwist–Künder der Heilsgeschichte," *WuB,* 101–20 ; **H. P. Müller,** *Ursprünge und Strukturen der alttestamentlichen Eschatologie, BZAW* 109 (1969) 50이하 ; **V. Fritz,** *Israel in* *der Wüste* (1970) 113이하; **F. J. Stendebach,** *Theologische Anthropologie des Jahwisten* (Diss., Bonn 1970); **E. Zenger,** *Die Sinaitheophanie* (1971) 특히 138이하; **H. Schulte,** *Die Entstehung der Geschichtsschreibung in Israel, BZAW* 128 (1972); **T. L. Thompson,** *The Historicity of the Patriarchal Narratives* (1974); **J. Van Seters,** *Abraham in History and Tradition* (1975); idem, *In Search of History* (1983); **C. Westermann** (*BK* I/1, [2]1976; Eng.: 4장을 보라) 782이하; **H. H. Schmid,** *Der sogenannte Jahwist* (1976); **R. Rendtorff,** "Der 'Jahwist' als Theologe?" *Congress Volume Edinburgh, VT.S* 28 (1975) 158–66; idem (4장을 보라) 86이하; **L. Schmidt,** "Überlegungen zum Jahwisten," *EvTh* 37 (1977) 230–47 (bibliog.); **P. Weimar,** *Untersuchungen* (4장을 보라); **E. Otto** (4장을 보라); **H. Vorlaender,** *Die Entstehungszeit des jehovistischen Geschichtswerkes* (1978); **H. Lubsczyk,** "Elohim beim Jahwisten," *Congress Volume Göttingen, VT.S* 29 (1978) 226–53; **F. Crüsemann,** *Widerstand* (3장을 보라) 167이하; **W. H. Schmidt,** "Ein Theologie in salomonischer Zeit? Plädoyer für den Jahwisten," *BZ* 25 (1981) 82–102; **M. Rose,** *Deuteronomist und Jahwist, AThANT* 67 (1981); **F. Kohata** (4장을 보라); **J. van Seters,** *Der Jahwist als Historiker, ThSt(B)* 134 (1987); idem, Prologue to History (1992); idem, *The Life of Moses,* 1994; **R. Kilian,** "Nachtrag und Neuorientierung. Anmerkungen zum Jahwisten in den Abrahamserzählungen," *FS J. Scharbert* (1989) 155–67; **K. Berge,** *Die Zeit des Jahwisten, BZAW* 186 (1990); **L. Schmidt,** "Väterverheißungen und Pentateuchfrage," *ZAW* 104 (1992) 1–27; **W. Zwickel,** "Der Altarbau Abrahams zwischen Bethel und Ai (Gen 12, 13). Ein Beitrag zur Datierung des Jahwisten," *BZ* 36 (1992) 207–19; **C. Levin,** *Der Jahwist, FRLANT* 157 (1993).

창세기 2–11장과 12:1–3: **H. J. Stoebe,** "Gut und Böse in der Jahwistischen Quelle des Pentateuch" (1953): *Geschichte, Schicksal, Schuld und Glaube, BBB* 72 (1989) 46–62 (참조. 12–13, 63이하, 387이하.); **R. Rendtorff,** "Gen 8, 21 und die Urgeschichte des Jahwisten" (1961): *GSt* (1975) 188–97; **G. Wallis,** "Die Stadt in der Überlieferung der Genesis" (1966): *Mein Freund hatte einen Weinberg, BEAT* 23 (1994) 7–22 (참조. 67이하, 75이하); **W. H. Schmidt,** *Schöpfungsgeschichte* (8장을 보라) 194이하 (창 2–3장에 대하여); **O. H. Steck,** *Die Paradieserzählung, BSt* 60 (1970) (= *Wahrneghungen Gottes im AT, TB* 70 [1982] 9–116); idem, "Gen 12, 1–3 und die Urgeschichte des Jahwisten," *FS G. v. Rad* (1971) 525–45 (bibliog.); **J. Jeremias,** *Die Reue Gottes, BSt* 65 (1975) 19–27;

W. Dietrich, "Wo ist dein Bruder?" *FS W. Zimmerli* (1977) 94-111; **I. v. Loewenclau,** "Gen 4, 6-7: eine jahwistische Erweiterung?" *Congress Volume Göttingen, VT.S* 29 (1978) 177-88; **E. Ruprecht,** "Gen XII, 1-3," *VT* 29 (1979) 171-88, 444-64; **F. Crüsemann,** "Die Eigenständigkeit der Urgeschichte," *FS H. W. Wolff* (1981) 11-29; **R. Oberforcher,** *Die Flutprologe als Kompositionsschlüssel der biblischen Urgeschichte* (1981); **V. Fritz,** " 'Solange die Erde steht' - Vom Sinn der jahwistischen Fluterzählung in Gen 6-8," *ZAW* 94 (1982) 599-614; **C. Petersen,** *Mythos im AT* (5장 1을 보라) 41이하; **E. Zenger,** "Beobachtungen zu Komposition und Theologie der Jahwistischen Urgeschichte: Dynamik im Wort," *FS Kath. Bibelwerk* (1983) 35-54 (bibliog.); **E.-J. Waschke,** *Untersuchungen zum Menschenbild der Urgeschichte, ThA* 43 (1984); **H.-P. Müller,** "Das Motiv für die Sintflut" (1985): *Mythos-Kerygma-Wahrheit, BZAW* 200 (1991) 88-109 (참조. 110이하); **M. Görg,** "Weisheit als Provokation" (1986): *Studien zur biblisch-ägyptischen Religionsgeschichte, SBAB* 14 (1992) 73-96; **C. Dohmen,** *Schöpfung und Tod. Die Entfaltung theologischer und anthropologischer Konzeptionen in Gen 2/3, SBB* 17 (1988); **D. Michel,** "Ihr werdet sein wie Gott. Gedanken zur Sündenfallgeschichte in Gen 3": **D. Zeller** (ed.), *Menschwerdung Gottes-Vergöttlichung von Menschen, NTOA* 7 (1988) 61-87; **C. Uehlinger,** *Weltreich und 'eine Rede.' Eine neue Deutung der sog. 'Turmbauerzählung' (Gen 11, 1-9), OBO* 101 (1990); **J. Jeremias,** "Schöpfung in Poesie und Prosa des AT. Gen 1-3 im Vergleich mit anderen Schöpfungstexten des AT," *JBTh* 5 (1990) 11-36; **J. A. Soggin,** "Der Turmbau zu Babel," *FS S. Herrmann* (1991) 371-75; **Th. Willi,** "Die Funktion der Schlußsequenzen in der Komposition der jahwistischen Urgeschichte," *FS S. Herrmann* (1991) 429-44; **S. Dragga,** "Genesis 2-3: A Story of Liberation," *JSOT* 55 (1992) 3-13; **T. Stordalen,** "Man, Soil, Garden: Basic Plot in Genesis 2-3 Reconsidered," *JSOT* 53 (1992) 3-26; **H. P. Müller,** "Bauen-Bewahren-Mit-Sinn-Erfüllen," *ZThK* 90 (1993) 231-50; **J. van Seters,** "The Theology of the Yahwist," *FS O. Kaiser* (1994) 219-28.

제7장 엘로히스트의 역사서

개요: **H. Seebass,** "Elohist", *TRE IX* (1982) 520-524 (bibliog.)

O. Procksch, *Das nordhebräische Sagenbuch. Die Elohimquelle* (1906) ; **P. Volz** and **W. Rudolph,** *Der Elohist als Erzähler – ein Irrweg der Pentateuchkritik?, BZAW* 63 (1993) ; **W. Rudolph,** *Der "Elohist" von Exodus bis Josua, BZAW* 68 (1938) ; **J. Becker,** *Gottesfurcht im AT, AnBib* 25 (1965) 193이하 ; **L. Ruppert,** "Der Elohist – Sprecher für Gottes Volk," *WuB,* 121 – 32 ; **H. W. Wolff,** "Zur Thematik der elohistischen Fragmente im Pentateuch" (1969) : *GSt* ([2]1973) 402 – 17 (Eng. : "The Elohistic Fragments in the Pentateuch" : Brueggemann and Wolff [6장을 보라] 67 – 82) ; **K. Jaroš,** *Die Stellung des Elohisten zur kanaanäischen Religion, OBO* 4 (1974) ; **J. Schüpphaus,** "Volk Gottes und Gesetzbeim Elohisten," *ThZ* 31 (1975) 193 – 210 ; **F. Craghan,** "The Elohist in Recent Literature," *BTB* 7 (1977) 25 – 35 ; **A. W. Jenks,** *The Elohist and North Israelite Tradition* (1977) ; **H. Klein,** "Ort und Zeit des Elohisten," *EvTh* 37 (1977) 247 – 60 ; **P. Weimar** (4장을 보라) ; **H. Ch. Schmidt** (4장을 보라) ; **H. Vorlaender** (6장을 보라) ; **S. E. McEvenue,** "The Elohist at Work," *ZAW* 96 (1984) 315 – 32 ; **H. – C. Schmitt,** "Die Erzählung von der Versuchung Abrahams Gen 22, 1 – 9 und das Problem einer Theologie der elohistischen Pentateuchtexte," *BN* 34 (1986) 82 – 109 ; **H. Seebass,** "Que reste – t – il du Yahwiste et de 1'Élohiste?" : **A. de Pury** (ed.), *Le Pentateuque en question* (1989) 199 – 214 (참조. 215 – 30) ; **B. Seidel** (4장을 보라), **M. White,** "The Elohistic depiction of Aaron. A Study in the Levite – Zadokite controversy" : **J. A. Emerton** (ed.), *Studies in the Pentateuch, VT.S* 41 (1990) 149 – 60 ; **R. B. Coote,** *In Defensive of Revolution : The Elohist History* (1991) ; **T. D. Alexander,** "Are the Wife/Sister Incidents of Genesis Literary Compositional Variants?" *VT* 42 (1992) 145 – 53 ; **Z. Weisman,** "The Interrelationship between J and E in Jacob's Narrativ (Theological Criteria)," *ZAW* 104 (1992) 177 – 96.

제8장 제사장문서

T. Nöldeke, *Untersuchungen zur Kritik des AT. 1. Die s.g. Grundschrift des Pentateuch* (1869) ; **J. J. P. Valeton,** "Bedeutung und Stellung des Wortes *berit* im Priesterkodex," *ZAW* 12 (1892) 1 – 22 ; **G. v. Rad,** *Die Priesterschrift im Hexateuch, BWANT* 65 (1934 ; **P. Humbert,** *ZAW* 58 [1940 – 41] 30 – 57을 보라) ; **P. Volz,** *Elohist* (7장을 보라) 135 – 42 ; **K. Elliger,** "Sinn und Ursprung der priesterlichen Geschichtserzählung"(1952) : *KS zum AT* (1966) 174 – 98 ; **J. Hempel**

"Priesterkodex", *RECA* 22 (1954) 1943-67 ; **R. Rendtorff,** *Die Gesetze in der Priesterschrift, FRLANT* 62 (1954) ; **K. Koch,** "Die Eigenart der priesterlichen Sinaigesetzgebung," *ZThK* 55 (1958) 36-51 ; idem, *Die Priesterschrift von Ex 25 bis Lev 16, FRLANT* 71 (1959) ; idem, "Saddaj," *VT* 26 (1976) 316이하 ; **M. L. Henry** (6장을 보라) ; **W. Zimmerli,** "Sinaibund und Abrahambund" (1960) : *Gottes Offenbarung* (1963) 205-16 ; **S. R. Kuelling,** *Zur Datierung der "Genesis-P-Stücke"* (1964) ; **W. H. Schmidt,** *Die Schöpfungsgeschichte der Priesterschrift, WMANT* 17 (1964, [3]1973) ; **A. H. J. Gunneweg,** *Leviten und Priester, FRLANT* 89 (1965) ; **R. Kilian,** "Die Priesterschrift-Hoffnung auf Heimkehr," : **J. Schreiner** (ed.) *Wort und Botschaft* (1967, [3]1975) 243-60 ; **W. Gross,** "Jakob, der Mann des Segens," *Bib* 49 (1968) 321-44 ; **G. Chr. Macholz,** *Israel und das Land* (Habilitationsschrift, Heidelberg 1969) ; **J. G. Vink,** "The Date and Origin of the Priestly Code in the Old Testament," *OTS* 15 (1969) 1-144 (bibliog.) ; **A. Eitz,** *Studien zum Verhältnis von Priesterschrift und Deuterojesaja* (Diss., Heidelberg 1970) ; **D. Kellermann,** *Die Priesterschrift von Num 1, 1 bis 10, 10, BZAW* 120 (1970) ; **R. J. Thompson** (4장을 보라) ; **N. Lohfink,** "Die Ursünden in der priesterlichen Geschichtserzählung," *FS H. Schlier* (1970) 38-57 (참조. *Unsere grossen Wörter* [1977] 209-24) ; **C. Westermann,** "Die Herrlichkeit Gottes in der Priesterschrift" (1970) : *Forschung am AT* II (1974) 115-37 ; **S. E. McEvenue,** *The Narrative Style of the Priestly Writer,* Anbib 50 (1971) ; **W. Brueggemann,** "The Kerygma of the Priestly Writer," *ZAW* 84 (1972) 397-414 (= Brueggemann and Wolff [6장을 보라] 101-13) ; F. **M. Cross,** *Canaanite Myth and Hebrew Epic* (1973) 293이하. ; **P. Weimar,** *Untersuchungen zur priesterlichen Exodusgeschichte, FzB* 9 (1973) ; idem, "Aufbau und Struktur der priesterschriftlichen Jakobsgeschichte," *ZAW* 86 (1974) 174-203 ; **A. Hurvitz,** "The Evidence of Language in Dating the Priestly Code," *RB* 81 (1974) 24-56 ; **E. Kutsch,** "'Ich will euer Gott sein,'" *ZThK* 71 (1974) 361-88 ; **E. Ruprecht,** "Stellung und Bedeutung der Erzählung vom Mannawunder," ZAW 86 (1974) 269-307 ; **M. V. Fox,** "The Sign of the Covenant," *RB* 81 (1974) 557-96 ; **J. van Seters,** *Abraham in History and Tradition* (1975) 279이하 ; **O. H. Steck,** *Der Schöpfungsbericht der Priesterschrift, FRLANT* 115 (1975) ; **J. Blenkinsopp,** "The Structure of P," *CBQ* 348 (1976) 275-92 ; **R. Rendtorff** (4장을 보라) 112이하. ; **V. Fritz,** *Tempel und Zelt, WMANT* 47 (1977) ; **N. Lohfink,** "Die Priesterschrift und ihre Geschichte," *Congress Volume Göttingen, VT.S* 29 (1978) 189-225 (bibliog.) ; **R. W. Klein,** *Israel in Exile* (1979) 125-48 ;

idem, "The Message of P," *FS H. W. Wolff* (1981) 57-66 ; **M. Sæbø**, "Priestertheologie und Priesterschrift," Congress *Volume Vienna, VT.S* 32 (1981) 357-74 ; **R. Smend,** " 'Das Ende ist gekommen' - Ein Amoswort in der Priesterschrift" (1981) : *Die Mitte des AT, GSt* I (1986) 154-59 ; **S. Tengström,** *Die Toledotformel und die literarische Struktur der priesterlichen Erweiterungsschicht im Pentateuch. CB. OT* 17 (1982) ; **B. Janowski,** *Sühne als Heilsgeschehen, WMANT* 55 (1982) 183 이하 ; **E. Zenger,** *Gottes Bogen in den Wolken. Komposition und Theologie der priesterschriftlichen Urgeschichte, SBS* 112 (1983) ; **P. Weimar,** "Struktur und Komposition der priesterschriftlichen Geschichtsdarstellung," *BN* 23 (1983) 81-143 ; idem, "Gen 17 und die priesterschriftliche Abrahamsgeschichte," *ZAW* 100 (1988) 22-60 ; **W. H. Schmidt,** "Nachwirkungen prophetischer Botschaft in der Priesterschrift," *FS M. Delcor, AOAT* 215 (1985) 369-77 ; idem, *BK* II/1 (1988) 266이하. (Ex 6 ; bibliog.) ; **F. Kohata** (4장을 보라) ; **V. Fritz,** "Das Geschichtsverständnis der Priesterschrift," *ZThK* 84 (1987) 426-39 ; **M. Görg,** "Das Menschenbild der Priesterschrift" (1987) : *Studien* (6장을 보라) 137-51 (cf. 152이하) ; **K. Koch,** "P-kein Redaktor!" *VT* 37 (1987) 446-67 ; **L. Perlitt,** "Priesterschrift im Deuteronomium?" (1988) : *Deuteronomium-Studien, FAT* 8 (1994) 123-43 ; **H. Utzschneider,** *Das Heiligtum und das Gesetz, OBO 77* (1988) ; **U. Struppe,** *Die Herrlichkeit Jahwes in der Priesterschrift, ÖBS 9* (1988) ; **M. Köckert,** "Leben in Gottes Gegenwart. Zum Verständnis des Gesetzes in der priesterschriftlichen Literatur," *JBTh* 4 (1989) 29-62 ; **B. Langer,** *Gott als 'Licht' in Israel und Mesopotamien, ÖBS* 7 (1989) ; **M. Vervenne,** "The 'P' Tradition in the Pentateuch : document and/or Redaction? The 'Sea Narrative' (Ex 13, 17-14, 31) as a Test Case" : **C. Brekelmans** and **J. Lust** (ed.), *Pentateuchal and Deuteronomistic Studies, BEThL* 94 (1990) 67-90 ; **O. H. Steck,** "Aufbauprobleme in der Priesterschrift," *FS K. Koch* (1991) 287-308 ; **F. Crüsemann,** (4장을 보라) 323이하 ; **K. Grünwaldt,** *Exil und Identität. Beschneidung, Passa und Sabbat in der Priesterschrift, BBB* 85 (1992) ; **T. M. Krapf,** *Die Priesterschrift und die vorexilische Zeit. Yehezkel Kaufmanns vernachlässigter Beitrag zur Geschichte der biblischen Religion, OBO* 119 (1992) ; **B. Janowski,** "Tempel und Schöpfung. Schöpfungstheologische Aspekte der priesterschriftlichen Heiligtumskonzeption" (1990) : *Gottes Gegenwart in Israel* (1993) ; 214-46, 335 ; **U. Rüterswörden,** *Dominium terrae, BZAW* 215 (1993) ; **L. Schmidt,** *Studien zur Priesterschrift, BZAW* 214 (1993) ; **C. Streibert,** *Schöpfung bei Deuterojesaja und in der Priesterschrift, BEAT* 8 (1993) ; **C. Levin,** "Tatbericht und Wortbericht in der priesterschriftlichen Schöpfungserzählung," *ZThK* 91 (1994) 115–33 ; **T. Pola,** *Die ursprüngliche Priesterschrift, WMANT* 70 (1994) ; **W. H. Schmidt,** "Magie und Gotteswort. Einsichten und Ausdrucksweisen des Deuteronomiums in der Priesterschrift," *FS O. Kaiser* (1994) 169–79.

제9장 구약의 법

개론 : **H. J. Boecker,** *Recht und Gesetz im Alten Testament und im Alten Orient* (1976, bibliog.).

연구개관 : **W. Schottroff,** "Zum alttestamentlichen Recht," *VF* 22/1 (1977) 3–29 (bibliog.).

A. Alt, "Die Ursprünge des israelitischen Rechts" (1934) : *KS* I, 278–332(= *Grundfragen* [2장을 보라] 203–57 (Eng. : "The Origins of Israelite Law" : *Essays in Old Testament History and Religion* [1967] 101–72) ; **M. Noth,** "Die Gesetze im Pentateuch" (1940) : *GSt* (1957) 9–141 (Eng. : *The Laws in the Pentateuch, and Other Studies* [1966] 1–107) ; **E. Würthwein,** "Der Sinn des Gesetzes im AT"(1958) : *Wort und Existenz* (1970) 39–54 ; **H. J. Boecker,** *Redeformen des Rechtslebens im AT, WMANT* 14 (²1970) ; **E. Gerstenberger,** *Wesen und Herkunft des "apodiktischen Rechts", WMANT* 20 (1965) ; **R. Hentschke,** "Erwägungen zur Israelitischen Rechtsgeschichte," *ThViat* 10 (1965–66) 108–33 ; **W. Schottroff,** *Der alttestamentliche Fluchspruch, WMANT* 30 (1969) ; **H. Schulz,** *Das Todesrecht im AT, BZAW* 114 (1969) ; **G. Liedke,** *Gestalt und Bezeichnung alttestamentlicher Rechtssätze, WMANT* 39 (1971) ; **V. Wagner,** *Rechtssätze in gebundener Sprache, BZAW* 127 (1972) ; **K. Koch** (ed.), *Um das Prinzip der Vergeltung in Religion und Recht des AT, WdF* 125 (1972) ; **J. Bright,** "The Apodictic Prohibition : Some Observations," *JBL* 92 (1973) 185–204 ; **G. Wallis,** "Der Vollbürgereid in Dtn 27, 15–26," *HUCA* 45 (1974) 47–63 ; **J. Halbe,** *Das Privilegrecht Jahwes Ex 34, 10–26, FRLANT* 114 (1975) ; **S. Segert,** "Genres of Ancient Israelite Legal Sentences," *WZKM* 68 (1976) 131–42 ; **R. Smend (U. Luz**와 함께), *Gesetz* (1981) ; **H. Lenhard,** "Die Kultischen Anordnungen Gottes im Zusammenhang mit den übrigen Gesetzen des AT," *ZAW* 97 (1985) 414–23 ; **J. Blenkinsopp,** *Wisdom and*

Law in the OT (1990) ; **T. Veijola** (ed.), *The Law in the Bible and its Environment, SESJ* 51 (1990) ; **E. Otto,** "Die Bedeutung der altorientalischen Rechtsgeschichte für das Verständnis des AT," *ZThK* 88 (1991) 139-68 ; idem, *Theologische Ethik des AT* (1994, bibliog.) ; **F. Crüsemann,** (4장을 보라) (참조. **E. Otto,** *ThLZ* 118 [1993] 903-10).

십계명

연구개관 : **L. Köhler,** "Der Dekalog," *ThR* 1 (1929) 161-84 ; **J. J. Stamm,** *Der Dekalog, : im Lichte der neueren Forschung* (²1963, 증보판 : **J. J. Stamm** and **M. E. Andrews,** *The Ten Commandments in Recent Research* [1967]) ; **E. Zenger,** "Eine Wende in der Dekalogforschung?" *ThRv* 64 (1968) 189-98 ; **B. Lang,** "Neues über den Dekalog," *ThQ* 164 (1984) 58-65 ; **R. Oberforcher,** "Arbeit am Dekalog," *BiLi* 59 (1986) 74-85 ; **J. Vincent,** "Neuere Aspekte der Dekalogforschung," *BN* 32 (1986) 83-104 ; **W. Johnstone,** "The 'Ten Commandments' : Some Recent Interpretations," *ET* 100 (1988/89) 453-61 ; **W. H. Schmidt, H. Delkurt** and **A. Graupner,** *Die Zehn Gebote im Rahmen atl. Ethik, EdF 281* (1993, bibliog.).

개요 : **L. Perlitt,** "Dekalog I," *TRE* VIII (1981) 408-13 (bibliog.).

H. Schmidt, "Mose und der Dekalog," *FS H. Gunkel, FRLANT* 36 (1923) 78-119 ; **H. Schneider,** "Der Dekalog in den Phylakterien von Qumran," *BZ* 3 (1959) 18-31 ; **H. H. Rowley,** "Moses and the Decalogue" : *Men of God* (1963) 1-36 (bibliog.) ; **G. J. Botterweck,** "The Form and Growth of the Decalogue," *Concilium* 5 (1965) 58-79 ; **E. Nielsen,** *Die zehn Gebote* (1965 ; Eng. : *The Ten Commandments,* 1968) ; **J. Schreiner,** *Die zehn Gebote im Leben des Gottesvolkes* (1966) ; **H. Gese,** "Der Dekalog als Ganzheit betrachtet"(1967) : *Vom Sinai zum Zion* (1974) 63-80 ; **A. Jepsen,** "Beiträge zur Auslegung und Geschichte des Dekalogs"(1967) : *Der Herr ist Gott* (1978) 76-95 ; **A. Phillips,** *Ancient Israel's Criminal Law* (1970) ; **W. H. Schmidt,** "Überlieferungsgeschichtliche Erwägungen zur Komposition des Dekalogs" : *Congress Volume Uppsala, VT.S* 22 (1972) 201-20 ; **H. Schüngel-Straumann,** *Der Dekalog-Gottes Gebot?, SBS* 67 (1973) ; E. **W. Nicholson,** "The Decalogue as the Direct Address of God," *VT* 27 (1977) 422-33 ; **Sch. Ben Chorin,** *Die Tafeln des Bundes* (1979) ; **A. Lemaire,** *Le Decalogue,*

AOAT 212 (1981) 259 – 95 ; **F. – L. Hossfeld,** *Der Dekalog, OBO* 45 (1982, bibliog.) ; **F. Crüsemann,** *Bewahrung der Freiheit. Das Thema des Dekalogs in sozialgeschichtlicher Perspektive, KT* 78 (1983, 1993) ; idem, (4장을 보라) 407이하 ; **C. Levin,** "Der Dekalog am Sinai," *VT* 35 (1985) 165 – 91 ; **A. Graupner,** "Zum Verhältnis der beiden Dekalogfassungen Ex 20 und Dtn 5," *ZAW* 99 (1987) 308 – 209 ; **W. Johnstone,** "The Decalogue and the Redaction of the Sinai Pericope in Exodus," *ZAW* 100 (1988) 361 – 85 ; **T. Veijola,** *Dekalogi, SESJ* 49 (1988 독일어 요약 첨부) ; **N. Lohfink,** "Kennt das AT einen Unterschied von 'Gebot' und 'Gesetz' ?" (1989) ; *Studien zur biblischen Theologie, SBAB* 16 (1993) 206 – 38 ; **P. D. Miller,** "The Place of the Decalgue in the OT and Its Law," *Interp* 43 (1989) 229 – 42; **M. Weinfeld,** "The Decalogue : Its Significance, Uniqueness, and Place in Israel's Tradition" : **E. B. Firmage** et al. (ed.), *Religion and Law* (1990) 3 – 47 ; idem, "Deuteronomy 1 – 11," *AncB* 5 (1991) 236이하 ; **C. Dohmen,** "Der Dekaloganfang und sein Ursprung," *Bib* 74 (1993) 175 – 95 ; **R. G. Kratz,** "Der Dekalog im Exodusbuch," *VT* 44 (1994) 205 – 38 ; **E. Otto,** *Theologische Ethik des AT* (1994) 33이하, 208이하.

언약법전 : **H. J. Boecker,** *Recht und Gesetz im AT und im Alten Orient* (1976) 116이하 (blbliog.) ; **F. C. Fensham,** "The Role of the Lord in the Legal Sections of the Covenant Code," *VT* 26 (1976) 262 – 74 ; **G. Wanke,** "Bundesbuch," *TRE* VII (1981) 412 – 15 (bibliog.) ; **E. Otto,** *Wandel der Rechtsbegründungen in der Gesellschaftsgeschichte des antiken Israel. Eine Rechtsgeschichte des Bundesbuches Exodus XX 22 – XXIII 13, StB 3* (1988) ; **N. Lohfink,** "Gibt es eine deuteronomistische Bearbeitung im Bundesbuch?" : **C. Brekelmans** and **J. Lust** (ed.), *Pentateuchal and Deuteronomistic Studies. BEThL* 94 (1990) 91 – 113 ; **A. Schenker,** *Versöhnung und Widerstand. Bibeltheologische Unterschung zum Strafen Gottes und der Menschen, besonders im Lichte von Exodus 21 – 22, SBS* 139 (1990) ; **L. Schwienhorst – Schönberger,** *Das Bundesbuch (Ex 20, 22 – 23, 33), BZAW* 188 (1990 ; 참조. **E. Otto,** *ThR* 56 [1991] 421 – 27) ; **Y. Osumi,** *Die Kompositionsgeschichte des Bundesbuches Exodus 20, 22b – 23, 23, OBO* 105 (1991) ; **H. Cazelles,** "Histoire et Institutions dans la Place et la Composition d'Ex 20, 22 – 23, 19," *FS S. Herrmann* (1991) 52 – 64 ; **F. Crüsemann,** (4장을 보라) 132 이하 ; **E. Otto,** *Theologische Ethik des AT* (1994) 19 이하 (bibliog.).

성결법전

개요: **H. D. Preuss,** "Heiligkeitsgesetz", *TRE* XIV (1985) 713-15 (bibliog.).

W. Thiel, "Erwägungen zum Alter des Heiligkeitsgesetzes," *ZAW* 81 (1969) 40-73 (bibliog.); **V. Wagner,** "Zur Existenz des sog. 'Heiligkeitsgesetzes'," *ZAW* 86 (1974) 307-16; **A. Cholewiński,** *Heiligkeitsgesetz und Deuteronomium, AnBib* 66 (1976, bibliog.); **G. Bettenzoli,** *Geist der Heiligkeit* (1979) 51이하; **W. Zimmerli,** "Heiligkeit nach dem sogenanten Heiligkeitsgesetz," *VT* 30 (1980) 493-512; H. **P. Mathys,** *Liebe deinen Nächsten wie dich selbst. Untersuchungen zum atl. Gebot der Nächstenliebe* (*Lev 19, 18*). *OBO* 71 ([2]1990); **F. Crüsemann,** (4장을 보라) 323이하; **E. Otto,** "Das Heiligkeitsgesetz Leviticus 17-26 in der Pentateuchredaktion," *FS H. Graf Reventlow* (1994) 65-80; idem, *Theologische Ethik des AT* (1994) 233이하.

제10장 신명기

주석서들: **C. Steuernagel** (*HK,* [2]1923); **G. v. Rad** (*ATD,* 1964 Eng.: *OTL,* 1966); **P. C. Craigie** (*NIC,* 1976); **A. D. H. Mayes** (*NCBC,* 1979); G. **Braulik** (*NEB,* I 1986, II 1992); **L. Perlitt** (*BK,* 1990이하.); **M. Weinfeld** (*AncB,* I 1991); **E. Nielsen** (*HAT,* 1994); **M. Rose** (*ZBK.AT,* 1994).

연구사: **W. Baumgartner,** "Der Kampf um das Deuteronomium," *ThR* 1 (1929) 7-25; **S. Loersch,** *Das Deuteronomium und seine Deutungen, SBS* 22 (1967); **H. D. Preuss,** *Deuteronomium, EdF 164* (1982).

개요: **S. D. McBride,** "Deuteronomium", *TRE* VIII (1981) 530-43 (bibliog.).

G. v. Rad, "Das Gottesvolk im Deuteronomium" (1929): *GSt* II (1973) 9-108; idem, "Deuteronomium-Studien"(1947): *GSt* II (1973) 109-53 (Eng.: *Studies in Deuteronomy,* SBT 9 [1953]); **F. Horst,** "Das Privilegrecht Jahwes" (1930): *Gottes Recht,* (1961) 17-154; **A. Alt,** "Die Heimat des Deuteronomiums"

(1953) : *KS* II, 250–75 ; **G. Mendenhall,** *Law and Covenant in Israel and the Ancient Near East* (1955) ; **F. Dummermuth,** "Zur deuteronomischen Kulttheologie und ihren Voraussetzungen," *ZAW* 70 (1958) 59–98 ; **O. Bächli,** *Israel und die Völker, ATANT* 41 (1962) ; **G. Minette de Tillesse,** "Sections 'Tu' et 'vous'," *VT* 12 (1962) 29–87 ; **N. Lohfink,** *Das Hauptgebot, AnBib* 20 (1963) ; idem, "Botschaft vom Bund," *WuB,* 179–93 ; **D. J. McCarthy,** *Treaty and Covenant, AnBib* 21 ([2]1978) ; idem, *OT Covenant* (1973) ; **H. H. Schmid,** "Das Verständnis der Geschichte im Deuteronomium," *ZThK* 64 (1967) 1–15 ; **R. de Vaux,** " 'Le lieu que Yahvé a choisi,' " *FS L. Rost* (1967) 219–28 ; **J. G. Plöger,** *Literarkritische, formgeschichtliche und stilkritische Untersuchungen zum Deuteronomium, BBB* 26 (1967) ; **R. E. Clements,** *God's Chosen People* (1968) ; **R. P. Merendino,** *Das deuteronomische Gesetz, BBB* 31 (1969 ; 참조. **A. Shim,** *Bib* 54 [1973] 452–56) ; idem, "Die Zeugnisse," *FS G. J. Botterweck* (1977) 185–208 ; **L. Perlitt,** *Bundestheologie im AT, WMANT* 36 (1969) ; **L. Rost,** "Zur Vorgeschichte der Kultusreform des Josia," *VT* 19 (1969) 113–20 ; **S. Herrmann,** "Die konstruktive Restauration," *FS G. v. Rad* (1971) 155–70 (= *GSt, TB* 75 [1986] 163–78) ; **D. Hillers,** *Covenant : The History of a Biblical Idea* (1969) ; **K. Baltzer,** *The Covenant Formulary* (1971) ; G. **Seitz,** *Redaktionsgeschichtliche Studien zum Deuteronomium, BWANT* 93 (1971) ; **J. Lindblom,** *Erwägungen zur Herkunft der josianischen Tempelurkunde* (1971) ; **P. Diepold,** *Israel's Land, BWANT* 95 (1972) ; **M. Weinfeld,** *Deuteronomy and Deuteronomic School* (1972) ; **S. Mittmann,** *Deuteronomyium 1, 1–6, 3, BZAW* 139 (1975 ; 참조. **G. Braulik,** *Bib* 59 [1978] 351–83) ; **M. Rose,** *Der Ausschliesslichkeitsanspruch Jahwes BWANT* 106 (1975) ; H. J. **Boecker** (9장을 보라) 154 이하 ; **A. Cholewiínski** (9장을 보라) ; **E. Würthwein,** "Die josianische Reform und das Deuteronomium," *ZThK* 73 (1976) 395–423 ; **R. Abba,** "Priests and Levites in Deuteronomy," *VT* 27 (1977) 257–67 ; **S. Amsler,** "La motivation de I'Ethique dans la Parénése du Deutéronome," *FS W. Zimmerli* (1977) 11–22 ; **E. Nielsen,** "Weil Jahwe unser Gott ein Jahwe ist' ", *FS Zimmerli* (1977) 288–301 ; **F. García–Lopez,** "Analyse littéraire de Deutéronome, *RB* 84 (1977) 481–522 ; 85 (1978) 5–49 ; **S. A. Kaufmann,** "The Structure of the Deuteronomic Law," *Maarav* 1 (1978/9) 105–58 ; **R. Polzin,** *Moses and the Deuteronomist* (1980) ; **R. Rendtorff,** "Die Erwählung Israel als Thema der deuteronomischen Theologie," *FS H. W. Wolff* (1981) 75–86 ; **J. G. McConville,** *Law and Theology in Deuteronomy, JSOT.S* 33 (1984) ; **N. Lohfink** (ed.), *Das Deuteronomium, BEThL* 68 (1985) ; **D. Knapp,**

Deuteronomium 4, GTA 35 (1987) ; **U. Rüterswörden,** *Von der politischen Gemeinschaft zur Gemeinde, BBB* 65 (1987 ; 참조. *FS H. Graf Reventlow,* 1994, 313-28) ; **G. Braulik,** *Studien zur Theologie des Deuteronomiums, SBAB* 2 (1988 ; Engl. : *The Theology of Deuteronomy,* 1994) ; **J. Buchholz,** *Die Ältesten Israels im Deuteronomium, GTA* 36 (1988) ; **Th. Römer,** *Israels Väter. Untersuchungen im Deuteronomium und in der deuteronomistischen Tradition, OBO* 99 (1990) ; **C. Brekelmans** and **J. Lust** (ed.), *Pentateuchal and Deuteronomistic Studies, BEThL* 94 (1990) ; **Chr. Bultmann,** *Der Fremde im antiken Juda, FRALNT* 153 (1992) ; **F. Crüsemann,** (4장을 보라) 235이하 ; **N. Lohfink,** *Studien zum Deuteronomium und zur deuteronomistischen Literatur I, SBAB 8 (1990), II :* *SBAB* 12 (1991) ; idem, *Die Väter Israels im Deuteronomium, OBO* 111 (1991) ; **H. J. Zobel,** "Hosea und das Deuteronomium" : *AT-Literatursammlung und Heilige Schrift, BZAW* 212 (1993) 97-113 (cf. 155이하.) ; **K. Zobel,** *Prophetie und Deuteronomium, BZAW* 199 (1992) ; **E. Reuter,** *Kultzentralisation. Entstehung und Theologie von Dtn 12, BBB* 87 (1993) ; **A. D. H. Mayes,** "On Describing the Purpose of Deuteronomy," *JSOT* 58 (1993) 13-33 ; **C. Pressler,** *The View of Women Found in the Deuteronomic Family Laws, BZAW* 216 (1993) ; **J. C. Gertz,** *Die Gerichtsorganisation Israels im deuteronomischen Gesetz, FRLANT* 165 (1994) ; **L. Perlitt,** *Deuteronomium-Studien, FAT* 8 (1994) ; *Studies in Deuteronomy. FS C. J. Labuschangne, VT.S* 53 (1994) ; **E. Otto,** *Theologische Ethik des AT* (1994) 175이하. (Bibliog.) ; idem, "Von der Gerichtsordnung zum Verfassungsentwurf," *FS O. Kaiser* (1994) 142-55 ; "Deuteronomy and Deuteronomic Literature," *FS C. H. W. Brekelmans, BEThL* 133 (1997).

제11장 신명기 역사서

연구사 : **E. Jenni,** "Zwei Jahrzehnte Forschung an den Büchern Josua bis Könige," *ThR* 27 (1961) 1-32, 97-146 ; **A. N. Radjawane,** "Das deuteronomistische Geschichtswerk," *ThR* 38 (1974) 177-216 ; **H. Weippert,** "Das deuteronomistische Geschichtswerk," *ThR* 50 (1985) 213-49 ; **H. D. Preuss,** "Zum deuteronomistischen Geschichtswerk," *ThR* 58 (1993) 229-64, 341-95.

개요 : **W. Roth,** "Deuteronomistisches Geschichtswerk/Deuteronomistische

Schule," *TRE* VIII (1981) 543–52 (bibliog.).

M. Noth, *Überlieferungsgeschichtliche Studien* (1943, [4]1973 = *ÜSt*; Engl.: *The Deuteronomistic History, JSOT.S* 15 (1981); **A. Jepsen,** *Die Quellen des Königsbuches* (1953, [4]1956) 189–204; **G. v. Rad,** "Die dtr. Geschichtstheologie in den Königsbüchern": *GSt* I (1958, [4]1971) 189–204; **H. J. Kraus,** "Gesetz und Geschichte" (1951): *Biblisch-theologische Aufsätze* (1972) 50–65; **O. Plöger,** "Reden und Gebete im deuteronomistischen und chronistischen Geschichtswerk" (1957): *Aus der Spätzeit des AT* (1971) 50–66; **H. W. Wolff,** "Das Kerygma des deuteronomistischen Geschichtswerks" (1961): *GSt* (1964, [2]1973) 308–24 (Eng.: "The Kerygma of the Deuteronomic Historical Work": **W. Brueggemann** and **H. W. Wolff,** *The Vitality of Old Testament Traditions* [1975] 83–100; 참조. **H. Timm,** *EvTh* 26 [1966] 509–26); **A. Gamper,** "Die heilsgeschichtliche Bedeutung des salomonischen Tempelweihgebets," *ZKTh* 85 (1963) 55–61; **G. Minette de Tillesse,** "Martin Noth et la 'Redaktionsgeschichte' des livres historiques": *Aux grands carrefours de la révélation et de l'exégése de l'Ancien Testament* (1966) 51–76; **J. Debus,** *Die Sünde Jeroboams, FRLANT* 93 (1967); **N. Lohfink,** "Bilanz nach der Katastrophe," *WuB,* 212–25; **J. A. Soggin,** "Deuteronomistische Geschichtsauslegung während der babylonischen Exils," *FS O. Cullmann* (1967) 11–17; idem "Der Entstehungsort des deuteronomistischen Geschichtswerks," *ThLZ* 100 (1975) 3–8; **O. H. Steck,** *Israel und das gewaltsamen Geschick der Propheten, WMANT* 23 (1967); **G. Sauer,** "Die chronologischen Angaben in den Büchern Dtn bis 2 Kön," *ThZ* 24 (1968) 1–14; **H. J. Boecker,** *Die Beurteilung der Anfänge des Königtums in den deuteronomistischen Abschnitten des 1. Samuelbuches. WMANT* 31 (1969); **G. C. Macholz** (8장을 보라); **R. Smend,** "Das Gesetz und die Völker," *FS G. v. Rad* (1971) 494–509; idem, *Die Entstehung des AT* (= *EntstAT*) (1978) 111 이하; **P. Diepold** (10장을 보라); **W. Dietrich,** *Prophetie und Geschichte, FRLANT* 108 (1972); **H. Weippert,** "Die 'deuteronomistische' Beurteilung der Könige", *Bib* 53 (1972) 301–39 (참조. **M. Weippert,** *VT* 23 [1973] 436이하.; **W. B. Barrick,** *Bib* 55 [1974] 257이하; **E. Cortese,** *Bib* 56 [1975] 37이하); **M. Rose** (10장을 보라) 146이하; **T. Veijola,** *Die ewige Dynastie* (1975); idem, *Das Königtum in der Beurteilung der deuteronomistischen Historiographie* (1977); **I. L. Seeligmann,** "Die Auffassung von der Prophetie in der dtr. und chronist. Geschichtsschreibung," *Congress Volume Göttingen, VT.S* 29 (1978) 254–84; **U.**

Köppel, *Das deuteronomistische Geschichtswerk und seine Quellen, EHS.T* 122 (1979) ; **R. Bickert,** "Die Geschichte und das Handeln Jahwes," *FS E. Würthwein* (1979) 9-27 ; **H. D. Hoffmann,** *Reform und Reformen, AThANT* 66 (1980) ; **N. Lohfink,** "Kerygmata des deuteronomistischen Geschichtswerks" (1981) : *Studien* II (10장을 보라) 125-42 ; **K. Koch,** "Das Profetenschweigen des deuteronomistischen Geschichtswerks," *FS H. W, Wolff* (1981) 115-28 ; **R. D. Nelson,** *The Double Redaction of the Deuteronomistic History, JSOT.S* 18 (1981) ; **R. Stahl,** *Aspekte der Geschichte deuteronomistischer Theologie* (Diss. B. Jena 1982) ; **R. Albertz,** "Die Intention und die Träger des Deuteronomistischen Geschichtswerks," *FS C. Westermann* (1989) 37-53 ; **M. A. O'Brian,** *The Deuteronomistic History Hypothesis : A Reassessment, OBO* 92 (1989) ; **A. Moenikes,** " Zur Redaktionsgeschichte des sogenannten Deuteronomistischen Geschichtswerks," *ZAW* 104 (1992) 333-48 ; **C. Westermann,** *Die Geschichtsbücher des AT. Gibt es ein deuteronomistisches Geschichtsbuch? Formgeschichtliche Untersuchungen, TB* 87 (1994) ; **E. Würthwein,** *Studien zum Deuteronomistischen Geschichtswerk, BZAW* 227 (1994) ; **J. Schreiner,** "Geschichtsdeutung im Alten Testament. Zu Anlaß und Zielsetzung des deuteronomistischen Geschichtswerks" : *Der eine Gott Israels. GSt* III (1997) 100-12 ; **R. Albertz,** "Wer waren die Deuteronomisten?", *EvTh* 57 (1997) 319-39.

여호수아

주석서들 : **M. Noth** (*HAT*, ^{2}1953, ^{3}1971) ; **H. W. Hertzberg** (*ATD*, 1954, ^{5}1974) [수, 삿, 룻] ; **J. A. Soggin** (*CAT*, 1970 ; Engl. : *OTL*, 1972) ; **R. G. Boling** and **G. E. Wright** (*AncB*, 1982) ; **T. C. Butler** (*WBC*, 1983) ; **M. Görg** (*NEB*, 1991) ; **V. Fritz** (*HAT*, 1994).

개요 : **H. J. Zobel,** "Josua/Josuabuch", *TRE* XVII (1988) 269-78 (bibliog.).

A. Alt, "Josua"(1936) ; *KS* I, 176 이하 (= *Grundfragen*, [2장을 보라] 186 이하) ; **S. Mowinckel,** *Tetrateuch-Pentatech-Hexateuch, BZAW* 90 (1964) ; **E. Otto,** *Das Mazzotfest in Gilgal, BWANT* 107 (1975, bibliog.) ; **H. Mölle,** *Der sogenannte Landtag zu Sichem, FzB* 42 (1980) ; **L. Schwienhorst,** *Die Eroberung Jerichos, SBS* 122 (1986) ; **E. Cortese,** *Josua 13-21. Ein priesterschriftlicher Abschnitt im* *deuteronomistischen Geschichtswerk, OBO* 94 (1990).

사사기

주석서들 : **J. A. Soggin** (*OTL,* 1981) ; **R. G. Boling** (*AncB,* 1975).

개요 : **R. Bartelmus,** "Forschung am Richterbuch seit Martin Noth," *ThR* 56 (1991) 221-59.

E. Jenni, "Vom Zeugnis des Richterbuches," *ThZ* 12 (1956) 257-74 ; **W. Beyerlin,** "Gattung und Herkunft des Rahmens im Richterbuch," *FS A. Weiser* (1963) 1-29 ; idem, "Geschichtliche und heilsgeschichtliche Traditionsbildung im AT," *VT* 13 (1963) 1-25 ; **W. Richter,** *Traditionsgeschichtliche Untersuchungen zum Richterbuch, BBB* 18 (1963, [2]1966) ; idem, *Die Bearbeitung des "Retterbuches" in der deuteronomischen Epoche, BBB* 21 (1964) ; **J. Schlauri,** "W. Richters Beitrag zur Traditionsgeschichte des Richterbuches," *Bib* 54 (1973) 367-403 (bibliog.) ; *THAT* II, 999 이하 (bibliog. on "Judges") ; **A. J. Hauser,** "The 'Minor Judges,' ", *JBL* 94 (1975) 190-200 ; **J. Blenkinsopp,** "Structure and Style in Judges 13-16," *JBL* (1982) 65-72 ; **F. E. Greenspahn,** "The Theology of the Framework of Judges," *VT* 36 (1986) 385-96 ; **U. Becker,** *Richterzeit und Königtum, BZAW* 192 (1990) ; **W. Bader,** *Simson bei Delila. Computerlinguistische Interpretation des Textes Ri 13-16, THLI* 3 (1991) ; **K.-D. Schunck,** "Falsche Richter im Richterbuch," *FS S. Herrmann* (1991) 364-70.

사무엘

주석서들 : **H. W. Hertzberg** (*ATD,* 1956, [6]1982 ; Eng. : *OTL,* 1964) ; H. **J. Stoebe** (*KAT,* I 1973, II 1995) ; **J. Mauchline** (*NCBC,* 1971) ; **F. Stolz** (*ZBK.AT,* 1981) ; **P. K. McCarter, Jr.,** (*AncB,* I 1980, II 1984) ; **S. Schroer** (*NSKAT,* 1992) ; **G. Hentschel** (*NEB,* 1994).

L. Rost, "Die Überlieferung von der Thronnachfolge Davids" (1926) : *Das kleine Credo* (1965) 119-253 ; **A. Weiser,** *Samuel, FRLANT* 81 (1962) ; R. A. **Carlson,** *David the Chosen King* (1964) ; **J. Blenkinsopp,** "Theme and Motif in the Succession History (2 Sam XI 2이하) and the Yahwist Corpus," *SVT* 15 (1966) 44-57 ; **G. Wallis,** *Geschichte und Überlieferung* (1968) ; **R. N. Whybray,** *The Succession Narrative* (1968) ; **L. Schmidt,** *Menschlichter Erfolg und Jahwes Initiative, WMANT* 38 (1970) ; **J. H. Grønbaek,** *Die Geschichte vom Aufstieg Davids* (1971) ; **R. Rendtorff,** "Beobachtungen zur altisraelitischen Geschichtsschreibung," *FS G. v. Rad* (1971) 428-39 ; **J. W. Flanagan,** "Court History or Succession Document? A Study of 2 Samuel 9-20 and 1 Kings 1-2," *JBL* 91 (1972) 172-81 ; **A. F. Campbell,** *The Ark Narrative* (1975) ; **E. Würthwein,** *Die Erzählung von der Thronnachfolge Davids, ThSt(B)* 115 (1975) ; **B. Birch,** *The Rise of the Israelite Monarchy* (1976) ; **V. Fritz,** "Die Deutungen des Königtums Sauls," *ZAW* 88 (1976) 346-62 (bibliog.) ; **F. Langlamet,** "Pour ou contre Salomon? La Rédaction pros-alomonienne de I Rois", *RB* 83 (1976) 321-79, 481-528 ; **T. N. D. Mettinger,** *King and Messiah* (1976) ; **T. Ishida,** *The Royal Dynasties in Ancient Israel, BZAW* 142 (1976) ; B. C. **Birch,** *The Rise of the Israelite Monarchy* (1976) ; **W. Dietrich,** "David in Überlieferung und Geschichte," *VF* 22/1 (1977) 44-64 (bibliog.) ; **J. Kegler,** *Politisches Geschehen und theologisches Verstehen, CThM.BW* 8 (1977) ; **E. Otto** (5장 3을 보라) 375이하. ; **P. D. Miller, Jr.** and **J. J. M. Roberts,** *The Hand of the Lord* (1977) ; **C. Conroy,** *Absalom, Absalom! Narrative and Language in 2 Samuel 13-20* (1978) ; **D. M. Gunn,** *The Story of King David : Genre and Interpretation* (1978) ; **H. Seebass,** *David, Saul und das Wesen des biblischen Glaubens* (1980) ; **F. Langlament,** *RB* 93 (1986) 115-32 (bibliog.) ; **T. Seidl,** "David statt Saul," *ZAW* 98 (1986) 39-55 ; **U. Berges,** *Die Verwerfung Sauls, FzB* 61 (1989) ; **V. P. Long,** *The Reign and Rejection of King Saul, SBL.DS* 118 (1989) ; **J. P. Fokkelman,** *Narrative Art and Poetry in the Books of Samuel. III : Throne and City, SSN* 27 (1990) ; **T. Veijola,** *David, SESJ* 52 (1990) ; **P. Mommer,** *Samuel. Geschichte und Überlieferung, WMANT* 65 (1991) ; **W. Dietrich,** *David, Saul und die Propheten, BWANT* 122 (^{2}1992) ; **G. Hentschel,** *Gott, König und Tempel, EThSt* 22 (1992) ; **R. Wonneberger,** *Redaktion. Studien zur Textfortschreibung im AT, entwichelt am Beispiel der Samuelüberlieferung, FRLANT* 156 (1992) ; **C. Riepl,** *Sind David und Saul berechenbar? Von der sprachlichen Analyse zur literarischen Sturuktur von 1 Sam 21 und 22, ATSAT* 39 (1993).

열왕기서

주석서들: **J. A. Montgomery** and **H. S. Gehman** (ICC, 1951); **M. Noth** (*BK,* I 1968, ²1983); **J. Gray** (*OTL,* ²1970); **E. Würthwein** (*ATD,* I ²1985, II 1984); **M. Rehm** (*NEB,* I 1979, II 1982); **G. H. Jones** (*NCBC,* 1984); S. J. **Devries** (*WBC,* I 1985); **B. O. Long** (*FOTL* 10, 1991) [2. Kön]; **G. Hentschel** (*NEB,* I 1984, II 1985).

H.-D. Hoffmann, *Reform und Reformen, AThANT* 66 (1980); **S. Timm,** *Die Dynasie Omri, FRLANT* 124 (1982); **H. Spieckermann,** *Juda unter Assur in der Sargonidenzeit, FRLANT* 129 (1982); **A. Lemaire,** "Vers L'histoire de la rédaction des Livres des Rois," *ZAW* 98 (1986) 221-36; **E. Würthwein,** "Prophetisches Wort und Geschichte in den Königsbüchern" (1987): *Studien* (위를 보라) 80-92(참조. 93 이하); **H.-J. Stipp,** *Elischa-Propheten-Gottesmänner. Die Komposition- sgeschichte des Elischazyklus und verwanter Texte, rekonstruiert auf der Basis von Text-und Literarkritik zu 1 Kön 20; 22 und 2 Kön 2-7, ATSAT* 24 (1987); **R, D. Nelson,** "The Anatomy of the Book of Kings," *JSOT* 40 (1988) 39-48; **J. G. Conville,** "Narrative and Meaning in the Books of Kings," *Bib* 70 (1989) 31-49; **Y. Minokami,** *Die Revolution des Jehu, GAT* 38 (1989); **C. Hardmeier,** *Prophetie im Streit vor dem Untergang Judas. Erzählkommunikative Studien zur Entstehungssituation der Jesaja-und Jeremiaezählungen in II Reg 18-20 und Jer 37-40, BZAW* 187 (1990); **L. Camp,** *Hiskija und Hiskijabild. Analyse und Interpretation von 2 Kön 18-20, MThA* 9 (1990); **S. L. McKenzie,** *The Trouble with Kings. The Composition of the Book of Kings in the Deuteronomistic History, VT.S* 42 (1991); **K. Koch,** "Gefüge und Herkunft des Berichts über die Kultreformen des Königs Josia," *FS H. D. Preuss* (1992) 80-92; **M. Mulzer,** *Jehu schlägt Joram. Text-, literar- und strukturkritische Untersuchung zu 2 Kön 8, 28-10, 36, ATSAT* 37 (1992); **W. Thiel,** "Jawhe und Prophet in der Elisa-Tradition," *FS H. D. Preuss* (1992) 93-103; **E. Ben Zvi,** "Prophets and Prophecy in the Compositional and Redactional Notes in I-II Kings," *ZAW* 105 (1993) 331-51; **M. Häusl,** *Abischag und Batscheba. Frauen am Königshof und die Thronfolge Davids im Zeugnis der Texte 1 Kön 1 und 2, ATSAT* 41 (1993).

예언자에 관한 이야기: 13장을 보라.

제12장 역대기 역사서

주석서들 : **W. Rudolph** (*HAT,* 1949, 1955) ; **J. M. Myers** (*AncB,* 1965) [Esr/Neh, 1/2 Chr] ; **K. Galling** (*ATD,* 1954) ; **H. G. M. Williamson** (*NCBC,* 1982) [1/2 Chr] ; **J. Becker** (*NEB,* I 1986, II 1988, 1990) [Esr/Neh] ; **A. H. J. Gunneweg** (*KAT,* I 1985 [Esr], II 1987[Neh]) ; **F. C. Fensham** (*NIC,* 1982) ; **H. G. M. Williamson** (*WBC,* 1985) [Esr/Neh] ; **R. Braun** (*WBC,* 1986) [1 Chr] ; **S. J. Devries** (*FOTL* 11, 1989) ; **Th. Willi** (*BK,* 1991이후.) ; **S. Japhet** (*OTL,* 1993) [1/2 Chr].

I. Kalimi, *The Books of Chronicles. A Classified Bibliography* (1990).

연구개관 : **E. Jenni,** "Aus der Literatur zur chronistischen Geschichtsschreibung," *ThR* 45 (1980) 97-108 ; **D. Mathias,** "Die Geschichte der Chronikforschung im 19. Jh.," *ThLZ* 105 (1980) 474-75.

개요 : **M. Sæbø,** "Chronistische Theologie / Chronistisches Geschichtswerk," *TRE* VIII (1981) 74-87 ; idem, "Esra / Esraschriften," *TRE* X (1982) 374-86.

G. v. Rad, "Die levitische Predigt in den Büchern der Chronik"(1934) : *GSt* (1958) 248-61 ; **M. Noth,** *ÜSt* (11장을 보라 ; Engl. : *The Chronicler's History, JSOT.S* 50, 1987) 110이하 ; **K. Galling,** *Studien zur Geschichte Israels im persischen Zeitalter* (1964) ; **S. Mowinckel,** *Studien zu dem Buche Esra-Nehemia I-III* (1964-65) ; **U. Kellermann,** *Nehemia. Quellen, Überlieferung und Geschichte, BZAW* 102 (1967, bibliog.) ; **K.-F. Pohlmann,** *Studien zum dritten Esra, FRLANT* 104 (1970) ; **T. Willi,** *Die Chronik als Auslegung, FRLANT* 106 (1972) ; **R. Mosis,** *Untersuchungen zur Theologie des chronistischen Geschichtswerkes* (1973) ; **P. Welten,** *Geschichte und Geschichtsdarstellung in den Chronikbüchern, WMANT* 42 (1973) ; **W. Th. In der Smitten,** *Esra. Quellen, Überlieferung und Geschichte* (1973, bibliog.) ; **K. Koch,** "Ezra and the Origins of Judaism," *JSSt* 19 (1974) 173-97 ; **J. D. Newsome,** "Toward a New Understanding of the Chronicler and His Purposes," *JBL* 94 (1975) 201-17 ; **H. G. M. Williamson,** *Israel in the Book of Chronicles* (1977) ; **I. L. Seeligmann** (11장을 보라) ; **S. Japhet,** "Conquest and Settlement in Chronicles," *JBL* 98 (1979) 205-18 ; idem, "Sheshbazzar and

Serubbabel – Against the Background of the Historical and Religious Tendencies of Ezra – Nehemia," *ZAW* 94 (1982) 66 – 98, *ZAW* 95 (1983) 218 – 29 ; **J. P. Weinberg,** "Das Eigengut in den Chronikbüchern," *OLoP* 10 (1979) 161 – 81 ; idem, "Die Natur im Weltbild des Chronisten," *VT* 31 (1981) 324 – 45 ; **R. L. Braun,** "Chronicles, Ezra and Nehemia," : **J. A. Emerton** (ed.), *Studies in the historical books of the OT, VT.S* 30 (1979) 52 – 64 ; **A. H. J. Gunneweg,** "Zur Interpretation der Bücher Esra – Nehemia" (1981) : *Sola Scriptura* 2 (1992) 9 – 24 ; idem, "Die aramäische und die hebräische Erzählung über die nachexilische Restauration – ein Vergleich," *ZAW* 94 (1982) 299 – 302 ; **M. A. Throntveit,** "Linguistic Analysis and the Question of Authorship in Chronicles, Ezra and Nehemia," *VT* 32 (1982) 201 – 16 ; **R. Micheel,** *Die Seher – und Prophetenüberlieferungen in der Chronik, BET* 18 (1983) ; **T. – S. Im,** *Das David – Bild in den Chronikbüchern, EHS.T* 263 (1985) ; **S. Japhet,** "The Historical Reliability of Chronicles," *JSOT* 33 (1985) 83 – 107 ; **W. Johnstone,** "Guilt and Atonement : The Theme of 1 and 2 Chronicles," *FS W. McKane, JSOT.S* 42 (1986) 113 – 38 ; **P. R. Ackroyd,** "Chronicles – Ezra – Nehemiah : The Concept of Unity," *ZAW* 100 (Suppl) (1988) 189 – 201 ; **M. Oeming,** *Das wahre Israel. Die genealogische Vorhalle 1 Chronik 1 – 9, BWANT* 128 (1990) ; **T. C. Eskenazi,** "The Structure of Ezra – Nehemia and the Integrity of the Book," *JBL* 107 (1988) 541 – 656 ; **R. K. Duke,** *The Persuasive Appeal of the Chronicler. A Rhetorical Analysis, JSOT.S* 88 (1990) ; **D. R. Daniels,** "The Composition of the Ezra – Nehemiah Narrative," *FS K. Koch* (1991) 311 – 28 ; **K. Strübind,** *Tradition als Interpretation in der Chronik. König Josaphat als Paradigma chronistischer Hermeneutik und Theologie, BZAW* 201 (1991) ; **S. Talmon,** "Esra – Nehemia : Historiographie oder Theologie?" *FS K. Koch* (1991) 329 – 56 ; **T. Sugimoto,** "Chronicles as Independent Literature," *JSOT* 55 (1992) 61 – 74 ; **I. Kalimi,** "Die Abfassungszeit der Chronik – Forschungsstand und Perspektiven," *ZAW* 105 (1993) 223 – 32 ; idem, *Zur Geschichtsschreibung des Chronisten, BZAW* 226 (1994) ; **D. Kraemer,** "On the Relationship of the Books of Ezra and Nehemiah," *JSOT* 59 (1993) 73 – 92 ; **J. Kegler,** "Prophetengestalten im Deuteronomistischen Geschichtswerk und in den Chronikbüchern," *ZAW* 105 (1993) 481 – 97 ; **E. M. Dörrfuss,** *Mose in den Chronikbüchern, BZAW* 219 (1994).

제13-24장 예언서들

연구개관: **G. Fohrer,** *ThR* 28 (1962) 1-75, 235-97, 301-74; *ThR* 40 (1975) 337-77; *ThR* 41 (1976) 1-12; *ThR* 45 (1980) 1-39, 109-32, 193-225; **B. Vawter,** "Recent Literature on the Prophets," *Concilium* 10 (1965) 112-25; **J. Scharbert,** "Die prophetische Literatur," *FS J. Coppens* I (1969) 58-118; **J. M. Schmidt,** "Probleme der Prophetenforschung," *VF* 17/1 (1972) 39-81; idem, "Ausgangspunkt und Ziel prophetischer Verkündigung im 8. Jh.," *VF* 22/1 (1977) 65-82; **H. D. Preuss** (ed.), *Eschatologie im Alten Testament* (1978); **D. Kinet,** "Künder des Gerichts oder Mahner zur Umkehr," *BiKi* 33 (1978) 98-101; **P. H. A. Neumann** (ed.), *Das Prophetenverständnis in der deutschsprachigen Forschung seit H. Ewald* (1979); **W. McKane,** "Prophecy and Prophetic Literature": *TaI* 163-88; **B. Lang,** "Prophetie, prophetische Zeichenhandlung und Politik in Israel," *ThQ* 161 (1981) 275-80; **W. H. Schmidt** (**W. Thiel** and **R. Hanhart**) (1장을 보라) 50이하; **J. Jeremias,** "Grundtendenzen gegenwärtiger Prophetenfo- rschung," *EvErz* 36 (1984) 6-22; **E. Osswald,** "Aspekte neuerer Prophetenforschung," *ThLZ* 109 (1984) 641-50; **H. M. Barstad,** "No Prophets? Recent Developments in Biblical Prophetic Research and Ancient Near Eastern Prophecy," *JSOT* 57 (1993) 39-60.

개요: **R. Rendtorff,** *TDNT* 6: 796-812; **R. Meyer, J. Fichtner** and **A. Jepsen,** *RGG* V ([3]1961) 613-33; **J. Jeremias,** *THAT* II (1976) 7-26.

개괄적인 문헌: **B. Duhm,** *Israels Propheten* ([2]1922); **H. Gunkel**: **H. Schmidt,** *Die grossen Propheten, SAT* II/2 ([2]1923) XVII이하; **M. Buber,** *The Prophetic Faith* (1949); **C. Kuhl,** *Israels Propheten* (1956; Eng.: *The Prophets of Israel,* 1960); **G. v. Rad,** *Old Testament Theology* II (1965); idem, *Die Botschaft der Propheten,* ([3]1977); **J. Lindblom,** *Prophecy in Ancient Israel* (1962); R. E. **Clements,** *Prophecy and Covenant* (1965); **J. Scharbert,** *Die Propheten Israels bis 700. Chr. / um 600* v. *Chr.* (1965-67); **G. Fohrer,** *Studien zur alttestamentlichen Prophetie, BZAW* 99 (1967); idem, *Die Propheten des Alten Testament* I-VII (1974-77); **J. Bright,** *Covenant and Promise* (1976); **R. R. Wilson,** *Prophecy and Society in Ancient Israel* (1980); **B. Lang,** *Wie wird man Prophet in Israel?* (1980); **J. Blenkinsopp,** *A History of Prophecy in Israel* (1983); **K. Koch,** *Die*

Profeten (I [3]1995, II [2]1988 ; Eng. : *The Prophets,* 1982) ; **P. D. Miller, Jr.,** *Sin and Judgment in the Prophets* (1982) ; **G. Wallis** (ed.), *Von Bileam bis Jesaja* (1984) ; idem (ed.), *Zwischen Heil und Gericht* (1987) ; idem (ed.), *Erfüllung und Erwartung. Studien zur Prophetie auf dem Weg vom Alten zum Neuen Testament* (1990) ; H. W. Wolff, *Studien zur Prophetie, TB* 76 (1987).

W. Zimmerli, "Die kritische Infragestellung der Tradition durch die Prophetie" : *Zu Tradtion und Theologie im AT, BThSt* 2 (1978) 57-86 ; idem, "Vom Prophetenwort zum Prophetenbuch," *ThLZ* 104 (1979) 481-96 ; **H.-J. Hermisson,** "Zeitbezug des prophetischen Wortes," *KuD* 27 (1981) 97-110 ; **E. S. Gerstenberger,** " 'Gemeindebildung' in Prophetenbüchern?" *FS O. Kaiser. BZAW* 185 (1989) 44-58 ; **J. Becker,** "Historischer Prophetismus und biblisches Prophetenbild," *FS H. Reinelt* (1990) 11-23 ; **H. Donner,** " 'Forscht in der Schrift Jahwes und lest!' Ein Beitrag zum Verständnis der israelitischen Prophetie" (1990) : *Aufsätze zum AT, BZAW* 224 (1994) 199-212 (참조. 213이하, 239이하.) ; **S. Herrmann,** "Zwischen Intellekt und Charisma," *FS K. Koch* (1991) 145-59 ; **W. H. Schmidt,** "Zukunftsgewißheit und 'nachlaufende Erkenntnis'," *FS K. Koch* (1991) 161-81 (참조. *FS S. Herrmann* [1991] 348-63) ; idem, "Gotteserfahrung und 'Ich' bewußtsein im AT," *FS. H. Graf Reventlow* (1994) 199-218 ; **O. H. Steck,** *Der Abschluß der Prophetie im AT, BThSt* 17 (1991) ; idem, "Prophetische Prophetenauslegung," *FS G. Ebeling* (1993) 198-244 ; **J. Jeremias,** "Umkehrung von Heilstraditionen im AT," *FS H. D. Preuss* (1992) 309-20 ; idem, "Das Proprium der atl. Prophetie," *ThLZ* 119 (1994) 483-94 ; **J. A. Sawyer,** *Prophecy and the Biblical Prophets* (1993) ; **H. J. Zobel,** "Prophet in Israel und Juda" : *AT-Literatursammlung und Heilige Schrift, BZAW* 212 (1993) 77-95 (참조. 181-97) ; **K. Koenen,** *Heil den Gerechten-Unheil den Sündern! Ein Beitrag zur Theologie der Prophetenbücher, BZAW* 229 (1994).

제13장 예언의 양식

1. 예언자의 말과 예언서

2. 예언문학의 주요 양식 **H. Gunkel** (13-24장을 보라) ; **H. W. Wolff,** "Die

Begründungen der prophetischen Heils-und Unheilssprüche" (1934) *GSt* (1964) 9-35 ; **C. Westermann,** *Grundformen prophetischer Rede* ([5]1978 ; Eng. : *Basic Forms of Prophetic Speech,* 1967) ; **R. Rendtorff,** "Botenformel und Botenspruch"(1962) *GSt* (1975) 243-55 ; K. Koch, *Was ist Formgeschichte?* ([3]1974) 258이하. (Engl. : 5장 2를 보라) **H. W. Wolff,** Joel/Amos (*BK.* XIV/2 [3]1985 ; Engl. : 14장을 보라) 165-66 ; **J. H. Hayes** (5장 2를 보라) 141이하 (bibliog.) ; **A. J. Bjørndalen,** "Zu den Zeitstufen der Zitatformel," *ZAW* 86 (1974) 393-403 ; idem, *ThWAT* I 365 이하, *ThWAT* II 108, 119이하 ; **D. Vetter,** "Satzformen prophetischer Rede," *FS C. Westermann* (1980) 174-93.

예언자에 관한 이야기 : **A. Rofé,** "The Classification of the Prophetical Stories," *JBL* 89 (1970) 427-40 ; idem, "Classes in the Prophetical Stories" : *Studies on Prophecy, VT.S.* 26 (1974) 143-67 ; **B. O. Long,** "2 Kings III and Genres of Prophetic Narrative," *VT* 23 (1973) 337-48.

환상 : **F. Horst,** "Die Visionsschilderungen der alttestamentlichen Propheten," *EvTh* 20 (1960) 193-205 ; **B. O. Long,** "Prophetic Call Traditions and Reports of Visions," *ZAW* 84 (1972) 494-500 ; idem, "Reports of Visions among the Prophets," *JBL* 95 (1976) 353-65 ; **Ch. Jeremias,** *Die Nachtgesichte des Sacharja, FRLANT* 117 (1977, bibliog.) ; **G. Bartczek,** *Prophetie und Vermittlung* (1980) ; **J. E. Miller,** "Dreams and Prophetic Visions," *Bib* 71 (1990) 401-4.

소명기사 : **E. Kutsch,** "Gideons Berufung und Altarbau" (1956) : *KS zum AT, BZAW* 168 (1986) 99-109 ; **W. Zimmerli,** *Ezechile* (*BK,* XII/1 [2] 1979 : Engl. : 20장을 보라) 16-21 ; **N. Habel,** "The Form and Significance of the Call Narratives," *ZAW* 77 (1965) 297-323 ; **R. Kilian,** "Die prophetischen Berufungsberichte" : *Theologie im Wandel* (1967) 356-76 ; **W. Richter,** *Die sog. vorprophetischen Berufungsberichte* (1970) ; **W. H. Schmidt,** *Exodus* (*BK,* II/1 1988) 123-29(bibliog.) ; **B. O. Long,** "Berufung I", *TRE* V (1980) 676-84 (bibliog.) ; **H.-C. Schmitt,** "Das sogenannte vorprophetische Berufungsschema," *ZAW* 104 (1992) 202-15.

재판연설 : **G. E. Wright,** "The Lawsuit of God : A Form-Critical Study of Deuteronomy 32" : *Israel's Prophetic Heritage* (1962) ; **H. J. Boeker,** *Redeformen* *des Rechtslebens im AT, WMANT* 14 ([3]1970, bibliog.) ; **E. Würthwein,** "Kultpolemik oder Kultbescheid?" (1963) : *Wort und Existenz* (1970) 144 – 60 ; **J. Jeremias,** *Kultprophetie und Gerichtsverkündigung in der späten Königszeit Israels, WMANT* 35 (1970) 151이하 (bibliog.) ; **J. Blenkinsopp,** "The Prophetic Reproach," *JBL* 90 (1971) 267 – 78 ; *THAT* II, 776.

장송곡과 화(禍) 외침 : **H. Jahnow,** *Das hebräische Leichenlied, BZAW* 36 (1923) ; **H. W. Wolff,** "Der Aufruf zur Volksklage"(1964) : *GSt* ([2]1973) 392 – 401 ; **G. Wanke,** "*ôj* und *hôj,*" *ZAW* 78 (1966) 215 – 18 ; **H. W. Wolff,** *Joel/Amos* (*BK,* XIV/2 [3] 1985 ; Engl. : 14장을 보라) 284이하 (bibliog.) ; **W. Janzen,** *Mourning Cry and Woe Oracle, BZAW* 125 (1972) ; **H. J. Kraus,** "*hôj* als prophetische Leichenklage über das eigene Volk im 8. Jh.," *ZAW* 85 (1973) 15 – 46 ; **C. Hardmeier,** *Texttheorie und biblische Exegese, BevTh* 79 (1978, bibliog.) ; **J. J. M. Roberts,** "Form, Syntax, and Redaction in Isaiah 1 : 2 – 20," *PSB* (1982) 293 – 306 ; **D. R. Hillers,** "Hoy and Hoy – Oracles : A Neglected Syntactic Aspect", *FS D. N. Freedman* (1983).

역사회고 : **G. Fohrer,** "Prophetie und Geschichte"(1964) : *BZAW* 99 (1967) 265 – 93 ; **J. Vollmer,** *Geschichtliche Rückblicke und Motive in der Prophetie des Amos, Hosea and Jesaja, BZAW* 119 (1971) ; **Th. Krüger** (20장을 보라).

논쟁의 말 : **J. Begrich,** *Studien zu Deuterojesaja* (1938, [2] 1963) 41이하 ; **H. J. Hermission,** "Diskussionsworte bei Deuterojesaja," *EvTh* 31 (1971) 665 – 80 (bibliog.) ; **L. Ruppert,** "Die Disputationsworte bei Deuterojesaja in neuem religionsgeschichtlichem Licht" (1991) : *Studien* (4장을 보라) 199 – 210 ; **W. H. Schmidt,** " 'Kann ich nicht mit euch verfahren wie dieser Töpfer?' – Disputationsworte im Jeremiabuch," *FS K. –D. Schunck, BEAT* 37 (1994) 149 – 61.

권고의 말 : **H. W. Wolff,** "Das Thema 'Umkehr' in der alttestamentlichen Prophetie"(1951) : *GSt* (1964) 130 – 50 ; **W. Richter,** *Recht und Ethos, StANT* 15 (1966) ; **A. J. Bjørndalen,** " 'Form' und 'Inhalt' des motivierenden Mahnspruchs" *ZAW* 82 (1970) 347 – 61 ; **T. M. Raitt,** "The Propheitc Summons to Repentance," *ZAW* 83 (1971) 30 – 49 ; **G. Warmuth,** *Das Mahnwort, BET* 1 (1976, bibliog.) ; **A. Vanlier Hunter,** *Seek the Lord!* (1982) ; **K. A. Tångberg,** *Die prophetische*

Mahnrede, FRLANT 143 (1987) ; **J. Schreiner,** "Gottes Forderung zum Heil der Menschen," *ZAW* 103 (1991) 315-28 ; **A. Graupner** and **H.-J. Fabry,** *ThWAT* VII (1993) 1118이하 (특히 1140이하, bibliog.).

구원의 말 : 21장을 보라 ; **J. Begrich,** "Das priesterliche Heilsorakel" (1934) : *GSt* (1964) 217-31 ; **S. Herrmann,** *Die prophetischen Heilserwartungen im AT, BWANT* 85 (1965) ; **C. Westermann,** "Der Weg der Verheissung durch das AT" : *Forschung am AT* II (1974) 230-49 ; **W. H. Schmidt** (**J. Becker**), *Zukunft und Hoffnung* (1981) 18이하. (bibliog.) ; **C. Westermann,** *Prophetische Heilsworte im AT, FRLANT* 145 (1987, Eng. : *Prophetic Oracles of Salvation in the Old Testament ;* 참조. *ZAW* 98 (1986) 1-13).

제의비판 : **H. J. Boecker,** "Überlegungen zur Kultpolemik der vorexilischen Propheten," *FS H. W. Wolff* (1981) 169-80 (bibliog.) ; **A. B. Ernst,** *Weisheitliche Kultkritik. Zu Theologie und Ethik des Sprüchebuchs und der Prophetie des 8. Jahrhunderts, BThSt* 24 (1994).

상징행위 : **G. Fohrer,** *Die symbolischen Handlungen der Propheten, AThANT* 54 (² 1968 ; 참조. *BZAW* 99 [1967] 92-112, 242-64) ; **E. R. Fraser,** "Symbolic Acts of the Prophets," *SBT* 4 (1974) 45-53 ; **G. Wanke,** "Jeremias Besuch beim Töpfer," *FS G. Fohrer, BZAW* 150 (1980) 151-62 ; **S. Amsler,** *Les actes des prophétes* (1985 ; 참조. *FS C. Westermann* [1980] 194-201) ; **B. Lang,** "Prophetie, prophetische Zeichenhandlung und Politik in Israel," *ThQ* 161 (1981) 275-80 ; **H. Mottu,** "La parole et le geste," *RThPh* 121/3 (1989) 291-306 ; **D. Stacey,** *Prophetic Drama in the OT* (1990).

이방 민족을 향한 신탁 : **P. Höffken,** *Untersuchungen zu den Begründungselementen der Völkerorakel des AT* (Diss., Bonn 1977) ; **F. Fechter,** *Bewältigung der Katastrophe. Untersuchungen zu ausgewählten Fremdvölkersprüchen im Ezechielbuch, BZAW* 208 (1992).

사회비판 : 3장을 보라

(c) 현재 예언서 연구에서 나타나는 논쟁점들 : **W. H. Schmidt,** *Zukunftsge-*

wissheit und Gegenwartskritik (1973, bibliog.) ; **L. Markert** and **G. Wanke,** "Die Propheteninterpretation," *KuD* 22 (1976) 191 – 220 ; **J. M. Schmidt,** "Ausgangspunkt und Ziel prophetischer Verkündigung im 8. Jh.," *VF* 22/1 (1977) 65 – 82 (bibliog.) ; **H. W. Wolff,** "Die eigentliche Botschaft der klassischen Propheten," *FS W. Zimmerli* (1977) 547 – 57 ; **W. Zimmerli,** "Wahrheit und Geschichte in der alttestamentlichen Schriftprophetie," *Congress Volume Göttingen, VT.S* 29 (1978) 1 – 15 ; **I. L. Seeligmann,** "Die Auffassung von der Prophetie in der deuteronomischen und chronistischen Geschichtsschreibung," *Congress Volume Göttingen, VT.S* 29 (1978) 254 – 84.

4. 문서예언자의 선구자들 : **H. Gunkel,** "Elias, Jahve und Baal," *RV* II/8 (1906) ; **R. Rendtorff,** "Erwägungen zur Frühgeschichte des Prophetentums" (1962) : *GSt* (1975) 220 – 42 ; **G. Fohrer,** *Elia, AThANT* 53 ([2]1968) ; **O. H. Steck,** Überlieferung und Zeitgeschichte in den Elia-Erzählungen, *WMANT* 26 (1968) ; **K. H. Bernhardt,** "Prophetie und Geschichte" : *Congress Volume Uppsala, VT.S* 22 (1972) 20 – 46 ; **H. Ch. Schmitt,** *Elisa* (1972) ; idem, "Prophetie und Tradition," *ZThK* 74 (1977) 255-72 ; **H. Schweizer,** *Elisha in den Kriegen, StANT* 37 (1974); **R. Smend,** "Das Wort Jahwes and Elia," *VT* 25 (1975) 525 – 43 ; idem, "Der biblische und der historische Elia" : *Congress Volume Edinburgh, VT.S* 28 (1977) 167 – 84 ; **G. Hentschel,** *Die Elijaerzählungen, EThSt* 33 (1977) ; **H. Seebass,** "Elia I," *TRE* IX (1982) 498 – 502 (bibliog.) ; idem, "Elisa," *TRE* IX (1982) 506 – 9 (bibliog.) ; **W. Thiel,** " Sprachliche und thematische Gemeinsamkeiten nordisraelitischer Prophetenüberlieferung," *FS H. Reinelt* (1990) 359 – 76.

제14장 아모스

12소예언서에 관한 주석서들 : **J. Wellhausen** ([3]1893, [4]1963) ; **E. Sellin** (*KAT,* [2,3]1929/30) ; **T. H. Robinson** and **F. Horst** (*HAT,* [3]1964) ; **A. Weiser** and **K. Elliger** (*ATD,* [6]1974, [7]1975) ; **H. W. Wolff** (*BK,* 1956이후)[Hos-Mic, Hag] (Eng. : Joel and Amos, 1977) ; **W. Rudolph** (*KAT,* 1966 – 76) ; **A. Deissler** (*NEB,* I [3]1993, II [2]1986, III 1988) ; **K. Seybold** (*ZBK.AT,* 1991)[Nah, Hab, Zeph] ; **J. L. Mays** (*OTL,* 1969) ; **F. I. Anderson** and **D. N. Freedman** (*AncB,* 1989) ; **S. M. Paul** (*Hermeneia,* 1991) [Am] ; **J. J. M. Roberts** (*OTL,* 1991[Nah, Hab, Zeph]) ; **E. Jacob et al.** (*CAT,* 1992) [Hos, Joel, Ob, Jon, Am] ; **H. Graf Reventlow** (*ATD,* 1993)[Hag-

Mal] ; **J. Jeremias** (*ATD,* 1995 ; Eng. : *The Book of Amos, OTL* 1998) [Am].

12소예언서 전체에 관하여 : **P. R. House,** *The Unity of the Twelve, JSOT.S* 97 (1990) ; **J. Nogalski,** *Literary Precursors in the Book of the Twelve, BZAW* 217 (1993) ; idem, *Redactional Processes in the Book of the Twelve, BZAW* 218 (1993) ; **R. P. Gordon,** *Studies in the Targum to the Twelve Prophets. From Nahum to Malachi, VT.S* 51 (1994).

아모스

개요 : **L. Markert,** "Amos/Amosbuch", *TRE* II (1978) 417 – 87 (bibliog.).

F. Horst, "Die Doxologien im Amosbuch"(1929) : *Gottes Recht* (1961) 155 – 66 ; **A. Weiser,** *Die Profetie des Amos, BZAW* 53 (1929) ; **E. Würthwein,** "Amos – Studien" (1950) : *Wort und Existenz* (1970) 68 – 110 ; **V. Maag,** *Text, Wortschatz und Begriffswelt des Buches Amos* (1951) ; **H. J. Stoebe,** *Der Prophet Amos und sein bürgerlicher Beruf* (1957) ; *Geschichte* (6장을 보라) 145 – 66 ; idem, "Überlegungen zu den geistlichen Voraussetzungen der Prophetie des Amos"(1970) : *Geschichte* (6장을 보라) 167 – 83 (참조. 17이하.) ; **H. Graf Reventlow,** *Das Amt des Propheten bei Amos, FRLANT* 80 (1962) ; **R. Smend,** "Das Nein des Amos," *EvTh* 23 (1963) 404 – 23 ; **H. W. Wolff,** *Amos' geistige Heimat,* WMANT 18 (1964 Eng. : *Amos the Prophet : The Man and His Background,* 1973) ; **W. H. Schmidt,** "Die deuteronomistische Redaktion des Amosbuches," *ZAW* 77 (1965) 168 – 93 ; **H. H. Schmid,** "Amos" (1969) : *Altorientalische Welt in der alttestamentlichen Theologie* (1974) 121 – 44 ; **J. Vollmer** (13장을 보라) ; **I. Willi – Plein,** *Vorformen der Schriftexegese, BZAW* 123 (1971 [Amos, Hosea, Micah]) ; **M. Krause,** *Das Verhältnis von sozialer Kritik und kommender Katastrophe in den Unheilsprophezeiungen des Amos* (Diss., Hamburg 1972) ; **M. Fendler** (3장을 보라) ; **W. Berg,** *Die sogenannten Hymnenfragmente im Amosbuch* (1974) ; **K. Koch,** "Die Rolle der hymnischen Abschnitte des Amosbuches *ZAW* 86 (1974) 506 – 37 ; idem et al., *Amos, AOAT* 30/1 – 3 (1976, bibliog.) ; **J. M. Berridge,** "Zur Intention der Botschaft des Amos," *ThZ* 32 (1976) 321 – 40 ; **L. Markert,** *Struktur und Bezeichnung des Scheltworts, BZAW* 140 (1977) ; **W. Schottroff,** "Der Prophet Amos" : *Der Gott der kleinen Leute I* (3장을 보라) 39 – 66 ; **C. I. K. Story,** "Amos – Prophet of Praise," *VT* 30

(1980) 67-80 ; **G. Bartczek** (13장 1/2를 보라) ; **W. Zimmerli,** "Das Gottesrecht bei den Propheten Amos, Hosea und Jesaja," *FS C. Westermann* (1980) 216-35 ; **P. Weimar,** "Der Schluß des Amos-Buches," *BN* 16 (1981) 60-100 ; **H. Gese,** "Komposition bei Amos"(1981) : *Atl. Studien* (1991) 94-115 ; **R. B. Coote,** *Amos Among the Prophets* (1981) ; **A. J. Bjørndalen,** "Jahwe in den Zukunftsaussagen des Amos," *FS H. W. Wolff* (1981) 181-202 ; **H. J. Zobel** (13-24장을 보라) 88 이하 ; **A. J. Bjørndalen,** *Untersuchungen zur allegorischen Rede der Propheten Amos und Jesaja, BZAW* 165 (1986) ; **W. Beyerlin,** *Bleilot, Brecheisen oder was sonst? Revision einer Amos-Vision, OBO* 81 (1988) ; **G. Fleischer,** *Von Menschenverkäufern, Baschankühen und Rechtsverkehrern, BBB* 74 (1989) ; **V. Fritz,** "Amosbuch, Amosschule und historischer Amos," *FS O. Kaiser, BZAW* 185 (1989) 29-43 ; **A. Deissler,** "Die Propheten Amos und Hosea als 'Wegweiser' für das Gottesvolk," *FS H. Reinelt* (1990) 43-58 ; **G. Pfeifer,** "Jahwe als Schöpfer der Welt und Herr ihrer Mächte in der Verkündigung des Propheten Amos," *VT* 41 (1991) 475-80 ; **S. Dempster,** "The Lord Is His Names," *RB* 98 (1991) 170-89 ; **M. Schwantes,** *Das Land kann seine Worte nicht ertragen. Meditationen zu Amos, KT* 105 (1991) ; **D. A. Dorsey,** "Literary Architecture and Aural Structuring Techniques in Amos," *Bib* 73 (1992) 305-30 ; **H. Reimer,** *Richtet auf das Recht! Studien zur Botschaft des Amos, SBS* 149 (1992); **J. Jeremias,** *Hosea und Amos. Studien zu den Anfängen des Dodekapropheton, FAT* 13 (1995) ; **D. U. Rottzoll,** *Studien zur Redaktion und Komposition des Amosbuchs, BZAW* 243 (1996) ; **J. Jeremias,** "Rezeptionsprozesse in der prophetischen Überlieferung-am Beispiel der Visionsberichte des Amos" : *Rezeption und Auslegung im AT und in seinem Umfeld, OBO* 153 (1997) 29-44 ; **C. Levin,** "Das Amosbuch der Anawim," *ZThK* 94 (1997) 407-36.

제15장 호세아

주석서들 : 14장을 보라. 특히 **H. W. Wolff** (*BK,* XIV/1 ²1976 ; Eng. : *Hosea,* 1974) ; **W. Rudolph** (*KAT,* 1966) ; **J. L. Mays** (*OTL,* 1969) ; **F. I. Andersen** and **D. N. Freedman** (*AncB,* 1980) ; **J. Jeremias** (*ATD,* 1983).

개요 : **J. Jeremias,** "Hosea/Hoseabuch", *TRE* XV (1986) 586-98 (bibliog.).

G. Fohrer, "Umkehr und Erlösung beim Propheten Hosea" (1955) : *BZAW* 99 (1967) 222-41 ; **G. Östborn,** *Jahwe und Baal* (1956) ; **H. W. Wolff,** "Hoseas geistige Heimat" (1956) : *GSt* (1964) 232-50 ; **E. Jacob,** "Der Prophet Hosea und die Geschichte," *EvTh* 24 (1964) 281-90 ; **J. Buss,** *The Prophetic Word of Hosea, BZAW* 111 (1969) ; **J. Vollmer** (13장을 보라) ; **I. Willi-Plein** (14장을 보라) ; **D. Kinet,** *Ba'al und Jahwe* (1977) ; idem, "Eschatologische Perspektiven im Hoseabuch," *FS E. Neuhäusler* (1981) 224-57 ; **J. Jeremias,** "Hosea 4-7," *FS E. Würthwein* (1979) 47-58 ; **H. Utzschneider,** *Hosea, Prophet vor dem Ende, OBO* 31 (1980) ; **H. Balz-Cochois,** *Gomer, EHS.T* 191 (1982 ; 참조. *EvTh* 42 [1982] 37-65) ; **H.** J. **Zobel** (13-24장을 보라) ; **H. D. Neef,** *Die Heilstraditionen Israels in der Verkündigung des Propheten Hosea, BZAW* 169 (1987) ; **M. Köckert,** "Prophetie und Geschichte im Hoseabuch," *ZThK* 85 (1988) 3-30 (참조. *GlLern* 3 [1988] 105-19) ; **D. R. Daniels,** *Hosea and Salvation History, BZAW* 191 (1990 ; 참조. **H. D. Neef,** *Bib* 73 [1992] 265-70) ; **A. Deissler** (14장을 보라) ; **Th. Naumann,** *Hoseas Erben. Strukturen der Nachinterpretation im Buch Hosea, BWANT* 131 (1991) ; **M. Nissinen,** *Prophetie, Redaktion und Fortschreibung im Hoseabuch, AOAT* 231 (1991) ; **W. Whitt,** "The Jacob Traditions in Hosea and Their Relation to Genesis," *ZAW* 103 (1991) 18-43 ; **J. Jermias,** *Hosea und Amos* (14장을 보라) ; **B. Seifert,** *Metaphorisches Reden von Gott im Hoseabuch, FRLANT* 166 (1996) ; **M. -Th. Wacker,** *Figurationen des Weiblichen im Hoseabuch, HBS* 8 (1996) ; **M. Schulz-Rauch,** *Hosea und Jeremia, CThM.BW* 16 (1996).

호 1-3장 : **A. Deissler,** "Die Interpretation von Hos 1, 2-9 in den Hosea-Kommentaren von H. W. Wolff und W. Rudolph im kritischen Vergleich," *FS J. Ziegler, FzB* 2 (1972) 129-35 ; **S. Bitter,** *Die Ehe des Propheten Hosea* (1975) ; **J. Schreiner,** "Hoseas Ehe, ein Zeichen des Gerichts," *BZ* 21 (1977) 163-83 ; **L. Ruppert,** "Beobachtungen zur Literar- und Kompositionskritik von Hosea 1-3," (1982) : *Studien* (4장을 보라) 160-80 (참조. 181-98) ; **L. Schmidt,** "Bemerkungen zu Hosea 1, 2-9 und 3, 1-5," *FS H. D. Preuss* (1992) 155-65 ; **A. Weider,** *Ehemetaphorik in prophetischer Verkündigung, FzB* 71 (1993).

제16장 이사야

주석서들 : **G. B. Gray** (*ICC,* 1912) ; **B. Duhm** (*HK,* [5]1968) ; **O. Procksch** (*KAT,* 1930) ; V. **Herntrich** (*ATD,* 1950) ; **G. Forhrer** (*ZBK.AT,* I-II [2]1967) ; **O. Kaiser** (*ATD,* I [5]1981, II [2]1976 ; Eng. : *OTL,* 1974) ; **W. Eichrodt** (*BAT,* I [2]1976, II 1967) ; **H. Wildberger** (*BK,* I 1972, II 1978, III 1981) (Eng. : I 1991, II 1997) ; **R. E. Clements,** *Isaiah 1-39* (*NCBC,* 1980) ; **J. D. W. Watts** (*WBC,* 1985) ; **R. Kilian** (*NEB,* I 1986, II 1994) ; **P. Höffken** (*NSKAT,* 1993).

연구개관 : **R. Killian,** *Jesaja 1-39, EdF* 200 (1983) ; **C. Hardmeier,** "Jesajaforschung im Umbruch," *VF* 31/1 (1986) 3-31.

개요 : **O. Kaiser,** "Jesaja/Jesajabuch", *TRE* XVI (1987) 636-58 (bibliog.).

J. Fichtner, *Gottes Weisheit* (1965) 18이하, 27이하, 44이하 ; **G. Fohrer,** "Entstehung, Komposition und Überlieferung von Jes 1-39" (1962) : *BZAW* 99 (1967) 113-47 ; idem, "Wandlungen Jesajas," *FS W. Eilers* (1967) 58-71 ; **H. W. Wolff,** *Frieden ohne Ende, BSt* 35 (1962) ; **R. Fey,** *Amos und Jesaja, WMANT* 12 (1963) ; **H. Donner,** *Israel unter den Völkern, VT.S* 11 (1964) ; **B. S. Childs,** *Isaiah and the Assyrian Crisis* (1967) ; **J. Becker,** *Isaias-der Prophet und sein Buch, SBS* 30 (1968) ; **U. Stegemann,** "Der Restgedanke bei Isaias," *BZ* 13 (1969) 161-86 ; **G. Sauer,** "Die Umkehrforderung in der Verkündigung Jesajas," *FS W. Eichrodt* (1970) 277-95 ; **J. Vollmer** (13장을 보라) ; **W. Zimmerli,** "Verkündigung und Sprache der Botschaft Jesajas" (1970) : *GAufs* II (1974) 73-87 ; **H. J. Hermisson,** "Zukunftserwartung und Gegenwartskritik in der Verkündigung Jesajas," *EvTh* 33 (1973) 54-77 ; **J. Jensen,** *The Use of tôrâ by Isaiah : His Debate with the Wisdom Tradition,* CBQMS 3 (1973) ; **H. W. Hoffmann,** *Die Intention der Verkündigung Jesajas, BZAW* 136 (1974) ; **W. Dietrich,** *Jesaja und die Politik, BevTh* 74 (1976) ; **F. Huber,** *Jawhe, Juda und die anderen Völker beim Propheten Jesaja, BZAW* 137 (1976) ; **H. Barth,** *Die Jesaja-Worte in der Josiazeit, WMANT* 48 (1977, bibliog.) ; **W. H. Irwin,** *Isaiah* 28-33 (1977) ; **W. H. Schmidt,** "Die Einheit der Verkündigung Jesajas," *EvTh* 37 (1977) 260-72; **J. Vermeylen,** *Du prophéte Isaïe ā l'apocalyptique* (1977) ; **P. R. Ackroyd,** "Isaiah I-XII," *Congress Volume Göttingen, VT.S* 29 (1978) 16-48 ; **W. L. Holladay,** *Isaiah: Scroll of a Prophetic Heritage*

(1978) ; **K. Nielsen,** "Das Bild des Gerichts in Jes I – XII," *VT* 29 (1979) 309 – 24 ; **R. E. Clements,** *Isaiah and the Deliverance of Jerusalem* (1980) ; idem, "The Unity of the Book of Isaiah," *Interp* 36 (1982) 117 – 29 ; idem, "The Prophecies of Isaiah and the Fall of Jerusalem in 587 B.C.," *VT* 30 (1980) 421 – 36 ; **J. J. M. Roberts,** "Isaiah in Old Testament Theology," *Interp* 36 (1982) 130 – 43 ; **M. E. W. Thompson,** *Situation and Theology : Old Testament Interpretations of the Syro – Ephraimite War* (1982) ; **C. Hardmeier,** "Verkündigung und Schrift bei Jesaja," *ThGl* 73 (1983) 119 – 34 ; **W. Werner,** *Eschatologische Texte in Jesaja, FzB* 46 (1982) ; **H. Wildberger,** *"Königsherrschaft Gottes. Jesaja 1 – 39," Kleine Biblische Bibliothek* (1984) ; **R. Rendtorff**, "Zur Komposition des Buches Jesaja," (1984) : *Kanon und Theologie* (1991 ; Eng. : 31장을 보라) 141 – 61 (참조. 162 이하) ; **A. J. Biørndalen** (14장을 보라) ; **C. A. Evans,** "On the Unity and Parallel Structure of Isaiah," *VT* 38 (1988) 129 – 47 ; **J. Høgenhaven,** *Gott und Volk bei Jesaja, AThD* 24 (1988) ; **J. Stansell,** *Micah and Isaiah, SBL.DS* 85 (1988) ; **M. A. Sweeney,** *Isaiah 1 – 4 and the Post – Exilic Understanding of the Isaianci Traditions, BZAW* 171 (1988) ; **W. Werner,** *Studien zur atl. Vorstellung vom Plan Jahwes, BZAW* 173 (1988) ; **K. Nielsen,** *There is Hope for a Tree. The Tree as Metaphor in Isaiah, JSOT.S* 65 (1989) ; **J. Vermeylen** (ed.), *The Book of Isaiah – Le livre d'Isaïe, BEThL* 81 (1989) ; **S. Deck,** *Die Gerichtsbotschaft Jesajas. Charakter und Begründung, FzB* 67 (1991) ; **D. Carr,** "Reaching for Unity in Isaiah," *JSOT* 57 (1993) 61 – 80 ; *FS W. A. M. Beuken BeThL* 132 (1997).

사 6 – 8장 (참조. 13장 1/2) : **K. Budde,** *Jesaja's Erleben* (1928) ; **R. Knierim,** "The vocation of Isaiah," *VT* 18 (1968) 47 – 68 ; **R. Kilian,** *Die Verheißung Immanuels, SBS* 35 (1968, bibliog.) ; idem, "Der Verstockungsauftrag Jesajas," *FS G. J. Botterweck* (1977) 209 – 25 ; **J. M. Schmidt,** "Gedanken zum Verstockungsauftrag Jesajas," *VT* 21 (1971) 68 – 90 ; **H. – P. Müller,** "Glauben und Bleiben," Studies on prophecy, *VT.S* 26 (1974) 25 – 54 ; **O. H. Steck**, "Wahrnehmungen Gottes im AT," *TB* 70 (1982) 149 – 203 ; **J. J. Stamm,** "Die Immanuel – Perikope," *ThZ* 30 (1974) 11 – 22 (bibliog.) ; **O. Keel,** *Jahwe – Visionen und Siegelkunst, SBS* 84 / 85 (1978) ; **C. Hardmeier,** "Jesajas Verkündigungsabsicht und Jahwes Verstockungsauftrag in Jes 6," *FS H. W. Wolff* (1981) 235 – 51 ; **W. Werner,** "Vom Prophetenwort zur Prophetentheologie," *BZ* 29 (1985) 1 – 30 ; **R. Rendtorff,** "Jesaja 6 im Rahmen der Komposition des Jesajabuches" (1989) : *Kanon und Theologie* (Eng. : 31장을 보

라) 162–71; **M. Görg,** "Die Funktion der Seraphen bei Jesaja: Aegyptiaca-Biblica," *ÄAT* 11 (1991) 211–22; **H. Irsigler,** "Gott als König in Berufung und Verkündigung Jesajas," *FS. N. Füglister* (1991) 127–54; **W. H. Schmidt,** " 'Prophetie und Wirklichkeit,' " *FS S. Herrmann* (1991) 348–63; **P. Höffken,** "Grundfragen von Jesaja 7, 1–17 im Spiegel neuerer Literautr," *BZ* 33 (1989) 25–42; **S. A. Irvine,** "The Isaianic Denkschrift: Reconsidering an Old Hypothesis," *ZAW* 104 (1992) 216–230; **J. Werlitz,** *Studien zur literarkritischen Methode. Gericht und Heil in Jes 7, 1–7 und 29, 1–8, BZAW* 204 (1992); **J. L. McLaughlin,** "Their Hearts Were Hardened," *Bib* 75 (1994) 1–25; **F. Hartenstein,** *Die Unzugänglichkeit Gottes im Heiligtum, WMANT 75* (1997).

제17장 미가

주석서들: 14장을 보라. 특히 **W. Rudolph** (*KAT,* 1975, bibliog.); **J. L. Mays** (*OTL,* 1976); **H. W. Wolff** (*BK,* 1982; Eng.: 1990); **D. R. Hillers** (*Hermeneia,* 1984).

A. v. d. Wal, *Micah. A Classified Bibliography* (1990).

K. Elliger, "Die Heimat des Propheten Micha" (1934): *KS zum AT, TB* 32 (1966) 9–71; **W. Beyerlin,** *Die Kulttraditionen Israels in der Verkündigung des Propheten Micha, FRLANT* 72 (1959); **T. Lescow,** *Micha 6, 6–8, AzTh* 25 (1966); idem, "Redaktionsgeschichtliche Analyse," *ZAW* 84 (1972) 46–85, 182–212; **J. L. Mays,** "The Theological Purpose of the Book of Micah," *FS W. Zimmerli* (1977) 276–87; **G. Fohrer,** "Micha 1" (1967): *BZAW* 155 (1981) 53–68; **J. Jeremias,** "Die Deutung der Gerichtsworte Michas in der Exilszeit," *ZAW* 83 (1971) 330–54; **I. Willi-Plein** (14장을 보라); **V. Fritz,** "Das Wort gegen Samaria Mi 1, 2–7," *ZAW* 86 (1974) 316–31; **B. Rénaud,** *La formation du Livre de Michée* (1977); **H. W. Wolff,** *Mit Micha reden* (1978; Eng.: *Micah the Prophet,* 1981); idem, "Wie verstand Micha von Moreschet sein prophetisches Amt?" *Congress Volume Göttingen, VT.S* 29 (1978) 403–17; **J. N. Carreira,** "Micha-ein Ältester von Moreschet?" *TThZ* 90 (1981) 19–28; **Ch. S. Shaw,** "Micah 1:10–16 Reconsidered," *JBL* 106 (1987) 223–29.

제18장 나훔, 하박국, 스바냐, 오바댜

주석서들: 14장을 보라. 특히 **W. Rudolph** (*KAT,* 1975); **H. W. Wolff** (*BK,* 1977 [Eng.: 1986] bibliog.). [Obadiah]

나훔

개요: **W. Dietrich,** "Nahum/Nahumbuch", *TRE* XXIII (1994) 737–42(bibliog.).

J. Jeremias, *Kultprophetie und Gerichtsverkündigung in der späten Königszeit Israels, WMANT* 35 (1970) [Nah, Hab]; **C. A. Keller,** "Die theologische Bewältigung der geschichtlichen Wirklichkeit in der Prophetie Nahums," *VT* 22 (1972) 399–419; **K. J. Cathcart,** *Nahum in the Light of Northwest Semitic* (1973); **H. Schulz,** *Das Buch Nahum, BZAW* 129 (1973); **B. Rénaud,** "La composition du livre de Nahum," *ZAW* 99 (1987) 198–219; **K. Seybold,** *Profane Prophetie. Studien zum Buch Nahum, SBS* 135 (1989); **M. A. Sweeney,** "Concerning the Structure and Generic Character of the Book of Nahum," *ZAW* 104 (1992) 364–76.

하박국

개요: **E. Otto,** "Habakuk/Habakukbuch", *TRE* XIV (1985) 300–6(bibliog.).

J. Jeremias (위를 보라); **P. Jöcken,** *Das Buch Habakuk. Darstellung der Geschichte seiner kritischen Erforschung* (1977); **E. Otto** "Die Stellung der Wehe-Worte in der Verkündigung des Propheten Habakuk," *ZAW* 89 (1977) 73–107; idem, "Die Theologie des Buches Habakuk," *VT* 35 (1985) 274–95; **A. H. J. Gunneweg,** "Habakuk und das Problem des leidenden 'Gerechten'", *ZAW* 98 (1986) 400–15; **M. A. Sweeney,** "Structure, Genre, and Intent in the Book of Habakkuk," *VT* 41 (1991) 63–83; **R. D. Haak,** *Habakkuk, VT.S* 44 (1992); **K. Koenen** (13–24장을 보라) 124이하 (bibliog.); **W. Dietrich,** "Habakuk–ein Jesajaschüler," *FS K.-D. Schunck, BEAT* 37 (1994) 197–215.

스바냐

L. Sabottka, "Zephanja," *BibOr* 25 (1972) ; **A. S. Kapelrud,** *The Message of the Prophet Zephanja* (1975) ; **H. Irsigler,** *Gottesgericht und Jahwetag* (1977) ; **G. Krinetzki,** *Zephanjastudien* (1977) ; **R. Edler,** *Das Kerygma des Propheten Zefanja* (1984) ; **K. Seybold,** *Satirische Prophetie, SBS* 120 (1985 ; 참조. *OBO* 64 [1985]30-54) ; **M. A. Sweeney,** "A Form-Critical Reassessment of the Book of Zephaniah," *CBQ* 53 (1991) 388-408 ; **K.-D. Schunck,** "Juda in der Verkün digung des Propheten Zephanja," *FS H. D. Preuss* (1992) 174-79 ; **K. Koenen** (13-24장을 보라) 22이하 (bibliog.).

오바댜

G. Fohrer, "Die Sprüche Obadjas," *FS Th. G. Vriezen* (1966) 81-93 ; **P. Weimar,** "Obadja, eine redaktionskritische Analyse," *BN* 27 (1985) 35-99 ; **J Wehrle,** *Prophetie und Textanalyse, ATSAT* 28 (1987).

제19장 예레미야

개론 : **C. Westermann,** *Jeremia* (1967) ; **W. Thiel,** "Jeremia" : **G. Wallis** (ed), *Zwischen Gericht und Heil* (1987) 35-57.

주석서들 : **B. Duhm** (*KHC,* 1901) ; **P. Volz** (*KAT,* ²1928, 1983) ; **J. Bright** (*AncB,* 1965) ; **W. Rudolph** (*HAT,* ³1968) ; **A. Weiser** (*ATD,* I ⁸1981, II ⁸1983) ; **J. A. Thompson** (*NIC,* 1980) ; **J. Schreiner** (*NEB,* I 1981, II 1984) ; **W. L Holladay** (*Hermeneia,* I 1986, II 1989) ; **W. McKane** (*ICC,* I 1986 [참조. *Bib* 68, 1987, 411-18] ; II 1996) ; **R. P. Carroll** (*OTL,* 1986) ; **S. Herrmann** (*BK,* 1986ff.) ; **P. C. Craigie, P. H. Kelley** and **J. F. Drinkard** (*WBC,* I 1991) ; **D. R, Jones** (*NCBC,* 1992) ; G. Wanke (*ZBK. AT,* I 1995).

연구개관 : **E. Vogt,** *Bib* 35 (1954) 357-65 ; **W. Thiel,** *Die deuteronomistische Redaktion von Jer 1-25, WMANT* 41 (1975) 3이하 ; **S. Herrmann,** *ThLZ* 102 (1977) 481-90 ; **P. R. Ackroyd,** "The Book of Jeremiah-Some Recent Studies,"

JSOT 28 (1984) 47–59 ; **W. Thiel,** "Ein Vierteljalhrhundert Jeremia–Forschung," *VF* 31/1 (1986) 32–52 ; **R. P. Carroll,** "Radical Clashes of Will and Style, Recent Commentary Writing on the Book of Jeremiah," *JSOT* 45 (1989) 99–114 ; **S. Herrmann,** *Jeremia. Der Prophet und das Buch, EdF* 271 (1990) ; **H. Weippert,** "Vier neue Arbeiten zum Jeremiabuch," *BZ* 34 (1990) 95–104.

개요 : S. Herrmann, "Jeremia/Jeremiabuch", *TRE* XVI (1987) 568–86 (bibliog.).

S. Mowinckel, *Zur Komposition des Buches Jeremia* (1914) ; idem, *Prophecy and Tradition* (1946) ; **H. Graf Reventlow,** *Liturgie und prophetisches Ich bei Jeremia* (1963 ; 참조. idem, *ZAW* 81 [1969] 315–52 on Jer 7–26) ; **C. Rietzschel,** *Das Problem der Urrolle* (1966) ; **E. W. Nicholson,** *Preaching to the Exiles* (1970) ; **W. Schrottroff,** "Jeremia 2, 1–3," *ZThK* 67 (1970) 263–94 ; **G. Wanke,** *Untersuchungen zur sog. Baruchschrift, BZAW* 122 (1971) ; **P. Diepold** (10장을 보라) ; **G. Fohrer,** "Vollmacht über Völker und Königreiche (Jer 46–51)" (1972) : *BZAW* 155 (1981) 44–52 ; **W. Thiel,** *Die deuteronomistische Redaktion von Jeremia 1–25, WMANT* 41 (1975) ; idem, *Die deuteronomistische Redaktion von Jeremia 26–45, WMANT* 52 (1981, bibliog.) ; **H. Weippert,** *Die Prosareden des Jeremiabuches, BZAW* 132 (1973 ; 참조. idem, *VT* 29 [1979] 336–51 on Jer 31 : 31 이하) ; **J. Lundbom,** *Jeremiah : A Study in Ancient Hebrew Rhetoric* (1975) ; **M. Rose**(10장을 보라) ; **L. Schmidt,** "Die Berufung Jeremia," *ThViat* 13 (1975–76) 189–209 ; **S. Böhmer,** *Heimkehr und neuer Bund* (1976) ; **W. L. Holladay,** *The Architecture of Jeremiah 1–20* (1976) ; **M. Weinfeld,** "Jeremiah and the Spiritual Metamorphosis of Israel," *ZAW* 88 (1976) 17–56 ; **C. Wolf,** *Jeremia im Frühjudentum und Urchristentum* (1976), **A. H. J. Gunneweg,** "Heil im Gericht" (1976) : *Sola Scriptura* (1983) 107–15 ; **T. Seidl,** *Texte und Einheiten in Jer* 27–29 (1977) ; idem, *Formen und Formeln in Jer* 27–29 (1978) ; **K. F. Pohlmann,** *Studien zum Jeremiabuch, FRLANT* 118 (1978) ; **C. de Jong,** *De volken bij Jeremia* (1979) ; **R. P. Carroll,** *From Chaos to Covenant : Prophecy in the Book of Jeremiah* (1981) ; **J. Kegler,** "Prophetisches Reden und politische Praxis Jeremias : " *Der Gott der kleinen Leute I* (3장을 보라) 67–79 ; idem, "Das Leid des Nachbarvolkes," *FS C Westermann* (1980) 271–87 ; **W. Mckane,** "Relations between Poetry and Prose in the Book of Jeremiah," *Congress Volume Vienna, VT.S* 32 (1981) 220–37 ; **C.**

Levin, "Noch einmal : Die Anfänge des Propheten Jeremia," *VT* 31 (1981) 428-40 ; **P. M. Bogaert** (ed.), *Le Livre de Jérémie, BEThL* 54 (1981) ; **A. Deissler,** "Das 'Echo' der Hosea-Verkündigung im Jeremiabuch," *FS J. Schreiner* (1982) 61-75 ; **R. Albertz,** "Jer 2-6 und die Frühzeitverkündigung Jeremias," *ZAW* 94 (1982) 20-47 ; **C. Levin,** *Die Verheißung des neuen Bundes, FRLANT* 137 (1985) ; **C. R. Seitz,** "The Crisis of Interpretation over the Meaning and Purpose of the Exile. A Redactional Study of Jeremiah XXI-XLIII," *VT* 35 (1985) 78-97 ; **D. Vieweger,** *Die Spezifik der Berufungsberichte Jeremias und Ezechiels im Umfeld ähnlicher Einheiten des AT* (1986) ; idem, "Die Arbeit des jeremianischen Schülerkreises," *BZ* 32 (1988) 15-34 ; **D. Bourguet,** *Des métaphores de Jérémie," EtB NS* 9 (1987) ; **A. Graupner,** "Jeremia 45 als 'Schlußwort' des Jeremiabuches," *FS A. H. J. Gunneweg* (1987) 287-308 ; **R. Liwak,** *Der Prophet und die Geschichte, BWANT* 121 (1987) ; **J. Unterman,** *From Repentance to Redemption, JSOT.S* 54 (1987) ; **P. Bovati,** "Rez. W. L. Holladay," *Bib* 69 (1988) 430-34 ; **H. Schulte,** "Persönliche Heilsorakel im Jeremiabuche," *BZ* 32 (1988) 257-65 ; **J. L. Berquist,** "Prophetic Legitimation in Jeremiah," *VT* 39 (1989) 129-39 ; **W. Beyerlin,** *Reflexe der Amosvisionen im Jeremiabuch, OBO* 93 (1989) ; **E. Kragelund-Holt,** "The Chicken and the Egg—Or : Was Jeremiah a Member of the Deuteronomist Party," *JSOT* 44 (1989) 109-22 ; **T. Odashima,** *Heilsworte im Jeremiabuch. BWANT* 125 (1989) ; **J. R. Porter,** "The Supposed Deuteronomic Redaction of the Prophets," *FS C. Westermann* (1989) 69-78 ; **A. Rofé,** "The Arrangement of the Book of Jeremiah," *ZAW* 101(1989) 390-98 ; **E. Ruprecht,** "Ist die Berufung Jeremias…?," *FS C. Westermann* (1989) 79-91 ; **C. R. Seitz,** *Theology in Conflict. Reactions to the Exile in the Book of Jeremiah, BZAW* 176 (1989) ; idem, "The Prophet Moses and the Canonical Shape of Jeremiah," *ZAW* 101 (1989) 3-27 ; idem, "Mose als Prophet. Redaktionsthemen und Gesamtstruktur des Jeremiabuches," *BZ* 34 (1990) 234-45 ; **W. Thiel,** " 'Vom Norden her wird das Unheil eröffnet'. Zu Jeremia 1, 11-16," *FS O. Kaiser, BZAW* 185 (1989) 231-45 ; **H. Weippert,** "Schöpfung und Heil in Jeremia 45," *FS C. Westermann* (1989) 92-103 ; **R. E. Clements,** "The Prophet and His Editors" : *The Bible in Three Dimensions, JSOT.S* 87 (1990) 203-20 ; **C. Hardmeier,** *Prophetie im Streit, BZAW* 187 (1990) ; **N. Kilpp,** *Niederreißen und aufbauen. Das Verhältnis von Heilsverheißung und Unheilsverkündigung bei Jeremia und im Jeremiabuch, BThSt* 13 (1990) ; **A. Graupner,** *Auftrag und Geschick des Propheten Jeremia. BThSt* 15 (1991) ; **J. C. Schmitt,** "The Virgin of Israel : Referent and Use of the Phrase in Amos and Jeremiah," *CBQ* 53 (1991) 365-87 ; **Y. Goldman,** *Prophétie et royauté au retour de l'exil. Les origines littéraires de la forme massorétique du livre de Jérémie, OBO* 118 (1992) ; **H. J. Stipp,** *Jeremia im Parteienstreit, BBB* 82 (1992) ; **G. Wanke,** "Jeremias Berufung (Jer 1, 4-10)," *FS H. D. Preuss* (1992) 132-44 ; **K. Seybold,** *Der Prophet Jeremia. Leben und Werk* (1993) ; **W. H. Schmidt,** "Jeremias Berufung," *FS M. Metzger, OBO* 123 (1993) 183-98 (참조. *FS S. Herrmann* [1991] 348-63) ; idem, "'Geht doch und schaut!' Aufrufe, sich selbst zu überzeugen, im Jeremiabuch," *FS H. J. Boecker* (1993) 227-238 ; idem, *FS K. D. Schunck* (13장 1/2를 보라) ; **D. Vieweger,** *Die literarischen Beziehungen zwischen den Büchern Jeremia und Ezechiel, BEAT* 26 (1993) ; **B. Becking,** "Jeremiah's Book of Consolation" *VT* 44 (1994) 145-69 ; **G. Fischer,** *Das Trostbüchlein, SBB* 26 (1993) ; **J. Jeremias,** "Hoseas Einfluß auf das Jeremiabuch" : *Text and Theology. Studies in Honour of M. Sæbø* (1994) 112-34 ; **W. Groß** (ed.), *Jeremia und die "deuteronomistische Bewegung", BBB* 98 (1995) 313-82.

고백록 : **W. Baumgartner,** *Die Klagegedichte des Jeremia, BZAW* 32 (1917) ; **G. v. Rad,** "Die Konfessionen Jeremias"(1936) : *GSt* II *TB* 48 (1973) 224-35 ; **H. J. Stoebe,** "Seelsorge und Mitleiden bei Jeremia," *WuD* 4 (1955) 116-34 ; idem, "Jeremia, Prophet und Seelsorger"(1964) : *Geschichte* (6장을 보라) 184-208 (참조. 19-20) ; **A. H. J. Gunneweg,** "Konfession oder Interpretation im Jeremiabuch" (1970) : *Sola Scriptura* (1983) 61-82 ; **P. Welten,** "Leiden und Leidenserfahrung im Buch Jeremia," *ZThK* 74 (1977) 123-50 ; **F. D. Hubmann,** *Untersuchungen zu den Konfessionen Jer 11, 18-12, 6 und 15, 10-21, FzB* 30 (1978) ; **N. Ittmann,** *Die Konfessionen Jeremias, WMANT* 54 (1981) ; **F. Ahuis,** *Der klagende Gerichtsprophet, CThM* 12 (1982) ; **R. Brandscheidt,** *Gotteszorn und Menschenleid, FThSt* 41 (1983) 236이하 ; **T. Polk,** *The Prophetic Persona, JSOT. S* 32 (1984) ; **H.-J. Hermisson,** "Jahwes und Jeremias Rechtsstreit," *FS A. H. J. Gunneweg* (1987) 309-43 ; **K.-F. Pohlmann,** *Die Ferne Gottes, BZAW* 179 (1989) ; **D. H. Bak,** *Klagender Gott-klagende Menschen, BZAW* 193 (1990) ; **A. R. Diamond,** "Jeremiah's Confessions in the LXX and MT," *VT* 40 (1990) 33-50 ; **W. H. Schmidt,** *Gotteserfahrung* (13장을 보라).

참 예언자와 거짓 예언자의 문제 : **E. Osswald,** *Falsche Propheten im AT,*

SGV 237 (1962); **G. Quell,** *Wahre und falsche Propheten* (1962); **H.-J. Kraus,** *Prophetie in der Krisis* (1964); **Th. W. Overholt,** *The Threat of Falsehood* (1970); **F.-L. Hossfeld** and **I. Meyer,** *Prophet gegen Prophet* (1973; 참조. idem, *ZAW* 86 [1974] 30-50 on Jer 26); **G. Münderlein,** *Kriterien wahrer und falscher Prophetie, EHS. T* 33 (1974, [2]1979); **I. Meyer,** *Jeremia und die falschen Propheten. OBO* 13 (1977).

제20장 에스겔

개론: **W. Zimmerli,** *Ezechiel. Gestalt und Botschaft, BSt* 62 (1972).

주석서들: **G. Fohrer** and **K. Galling** (*HAT,* 1955); **W. Eichrodt** (*ATD,* 1966; Eng.: *OTL,* 1970); **J. W. Wevers** (*NCBC,* 1969); **K. W. Carley** (*CNEB,* 1974); **W. Zimmerli** (*BK,* I-II 1969, [2]1978; Eng.: *Hermeneia. I* 1979, II 1983); **M. Greenberg** (*AncB,* I 1983, II 1997); **H. F. Fuhs** (*NEB,* I [2]1986, II 1988); **R. M. Hals** (*FOTL,* 1989).

연구개관: **C. Kuhl,** *ThR* 5 (1933) 92-118; 20 (1952) 1-26; 24 (1956-57) 1-53; **H. H. Rowley,** *Men of God* (1963) 169-210; **B. Lang,** *Ezechiel. Der Prophet und das Buch, EdF* 153 (1981, bibliog.).

개요: **W. Zimmerli,** "Ezechiel/Ezechielbuch", *TRE* X (1982) 766-81 (bibliog.).

H. Hölscher, *Hesekiel, der Dichter und das Buch, BZAW* 39 (1924); V. **Herntrich,** *Ezechielprobleme, BZAW* 61 (1933); **G. Fohrer,** *Das Hauptproblem des Buches Ezechiel, BZAW* 72 (1952); **H. Gese,** *Der Verfassungsentwurf des Ezechiel* (*Kap* 40-48) (1957); **H. Graf Reventlow,** Wächter über Israel, *BZAW* 82 (1962); **W. Zimmerli,** "Deutero-Ezechiel?" *ZAW* 84(1972) 501-16; idem, "Das Phänomen der 'Fortschreibung' im Buche Ezechiel," *FS G. Fohrer, BZAW* 150 (1980) 174-91; H. Schulz, *Das Todesrecht im AT, BZAW* 114 (1969); **D. Baltzer,** *Ezechiel und Deuterojesaja, BZAW* 121 (1971); **E. Vogt,** "Die Lähmung und Stummheit des Propheten Ezechiel," *FS W. Eichrodt* (1970) 87-100; **J. Garscha,**

Studien zum Ezechielbuch (1974) ; **H. Simian,** *Die theologische Nachgeschichte der Prophetie Ezechiels, FzB* 14 (1974) ; **J. D. Levenson,** *Theology of the Program of Restoration of Ezekiel 40–48* (1976) ; **R. Liwak,** *Überlieferungsgeschichtliche Problem des Ezechielbuches* (Diss, Bochum 1976) ; **C. Barth,** "Ezechiel 37 als Einheit," *FS W. Zimmerli* (1977) 39–52 ; **F. Hossfeld,** *Untersuchungen zu Komposition und Theologie des Ezechielbuches, FzB* 20 (1977) ; **B. Lang,** *Kein Aufstand in Jerusalem, SBB* 7 (1978) ; **G. Bettenzoli** (9장을 보라) ; **L. Boadt,** *Ezekiel's Oracles Against Egypt* (1980) ; **E. Vogt,** *Untersuchungen zum Buch Ezechiel, AnBib* 95 (1981) ; **J. Becker,** "Erwägungen zur ezechielischen Frage," *FS J. Schreiner* (1982) 137–49 ; **E. Kutsch,** *Die chronologischen Daten des Ezecheilbuches* (1985) ; **Th. Krüger,** *Geschichtskonzepte im Ezechielbuch, BZAW* 180 (1989) ; **D. Vieweger** (19장을 보라) ; **F. Sedlmeier,** *Studien zu Komposition und Theologie von Ezechiel 20, SBB* 21 (1990) ; **C. Auffahrth,** *Der drohende Untergang. "Schöpfung" in Mythos und Ritual im Alten Orient und in Griechenland am Beispiel der Odyssee und des Ezechielbuches, RVV* 39 (1991) ; **D. Bodi,** *The Book of Ezekiel and the Poem of Erra, OBO* 104 (1991) ; **S. Ohnesorge,** *Jahwe gestaltet sein Volk neu. Zur Sicht der Zukunft Israels nach Ez 11, 14–21 ; 20, 1–44 ; 36, 16–38 ; 37, 1–14, 15–28, FzB* 64 (1991) ; **F. Fechter** (13장 1/2를 보라) ; **K.–F. Pohlmann,** *Ezechielstudien, BZAW* 202 (1992).

제21장 제2이사야와 제3이사야

개론 : **H. D. Preuss,** *Deuterojesaja* (1976, bibliog.).

주석서들 : **B. Duhm** (*HK,* 41922, 51968) ; **P. Volz** (*KAT,* 1932) ; **C. R. North,** *The Second Isaiah* (1964) ; **G. Fohrer** (*ZBK.AT,* 21967) ; **C. Westermann** (*ATD* 1966 ; Eng. : OTL, 1969) ; **P. E. Bonnard** (1972) ; **R. N. Whybray** (*NCBC,* 1975). K. Elliger (*BK,* 1978) [Isa 40–45 : 7] ; **H.–J. Hermisson** (*BK,* 1987이하)[Isa 45, 8이하) ; **W. Grimm** and **K. Dittert** (*Calwer Bibelkommentare,* 1990) ; **E. Beaucamp** (*Lire la Bible,* 1991).

연구개관 : **H.–J. Hermisson,** DtJes–Probleme : *VF* 31/1 (1986) 53–84.

개요 : **D. Michel,** "Deuterojesaja", *TRE* VIII (1981) 510–30 (bibliog.).

L. Köhler, *Deuterojesaja stilkritisch untersucht, BZAW* 37 (1923) ; **J. Hempel,** "Vom irrenden Glauben," *ZSTh* 7 (1930) 631–60 ; **K. Elliger,** *Deuterojesaja in seinem Verhältnis zu Tritojesaja, BWANT* 63 (1933) ; **J. Begrich,** *Studien zu Deuterojesaja* (1938, 1963) ; **H. E. v. Waldow,** *Anlass und Hintergrund der Verkündigung des Deuterojesajas* (Diss., Bonn 1953) ; **R. Rendtorff,** "Die theologische Stellung des Schöpfungsglaubens bei Deuterojesaja," (1954) *GSt* (1975) 209–19 ; **E. Jenni,** "Die Rolle des Kyros bei Deuterojesaja," *ThZ* 10 (1954) 241–56 ; **P. A. H. de Boer,** *Second Isaiah's Message* (1956) ; **C. Westermann,** "Sprache und Struktur der Prophetie Deuterojesajas" : *Forschung am AT* II (1964) 92–170 (연구개관) ; idem, "Das Heilswort bei DtJes," *EvTh* 24 (1964) 355–73 ; **A. Eitz** (8장을 보라) ; **O. H. Steck,** "Deuterojesaja als theologischer Denker," *KuD* 15 (1969) 280–93 ; **W. Zimmerli,** "Der 'neue Exodus' in der Verkündigung der beiden großen Exilspropheten" : *Gottes Offenbarung, TB* 19 ([2]1969) 192–204 ; ***E. Nielsen,*** "Deuterojesaja," *VT* 20 (1970) 190–205 ; **C. Stuhlmueller,** *Creative Redemption in Deutero-Isaiah* (1970 ; 참조. idem, *CBQ* 42[1980] 1–29 ; **D. Baltzer** (20장을 보라) ; **H. J. Hermisson** (13장을 보라) ; **A. Schoors,** *I Am God Your Saviour, VT. S* 24 (1973) ; **E. Haag,** "Gott als Schöpfer und Erlöser," *ThLZ* 85 (1976) 193–213 ; **R. F. Melugin,** *The Formation of Isaiah 40–55, BZAW* 141 (1976) ; **F. V.** ***Reiterer,*** *Gerechtigkeit als Heil* (1976) ; **F. Crüsemann,** "Jahwes Gerechtigkeit im AT," *EvTh* 36 (1976) 427–50 ; **J. M. Vincent,** *Studien zur literarischen Eigenart und zur geistigen Heimat von Jesaja, Kap. 40–55, BET* 5 (1977) ; **R. W. Klein,** "Going Home – A Theology of Second Isaiah," *CThMi* (1978) 198–210 ; **K. Kiesow**, *Exodustexte im Jesajabuch, OBO* 24 (1979) ; **H. Ch. Schmitt,** "Prophetie und Schultheologie im Deuterojesajabuch," *ZAW* 91 (1979) 43–61 ; **H. Wildberger,** "Der Monotheismus Deuterojesajas" : *Jahwe und sein Volk, TB* 66 (1979) 249–73 ; **Y. Gitay,** "Deutero-Isaiah : Oral or Written?" *JBL* 99 (1980) 185–97 ; **R. P. Merendino,** *Der Erste und der Letzte. Eine Untersuchung zu Jes 40–48, VT.S* 31 (1981) ; **A. S. Kapelrud,** "The Main Concern of Second-Isaiah," *VT* 32 (1982) 50–58 ; **W. Zimmerli,** "Jahwes Wort bei Dtjes," *VT* 32 (1982) 104–24 ; **O. H. Steck,** *Bereitete Heimkehr. Jesaja 35 zwischen dem Ersten und dem Zweiten Jesaja, SBS* 121 (1985) ; **H. Klein,** "Der Beweis der Einzigkeit Jahwes bei DtJes," *VT* 35 (1985) 267–73 ; **E. Hessler,** *Das Heilsdrama : Der Weg* *zur Weltherrschaft Jahwes (Jes. 40-55), RWTS* 2 (1988) ; **J. Vermeylen** (ed.), *The Book of Isaiah-Le livre d'Isaïe, BEThL* 81 (1989) ; **R. Albertz,** "Das DtJes-Buch als Fortschreibung der Jesaja-Prophetie," *FS R. Rendtorff* (1990) 241-56 ; **A. Laato,** "The Composition of Isaiah 40-55," *JBL* 109 (1990) 207-28 ; **G. Glassner,** *Vision eines auf Verheißung gegründeten Jerusalem, ÖBS* 11 (1991) ; **F. Matheus,** *Singt dem Herrn ein neues Lied. Die Hymnen Deuterojesajas, SBS* 141 (1990) ; **R. G. Kratz,** *Kyros im DtJes-Buch, FAT* 1 (1991) ; **L. Ruppert** (13장 1/2를 보라) ; **O. H. Steck,** *Gottesknecht und Zion. GAufs zu DtJes, FAT* 4 (1992) ; **R. G. Kratz,** "Der Anfang des Zweiten Jesaja in Jes 40, 1f. und seine Lietrarischen Horizonte," *ZAW* 105 (1993) 400-19 (bibliog.) ; **J. van Oorschot,** *Von Babel zum Zion. Eine literarkritische und redaktionsgeschichtliche Untersuchung, BZAW* 206 (1993) ; **C. Streibert** (8장을 보라).

야웨의 종의 노래 : **W. Zimmerli,** *TDNT* 5 (1954) 654-77 ; **C. R. North,** *The Suffering Servant in Deutero-Isaiah* ([2]1956) ; **H. Haag,** "Ebed-Jahwe-Forschung 1948-1958," *BZ* 3 (1959) 174-204 ; **O. Kaiser,** *Der königliche Knecht, FRLANT* 70 ([2]1962) ; **H. H. Rowley,** *The Servant of the Lord* ([2]1965) ; **G. Sauer,** "Deuterojesaja und die Lieder vom Gottesknecht," *FS Ev.-theol. Fakultät Wien, EvTh* Sonderheft (1972) 58-66 ; **J. Jeremias,** "משפט im ersten Gottesknechtslied (Jes XLII 1-4)," *VT* 22 (1972) 31-42 ; **K. Baltzer,** *Die Biographie der Propheten* (1975) 171이하 ; **J. A. Soggin,** "Tod und Auferstehung des leidenden Gottesknechts," *ZAW* 87 (1975) 346-55 ; **R. N. Whybray,** *Thanksgiving for a Liberated Prophet, JSOT.S* 4 (1978) ; **G. Gerleman,** "Der Gottesknecht bei Deuterojesaja" : *Studien zur alttestamentlichen Theologie* (1980) 38-60 ; **R. P. Merendino,** "Jes 49,1-6 : ein Gottesknechtlied?" *ZAW* 92 (1980) 236-48 ; **H.-J. Hermisson,** "Der Lohn des Knechts," *FS H. W. Wolff* (1981) 269-87 ; idem, "Israel und der Gottesknecht bei DtJes," *ZThK* 79 (1982) 1-24 ; idem, "Voreiliger Abschied von den Gottesknechsliedern," *ThR* 49 (1984) 209-22 ; **T. N. D. Mettinger,** *A Farewell to the Servant Songs* (1983) ; **E. Haag,** "Die Botschaft vom Gottesknecht-ein Weg zur Überwindung der Gewalt" : **N. Lohfink** (ed.), *Gewalt und Gewaltlosigkeit im AT* (1983) 159-213 ; **H. Haag,** *Der Gottesknecht bei DtJes, EdF* 233 (1985, [2]1993) ; **H. E. v. Waldow,** "Der Gottesknecht bei DtJes," *ThZ* 41 (1985) 201-19 ; **E. Kutsch,** *KS zum AT, BZAW* 168 (1986) 169-96 ; **M. Weippert,** "Die 'Konfessionen' Deuterojesajas," *FS C. Westermann* (1989) 104-15 ; **O. H. Steck,**" Gottesknecht und Zion" (위를

보라) ; idem, "Gottesvolk und Gottesknecht in Jes 40-66," *JBTh* 7 (1992) 51-75 ; idem, "Der Gottesknecht 'Bund' und 'Licht'," *ZThK* 90 (1993) 117-34 ; **B. Janowski,** *Er trug unsere Sünden. Jesaja 53 und die Dramatik der stellvertretung,*" (1993) : *Gottes Gegenwart in Israel* (1993) 303-26, 337; idem, *Stellvertretung, SBS* 165 (1997) ; **J. Scharbert,** *Deuterojesaja-der "Knecht Jahwes"?* (1995) ; **H.-J. Hermisson,** "Gottesknecht und Gottes Knechte," *FS M. Hengel* (1996) 43-68 ; **B. Janowski** and **P. Stuhlmacher** (ed.), *Der leidende Gottesknecht, FAT* 14 (1996).

제3이사야 (사 56-66장) : **K. Elliger,** *Die Einheit des Tritojesaja, BWANT* 45 (1928) ; idem, "Der Prophet Tritojesaja," *ZAW* 49 (1931) 112-41 ; **W. Zimmerli,** "Die Sprache Tritojesajas" (1950) : *Gottes Offenbarung* (1963) 217-33 ; **D. Michel,** "Zur Eigenart Tritojesajas," *ThViat* 10 (1965-66) 213-30 (=*Studien zur Überlieferungsgeschichte alttestamentlicher Texte, TB* 93 [1997] 181-97) ; **H. J. Kraus,** "Die ausgebliebene Endtheophanie" (1966) : *Biblisch-theologische Aufsätze* (1972) 134-50 ; **F. Maass,** "Tritojesaja?", *FS L. Rost* (1967) 153-63 ; **G. Wallis,** "Gott und seine Gemeinde," *ThZ* 27 (1971) 182-200 ; **K. Pauritsch,** *Die neue Gemeinde, AnBib* 47 (1971, bibliog.) ; **E. Sehmsdorf,** "Studien zur Redaktionsgeschichte von Jes 56-66," *ZAW* 84 (1972) 517-76 ; **P. D. Hanson,** *The Dawn of Apocalyptic* (1975) ; **J. Vermeylen** (16장을 보라) II, 445이하 ; **I. Fischer,** *Wo ist Jahwe Das Volksklagelied Jes 63, 7-64, 11 als Ausdruck des Ringens um eine gebrochene Beziehung, SBB* 19 (1989) ; **B. Langer,** *Gott als 'Licht' in Israel und Mesopotamien, ÖBS* 7 (1989) : **S. Sekine,** *Die Tritojesajanische Sammlung (Jes 56-66) redaktionsgeschichtlich untersucht, BZAW* 175 (1989) ; **J. Vermeylen** (ed.), *The Book of Isaiah-Le Livre d'Isarïe, BEThL* 81 (1989) ; **K. Koenen,** *Ethik und Eschatologie im Tritojesajabuch, WMANT* 62 (1990) ; **O. H. Steck,** *Studien zu TtJes, BZAW* 203 (1991) ; **W. Lau,** *Schriftgelehrte Prophetie in Jes 56-66, BZAW* 225 (1994).

제22장 학개, 스가랴, 제2스가랴, 말라기

주석서들 : 14장을 보라. 특히, **K. Elliger** (⁷1975) ; **W. Rudolph** (1976, bibliog.) ; **D. L. Peterson** (*OTL,* I 1984, II 1995) ; **H. Graf Reventlow** (*ATD,* 1993) ; **R. Hanhart** (*BK,* 1990이후) [Zech] ; **H. W. Wolff** (BK, 1986 ; Eng. : 1988) [Hag] ; **C. L.** and **E. M. Meyers** (*AncB,* I 1987, II 1993) [Hag, Zech] ; **A. E. Hill**

(*AncB,* 1998) [Mal].

학개 (스가랴)

개요: **H. W. Wolff,** "Haggai/Haggaibuch," *TRE* XIV (1985) 355-60 (bibliog.).

W. A. M. Beuken, *Haggai-Sacharja* 1-8 (1967); **K. Koch,** "Haggais unreine Volk," *ZAW* 79 (1967) 52-66; **O. H. Steck,** "Zu Hag 1, 2-11," *ZAW* 83 (1971) 355-79; **K. M. Beyse,** *Serubbabel und die Königserwartungen der Propheten Haggai und Sacharja* (1972); **K. Seybold,** "Die Königserwartung bei den Propheten Haggai und Sacharja," *Judaica* 28 (1972) 69-78; **F. Sauer,** *Die Tempeltheologie des Propheten Haggai* (Diss., Freiburg 1978).

스가랴: **H. Gese,** "Anfang und Ende der Apokalyptik"(1973): *Vom Sinai zum Zion* (1974) 202-30; **K. Seybold,** *Bilder zum Tempelbau, SBS* 70 (1974); **C. Jeremias** (13장 1/2를 보라); **G. Wallis,** "Die Nachtgesichte des Propheten Sacharja," *Congress Volume Göttingen, VT.S* 29 (1978) 377-91; **A. S. van der Woude,** "Serubbabel und die messianichen Erwartungen des Propheten Sacharja," *ZAW* 100 (1988) (Suppl) 138-56.

제2스가랴 (슥 9-14장): **O. Plöger,** *Theokratie und Eschatologie, WMANT* 2 (1959, ³1968; Eng.: *Theocracy and Eschatology,* 1968); **B. Otzen,** *Studien über Deuterosacharja* (1964); **H. M. Lutz,** *Jahwe, Jerusalem und die Volker, WMANT* 27 (1968); **M. Sæbø,** "Die deuterosacharjaniche Frage," *StTh* 23 (1969) 115-40; idem, *Sacharja 9-14, WMANT* 34 (1969); **I. Willi-Plein,** *Prophetie am Ende, BBB* 42 (1974); **N. Ho Fai Tai,** *Prophetie als Schriftauslegung in Sacharja 9-14, CThM. BW* 17 (1996).

말라기

개요: **H. Meinhold,** "Maleachi/Maleachibuch", *TRE* XXII (1992) 6-11 (bibliog.).

E. Pfeiffer, "Die Disputationsworte im Buche Maleachi," *EvTh* 19 (1959) 546-68(참조. **H. J. Boecker,** *ZAW* 78 [1966] 78-80); **G. Wallis,** "Wesen und Struktur der Botschaft Maleachis," *FS L. Rost* (1967) 229-37; **A. Renker,** *Die Tora bei Maleachi, FThSt* 112 (1979); **W. Rudolph,** "Zu Mal 2, 10-16," *ZAW* 93 (1981) 85-90; **E. Bosshard** and **R. G. Kratz,** "Maleachi im Zwölfprophetenbuch," *BN* 52 (1990) 27-46; **H. Utzschneider,** "Die Schriftprophetie und die Frage nach dem Ende der Prophetie," *ZAW* 104 (1992) 394-401; **M. Krieg,** *Mutmaßungen über Maleachi, AThANT* 80 (1993); **T. Lescow,** *Das Buch Maleachi, AzTh* 75 (1993; 참조. *ZAW* 102 [1990] 194-212); **A. Meinhold,** "Die theologischen Vorsprüche in den Diskussionsworten des Maleachibuches," *FS H. J. Boecker* (1993) 197-209; **G. P. Hugenberger,** *Marriage as a Covenant. VT.S* 52 (1994).

제23장 요엘, 요나

주석서들: 14장을 보라. 특히 **W. Rudolph** (*KAT,* 1971); **H. W. Wolff** ([2]1975; Eng.: 1977[Joel], bibliog.; 1977; Eng.: 1986 [Jonah], bibliog.); **F. Golka** (*Calwer Bibelkommentare,* 1991); **J. M. Sasson** (*AncB,* 1990); **J. Limburg** (*OTL,* 1993) [Jonah].

요엘

개요: **J. Jeremias,** "Joel/Joelbuch", *TRE* XVII (1988) 91-97 (bibliog.).

O. Plöger (22장을 보라); **E. Kutsch,** "Heuschreckenplage und Tag Jahwes in Joel 1 und 2," *ThZ* 18 (1962) 81-94; **H. W. Wolff,** *Die Botschaft des Buches Joel, TEH* 109 (1963); **H. P. Müller,** "Prophetie und Apokalyptik bei Joel," *ThViat* 10 (1965-66) 231-52; **G. W. Ahlström,** *Joel and the Temple Cult, VT.S* 21 (1971); **J. Jeremias,** *Die Reue Gottes, BSt* 65 (1975) 87이하; **W. S. Prinsloo,** *The Theology of the Book of Joel, BZAW* 163 (1985); **S. Bergler,** *Joel als Schriftinterpret* (1988); **W. S. Prinsloo,** "The Unity of the Book of Joel", *ZAW* 104 (1992) 66-81; **J. Jeremias,** "'Denn auf dem Berg Zion und in Jerusalem wird Rettung sein' (Joel 3, 5). Zur Heilserwartung des Joelbuches," *FS L. Klein, BBB* 90 (1993) 35-45.

요나

개요: **H.-J. Zobel,** "Jona/Jonabuch", *TRE* XVII (1988) 229-34 (bibliog.).

H. W. Wolff, *Studien zum Jonabuch, BSt* 47 (1965, ²1975); **G. H. Cohn,** *Das Buch Jona im Lichte der biblischen Erzählkunst* (1969); **A. Jepsen,** "Anmerkungen zum Buche Jona"(1970): *Der Herr ist Gott* (1978) 163-69; **O. Kaiser,** "Wirklichkeit, Möglichkeit und Vorurteil," *EvTh* 33 (1973) 91-103; **J. Jeremias** (위를 보라) 98이하; **J. Magonet,** *Form and Meaning. BET* 2 (1976); **L. Schmidt,** De Deo, *BZAW* 143 (1976); **T. E. Fretheim,** *The Message of Jonah* (1977); idem, "Jonah and Theodicy," *ZAW* 90(1978) 227-37; **S. Schreiner,** "Das Buch Jona," *ThV* 9 (1977) 37-45; **G. Vanoni,** *Das Buch Jona* (1978); **H. Witzenrath,** *Das Buch Jona* (1978); **S. Segert,** "Syntax and Style in the Book of Jonah: Prophecy," *FS G. Fohrer, BZAW* 150 (1980) 121-30; **P. Weimar,** "Jonapsalm und Jonaerzählung," *BZ* 28 (1984) 43-68; **H. Gese,** "Jona ben Amittai und das Jonabuch" (1985): *Atl. Studien* (1991) 122-38; **T. Krüger,** "Literarisches Wachstum und theologische Diskussion im JonaBuch," *BN* 59 (1991) 57-88; **R. Lux,** *Jona, FRLANT* 162 (1994); **U. Steffen,** *Die Jona-Geschichte. Ihre Auslegung und Darstellung im Judentum, Christentum und Islam* (1994).

제24장 다니엘

주석서들: **J. A. Montgomery** (*ICC,* 1927); **A. Bentzen** (*HAT,* ²1952); **N. W. Porteous** (*OTL,* 1965); **O. Plöger** (*KAT,* 1965); **A. Lacocque** (1976); **L. F. Hartman** and **A. A. DiLella** (*AncB,* 1977); **J. C. H. Lebram** (*ZBK.AT,* 1984); **K. Koch** (*BK,* 1985이하); **J. Goldingay** (*WBC,* 1989); **E. Haag** (*NEB,* 1993).

연구사: **W. Baumgartner,** "Ein Vierteljahrhundert Danielforschung," *ThR* 11 (1939) 59-83; 125-44, 201-28; **F. Dexinger,** *Das Buch Daniel und seine Probleme, SBS* 36 (1969, bibliog.); **K. Koch** et al., *Das Buch Daniel, EdF* 144 (1980, bibliog.).

I. Willi-Plein, "Ursprung und Motivation der Apokalyptik im Danielbuch," *ThZ* 35 (1979) 265-74; **O. H. Steck,** "Weltgeschehen und Gottesvolk im Buche

Daniel" (1980) : *Wahrnehmungen* (6장을 보라) 262-90 ; **H. Gese,** "Das Geschichtsbild des Danielbuches und Ägypten" (1983) : *Atl. Studien* (1991) 189-201 (참조. 202-17) ; **E. Haag,** *Die Errettung Daniels aus der Löwengrube, SBS* 110(1983) ; **R. Albertz,** *Der Gott des Daniel. Untersuchungen zu Dan 4-6 in der Septuagintafassung sowie zu Komposition und Theologie des aramäischen Danielbuches, SBS* 131 (1988) ; **K. Koch,** "Weltgeschichte und Gottesreich im Danielbuch und die iranischen Parallelen," *FS S. Herrmann* (1991) 189-205 ; **R. G. Kratz,** *Translatio imperii. Untersuchungen zu den aramäischen Danielerzählungen und ihrem theologiegeschichtlichen Umfeld, WMANT* 63 (1991) ; **A. S. van der Woude** (ed.), *The Book of Daniel in the Light of New Findings, BEThL* 106 (1993).

이른바 "이사야 묵시록" (사 24-27장) : **H. Wildberger,** *BK* X/2 (1978 ; Eng. : 16장을 보라) 885이하 (bibliog.) ; **W. R. Millar,** *Isaiah 24-27 and the Origin of Apocalyptic* (1976).

묵시문학 : **P. v. d. Osten-Sacken,** *Die Apokalyptik in ihrem Verhältnis zu Prophetie und Weisheit, TEH* 157 (1969) ; **J. C. H. Lebram** and **K. Müller,** "Apokalyptik", *TRE* III (1978) 192-202, 202-51 (bibliog.) ; **L. Wächter,** "Apokalyptik im AT," *ZdZ* 9 (1979) 334-40; **O. H. Steck,** "Überlegungen zur Eigenart der spätisraelitischen Apokalyptik," *FS H. W. Wolff* (1981) 301-15 ; **K. Koch** and **M. Schmidt** (ed.), *Apokalyptik, WdF* 365 (1982, bibliog.) ; **D. Hellholm** (ed.), *Apocalypticism in the Mediterranean World and the Near East* (1983).

제25장 시편

개론 : **C. Barth,** *Einführung in die Psalmen, BSt* 32 (1961) ; **C. Westermann,** *Der Psalter* ([2]1969 ; Eng. : *The Psalms. Structure, Content and Message,* 1980) ; **J. H. Hayes,** *Understanding the Psalms* (1976) ; **H. Seidel,** *Auf den Spuren der Beter. Einführung in die Psalmen* (1980) ; **K. Seybold,** *Die Psalmen* (1986, [2]1990 ; Eng. : *Introducing the Psalms,* 1990) ; **E. Zenger,** *Mit meinem Gott überspringe ich Mauern* (1987, [3]1993 ; 참조. idem, *Ich will die Morgenröte wecken* [1991] ; idem, *Ein Gott der Rache? Feindpsalmen verstehen* [1994] ; Eng. : *A God of Vengeance? Understanding the Psalms of Divine Wrath,* 1996.

주석서들 : **B. Duhm** (*KHC,* [2]1922) ; **H. Gunkel** (*HK,* 1929, [5]1968) ; **R. Kittel** (*KAT,* [5-6]1929) ; **H. Schmidt** (HAT, 1934) ; **A. Weiser** (*ATD,* [9]1979 ; Eng. : *OTL.,* 1962) ; **H. J. Kraus** (*BK.* 1960, [5]1978 ; Eng : I 1988, II 1989) (bibliog) ; **M. J. Dahood** (*AncB,* 1966-70) ; **A. A. Anderson** (*NCBC,* 1972) ; **L. Jacquet** (1975-77) ; **E. Beaucamp** (1976) ; **P. C. Craigie** (*WBC,* I 1983) [Ps 1-50] ; **M. E. Tate** (*WBC,* II 1985) [Ps 51-100] ; **L. C. Allen** (*WBC,* III 1983) [Ps 101-50] ; **F.-L. Hossfeld** and **E. Zenger** (*NEB,* I 1993).

연구개관 : **M. Haller,** *ThR* 1 (1929) 378-402 ; **J. J. Stamm,** *ThR* 23 (1955) 1-68 ; **A. S. Kapelrud,** *VF* 11/1 (1966) 62-93 ; **E. Gerstenberger,** *VF* 17/1 (1972) 82-99, *VF* 19/2 (1974) 22-45 ; J. H. Hayes (5장 2를 보라) 179이하 ; **J. Becker,** *Wege der Psalmenexegese, SBS* 78 (1975) ; **P. H. A. Neumann** (ed.), *Zur neueren Psalmenforschung, WdF* 192 (1976) ; **J. H. Eaton,** "The Psalms and Israelite Worship," *TaI,* 238-73 ; **F.-J. Stendebach,** "Die Psalmen in der neueren Forschung," *BiKi* 35 (1980) 60-70 ; **B. Flusinger,** "A Decade of German Psalm-Criticism," *JSOT* 20 (1981) 91-103 ; **K. Seybold,** "Beiträge zur Psalmenforschung," *ThR* 46 (1981) 1-18 ; **M. Oeming,** "Die Psalmen in Forschung und Verkündigung," *VF* 40/1 (1995) 28-51 ; **K. Seybold,** "Neuere Psalmen-Kommentare," *ThR* 60 (1995) 113-30 ; idem, "Beiträge zur neueren Psalmenforschung," *ThR* 61 (1996) 247-74 ; **K. Koenen,** *Jahwe wird kommen, zu herrschen über die Erde. Ps 90-110 als Komposition, BBB* 101 (1995, bibliog.).

개요 : **K. Galling,** *RGG* V ([3]1961) 672-84, 689-91 ; **E. Lipinski** et al., *DBS* IX/48 (1973) 1-214 (bibliog.).

H. Gunkel and **J. Begrich,** *Einleitung in die Psalmen* (1933, [3]1975 ; Eng. : *An Introduction to the Psalms,* 1998) ; **S. Mowinckel,** *Psalmenstudien* I-VI (1921-24) ; idem, *The Psalms in Israel's Worship* I-II (1962) ; **H. Schmidt,** *Das Gebet des Angeklagten im AT, BZAW* 49 (1928) ; **C. Westermann,** *Das Loben Gottes in den Psalmen (*1954 ; Eng. : *The Praise of God in the Psalms,* 1965 ; 보충판 idem, *Lob und Klage in den Psalmen, [5]1975* ; Eng. : *Praise and Lament in the Psalms,* 1981) ; **G. Wanke,** *Die Zionstheologie der Korachiten, BZAW* 97 (1966) ; **L. Delekat,** *Asylie und Schutzorakel am Zionheiligtum* (1967) ; **N. Füglister,** *Das Psalmengebet* (1965) ; **F. Crüsemann,** *Studien zur Formgeschichte von Hymnus* *und Danklied in Israel, WMANT* 32 (1969) ; **O. Keel,** *Feinde und Gottesleugner,* SBM 7 (1969) ; idem, *The Symbolism of the Biblical World. Ancient Near Eastern Iconography and the Book of Psalms* (1978) ; **W. Beyerlin,** *Die Rettung des Bedrängten in den Feindpsalmen des Einzelnen. FRLANT* 99 (1970) ; **N. H. Ridderbos,** *Die Psalmen* (Ps 1-41), *BZAW* 117 (1972) ; **H. Gese,** "Die Entstehung der Büchereinteilung des Psalters" (1972) : *Vom Sinai zum Zion* (1974) 159-67 ; **L. Ruppert,** *Der leidende Gerechte, FzB* 5 (1972) ; **J. Kühlewein,** *Geschichte in den Psalmen, CThM* 2 (1973) ; **K. Seybold,** *Das Gebet des Kranken im Alten Testament, BWANT* 99 (1973) ; idem, *Die Wallfahrtspsalmen, BThSt* 3 (1978) ; **B. W. Anderson,** *Out of the Depths* (1974) ; **L. Vosberg,** *Studien zum Reden vom Schöpfer in den Psalmen, BevTh* 69 (1975) ; **H. J. Kraus,** *Theologie der Psalmen* (*BK,* XV/3 1979 = *TheolPs ;* Eng. : *Theology of the Psalms,* 1986) ; **O. Loretz,** *Die Psalmen* II (1979) ; **A. R. Johnson,** *The Cultic Prophet and Israel's Psalmody* (1979) ; **E. S. Gerstenberger,** *Der bittende Mensch, WMANT* 51(1980) ; **W. Brueggemann,** "Psalms and the Life of Faith," *JSOT* 17 (1980) 3-32 ; **J. Reindl,** "Weisheitliche Bearbeitung von Psalmen," *Congress Volume Vienna, VT.S* 32 (1981) 333-56 ; **O. Fuchs,** *Die Klage als Gebet. Eine theologische Besinnung am Beispiel des Psalms* 22 (1982) ; **F. Stolz,** *Psalmen im nachkultichen Raum, ThSt (B)* 129 (1983) ; **A. Aejmelaeus,** *The Traditional Prayer in the Psalms, BZAW* 167 (1986) ; **A. Graupner,** "Klage, Bitte und Dank als Grundformen des Redens von Gott in den Psalmen," *G1Lern* 1 (1986) 38-45 ; **H. Graf Reventlow,** *Gebet im AT* (1986) ; **C. Barth,** *Die Errettung vom Tode in den individuellen Klage-und Dankliedern des AT* (1947, [2]1987) ; idem, "Freude an der Weisung des Herrn," *FS H. Gross* ([2]1987) ; **O. Fuchs,** "Klage. Eine vergessene Gebetsform" : **H. Becker, B. Einig** and **P.-O. Ullrich** (ed.), *Im Angesicht des Todes* II, *PiLi* 4 (1987) 939-1024 ; **H. Strauss,** *Gott preisen heißt vor ihm leben, BThSt* 12 (1988) ; **J. Becker-Ebel,** *Psalm* 22 (Diss., Freiburg 1989 ; 참조. *ZAW* 102 [1990] 296) ; **L. Ruppert,** "Klage oder Bitte? Zu einer neuen Sicht der individuellen Klagelieder," *BZ* 33 (1989) 252-55 ; **H. Spieckermann,** *Heilsgegenwart. Eine Theologie der Psalmen, FRLANT* 148 (1989) ; **V. Hamp,** "Das Ethos der Psalmen" : *Weisheit und Gottesfurcht* (1990) 217-32 ; **F. Matheus** (21장을 보라) ; **W. Brueggemann,** "Bounded by Obedience and Praise : The Psalms as Canon," *JSOT* 50 (1991) 63-92 ; **C. Markschies,** " 'Ich aber vertraue auf dich, Herr!' Vertrauensäußerungen als Grundmotiv in den Klageliedern des Einzelnen," *ZAW* 103 (1991) 386-98 ; *Interp* 46/2 (1992) ; **R. G. Kratz,** "Die

Gnade des täglichen Brots. Späte Psalmen auf dem Weg zum Vaterunser," *ZThK* 89 (1992) 1-40 ; **C. Levin,** "Das Gebetbuch der Gerechten," *ZThK* 90 (1993) 355-81 ; **W. Burkert** and **F. Stolz** (ed.), *Hymnen der Alten Welt im Kulturvergleich, OBO* 131 (1994) ; **H. P. Mathys,** *Dichter und Beter. Theologen aus spätatl. Zeit, OBO* 132 (1994) ; **M. Millard,** *Die Komposition des Psalters, FAT* 9 (1994) ; **K. Seybold** *and* **E. Zenger** (ed.), *FS W. Beyerlin, HBS* 1 (1994).

제왕시 : **K. H. Bernhardt,** *Das Problem der altorientalischen Königsideologie im Alten Testment, VT.S* 8 (1961, bibliog.) ; **G. Widengren,** *Religionsphänomenologie* (1969) 360이하 (bibliog.) ; **W. H. Schmidt,** "Kritik am Königtum," *FS G. v. Rad* (1971) 440-61 (특히 452이하.) ; **J. H. Eaton,** *Kingship and the Psalms* (1976) ; **S. S. Patro,** *Royal Psalms in Modern Scholarship* (Diss., Kiel 1976) [연구사] ; **H. J. Kraus,** *TheolPs* (Eng. : 위를 보라) 134이하 ; **S. Wagner,** "Das Reich des Messias. Zur Theologie atl. Königspsalmen," *ThLZ* 109 (1984) 865-74 ; **M. Görg,** *Studien* (6장을 보라) ; **O. Loretz,** *Die Königspsalmen, UBL* 6 (1988).

시온시 : **H. Schmid,** "Jahwe und die Kulttraditionen von Jerusalem," *ZAW* 67 (1955) 168-97 ; **G. Wanke,** *Die Zionstheologie der Korachiten, BZAW* 97 (1966) ; **J. Jeremias,** "Lade und Zion," *FS G. v. Rad* (1971) 183-98 ; **O. H. Steck,** *Friedensvorstellungen im alten Jerusalem, ThSt(B)* 111 (1972) ; idem, *Gottesknecht und Zion* (21장을 보라) ; **W. H. Schmidt,** *Alt. Glaube in seiner Geschichte* ([7]1990 ; Eng. : *The Faith of the Old Testament,* 1983) 249이하. (bibliog.) ; **H. J. Kraus,** *TheolPs* (Eng. : 위를 보라) 94이하 ; **J. J. M. Roberts,** "Zion in the Theology of the Davidic-Solomonic Empire" : **T. Ishida** (ed.), *Studies in the Period of David and Solomon and Other Essays* (1982) 93-108 : **U. Sperling.** *Das theophanische Jahwe-Überlegenheitslied. Forschungsbericht und gattungskritische Untersuchung der sog. Zionslieder, EHS.T* 426 (1991) ; **H. Spieckermann,** "Stadtgott und Gottesstadt," *Bibl* 73 (1992) 1-31 ; *FS L. Klein, BBB* 90 (1993).

이른바 등극시 및 하나님-왕-노래 : **P. Volz,** *Das Neujahrsfest Jahwes* (1912) ; **S. Mowinckel,** *Psalmenstudien* II. *Das Thronbesteigungsfest Jahwäs und der Ursprung der Eschatologie* (1922) ; **H. Gunkel** and **J. Begrich**, *Einleitung in die Psalmen* (Eng. : 위를 보라) 94이하 ; **D. Michel,** "Studien zu den sog. Thronbesteigungspsalmen" (1956) : *Zur neueren Psalmenforschung* (위를 보라)

367-99; **W. H. Schmidt,** *Königtum Gottes in Ugarit und Israel, BZAW* 80 (²1966) 74이하; **J. A. Soggin,** *THAT I* (1971) 914 이하 (bibliog.); **E. Lipinski,** *DBS* IX (1973) 32이하(bibliong.); **E. Otto** and **T. Schramm,** *Fest und Freude* (1977) 46이하; **J. Gray,** *The Biblical Doctrine of the Reign of God* (1979); **F. Stolz,** "Erfahrungsdimensionen im Reden von der Herrshaft Gottes," *WuD* 15 (1979) 9-32; **H. J. Kraus,** *TheolPs* (Eng.: 위를 보라) 29이하, 103이하; **P. Welten,** "Königsherrschaft Jahwes und Thronbesteigung," *VT* 32 (1982) 297-310; **J. Jeremias,** *Das Königtum Gottes in den Psalmen, FRLANT* 141 (1987); **R. Scoralick,** *Trishagion und Gottesherrschaft. Ps 99 als Neuinterpretation von Tora und Propheten, SBS* 138 (1989); **B. Janowski,** "Das Königtum Gottes in den Psalmen" (1989): *Gottes Gegenwart in Israel* (1993) 148-213, 334-35 (bibliog.); **K. A. Deurloo,** "'JHWH ist König geworden' geschichtlich verstanden": **H. Pavlincovà** and **D. Papoušek** (ed.), *The Bible in cultural Context* (1994) 81-86; **O. Loretz,** *Ugarit-Texte und Thronbesteigungspsalmen, UBL* 7 (1988); **J. Schaper,** "Psalm 47 und sein 'Sitz im Leben'" *ZAW* 106 (1994) 262-75; **K. Koenen** (위를 보라).

제26장 아가, 애가, 룻, 에스더

아가

주석서들: **R. Gordis,** *The Song of Songs and Lamentations* (1954); **H. Ringgren** (*ATD,* ⁴1978); **W. Rudolph** (*KAT,* 1962); **G. Gerleman** (*BK,* 1962); **E. Würthwein** (*HAT,* 1969); **M. H. Pope** (*AncB,* 1977); **G. Krinetzki** (*NEB,* 1980); **O. Keel** (*ZBK.AT,* 1986; Eng.: *The Song of Songs: A Continental Commentary,* 1994); **H. P. Müller** (*ATD,* 1992).

연구사: **C. Kuhl,** *ThR* 9 (1937) 137-67; **E. Würthwein,** *ThR* 32 (1967) 177-212.

개요: **H. Graf Reventlow,** "Hoheslied", *TRE* XV (1988) 499-502 (bibliog.).

H. Schmökel, *Heilige Hochzeit und Hohes Lied* (1956); **O. Loretz,** *Das* *althebräische Liebeslied, AOAT* 14/1 (1971) ; **H.-P. Müller,** "Die lyrische Reproduktion des Mythischen im Hohenlied" (1976) : *Mythos-Kerygma-Wahrheit, BZAW* 200 (1991) 152-71 ; idem, *Vergleich und Metapher im Hohenlied, OBO* 56 (1984 ; 참조. *ZThK* 91 [1994] 375-95) ; **J. B. White,** *A Study of the Language of Love in the Song of Songs and Ancient Egyptian Poetry* (1978) ; **G. Krinetzki,** *Kommentar zum Hohenlied. BET* 16 (1981) ; **O. Keel,** *Deine Blicke sind Tauben. Zur Metaphorik des Hohenliedes. SBS* 114/5 (1984) ; **H. J. Heinevetter.** *'Komm nun. mein Liebster, Dein Garten ruft Dich!' Das Hohelied als programmatische Komposition, BBB* 69 ; **K. Lüthi,** "Das Hohe Lied der Bibel," *ThZ* 49 (1993) 97-114 ; **B. Hruška,** "Das Hohelied und die sumerische Kultpoesie" : **H. Pavlincovà** and **D. Papoušek** (ed.), *The Bible in cultural Context* (1994) 163-69.

애가

주석서들 : **H. J. Kraus** (*BK,* 1956, [3]1968) ; **A. Weiser** (*ATD,*1958) ; **W. Rudolph** (*KAT,* 1962) ; **O. Plöger** (*HAT,* 1969) **D. R. Hillers** (*AncB,* 1972) ; **O. Kaiser** (*ATD,* [3]1981, [4]1992) ; **H. J. Boecker** (*ZBK. AT,* 1985) ; **H. Gross** (*NEB,* 1986) ; **R. E. Murphy** (*Hermeneia,* 1990) ; **I. W. Provan** (*NCBC,* 1991).

N. Gottwald, *Studies in the Book of Lamentation* (1962) ; **B. Albrektson**, *Studies in the Text and Theology of the Book of Lamentations, STL* 21 (1963) ; **C. Westermann,** *Die Klagelieder. Forschungsgeschichte und Auslegung* (1990 ; Eng. : *Lamentations : Issues and Interpretation,* 1994) ; **T. F. McDaniel,** "Philological Studies in Lamentations, I-II," *Bib* 49 (1968) 27-53, 199-220 ; **H. Gottlieb,** *A Study in the Text of Lamentations* (1978).

룻

주석서들 : **H. W. Hertzberg** (*ATD,* [5]1974) ; **W. Rudolph** (*KAT,* 1962) ; **G. Gerleman** (*BK,* [2]1981) ; **E. Würthwein** (*HAT,* 1969) ; **E. F. Campbell** (*AncB,* 1975) ; **J. M. Sasson,** *Ruth : A New Translation with a Philological Commentary and a Formalist-Folklorist Interpretation* (1979) ; **E. Zenger** (*ZBK.AT,* 1986) ; **C. Frevel** (*NSKAT,* 1992).

H. Witzenrath, *Das Buch Ruth, StANT* 40 (1975) ; **O. Loretz,** "Das Verhältnis zwischen Rut-Story und David-Genealogie," *ZAW* 89 (1977) 124-26 ; **K. K. Sacon,** "The Book of Ruth," *AJBI* 4 (1978) 3-22 ; **W. S. Prinsloo,** "The Theology of the Book of Ruth," *VT* 30 (1980) 330-41 ; **B. Green,** "The Plot of the Biblical Story of Ruth," *JSOT* 23 (1982) 55-68 ; **R. Vuilleumir,** "Stellung und Bedeutung des Buches Ruth im atl. Kanon," *ThZ* 44 (1988) 193-210 ; **J. L. Berquist,** "Role Dedifferentation in the Book of Ruth," *JSOT* 57 (1993) 23-37.

에스더

주석서들 : **H. Ringgren** (*ATD,* 1958) ; **H. Bardkte** (*KAT,* 1963) ; **E. Würthwein** (*HAT,* 1969) ; **C. A. Moore** (*AncB,* 1971) ; **G. Gerleman** (*BK,* [2]1981, bibliog.) ; **W. Dommershausen** (*NEB,* 1980) ; **A. Meinhold** *(ZBK. AT,* 1983) ; **J. A. Loader** (ATD, [4]1992).

개요 : **J. van der Klaauw,** "Ester/Esterbuch", *TRE* X (1982) 391-95 (bibliog.).

W. Dommershausen, *Die Estherrolle, SBM* 6 (1968) ; **J. C. Lebram,** "Purimfest und Estherbuch," *VT* 22 (1972) 208-22 ; **A. Meinhold,** "Die Gattung der Josephsgeschichte und des Estherbuches. Diasporanovelle," *ZAW* 88 (1976) 72-93 ; idem, "Theologische Erwägungen zum Buch Esther," *ThZ* 34 (1978) 321-33 ; idem, "Zu Aufbau und Mitte des Estherbuches," *VT* 33 (1983) 435-45 (bibliog.) ; **J. A. Loader,** "Esther as a Novel," *ZAW* 90 (1978) 417-21 (참조. **C. H. Miller,** *ZAW* 92 [1980] 145-48) ; **S. B. Berg,** *The Book of Esther* (1979) ; **M. V. Fox,** *Character and Ideology in the Book of Esther* (1991) ; idem. *The Redaction of the Books of Esther, SBL. MS* 40 (1991) ; **I. v. Loewenclau,** "Apologie für Ester," *FS K.-D. Schunck, BEAT* 37 (1994) 215-77.

제27장 잠언

개론 : **C. Bauer-Kayatz,** *Einführung in die alttestamentliche Weisheit, BSt* 55 (1969) ; **H. D. Preuss,** *Einführung in die atl. Weisheitsliteratur, UB* 383 (1987).

주석서들 : **F. Delitzsch** (*BC,* 1873) ; **B. Gemser** (*HAT,* [2]1963) ; **H. Ringgren** (*ATD,* 1962, [3]1980) ; **R. B. Y. Scott** (*AncB,* 1965) ; **W. McKane** (*OTL,* 1970) ; **O. Plöger** (*BK,* 1984) ; **A. Schmitt** (*NEB,* 1989) ; **A. Meinhold** (*ZBK.AT,* I-II 1991).

연구개관 : **W. Baumgartner,** *ThR* 5 (1933) 259-88 ; idem, "The Wisdom Literature" : **H. H. Rowley** (ed.), *The Old Testament and Modern Study* (1951) 210-37 ; **R. Murphy,** "The Wisdom Literature in the Old Testament," *Concilium* 1 (1965) 126-40 ; **E. Gerstenberger,** *VF* 14/1 (1969) 28-44 ; **R. B. Y. Scott,** *Interp* 24 (1970) 20-45 ; **J. A. Emerton,** "Wisdom," *TaI,* 214-37 ; **H. Graf Reventlow,** *Hauptprobleme AT* (30장을 보라) 183이하 ; **H. Delkurt,** "Grundprobleme atl. Weisheit," *VF* 36/1 (1991) 38-71 ; **C. Westermann,** *Forschungsgeschichte zur Weisheitliteratur* : 1950-1990, *AzTh* 71 (1991) ; **J. L. Crenshaw,** "Wisdom Literature. Retrospect and prospect," *FS R. N. Whybray, JSOT.S* 162 (1993) 161-78 ; **J. Day** et al. (ed.), *Wisdom in Ancient Israel* (1995).

개요 : **H. Gese,** *RGG* VI ([3]1962) 1574-81 ; **G. Fohrer,** *TDNT* 7 (1964) 476-96 ; **M. Sæbø,** *THAT* 1 (1971) 557-67 ; **H. P. Müller,** *ThWAT* II (1977) 920-44 (bibliog).

W. Zimmerli, "Zur Struktur der alttestamentlichen Weisheit," *ZAW* 51 (1933) 177-204 ; idem, "Ort und Grenze der Weisheit im Rahmen der alttestamentlichen Theologie" : *Gottes Offenbarung* (1963) 300-315 ; **J. Fichtner,** *Die altorientalische Weisheit in ihrer israelitisch-jüdischen Ausprägung. BZAW* 62 (1933) ; **K. Koch,** "Gibt es ein Vergeltungsdogma im AT?" (1955) : *Spuren des hebräischen Denkens, GAufs* I (1991) 65-103, 287이하. (bibliog.) ; **E. Würthwein,** "Die Weisheit Ägyptens und das AT" (1960) : *Wort und Existenz* (1970) 197-216 (참조. 217이하) ; **H. Gese,** *Lehre und Wirklichkeit in der alten Weisheit* (1958) ; **U. Skladny,** *Die ältesten Spruchsammlungen in Israel* (1961) ; **W. McKane**, *Prophets and Wise Men* (1965) ; **C. Kayatz,** *Studien zu Proverbien 1-9, WMANT* 22 (1966) ; **W. Richter,** *Recht und Ethos* (1966) ; **H. H. Schmid,** Wesen und Geschichte der Weisheit, *BZAW* 101 (1966) ; **H. J. Hermisson,** *Studien zur israelitischen Spruchweisheit, WMANT* 28 (1968) ; **G. v. Rad,** *Weisheit in Israel* (1970 ; Eng. : *Wisdom in Israel,* 1972) ; **C. Westermann,** "Weisheit im Sprichwort"(1971) :

Forschung am AT II (1974) 149–61 ; **H. D. Preuss,** "Das Gottesbild der älteren Weisheit Israels," *Studies in the religion of ancient Israel. VT.S* 23 (1972) 117–45 ; **B. Lang,** *Die weisheitliche Lehrrede, SBS* 54 (1972) ; idem, *Frau Weisheit* (1973) ; **R. N. Whybray,** *The Intellectual Tradition of the Old Testament, BZAW* 135 (1974) ; **W. Bühlmann,** *Vom rechten Reden und Schweigen, OBO* 12 (1976) ; **J. L. Crenshaw,** *Studies in Ancient Israelite Wisdom* (1976) ; **C. A. Keller,** "Zum sogenannten Vergeltungsglauben im Proverbienbuch," *FS W. Zimmerli* (1977) 223–38 ; **L. G. Purdue,** *Wisdom and Cult* (1977) ; **G. E. Bryce,** *A Legacy of Wisdom* (1979) ; **E. Hornung** and **O. Keel** (ed.), *Studien zu altägyptischen Lebenslehren, OBO* 28 (1979) ; **M. Gilbert** (ed.), *La Sagesse de l'Ancien Testament* (1979) ; **P. Doll,** *Menschenschöpfung und Weltschöpfung in der atl. Weisheit, SBS* 117 (1985) ; **P. J. Nel,** *The Structure and Ethos of the Wisdom Admonitions in Proverbs, BZAW* 158 (1982) ; **O. Kaiser,** *Der Mensch unter dem Schicksal, BZAW* 161 (1985) ; **D. Römheld,** *Wege der Weisheit. Die Lehren Amenemopes und Proverbien 22, 17–24, 22, BZAW* 184 (1989) ; **L. Boström,** *The God of the Sages, CB.OT* 29 (1990) ; **J. G. Gammie** et al. (ed.), *The Sage in Israel and the Ancient Near East* (1990) ; **H. von Lips,** *Weisheitliche Traditionen im NT, WMANT* 64 (1990) ; **F.–J. Steiert,** *Die Weisheit Israels–ein Fremdkörper im AT? FThSt* 143 (1990) ; **C. Westermann,** *Wurzeln der Weisheit* (1990 ; Eng. : *Roots of Wisdom,* 1995) ; **H. Delkurt,** *Ethische Einsichten in der atl. Spruchweisheit, BThSt* 21 (1992) ; **M. Görg,** *Studien* (6장을 보라) ; **H.–P. Müller,** *Mensch–Umwelt–Eigenwelt. GAufs zur Weisheit Israels* (1992) ; **W. H. Schmidt,** " 'Wie kann der Mensch seinen Weg verstehen?' " *FS H. D. Preuss* (1992) 287–97 ; **J. Blenkinsopp,** *Wisdom and Law in the OT* (1983, 1993) ; **R. Shupak,** *Where can wisdom be found? OBO* 130 (1993) ; **J. Wehrle,** *Sprichwort und Weisheit, ATSAT* 38 (1993) ; **A. B. Ernst,** *Weisheitliche Kultkritik, BThSt* 23 (1994) ; **B. Janowski,** "Die Tat kehrt zum Täter zurück," *ZThK* 91 (1994) 247–71 (bibliog.) ; **A. Meinhold,** "Schöpfung, Natur, Welt oder Umwelt in biblischen Weisheitstexten?" *GlLern* 9 (1994) 116–25 ; **E. Otto,** *Theologische Ethik des AT* (1994) 117이하. (bibliog.) ; **G. Wallis,** "Gottesvorstellung und Gotteserfahrung der atl. Weisheitsliteratur" : *Mein Freund hatte einen Weinberg. BEAT* 23 (1994) 189–205 ; **R. Scoralick,** *Einzelspruch und Sammlung. Komposition im Buch der Sprichwörter Kapitel 10–15, BZAW* 232 (1995) ; **J. Hausmann,** *Studien zum Menschenbild der älteren Weisheit, FAT* 7 (1995) ; **C. Maier,** *Die 'fremde Frau' in Proverbien 1–9, OBO* 144 (1996).

제28장 코헬렛, 솔로몬의 전도서

주석서들: **W. Zimmerli** (*ATD,* 1962, ³1980); **H. W. Hertzberg** (*KAT,* 1963); **K. Galling** (*HAT,* ²1969); **A. Lauha** (*BK,* 1978, bibliog.); **N. Lohfink** (*NEB,* 1980); **C. L. Seow** (*AncB,* 1997).

연구개관: **K. Galling,** "Stand und Aufgabe der Kohelet Forschung," *ThR* 6 (1934) 355-73; **O. Kaiser,** *Judentum und Hellenismus, VF* 27/1 (1982) 68-88; idem, Beiträge zur Kohelet-Forschung, *ThR* 60 (1995) 1-31.

R. Gordis, *Koheleth-The Man and His World* (1951); **E. Wölfel,** *Luther und die Skepsis* (1958); **K. Galling,** "Das Rätsel der Zeit," *ZThK* 58 (1961) 1-15; **H. Gese,** "Die Krise der Weisheit bei Kohelet"(1963): *Vom Sinai zum Zion* (1974) 168-79; **R. Kroeber,** *Der Prediger* (1963); **O. Loretz,** *Qohelet und der Alte Orient* (1964); **H. H. Schmid** (27장을 보라) 186이하; **E. Pfeiffer,** "Die Gottesfurcht im Buche Kohelet," *FS H.-W. Hertzberg* (1965) 133-58; **F. Ellermeier,** *Qohelet* I/1 (1967); **H. P. Müller,** "Wie sprach Qohälät von Gott?" *VT* 18 (1968) 507-21; **M. Hengel,** *Judentum und Hellenismus* (1969, ²1973; Eng.: *Judaism and Hellenism,* 1974) 210이하; **M. A. Klopfenstein,** "Die Skepsis des Qohelet," *ThZ* 28 (1972) 97-109; **R. Braun,** *Kohelet und die frühhellenistische Popularphilosophie, BZAW* 130 (1973); **A. Stiglmair,** "Weisheit und Jahweglaube im Buche Kohelet," *TThZ* 83 (1974) 257-83, 339-68; **W. Zimmerli,** "Das Buch Kohelet Traktat oder Sentenzensammlung?" *VT* 24 (1974) 221-30; **D. Lys,** *L'Ecclésiaste ou que vaut la vie?* (1977); **H. P. Müller,** "Neige der althebräischen Weisheit," *ZAW* 90 (1978) 238-64; idem, "Hiob und Kohelet," *FS C. Westermann* (1980) 373-93; **F. Crüsemann,** "Die unveränderbare Welt": *Der Gott der kleinen Leute* (3장을 보라) 80-104; **J. A. Loader,** *Polar Structures in the Book of Qohelet, BZAW* 152 (1979); **C. F. Whitley,** *Koheleth, BZAW* 148 (1978); **A. Schmitt,** "Zwischen Anfechtung, Kritik und Lebensbewältigung. Zur theologischen Thematik des Buches Kohelet," *TThZ* 88 (1979) 114-31; **B. Lang,** "Ist der Mensch hilflos?" (1979): *Wie wird man Prophet in Israel?* (1980) 120-36; **A. Lauha,** "Kohelets Verhältnis zur Geschichte," *FS H. W. Wolff* (1981) 393-401; **W. Zimmerli,** "'Unveränderbare Welt' oder 'Gott ist Gott'?" *FS. H.-J. Kraus* (1983) 103-44; **I. von Loewenclau,** "Kohelet und Sokrates," *ZAW* 98 (1986) 327-38; **O.**

Kaiser (27장을 보라) 특히 91이하, 135이하 ; idem, "Schicksal, Leid und Gott. Ein Gespräch mit dem Kohelet, Prediger Salomo," *FS A. H. J. Gunneweg* (1987) 30-51 ; **H.-P. Müller,** "Theonome Skepsis und Lebensfreude," *BZ* 30 (1986) 1-19 ; idem, *GAufs* (27장을 보라) 143이하 ; **D. Michel,** *Qohelet, EdF* 258 (1988) ; idem, *Untersuchungen zur Eigenart des Buches Qohelet, BZAW* 183 (1989, bibliog.) ; **M. Schubert,** *Schöpfungstheologie bei Kohelet, BEAT* 15 (1989) ; **A. Lange,** *Weisheit und Torheit bei Kohelet und in seiner Umwelt, EHS.T* 433 (1991) ; **C. Dohmen** and **M. Oeming** (1장을 보라) 30이하 ; **St. de Jong,** "A Book of Labour. The Structuring Principles and the Main Theme of the Book of Qohelet,' *JSOT* 54 (1992) 107-16 ; **K. J. Dell,** "Ecclesiastes as wisdom. Consulting early interpreters," *VT* 44 (1994) 301-29 ; **C. Klein,** *Kohelet und die Weisheit Israels, BWANT* 132 (1994) ; **F. J. Backhaus,** *"Denn Zeit und Zufall trifft sie alle". Studien zur Komposition und zum Gottesbild im Buch Qohelet, BBB* 83 (1993) ; **L. Schwienhorst-Schönberger,** *"Nicht im Menschen gründet das Glück," HBS* 2 (1994) ; *FS D. Michel, BZAW* 241 (1996).

제29장 욥기

개론 : **A. Jepsen,** *Das Buch Hiob und seine Deutung* (1963).

주석서들 : **G. Hölscher** (*HAT,* ²1952) ; **A. Weiser** (*ATD,* 1951, ⁶1974) ; **G. Fohrer** (*KAT,* 1963) ; **F. Horst** (*BK,* I 1968) [Job 1-18] ; **H. Strauß** (*BK,* II 1995 이후) [Job 19장 이하] ; **M. H. Pope** (*AncB,* 1973) ; **H. H. Rowley** (*NCBC,* 1976) ; **F. Hesse** (*ZBK. AT,* 1978) ; **H. Gross** (*NEB,* 1986) ; **J. E. Hartley** (*NIC,* 1988) ; **D. J. A. Clines** (*WBC,* I 1989) [Job 1-20] ; **N. C. Habel** (*OTL,* 1985).

연구개관 : **C. Kuhl,** *ThR* 21 (1953) 163-205, 257-317 ; *ThR* 22 (1954) 261-316 ; **H. P. Müller,** *Das Hiobproblem, EdF* 84 (1978, bibliog.) ; **B. Lang,** "Neue Literatur zum Buch Ijob," *ThQ* 160 (1980) 140-42 ; **D. Kinet,** "Der Vorwurf an Gott. Neue Literatur zum Ijobbuch," *BiKi* 36 (1981) 255-59.

D. M. Stec, *The Text of the Targum of Job. An Introduction and Critical Edition, AGJU* 20 (1993).

개요: **J. Ebach,** "Hiob/Hiobbuch," *TRE* XV (1986) 360–80 (bibliog.).

E. Würthwein, "Gott und Mensch in Dialog und Gottesreden des Buches Hiob"(1938): *Wort und Existenz* (1970) 217–92; **C. Westermann,** *Der Aufbau des Buches Hiob* (1956, 연구사가 보충된 증보판 [2]1977; Eng.: *The Structure of the Book of Job,* 1981); **H. Richter,** *Studien zu Hiob* (1959); **G. Fohrer,** *Studien zum Buche Hiob, BZAW* 159 (1963); **H. H. Schmid** (27장을 보라) 173이하; **E. Kutsch,** "Hiob: leidender Gerechter–leidender Mensch," *KuD* 19 (1973) 197–214; **M. Möller,** "Die Gerechtigkeit Gottes des Schöpfers in der Erfahrung seines Knechtes Hiob," *ThV* 6 (1975) 25–36; **E. Ruprecht,** "Leiden und Gerechtigkeit bei Hiob," *ZThK* 73 (1976) 426–45; **H. D. Preuss,** "Jahwes Antwort an Hiob," *FS W. Zimmerli* (1977) 323–43; **R. Gordis,** *The Book of Job* (1978); **O. Keel,** *Jahwes Entgegnung an Ijob, FRLANT* 121 (1978); **V. Kubina,** *Die Gottesreden im Buche Hiob* (1979); **F. Crüsemann** (28장을 보라); **P. Weimar,** "Literarkritisches zur Ijobnovelle," *BN* 12 (1980) 62–80; **S. Wagner,** "'Schöpfung' im Buche Hiob," *ZdZ* 34 (1980) 93–96; **R. Albertz,** "Der sozialgeschichtliche Hintergrund des Hiobbuches und der 'Babylonischen Theodizee,'" *FS H. W. Wolff* (1981) 349–72; **N. C. Habel,** "'Naked I Came…' Humanness in the Book of Job," *FS H. W. Wolff* (1981) 373–92; **V. Maag,** *Hiob, FRLANT* 128 (1982); **H. Gese,** "Die Frage nach dem Lebenssinn: Hiob und die Folgen" (1982): *Atl. Studien* (1991) 170–88; **J. van Oorschot,** *Gott als Grenze. Eine literar–und redaktionsgeschichtliche Studie zu den Gottesreden des Hiobbuches. BZAW* 170 (1987); idem, *Hiob 28, BEThL* 114 (1994); **L. Schwienhorst–Schönberger** and **O. Steins,** "Zur Entstehung, Gestalt und Bedeutung der Ijob–Erzählung (Ijob 1f; 42)," *BZ* 33 (1989) 1–24; **H.–J. Hermisson,** "Notizen zu Hiob," *ZThK* 86 (1989) 125–39; *BiKi* 45/1 (1990); **T. Mende,** *Durch Leiden zur Vollendung. Die Elihureden im Buch Ijob, TThSt* 49 (1990); **B. Zuckerman,** *Job the Silent. A Study in Historical Counterpoint* (1991); **D. E. Gowan,** "Reading Job as a 'Wisdom Script'", *JSOT* 55 (1992) 85–96; **R. Kessler,** "'Ich weiß, daß mein Erlöser lebet'. Sozialgeschichtlicher Hintergrund und theologische Bedeutung der Löser–Vorstellung in Hiob 19, 25," *ZThK* 89 (1992) 139–58; H.–P. **Müller,** *GAufs* (27장을 보라) 101 이하; idem, "Theodizee? Anschlu- ßerörterungen zum Buch Hiob," *ZThK* 89 (1992) 249–79; **S. Schreiner,** "Der gottesfürchtige Rebell oder Wie die Rabbiner die Frömmigkeit Ijobs deuteten," *ZThK* 89 (1992) 159–71; **W. Brändle,** "Hiob–ein tragischer Held? Überlegungen zur Theodizeethematik der Hiobdichtung," *KuD* 39 (1993) ; 282 – 92 ; **G. Fuchs,** *Mythos und Hiobdichtung* (1993); **M Remus,** *Menschenbildvorstellungen im Ijob – Buch, BEAT* 21 9 (1993); **G. Theobald,** *Hiobs Botschaft. Die Ablösung der metaphysischen durch die Poetische Theodizee* (1993) ; **H. – M. Wahl,** *Der gerechte Schöpfer. Eine redaktions – und theologiegeschichtliche Untersuchung der Elihureden, BZAW* 207 1993) ; **E. L. Ehrlich,** "Hiob in der jüdischen Tradition," *FS H. Vorgrimler* (1994) 38 – 55 ; **H. Spieckermann,** "Die Satanisierung Gottes," *FS O. Kaiser* (1994) 431 – 44 ; **M. Witte,** *Vom Leiden zur Lehre. Der dritte Redegang* (Hiob 21 – 27), *BZAW* 230 (1944) ; **H. – J. Hermisson,** "Von Gottes und Hiobs Nutzen. Zur Auslegung von Hiobb 22," *ZThK* 93 (1996) 331 – 51.

제30장 구약성서의 하나님 이해

W. H. Schmidt, "Gott II. Altes Testament," *TRE* 13 (1984) 608 – 26 ; idem, "Monotheismus II," *TRE* XXIII (1994) 237 – 48 (bibliog.) ; **R. Albertz** (3장을 보라) ; **W. H. Schmidt,** "Gott und Böses," *EvTh* 52 (1992) 7 – 22.

제31장 구약성서의 통일성에 관한 질문

구약성서 신학의 연구개관 : **H. – J. Kraus,** *Geschichte der historisch – kritischen Erforschung des AT* (1982) 특히 503이하 ; **R. Smend,** "Die Mitte des AT" (1970) : *GSt* I (1986) 40 – 84 ; idem, "Theologie im AT"(1982) : *GSt* I (1986) 104 – 17 ; **W. H. Schmidt,** *Das erste Gebot. TEH* 165 (1970) ; idem, " 'Theologie des AT' vor und nach G. v. Rad," *VF* 17/1 (1972) 1 – 25 ; idem (**W. Thiel** and **R. Hanhart**), *Altes Testament : Grundkurs Theologie 1, UB* 421 (1989) 69이하, 72이하(bibliog.); **E. Würthwein,** "Zur Theologie des AT" : *ThR* 36 (1971) 185 – 208 ; **G. F. Hasel,** *Old Testament Theology. Basic Issues in the Current Debate*(³1972 ; 참조. **E. Osswald,** *ThLZ* 99 [1974] 641 – 58) ; idem, "The Problem of the Center in the Old Testament Debate," *ZAW* 86 (1974) 65 – 82 ; idem, "A Decade of OT Theology," *ZAW* 93 (1981) 165 – 83 ; **W. Zimmerli,** "Zum Problem der 'Mitte des AT' ", *EvTh* 35 (1975) 97 – 118 ; **W. Brueggemann,** "A Convergence in Recent OT Theologies," *JSOT* 18 (1980) 2 – 18 ; **H. Graf Reventlow,** *Hauptprobleme der* *alttestamentlichen Theologie im 20 Jh., EdF* 173 (1982; Eng.: *Problems of Old Testament Theology in the Twentieth Century,* 1985) ; idem, "Zur Theologie des AT," *ThR* 52 (1987) 221 – 67 ; **J. Goldingay,** "Diversity and Unity in OT Theology," *VT* 34 (1984) 153 – 68.

성서신학에 대한 참고문헌 : **B. Janowski** et al., *JBTh* 1 (1986) 210 – 44 ; *JBTh* 4 (1989) 301 – 47.

구약성서의 통일성에 관한 질문 : **W. H. Schmidt,** "Die Frage nach der Einheit des AT – im Spannungsfeld von Religionsgeschichte und Theologie," *JBTh* 2 (1987) 33 – 57 ; idem, "Pentateuch und Prophetie. Eine Skizze zu Verschiedenartigkeit und Einheit atl. Theologie," *FS O. Kaiser. BZAW* 185 (1989) 181 – 95 ; **W. Dietrich,** "Der rote Faden im AT," *EvTh* 49 (1989) 232 – 50 ; idem, "Wer Gott ist und was er will. Neue 'Theologien des Alten Testaments' ", *EvTh* 56 (1996) 258 – 85 ; **R. Rendtorff,** *Kanon und Theologie* (1991 ; Eng. : *Canon and Theology,* 1994) ; **T. Veijola,** "Offenbarung als Begegnung. Von der Möglichkeit einer Theologie des AT," *ZThK* 88 (1991) 427 – 50 ; **E. – J. Waschke,** "Die Einheit der Theologie heute als Anfrage an das AT – ein Plädoyer für die Vielfalt," *FS H. D. Preuss* (1992) 331 – 41 ; **L. Schmidt,** "Biblische Theologie und alttestamentliche Hermeneutik," *FS S. Wagner* (1995) 15 – 29 ; **H. C. Schmitt,** "Religionsgeschichte Israels oder Theologie des Alten Testaments?", *FS S. Wagner* (1995) 45 – 64 ; **H. – J. Hermisson,** "Jesus Christus als externe Mitte des Alten Testaments," *FS O. Hofius, BZNW* 86 (1997) 199 – 233.

성서신학에 대한 연구개관 : **H. – J. Kraus,** *Die Biblische Theologie* (1970) ; **K. Haacker** (ed.), *Biblische Theologie heute, BThSt* 1 (1977) ; **W. Zimmerli,** "Biblische Theologie I," *TRE* VI (1980) 426 – 55 ; idem, "Biblische Theologie," *BThZ* 1 (1984) 5 – 26 ; **H. Seebass,** "Zur biblischen Theologie," *VF* 27 (1982) 28 – 45 ; idem, *Der Gott der ganzen Bibel* (1982) ; **H. Graf Reventlow,** *Hauptprobleme der Biblische Theologie im 20 Jh., EdF* 203 (1983 ; Eng. : *Problems of Biblical Theology in the Twentieth Century,* 1986) ; **M. Oeming,** *Gesamtbiblische Theologien der Gegenwart* (1987) ; **H. Seebass,** "Ist biblische Theologie möglich?," *Jud* 41 (1985) 194 – 206 ; **P. Höffken,** "Anmerkungen zum Thema Biblische Theologie," *FS A. H. J. Gunneweg* (1987) 13 – 29.

구약성서신학에 관한 저서 : **W. Eichrodt,** *I* (1933, ^{8}1968) *II/III* (1967, ^{6}1974), (Eng. : *Theology of the Old Testament, OTL,* 1961–67) ; **L. Köhler** (1935, ^{4}1966 ; Eng. : *Old Testament Theology*, 1957) ; **Th. C. Vriezen** (1956 ; Eng. : *An Outline of Old Testament Theology,* 1966) **G. v. Rad,** I (1957, ^{4}1962) II (1960 ^{4}1965), (Eng.: *Old Testament Theology,* I–II 1975) ; **G. Fohrer** (1972) ; **W. Zimmerli** (1972, ^{6}1989 ; Eng. : *Old Testament Theology in Outline,* 1978) ; **C. Westermann** (1978, ^{2}1985 ; Eng. : *Elements of Old Testament Theology,* 1982) ; **H. D. Preuss,** *I* (1991) *II* (1992), (Eng. : *Old Testament Theology, OTL,* 1995) ; **A. H. J. Gunneweg** (1993) ; **O. Kaiser,** *I* (1993) *II* (1998) ; **B. S. Childs,** *Biblical Theology of the Old and New Testaments* (1992) ; **B. W. Anderson**, *Contours of old Testament Theology* (1999) ; **R. Rendroff**, *Theologie des Alten Testamenti : Ein kanonischer Einwurf* (I) (1999).

제32장 구약성서의 인간 이해

L. Köhler, *Der hebräische Mensch* (1953 ; Eng. : 3장을 보라) ; **H. W. Wolff,** *Anthropologie des Alten Testaments* (^{3}1977 ; Eng. : Anthropology of the Old *Testament,* 1974) ; **W. H. Schmidt,** "Anthropologische Begriffe im Alten Testament," *EvTh* 24 (1964) 374–88 ; idem, "Was ist der Mensch?" *GlLern* 4 (1989) 111–29(참조. *EvTh* 52 [1992] 7–22) ; **H.–J. Fabry,** *ThWAT* IV (1984) 413–51 ; **J. Heller,** *Das Ringen um Leben und das Ringen gegen den Tod in Religionen des fruchtbaren Halbmondes und im Alten Testament* (1984) ; idem, *An der Quelle des Lebens, BEAT* 10 (1988) 249–55 ; **J. W. Rogerson,** "Anthropology and the Old Testament" : **R. E. Clements** (ed.), *The World of Ancient Israel* (1989, 1991) 17–38 ; **H. Seebass,** *ThWAT* V (1986) 531–55 ; **H.–J. Fabry,** *ThWAT* VII (1993) 385–425 ; **R. Albertz,** "Mensch II. Altes Testament," *TRE* XXII (1992) 464–74 (bibliog.).

제33장 구약성서에 대한 찬반론

연구개관 : **C. Westermann** (ed.), *Probleme alttestamentlicher Hermeneutik* (1960 ; Eng. : *Essays in Old Testament Hermeneutics,* 1963).

A. H. J. Gunneweg, *Vom Verstehen des AT* (1977, ²1988 ; Eng. : *Understanding the Old Testament, 1978*) (참조. idem, *Sola Scriptura* [1983] 159이하, 227이하) ; **H. Haag,** "Das Plus des AT" : *Das Buch des Bundes* (1980) 289–305 ; idem, "Vom Eigenwert des AT," *ThQ* 160 (1980) 1–16 ; **H. D. Preuss,** *Das Alte Testament in christlicher Predigt* (1984) ; **L. Schmidt,** "Hermeneutik II," *TRE* XV (1986) 137–43 (bibliog.) ; **J. Schreiner,** "Das Verhältnis des Alten Testaments zum Neuen Testament" : *Segen für die Völker* (1987) 392–407 ; **W. H. Schmidt,** "Ansätze zum Verstehen des AT," *EvTh* 47 (1987) 436–59 ; **H. Gese,** *Atl. Studien* (1991) 1이하, 249이하, 266이하; **O. Kaiser,** *Von der Gegenwartsbedeutung des AT* (1984) 11–36 ; idem, "Die Bedeutung des Alten Testaments für den christlichen Glauben," *ZThK* 86 (1989) 1–17 ; idem, "Die Bedeutung des Alten Testaments für Heiden, die manchmal auch Christen sind" *ZThK* 91 (1994) 1–9 ; **E. Zenger,** *Das Erste Testament* (1991, ³1993) ; idem, *Am Fuß des Sinai* (1993) ; **C. Dohmen** and F. **Mussner,** *Nur die halbe Wahrheit?* (1993) ; **T. Veijola** (31장을 보라 ; **N. Lohifink,** *Studien zur Biblischen Theologie, SBAB* 16 (1993) ; **J. Becker,** *Grundzüge einer Hermeneutik des Alten Testaments* (1993).

▪ 저자 소개

베르너 H. 슈미트(Werner H. Schmidt: 1935. 6. 9.～)

1960 신학박사학위 취득 (Dr. theol.)
1964 교수자격 취득 (Habil.)
1964–1966 마인츠 (Mainz) 대학교 대학강사 (Dozent)
1966–1984 비인 (Wien), 킬 (Kiel), 마부르 (Marburg) 대학교 구약학 교수 역임
1984–현재 독일 본 (Bonn) 대학교 구약학 정교수

Königtum Gottes in Ugarit und Israel: Zur Herkunft der Königsprädikation Jahwes (BZAW 80), Berlin [2]1966 (1961)

Das erste Gebot (TEH 165), München 1970

Die Schöpfungsgeschichte der Priesterschrift: Zur Überlieferungsgeschichte von Gen 1,1-2,4a(WMANT 17), Neukirchen-Vluyn [3]1974 (1964)

Exodus (BK Band II/1), Neukirchen-Vluyn 1988

Die Zehn Gebote im Rahmen alttestamentlicher Ethik (EdF 281), Darmstadt 1993

Exodus, Sinai und Mose (EdF 191), Darmstadt [3]1995 (1983)

Vielfalt und Einheit alttestamentlichen Glaubens(Band 1): *Hermeneutik und Methodik, Pentateuch und Prophetie,* Neukirchen-Vluyn 1995

Vielfalt und Einheit alttestamentlichen Glaubens (Band 2): *Psalmen und Weisheit, Theologische Anthropologie und Jeremia, Theologie des Alten Testaments,* Neukirchen-Vluyn 1995

Zukunftsgewißheit und Gegenwartskritik: Studien zur Eigenart der Prophetie (BTHSt 51), Neukirchen-Vluyn [2]2002 (1973)

Alttestamentlicher Glaube, Neukirchen-Vluyn [9]2004 (1968)

▪ 역자 소개

【차 준 희】

서울신학대학 (B. A.)
연세대학교 대학원 (Th. M.)
독일 본 (Bonn)대학교 (Dr. theol.)
남현교회 담임목사 역임
한국구약학회 총무 역임
현재 한세대학교 구약학 교수
현재 한국구약학회 감사 및 구약논단 편집위원
현재 한국기독교교회협의회 (KNCC) 신학위원
현재 한국기독실업인회 (CBMC) 지도목사
현재 한국구약학연구소 소장

저 · 역서

Micha und Jeremia. Bonner Biblische Beiträge 107, Weinheim: Beltz Athenäum, 1996
『구약 예언서 이해』 (편저) (한국신학연구소, 1996)
『구약성서의 신앙』 (한국신학연구소, 1997)
『창세기 다시 보기』 (대한기독교서회, 1998)
『예언과의 만남』 (역서) (대한기독교서회, 1999)
『구약성서 입문(1)』 (공역) (대한기독교서회, 2000)
『구약성서 입문(2)』 (공역) (대한기독교서회, 2001)
『구약성서 입문(3)』(공역)(대한기독교서회, 2001)
『구약신앙과의 만남』 (대한기독교서회, 2002)
『녹색의 눈으로 읽는 성서』 (공저) (대한기독교서회, 2002)
『시편신앙과의 만남』 (대한기독교서회, 2004)
『출애굽기 다시 보기』 (프리칭아카데미, 2004)
『구약성서개론: 한국인을 위한 최신 연구』 (공저) (대한기독교서회, 2004)
『구약예언서신학』 (역서) (대한기독교서회, 2004)
『오경입문』(역서) (대한기독교서회, 2005)
『학개/스가랴/말라기』대한기독교서회 창립 100주년 기념 성서주석 (공저) (대한기독교서회, 2006)
『구약신학과의 만남: 신학으로 본 구약입문』 (역서) (프리칭아카데미, 2007)

【채 홍 식】

서울신학대학교(B. A.)
서강대학교 대학원(M. A.)
독일 마부르(Marburg)대학교(Dr. theol.)
현재 복음신학대학원대학교 구약학 교수

『하나님의 후회: 구약성서의 하나님의 이해』(대한기독교서회, 2002)
『신명기』(공저)(감신대출판부, 2004)
『아모스』(역서)(성서와 함께, 2006)
『구약성경의 윤리』(한민성서연구소, 2006)